AF655564

भारत में जाति एवं प्रजाति

Thank you for choosing a SAGE product!
If you have any comment, observation or feedback,
I would like to personally hear from you.

Please write to me at **contactceo@sagepub.in**

Vivek Mehra, Managing Director and CEO, SAGE India.

Bulk Sales

SAGE India offers special discounts
for purchase of books in bulk.
We also make available special imprints
and excerpts from our books on demand.

For orders and enquiries, write to us at

Marketing Department
SAGE Publications India Pvt Ltd
B1/I-1, Mohan Cooperative Industrial Area
Mathura Road, Post Bag 7
New Delhi 110044, India

E-mail us at **marketing@sagepub.in**;
sagebhasha@sagepub.in

Get to know more about SAGE

Be invited to SAGE events, get on our mailing list.
Write today to **marketing@sagepub.in**

This book is also available as an e-book.

भारत में जाति एवं प्रजाति

जी. एस. घुर्ये

Popular Prakashan | SAGE | bhasha

Los Angeles | London | New Delhi
Singapore | Washington DC | Melbourne

Copyright © G. S. Ghurye, 2018

All rights reserved. No part of this book may be reproduced or utilized in any form or by any means, electronic or mechanical, including photocopying, recording or by any information storage or retrieval system, without permission in writing from the publisher.

First published in 1932 in English
by Popular Prakashan Pvt Ltd as *Caste and Race in India*

This edition published in 2018 by

SAGE Publications India Pvt Ltd
B1/I-1 Mohan Cooperative Industrial Area
Mathura Road, New Delhi 110 044, India
www.sagepub.in

SAGE Publications Inc
2455 Teller Road
Thousand Oaks, California 91320, USA

SAGE Publications Ltd
1 Oliver's Yard, 55 City Road
London EC1Y 1SP, United Kingdom

SAGE Publications Asia-Pacific Pte Ltd
3 Church Street
#10-04 Samsung Hub
Singapore 049483

Popular Prakashan Pvt Ltd
301, Mahalaxmi Chambers
22, Bhulabhai Desai Road
Mumbai 400026
www.popularprakashan.com

Published by Vivek Mehra for SAGE Publications India Pvt Ltd, typeset in 12/14 pt Kruti Dev 010 by Diligent Typesetter India Pvt Ltd, Delhi and printed at Repro India Ltd., Mumbai.

ISBN: 978-93-528-0443-6 (PB)

Translator: Kuldeep N. Seth
SAGE Team: Syed Husain Naqvi, Vinayak Dubey

विषय-वस्तु

प्रस्तावना

यह सी.के. ऑग्डेन की *हिस्ट्री ऑफ सिविलाइजेशन* शृंखला के अंतर्गत 1932 में प्रकाशित हुई पुस्तक *कास्ट एंड रेस इन इंडिया* के पाँचवे संस्करण का अनुवाद है। इस संस्करण के साथ सम्बद्ध रहते हुए मेरे लिए यह संभव हुआ कि मैं पिछले तीस वर्षों के दौरान उपलब्ध हुई सामग्री का आकलन कर सकूँ और इस संस्था के तीनों पहलुओं को और अधिक स्पर्श कर सकूँ। उस समय इनमें से दो, आँकड़ों के अभाव में अछूते रह गए थे जो किसी को भी अच्छे–खासे आत्मविश्वास एवं तर्क के साथ अपनी राय प्रस्तुत करने का सामर्थ्य प्रदान कर सकते हैं। अब, अध्याय आठ एवं नौ में इनपर पहली बार चर्चा की गई है।

तीसरा पहलू, जो इस संस्था के राजनीतिक विकास का है, को 36 वर्ष पूर्व इस पुस्तक में पहली बार स्पर्श किया गया था परंतु तत्कालीन आलोचकों ने सकारात्मक रूप से इसकी उपेक्षा कर दी थी। हालांकि, गत दो दशकों में मंद किन्तु सुनिश्चित गति से जातीय अध्ययन के छात्रों को इस पहलू के अध्ययन के लिए बाध्य किया गया है। तमिलनाडु में जाति सम्बन्धी यह परिवर्तन एवं राजनीतिक पहलू, जिसने गत दो दशकों से विशेष ध्यान दिए जाने हेतु कोलाहल मचा रखा है, को बारहवें एवं तेरहवें अध्याय में स्थान प्रदान किया गया है। चूंकि सितम्बर–अक्टूबर 1967 में ये कमोबेश तैयार हो चुके थे, अतः ये मेरे लिए उस समय उपयोगी सिद्ध हुए जब 14 अक्टूबर, 1967 को मुम्बई में मुझे भारतीय समाजशास्त्रियों के एक सम्मेलन का उद्‌घाटन करना था। सम्मेलन के उद्‌घाटन के दौरान मेरे द्वारा की गई टिप्पणियों के माध्यम से सभी को इनके सार से अवगत करवा दिया गया था।

महान अमेरिकी न्यायविद्, ओलिवर वेंडेल होम्स (*होम्स–लास्की करेसपॉन्डेंस*) ने पाया था कि "इतिहास को पुनः लिखा जाना होता है क्योंकि इतिहास उन कारणों अथवा दृष्टांतों की कड़ियों का चयन होता है जिनमें हमारी रुचि होती है, और रुचि प्रत्येक पचास वर्ष में बदल जाती है।" मैंने इस उद्देश्य को ध्यान में रखते हुए प्रस्तुत पुस्तक को नया स्वरूप प्रदान करने का प्रयास किया है। कार्य का सफल प्रदर्शन भविष्य का सही पूर्वानुमान लगाने का कर्तव्य आरोपित करता है जिसे मैंने अंतिम अध्याय में पूरा करने का प्रयास किया है। इसके उचित शीर्षक पर प्रश्न उठाते हुए मैंने पाठकों को यह निर्णय करने हेतु आंमत्रित किया है कि क्या प्रवृत्ति एक ऐसे 'मिश्रित समाज' की ओर नहीं है, जिसकी केन्द्रीय सक्रीयता वर्ग–आधारित स्वार्थी उपयोगों एवं उग्र माँगों के द्वारा विचलित नहीं होगी!

जी. एस. घुर्ये

1.6.1969

1

जाति व्यवस्था की विशेषताएं

भारत आने वाला विदेशी यात्री जाति व्यवस्था नाम से ज्ञात प्रवृत्ति से प्रभावित हो जाता है। हो सकता है वह इस व्यवस्था की कार्यप्रणाली को पूरी तरह से न समझ सके, परंतु वह इस तथ्य से अवगत हो जाता है कि हिन्दू समाज समूहों में बँटा हुआ है, जिन्हें जातियों के रूप में जाना जाता है, जिनमें सम्मान के स्तर तथा सामाजिक मेलजोल के दायरे अलग–अलग होते हैं। बेन्स कहते हैं: ''सर्वाधिक अनौपचारिक पर्यवेक्षक को भी इस संस्था की सर्वव्यापकता को समझने, तथा इसकी कुछ प्रमुख सर्वसुलभ विशिष्टताओं से स्वयं को परिचित कराने के लिए इस देश में बहुत ही कम समय बिताने की आवश्यकता है।''[1] ऐसा मात्र इस तथ्य के कारण नहीं है कि जाति भारत में सामाजिक संगठन का सर्वाधिक आम स्वरूप है, बल्कि इस कारण भी है कि यह यूरोप अथवा अमेरिका में प्रचलित सामाजिक समूहीकरण की एक अनूठी विरोधाभासी स्थिति को प्रस्तुत करती है। सर्वव्यापकता और निरालापन–इन दोनों ही विशिष्टताओं के कारण इस संस्था को अपने अध्ययन के प्रति समर्पित अनेकों योग्य विद्वानों की प्राप्ति होती रही है। हालांकि, इन छात्रों के समस्त परिश्रमों के बावजूद भी हम जाति की एक वास्तविक सामान्य परिभाषा हासिल नहीं कर सके हैं। मुझे ऐसा प्रतीत होता है कि इस प्रवृत्ति की जटिलता के कारण परिभाषा को लेकर किसी भी प्रयास का निष्फल होना अवश्यसंभावी है। दूसरी ओर, इस विषय पर बहुत सारा साहित्य सही शब्दों के उपयोग न करने के कारण दूषित है। अतः, जातियों की इस व्यवस्था में अंतर्निहित कारकों के सम्बन्ध में मैं एक विवरण देने का प्रस्ताव रखता हूँ।

गत शताब्दी के दौरान पश्चिमी यूरोप के साथ घनिष्ठ सांस्कृतिक संपर्क के द्वारा संशोधित करने के पूर्व के इस संस्था के सर्वाधिक पुरातन विवरण, जिसे ईसापूर्व तीसरी शताब्दी में एक विदेशी के द्वारा प्रदान किया गया था, में इसका निरूपण करने वाली विशेषताओं में से दो का उल्लेख किया गया है। ''यदि व्यक्ति दार्शनिकों, जिनको उनकी गरिमा के कारण अनुमति प्रदान की जाती है, की जाति का नहीं है तो उसे किसी दूसरी जाति के व्यक्ति से विवाह करने की अनुमति नहीं है, न ही किसी एक पेशे को बदलकर दूसरे पेशे को अपनाने की और न ही किसी एक व्यक्ति को एक से अधिक पेशे अपनाने की।''[2] यद्यपि मेगास्थनीज का यह कथन इस संस्था की सर्वाधिक प्रमुख विशेषताओं में से दो को सामने तो ला देता है, तथापि यह इस व्यवस्था के संपूर्ण विचार को प्रस्तुत कर पाने में विफल रहा है।

जाति के सामाजिक दर्शन द्वारा शासित रहने के दौरान के हिन्दू समाज की उत्कृष्ट विशिष्टताओं, जो अधिकारों एवं कर्तव्यों के आधुनिक विचारों से अप्रभावित थीं, को छह रूपों में देखा जा सकता है।

(1) *समाज का खंडयुक्त विभाजनः* यह जातीय समाज कमोबेश एक ऐसा सजातीय समुदाय नहीं था जिसमें सामा. जिक स्थिति के किसी भी प्रकार के भेद के मौजूद रहने के बावजूद वे इतने अधिक पृष्ठभूमि में हैं कि उनकी उपस्थिति को महसूस करने के लिए एक विशिष्ट जाँच करने की आवश्यकता है, परंतु यह एक ऐसा समाज था

जिसमें विशिष्ट उपाधियों के साथ मौजूद विभिन्न समूह प्रधान थे। जातियाँ सुविकसित जीवनशैली वाले समूह थीं, जिसके सदस्यों का निर्धारण, स्वैच्छिक संघों एवं वर्गों के विपरीत, चयन के बजाए जन्म के द्वारा किया जाता था। किसी भी व्यक्ति की स्थिति आधुनिक यूरोप के वर्गों के समान उसकी संपत्ति पर नहीं, बल्कि उस जाति के परंप. रागत महत्व पर निर्भर करती थी जिसमें जन्म लेने का उसे सौभाग्य प्राप्त हुआ हो। जहाँ तक भली–भांति चिह्नित समूहों के बीच के अंतरों का सम्बन्ध है, जातियों एवं वर्गों के बीच अंतर के मामले पर मैकाइवर समीक्षा करते हैं: ''जहाँ पूर्वीय सभ्यताओं में किसी वर्ग एवं स्थिति का मुख्य निर्धारक जन्म हुआ करता था, वहीं आज पश्चिमी सभ्यता में संपत्ति समानता अथवा शायद अपेक्षाकृत अधिक महत्व की निर्धारक है, और संपत्ति जन्म की तुलना में कम कट्टर निर्धारक है: यह अधिक ठोस है, और इसीलिए इसके दावों को सहजतापूर्वक चुनौती दे दी जाती है; स्वयं में स्तर का एक मामला होते हुए यह प्रकार, परिवर्तनशीलता, अधिग्रहण, तथा हस्तांतरणीयता जैसी विशिष्टताओं को उत्पन्न करने हेतु कम उपयुक्त है, यह जन्म के समान कोई भी स्थाई विभाजक रेखा नहीं खींचती।''[3] यदि मैं स्वयं को मराठा क्षेत्र तक ही सीमित रखूँ तो कोई भी व्यक्ति ब्राह्मण, प्रभु, मराठा, वानी, सोनार, सुतार, भंडारी, चाम्भार, अथवा एक महार इत्यादि के रूप में जन्म लेता है। यदि वह किसी ऐसे पेशे को अपनाता है जो किसी जाति विशेष के लिए निर्धारित नहीं है, जैसे कि सेना, तो भी वह उसी जाति का व्यक्ति बना रहता है। एक ब्राह्मण सेनानायक अथवा एक मराठा सेनानायक, यद्यपि कि सेना में बराबरी का दर्जा रखते हैं, तथापि अपने निजी जीवन में दो भिन्न स्थिति–समूहों से सम्बन्धित होते हैं और इन दोनों के बीच समान शर्तों पर किसी भी प्रकार की सामाजिक सहक्रिया नहीं की जा सकती। परंतु एक वर्ग–समाज में, जहाँ स्थिति का निर्धारण पेशे और उससे प्राप्त आमदनी के आधार पर किया जाता है, मामला ऐसा नहीं होता। किसी भी वर्ग के पास अपने सदस्यों के आचरणों को नियंत्रित करने और उनकी नैतिकताओं का मार्गदर्शन करने हेतु संपूर्ण समुदाय के कानून के अलावा अन्य किसी प्रकार की स्थाई अथवा आकस्मिक परिषद् मौजूद नहीं होती। किसी एक वर्ग के सदस्य अलग–अलग प्रकार के पेशे अपनाते हैं, जो, संगठित होने पर, अपनी स्थाई कार्यकारी समितियाँ गठित करते हैं, जो अपने नियमों के अनुसार उनके पेशे में लगे सदस्यों को शासित करती हैं। सामान्यतः ये नियम व्यापक समुदाय के वैध क्षेत्र को शामिल नहीं करते, और मात्र पेशेवर शिष्टाचार अथवा आर्थिक लाभ को ही संदर्भित करते हैं। ''दिमागी काम से जुड़े किसी पेशे के मामले में ये आम नियम एवं यह अधिकृत निर्देश प्रवेश के लिए शैक्षिक योग्यता, प्रशिक्षण के चरित्र, पारश्रमिक की विधियों, रोजगार की शर्तों, साथी पेशेवर लोगों एवं जनता के प्रति व्यवहार सम्बन्धी नियमों, सार्वजनिक नियुक्तियों के लिए चयन सम्बन्धी विधियों एवं शैक्षिक योग्यताओं, तथा सेवा शर्तों, पेशे की स्थिति के रखरखाव, एवं बहिष्करण के अधिकार जैसे मामलों के निर्धारण करने का प्रयास करते हैं।''[4] दूसरी ओर, ब्राह्मण[5] एवं राजपूत जैसी उच्च जातियों को छोड़कर अधिकांश अन्य जातियों के पास अपनी नियमित स्थाई परिषदें होती हैं जो श्रमसंघों, संघों, अथवा श्रमिक निकायों की समितियों के द्वारा संज्ञान में लिए गए मामलों के अलावा अनेकों अन्य मामलों पर निर्णय करती हैं, और इस प्रकार संपूर्ण समुदाय के क्षेत्र का अतिक्रमण करती हैं। ब्राह्मण एवं अन्य जातियाँ अपने मामलों को प्रबंधन किस प्रकार करती हैं यह पूरी तरह से स्पष्ट नहीं है, परंतु कम–से–कम दक्षिणी भारत के ब्राह्मणों के मामले में, एक पुरालेख सम्बन्धी रेकार्ड से ऐसा प्रतीत होता है कि आवश्यकता होने पर वे जाति के सदस्यों की एक विशेष सभा का आह्वाहन किया करते थे।[6] सभा अपने निर्णय का क्रियान्वयन राजा के अधिकारियों द्वारा करवा सकती थी। किसी भी जाति के शासी निकाय को पंचायत कहा जाता है। इसके द्वारा निपटाए जाने वाले कुछ अपराध हैं: (क) किसी ऐसी जाति अथवा उप–जाति के साथ खाना, पीना, अथवा ऐसे ही अन्य कार्य करना जिसके साथ ऐसी सामाजिक सहक्रियाएं प्रतिबंधित हों; (ख) किसी अन्य जाति की महिला को रखैल के रूप में रखना; (ग) किसी विवाहित महिला का सतीत्व–हरण अथवा उसके साथ व्यभिचार; (घ) अविवाहिता से व्यभिचार; (ङ) विवाह की प्रतिज्ञा को पूरा करने से इंकार; (च) पति के वृद्ध हो जाने पर उसकी पत्नी को उसके पास भेजने से इंकार किया जाना; (छ) किसी पत्नी की देखभाल करने से इंकार किया जाना; (ज) ऋण न चुकाया जाना; (झ) छोटे–मोटे हमले; (ञ) जाति के प्रति विशिष्ट रीति–रिवाजों का उल्लंघन; (ट) किसी और के ग्राहक को छीनना तथा कीमतों को घटाना–बढ़ाना; (ठ) गौ–हत्या अथवा किसी अन्य प्रतिबंधित पशु की हत्या करना; (ड) किसी ब्राह्मण का अपमान करना; (ढ) विवाह एवं अन्य समारोहों के दौरान

दावतों इत्यादि से जुड़े जातिगत रीति–रिवाजों की अवहेलना करना।[7] इस सूची से यह देखा जा सकता है कि जातियों के शासी निकायों के द्वारा विचारण करने वाले अपराधों में से कुछ ऐसे थे जिनका सामान्यतौर पर राज्य के द्वारा अपनी न्यायिक क्षमता के अंतर्गत निपटारा किया जाता था। इस प्रकार, संपूर्ण समुदाय से अलग अपने सदस्यों को न्याय प्रदान करने हेतु एक पृथक व्यवस्था से युक्त समूह एक जाति होती थी जिसके अंतर्गत जाति को समूहों में से मात्र एक के रूप में शामिल किया जाता था। अतः, जहाँ तक उनकी नैतिकताओं के उस भाग का सम्बन्ध है जिसे कानून के द्वारा विनियमित किया जाता था, जाति के सदस्य संपूर्ण समुदाय के सदस्य नहीं रह जाते थे।[8] जाति की अर्द्ध–प्रभुसत्ता को विशेषतौर पर इस तथ्य द्वारा जानकारी में लाया गया है कि जातीय परिषद् उन आपराधिक मामलों पर पुनर्विचारण के लिए तैयार होती थी जिनपर न्यायालयों के द्वारा निर्णय दिया जा चुका हो।[9] इसका अर्थ यह था कि इस जातिबद्ध समाज में सामुदायिक–भावना की मात्रा अवश्य ही प्रतिबंधित रही होगी, और यह कि नागरिकों की नैतिक निष्ठा संपूर्ण समुदाय से पहले अपनी जाति के प्रति रहती थी। खंडयुक्त विभाजन के द्वारा मैं इस व्यवस्था के इस पहलू को सूचित करना चाहता हूँ। इन परिषदों के द्वारा दिए जाने वाले दंड इस प्रकार थेः (1) जाति–बहिष्कार, अस्थाई अथवा स्थाई; (2) अर्थदंड; (3) जाति के सदस्यों को दावत दिया जाना; (4) शारीरिक दंड, तथा (5) कभी–कभी धार्मिक प्रायश्चित। अर्थदंड से प्राप्त धनराशि को सामान्यतः एक आम दावत पर खर्च कर दिया जाता था। कभी–कभी इन राशियों से पंचायत के लिए सुविधाओं का प्रबंध किया जाता था और कभी–कभी इन्हें धर्मादा प्रयोजनों में व्यय कर दिया जाता था।[10] एक जातीय परिषद् की गतिविधियों का यह विवरण हमें इस टिप्पणी की प्रसंशा करने के योग्य बनाता है–"जाति स्वयं अपनी शासक है।"[11] कानून के प्रशासन में विविधता ने विभिन्न जातियों के नैतिक मानदंडों में आवश्यक रूप से अंतर उत्पन्न कर दिए थे। इस प्रकार से जातियों के बीच में एक सांस्कृतिक खाईं उत्पन्न हो चुकी थी। मैं जातियों के बीच के सांस्कृतिक अंतरों की मदों में से कुछ का उल्लेख कर सकता हूँ ताकि इस विखंडन के निहितार्थों को स्पष्ट रूप से सामने रख सकूँ। अनेकों जातियों के अपने विशिष्ट देवता हैं। ऐसी जातियों में से दक्षिण भारत से निम्न का उल्लेख किया जा सकता हैः कोमाती, कामसाला, गामाल्ला, इडिगा, माला एवं मडिगा;[12] मध्य–प्रान्तों से, अहीर;[13] उत्तर–प्रदेश सेः अहेरिया, बहेलिया, खरवार, कोरवा, चेरो, भुईंयार, डोम, मुसाहर, एवं नाई;[14] तथा गुजरात सेः वैश्य।[15] मद्रास की जातियों के धार्मिक दृष्टिकोण में अंतरों के सम्बन्ध में ऐसा कहा गया हैः "ब्राह्मण समुदाय के बीच एक तथ्य पूर्णतः स्पष्ट और अलग है, यह कि वे उस ग्राम देवता के पूजन में संलिप्त नहीं होते जिसके समक्ष स्थानीय मूल निवासी लगभग पूरी तरह से झुके रहते हैं।"[16] विभिन्न जातियों के बीच विवाह और मृत्यु से सम्बन्धित रीति–रिवाजों में भी भारी अंतर हैं। ब्राह्मण विधवा विवाह की अनुमति नहीं देते थे और न ही जाति–प्रथा के रूप में रखैल रखने को सहन करते थे। यही बात अनेकों निम्न–जातियों के सम्बन्ध में नहीं कही जा सकती। विभिन्न जातियों के बीच न केवल इसी प्रकार के सांस्कृतिक अंतर विद्यमान थे, बल्कि सैद्धांतिक रूप से भी आचरण के अलग–अलग मानकों का पालन किया जाता था। इस प्रकार, पुणे की ब्राह्मण सरकार ने शराब के निर्माण एवं बिक्री को प्रतिबंधित करते हुए कानून पारित करने के समय भंडारियों, कोलियों और ऐसी ही अन्य जातियों को इसकी परिधि से बाहर रख दिया, परंतु 'ब्राह्मणों, शेनवियों, प्रभुओं एवं सरकारी अधिकारियों' के द्वारा मदिरापान करने पर कठोर प्रतिबंध लगा दिए।[17] नैतिकता एवं रीति–रिवाजों से जुड़े ये अंतर इतने अधिक स्पष्ट थे कि भारत में शुरुआती ब्रिटिश न्यायालयों ने न केवल उनके पंडितों से उनकी राय माँगी, बल्कि सम्बन्धित जातियों के मुखियाओं के साक्ष्यों को अपने वास्तविक उपयोग में प्रयुक्त किया। सरकार के आदेश के तहत स्टीले के द्वारा तैयार किए गए हिन्दू जातियों के कानूनों एवं रीति–रिवाजों के संग्रह की मंशा विविधतापूर्ण रीति–रिवाजों के मामलों का निर्धारण करने में न्यायालय की सहायता करने की थी। हिन्दुओं के पास अपने मृत लोगों के निस्तारण के लिए कोई स्थाई व्यवस्था उपलब्ध नहीं थी। जब किसी व्यक्ति की मृत्यु होती तो सजातीय लोगों को ही शवयात्रा को श्मशान स्थल तक ले जाने और शवदाह करवाने के लिए आमंत्रित किया जाता था। विवाह के समय पर अपने गाँव अथवा शहर में रहने वाले अपनी जाति के समस्त सदस्यों को आम सहमति से एक दावत दी जानी होती थी। इन दावतों के साथ–साथ विवाह समारोहों की अन्य तैयारियों के सम्बन्ध में भी अपनी जाति के लोग ही सहायता प्रदान करते थे। ये और दैनिक जीवन के ऐसे ही अन्य मामलों में किसी को भी अपनी

जाति के लोगों के सहयोग की आवश्यकता पड़ती रहती थी। अतः, जातियाँ, यद्यपि कि अपेक्षाकृत एक बड़े समाज के अंदर जीवित रहती हैं, तथापि अपने आपमें ऐसी छोटी और पूर्ण सामाजिक दुनिया है, जो निश्चित रूप से एक–दूसरे से अलग हैं।

(2) *अनुक्रम:* अभी तक इस विषय पर की गई मेरी चर्चा में मैंने जातीय समाज की प्रमुख विशेषताओं में से एक, अर्थात् समूहों के अनुक्रम को पहले से ही स्वीकार करते हुए विभिन्न जातियों की स्थितियों के संदर्भ में एक तुल. नात्मक स्तर का उपयोग किया है। भारत में हर जगह जातियों के बीच सामाजिक प्रधानता की निश्चित वरीयता मौजूद है, जिसके अनुक्रम में ब्राह्मण शीर्ष पर हैं। मात्र दक्षिण भारत में शिल्पकार जातियों ने ''सामाजिक पैमाने पर उस पैमाने से ऊँचे पैमाने का स्थान पाने के लिए एक संघर्ष जारी रखा है जिसे उन्हें ब्राह्मणवादी अधिकारियों के द्वारा प्रदान किया गया था। इस तथ्य में कोई संदेह नहीं है कि इस महान जाति (कम्मालान) के सदस्य ब्राह्मणों की श्रेष्ठता को विवादित बनाते हैं, और वे स्वयं को उनकी श्रेणी के बराबर मानते हैं।'' जॉन फ्रेयर, जिन्होंने 1670 में भारत की यात्रा की थी, इस दृष्टिकोण को संदर्भित करते प्रतीत होते हैं।[18] भारत के भाषाई विभाजनों में से किसी भी एक में कम–से–कम दो सौ जातियाँ मौजूद हैं जिन्हें ऐसे वर्गों में समूहबद्ध किया जा सकता है जिनके श्रेणीकरण व्यापक तौर पर सभी के द्वारा स्वीकृत हैं। परंतु किसी भी वर्ग की अलग–अलग जातियों के बीच सामाजिक प्रधानता को निश्चित नहीं बनाया जा सकता, क्योंकि ऐसी श्रेणियों के लिए न केवल उन्मुक्त स्वीकार्यता मौजूद नहीं है बल्कि इस बिन्दु पर लोगों के विचार भी बहुत धुंधले और अस्पष्ट हैं। निम्नलिखित प्रेक्षण मामलों की स्थिति को स्पष्ट रूप से उजागर करते हैं। ''जैसा कि समाज आज है.......प्रत्येक समुदाय का स्थान आसानी से पहचान करने योग्य नहीं है, न ही स्वयं लोगों के द्वारा मान्यता प्रदान किए गए दृष्टांत का कोई ऐसा साझा सिद्धांत मौजूद है जिसके अनुसार जातियों का श्रेणीकरण किया जा सके। एक ओर ब्राह्मणों और दूसरी ओर होलेया जैसी स्वीकार्य रूप से निम्नीकृत जातियों को छोड़ते हुए मध्यवर्ती जातियों की एक बड़ी संख्या सोचती है अथवा उसे ऐसा लगता है कि उनकी जाति उनके पड़ोसियों से बेहतर है, और तद्नुसार ही उसे श्रेणीबद्ध किया जाना चाहिए।''[19] बिहार के बारे में मार्टिन टिप्पणी करते हैं कि वहाँ शूद्र सामान्य तौर पर चार वर्गों में विभाजित थे, परंतु वे साथ जोड़ते हैं: ''इस विवरण को तैयार करने में जिन लोगों ने मेरी सहायता की थी वो निश्चित रूप से प्रत्येक जाति को इसके वर्ग से संदर्भित नहीं कर सके; क्योंकि उन्होंने ऐसे नीचे लोगों के विभिन्न दावों के सम्बन्ध में जाँच करने का कष्ट नहीं उठाया था।''[20]

(3) *भोजन एवं सामाजिक सहक्रिया पर प्रतिबंध:* इस सम्बन्ध में सूक्ष्म नियम हैं कि किसी भी जाति के और किसी भी व्यक्ति के द्वारा किस प्रकार का भोजन अथवा पेय पदार्थ स्वीकार किया जा सकता है। परंतु इस मामले में भी बहुत अधिक विविधता है। भोजन एवं सामाजिक सहक्रिया से जुड़े व्यवहार मोटे तौर पर भारत को दो भागों में विभाजित करते हैं। मुख्य हिन्दुस्तान में, जातियों को पाँच समूहों में विभाजित किया जा सकता है; पहली, द्विज जातियाँ; दूसरी, वो जातियाँ जिनके हाथों से द्विज 'पक्का' भोजन स्वीकार कर सकते थे; तीसरी, वे जातियाँ जिनके हाथों से द्विज किसी भी प्रकार का भोजन तो स्वीकार नहीं कर सकते थे किन्तु जल ग्रहण कर सकते थे; चौथी, वे जातियाँ जो अछूत तो नहीं थीं फिर भी ऐसी थी कि उनका जल भी द्विजों के द्वारा ग्रहण नहीं किया जा सकता था; अंत में उन सब जातियों का स्थान था जिनका स्पर्श न केवल द्विजों बल्कि किसी भी रूढ़िवादी हिन्दू को अशुद्ध कर सकता था।[21] सभी प्रकार के भोजन को दो वर्गों में विभाजित किया गया है–'कच्चा' एवं 'पक्का', जिनमें से पहले वाला भोजन ऐसा होता है जिसके पकाने में जल का उपयोग किया गया हो और बाद वाला भोजन बिना जल मिलाए मात्र घी में पकाया गया हो। ''एक नियम के रूप में कोई भी व्यक्ति तब तक 'कच्चा' भोजन नहीं खाएगा जबतक इसे उसकी अपनी जाति के व्यक्ति के द्वारा तैयार न किया गया हो, जिसका वास्तविक व्यवहार में अर्थ होता है कि वह व्यक्ति उसके अपने अंतर्विवाही समूह का सदस्य हो, फिर चाहे वह जाति अथवा उप–जाति का हो, अथवा अन्यथा रूप से उसके ब्राह्मण 'गुरू' अथवा आध्यात्मिक मार्गदर्शक हो।''[22] परंतु व्यवहार

में अधिकांश जातियों को ब्राह्मणों से 'कच्चा' भोजन स्वीकार करने में कोई आपत्ति प्रतीत नहीं होती।[23] कोई भी ब्राह्मण किसी अन्य जाति से कच्चा भोजन नहीं स्वीकार कर सकता; बल्कि, उनमें से कुछ, जैसे कनौजिया ब्राह्मण, इन प्रतिबंधों को लेकर इतने पाबन्द हैं कि एक कहावत में कह दिया गया है–'तीन कनौजियों को तेरह चूल्हों से कम की आवश्यकता नहीं होती'।[24] जहाँ तक 'पक्का' भोजन की बात है, इसे किसी भी ब्राह्मण के द्वारा मात्र कुछ जातियों के हाथों ही स्वीकार किया जा सकता है। हालांकि, कुल मिलाकर, जैसा कि ई.ए. ब्लंट ने कहा है, ''किसी भी जाति की सामाजिक स्थिति और इसके भोजन पकाने सम्बन्धी निषेधों की गंभीरता के बीच कोई सम्बन्ध नहीं है''; क्योंकि उत्तर–प्रदेश की 76 जातियों में से 36 जातियाँ मात्र अपनी जातियों के सदस्यों के अलावा किसी भी अन्य जाति से 'कच्चे' भोजन को स्वीकार नहीं करतीं।[25]

कुछ जातियों द्वारा स्पर्श भर से प्रदूषित कर देने की शक्ति सम्बन्धी विचार उत्तर भारत में उतने अधिक विकसित नहीं हैं जितने कि दक्षिण भारत में। यह विचार, कि अशुद्धता मात्र किसी अछूत की छाया अथवा उसके एक निश्चित दूरी तक समीप आने भर से संचारित की जा सकती है, हिन्दुस्तान में प्रचलित नहीं प्रतीत होता। किसी भी उच्च–जाति का हिन्दू किसी चमार, अथवा डोम को स्पर्श नहीं करेगा; और अत्यधिक निचली जातियों में से कुछ इस आचरण के सम्बन्ध में स्वयं ही बहुत कठोर हैं। इस प्रकार, ''बँसफोर एवं बसोर, जोकि डोम जाति की अपनी शाखाएं हैं, न तो किसी डोम का स्पर्श करेंगी और न ही किसी धोबी का, जबकि बसोर, नवधनाढ्यता की समस्त असहिष्णुता के साथ, इस आपत्ति को मुसाहर, चमार, धरकार एवं भंगियों तक ही लागू करते हैं।''[26]

बंगाल में, जातियाँ दो मुख्य समूहों में विभाजित हैं: (1) ब्राह्मण, और (2) शूद्र। दूसरे वर्ग को पुनः चार उप–वर्गों में विभाजित कर दिया गया है, जो भोजन और पानी के सम्बन्ध में उनकी स्थिति को इंगित करते हैं, जैसे (क) सत्–शूद्र समूह में कायस्थ एवं नाबाशाख जैसी जातियों को शामिल किया जाता है; (ख) इसके बाद जलचारणीय–शूद्रों का क्रम आता है जो ''ऐसी जातियाँ होती हैं जो तकनीकी रूप से नाबाशाख समूह से सम्बन्धित नहीं होतीं, जिनसे ब्राह्मण एवं उच्च जातियों के सदस्य जल ग्रहण कर सकते हैं''; (ग) तदोपरांत, जलाब्याभाआर्य–शूद्रों का स्थान है, जो ऐसी जाति है जिसके हाथों से ब्राह्मण जल नहीं ग्रहण कर सकते; (घ) अंतिम क्रम है अस्पर्शीय–शूद्रों का, ऐसी जातियाँ जिनका स्पर्शमात्र इतना अशुद्ध है कि वह गंगाजल को भी अपवित्र कर सकता है, और इसीलिए उनसे संपर्क करने से अवश्य ही बचा जाना चाहिए। इस प्रकार से वे अछूत हैं।[27] भोजन के मामले में पश्चिम बंगाल हिन्दुस्तान से मिलता–जुलता है, मात्र इस मामले को छोड़कर कि बंगाल में कुछ लोग ऐसे हैं जो ब्राह्मण के हाथों से भी 'कच्चा' भोजन स्वीकार नहीं करेंगे। 'पक्का' भोजन सामान्य रूप से न केवल अपनी जाति के लोगों से अथवा किसी उच्च–जाति के व्यक्ति से ग्रहण किया जा सकता है, बल्कि इसे किसी हलवाई वर्ग, जैसे कि मायरा अथवा हलवाई आदि से भी ग्रहण किया जा सकता है।[28] जहाँ तक अछूतों की स्थिति का सम्बन्ध है, निम्नलिखित प्रेक्षण एक स्पष्ट विचार प्रदान कर सकता है। ''यहाँ तक कि यदि कोई निम्न जाति का व्यक्ति किसी कुएँ से जल निकाल ले तो कुआँ भी प्रदूषित हो जाता है, परंतु बहुत कुछ जल निकालने के लिए प्रयोग में लाए गए बर्तन तथा उस कुएँ पर निर्भर करता है जिससे जल निकाला गया हो। एक राजगीर निर्मित कुआँ इतनी आसानी से अशुद्ध नहीं होता जितना कि हस्तनिर्मित पाइपों से बना कुआँ, और यदि यह चौड़ाई में साढ़े–तीन हाथ से अधिक हो ताकि इसमें कोई एक गाय अंदर घूम सकती हो, तो इसका उपयोग बिना किसी अशुद्धि के सर्वाधिक निम्न जातियों के द्वारा भी किया जा सकता है.........।'' कुछ जातियों को इतने गंदे होने के रूप में देखा जाता है कि वे बड़े मंदिरों के आँगन में भी प्रवेश नहीं कर सकतीं। इन जातियों को गाँव के बाहरी हिस्सों में आत्मनिर्भर रहते हुए जीवनयापन करना पड़ता है।[29]

पूर्वीय एवं दक्षिणी बंगाल[30] में तथा गुजरात तथा संपूर्ण दक्षिण भारत में अपनी खुद की जाति के किसी सदस्य के अलावा किसी अन्य से भोजन की स्वीकार्यता अथवा अन्य मामले में भोजन के 'कच्चा' अथवा किसी अन्य रूप में होने सम्बन्धी किसी प्रकार का अंतर मौजूद नहीं है। सामान्यतौर पर कहा जाए तो गुजरात[31] तथा दक्षिण भारत में कोई भी ब्राह्मण किसी ब्राह्मण के अलावा किसी भी अन्य जाति से जल ग्रहण करने, और उससे भी कम, पकाए गए भोजन को स्वीकार करने की नहीं सोचता, और अन्य समस्त जातियाँ अथवा जातियों के समूह किसी भी ऐसी जाति से पके हुए भोजन को स्वीकार न करने के सिद्धांत का पालन करते हैं जो सामाजिक पैमाने पर उससे

नीची हो। यह नियम जल स्वीकार करने में उतनी ही कठोरता के साथ लागू नहीं होता। पुनः, एक नियम के रूप में, कोई भी निम्न जाति किसी उच्च जाति से पके हुए भोजन को स्वीकार करने में झिझक का अनुभव नहीं कर सकती। अतः, सभी जातियाँ ब्राह्मणों द्वारा पकाए गए भोजन को स्वीकार करती हैं।

कुछ जातियों के द्वारा उच्च–जातियों के सदस्यों को सूचित प्रदूषण का सिद्धांत गुजरात में ही अधिक प्रचलित है। सिद्धांततः, अपनी जाति से नीची जाति के किसी सदस्य के द्वारा किया गया स्पर्श उच्च–जाति के किसी व्यक्ति को अशुद्ध कर देता है; परंतु वास्तविक व्यवहार में इस नियम का पालन कठोरतापूर्वक नहीं किया जाता। मराठा प्रदेश में यदि किसी अछूत की छाया किसी उच्च–जाति के सदस्य पर पड़ जाए तो यह उसे अशुद्ध करने के लिए पर्याप्त होती है। मद्रास में, विशेषतौर पर मालाबार में, इस सिद्धांत का और अधिक विस्तार कर दिया गया है ताकि कुछ जातियों को स्वयं तथा ब्राह्मण एवं अन्य जातियों के बीच सदैव ही एक निर्धारित दूरी बनाए रखनी चाहिए ताकि वे अशुद्ध न हो सकें। इस प्रकार, तमिलनाडु के ताड़ी निकालने वाले शानार किसी भी ब्राह्मण के 24 कदम से अधिक नजदीक चले जाने पर उसे दूषित कर सकते हैं।[32] केरल के लोगों के बीच एक नायर नम्बूदरी ब्राह्मण के निकट जा सकता है किन्तु उसे उसका स्पर्श कतई नहीं करना चाहिए; जबकि तियान जाति के व्यक्ति को ब्राह्मण से स्वयं को 36 कदम दूर रखना अनिवार्य है, और पुलायन व्यक्ति को उसके 96 कदमों की दूरी के अंदर नहीं आना चाहिए।* किसी भी तियान को किसी नायर से 12 कदम अवश्य ही दूर रहना चाहिए, जबकि कुछ जातियाँ तियान के निकट जा सकती हैं, यद्यपि उन्हें उसका स्पर्श बिल्कुल नहीं करना चाहिए। पुलायन जाति के व्यक्ति को हिन्दू जातियों में से किसी के भी निकट नहीं आना चाहिए। अशुद्धता से सम्बन्धित नियम बहुत कठोर हैं जिन्हें ब्राह्मणों को छोड़कर सभी के द्वारा पालन करने की अपेक्षा की जाती है, और यह कि ब्राह्मण किसी शूद्र के आवास के अड़ोस–पड़ोस के अंदर स्नान भी नहीं करेगा।[33] सामान्यतः, वे धोबी और नाई, जो ग्रामीणों को सेवा प्रदान करते हैं, अशुद्ध और अछूत जातियों को अपनी सेवाएं नहीं प्रदान करेंगे। ''यहाँ तक कि एक आधुनिक ब्राह्मण चिकित्सक, जो किसी शूद्र की नब्ज देख रहा हो, पहले मरीज की कलाई पर रेशम के एक छोटे से टुकड़े को लपेट देता है ताकि वह उसकी त्वचा के स्पर्श से अशुद्ध न होने पाए।''[34]

(4) *विभिन्न वर्गों की नागरिक एवं धार्मिक अयोग्यताएं एवं विशेषाधिकारः* किसी भी गाँव में अलग–अलग जातियों अथवा जातियों के समूहों का पृथक्करण नागरिक विशेषाधिकारों एवं अयोग्यताओं का सर्वाधिक स्वाभाविक चिह्न होता है, और यह कमोबेश किसी न किसी निश्चित स्वरूप में संपूर्ण भारत में प्रचलित रहा है। रीति–रिवाज सम्बन्धी शुद्धता एवं अस्पृश्यता के मामले के समान ही दक्षिण भारत इन नियमों की कठोरता के मामले में भी बिल्कुल अलग रहा है। उत्तर भारत में सामान्यतः, मराठा देशो में और, जैसा कि प्रतीत होता है, कभी–कभी तेलुगु और कन्नड़ क्षेत्रों में मात्र अशुद्ध जातियाँ ही हुआ करती है जिन्हें पृथक्कृत कर दिया जाता है और गाँव के बाहरी हिस्से में रहने के लिए बाध्य किया जाता है। गुजरात के कुछ भागों को छोड़कर ऐसा नहीं प्रतीत होता कि जातियों के अन्य समूहों के पास उन्हें आंबटित किए गए शहर अथवा गाँव के विशिष्ट भाग हुआ करते थे। तमिलनाडु एवं मलयाली क्षेत्रों में अलग–अलग भागों में प्रायः अलग–अलग जातियों का कब्जा हुआ करता था अथवा कभी–कभी गाँव को तीन भागों में बाँट दिया जाता थाः एक भाग, जिसपर गाँव की प्रमुख जाति अथवा ब्राह्मणों का कब्जा होता था, दूसरा, जिसे शूद्रों को आबंटित किया जाता था और तीसरा, जो पंचमों अथवा अछूत लोगों के लिए आरक्षित रहता था। रामनाड जिले के एक गाँव में, मुख्य हिस्से पर नायकरों, गड़ेरियों, शिल्पकारों, धोबियों, तथा नाईयों का कब्जा है जो गाँव के उत्तर–पूर्वीय कोने में रहने वाले एक समूह का गठन करते हैं, जबकि अछूत लोग अपना कामकाज उत्तर–पश्चिमी एवं दक्षिण–पूर्वीय कोनों में संपन्न करते हैं।[35] त्रिचनापल्ली जिले में गाँवों में मकान सड़कों पर व्यवस्थित रूप से बने हैं। ''ब्राह्मण, शूद्र तथा पंचमों के घर अलग–अलग हैं, और इन सबके अंत में पल्लान, पाराइयान एवं चक्कीलियान अलग–अलग सड़कों पर निवास करते हैं।''[36] मद्रास में, पल्ली अथवा किसान अलग मकानों में निवास करते हैं जिन्हें

* दूरियों के कुछ भिन्न–भिन्न पैमानों के लिए कृपया एम.एस.ए. *राव'स चेंज इन मालाबार*, 1957, पृष्ठ 21 देखें।

"विशिष्ट रूप से पल्लीतेरू नाम से जाना जाता है।"[37] कभी–कभी, जैसा कि बेल्लारी जिले में है, मडिगा जैसे अछूत लोगों, जिन्हें पृथक्करण के लिए छाँट कर अलग कर दिया गया है, को छोड़कर अन्य समस्त जातियाँ एक–दूसरे के अत्यंत नजदीक ही निवास किया करती हैं।[38] मराठा देश के कुछ भागों में जातियों को गाँव में अलग–अलग निवास आबंटित कर दिए गए हैं जिन्हें जाति के नामों से सम्बोधित किया जाता है: ब्राह्मण–आलि, अथवा बाड़ा, प्रभु–आलि, सोनार–आलि इत्यादि। दलित वर्ग, जैसे माँग, महार इत्यादि को गाँवों के बाहर रहने हेतु बाध्य किया जाता है।[39]

दक्षिण भारत में कस्बे अथवा गाँव के कुछ भाग कुछ जातियों के प्रवेश हेतु प्रतिबंधित होते हैं। त्रावणकोर में वाइकाम में कतिपय सड़कों पर अशुद्ध जातियों के द्वारा स्वच्छन्द पहुँच हासिल करने के लिए किए गए आंदोलनों ने इन जातियों की अयोग्यताओं में से कुछ के प्रति स्पष्ट राहत प्रदान कर दी है। ऐसा दर्ज किया गया है कि मराठाओं एवं पेशवाओं के शासन के अधीन महारों एवं माँगों को दोपहर 3:00 बजे के बाद तथा प्रातः 9:00 बजे के पहले पुणे के द्वारों को अंदर आने की अनुमति नहीं थी क्योंकि प्रातः 9:00 बजे और दोपहर 3:00 बजे के बीच में शरीर की छाया सबसे अधिक लंबी हो जाती है जिसके किसी उच्च–जाति, विशेषतौर पर किसी ब्राह्मण, के शरीर पर पड़ जाने से वह अशुद्ध हो सकता है।[40] हालांकि, दक्षिण द्रविड़* में ब्राह्मणों के प्रभुत्व वाली भूमि में गाँव के किसी भी हिस्से तक पहुँच रखने के ब्राह्मणों के अधिकार प्रतिबंधित थे। यह भली–भांति ज्ञात है कि ऐसे किसी गाँव, जिसे ब्राह्मण को उपहार में दिया गया हो, में पारायर जाति के लोगों को ब्राह्मण घरों में प्रवेश की अनुमति नहीं थी; परंतु अनेकों विद्यार्थियों को यह ज्ञात नहीं है कि पारायर लोग किसी ब्राह्मण को अपनी सड़क से गुजरने की अनुमति नहीं दिया करते थे; यहाँ तक कि यदि कोई उनके घरों में प्रवेश कर भी जाता था तो वे उसका स्वागत गाय के गोबर मिश्रित जल से किया करते थे। मैसूर में ब्राह्मण मानते हैं कि यदि वे किसी गाँव के होलेयाओं (अछूतों) के घरों से बिना छेड़े गए गुजरने में सफल हो जाएं तो उनकी प्रतीक्षा महान भाग्य के द्वारा की जा रही होती है।"[41] संपूर्ण भारत में, अशुद्ध जातियों द्वारा गाँवों के उन कुओं से जल निकालने पर प्रतिबंध है जिनका उपयोग अन्य जातियों के लोगों के द्वारा किया जा रहा हो। मराठा देश में महार, जो अछूतों में से एक जाति है, सड़क पर इसलिए नहीं थूक सकती क्योंकि एक शुद्ध जातीय हिन्दू का पैर यदि उससे छू जाता है तो वह दूषित हो जाता है, और इससे बचने के लिए उसे एक मिट्टी का पात्र को अपने गले से लटकाकर रखना होता है जिसमें वह थूक सके। इसके अलावा, उसे अपने साथ काँटेदार पेड़ की शाखा रखनी होती थी जिससे वह अपने पद्चिह्नों को साफ कर सके और यदि कोई ब्राह्मण वहाँ से गुजर रहा हो तो भूमि पर दंडवत करते हुए एक निश्चित दूरी पर लेट जाए, ताकि उसकी गंदी छाया उस पवित्र ब्राह्मण को अशुद्ध न करने पाए।[42] पंजाब में, जहाँ नजदीकियत से होने वाले प्रदूषण से सम्बन्धित प्रतिबंध भारत के अन्य भागों की अपेक्षा बहुत कम कठोर रहे हैं, एक मेहतर से अपेक्षित था कि वो बड़े शहरों की सड़कों से गुजरते समय अपने मेहतर होने के एक प्रतीक के रूप में या तो अपने हाथों अथवा अपनी काँख में एक झाड़ू दबाए रखे और उसे अपनी प्रदूषणकारी मौजूदगी से लोगों को आगाह करने के लिए आवाज लगाते रहना चाहिए।[43] सार्वजनिक लागतों से संचालित करने वाले स्कूल व्यवहारिक तौर पर चमार तथा महार जैसी अशुद्ध जातियों के लिए बंद रहा करते हैं। "स्कूलों में शिक्षक तथा शिष्य दोनों ही निम्न जातियों के लड़कों को कक्षाओं में बैठना अत्यंत कठिन बना देते हैं।"[44] गुजरात में, दलित जातियों को अपनी पहचान के चिह्न के रूप में सींगे धारण करनी होती थी।[45] पेशवाओं के द्वारा अपनी डायरियों में दर्ज किए गए कुछ निर्णयों से कोई भी मराठा देश की जातियों में से कुछ की अयोग्यताओं के सम्बन्ध में कुछ विचार बना सकता है। शासकों ने कुम्हारों के उन दावों को मान्य किया था, जिसका बढ़ईयों के द्वारा विरोध किया गया था कि वे अपने वैवाहिक जुलूसों को घोड़े की सवारी पर निकाल सकते हैं, और लिंगायतों के विरुद्ध ठठेरों के भी दावों को भी मान्यता प्रदान की थी कि वे सार्वजनिक मार्गों से जुलूस ले जा सकते हैं।[46]

द्रविड़ भारत में निम्न जातियों की अयोग्यताएं इन बातों को निर्धारित करने तक बढ़ चुकी थी कि उन्हें अपने मकान किस प्रकार के बनाने चाहिए और उसके निर्माण में किन सामग्रियों का उपयोग करना चाहिए। पूर्वीय एवं

---

* यहां विशेषरूप से तमिलनाडु की बात की जा रही है

पश्चिमी तटवर्ती इलाकों के शानारों एवं एझावाओं, जैसे ताड़ी निकालने वालों, को एक मंजिल से ऊँचे मकान को बनाने की अनुमति नहीं थी।[47] मालाबार में, घरों को उनमें रहने वालों की जातियों के अनुसार अलग–अलग नामों से सम्बोधित किया जाता है; और नीची जातियों के लोग अपने घरों को नम्बूदरी ब्राह्मणों की उपस्थिति में 'गोबर के ढेर' के अलावा किसी और प्रशंसापूर्ण नाम से सदंर्भित करने का दुस्साहस नहीं कर सकते।[48]

मालाबार एवं पूर्वीय तट के ताड़ी निकालने वाले, एझावा और शानार लोगों को छतरी लेकर चलने, जूते अथवा स्वर्णाभूषण पहनने, गाय दुहने अथवा यहाँ तक कि देश की सामान्य भाषा का प्रयोग करने तक की अनुमति नहीं थी।[49] मालाबार में, अकेले ब्राह्मणों को ही कछुए के आकार में निर्मित तख्तों पर बैठने की अनुमति थी, और यदि किसी अन्य जाति का कोई सदस्य ऐसे आसन का उपयोग कर लेता था तो उसे मृत्युदंड का भागी होना होता था।[50] ब्राह्मणों को छोड़कर अन्य सभी जातियों के सदस्यों को अपने शरीर में कमर से ऊपर के भाग को ढँकना स्पष्ट रूप से प्रतिबंधित था।[51] महिलाएं यदि तियान अथवा अन्य निम्न जातियों से सम्बन्ध रखती हों, तो उनके मामले में भी, 1865 तक, उनका कानूनी दायित्व था कि वे अपने शरीर के ऊपरी भागों को पूरा नंगा रखें।[52] पेशवाओं के अधीन स्वयं अपराध की प्रकृति के बजाए अपराधी की जाति के आधार पर दंड में व्यापक अंतरों को लागू किया गया था। कठोर परिश्रम और मृत्युदंड अधिकांशतः निम्न जातियों के अपराधियों को ही प्रदान किए जाते थे।[53]

तमिलनाडु में युगों से गैर–ब्राह्मण जातियों के बीच एक विभाजन रहा जो उनमें से अधिकांश को दो समूहों में विभाजित करता था। इन्हें दक्षिणहस्त जातियाँ और वामहस्त जातियाँ कहा जाता था। 'दक्षिण–हस्त' जातियाँ कुछ ऐसे विशेषाधिकारों का दावा करती थीं जिन्हें वो 'वाम–हस्त' जातियों को प्रदान करने से कठोरतापूर्वक इंकार करती थीं, जैसे जुलूसों के दौरान घोड़े की पीठ पर सवारी करना, प्रतीकों और कुछ उपकरणों को साथ लेकर चलना, तथा अपने शादी मंडपों को 12 खंभों पर टिकाना। वे जोर देते थे कि 'वाम–हस्त' जातियों को मंडप में 11 से अधिक खंभे नहीं खड़े करने चाहिए और न ही उन्हें उन प्रतीक उपकरणों को स्थापित करना चाहिए जो विशिष्ट रूप से 'दक्षिण–हस्त' जातियों के लिए थे।[54]

ब्राह्मणीय समारोहों को किसी एक रीति से संपन्न किया जाना होता था, और दो प्रकार की रीतियों को निर्धारित किया गया था: वैदिक एवं पौराणिक। वैदिक रीतियाँ वैदिक मंत्रों पर आधारित होती हैं और इन्हें अति–पवित्र माना जाता है, जबकि पौराणिक रीतियाँ अपेक्षाकृत कम पवित्रता के सूत्रों पर आधारित हैं, न कि स्पष्ट ज्ञान पर। वैदिक विद्या के सम्बन्ध में पवित्रता की यह भावना कितनी महान थी इसका अंदाजा इस बात से लगाया जा सकता है कि 1843 में एक ब्राह्मण प्रोफेसर ने बॉम्बे बोर्ड ऑफ एजूकेशन को एक पुस्तक को प्रकाशित न करने का परामर्श दिया था क्योंकि इसमें पाणिनि के व्याकरण से उद्धरणों को शामिल किया गया था, जिन्हें यदि प्रकाशित किया जाता तो वे अपवित्र हो जाते।[55] शूद्रों को स्वयं को पौराणिक रीतियों से ही संतोष करने हेतु कहा जाता है जबकि अशुद्ध जातियों के लिए, कोई भी ब्राह्मण, यदि वह एक छद्म–ब्राह्मण अथवा एक धर्मच्युत ब्राह्मण न हो, अनुष्ठान कदापि नहीं करवा सकता था। स्वामी माधवराव के कार्यकाल के दौरान पेशवा सरकार ने आदेश जारी किया था कि महार, जो *अतिशूद्र* थे, अपने वैवाहिक रीति–रिवाजों को किसी नियमित ब्राह्मण पुरोहित के द्वारा संपन्न नहीं करवा सकते थे। उन्हें स्वयं को अपनी जाति के पुरोहितों अर्थात् मेधे–महारों की सेवाओं से ही संतोष करने को कहा गया था।[56] पुनः, ऐसा मात्र शुद्ध शूद्रों के हाथों से ही हुआ करता था कि कोई ब्राह्मण किसी उपहार को ग्रहण कर ले जिसका प्रयोजन दानकर्ता की प्रतिभा को संग्रहित करना हो। मराठा देश में प्रभुओं जैसी उन्नत जातियों को वैदिक सूत्रों के अनुसार पवित्र रीति–रिवाजों को पूरा करने के अपने उन अधिकारों को स्थापित करना होता था जिनपर बाद में पेशवाओं की अवधि के दौरान प्रश्न खड़े किए जाते रहे थे।[57] कुछ धार्मिक संस्कारों को ब्राह्मणों के अलावा किसी अन्य जाति के द्वारा संपन्न नहीं किया जा सकता था। सर्वाधिक पवित्र साहित्य का अध्ययन शूद्रों के द्वारा नहीं किया जा सकता था। दक्षिण भारत में मात्र कुछ अपवादों को छोड़कर कोई भी जाति ब्राह्मणों के अलावा किसी अन्य पुरोहित को नियुक्त नहीं कर सकती थी। मद्रास के दस्तकार अपने ही पुरोहितों को नियुक्त करते प्रतीत होते थे; और मराठा क्षेत्र में सुनार जाति के लोगों ने पेशवा शासन के अंतिम चरण में अपनी जाति–भाईयों को ही अपना पुरोहित नियुक्त करने के अधिकार को स्थापित कर लिया था।[58] मंदिरों के सर्वाधिक अंदरूनी गुप्त

स्थानों में मात्र ब्राह्मण ही प्रवेश कर सकते थे, शुद्ध शूद्र तथा अन्य उच्च–जातियों वाले लोगों को पवित्र क्षेत्र से बाहर ही रुकना होता था। अशुद्ध जातियाँ, और विशेषतौर पर अछूत यहाँ तक कि मंदिर के बाहरी भाग के अंदर भी प्रवेश नहीं कर सकते थे लेकिन वे आँगनों तक जा सकते थे। दक्षिण मालाबार में, उच्च–जातियाँ तियान लोगों को अपने मृतकों का अंतिम संस्कार करने की अनुमति नहीं देती।[59]

कोई भी ब्राह्मण किसी ऐसे व्यक्ति के समक्ष नहीं झुकता जो ब्राह्मण न हो, परंतु अन्य लोगों को उसका अभिवादन करना आवश्यक है; और जब उसे किसी गैर–ब्राह्मण जाति के सदस्य के द्वारा अभिवादन किया जाता है तो वह मात्र एक आर्शीवाद उच्चारण करता है। विशेषतौर पर उत्तरी भारत में निम्न जातियों में से कुछ ब्राह्मणों के प्रति इस चरम सीमा तक सम्मान रखते हैं कि वे किसी ब्राह्मण की परछाई को नहीं काटते, और कभी–कभी तो अपना भोजन भी तब तक ग्रहण नहीं करते जब तक कि किसी ब्राह्मण के अँगूठे डुबोए जल का घूँट न पी लें। दूसरी ओर, ब्राह्मण अपनी श्रेष्ठता को लेकर इतने अधिक जागरुक हैं कि वे किसी शूद्र के घर में भगवान की मूर्ति के समक्ष भी झुकना नहीं चाहते।[60] ब्राह्मणों को राजा द्वारा संरक्षण दिए जाने वाले मामलों में सर्वाधिक महत्वपूर्ण विषय माना गया है, यहाँ तक कि राजा को ब्राह्मणों एवं गायों का रक्षक माना गया है, जबकि अन्य विषयों को इतना कम महत्वपूर्ण माना गया है कि उनका उल्लेख करने की आवश्यकता नहीं है।

मराठा देश में, 17वीं शताब्दी के प्रारंभ में महान उपदेशक रामदास ने लोगों के दिमाग में साझा मोहल्ले के बंधन पर आधारित एकता के विचार को उत्पन्न करने का प्रयास किया था। हालांकि, पेशवा–शासन (18वीं शताब्दी के उत्तरार्द्ध) की नवीनतम अवधि के दौरान यह आदर्श ऐसे रूढ़िवादी विचार में कमजोर हो गया जिसमें ब्राह्मणों का वर्चस्व था, राज्य के पास उनका परिपोषण करने से अधिक महत्वपूर्ण कोई दूसरा कार्य नहीं रह गया था।[61] हिन्दू शासकों के अधीन ब्राह्मणों ने राज्य के समुचित कामकाज के इस रूढ़िवादी सिद्धांत की ताकत पर दूसरों को अनुपलब्ध अनेकों आर्थिक विशेषाधिकारों को अपने लिए सुरक्षित कर लिया था, और शायद ऐसा और अधिक इसलिए भी हुआ था क्योंकि सभी महत्वपूर्ण पदों पर उनका कब्ज़ा था। इस प्रकार उपरोक्त अवधि के दौरान मराठा क्षेत्र में कोंकणस्थ ब्राह्मण लिपिकों ने अपने माल को कुछ शुल्कों से मुक्त कराने का विशेषाधिकार हासिल कर लिया था और उनकी आयातित मकई का परिवहन बिना किसी नौका–शुल्क के किया जाता था। देश के एक हिस्से के ब्राह्मण भू–धारकों की भूमि का मूल्यांकन अन्य वर्गों पर लगाए गए शुल्कों की अपेक्षा कम दरों पर किया जाता था। ब्राह्मणों को मृत्युदंड से छूट थी, और जब उन्हें किलों में कैद किया जाता था तो अन्य वर्गों की अपेक्षा उनके साथ अधिक उदारतापूर्ण व्यवहार किया जाता था।[62] फोर्ब्स निम्नलिखित प्रेक्षण करते हैं: ''जैसा कि भारत के अधिकांश भागों में है, त्रावणकोर के ब्राह्मणों ने स्वयं को यथासंभव दंड से मुक्त रखने की व्यवस्था की हुई थी; कम–से–कम, एक ही अपराध के मामले में अन्य जातियों की तुलना में उनकी सजाएं बहुत कम हुआ करती थीं।''[63] बंगाल में, भूमि की लगान (किराया) प्रायः ही कब्जाधारक की जाति के अनुसार अलग–अलग हुआ करता था।[64]

(5) *पेशे के अप्रतिबंधित विकल्प का अभावः* सामान्यतः कोई जाति अथवा सम्बद्ध जातियों के समूह आजीविकाओं में से कुछ को अपने वंशानुगत पेशे के रूप में मानते थे, जिसे किसी अन्य पेशे को अपनाने के लिए त्यागना उचित नहीं समझा जाता था चाहे वह कितना भी अधिक लाभदायक क्यों न हो। अतः, एक ब्राह्मण सोचता था कि उसके लिए पुजारी बनना ही सही है, जबकि एक चमार चमड़े का शोधन करना और जूते बनाने को ही अपना कर्तव्य माना करता था। ऐसा सामान्यतौर पर सच था, क्योंकि उस समय व्यापार, कृषि, खेतों में मजदूरी, तथा सेना में सेवा करना जैसे पेशों के समूह उपलब्ध थे जिन्हें किसी के भी द्वारा अपनाया जा सकता था, और अधिकांश जातियाँ उनमें से किसी को भी अपनाने की पात्र मानी जाती थीं।[65] शिल्पकारों के बीच, कमोबेश एक समान स्थिति वाले पेशे उनकी जातियों के सदस्यों के लिए बिना किसी प्रासंगिक मानभंग के खुले रहते थे। कोई भी जाति अपने सदस्यों को ऐसी किसी भी आजीविका अपनाने की अनुमति नहीं देती थी जो कि मानभंग करने वाला हो, जैसे ताड़ी निकालना और शराब तैयार करना, अथवा अशुद्ध कार्य, जैसे मैला साफ करना अथवा चमड़ा उतारना। यह किसी के भी जाति–भाई के लिए न केवल नैतिक प्रतिबंध और सामाजिक निगरानी होती थी जो किसी के भी द्वारा पेशे का चयन करने

पर एक प्रतिबंध का कार्य करती थी, बल्कि अन्य जातियों के द्वारा लगाए गए प्रतिबंध भी हुआ करती थी, जो कि अपनी ही जाति के लोगों के अलावा किसी अन्य जाति को उस आजीविका को अपनाने की अनुमति नहीं देती थी। ऐसे प्रतिबंधपूर्ण नियमों में से मात्र वे ही उपयोग में लाए जा रहे थे जिनका सम्बन्ध पुजारियों के पेशे से था, किसी भी गैर–ब्राह्मणकुलोत्पन्न व्यक्ति को पुजारी बनने की अनुमति नहीं थी। इन नियमों के प्रभाव यह थे कि आदिकालीन देवताओं के मंत्रीपदों को छोड़कर पुजारी के पेशे पर पूरी तरह से ब्राह्मणों का एकाधिकार था, जबकि उन्हें किसी भी ऐसे व्यापार अथवा आजीविका को अपनाते हुए देखा जाता था जो उनकी रुचि के अनुरूप हो और उन्हें दूषित करने वाली न हो। मराठा देश के कोंकणस्थ और देशस्थ ब्राह्मणों की बड़ी संख्या प्रत्येक प्रकार के पदों पर नियुक्ति प्राप्त करते हुए धर्मनिरपेक्ष पेशों को समर्पित थी, जिसमें गाँव का लेखपाल होना भी शामिल था।[66] मराठा उथल–पुथल के दौरान और उसके बाद ब्राह्मण बड़ी संख्या में हथियारों के पेशे में प्रवेश कर गए थे। भारतीय सैन्य–विद्रोह के पूर्व कनौजिया ब्राह्मण बड़ी संख्या में बंगाल की सेना में सिपाहियों के रूप में भर्ती हुआ करते थे।[67] बंगाल के रारही ब्राह्मणों में से कुछ ने मुस्लिम शासकों के अधीन नौकरी स्वीकार कर ली थी।[68] राजस्थान के कुछ ब्राह्मण अपने मारवाड़ी मालिकों की सेवा कर रहे थे।[69] बुकानन के अनुसार, निचले कर्नाटक में अधिकांश ब्राह्मणों ने राजस्व संग्रहण के विभिन्न कार्यालयों को लगभग पूरी तरह से भर दिया था और यहाँ तक कि वे संदेशवाहक का कार्य भी कर रहे थे।[70] ऐसा कहा जाता है कि मध्य भारत के हिन्दुस्तानी ब्राह्मणों की एक बड़ी आबादी व्यापार से जुड़ी हुई है।[71] तुलू देश के हविग ब्राह्मण हल पकड़ने के अलावा अन्य सभी प्रकार की कृषि सम्बन्धी मजदूरी किया करते थे।[72] उत्तर–प्रदेश के कनौजिया ब्राह्मणों के सम्बन्ध में यह दावा किया जाता है कि वे अपने हाथों से मिट्टी की जुताई किया करते थे, जबकि उस क्षेत्र के सनाढ्य ब्राह्मणों के लिए आजीविका का मुख्य साधन दुकानदारी और फेरी लगाना हुआ करता था।[73] राजस्थान में ब्राह्मण न केवल ऐसा परिश्रम करने का इच्छुक रहता है जो उसके खेत के लिए अनिवार्य हो, बल्कि वह अन्य अधिक भाग्यवान भू–धारकों के यहाँ भी मजदूरी करने को तैयार रहता है।[74] मद्रास में ब्राह्मण नागरिक, सार्वजनिक, तथा सैन्य सेवकों, व्यापारियों, किसानों, उद्योगपतियों और यहाँ तक कि मजदूरों के रूप में सामने आते हैं। ऐसा प्रतीत होता है कि अकबर के काल में भी ब्राह्मण व्यापार, खेती, अथवा सामान्यतौर पर अन्य लाभदायक व्यवसायों में संलिप्त थे।[76]

एक से अधिक जातियाँ खेती में संलिप्त रहती हैं। अतः, मद्रास में हमारे पास वेल्ला, पल्ली, अगामुदियान, तथा मलयाली उपलब्ध हैं।[77] जहाँ तक पाँच शिल्पकार जातियों का सम्बन्ध है, जिन्हें पंचाकल्सी के रूप में समूहीकृत किया गया है, ऐसा देखा गया है कि व्यक्तियों के लिए अपनी सामाजिक स्थिति में परिवर्तन किए बिना अथवा अंतर्विवाह के अधिकार को खोए बिना भी एक से दूसरे पेशे में जाना असंभव नहीं है।[78] महारों एवं चमारों जैसी अशुद्ध जातियों सहित अनेकों नीच जातियों के द्वारा बुनकरी का कार्य किया जाता है। यदि कोई भी जनसंख्या सम्बन्धी रिपोर्टों पर निगाह डाले, विशेषतौर पर 1901 की रिपोर्ट पर, तो उसे ऐसे समूह प्राप्त होते हैं जिन्हें एक अलग जाति के रूप में माना जाता है जो एक से अधिक प्रकार की आजीविकाओं को अपनाए हुए हैं। रसेल द्वारा की गई निम्नलिखित टिप्पणी इस दृष्टिकोण से अत्यधिक शिक्षाप्रद है। वो पाते हैं: "अनेकों जातियों के पास वही परंपरागत पेशे हैं; मध्य प्रांतों की 40 के लगभग जातियों को किसानों, 11 को बुनकरों, सात को मछुआरों इत्यादि के रूप में वर्गीकृत किया गया है।"[79] 1798 में, कोलेब्रुक ने लिखा थाः "रोज किए गए पर्यवेक्षण दर्शाते हैं कि यहाँ तक कि ब्राह्मण भी शूद्र के नीच पेशे का उपयोग कर रहे हैं। हमें मालूम है कि प्रत्येक जाति स्वयं को संघों अथवा समाजों में गठित कर लेती है, जिसमें आसपास की दूरियों पर निवास करने वाले उसी जाति के अनेकों लोग शामिल होते हैं, और यह कि ये संघ अथवा समाज स्वयं को विशिष्ट नियमों अथवा रिवाजों अथवा उप–नियमों द्वारा शासित करते हैं। परंतु, यद्यपि कि उनके उप–नियमों में बिना धार्मिक पूर्वाग्रहों के आधार वाले कुछ प्रतिबंध और सीमाएं पाई जाती हैं, तथापि इसे एक सामान्य सिद्धांत के रूप में देखा जा सकता है कि प्रत्येक जनजाति को निर्धारित पेशे को पसंद करने का अधिकार होता है। कुछ अपवादों को छोड़कर प्रत्येक पेशा हर प्रकार के व्यक्ति के लिए खुला हुआ है।"[80] जब इरविंग कहते हैं,[81] "यदि हम पुजारी को छोड़ दें तो किसी भी व्यक्ति के द्वारा अपनाई गई जीवन रेखा पर जाति का कोई अनिवार्य प्रभाव नहीं पड़ता," तो वह स्थिति का बयान बढ़ाचढ़ा कर

करते हैं, और बेन्स का निम्नलिखित प्रेक्षण सही स्थिति प्रस्तुत करता है–''पुनः, पेशा जो कि उत्तरवर्ती (जाति) के प्रति साझा है, परंपरागत होता है, और किसी भी प्रकार से अनिवार्य रूप से ऐसा नहीं होता जिसे समूह के सभी, अथवा अधिकांश, लोगों के द्वारा वर्तमान समय में अपनी आजीविका बनाया जाए।''[82]

(6) *विवाह पर प्रतिबंध:* अधिकांश समूह, जिनकी विशिष्टताओं का वर्णन मैंने ऊपर करने का प्रयास किया है, आगे अन्य उप–समूहों में विभाजित हैं जिसमें से प्रत्येक अपने सदस्य पर समूह के बाहर विवाह करने पर प्रतिबंध लगाता है। इस प्रकार प्रत्येक ऐसे समूह, जिन्हें लोकप्रिय तौर पर उप–जातियों के रूप में जाना जाता है, अंतर्विवाही हैं। अंतर्विवाह का यह कठोर सिद्धांत जातीय समाज का इतना अधिक प्रधान पहलू है कि किसी भी प्रख्यात समाजशास्त्री को अंतर्विवाह को ''जाति व्यवस्था के सारतत्व'' के रूप में स्वीकार करना होता है।[83] हालांकि, अपने ही समूह के अंदर विवाह करने के इस सामान्य नियम के कुछ अपवाद भी हैं जिसका कारण अनुलोम विवाह (अपने से उच्च–जाति में विवाह) की प्रथा है। पंजाब के कुछ हिस्सों में, विशेषतौर पर पर्वतीय क्षेत्रों में, उच्च–जाति का कोई भी पुरुष अपने से नीची जाति की कन्या को पत्नी बना सकता है, जबकि, मालाबार में, नम्बूदरी तथा अन्य ब्राह्मणों के छोटे पुत्र उन क्षत्रिय तथा नायर महिलाओं के साथ विवाह कर सकते हैं जिनमें मातृ–तंत्र प्रचलित हो। अंतरजातीय अनुलोम विवाह के इन मामलों को छोड़कर प्रत्येक समूह को अपनी सीमाओं के अंदर ही वैवाहिक गठबंधन करने होते थे। इस प्रथा के बाहर विवाह के मात्र वही मामले अधिकृत होते हैं जिन्हें मालाबार की शिल्पकार जातियों में से कुछ के बीच में अंतरजातीय विवाह की अनुमति प्राप्त है।[84] इस कानून का अतिक्रमण करने का दुःस्साहस करने वाले किसी भी व्यक्ति को उसकी अपनी ही उप–जाति से बहिष्कृत कर दिया जाएगा और इस बात में संदेह है कि उसे किसी अन्य सम्मानित जाति में स्थान प्राप्त हो सकेगा। उदारहण द्वारा स्पष्ट करने हेतु, किसी भी कोकणस्थ ब्राह्मण को मात्र कोकणस्थ ब्राह्मण परिवार में जन्मी कन्या से ही विवाह करना चाहिए, जबकि एक करहडा ब्राह्मण का करहडा ब्राह्मणों के बीच से ही अपना जीवनसाथी प्राप्त करना अनिवार्य है। सिद्धांत यह है कि विवाह की व्यवस्था अनिवार्य रूप से उसी समूह के अंदर की जानी चाहिए जिसे सर्वाधिक प्रभावी रूप से स्वयं उसी व्यक्ति का समूह माना जाता हो। यदि इस नियम का उल्लंघन किया जाता है तो समूह की सदस्यता से बहिष्करण एक सामान्य दंड है जिसे कि अपराधी पक्ष को भुगतना होता है। गुजरात में जिन इकाईयों के अंदर वैवाहिक गठबंधन करने आवश्यक हैं, वे प्रायः मराठी क्षेत्र की तथाकथित उप–जातियों की तुलना में बहुत छोटी हैं। उदाहरण के लिए, बनियों, जो एक व्यापारी जाति है, के बीच मात्र श्रीमाली, पोरवाल एवं मोढ इत्यादि का विभाजन है; परंतु इसमें आगे और उप–विभाजन भी हैं जैसे दसा पोरवाल और बीसा पोरवाल।[85] मामला यहीं समाप्त नहीं होता। दसा लोगों को आगे सूरत अथवा मुम्बई के दसा लोगों, जहाँ से भी उनका सम्बन्ध हो, के साथ ही वैवाहिक अनुबंध करना आवश्यक होता है। जब ये समूह इतने अधिक उप–विभाजित हैं तो सर्वाधिक छोटी इकाई के संदर्भ में सगोत्र विवाह के नियम के अतिक्रमण के लिए दंड अपराधी पक्षों के बहिष्करण तक ही सीमित नहीं है बल्कि उन्हें पीड़ित समूह को संतुष्ट भी करना होता है।

सगोत्र विवाह को किसी भी जाति की प्रमुख विशेषता माना जाना तथाकथित उप–जातियों को वास्तविक जातियाँ मानने जैसा है। गैट[86] जातियों की स्थिति को उप–जातियों तक ले जाने की इस प्रक्रिया के विरुद्ध दो कारण प्रस्तुत करते हैं, जैसे, यह ''इस विषय पर स्थानीय भावना के विपरीत'' होगा, और ''व्यवहार में अत्यधिक असुविधाजनक होगा, क्योंकि इससे जातियों की भ्रमित करने वाली बहुलता उत्पन्न हो जाएगी।'' जहाँ तक दूसरी आपत्ति का सम्बन्ध है, हम आसानी से इसे नजरअंदाज कर सकते हैं, क्योंकि इसका सम्बन्ध मात्र एक प्रशासनिक कठिनाई से जुड़ा हुआ है। जहाँ तक किसी जाति में किसी उप–जाति को उत्पन्न करने के विरुद्ध भारतीय भावना का सम्बन्ध है, यह अवश्य ही स्पष्ट कर दिया जाना चाहिए कि, सर्वश्रेष्ठ रूप से, यह इस समस्या के मात्र एक पहलू का प्रतिनिधित्व है; क्योंकि यदि, मैं स्वयं को मराठा देश तक ही सीमित रखूँ, तो एक सारस्वत ब्राह्मण को बाहरी लोग सारस्वत के रूप में जानते हैं, जबकि किसी सारस्वत को वह शेनवी अथवा साश्तिकर अथवा पेडनेकर के रूप में बेहतर ज्ञात होता है। सामान्यतौर पर उल्लेख करने पर, यद्यपि यह जाति ही होती है जिसे व्यापक तौर पर समाज द्वारा मान्यता प्रदान की जाती है, तथापि यह उप–जाति होती है जिसे किसी जाति विशेष तथा व्यक्ति

के द्वारा मान्यता दी जाती है। मुख्यतः, यह दूसरों के प्रति उदासीनता है, इस प्रकार भारतीय व्यवस्था की विशेषता है जो इस दृष्टिकोण के लिए उत्तरदायी है। किसी भी ब्राह्मण के लिए अधिकांश अन्य लोग शूद्र होते हैं, चाहे वे कितनी भी उच्च अथवा निम्न स्थिति वाले क्यों न हों; और संस्कृति के मामले में ब्राह्मणों से मिलती–जुलती दो अथवा तीन जातियों को छोड़कर शेष आबादी, अशुद्ध जातियों और कुछ विशिष्ट समूहों को छोड़कर, कुलवाडी अथवा शूद्र होती हैं, जो शारीरिक श्रम करने वाले लोगों के लिए एक जातिगत शब्द है। उच्च–जातियों को बिहार में अशरफिन,[87], बंगाल में भद्रलोक, अथवा महाराष्ट्र में पँढार–पेशे के रूप में एक साथ समूहीकृत किया गया है। आगे, यदि हमें अपने विश्लेषण में अपने मार्गदर्शक के रूप में कुछ प्रकार की भारतीय भावनाओं को शामिल करना है, तो, इस मामले पर रूढ़िवादी सिद्धांत के अनुसार वर्तमान युग में ऐसी मात्र दो अथवा अधिक से अधिक तीन जातियाँ हैं जिनके बीच हमें किसी भी बड़े भाषाई प्रांत की संपूर्ण जनसंख्या को दो जातियों में विभाजित करना होगा, जो ब्राह्मण और शूद्र हैं, अथवा अधिक से अधिक तीन, जिनमें क्षत्रियों के अस्तित्व को अनिच्छापूर्वक स्वीकार किया जाता है। निःसंदेहात्मक रूप से, जाति के किसी भी वैज्ञानिक छात्र (यहाँ तक कि स्वयं गैट भी नहीं) ने इस मामले पर भारतीय मत का अनुसरण करने का प्रस्ताव किया है। समाजविज्ञान की दृष्टि से किसी भी संस्था के सही विचार प्राप्त करने हेतु इस बात के पर्याप्त कारण मौजूद हैं कि हमें उप–जातियों को वास्तविक जातियों के रूप में मान्यता क्यों प्रदान कर देनी चाहिए। जाति समाज की अभी तक चर्चा की गई विशेषताओं में से तीन पूरी तरह से जाति से सम्बन्धित हैं; किसी भी उप–जाति में पदानुक्रम में स्थिति जाति की स्थिति पर निर्भर करती है, जिसके आधार पर विभिन्न नागरिक एवं धार्मिक अधिकार एवं अयोग्यताएं तय होती हैं, और परंपरागत पेशे का निर्धारण जाति की प्रकृति के द्वारा किया जाता है। उप जातियों से सम्बन्धित तीन अन्य विशेषताएं, जो एक प्रभावी सामाजिक जीवन के दृष्टिकोण से किसी समूह पर विचार करने में महत्वपूर्ण हैं, इस प्रकार हैं–वे जो साम्प्रदायिक जीवन को विनियमित करती हैं और भोजन, सामाजिक सहक्रियाओं तथा सगोत्र विवाह आदि के सम्बन्ध में नियमों का निर्धारण करती हैं। पंचायत अथवा जातीय परिषद्, जो समूह के नैतिक एवं आर्थिक नियमों को लागू करवाने सम्बन्धी न्यायाधिकरण होता है, के मामले में उप–जातियों के पास सामान्यतः अपनी स्वयं की परिषदें होती हैं। पंजाब में, शिल्पकारों तथा नीची जाति वालों को छोड़कर सभी जातियों में मामला ऐसा ही है। ''जहाँ उप–विभाजन बहुत स्पष्ट रूप से परिभाषित नहीं है, अथवा जहाँ संपूर्ण जाति की संख्यात्मक शक्ति कमजोर है, वहाँ संपूर्ण जाति के लिए एक ही शासी संस्था होती है।''[88] बंगाल में उप–जाति का निम्नलिखित विवरण उस कार्य को स्पष्ट रूप से सामने रखता है जिसका उल्लेख मैंने विशेषतौर पर इसके सम्बन्ध में किया है। ''लगभग प्रत्येक जाति छोटे–छोटे समूहों में विभाजित है जो मात्र अपने अंदर ही विवाह करते हैं। सामान्यतः, ये समूह एकसाथ भोजन नहीं करेंगे और प्रायः वे एक–दूसरे से पानी तक नहीं लेंगे अथवा एक ही हुक्के से धूमपान भी नहीं करेंगे.......। इन अंतर्विवाही समूहों को सामान्यतः उप–जातियों के रूप में जाना जाता है। प्रत्येक उप–जाति अपने मामलों का प्रबंधन दूसरों से पूरी तरह स्वतंत्र रहते हुए स्वयं ही करती है, और नीची जातियों के मामले में प्रत्येक की अपनी खुद की *पंचायत* अथवा स्थाई समिति होती है, जिसके द्वारा समस्त सामाजिक प्रश्नों पर निर्णय किया जाता है।''[89] उत्तर–प्रदेश में ये उप–जातियाँ ही हैं जो सामाजिक संगठन की इकाई का गठन करती हैं, और इसीलिए अपने मामलों की देखभाल के लिए इनके पास अपनी परिषदें होती हैं जो दूसरी उप–जातियों की समान परिषदों की भांति ही पूरी तरह से स्वतंत्र होती हैं।[90] इसके अलावा, अंतर्विवाही समूह में एकसाथ भोजन करना और एकसाथ मदिरापान करना प्रतिबंधित है।[91] मध्य प्रांत के सम्बन्ध में रसेल पाते हैं[92]: ''इस व्यवस्था की वास्तविक इकाई तथा भारतीय समाज के तानेबाने का आधार यही अंतर्विवाही समूह अथवा उप–जाति है।'' यद्यपि इस समूह को सामान्यतः किसी भी व्यक्ति की अपनी जाति के बाहर बहुत कम जाना जाता है, फिर भी ये उप–जाति के सदस्य ही होते हैं जो ''विवाहों, अंतिम संस्कारों एवं जातीय पंचायतों (उप–जाति) के अवसरों पर आयोजित सामुदायिक दावतों'' में भाग लेते हैं। मद्रास के जनसंख्या संचालक की यह टिप्पणी कि यह एक छोटा अंतर्विवाही उप–विभाजन है ''जो वास्तविक जातियों के समस्त सामाजिक प्रयोजनों के लिए है''[93] की संपुष्टि एफ.जे. रिचर्ड्स के द्वारा सालेम जिले के मामले में की गई है जब वो पाते हैं किः ''हिन्दू समाज की इकाई यही

अंतर्विवाही समूह अथवा उप–जाति है।''[94] शेरिंग के द्वारा दिया गया किसी हिन्दुस्तानी जाति की उप–जाति का विवरण इस बात को स्पष्ट कर देगा। वो हिन्दुस्तान की बढ़ई जाति के सम्बन्ध में पाते हैं कि इसकी सात उप–जातियाँ ''एक–दूसरे से इतनी अलग हैं कि वे परस्पर किसी प्रकार की प्रत्यक्ष सामाजिक सहक्रिया नहीं करते, न तो विवाह द्वारा, अथवा न ही साथ खाने अथवा धूमपान करने के द्वारा।''[95] इसके अलावा, उप–जातियों में से कुछ में उनके सांस्कृतिक मदों में इतनी अधिक भिन्नता है, जैसा कि वेल्लालों के बीच का उदाहरण है, कि समस्त उप–विभाजनों पर लागू होने वाले वैवाहिक तथा अन्य रीति–रिवाजों का सामान्य विवरण दिया जाना संभव ही नहीं है। उनमें से कुछ जहाँ तलाक और पुनर्विवाह की स्वतंत्रता तथा यहाँ तक कि बहुपति प्रथा तक को मान्यता प्रदान करते हैं, वहीं दूसरे कठोरतापूर्वक ब्राह्मणवादी नियमों का अनुसरण करते हैं।[96] गैट की यह टिप्पणी कि ''एक नियम के रूप में अलग–अलग उप–जातियों के सदस्यों के बीच अंतरविवाह का निषेध उतना अधिक कठोर नहीं है जितना कि यह अलग–अलग जातियों के सदस्यों के बीच के विवाह के लिए है, और जब इस नियम को भंग किया जाता है तो दंड सामान्यतः बहिष्करण नहीं होता, बल्कि एक प्रकार का प्रायश्चित किया जाना होता है, जिसके बाद दोनों सम्बन्धित जातियों में से उच्च–जाति के सदस्य, और संभवतः उसके माता–पिता, निचली जाति में स्थान ग्रहण कर लेते हैं,''[97] को एक ऐसे ठोस कारण के रूप में प्रस्तुत किया जा सकता है कि उप–जातियों को किसी जाति की अधीनस्थ क्यों माना जाना चाहिए। यहाँ, यह अवश्य ही स्पष्ट कर दिया जाना चाहिए कि कम–से–कम उत्तर–प्रदेश में ''उप–जातीय अंतरविवाह के उल्लंघन के लिए दंड को उतना ही कठोर होना होता है जितना कि जातीय–अंतरविवाह के उल्लंघन के लिए'', और यह कि, यद्यपि उप–जातीय सहभोज खाने से सम्बन्धित नियमों के उल्लंघन के लिए दंड अलग–अलग जातियों में अलग–अलग होता है, तथापि सामान्यतौर पर ऐसा प्रतीत होता है कि जातीय तथा उप–जातीय सहभोज इस सम्बन्ध में काफी कुछ एक समान हैं।[98] अतः, जातीय समाज का गठन करने वाले समूहों में से प्रत्येक के अंदर अंतरविवाह को इसकी प्रमुख विशेषताओं में से एक के अतिरिक्त कुछ भी माना जाना उचित हो सकता है।

अभी तक, मैंने जातीय समाज में समूहों के बीच के उन अंतरों को प्रस्तुत किया है जिन्हें इस तथ्य के द्वारा एक श्रृंखला में बाँधा गया है कि वे एक व्यवस्था के अंतर्गत व्यवस्थित थे, जिनमें से सर्वोच्च का निर्माण उस समूह के द्वारा किया गया जिसे ब्राह्मण का नाम दिया गया है। इनमें से प्रत्येक समूह, चाहे वह बड़ा हो अथवा छोटा, जिन्हें सामान्यतौर पर जातियों और उप–जातियों के रूप में जाना जाता है, अपना एक नाम रखता है। जब एक ही नाम के किसी समूह का विस्तार बहुत व्यापक हो जाता है तो भाषा प्रभावी सामाजिक सहक्रिया की सीमा निर्धारित कर देती है, जिससे मात्र एक ही भाषा बोलने वाले समान समूह के सदस्यों की प्राप्ति हो जाती है। अतीत में स्थिति चाहे जो भी रही हो, 19वीं शताब्दी के प्रारंभ में भाषाई सीमाओं ने जातियों की सीमाएं तय कर दी थी, जब न्यायिक कारक, जैसा कि जैकसन इसे नाम देते हैं,[99] ऐसी सामाजिक सहक्रिया को प्रभावित करने वाली एक शक्ति थे। किसी भी भाषाई क्षेत्र में इन बड़े समूहों की संख्या 50 से लेकर 200 तक होती थी जो 500 से लेकर 2000 छोटे समूहों में विभाजित थे। किसी भी व्यक्ति की सामुदायिक–भावना की परिधि इन छोटे समूहों, जिसमें उसका जन्म हुआ हो, में से कोई एक हुआ करती थी; परंतु जहाँ तक नागरिक जीवन का सम्बन्ध था, किसी भी व्यक्ति की स्थिति का निर्णय बड़े समूह के द्वारा ही किया जाता था।

प्रत्येक भाषाई क्षेत्र के बड़े समूहों में से लगभग आधा दर्जन का गठन आदिवासी जनजातियों के द्वारा किया जाता था, जो धीरे–धीरे ब्राह्मणवादी सभ्यता से प्राप्त विचारों को अवशोषित कर रहे थे। वे कस्बों अथवा गाँवों के सदस्यों की तरह नहीं बल्कि अपने खुद के टोले की तरह रहते थे, तथा ब्राह्मणों के द्वारा अस्वीकृत किए जा चुके थे। अन्य जातियों के द्वारा व्याख्या किए गए ब्राह्मणवादी आदर्शों की नकल करने की उनकी इच्छा के अलावा अन्य समूहों के साथ सामाजिक सहानुभूति का उनका बंधन ऐसा आर्थिक लाभ था जो उनके द्वारा की गई आर्थिक गतिविधियों के परिणामस्वरूप प्राप्त होता था। कमोबेश ऐसी ही परिस्थितियों में रहने वाली कोई आधा अथवा एक दर्जन अन्य बंजारा जातियाँ भी थी। लगभग 5 से 15 समूह, अधिकांशतः शिल्पकार और विशेष व्यापारी, कस्बों में विशिष्ट हुआ करते थे, जहाँ व्याप्त सामाजिक सामंजस्य का कारण समूहों में सहयोग के बजाए एक साझा सरकार का मौजूद होना था।

शेष जातियाँ गाँवों में वितरित थीं, प्रत्येक गाँव में लगभग 15 से 30 जातियाँ रहती थीं। और ऐसा गावों में ही था कि जातीय समाज ने अपने अन्य पहलुओं को प्रकट किया, जैसे, सहयोग तथा परस्पर–निर्भरता। ग्राम समिति का निरूपण विभिन्न जातियों से सम्बन्ध रखने वाले स्थाई अधिकारियों एवं सेवकों की संख्या के आधार पर किया जाता था, उनमें से प्रत्येक गाँव के आर्थिक एवं नागरिक जीवन में एक निश्चित दर्जा रखता था। विन्ध्य के दक्षिणी भारत में यह व्यवस्था बहुत अधिक विकसित थी, और अलग–अलग जातियों से सम्बन्ध रखने वाले ऐसे गणमान्य लोगों की संख्या 12 से 24 के बीच रहा करती थी। ये लोग, जो चाहे किसी भी जातीय दर्जे के क्यों न हो, न केवल नागरिक मामलों में आवाज उठा सकते थे बल्कि कभी–कभी गाँव की निवासी किसी भी जाति के व्यक्ति के निजी जीवन को प्रभावित करने वाले विशुद्ध सामाजिक एवं कानूनी मामलों में इनसे परामर्श भी किए जाते थे। उत्तरी भारत में ग्राम सेवकों की व्यवस्था, जो यद्यपि दक्षिण में इतनी बेहतर रूप से विकसित नहीं हो सकी है, के द्वारा गाँव के गणमान्य लोगों के महत्व को कम करने वाली प्रभुत्वशाली जाति के शक्तिशाली होने तक विभिन्न समूह के लोगों में सांमजस्य स्थापित किया जाता था। इन प्रभुत्वशाली जाति के लोग, भूमि–कार्यकाल के विशिष्ट स्वरूप एवं राजस्व व्यवस्था तथा उनके लगभग पूर्ण कार्यकाल के समय के कारण, नागरिक मामलों में कोई दर्जा नहीं रखते थे, प्रभुत्वशाली जाति के सदस्यों के निजी मामलों में उनसे बहुत कम परामर्श किए जाते थे।[100] हालांकि, एक प्राचीन गौरव के रूप में किसी भी गाँव अथवा कस्बे में बुजुर्गों की एक परिषद् हुआ करती थी जिसका चयन सभी जातियों और समस्त स्थानीय पेशों का प्रतिनिधित्व करने वाले लोगों के बीच से किया जाता था।

राजस्व के मामलों में पूरे गाँव को स्थानीय सरकार के साथ निपटना पड़ता था। इससे गाँव के समुदाय के सदस्यों, जो अपनी भूमि से बहुत अधिक जुड़े हुए थे, के बीच एकजुटता की एक शानदार भावना उत्पन्न हो गई थी। ग्रामीण समुदायों में देखी जाने वाली स्थिरता, सहयोग की भावना, तथा एकजुटता की भावना ने सर चार्ल्स मेटकाफ, जो अलग–अलग स्वामियों से सीधे राजस्व संग्रहण की व्यवस्था को लागू करने का घोर विरोध कर रहे थे, को निम्नलिखित टिप्पणी करने पर बाध्य कर दिया था। वे कहते हैं: ''ग्रामीण समुदाय छोटे गणराज्य हैं, जिनके पास लगभग वो सबकुछ है जिसकी उन्हें अपने अंदर प्राप्त करने की इच्छा है, और वे किन्हीं भी बाहरी सम्बन्धों से लगभग आत्मनिर्भर हैं। वे अपने आप में ही जीवन जीते प्रतीत होते हैं जहाँ और कोई नहीं जी सकता। वंश के बाद वंश गुजर जाते हैं; क्रांति के बाद क्रांति होती है; हिन्दू, पठान, मुगल, मराठा, सिक्ख, अंग्रेज बारी–बारी से शासक बनते हैं; परंतु ग्रामीण समुदाय वैसे के वैसे बने रहते हैं। संकट के समय में वे स्वयं को सशस्त्र एवं सुदृढ़ कर लेते हैं: देश से होकर कोई शत्रु सेना गुजर जाती है: ग्रामीण समुदाय अपने पशुधन को अपनी चाहरदीवारी में समेट लेते हैं, और शत्रु को बिना उकसाए गुजर जाने देते हैं.......। यदि किसी देश को निरंतर लूट एवं नरसंहार के दृश्यों का कई वर्षों तक सामना करना पड़ता है, ताकि वह गाँव आबाद न हो सके, तो तितर–बितर हो चुके ग्रामीण शांतिपूर्ण कब्जा स्थापित करने वाली शक्ति के पुनर्जीवित होने पर वापस लौट आते हैं। हो सकता है एक पीढ़ी गुजर जाए, किन्तु अगली पीढ़ी वापस आएगी। पुत्र अपने पिताओं का स्थान ले लेंगे; गाँव का स्थान वहीं होगा, घरों की स्थिति भी वही होगी, उन्हीं भूमियों का कब्जा उन लोगों के वारिसों के द्वारा लिया जाएगा जिन्हें गाँवों को उजाड़ते समय बाहर भगा दिया गया था; और यह कोई तुच्छ बात नहीं है जो उन्हें बाहर निकाल देगी, क्योंकि शांति और गड़बड़ी के समय के दौरान वे अपने पद को प्रायः बनाए रखेंगे, और सफलता के साथ लूट और दमन का प्रतिरोध करने हेतु पर्याप्त शक्ति अर्जित कर लेंगे........जहाँ तक सरकार का सम्बन्ध है सभी एक साझा हित के साथ एकजुट होकर कार्यवाही करते हुए, और स्थापित उपयोगों के अनुसार अपने अलग–अलग हितों का अपने बीच समायोजन करते हुए ऐसा करेंगे।''[101]

मराठा देश से हमें प्राप्त होने वाले ग्रामीण–परिषदों के निर्णयों पर लगभग सभी ग्राम–सेवकों के हस्ताक्षर मौजूद हैं, जिनमें अस्पृश्य महार एवं माँग लोग भी शामिल हैं।[102] 18वीं शताब्दी के मध्य की आनंदरंगा पिल्लई की एक निजी डायरी की एक प्रविष्टि उस एक ग्राम–सभा का उल्लेख करती है जिसका आह्वाहन मंदिर–अपवित्रता के एक मामले पर विचार करने हेतु किया गया था ''जिसके अंतर्गत सभी जातियों, ब्राह्मण से लेकर पारिया, ने भाग लिया था।''[103] मथाई एक ग्राम पंचायत की एक सभा के विवरण को उद्धृत करते हैं जिसमें ब्राह्मण तथा शूद्र दोनों

ने ही भाग लिया था। उस स्थान की ब्राह्मण जाति का स्कूल शिक्षक आरोपी था, उसने अपने अधीन लड़कों में से एक को बहुत ही अधिक गंभीर दंड दिया था। ब्राह्मण सदस्य एक ऊँचे मंच पर बैठे थे जबकि शूद्र एक नीचे स्थित बरामदे में, दोनों ही वर्ग पान और तंबाकू खाने में परस्पर स्वतंत्र रूप से संलिप्त थे।[104] पुणे के पेशवाओं तथा सतारा के राजा की डायरियों में संपूर्ण ग्राम समुदाय की सभाओं के कुछ संदर्भ हैं, जो ब्राह्मणों के बीच हुए झगड़ों का निर्णय करने अथवा उनके घरेलू मामलों में आधिकारिक परामर्श प्रदान करने हेतु आयोजित की जाती थीं। एक ब्राह्मण कुलकर्णी के एक बेटा था जिसने दो पत्नियों से विवाह किया था, जिनमें से एक ने उसे मात्र दो बेटियाँ प्रदान की थीं। बेटे के आकस्मिक निधन के कारण उसकी पहली पत्नी ने आत्मदाह का संकल्प कर लिया। गाँव के गणमान्य व्यक्तियों सहित पूरे गाँव का सम्मेलन बुलाया गया। वृद्ध व्यक्ति की असहाय स्थिति को ध्यान में रखते हुए सभा ने प्रस्तावित किया कि उस महिला को आत्मदाह करने के पूर्व एक बेटे को गोद ले लेना चाहिए। इस निर्णय को उस वृद्ध तथा उसकी बहू द्वारा स्वीकार कर लिया गया। सम्बन्धित लोगों के साथ परामर्श करते हुए उस संपूर्ण सभा ने आगे गोद लिए जाने वाले व्यक्ति का चयन किया और उसके अभिभावक से उसे देने के लिए प्रार्थना की।[105] ब्राह्मण चचेरे भाईयों के बीच विरासत सम्बन्धी अधिकारों को लेकर हुए झगड़े को समाधान के लिए संपूर्ण गाँव के समक्ष रख दिया गया। जिस सभा को निर्णय देना था उसमें मराठा, ढाँगर, गुरव, सुतार, लोहार, कुम्हार, कोली, नाह्वी, चमार, महार एवं माँग लोग शामिल थे।[106]

सामाजिक स्थितियों के विचारों को चुपचाप स्वीकार कर लिया जाता था और यह दक्षिण भारत के विभिन्न ग्रामीण समुदायों का प्रतिनिधित्व करने वाले विभिन्न जातीय समूहों के बीच स्वस्थ सहयोग एवं पड़ोसी की भावना को बाधित नहीं करता था। उत्तरी भारत के मामले में हमें यह अवश्य याद रखना चाहिए कि यद्यपि, शायद, ग्रामीण जीवन उतना अधिक सहयोग एवं अपनेपन की भावना का आधार नहीं होता था, तथापि जातीय व्यवस्था भोजन तथा सामाजिक सहक्रिया के सम्बन्ध में अपेक्षाकृत अधिक उदार विचारों के लिए जानी जाती थी। जहाँ तक गाँव के साझा जीवन की दिशा में अपनी–अपनी सेवाओं का योगदान करने का प्रश्न है, विभिन्न जातियाँ घनिष्ठ रूप से आबद्ध थीं और नागरिक जीवन के प्रयोजनार्थ परस्पर निर्भर रहती थीं। जातियों के बीच परस्पर–निर्भरता के सिद्धांत की जड़ें इतनी गहरी थीं कि ये इस व्यवस्था में अंतर्निहित अन्य विशिष्ट पहलुओं को एक साझा नागरिक लक्ष्य तथा सह–निवासियों के लिए मानवीय सहानुभूति के विचार तथा जातीय–भावना अथवा जातीय–देशभक्ति को कठोर करने के विचार से लाभ उठाने से रोक देती थीं। यदि गाँव के नागरिक एवं आर्थिक जीवन में परस्पर निर्भरता को जाति के सामाजिक प्रतिबंधों की केन्द्राभिमुखी शक्तियों को सामना करना होता था तो कुछ विशेष समारोह एवं अवसर कुछ जातियों, जिन्हें सामान्यतौर पर नीची माना जाता था, को उनके महत्व की याद दिला देते थे और यहाँ तक कि उन्हें अस्थाई श्रेष्ठता का आनंद लेने का अवसर भी प्रदान कर देते थे।

उत्तर–प्रदेश के कुछ भागों में नाई प्रायः विवाह करवाने वाले (जोड़ी–मिलानकर्ता) के रूप में कार्य करता है और विवाह में उपस्थित रहता है। बनारस के दाह–संस्कार वाले 'घाट' का डोम एक महत्वपूर्ण श्रेष्ठ व्यक्ति होता है। ''कुछ वर्षों पूर्व जाति के मुखिया को किसी अमीर ग्राहक के अंतिम संस्कार संपन्न करवाने हेतु निजी पालकी में लाया गया था।'' किसी चिता को तैयार करने के लिए लकड़ियों के पहले 5 लट्ठों को आवश्यक रूप से उस डोम के द्वारा दिया जाना चाहिए जिसने चिता की नींव रखी हो तथा वही लकड़ियों में आग लगाने के लिए जलते हुए फूस को मुख्य शोककर्ता के हाथों में थमाता है।[107] मध्य–प्रांतों में, वैवाहिक रीतियों के एक भाग के रूप में वर–पक्ष नववधू को किसी कुम्हार के घर ले जाता है ताकि विवाह मंगलकारी हो सके। कुम्हार की पत्नी उसे उपहार में सात नए बर्तन प्रदान करती है जिन्हें विवाह के समय प्रयुक्त किया जाना होता है। इस गुप्त आशीर्वाद के बदले में महिला को कपड़ों का उपहार प्राप्त होता है।[108] नाई तथा धोबी दोनों ही किसी भी कुन्बी विवाह में प्रधान होते हैं। समारोह के दौरान एक विशिष्ट समय पर नाई एवं धोबी वर एवं वधू को अपने कंधों पर उठा लेते हैं और विवाह–गृह में नृत्य करते हैं, इन सेवाओं के लिए उन्हें उपहार प्राप्त होते हैं।[109] विदर्भ में, ''होली के त्यौहार पर महारों की आग पहले जलाई जाती है और फिर कुनबी लोग इसी से अपनी आग जलाते हैं।'' कुछ तेली, लोहार, कुनबी तथा अन्य जातियाँ किसी महार (अछूतों में से एक) को अपनी वैवाहिक तिथि निर्धारित करने हेतु नियुक्त

करती हैं। महार लोग दशहरा के त्यौहार के समय भैंसें को काटने का कर्तव्य पूरा करते हैं।[110] नाई विवाह के समय पर ब्राह्मण के सहायक के रूप में कार्य करते हैं, और नीची जातियों के लिए वो वैवाहिक पुजारी तक भी होते हैं।[111] प्रसिद्ध जगन्नाथ मंदिर के कार्यकारी पुजारी एक नाई होते हैं, देवता के लिए उनके द्वारा पकाया गया भोजन ब्राह्मणों के बीच सर्वाधिक रूढ़िवादियों को छोड़कर सबके लिए स्वीकार्य होता है। वेल्लाओं (तमिल किसानों) में से कुछ के लिए वो वैवाहिक–पुरोहित के रूप में भी कार्य करते हैं।[112] ''सर्वाधिक प्रतिष्ठित एवं विशिष्ट मंदिरों में से कुछ को पाराइयनों (तमिल अगम्यों) के लिए वर्ष के विशिष्ट दिनों में खोल दिया जाता है, और इस समय के दौरान वो ब्राह्मणों पर आधिपत्य हासिल कर लेते हैं।'' शिव अथवा स्थानीय देवियों के मंदिरों के त्यौहारों में से कुछ में वे जुलूस के दौरान मूर्ति के बगल में बैठते हैं अथवा मूर्ति के गले के चारो ओर विवाह का चिह्न बाँधते हैं। ''जब कभी सीमा को लेकर कोई विवाद होता है तो ये पराइयन, अथवा भारत के अन्य भागों में उनकी समकक्ष जाति का कोई सदस्य ही होता है जो जल के एक पात्र के साथ रेखा पर चलता है, उसका अपना पुत्र, अथवा उसकी पैतृक धरती का एक पिंड उसके सिर पर होता है।''[113] इस और ऐसे अन्य अवसरों पर नीची जाति माने जाने वाले समूहों में से कुछ अपने महत्व का अनुभव कर सकते हैं, इन समूहों को नीरस अवसादों से राहत मिलती है, और उनकी अपमानित स्थिति में भी उनके जीवन को उत्साह प्राप्त होता है।

समाप्त करने हेतु, प्रत्येक भाषाई क्षेत्र में लगभग 200 ऐसे समूह हुआ करते थे जिन्हें अलग–अलग नामों वाली जातियाँ कहा जाता था, जिनमें से किसी एक में लिया गया जन्म, सामान्यतः, समाज में किसी भी व्यक्ति की स्थिति का निर्धारण करता था, जिसे लगभग 2,000 छोटी इकाईयों में विभाजित किया गया था। सामान्यतः इन्हें उप–जातियों के रूप में जाना जाता था जो विवाह तथा प्रभावी सामाजिक जीवन की सीमाओं का निर्धारण करते थे और विशिष्ट सांस्कृतिक परंपराओं का निर्माण करते थे। कुछ अपवादों के साथ, ये प्रमुख समूह एक साझा पुरोहित पद के कब्जे के अधीन एकजुट रखे जाते थे। एक प्रकार की गणना की जाती थी जो उन सभी को स्पष्टतौर पर व्यक्त अथवा मौन रूप से समझे गए पाँच अथवा छह वर्गों में समूहबद्ध करती थी। देश के एक बड़े भाग में ये लोग अर्थव्यवस्था, नागरिक जीवन तथा ग्रामीण समुदायों के नागरिक मामलों में परस्पर जुड़े हुए थे। नागरिक जीवन के प्रति साझा सेवा, एकाधिकारी सेवा के आदेशात्मक अधिकार, और कुछ जातियों, जिन्हें बहुत नीची माना जाता था, के लिए श्रेष्ठता का आनंद लेने के अवसरों ने ग्रामीण समुदाय को कमोबेश एक सामंजस्यपूर्ण नागरिक इकाई बना दिया था। अपनी व्यापक रूपरेखा में इस व्यवस्था का निर्माण करने वाले समूहों के द्वारा इस व्यवस्था की संपूर्ण स्वीकार्यता तथा गाँवों में उनकी परस्पर सामाजिक एवं आर्थिक निर्भरता ने न केवल इन समूहों के विशिष्ट संगठन को स्वतंत्र इकाईयों में विभाजित होने से रोक दिया था, बल्कि नागरिक जीवन में एक समरसता भी उत्पन्न कर दी थी। निश्चित रूप से, यह समरसता ऐसे हिस्सों वाली समरसता नहीं थी जिसका मूल्यांकन एकसमान हो, किन्तु ये ऐसी इकाईयाँ थी जो कठोरतापूर्वक एक दूसरे के अधीनस्थ थीं।

संदर्भ

टिप्पणी: इस प्रथम अध्याय में मैंने अनेकों अधिकृत मामलों को उद्धृत किया है जो यहाँ मेरी समीक्षाधीन अवधि के संदर्भ में समयक्रमानुसार एक अर्द्धशताब्दी अथवा उससे अधिक बाद के हैं। परंतु अन्य एवं पुराने अधिकृत मामलों को लगभग सभी जगह इंगित किया गया है। कारण यह है कि बाद के अधिकृत मामले अधिक विवरण प्रदान करते हैं और उन तक अधिकांश लोगों की पहुँच सहज है।

1. Baines, p. 11. 2. Quotation from Megasthenes' account in Wilson, vol. i, p. 347. 3. P. 124, footnote. 4. *The New Statesman, Special Supplement*, 28th April, 1917, p. 38. 5. गुजराती ब्राह्मणों के पास ऐसी कोई परिषदें नही हैं। कृपया मंगलदास नाथूभाई द्वारा गुजराती में अनुवादित Borradaile's *Gujarat Caste-rules* देखें। 6. Hultzsch, i, No. 56. 7. *United Provinces Census*, 1911, p. 337; *Panjub Census*, 1911, pp. 420–21; also cf. Hamilton, i, p. 110; Kerr, pp. 316–19; Martin, vol. iii, pp. 179–80; and Steele, pp. 150–1. 8. इस तथ्य का परिणाम हिन्दू पवित्र कानूनों में निर्धारित नियमों से अनेकों जातियों के पलायन में देखा जाना है। See Steele, p. 124 and Appendix A. 9. *United Provinces Census*, 1911, p. 337.

10. *Bengal Census*, 1911, pp. 467–9. 11. Ibid., p. 487. 12. *Godavari Dist. Gaz.* vol. i, p. 48. 13. Russell, ii, p. 31. 14. Crooke, i, pp. 45, 109; ii, pp. 93, 219, 326; iii, 247, 332; iv, 33, 43. 15. M. R. Majmudar in *Ghurye Felicitation Volume*, p. 282. 16. *Madras Census*, 1871, p. 137. 17. M. G. Ranade in *JBBRAS.*, vol. xx. p. 476. 18. *Madras Census*, 1871, p. 151 and footnote. 19. *Mysore Census*, 1901, p. 400.

20. Martin, vol. ii, p. 466. 21. *U.P. Census*, 1901, p. 227, 22. *U.P. Census*, 1911, p. 328. 23. *U.P. Census*, 1911, p. 212. 24. Risley, (2), p. 159. 25. *U.P. Census*, 1911, p. 329, E. A. H. Blunt, pp. 90–94. 26. *U.P. Census*, 1911, p. 331. 27. Risley (1), vol. ii, p. 270. 28. *Bengal Census*. 1901, p. 367. 29. Ibid.

30. Ibid. Forbes, ii, p. 240. 32. Bhattacharya, p. 255. 33. Wilson, vol. ii, pp. 74–5. 34. *Ency. of R. & E.*, vol. x, p. 491 (b). 35. Slater, p. 38. 36. *Trichinopoly Dist. Gaz.*, vol. i, p. 81. 37. Thurston, vi, p. 16. 38. *Bellary Dist. Gaz.*, p. 58. 39. Mann, p. 108.

40. Russell, iv, p. 189. 41. Thurston, vi, p. 88. 42. Russell, i, pp. 72–3. 43. *Panjab Census*, 1911, p. 413. 44. Briggs, p. 231. 45. *Ency. of R. and E.* ix, p. 636 (b); also compare Forbes, ii, p. 238. 46. Ranade, p. 478. 47. Bhattacharya, p. 259. 48. Logan, i, p. 85. 49. Bhattacharya, p. 259.

50. Wilson, ii, p. 77. 51. Wilson, ii, p. 79. 52. *Madras Census*, 1891, p. 224. 53. G. W. Forrest, *Official Writings of Mountstuart Elphinstone*, 1884, pp. 310–11. 54. *Madras Census*, 1871, p. 129. 55. D. V. Potdar, *Marathi Gadyacha Ingraji Avatar*, Appendix, pp. 42–3. 56. Vad, *Sawai Madhavrao*, vol. iii, p. 280. 57. Ranade, p. 478; Vad, ibid.,p. 287. 58. Ibid., p. 478. 59. *Madras Census*, 1891, p. 299.

60. Bhattacharya, pp. 19–20. 61. Ranade, p. 456; Vad, *Balaji Bajirao*, vol. i, pp. 306, 309, 337. 62. Ibid., p. 455. 63. James Forbes, *Oriental Memoirs*, vol. i, 1834, p. 256. 64. Holt Mackenzie in *Minutes of Evidence taken before the Select Committee on the affairs of the East India Company*, vol. iii, 1832, p. 216. 65. Rickards, i, p. 29. 66. Campbell, *Ethnology of India*, p. 216. 67. Wilson, ii, 151; also compare Martin, vol. i, p. 111. 68. Bhattacharya, p. 39. 69. Wilson, ii, p. 115.

70. Wilson, ii, p. 59. 71. Ibid., p. 188; also compare Malcolm, ii, pp. 122–3. 72. Wilson, ii, p. 67. 73. Bhattacharya, pp. 50–1. 74. Baines, p. 28. 75. *Madras Census*, 1871, p. 133. 76. Bose, ii, p. 27, quotation from *Ain-i-Akbari*. 77. *Salem Dist. Gaz.*, 139–64; *Tanjore Dist. Gaz.*, 81–88. 78. Baines, p. 59. 79. Russell, i, p. 9.

80. Quoted in the *Encyclopaedia Britannica* (11th Edition), vol. v, p. 465 (a). 81. p. 19. 82. *Ethnography*, p. 11. 83. Westermarck, ii, p. 59. 84. Baines, p. 59. 85. Compare Malcolm, ii, p. 162. 86. *Ency. of R. and E.*, vol. iii, p. 234. 87. Martin, i, p. 110. 88. *Panjab Census*, 1911, p. 417. 89. *Bengal Census*, 1901, p. 351.

90. *U.P. Census*, 1911, p. 333. 91. Ibid., p. 353. 92. Op. cit., vol. i, p. 10. 93. *Madras Census*, 1901, p. 128; also compare Kerr, p., 279: "किसी समय आप किसी स्थानीय व्यक्ति को यह कहते सुन सकते हैं कि वह एक ब्राह्मण है। परंतु जब आप उससे उसकी जाति का नाम पूछते हैं तो वो प्रायः ऐसा नहीं बोलता, वह छोटे–मोटे उप–विभाजन का उल्लेख करता है, अथवा शायद उस व्यापार अथवा पेशे का जिससे वो सम्बन्धित हो।" 94. *Salem Dist. Gazetteer*, pp. 123–4. 95. Rev. M. A. Sherring, *Hindu Tribes and Castes*, vol. i, 1872, p. xxii. 96. *Madras Census*, 1891, p. 234. 97. Gait, op. cit., p. 232. 98. *U.P. Census*, 1811, p. 354; गैट का प्रेक्षण मात्र गुजरात में ही लागू हो सकता है। 99. *Journal of the Asiatic Society of Bengal*, 1907.

100. Baden-Powell, p. 26; Altekar, p. 122. The letter's view, in my opinion, requires a little modification as in the text. 101. *Minutes of Evidence taken before the Select Committee on the affairs of the East India Company*, vol. iii (Revenue), 1832, 331–2 (Appendix 84). 102. Altekar, p. 43. 103. Ibid., pp. 35–6. 104. Matthai, p. 20. 105. Vad, *Madhavrao I*, vol. ii, pp. 339, 341. 106. Vad, *Shahu Chhatrapati*, pp. 174, 176; Ghurye (6) and (7), 107. Crooke (2), pp. 102–29. 108. Russell, iv, pp. 6, 10. 109. Ibid., p. 20.

110. Ibid., pp. 18, 131. 111. Ibid., p. 265. 112. Thurston, i, pp. 32–4. 113. Baines, pp. 75–6.

2

जातीय–समूहों की प्रकृति

हम देख चुके हैं कि हिन्दू जातीय–समाज में अलग–अलग नामों से अनेकों समूह मौजूद हैं। इन नामों की प्रकृति के द्वारा हमें इस प्रक्रिया को समझने हेतु कुछ ऐसे सूत्र उपलब्ध होने की संभावना है जिनके द्वारा समूहों के बीच के अंतर तय किए गए थे। जातियाँ कहे जाने वाले प्रमुख समूहों में से अनेकों के नाम उनके मुख्य पेशों अथवा उनके द्वारा प्रयुक्त कारीगरी से लिए गए हैं और, अधिकांश मामलों में, वे अभी भी इनमें संलिप्त हैं। ब्राह्मण से आशय उससे है जो प्रार्थना, अनुष्ठान के सूत्रों अथवा मंत्रों का पाठ करता है, और एक ऐसे समूह को परिभाषित करता है जो कभी इस प्रकार से संलिप्त रहे व्यक्तियों को मिला कर एकबार गठित किया गया था, यद्यपि कि आज यह एक ऐसे समूह का नाम बन चुका है जिसके सदस्य न केवल पूजा–पाठ के कामों में, बल्कि लिपिकों और लेखकों जैसे अन्य पृथक कार्यों, और यहाँ तक कि मूल आदर्शों से पूर्णतः अलग पेशों में भी संलिप्त हैं।

व्यापार एवं वाणिज्य संचालन में लगे समूहों की एक बड़ी संख्या का नाम वानी अथवा बनिया है, जिसे संस्कृत के व्यापारी अर्थ वाले शब्द से लिया गया है। तमिल चेट्टी भी उस भाषाई क्षेत्र में इसी धन्धे से सम्बन्धित प्रतीत होता है। पंजाब के जाट का अर्थ किसान होता है, यही अर्थ तमिल के वेल्लाला तथा कर्नाटक के वक्कालिगा का भी है। शायद कुर्मी, कनबी, एवं कुनबी भी इसी समूह के पेशे अर्थात् खेती को इंगित करते हैं, यद्यपि यह असंभव नहीं है कि इस नाम की उत्पत्ति जनजातीय हो। किसान, जो उत्तर भारत की खेतिहर जाति का नाम है, को अवश्य ही खेती के लिए संस्कृत के शब्द से लिया गया होना चाहिए। कभी–कभी कृषि के सम्बन्ध को मध्य प्रांतों के लोधा लोगों के नाम के साथ अप्रत्यक्ष रूप से प्रस्तुत किया जाता है। 'लोह' अर्थात् एक मूर्ख व्यक्ति से विश्वास किया जाता है कि इस नाम का अर्थ 'गँवार' होता है।[1] पशु–पालक समूह को गाउली जैसा महत्वपूर्ण नाम मिला है जिसे संस्कृत में गाय के लिए प्रयुक्त शब्द से लिया गया है। स्वर्णकार का नाम सोनी अथवा सुनार उस पदार्थ से संदर्भ रखता है जिसका यह समूह विशेषज्ञ है। बढ़ई, टरखन, टकाकन एवं सुतार अलग–अलग भाषाई क्षेत्रों में काष्ठकारों के नाम हैं, जो उस पदार्थ पर काम करने वाले लोगों, कार्यविधि अथवा कला के विशिष्ट उपयोगकर्ताओं की ओर इशारा करते हैं। धातुओं पर काम करने वाली जातियों के नाम, जैसे–लोहार, तम्बात, कसार एवं ठठेरा आदि इन समूहों के द्वारा काम की जाने वाली धातुओं, अर्थात्, लोहा, ताँबा, काँसा, तथा पीतल आदि से लिए गए हैं। बुनकर, जोरिया, ताँती, कोश्ती, पट्टनुलकरन, तथा सेल आदि विभिन्न बुनकर जातियों के नाम हैं। इनमें से पहली दो को 'धागों को एकजुट करने'[2] के मूल अर्थ से, तथा अन्य को रेशमी–वस्त्र के लिए संस्कृत के शब्दों से लिया गया है।[3] कुम्भार अथवा कुम्हार, जो मिट्टी–बर्तन बनाने वाली जाति का नाम है, का अर्थ है मिट्टी के बर्तन बनाने वाला। तिल्ली अथवा तेली का अर्थ है वह व्यक्ति तो तेल निकालता है अथवा वह जो तिल का कारोबार करता है। नाई–जाति के नामों को या नाई के लिए प्रयुक्त संस्कृत के शब्दों से लिया गया है अथवा ये उन्हें इंगित करते हैं जो बाल काटते हैं। लूनिया एवं अग्री का अर्थ नमक–मजदूर होता है। पत्तल बनाने वाली जाति

बारी को अपना नाम 'बार' से प्राप्त हुआ है जो एक 'पौधा' होता है, और पान व्यापारियों का नाम तम्बोली पान के पत्ते के लिए संस्कृत में प्रयुक्त शब्द से लिया गया है। धरकार का अर्थ है रस्सी बनाने वाला और डलिया बनाने वाले बाँसफोड का अर्थ है बाँस को फाड़ने वाला। चमार अथवा चम्भार, जो चमड़े पर काम करने वाली जाति का नाम है, को चमड़ा श्रमिक के लिए संस्कृत शब्द से लिया गया है। एक उत्तर–भारतीय जाति कहार का अर्थ पानी ढोने वाला होता है। पासी का अर्थ है फंदे का उपयोग करने वाला और यह महत्वपूर्ण रूप से एक आदिम जाति का नाम भी है जो जंगली पक्षियों, छोटी चिड़ियों को पकड़ने और ताड़ी निकालने का कार्य करती थी। गड़ेरिया जातियों के नामों को भी भेड़ के अर्थ वाले शब्दों से लिया गया प्रतीत होता है। कम–से–कम गड़ेरिया के मामले में ऐसा ही है जिसे भेड़ के लिए एक पुराने हिन्दी शब्द 'गड़र' से लिया गया है।[4]

जाति कहे जाने वाले इन अनेकों अन्य प्रमुख समूहों के नाम मात्र जनजातीय अथवा जातीय नाम हैं। ऐसे उदाहरण हैं: अरोरा, गूजर, लोहाना, भाटिया, मीणा, भील, डोम, ओरोन, मुँडा, सन्तल, कोच, अहीर, महार, नायर, मराठा, गोंड, खोंड इत्यादि।

धार्मिक आंदोलन भी समूहों को अपना नाम प्रदान करने में विफल नहीं रहे हैं जो अब जातियाँ बन चुके हैं। बिश्नोई एवं साधू, जोगी, गोसाईं, और मनभाव आदि सांप्रदायिक जातियों के ऐसे ही कुछ उदाहरण हैं। इनमें से पहले चार हिन्दू सिद्धांतों के कुछ पहलू पर जोर दिए जाने वाले आदेशों के रूप में प्रारंभ हुए, जबकि अंतिम समूह मराठा क्षेत्र के एक सुधारवादी आंदोलन का परिणाम था।

कुछ समूहों के नाम किसी विशिष्टता पर जोर देने वाले हैं जिन्हें किसी–न–किसी रूप में विशिष्ट माना जाता है, या फिर वे उपनामों की प्रकृति के हैं। मुशहर उत्तर–प्रदेश की नीची आदिमजाति का नाम है जिसका अर्थ चूहा खाने वाला है। भंगी वह है जो मल को हटाने का उपयोगी कार्य करता है, यह एक ऐसा शब्द है जिसे संभवतः किसी अवज्ञा के प्रतीक के रूप में किसी जाति पर लागू किया गया था। ये लोग जाति से टूटे अथवा बहिष्कृत होते हैं।[5] उड़िया बुनकरों की एक जाति भूलिया को मात्र इसलिए ऐसे बुलाया जाता है क्योंकि ऐसा माना जाता है कि वे लोगों को भूल जाते हैं, इसे 'भूलना' शब्द से लिया गया है।[6] मध्य–प्रांतों की खेतिहर जाति डाँगी का अर्थ मात्र एक पहाड़ी व्यक्ति होता है, संभवतः यह आज के शांतिपूर्ण और कभी प्रभुत्वशाली लोगों के अतीत की लूटपाट सम्बन्धी गतिविधियों को संदर्भित करता है।[7] मध्य–प्रांतों में पनका बुनकरों की एक जाति है और ये आम मजदूर हैं; परंतु उनके नाम को कबीर के संप्रदाय में उनके धर्मांतरण की किसी घटना से लिए गए होने का विश्वास किया जाता है और इसका अर्थ है वे लोग जो 'पानी से' (पानी का) हैं।[8] गुजरात की आदिम जनजातियों में से एक दुबला को इस प्रकार इसलिए सम्बोधित किया जाता है क्योंकि वे कमजोर व्यक्ति होते हैं,[9] दुबला अर्थात् कमजोर। गुजरात के नाइकदास संभवतः किसी अवज्ञावश ऐसे नामित किए गए हैं, इस शब्द का अर्थ है "छोटे नायक"। दक्कन की चोरी करने वाली एक जाति रामोशी को रामा–वंशी का एक संक्षिप्त रूप, अर्थात् पौराणिक नायक राम के वंशज होना माना जाता है।[10] मद्रास जाति के एक नाम कल्लान का तमिल में अर्थ 'चोर' होता है। मालाबार की ताड़ी निकालने वाली जाति तियान का अर्थ 'दक्षिणी' होता है, क्योंकि विश्वास किया जाता है कि तियान लोग सीलोन से आए थे। पारिहा, जो मद्रास की बड़ी अछूत जाति का नाम है, को उनके द्वारा बजाए जाने वाले ढोल से सम्बन्धित एक शब्द से लिया गया है।

इन प्रमुख समूहों की अपेक्षाकृत एक छोटी संख्या निश्चित रूप से मिश्रित जातीय विवाहों का परिणाम हैं। ओडिशा की कुछ उच्च जातियों के सदस्यों में से कुछ तथा ओडिशा में आप्रवासी कायस्थ भंडारी तथा अन्य लोग स्वच्छ जातियों की नौकरानियाँ रखते थे और उनके साथ रखैल का व्यवहार करते थे। इनके मिलन से उत्पन्न संतान को शागिर्दपेशा के नाम से जाना जाता है।[11] भिलाला लोगों राजपूत पुरुषों तथा भील औरतों की संतान होने के लिए सुविदित हैं।[12] विदुर, जो मध्य प्रांतों की एक मराठा जाति है, पूर्णतः मिश्रित वंशों के व्यक्तियों के द्वारा जन्म दी गई है।[13]

प्रमुख समूहों के अंदर की तथाकथित उप–जातियों अर्थात् विभिन्न छोटी इकाईयों का एक नजदीकी अध्ययन इस तथ्य को स्पष्ट करता है कि इन समूहों के विशिष्ट चिह्नीकरण करने वाले अंतरों के आधार थेः पहला, क्षेत्रीय

अथवा न्यायिक क्षेत्र सम्बन्धी पृथकता; दूसरा, मिश्रित उत्पत्ति; तीसरा, पेशागत अंतर; चौथा, एक ही पेशे के अंदर तकनीक की कुछ अलग विशेषता; पाँचवा, साम्प्रदायिक अंतर; छठा, रीति–रिवाजों की असमानताएं; और अंतिम, कुछ उपनामों को सुझाने वाली सांयोगिक परिस्थितियाँ।

उप–जातियाँ, जिनके नामों में किसी प्राचीन शहर अथवा मोहल्ले का नाम जुड़ा है, अधिकांश जातों में प्राप्त होती हैं। मध्य प्रांतों के अहीरों में अपनी उप–जातियाँ हैं, जिनके समूह निम्नलिखित हैं: जिझोटिया, जिन्होंने अपना नाम जिझोटी से प्राप्त किया है, जो बुंदेलखंड का एक शास्त्रीय पद है; नारवाड़ से नरवरिया; छत्तीसगढ़ के प्राचीन नाम कसोला से कसोलिया, और कन्नौज से कनौजिया।[14] बराई लोगों के बीच निम्नलिखित अंतरविवाही उप–विभाजन हैं: मिर्जापुर जिले के चौरासी परगना से चौरसिया; जबलपुर में पानागढ़ से पनगढ़िया; महोबा से महोबिया; रायबरेली जिले के जैस कस्बे से जैसवार; गंगा के दूसरे पार से आने वाले गंगापारी।[15] बंगाल के ब्राह्मणों के बीच की उप–जातियों के नाम इस प्रकार हैं: पाश्चात्य् जो भारत के पश्चिमी भाग से हैं; राध, जो पश्चिम बंगाल का पुराना नाम है, से राधिया तथा बंगाल के उत्तरी भाग से बारेन्द्रा।[16] उत्तर–प्रदेश की ब्राह्मण जाति की उप–जातियों के नाम अधिकांशतः उत्पत्ति के मामले में क्षेत्र आधारित हैं: कन्नौज से कनौजिया; मिथिला से मैथली; जिझोटी से जिझोटिया; सरस्वती नदी के नाम पर सारस्वत; तथा उत्तर भारत के एक बड़े भाग के पुराने नाम से गौड़। मराठा देश के ब्राह्मणों की अधिकांश उप–जातियों के नामों में स्थानों के नाम जुड़े हैं: कोंकण से कोकणस्थ; देश एवं दक्कन के पठार से देशस्थ। सारस्वत ब्राह्मणों में छह उप–जातियाँ हैं, उत्पत्ति में ये सभी क्षेत्रीय हैं। गुजराती ब्राह्मणों की असंख्य उप–जातियों के साथ क्षेत्रीय नाम जुड़े हैं, जैसे–आगरा से अग्रवाल; देशवाल, हरसोला, झरोला, मोध, नागर ओसवाल, पोरवाल, श्रीमाली, सोराठिया, आदि सभी ने अपने न्यायिक क्षेत्र में कभी स्वतंत्र रहे स्थानों के पुराने नामों से ही अपने नाम प्राप्त किए हैं।[17] तेलुगु देश के स्मार्त ब्राह्मणों के अनेकों उप–विभाजन अपने नाम के साथ देश के विभिन्न भागों के पुराने नामों को जोड़े हुए हैं: वेलनाड, वेन्गी नाडू, कसल नाडू, मुल्की नाडू, एवं तेलागा नाडू। कनारा कम्मा बैदिका की उप–जाति का गठन उन ब्राह्मणों के द्वारा हुआ है जो मूल रूप से कर्नाटक देश से आए थे परंतु अब तेलुगु देश के साथ घुलमिल चुके हैं।[18] आगे कुछ अन्य ऐसी जातियों के नाम है जिनकी उप–जातियों के नाम से क्षेत्रीय नाम जुड़े हैं: वनिया, मोची, कन्सारा, सुतान, चारण, कुम्भार, ढेद, दर्जी, लोहार, एवं कोली आदि गुजराती जातियों में शामिल हैं; कायस्थ, बनिया एवं वैद्य उत्तर–भारतीय जातियों में शामिल हैं; चम्भार, गाउली, कोली, कुम्भार, कुनबी, लोहार, महार, माली, नहावी, सुतार तथा वानी मराठा जातियों के बीच आते हैं।

अनेकों जातियों के विभागों के साथ इन उप–समूहों की जातीय–उत्पत्ति को याद दिलाने वाले नाम जुड़े हैं। अनेकों जनजातियों ने उप–जातियों को अपने नामों का योगदान इसलिए दिया है क्योंकि या तो उनके सदस्यों में से कुछ ने किसी विशिष्ट व्यवसाय को अपना लिया था अथवा इसलिए क्योंकि उनमें से कुछ ने किसी विशिष्ट गठित हो रही जाति के सदस्यों के साथ परस्पर विवाह कर लिए थे। पेशे और जातियों, जिनके द्वारा जनजातीय लोगों को शामिल करने की अनुमति दी गई अथवा उसे सहन किया गया, के द्वारा अभी भी ऐसे समावेशन अथवा असमान विवाहों द्वारा गठित समूहों को अलग रखा जाता है। यही वह तरीका है जिसके द्वारा अनेकों पेशेवर जातियों को जनजातीय नामों वाली उप–जातियाँ प्राप्त हुईं। सम्मिश्रण की यह प्रक्रिया तथा बेमेल विवाह मात्र जनजातियों तक ही सीमित रहे नहीं प्रतीत होते। जाति के तथाकथित कट्टरपन के बावजूद, ऐसा प्रतीत होता है कि अनेकों पेशेवर एवं जनजातियों ने अन्य जातियों के सदस्यों को या तो अनुमति प्रदान की अथवा उनकी घुसपैठ में सहयोग किया। उन्होंने मात्र अपनी संतानों तथा गठित किए गए अपने समूहों को मूल समूह से अलग रखने के प्रयास किए। अतः, कुछ प्रमुख जातियों की कुछ उप–जातियों के नाम अन्य जातियों के नामों के साथ मिले–जुले से हैं। बराई, जो मध्य प्रांतों में पान उगाने वाली एक जाति है, में एक उप–विभाजन है जिसे कुम्भारढाँग कहा जाता है, जो किसी कुम्हार के वंजश माने जाते हैं। बाँस का काम करने वाले बसोरों में निम्नलिखित उप–जातियाँ हैं: डुमार अथवा डोम–बसोर, बसोर जिन्होंने अपना नाम डोम जनजाति से हासिल किया; धुबेला, शायद धोबी जाति से हैं; धरकार, जो उत्तर भारत में रस्सी बनाने वालों की एक व्यापक जाति का भी नाम है। चम्भार, जो मराठा देश के

चमड़े के कारीगर हैं, के बीच अहीर उनकी उप–जातियों में से एक है। मध्य प्रांतों के चमार के पास कोरचमार नामक एक उप–जाति है जिन्हें ''चमारों और कोरियों अथवा बुनकरों के मिश्रण से उत्पन्न वंशज कहा जाता है।''[19] मराठा देश की एक बुनकर जाति साली में अहीर, मराठा, तथा चम्भार उप–जातियाँ होती हैं जो अपनी उत्पत्ति को अलग–अलग जातीय एवं पेशवार समूहों से हुआ घोषित करती हैं। मध्य प्रांतों के मछुआरों तथा पालकी ढोने वाले धिमारों ने अपने नाम में गोंड लोगों से हुई अपनी पारंपरिक उत्पत्ति को अपनी उप–जातियों के रूप में कायम रखा हुआ है। जैसा कि गुजरात की अनेकों जातियों में है, ढेड लोगों के बीच गूजर नाम की एक उप–जाति है जिसका नाम उसी नाम वाली एक मध्यकालीन जनजाति से प्राप्त किया गया है। मराठा देश के गाय–पालकों में से गाउलियों के बीच अहीर, कुनबी, कुरुबा, एवं मराठा का नाम धारण करने वाली उप–जातियाँ पाई जाती हैं। गोंधाली, जो धार्मिक गायकों की एक मिश्रित जाति है, के बीच मराठा देश की अन्य सुविदित जातियों के नामों को अपनाया गया है, जैसे ब्राह्मण, ढाँगर, और कुम्भार। दकन के कोलियों में अग्री, अहीर एवं भील उप–जातियों के रूप में मौजूद हैं। नेसफील्ड ने उत्तर प्रदेश की कुछ जातियों के बीच कोल जनजाति के नाम पर आधारित उप–जातियों की खोज की है। प्रतीत होता है कि इनके द्वारा जाति–व्यवस्था की प्रारंभिक अवधि के दौरान विभिन्न पेशों को अपनाया गया था।[20] नागपुर के कुनबियों के बीच मानवा नाम की एक उप–जाति है जिसका नाम माना लोगों से लिया गया है जो कभी चंदा जिले के प्रभुत्वशाली लोग हुआ करते थे। खाँदेश कुनबियों के बीच उनकी एक उप–जाति के रूप में कुम्भार मौजूद हैं जो कि कुम्हार–जाति का नाम है। उत्तर भारत के कोरी और कटिया की संस्थाओं का विलय उन जिलों के महारो के साथ किया जा चुका है जहाँ वे सतपुड़ा की पहाड़ियों और नर्मदा की घाटियों के बीच एकजुट हुए थे,'' इनमें से बाद वाली जाति के बीच अभी भी कटिया एक उप–जाति है।[21] कुनबी नहावियों की उप–जातियों में से एक है जो नाईयों की मराठा जाति है। मध्य प्रांतों के परधानों में गंदा कही जाने वाली एक उप–जाति है, जिसे दो जातियों के बीच अंतरविवाह से जन्मी संतानें माना जाता है।[22] मराठा दर्जियों अथवा शिम्पियों के बीच अहीर एवं मराठा उनकी दो उप–जातियों के रूप में प्राप्त होते हैं, जिनके नाम सुविदित जातियों से लिए गए हैं। ''तेली–कलार उन कलार लोगों का एक मिश्रित समूह प्रतीत होता है जिन्होंने तेल पेरने के पेशे को अपना लिया था, और तेली–बनिया वे हैं जो दुकानदार बन गए।''[23]

अनेकों पेशों की प्रकृति ऐसी है कि यद्यपि एक व्यापक दृष्टिकोण से उन्हें अलग माना जा सकता है, तथापि नजदीकी परीक्षण करने पर यह उन अंतरों को प्रस्तुत करती है जो इनके एक पहलू को दूसरे से अलग करने के लिए पर्याप्त हैं। इस प्रकार, यद्यपि कि चर्म–कार्य को समाज के द्वारा एक पेशा माना जा सकता है, किन्तु इसे पेशे को अपनाने वालों में चर्म–कार्य की विभिन्न शाखाओं जैसे भेद किए जा सकते हैं जैसे जूते बनाना, काठी (घोड़े की पीठ पर लगाने वाली) बनाना, अथवा मशक (तेल भरने का चमड़े का थैला) बनाना। किसी भी पेशे के अंतर्गत ऐसे विस्तृत अंतरों को किसी पेशे की विशिष्ट शाखा के नाम का अनुसरण करते हुए शाखा के समूह के सदस्यों को नाम दिए जाने हेतु पर्याप्त समझा गया है। अनेकों पेशेवर जातियों के अंदर उप–जातियाँ अपने पेशे की विशिष्ट शाखाओं से प्राप्त किए गए नामों को जोड़े रखती हैं। मध्य प्रांतों के चमारों में ऐसी अनेकों उप–जातियाँ हैं जिनके नाम चमड़े की किसी ऐसी विशिष्ट सामग्री से लिए गए हैं जिसे बनाने में उनके सदस्य संलिप्त हैं। बुदलगीर उप–जाति के सदस्य 'बुदला' अथवा चमड़े के मशक तैयार करते हैं। जिंगर काठी निर्माता हैं। कटवा उप–जाति को चमड़ा काटने में विशेषज्ञता हासिल है। मध्य प्रांतों की धीमर जाति के पास बाँसिया और बँधैया नामक दो उप–जातियाँ हैं। इनमें से पहला नाम 'बँसी' अर्थात् बाँस की बनी मछली पकड़ने की छड़ी से लिया गया है और बाद वाले नाम का अर्थ है वे लोग जो रस्सी बनाते हैं और सन तथा रेशे से बोरा या टाट बनाते हैं। कुनबियों में तिलोले कही जाने वाली एक उप–जाति है संभवतः इसलिए क्योंकि एकबार उन्होंने तिल के पौधों की उपज की थी। बेलगाम के लोनारियों के बीच ऐसी दो उप–जातियाँ है जिनका नाम उस विशिष्ट सामग्री पर आधारित है जिसे वे मिथ (नमक) और चूने के रूप में तैयार करते हैं। फूल माली, कछा माली, जीरे माली, और हल्दे माली एक साथ मिलकर पूरी माली जाति का गठन करते हैं, और इनकी उप–जातियाँ अपनी पेशेवर विशेषज्ञताओं से अपने नाम हासिल करती हैं। इस प्रकार, फूल माली फूल विक्रेता होता है, कछा माली सूती पट्टे तैयार करता है,

जीरे माली जीरा (एक मसाला) उगाते हैं, और हल्दे 'हलद' अथवा हल्दी का उत्पादन करते हैं। मध्य प्रांतों के कोछी लोगों में पटवी तथा सुतसाल दो उप–जातियाँ हैं। पटवी रेशमी धागे के पट्टे तैयार करते हैं और आभूषणों पर रेशमी धागे लगाते हैं। सुतसाल अधिकांशतः सूती धागे बुना करते हैं।

अनेकों उप–जातियों, विशेषतौर पर उन जातियों के अंदर जो या तो जातीय समूह वाली प्रकृति की हैं अथवा सहायक अपरिभाषित पेशों का संचालित करती हैं, का नामकरण उनकी विशिष्ट आर्थिक गतिविधियों की प्रकृति से किया गया है। सिंगारिया, टंकीवाल, धूरिया, सोंझार, तथा कसधोनिया आदि मध्य प्रांतों की धीमर जाति के उप–विभाजनों में से कुछ हैं। सिंगारिया 'सिंघाड़े' उगाते हैं। टंकीवाल सान पत्थरों को धार लगाने वाले हैं। धूरिया लावा–लाई (चावल से बने) बेचते हैं। सोंझार सोना धोते हैं, और कसधोनिया लोग भक्त तीर्थयात्रियों के द्वारा पवित्र नदियों में चढ़ाए गए सिक्कों को उठाकर उनकी रेत साफ करने का कार्य करते हैं। गारपगाड़ी जोगी को अपना नाम उनकी उप–जाति के पेशे से प्राप्त हुआ है जो ओलावृष्टि से बचने के लिए जादू का उपयोग करती है। मनिहारी जोगी मोतियों के फेरी–विक्रेता हैं तथा रीठा बिकनाथ को इस प्रकार से इसलिए बुलाया जाता है क्योंकि वे 'रीठा' बेचते हैं। खैरे, धनोजे, और लोनहारे मध्य प्रांतों के कुनबियों की तीन उप–जातियाँ हैं। खैरे संभवत 'खैर' से कत्था बनाने का काम करते थे; धनोजे वे लोग हैं जो छोटे भंडार अथवाः 'धन' रखते हैं, और लोनहारे पहले नमक साफ किया करते थे। मध्य प्रांतों के महारों की उप–जाति लोनरिया नमक–निर्माण में संलिप्त है। धाँगरों के पास मेन्धेस और महषकेस नामक दो उप–विभाजन हैं, जिनके ऐसे नामकरण इसलिए किए गए हैं क्योंकि ये क्रमशः भेड़ (मेढ़ा) और भैंस (महषी) पालते हैं।

माँग–जाति का एक उप–विभाजन माँग–गरुड़ी इस नाम से इसलिए सम्बोधित किया जाता है क्योंकि वे सँपेरे होते हैं; टोकरफोड़ लोगों को उनका नाम उनके बाँस (टोकर) फाड़ने के पेशे से प्राप्त हुआ है; नाड़े लोगों को इस नाम से इसलिए बुलया जाता है क्योंकि वे 'नाड़ा' अथवा रस्सी बनाते हैं। माँग–मोची चर्मकार होते हैं। काकड़ बिना रंगे चमड़े की रस्सियाँ बनाते हैं।[24] नहावी लोगों, जो मराठा देश के नाई हैं, में वजनत्री और मशालजी जैसी उप–जातियाँ हैं। इनमें से पहले वालों को इस नाम से इसलिए सम्बोधित किया जाता है क्योंकि वे संगीत बजाते हैं और बाद वालों को इसलिए क्योंकि वे जुलूसों के आगे–आगे मशालें लेकर चलते हैं। मराठा देश के महारों के बीच पन्या और बेले नामक दो उप–विभाजन हैं, जिनमें से पहला छाते बनाने के लिए पत्तियों का उपयोग करता है और बाद वाला बाँस की सींकों से चटाईयाँ बनाता है। मध्य प्रांतों में येरेंडे तेली, जो कि तेली जाति की एक उप–जाति है, को अपना नाम इस तथ्य से प्राप्त हुआ है कि अतीत में वे 'एरंडी' अर्थात् रेड़ी के बीजों से तेल पेरा करते थे। सालो तेलियों ने तेल पेराई को छोड़ दिया और आज वे किसान बन गए हैं।[25]

पेशों के उपकरणों अथवा तकनीकों से जुड़ी विशिष्टताओं ने भी अपने नाम कुछ पेशेवर जातियों के उप–विभाजनों को प्रदान किए हैं। मराठा देश में मिट्टी के बर्तन बनाने वाले कुम्हार उन लोगों में अंतर करते हैं जो बिना चाक (कुम्हार का चक्र जिस पर वह बर्तन बनाता है) के उपयोग किए हाथों द्वारा बर्तनों का निर्माण करते हैं, जैसे–हथगढ़ेस; जो बड़े चाक का उपयोग करते हैं वे थोरचाके (थोर=बड़ा, तथा चाके=चक्र) कहलाते हैं, और जो छोटे चाक का उपयोग करते हैं लहनचाके (लहन=छोटा) कहलाते हैं। मध्य प्रांतों में कुम्हार जाति के पास पहली उप–जाति तो है किन्तु बाद वाली दो नहीं हैं। इसके स्थान पर उनके पास चकेरे और कुरेरे हैं, जिनमें से कुरेरे चाक के बजाए एक घूमने वाले पत्थर का उपयोग करते हैं। इसके साथ–साथ, उनके पास गोरिया कही जाने वाली एक उप–जाति है क्योंकि इस उप–विभाजन के सदस्य मात्र सफेद पात्रों का ही निर्माण करते हैं, काले का नहीं। नागपुर जिले में तेलियों के बीच दो मुख्य उप–विभाजन हैं। इकबैले वे होते हैं जो अपने कोल्हू में केवल एक बैल जोतते हैं जबकि दोबैले दो बैलों को जोतते हैं।

विभिन्न धार्मिक मतावलंबियों अथवा संप्रदायों ने भी कुछ जातियों के उप–विभाजनों का नाम प्रदान किए हैं। *वेद* के आधार पर पुरातन भेद, जिसे एक समूह के सदस्यों के द्वारा पारंपरिक तौर पर अनुसरण किया जाता था, मराठा देश के देशस्थ ब्राह्मणों के बीच कायम रहा है जो अंतरवैवाहिक प्रतिबंधों का कारण रहा है। उनके बीच हैं ऋगवेदी और यजुर्वेदी, जो ऋगवेद और यजुर्वेद के अनुयायी हैं, और उप–जातियों के रूप में भी अलग–अलग

हैं। बाद के धार्मिक मतों एवं सुधारवादी आंदोलनों ने भी जातीय संगठन पर अपनी छाप छोड़ी है। देशस्थ ब्राह्मणों के बीच एक अंतरविवाही समूह मौजूद है जिसके सदस्यों को महराष्ट्र के सुधारवादी संत एकनाथ के वंशज माना जाता है।[26] दक्षिण भारतीय ब्राह्मण अपने धार्मिक मतभेदों को इस सीमा तक बढ़ा देते हैं कि सामान्यतौर पर स्मार्तों और वैष्णवों को भी उप–जातियाँ माना जाता है। मध्य प्रांतों के चमारों के बीच एक बड़ी उप–जाति है जिसे सतनामी कहा जाता है क्योंकि उनके सदस्य सतनामी संप्रदाय के अनुयायी हैं। पदम सालियों में हिन्दू और लिंगायत विभाजन है जो अंतरविवाही हैं। इसी प्रकार से वे अपने बीच गाउली, कुम्भार तथा फाली, लिंगायत विभाजन रखते हैं। बुनकरों की एक द्रविड़ जाति पनका में कबीरहा और शकतहा प्रमुख उप–जातियाँ हैं। कबीरहा संत कबीर के अनुयायी हैं जबकि शकतहा शाक्त संप्रदाय से सम्बन्ध रखते हैं।[27]

रीति–रिवाजों एवं खानपान के अंतरों को इतना अधिक महत्वपूर्ण माना गया है कि कुछ जातियाँ ऐसे अंतरों वाली जातियों को उप–समूह के रूप में मान्यता प्रदान करती हैं, यद्यपि कि उनके नामों में आवश्यक रूप से ऐसा कोई अंतर नहीं होता। मुम्बई के बेराड में दो उप–जातियाँ हैं, उनके बीच का अंतर मात्र इतना है कि एक का सदस्य भैंसों, बैलों अथवा सुअरों का माँस खाता है, और अपने घर की महिलाओं को वेश्यावृत्ति की अनुमति प्रदान करता है, जबकि दूसरी उप–जाति के सदस्य इन प्रथाओं को सहन नहीं करते। इनमें से बाद वालों को बाइल अर्थात् सफेद अथवा शुद्ध का नाम दे दिया गया, और पहले वालों को कारे अथवा काले। ढोर, जो कटकारियों के पाँच उप–विभाजनों में से एक है, को इस नाम से इसलिए बुलाया जाता है क्योंकि इसके सदस्य गोमाँस खाते हैं। कर्नाटक की एक मछुआरा जाति मोगर में तीन उप–विभाजन है जो उनकी विरासत सम्बन्धी नियमों के अनुसार नामकरण किए गए हैः अलियसनातन, मकलसनातन, एवं रनडेसनातन, अर्थात् वे जो महिलाओं के जरिए विरासत प्राप्त करते हैं, वे जो पुरुषों के जरिए विरासत प्राप्त करते हैं, तथा वे जो पुनर्विवाहित विधवा की संतान हैं।[28] मध्य प्रांतों के कुनबियों में गधाओ कही जाने वाली एक उप–जाति है जो पहले गधे ('गधाव') पाला करती थी।

अनेकों जातियों में ऐसी उप–जातियाँ हैं जिनके नामों को कुछ ऐसी वास्तविक विशिष्टता से हासिल किया गया है जिन्हें अब भुलाया जा चुका है, अथवा कुछ ऐसी सांयोगिक परिस्थितियों से, जिनके साथ महत्व जुड़ा हुआ है, और जिसका उपयोग समूह के सदस्यों के बीच अंतर करने हेतु किया जाता है, अथवा, विजातीय विवाह के मामले में, सही वंशावली पर ध्यान न देते हुए मात्र विवाहों की वैधता सम्बन्धी तथ्य से हासिल किया गया है। मध्य प्रांतों के बासोरों के पास पुरनिया अथवा जूठिया कहलाने वाला एक वर्ग है क्योंकि उन्हें उन अहीर दाईयों की अवैध संताने माना जाता है जो राजपूत परिवारों में नौकरी करती थीं। चुँगिया चमार सतनामी चमारों की एक शाखा हैं और इस नाम से इसलिए बुलाए जाते हैं क्योंकि इस संप्रदाय के नियम के विपरीत, वे पत्ती से बने पाइप (चुँगिया) के द्वारा धूमपान करते हैं। चमारों की दैजनया उप–जाति को इस नाम से इसलिए सम्बोधित किया जाता है क्योंकि उनकी महिलाएं दाईयों का काम करती हैं, यद्यपि इस कार्य को अन्य उप–जातियों की महिलाओं के द्वारा भी संपन्न किया जाता है। धीमारों की एक उप–जाति के पास नाढा नामक मात्र एक ही उप–जाति है जो नदियों के तटों पर निवास करते हैं। उनके सुअरहा और गधेवाले नामक उप–जातियों को अपने नाम उनके दो अशुद्ध जानवरों सुअरों तथा गधों की संगत के कारण प्राप्त हुए हैं। महार लोग अवैध विवाहों से उत्पन्न वंशजों के समूहों को धार्मिक (पवित्र) शब्द प्रदान करने के द्वारा हास्यपूर्ण भावना को व्यक्त करते हैं। इसके विपरीत, परधान अपने बीच ऐसे किसी समूह के नामकरण के लिए किसी शोभाहीन शब्द का उपयोग करते हैं। इसे 'थोथिया' अथवा 'अपंग' के रूप में जाना जाता है। यद्यपि 'लंगोटी' अथवा कपड़े का पतला सा टुकड़ा कई गरीब जातियों की लंगोटी होता है, तथापि पारधियों ने अपने सदस्यों को विशिष्ट रूप से चिह्नित करने हेतु इस शब्द का उपयोग किया है और वे अपनी एक उप–जाति को लंगोटी कहते हैं। कुम्भारों में गधेरे, बरदिया, और सुनगरिया तीन उप–जातियाँ हैं। इन समूहों को उनके नाम उन पशुओं से प्राप्त हुए हैं जिन्हें वे पालते हैं, जैसे–गधे, बैल तथा सुअर। मुम्बई के ढाँगर अपने अवैध भाईयों को 'काडू' नाम से बुलाते हैं, जबकि गुजराती कुम्भार ऐसे सदस्यों के लिए वटलिया (दूषित) शब्द का उपयोग करते हैं।

जातीय–समूहों की तस्वीर ऐसी ही है जिन्हें अधिकांशतः मध्य प्रांतों, महाराष्ट्र एवं गुजरात से प्राप्त तथ्यों के द्वारा प्रस्तुत किया गया है, और ये दोनो ही क्षेत्र प्राचीन ब्राह्मणवादी संस्कृति के केन्द्र से बाहर की परिधि के हैं। उत्तर–प्रदेश, जो ब्राह्मणवादी संस्कृति का घर है, में जातियों एवं उप–जातियों के नामकरण में समान सिद्धांतों को देखा जा सकता है। इस क्षेत्र की जातीय उत्पत्ति की एक अतिरिक्त और महत्वपूर्ण विशेषता यह है कि राजपूत वंशों के नाम तथा विशेष तौर पर नामांकित लोगों के नाम अनेकों बड़े समूहों की उप–जातियों के नामों में व्यापक तौर पर प्रकट होते हैं।[29]

संदर्भ

1. Russell, iv, p. 113. 2. Nesfield, p. 21. 3. Russell, iii, p. 581, and iv, p. 386. 4. Nesfield, p. 11. 5. Enthoven, i, v. 105. 6. Russell, ii, p. 320. 7. Russell, ii, pp. 457–8. 8. Russell, iv, p. 324. 9. Enthoven, i, p. 341.

10. Enthoven, iii, p. 297. 11. Risley, (2), p. 83. 12. Enthoven, i, p. 153. 13. Russell, iv, p. 596. 14. Russell, ii, pp. 24–5. 15. Ibid., p. 193. 16. Bhattacharya, p. 35. 17. Enthoven i, p. 221. गुजरात की कुछ जातियों का आगे का विभाजन उन शहरों के अनुसार किया गया है जिनमें वे निवास करती हैं, उदाहरणार्थ, सूरत के श्रीमाली बनिया तथा अहमदाबाद के बनिया इत्यादि। 18 Bhattacharya, p. 99. 19. Nesfield, p. 106.

20. Nesfield, p. 106. 21. Russell, iv, p. 133. 22. Russell iv, p. 354. 23. Ibid., p. 546. 24. Enthoven, ii, p. 436. 25. Russell, iv, p. 546. 26. Enthoven, iii, 327. विशेष टिप्पणीः यह एक जिज्ञासु तथ्य है कि गुजरात के बनियों के बीच के धार्मिक अंतर कठोर अंतरविवाह को प्रतिबंधित करने का कारण नहीं रहे हैं। जैन तथा वैष्णव बनियों के बीच विवाहों को लेकर कोई गंभीर आपत्ति नहीं है। Compare Malcolm, ii, p. 162. 27. Russell, iv, p. 325. 28. Enthoven, iii, p. 60. 29. W. Crooke, *The Tribes and Castes of the North-Western Provinces and Oudh*, vol. i, pp. clxiv-v.

3

युगों से गुजरती जाति–1

यहाँ मैंने हिन्दू जातीय समाज की एक तस्वीर को उसी रूप में प्रस्तुत करने का प्रयास किया है जिसमें वह आधुनिक विचारों के द्वारा अपने तौर–तरीकों को प्रभावित करने के पूर्व कार्य कर रही थी। अब हमें यह देखना है कि यह जो भी थी वह कैसे बनी। इस ऐतिहासिक वर्णन की सुविधा हेतु मैं भारत के इतिहास को चार कालों (अवधियों) में विभाजित करने का प्रस्ताव करता हूँ। पहला, वैदिक काल जो ईसापूर्व 600 के आसपास समाप्त हुआ और जिसमें वैदिक *संहिताओं* और *ब्राह्मणों* के साहित्यिक विवरण शामिल हैं; दूसरा, उत्तर–वैदिक काल, जो ईसाई युग की लगभग तीसरी शताब्दी तक रहा। इस अवधि में हमारे पास तीन प्रकार के साहित्य उपलब्ध हैं जो इस विषय पर प्रकाश डालते हैं। आर्यों के पवित्र नियम रूढ़िवादी और कमोबेश आदर्शवादी दृष्टिकोणों को प्रस्तुत करते हैं जबकि महाकाव्य समकालीन व्यवहारों की गवाही देते हैं। दूसरी ओर, बौद्ध साहित्य इस संस्था की एक ऐसी झलक प्रदान करता है जो इसके खिलाफ विद्रोह करने वाले लोगों को प्रतीत हुई थी और आंशिक तौर पर यह हमें इस जाति के कुछ पहलुओं की स्वाभाविक तस्वीर प्रदान करता है। तीसरे काल (अवधि) को *धर्मशास्त्रों* का काल कहा जा सकता है और यह 10वीं अथवा 11वीं शताब्दी ई.प. (ईसा पश्चात्) के साथ समाप्त होती है। मनु, याज्ञवलक्य एवं विष्णु इस काल के सामाजिक आदर्शों के मुख्य प्रतिपादक हैं। चौथे काल को आधुनिक काल कहा जाना उपयुक्त हो सकता है, और यह हमें 19वीं शताब्दी के प्रारंभ तक ले आता है। समकालीन हिन्दुओं के रीति–रिवाज एवं विश्वास वो हैं जिन्हें अधिकांशतः इस अवधि के लेखकों के द्वारा निर्धारित एवं वर्गीकृत किया गया था। इसी अवधि में भारत की वर्तमान भाषाएं भी विकसित हो रही थीं। एक नए धर्म तथा कुछ अलग जातीय कुलों, जो हमारी आज की राजनीतिक एवं सामाजिक समस्याओं में से अनेकों के जनक हैं, को इसी अवधि में लागू किया गया था। आदर्शवादी दृष्टिकोणों को पाराशर, हेमाद्रि, एवं माधव जैसे लेखकों के द्वारा प्रदान किया गया है, जबकि शिलालेख एवं यात्रियों के वर्णन इन अवधियों की कुछ वास्तविकताओं को प्रकट करते हैं।

प्रारंभ में ही यह उल्लेख करना आवश्यक है कि जाति के महत्वपूर्ण पहलुओं के समस्त साहित्यिक विवरण समाज की चार वर्गों, अर्थात् ब्राह्मण, क्षत्रिय, वैश्य एवं शूद्र के बीच केन्द्रित हैं, न कि उन अनेकों समूहों के जो आज की जातियाँ हैं।

पहले काल की सर्वाधिक प्रारंभिक रचना *ऋग्वेद* में समाज के तीन वर्गों का उल्लेख बार–बार किया गया है, और इन्हें ब्रह्मा, क्षात्र, एवं विषा का नाम दिया गया है। इनमें से पहले दो मोटे तौर पर कवि–पुजारियों और योद्धा–नायकों के पेशे का प्रतिनिधित्व करते हैं। तीसरा विभाजन प्रकट रूप से एक ऐसा समूह था जिसमें सभी आम नागरिक शामिल थे। ऐसा बाद की ऋचाओं (स्त्रोतों) में से मात्र एक, प्रतिष्ठित पुरुषसूक्त, में है कि आदि प्राणी के बलिदान से निकलने वाले चार वर्गों को संदर्भित किया गया है। इन चारों वर्गों को ब्राह्मण, राजन्य, वैश्य, तथा शूद्र नाम दिए गए हैं, जिन्हें क्रमशः सृजनकर्ता के मुख, भुजाओं, जंघाओं और चरणों से उत्पन्न हुआ बताया जाता

है। ये अंग विशेष इन विभाजनों से जुड़े हैं और जिस क्रम में इनका उल्लेख किया गया है वह संभवतः तत्कालीन समाज में इनकी स्थितियों को इंगित करता है, यद्यपि कि ऋचाओं में इसकी कोई प्रत्यक्ष व्याख्या नहीं दी गई है।

इन चार वर्गों को उत्पत्ति को बाद की अधिकांश रचनाओं में मामूली परिवर्तनों और व्याख्यात्मक संकलनों के साथ दोहराया गया है। उदाहरणार्थ, *तैत्तरीय संहिता* इन चारों वर्गों की उत्पत्ति का श्रेय सृजनकर्ता के चार अंगों को देती है और एक व्याख्या को जोड़ती है। ब्राह्मणों को प्रमुख इसलिए घोषित किया गया है क्योंकि उनका जन्म मुख से हुआ है। ऐसा 'मुख' शब्द के द्विअर्थी ('मुख' तथा 'मुख्य') प्रयोग द्वारा किया गया है। राजन्य ओजस्वी (शक्तिशाली) होते हैं क्योंकि उन्हें ओज (शक्ति) से पैदा किया गया है। वैश्यों का उपयोग खाने के लिए है, जो उनके अधिक कराधन के उत्तरदायित्व को संदर्भित करता है, क्योंकि उन्हें पेट अर्थात् भोजन के भंडार, से जन्म दिया गया था। पैरों से उत्पन्न होने के कारण शूद्र को अन्य लोगों का परिवहनकर्ता होना होता है और अपने पैरों पर ही निर्वाह करना होता है। सृजन के इस विशिष्ट विवरण में वर्गों की उत्पत्ति की व्याख्या न केवल धर्मशास्त्रीय ढंग से की गई है, बल्कि उनके कार्यों एवं स्थिति को एक दैवीय औचित्य भी प्रदान किया गया है। यहाँ, इस सृजन–सिद्धांत का और अधिक विस्तार किया गया है ताकि इन सामाजिक वर्गों की कुछ अन्य विशेषताओं को शामिल किया जा सके। कहा जाता है कि इन वर्गों के साथ–साथ ईश्वर ने कुछ देवताओं को भी जन्म दिया था। आम लोगों के लिए, वैश्य वर्ग अवश्य ही बहुत बड़ा रहा होगा, और यह विवरण उस सामाजिक तथ्य को विश्वेदेवाओं (सभी और विविध देवताओं, जिनकी संख्या बहुत अधिक है) के समकालिक सृजन के प्रति एक संदर्भ द्वारा स्पष्ट करता है। हमें बताया गया है कि शूद्रों के साथ किसी भी देवता का सृजन नहीं किया गया था और इसीलिए वह बलि देने में अयोग्य है। यहाँ पुनः, उन सामाजिक नियमों, जो किसी शूद्र को बलि देने से रोकते हैं, के सृजन के एक सांयोगिक परिणाम के रूप में स्पष्ट किया गया है।[1]

इस तथ्य, कि हालांकि बाद की एक ऋचा में इन चार वर्गों का वर्णन दैवीय उत्पत्ति के रूप में किया गया है, को ऐसे पर्याप्त संकेत के रूप में अवश्य स्वीकार किया जाना चाहिए कि ये दीर्घकालिक और सुपरिभाषित थे, यद्यपि उनके कामकाज का सटीक सीमांकन, उनके बीच के सम्बन्धों के मार्गदर्शन सम्बन्धी नियम, तथा उनके लचीलेपन की सीमा को ऋगवैदिक साहित्य, जो स्पष्टतौर पर पूजा की प्रकृति का है, के मुख्य भाग में संदर्भित नहीं किया गया हो सकता है।

शतपथ ब्राह्मण चारों वर्गों के अंतिम संस्कार के लिए अलग–अलग आकार वाले मिट्टी के टीलों का निर्धारण करता है। सम्बोधनकारी शब्द भी अलग हैं जो विनम्रता के स्तर में भिन्न हैं। 'मानव बलि' में इन वर्गों के प्रतिनिधियों को अलग–अलग देवताओं को समर्पित किया गया है। *ऐतरेय ब्राह्मण* का एक वाक्य क्षत्रियों को बलि सम्बन्धी रीतियों में कुछ गल्तियों से बचने की चेतावनी प्रदान करता है। यदि वह कोई विशेष गलती करता है तो यह कहता है, "ब्राह्मण के समान कोई एक, जिसके पास अपनी से दूसरी अथवा तीसरी पीढ़ी में ब्राह्मण बनने का अधिकार हो, और जो एक ब्राह्मण के समान रहना पसंद करे, उसके वंश में जन्म लेगा।" इसी प्रकार दो अन्य गल्तियों के लिए उसे वैश्य–समान और शूद्र–समान पुत्र प्राप्त होंगे जो दो अथवा तीन पीढ़ियों में संपूर्ण वैश्य अथवा शूद्र बनने में सक्षम होंगे। यह स्पष्ट है कि यद्यपि वैदिक काल के अंत तक ये वर्ग लगभग रूढ़िबद्ध हो चुके थे, तथापि किसी विशेष परिवार में दो अथवा तीन पीढ़ियों में ऊपर अथवा नीचे की ओर का एक परिवर्तन होना पूर्णतः असंभव नहीं था।[2]

बाद के साहित्य में इन वर्गों को नियमित रूप से *वर्णों* के रूप में संदर्भित किया गया है, यहाँ तक कि लोकप्रिय रूप से हिन्दू धर्म को वर्णाश्रम धर्म के रूप में परिभाषित किया जा चुका है। तथापि *ऋग्वेद* में 'वर्ण' शब्द का उपयोग इन वर्गों में से किसी के लिए कभी भी नहीं किया गया है। यह मात्र आर्य वर्ण, अथवा आर्य लोग ही हैं जो दास वर्ण से भिन्न हैं। दूसरी ओर, *शतपथ ब्राह्मण* चार वर्गों को चार वर्णों के रूप में वर्णित करता है।[3] 'वर्ण' का अर्थ है 'रंग', और यही वह समझ थी जिसे आर्यों और दासों के बीच भिन्नता के लिए प्रयुक्त किया गया प्रतीत होता है, जो क्रमशः उनके गोरे और काले रंग को संदर्भित करती है। इस शब्द के रंग–संकेतार्थ इतने शक्तिशाली थे कि बाद मे जब वर्गों का वर्णन नियमित रूप से वर्णों के रूप में किया जाने लगा तो चारो वर्गों को चार अलग–अलग रंग प्रदान कर दिए गए, जिनके द्वारा उनके सदस्यों के बीच अंतर किया जाता था।

चारों वर्गों के बीच सम्बन्धों को कायम रखने पर *ऋग्वेद* के पास कहने हेतु अधिक कुछ नही है। जो अर्थ हम निकाल भी सकते हैं, वे बहुत कम भी हैं। ऋग्वैदिक साहित्य आर्यों और दासों के बीच के अंतर पर बहुत बलपूर्वक जोर देता है, न केवल उनके रंग, बल्कि उनके बोलने, धार्मिक अभ्यासों, तथा शारीरिक विशेषताओं के मामलों में भी। इस काल के अंत तक ब्राह्मण वर्ग किसी जाति के लगभग समस्त गुणों को हासिल कर चुका प्रतीत होता है। यद्यपि ऋग्वैदिक साक्ष्यों का सामान्य निकाय पूर्णतः निर्धारक नहीं है, तथापि ब्राह्मण माने जाने हेतु एक झूठा दावा, जैसा कि *ऋग्वेद* की दसवीं पुस्तक की इकहत्तरवीं ऋचा में निहित है, इस निष्कर्ष की ओर इशारा करता है। निश्चित रूप से ब्राह्मण को क्षत्रिय से श्रेष्ठ होना कहा गया है, जिसे वह अपने मंत्रोच्चारणों अथवा रीति–रिवाजों के ज्ञान के साथ उलझा सकने में समर्थ है। उसे अपनी प्रार्थनाओं द्वारा युद्ध में राजा की सुरक्षा सुनिश्चित करने वाला कहा जाता था और *ऐतरेय ब्राह्मण* निर्धारित करता है कि राजा का चढ़ावा देवताओं को तब तक स्वीकार्य नहीं होता जब तक उसे किसी पुरोहित, जो, जैसा कि हम बाद में देखेंगे, सामान्य तौर पर एक ब्राह्मण होता है, की सहायता से न प्रस्तुत किया गया हो। जैसा कि राजसूय बलि में है, जहाँ कहीं भी ब्राह्मण को राजा के प्रति सम्मान व्यक्त करना आवश्यक हो, इस तथ्य को इस प्रकार से स्पष्ट किया गया है कि इससे ब्राह्मणों की श्रेष्ठता प्रभावित न होने पाए। यहाँ तक भी सुझाव दिया गया है कि राजा ब्राह्मण प्रदत्त अधिकार से ही राज्य करता है।[4] किसी ब्राह्मण को राजा तथा कुलीनों के द्वारा परेशान करने के अधिकार की पहचान की गई है तथा इसके प्रतिकार के रूप में शीघ्र विनाश की धमकी दी गई है। दोनों की संपूर्ण समृद्धता के लिए ब्राह्मण एवं क्षत्रिय के बीच सहयोग की आवश्यकता को प्रायः दोहराया गया है। ब्राह्मणों को पृथ्वी पर देवता घोषित किया गया है। *शतपथ ब्राह्मण* तो ब्राह्मणों के अधिकारों एवं कर्तव्यों का सार भी प्रदान करता है, जिनके बीच उपहार प्राप्त किया जाना तथा वंश की शुद्धता का पालन करते रहने का उल्लेख है। यह भी कहा गया है कि कोई भी ब्राह्मण ऐसी किसी वस्तु को स्वीकार नहीं करेगा जिसे दूसरों के द्वारा अस्वीकार कर दिया गया हो, और *पंचविशा ब्राह्मण* में ब्राह्मण से जुड़ी पवित्रता का इतना अधिक विस्तार किया गया है कि उसके द्वारा किए गए ब्राह्मणत्व सम्बन्धी किसी भी दावे के परीक्षण को वर्जित कर दिया गया है। *शतपथ ब्राह्मण* के एक वाक्य से ऐसा प्रतीत होता है कि किसी ब्राह्मण की संपत्ति को राजकीय दावे से छूट प्राप्त थी। बलि हेतु पके भोजन के अवशेष को आवश्यक रूप से ब्राह्मण के अलावा किसी अन्य द्वारा नहीं खाया जाना चाहिए। *शतपथ ब्राह्मण* के अनुसार अकेले किसी ब्राह्मण की हत्या ही वास्तविक हत्या है, जबकि *यजुर्वेद* इसे किसी और मनुष्य की हत्या की तुलना में एक अधिक घृणित अपराध घोषित करता है। इसका प्रायश्चित मात्र एक भारी अनुष्ठान के द्वारा ही किया जा सकता है। किसी ब्राह्मण तथा गैर–ब्राह्मण के बीच के किसी कानूनी विवाद में किसी मध्यस्थ अथवा गवाह को अवश्य ही ब्राह्मण के पक्ष में बोलना चाहिए। यद्यपि *शतपथ ब्राह्मण* मृत्युदंड से स्वतंत्रता की गणना ब्राह्मणों के विशेषाधिकारों में करता है, तथापि *पंचविशा ब्राह्मण* घोषणा करता है कि किसी भी पुरोहित को अपने स्वामी के साथ विश्वासघात करने के लिए मृत्युदंड दिया जा सकता है। *शतपथ ब्राह्मण* की एक किंवदंती के अनुसार ब्राह्मण स्वयं को सभ्यता के प्रसारक मानते थे।

किसी भी ब्राह्मण के कार्यों को शिक्षण और बलि संपन्न करवाना कहा जा सकता है, और उसका उद्देश्य पवित्र विद्या में सर्वश्रेष्ठ होना होता था। इसे हासिल करने के लिए एक छात्र जीवन (ब्रह्मचर्य) में प्रवेश लेना होता था। ऐसा प्रतीत होता है कि इस पाठ्यक्रम में सामान्यतः सिर्फ ब्राह्मणों को ही प्रवेश दिया जाता था। सत्यकाम जाबाला की कहानी इस बात को बहुत स्पष्ट कर देती है।[5] यह युवक एक प्रसिद्ध ब्राह्मण शिक्षक के पास शिष्य के रूप में प्रवेश की प्रार्थना लेकर गया था। शिक्षक ने उससे अपने वंश का विवरण देने को कहा जिस पर सत्यकाम ने उस ऋषि से कहा कि उसे अपने पिता का नाम नहीं मालूम है क्योंकि वह अपनी माँ को उस समय पैदा हुआ था जब वो काम के बोझ से दबी हुई थी। इस पर शिक्षक ने उसे ब्राह्मण के रूप में प्रशंसित किया क्योंकि उसने सच बोला था, और उसे अपना शिष्य बनने की अनुमति दे दी। इस दृष्टांत से यह अर्थ अवश्य ही निकाला जाना चाहिए कि इस शिक्षक के अनुसार मात्र ब्राह्मणों को ही ब्रह्मचर्य–छात्र के लिए प्रवेश दिया जा सकता था, क्योंकि सत्यकाम को शिष्य के रूप में मात्र तभी स्वीकार किया गया था जब शिक्षक इस बात से संतुष्ट हो गया कि वह

एक ब्राह्मण बालक था। यहाँ वंश परीक्षा को सत्यभाषी होने के नैतिक गुण सम्बन्धी मानदंड के समक्ष गौण कर दिया गया था। संयोगवश, यह स्पष्ट किया जा सकता है कि उस काल के विचारों के अनुसार मात्र ब्राह्मणों से ही सत्य बोलने की अपेक्षा की जाती थी। यह निष्कर्ष बुनियादी तौर पर इस कहानी की सामान्य टिप्पणी से मेल नहीं खाता कि यह सिद्ध करता है कि किसी गैर–ब्राह्मण को पवित्र विद्या अर्जित करने की अनुमति प्राप्त हो सकती थी। इस निष्कर्ष, कि अन्य वर्गों के सदस्यों को भी विशिष्ट मामले के रूप में छात्र के रूप में प्रवेश दिया जा सकता था, को इस तथ्य से अवश्य प्राप्त किया जाना चाहिए कि *काथक संहिता* में ऐसे व्यक्ति के लाभ के लिए एक संस्कार को संदर्भित किया गया है जिसने विद्या अर्जित कर ली हो, यद्यपि कि हो सकता है वह ब्राह्मण न हो। पुजारी का पेशा संभवतः पैतृक होता था, जैसा कि हम एक ब्रह्मपुत्र के एक ब्राह्मण (पुजारी) के पुत्र होने के बारे में, तथा साथ ही एक ब्रह्मबंधु (नाममात्र के पुजारी) के बारे में भी कुछ वाक्यों में पढ़ते हैं। इसके बावजूद, बाद की परंपराओं द्वारा की गई पुष्टि के अनुसार ऐसे संकेत उपलब्ध हैं कि क्षत्रिय लोग भी पुजारी हो सकते थे। 'ब्रह्मपुरोहित' शब्द का अर्थ "एक ब्राह्मण पुजारी को पुरोहित के रूप में रखा जाना" किसी गैर–ब्राह्मण के पुरोहित हो सकने की संभावना को स्पष्ट करता है। परंपरा के अनुसार, सुदास के कुलगुरु तथा वशिष्ठ के प्रसिद्ध प्रतिस्पर्धी विश्वामित्र एक क्षत्रिय थे। यास्क हमें बताते हैं कि देवापि, जिन्होंने अपने भाई की बलि में पुरोहित का काम किया था, कुरु परिवार के एक राजकुमार थे। *शतपथ ब्राह्मण* किसी भी ब्राह्मण को अशुद्ध मानता है यदि वह किसी चिकित्सक के पेशे को अपना लेता है।

ब्राह्मणों के बीच विवाह पर अंतरविवाही प्रतिबंध लगे थे अथवा नहीं यह इस युग के साहित्य से पूर्णतः स्पष्ट नहीं है। परंपरानुसार, च्यवन एवं श्यावशव दो वैदिक ऋषियों ने क्षत्रिय लड़कियों से विवाह किए थे। दूसरी ओर, जहाँ तक किसी ऋषि के वंशज होने पर जोर दिए जाने की बात थी, शुद्ध वंशज होने के महत्व की प्रशंसा की जाती थी। *ऐतरेय ब्राह्मण* में, कवश को एक महिला दासी का पुत्र कहकर व्यंग्य किया गया है और *पंचविशा ब्राह्मण* में वत्स को ऐसे ही एक आरोप से स्वयं को मुक्त करवाने का उल्लेख है।

समाज के दूसरे वर्ग, क्षत्रिय, को *ऋग्वेद* के बाद के खंडों में राजन्य के रूप में जाना जाता है। इस वर्ग के द्वारा मात्र मुखियाओं तथा अमीरों को ही शामिल गया प्रतीत होता है क्योंकि 'राजन्य' शब्द शासन सम्बन्धी गतिविधियों की ओर इशारा करता है, और इसप्रकार वर्ग की कार्यात्मक उत्पत्ति को प्रकट करता है।[6] सामान्यतः, इस वर्ग को ब्राह्मण से नीचे के रूप में प्रस्तुत किया जाता है, परंतु *काथक संहिता* में एक सहानुभूतिपूर्ण संदर्भ क्षत्रिय को ब्राह्मण से ऊपर उठा देता है। एक अन्य ग्रंथ में, 'राजकुल' अथवा राजा का परिवार ब्राह्मण परिवार के बाद स्थान पाता है। यह मुहावरा कि "गलत तरीके से क्षत्रिय की श्रेणी प्राप्त करना", जो *ऋग्वेद* (vii, 104ए 13) में सामने आता है, यह धारणा उत्पन्न करता है कि क्षत्रियों ने एक सुगठित वर्ग तैयार कर लिया था।

जैसा कि हम ऊपर उल्लेख कर चुके हैं, इस वर्ग के पेशों में प्रशासनिक एवं सैन्य कर्तव्य अवश्य ही शामिल थे, हालांकि सेना के सामान्य सैनिकों में भले ही आम लोगों को भी शामिल कर लिया जाता था। क्षत्रियों की समृद्ध ता सम्बन्धी प्रार्थनाओं में उसे एक धनुर्धर और अच्छा रथी–योद्धा कहा जाता है। यह कि इस वर्ग के वे सदस्य अन्य पेशों को अपना सकते हैं, को *शतपथ ब्राह्मण* में एक राजन्य को बाँसुरी बजाते हुए उल्लेख करने के द्वारा संभव होना बताया गया है। बाद की परंपराओं के अनुसार, *ऋग्वेद* की ऋचाओं के कुछ रचयिता इसी वर्ग से सम्बन्धित थे। पुजारियों के रूप में कार्य करने वाले क्षत्रियों के कुछ उदाहरणों का उल्लेख ऊपर किया जा चुका है। उपनिषदीय साहित्य से यह स्पष्ट है कि उस युग के कुछ राजा न केवल दार्शनिकों के संरक्षक थे बल्कि वे अपने समय के गहन दार्शनिक विचारों में स्वयं भी सुविज्ञ थे। विदेहों के जनक, प्रवाणा जयवली, अजातशत्रु, तथा अश्वपती कैकेय आदि कुछ ऐसे ही दार्शनिक–राजाओं के विशिष्ट नाम हैं। ऐसा प्रतीत होता है कि हालांकि कुछ क्षत्रिय एक वर्ग के रूप में अन्य पेशों को अपना लेते थे, परंतु उन्होंने स्वयं को अपने ब्राह्मण भाईयों से काफी सतर्क और बराबर रखा हुआ था। उनकी अग्रणी एवं साहसी भावनाओं ने पूजनकला तथा दार्शनिक अन्वेषणों दोनों ही मामलों में ब्राह्मणों के साथ समानता स्थापित करने के प्रयास किए थे। अतः, यह निष्कर्ष वैध प्रतीत होता है कि बाद में जब रीति–रिवाज बहुत अधिक विस्तृत हो गए, और दूसरी ओर क्षत्रिय विजयप्राप्ति में व्यस्त हो गए,

और प्रगतिशील रूप से पुरानी प्राकृत भाषा से अपनी समीपता खो बैठे, तब भले ही ब्राह्मणों के विरुद्ध खुले विद्रोह में उठ खड़े होने हेतु इस प्रतिस्पर्धात्मक क्षेत्र में उनकी संख्या कम हो गई।

जहाँ कुछ ऐसे पारंपरिक उदाहरण भी हैं कि क्षत्रिय कन्याओं ने ब्राह्मणों से विवाह किए थे, वहीं इस युग के श्रेष्ठ पुरुषों के बीच एक भी ऐसा उदाहरण मौजूद नहीं है जिसमें ब्राह्मण कन्या ने क्षत्रिय से विवाह किया हो। यद्यपि कभी–कभी क्षत्रियों ने अपनी पुत्रियों को ब्राह्मणों को विवाह में दिया था, फिर भी प्रतीत होता है कि उनमें दो नीचे वर्ग के समृद्ध परिवारों की कन्याओं से भी विवाह करने के प्रति एक आपत्ति मौजूद थी।

समाज का तीसरा वर्ग, अर्थात् वैश्य, वैदिक साहित्य में बहुत कम दिखाई देता है। *ऐतरेय ब्राह्मण* उन्हें एक दूसरे के पूरक के रूप में वर्णित करता है, "एक–दूसरे के सहारे जीवित रहना", तथा "इच्छानुसार दबाया जाना"। आमलोगों का प्रतिनिधित्व करने वाले इस वर्ग के ये दोनों ही संयोजन एवं कामकाज अस्पष्ट हैं। *तैत्तरीय संहिता* के अनुसार, वैश्यों की सबसे बड़ी महत्वाकांक्षा 'ग्रामनी' अथवा गाँव का मुखिया बनने की होती थी। *शतपथ ब्राह्मण कहता है कि,* "किसी वैश्य महिला का पुत्र कभी भी एक राजा के रूप में अभिषिक्त नहीं किया जाता।"[7] यद्यपि, उच्च वर्ग की तुलना में, वैश्यों की स्थिति अपेक्षाकृत कम महत्वपूर्ण थी, तथापि यह वर्ग निश्चित रूप से शूद्रों से बेहतर था।

चौथे वर्ग, शूद्र, का नाम *ऋग्वेद* में मात्र एक ही बार दिखाई देता है। ऐसा प्रतीत होता है कि यह वर्ग घरेलू सेवकों का प्रतिनिधित्व करता है, जो लगभग दास की स्थिति के काफी नजदीक हुआ करते थे। शूद्रों का वर्णन इस प्रकार किया गया है–"किसी अन्य का सेवक", "इच्छानुसार निष्कासन योग्य", तथा "इच्छानुसार मार दिए जाने योग्य"। *पंचविंश ब्राह्मण* इस स्थिति को तब और अधिक सूक्ष्मता से परिभाषित करता है जब यह घोषित करता है कि शूद्र, भले ही वह समृद्ध क्यों न हो, और कुछ नहीं किसी अन्य का सेवक ही सकता है, उसका कार्य अपने से श्रेष्ठों के चरण धोना ही है। फिर भी इसी रचना के अनुसार राजा के मंत्रियों में से कुछ शूद्र थे। अग्नि–यज्ञ के लिए प्रयुक्त होने वाले दूध का दोहन शूद्र द्वारा करने की अनुमति नहीं थी। उसे बलि के लिए शिक्षित व्यक्ति के द्वारा सम्बोधित नहीं किया जा सकता था। बलि के लिए उसे अयोग्य घोषित किया गया है और यहाँ तक कि उसे उस कक्ष में उपस्थित रहने की अनुमति भी नहीं है जहाँ बलि दी जा रही हो। *शतपथ ब्राह्मण* यहाँ तक घोषित करता है कि शूद्र अपने आप में असत्य है।[8] आर्य पुरुषों तथा शूद्र महिलाओं के बीच के अवैध सम्बन्धों का उल्लेख किया गया है, और शूद्र पति, जिसकी पत्नी किसी आर्य की दासी रही हो, के द्वारा महसूस की गई असहजता पर भी इशारा किया गया है।[9] इस सम्बन्ध में हम यह उल्लेख कर सकते हैं कि वशिष्ठ इस प्रभाव के लिए एक ब्राह्मण ग्रंथ को उद्धृत करते हैं कि एक काले प्रजाति (नस्ल) की महिला, अर्थात् शूद्र, मात्र आनंद प्राप्ति का साधन थी न कि किसी अच्छे उद्देश्यों को आगे बढ़ाए जाने का।[10]

हम देख चुके हैं कि *ऋग्वेद* में आर्यों और दासों के बीच एक स्पष्ट अंतर किया गया है। बाद के वैदिक साहित्य में यह सीमांकन आर्यों एवं शूद्रों, जिन्हें काले रंग वालो के रूप में वर्णित किया गया है, के बीच करने की ओर प्रवृत्त हो गया है। जैसे कि इस परिवर्तन की स्मृति को संरक्षित रखना हो, बलि सम्बन्धी रस्मों के एक भाग के रूप में आर्यों एवं किसी शूद्र के बीच एक नकली–युद्ध लड़ा जाना निर्धारित है जिसमें अनिवार्य रूप से आर्य ही विजयी होता है। यह परिवर्तन संभवतः आर्य लोगों और भारतीय जनजातियों के बीच बढ़ती हुई घनिष्ठता के कारण है जिसका परिणाम न केवल आर्य पुरुषों एवं शूद्र महिलाओं के बीच बल्कि शूद्र पुरुषों और आर्य महिलाओं के बीच भी अवैध सम्बन्धों के रूप में प्रकट हुआ।

ऋग्वेद में उल्लिखित चार वर्गों के अलावा लोहार, चर्मकार, नाई, चिकित्सक, सुनार, व्यापारी और रथ–निर्माता जैसे पेशों का भी उल्लेख है। हमें यह ज्ञात नहीं है कि इन पेशों में से किन–किन को इन चार वर्गों में से अपनाया गया था, न ही हम यह कह सकते हैं कि उनमें से प्रत्येक ने एक अलग वर्ग का गठन किया था। हम निश्चित रूप से जानते हैं कि रथकार, अर्थात् रथ–निर्माता, पर्याप्त रूप से इतने उच्च थे कि उन्हें शूद्रों के साथ वर्गीकरण से अलग रखा जाता था। बलि की अग्नि जलाए जाने के तरीके में एक रथकार को शामिल किया गया है जो धार्मिक मामलों में भी उसकी उच्च–स्थिति को इंगित करता है।

केवल पेशों की विविधता ही चौंकाने वाली नहीं है, बल्कि यह तथ्य भी है कि एक ही पेशे के कई नाम भी हैं। किसान और कुम्हार के पास एक से अधिक नाम हैं। ऊपर हम देख चुके हैं कि एक ही पेशे का अनुसरण करने वाले दो समूहों के नाम अलग हैं और उन्हें स्वतंत्र जातियों अथवा उप–जातियों के रूप में मान्यता प्रदान की गई है। नामकरण इस अंतर की दिशा में पहला कदम है। अतः, हमें इस तथ्य को पर्याप्त महत्व प्रदान करना चाहिए कि वैदिक साहित्य में चाहे व्यक्तियों के अथवा प्रांतीय विशिष्टताओं के आधार पर एक ही पेशे को अलग–अलग नाम दिए गए हैं।

यह संभव है कि कम से कम कुछ पेशे तो पैतृक बन चुके हैं। पितृनाम का उपयोग, जिसे किसी पेशे के नाम से लिया गया हो, इस दृष्टिकोण का समर्थन करता है, 'कौलाला', 'धैवारा', 'पौनजिष्ठा', तथा 'वनिजा' को क्रमशः 'कुलाला' (कुम्हार), 'धिवारा' (मछुवारे), 'पुनजिष्ठा' (मछुवारे), तथा 'वनिज' (व्यापारी) पुत्रों के लिए प्रयुक्त किया गया है।

वैदिक साहित्य में चार नामों, अर्थात्, अयोगवा, चाँडाल, निषाद एवं पौलकस पर्याप्त ध्यान दिए जाने योग्य हैं। मरुत्त अविक्षिता नामक एक राजा अयोगवा कहलाता है। इस शब्द का अर्थ संदेहास्पद है, परंतु यह अवश्य ही स्पष्ट कर दिया जाना चाहिए कि इसके बाद की अवधि के साहित्य में इसे मिश्रित जातियों में से एक के नाम के रूप में नियमित तौर पर प्रस्तुत किया गया है। यजुर्वेद में चाँडालों का संदर्भ स्पष्ट रूप से उन्हें नीच लोगों के रूप में प्रदर्शित करता है। यह देखा जाएगा कि अगली अवधि में चाँडालों को शूद्र पिता तथा ब्राह्मण माता के संतान के रूप में वर्णित किया गया है। वैदिक काल में उनकी यह अवनति ऐसी मिश्रित वंशोत्पत्ति के कारण है अथवा नहीं यह निर्धारित किया जाना कठिन है। इसी समय पर, चूंकि एक शूद्र पुरुष तथा एक आर्य महिला के बीच अवैध सम्बन्धों को कभी–कभी इंगित किया जा चुका है, ऐसे किसी भी स्पष्टीकरण की संभावना को पूरी तरह से अनदेखा भी नहीं किया जाना चाहिए। किन्तु एक कहीं अधिक प्रशंसनीय स्पष्टीकरण यह होगा कि चाँडाल आदिवासियों के एक अवनत समूह थे। सर्वप्रथम, यह देख पाना कठिन है कि सारे–के–सारे लोग किस प्रकार से आर्य महिलाओं और शूद्र पुरुषों के अवैध संसर्गों की उपज हो सकते हैं। दूसरे, वैदिक साहित्य में मात्र अवनत लोगों के समूहों का ही वर्णन नहीं है। *बृहदअरण्यक उपनिषद* में पौलकसों तथा चाँडालों को पुरुषों की तुच्छ प्रजाति के रूप में संदर्भित किया गया है। पौलकस से प्राप्त की गई संज्ञा का यह उपयोग समूह का स्थायित्व दर्शाता है। यह शब्द बाद के साहित्य में भी किसी निषाद अथवा शूद्र पुरुष एवं किसी क्षत्रिय महिला से उत्पन्न संतान के नाम के रूप में प्रकट होता है। क्षत्रिय महिलाओं के ऐसे सम्बन्ध एक नियमित तथ्य के रूप में विश्वास करने से परे हैं। यह मानना अधिक उचित है कि ये दोनों समूह, चाँडाल एवं पौलकस, आदिवासियों के वर्ग थे जिनसे आर्य लोग किसी न किसी कारणवश घृणा करते थे। दूसरी ओर, निषाद ऐसा वर्ग प्रतीत होता है जिसे आर्य पसंद किया करते थे, संभवतः इसलिए क्योंकि वे उनके सभ्य विचारों के प्रतिसंवेदी थे। एक वैदिक अभिव्यक्ति 'पाञ्चजन्य' को परंपरा द्वारा स्पष्ट किया गया है जो इस अवधि के उत्तरार्द्ध से सम्बन्धित है, जिसका अर्थ है चारों वर्ण एवं निषाद। यह एक ऐसा तथ्य है जो दर्शाता है कि उस समय तक ये लोग आर्यों के द्वारा पूर्णतः स्वीकार्य बन चुके थे। इस निष्कर्ष को *कौषीतकी ब्राह्मण* के एक ग्रंथ से भी प्राप्त किया गया है जो एक विशिष्ट रीति में बलि को अस्थाई तौर पर निषादों के साथ निवास करने की माँग करती है। ऐसा प्रतीत होता है कि सतत् सम्बद्धता एवं मंद गति से आत्मसात करने के द्वारा वैदिक दासों को आंशिक रूप से शूद्र और आंशिक रूप से निषादों में विभेदित कर दिया गया था, जबकि दुर्दम्य और सुधारातीत लोगों को विशेषतौर पर पौलकस एवं चाँडालों के रूप में तिरस्कृत एवं निरूपित किया गया था।

हम देख चुके हैं कि *ऋग्वेद* के प्रारंभिक भाग के तीन वर्गों को बाद में अलग से उल्लिखित तीन अथवा चार अन्य समूहों के साथ कमोबेश सुसम्बद्ध चार समूहों में सुगठित कर दिया गया था। यद्यपि ये समूह लगभग विशिष्ट इकाईयाँ थे, तथापि किसी भी व्यक्ति का इनमें ऊपर–नीचे का स्थान लेना पूर्णतः असंभव नहीं था, हालांकि, यह अवश्य ही एक दुर्लभ घटना रहती होगी। जहाँ तक धार्मिक एवं कर्मकांडीय जीवन का सम्बन्ध है, मात्र पहले तीन वर्गों को ही मान्यता प्राप्त बताया जाता है। यद्यपि शूद्रों को आर्य वर्ग के दायरे में दाखिल कर लिया गया था, तथापि उन्हें आर्यों की धार्मिक प्रथाओं का अनुसरण करने से व्यवस्थित रूप से प्रतिबंधित कर दिया गया था।

बल्कि, अस्पृश्यता के विचारों को सबसे पहली साहित्यिक अभिव्यक्ति शूद्रों एवं बलि के सम्बन्ध में ही प्रदान की गई थी। धार्मिक कर्मकांडों के मामलों में तीनों अन्य वर्गों के बीच भी विभिन्न असमानताएं मौजूद थी। यह निष्कर्ष स्पष्ट रूप से इसलिए हासिल होता है क्योंकि मात्र ब्राह्मण एवं क्षत्रिय ही समाज के दो महत्वपूर्ण वर्ग थे। इनमें पहला बलि सम्बन्धी रीति–रिवाजों में निरंतर बढ़ती जटिलताओं के साथ ही स्थिर रूप से विशिष्ट प्रभाव अर्जित कर रहा था, जबकि दूसरा मात्र कभी–कभी ऐसे व्यक्तियों को तैयार करता था जो स्वयं को पहले वाले के बराबर योग्य बना सकते थे। इसी परंपरा को कायम रखते हुए तीसरे वर्ग, वैश्य, को एक करधान–योग्य समूह बताया जाता था, तथा चौथा वर्ग, शूद्र न्याय से वंचित कर दिया गया था। प्रत्येक वर्ग स्वभावतः अंतर्विवाही प्रतीत रहा होता है यद्यपि कभी–कभार ब्राह्मण क्षत्रिय कन्याओं से विवाह करते थे, और प्रायः ही तीनों उच्च वर्गों के द्वारा शूद्र सेविकाओं को रखा जाता था। अनेकों प्रकार के ऐसे विशेषज्ञता प्राप्त पेशे मौजूद थे जिनका चारों वर्गों में से किसी के भी द्वारा अपनाए जाने का निर्धारण करने सम्बन्धी कोई भी साधन हमारे पास उपलब्ध नहीं हैं। ये प्रथाओं अथवा विनियमन के बजाए पैतृक अधिक रहे प्रतीत होते हैं। दूसरों की संगत में भोजन करने सम्बन्धी निषेध को इन वर्गों के सम्बन्ध में निर्धारित नहीं किया गया है, यद्यपि इस सम्बन्ध में एक सामान्य धारणा मौजूद है। मात्र उन लोगों, जो किसी विशिष्ट रीति को संपन्न कर रहे हों अथवा जो किसी विशिष्ट सिद्धांत में विश्वास रखते हों, को ही दूसरों की संगत में भोजन करने पर निषेध था।[11]

जहाँ वैदिकोत्तर काल का ब्राह्मणवादी साहित्य इस बात को दोहराता है कि वर्ग मात्र चार ही हैं, वहीं यह कुछ मिश्रित जातियों (संकर जाति), तथा साथ ही एक वर्ग–बहिष्कृत समूह (अन्त्यावासायिन्) का भी उल्लेख करता है। आर्यों के पवित्र नियमों को 'वर्ण–धर्म', अर्थात्, प्रकट रूप से चारों वर्गों के कर्तव्यों के प्रतिपादन हेतु तैयार किया गया है। विभिन्न मतावलंबियों की पाठ्य–पुस्तकों का विश्लेषण मोटे तौर पर चार भागों में किया जा सकता है। पहले भाग, जो सामान्यतः बहुत छोटा है, का सम्बन्ध 'आश्रमों' (व्यक्ति के जीवन की चार अवस्थाओं) तथा उनके कर्तव्यों से है; दूसरा भाग, जो इन पुस्तकों का बड़ा भाग है, वास्तव में 'वर्ण–धर्म' की चर्चा करता है। इस खंड में विशिष्ट नियमों का अधिकांश भाग ''क्षत्रियों के कर्तव्य'' शीर्षक के अंतर्गत रखा गया है। दो अन्य भागों का सम्बन्ध प्रायश्चितों और विरासत से है। यद्यपि नियमों के मुख्य बड़े भाग को 'वर्ण–धर्म' शीर्षक के अंतर्गत रखा गया है, तथापि इन ग्रंथों में शूद्रों को बहुत अधिक स्थान नहीं प्राप्त हुआ है। 'शूद्रों' का 'वर्ण–धर्म' ऐसा है कि इसे किसी सुस्पष्ट नियमों की आवश्यकता नहीं है। यह कहना उचित होगा कि जहाँ तक उनके आंतरिक मामलों का सम्बन्ध था 'शूद्रों' को उन्हीं पर छोड़ दिया गया था। मांडलिक ने पाया है, ''इस प्रकार से कभी न सुधरने योग्य यह वर्ग अपना समूह स्वयं गठित करता प्रतीत होता है, और विशेष तौर पर इसकी आंतरिक अर्थव्यवस्था सामान्य आर्य नियम निर्धारकों के द्वारा नहीं प्रदान की गई है।''[12] उनके मामले मनु–जनित इस सामान्य सिद्धांत के द्वारा निपटाए जाते हैं कि पवित्र नियमों के अभाव में देश, जातियों, एवं परिवारों के विशिष्ट नियमों का अनुसरण किया जा सकता है।[13] अन्य वर्गों को यौगिक माना जाता है, और इसीलिए इतना कम ध्यान दिया गया है कि इन जातियों (वर्णसंकर) को सदैव ही मात्र एक–चौथाई मानवता इंगित की जाती है और इन जातियों के भ्रम की रोकथाम को एक आदर्श आवश्यकता माना गया है।[14] जातियों का मिश्रण ऐसी महान बुराई माना जाता है कि इससे अवश्य ही संघर्ष किया जाना चाहिए हालांकि ब्राह्मणों एवं वैश्यों को हथियार उठाने होंगे, जो एक ऐसा कार्य है जो सामान्यतः उनके लिए पापपूर्ण है।[15] चूंकि जाति–बहिष्कृत लोगों को द्विज पुरुषों के वैध पेशों को अपनाने तथा उनकी मृत्यु के बाद उनके मेधावी कार्यों के पारितोषिकों को ग्रहण करने के अधिकार से वंचित कर दिया गया था,[16] अतः यह स्पष्ट होता है कि नियम–निर्धारकों को उनकी कोई चिंता नहीं थी। उन्हें एकसाथ रहने और अपने प्रयोजनों को पूरा करने, एक–दूसरे के लिए बलिदान देने तथा अन्य सम्बन्धों को अपने बीच तक ही सीमित रखने का आदेश था।[17] मिश्रित जातियों में से वो जो अनुलोम विवाह से जन्में थे, के साथ दो अलग–अलग तरीकों से व्यवहार किया जाना प्रस्तावित था। गौतम किसी शूद्र महिला की पहले तीन वर्गों में से किसी पुरुष से जन्मी संतान को ब्राह्मणवादी नियम से बाहर रखते हैं।[18] यह स्पष्ट नहीं है कि वो शेष बचे तीन समूहों के साथ कैसा व्यवहार करना पसंद करेंगे। जातियों के विलोमक्रम में हुए संभोगों से जन्में व्यक्ति, जिन्हें तकनीकी रूप

से 'प्रतिलोम' (विपरीत) जातियों के रूप में जाना जाता है, निश्चित रूप से पवित्र नियम की परिधि के बाहर हैं, जिसमें एकमात्र संभावित अपवाद है 'सुत'।

चारों वर्णों के बीच आर्य एवं शूद्र का पुराना अंतर अब द्विज और शूद्र के रूप में प्रमुखता से प्रकट होता है, यद्यपि इस पुराने अंतर का उल्लेख कभी–कभार ही किया जाता है। पहले तीन वर्णों को द्विज (दो बार जन्म लेने वाले) कहा जाता है क्योंकि उन्हें उस दीक्षा समारोह से होकर गुजरना होता है जो पुनर्जन्म का प्रतीक है। शूद्रों को यह विशेषाधिकार प्राप्त नहीं है और इसीलिए उन्हें 'एकजाती' (एक बार जन्में) कहा जाता है।[19] यहाँ 'वर्ण' के लिए जिस शब्द का प्रयोग किया गया है, आगे से उसका उपयोग प्रायः किसी भी 'वर्ण' के अनेकों उप–विभाजनों के अर्थ में किया गया है। यह किसी 'जाति' के लिए एक स्वदेशी शब्द भी है। हालांकि, 'वर्ण' तथा 'जाति' के बीच के अर्थ के किसी कठोर सीमांकन को कायम नहीं रखा जा सकता, क्योंकि इनमें से पहला चार बड़े वर्गों को इंगित करता है और बाद वाला मात्र अपने उप–विभाजनों को। कभी–कभार 'वर्ण' के लिए इस शब्द का उपयोग बिना सोचे–समझे कर लिया जाता है। यह अवधि ब्राह्मण वर्ग की महान एकजुटता की साक्षी रही है जबकि ब्राह्मणों की बढ़ती हुई श्रेष्ठता के महत्वपूर्ण रूप से विपरीत शूद्रों की अवनति सामने आती है। क्षत्रियों की पराजय पूरी हो चुकी है, और वैश्य, कम–से–कम सामान्य जनसमुदाय, प्रगतिशील रूप से शूद्रों के निकट पहुँच चुके हैं। ब्राह्मण की स्थिति में बढ़ोत्तरी के प्रथम संकेतों को पवित्र नियमों में निहित इन निहितार्थों में पाया जा सकता है कि इसके आदेश प्राथमिक तौर पर कठोरतापूर्वक ब्राह्मणों के लिए ही हैं। वशिष्ठ कुछ वैदिक ग्रंथों को इस विचार को प्रस्तुत करने हेतु उद्धृत करते हैं कि ब्राह्मण का जन्म तीन ऋणों के साथ होता है, अर्थात्, ईश्वर के प्रति, पितरों के प्रति, तथा ऋषियों के प्रति। इन ऋणों से मुक्ति बलिदानों, संतति, तथा वैदिक अध्ययनों द्वारा प्राप्त की जानी होती थी। ये कार्य किसी भी छात्र और किसी भी गृहस्थ के संपूर्ण जीवन द्वारा पूर्ण किए जाते थे। इस काल में प्रचलित जीवनदर्शन के अनुसार, ये ऋण क्षत्रियों और वैश्यों के लिए भी आम थे, फिर भी यह मात्र ब्राह्मण ही है जिसे सर्वप्रधान रूप से एक ऐसे वर्ण के रूप में अलग किया गया है जिसके लिए इन ऋणों से मुक्त होना अनिवार्य था। तीन निचली जातियों को ब्राह्मण की शिक्षा के अनुसार जीवन जीने का आदेश दिया गया है, जो उनके कर्तव्यों की घोषण करेगा, जबकि राजा को तद्नुसार ही अपने आचरणों को नियंत्रित करने हेतु परामर्श दिया जाता है।[20]

बलि एवं कर्मकांड के महत्वों में वृद्धि होती रही है और इसी के साथ पुरोहित की प्रतिष्ठा में भी वृद्धि हुई है। बलि सम्बन्धी सत्रों एवं अन्य धार्मिक कर्मकांडों का कार्य करवाने का विशेषाधिकार ब्राह्मणों की दैवीय नियुक्ति और उनके पैतृक कार्यों के रूप में विशिष्ट रूप से संरक्षित था। कर्मकांडीय प्रक्रिया के एकाधिकारी के रूप में स्वाभाविक रूप से ब्राह्मण महत्वपूर्ण बन चुके थे। दूसरे तरीके से भी, उन्होंने सम्मान अर्जित कर लिया था क्योंकि वे इस काल के जीवन के सामान्य दर्शन में अत्यधिक बुनियादी कार्यों को पूरा किया करते थे। जैसा कि *महाभारत* में इसका उल्लेख है, "बलि पूर्वजों और देवताओं दोनों को जीवित रखती है",[21] और अकेले ब्राह्मण ही बलि को समुचित रूप से संपन्न कराए जाने को सुनिश्चित कर सकता है। आगे उसे समाज के लिए अत्यधिक लाभदायक राजनीतिक मुखिया के रूप में प्रस्तुत किया गया था। वशिष्ठ एक वैदिक ग्रंथ को उद्धृत करते हैं, यह घोषित करते हुए कि राजा उस पुण्य का छठवाँ भाग प्राप्त करता है जिसे ब्राह्मण उनकी बलियों और अच्छे काम से अर्जित करता है।[22] वैदिक काल से ही उपहारों की प्रशंसा की गई थी, और इस अवधि के साहित्य में इन्हें नैतिक कर्तव्य के रूप में आदेशित किया गया था, जिसे पूरा करने से प्रदाता को पुण्य की प्राप्त होती थी। "वह जो, एक काले मृगचर्म पर शीशम, स्वर्ण, शहद, तथा मक्खन का लेप करता है और इसे ब्राह्मण को देता है, उसके समस्त पाप समाप्त हो जाते हैं।"[23] अपस्तम्ब घोषित करता है कि एक राजा, जो अपने सेवकों के प्रति बिना किसी पूर्वाग्रह के योग्य ब्राह्मणों को भूमि और धन प्रदान करता है, अंतहीन स्वार्गिक संसारों को प्राप्त करता है। अकेला ब्राह्मण ही है जो अधिकारपूर्वक उपहारों को स्वीकार कर सकता है। इस प्रकार से पुण्य अर्जित करने के एक सहज माध्यम के रूप में उसने एक अतिरिक्त महत्व प्राप्त कर लिया था। "किसी ब्राह्मण के मुख से दी गई भेंट, जो (संवेदनशील प्राणियों के लिए) न तो खंडित है और न ही पीड़ादायक और न ही उसे (जो इसका निर्माण करता है) चोट पहुँचाती है, किसी अग्निहोत्र की तुलना में कहीं अधिक उत्कृष्ट होती है।"[24] इन समस्त परिस्थितियों और

धर्मग्रंथों की भाषा के बढ़ते हुए अज्ञान ने ब्राह्मण को पृथ्वी पर लगभग एक देवता बनाने का षड़यंत्र कर डाला। ब्राह्मणों का उत्कर्ष इतना अधिक हो चुका था कि *महाभारत* ने घोषणा कर दी कि वास्तव में कहा जाए तो 'वर्ण' मात्र एक ही है, अर्थात्, ब्राह्मण और अन्य वर्ण इसके संशोधन मात्र हैं।[25] यद्यपि गौतम ऐसे वैदिक ग्रथों को उद्धृत करते हैं जो घोषित करते हैं कि ब्राह्मणों द्वारा सहायता किए गए क्षत्रिय समृद्ध हुए, और यह कि अकेले इन दोनों की एकजुटता ही नैतिक व्यवस्था को कायम रखती है, तथापि वो यह निर्धारित करते हैं कि जब एक राजा और एक ब्राह्मण एक ही मार्ग से गुजर रहे हों तो उस मार्ग पर पहले ब्राह्मण का अधिकार होता है न कि राजा का।[26] वशिष्ठ घोषित करते हैं कि ब्राह्मण का राजा सोम होता है।[27] *महाभारत* इसके भी आगे जाती है, और क्षत्रिय की अधीनस्थ स्थिति पर जोर देती है, जिसे प्राप्त समर्थन एकमात्र ब्राह्मणों का होता है। यह एक सामाजिक समरूपता के द्वारा क्षत्रिय की सांसारिक संप्रभुता को स्पष्ट करता है। जिस प्रकार एक विधवा अपने मृत पति के भाई को अपना लेती है, ठीक वैसे ही पृथ्वी ने ब्राह्मण की अनुपस्थिति में क्षत्रिय का चयन किया हुआ है। एक 100 वर्षीय क्षत्रिय और एक 10 वर्षीय ब्राह्मण के बीच ब्राह्मण को पिता समान बताया गया है।[28] और यह भी एक ऐसे समाज में जहाँ आयु सम्मान के लिए सबसे बड़ा आधार थी।[29] किसी वयोवृद्ध क्षत्रिय पर बाल–ब्राह्मण की श्रेष्ठता का समर्थन अपस्तम्ब के द्वारा भी किया गया है।[30] इस प्रकार यह स्पष्ट है कि ब्राह्मण और क्षत्रिय का मिलन, जिसका समर्थन गौतम के द्वारा किया गया था, को निश्चित रूप से दो समान लोगों के बीच एक गठबंधन नहीं बल्कि इनमें से उत्तरवर्ती पर पूर्ववर्ती का एक मौन प्रभुत्व समझा जाना चाहिए।

ब्राह्मणों की इस सर्वश्रेष्ठता ने उन्हें अनेकों सामाजिक विशेषाधिकार दिलवा दिए थे। गौतम के अनुसार, सभी वर्णों को अपने श्रेष्ठजनों की सेवा अवश्य करनी चाहिए,[31] जिसका अर्थ है कि ब्राह्मण, जो वर्णों में सर्वश्रेष्ठ है, अन्य लोगों से सेवा प्राप्त करने का अधिकारी था। स्वाभाविकतः ब्राह्मण किसी भी ऐसे शिक्षक को मान्यता नहीं देते थे जो उसके वर्ण का सदस्य न हो। मात्र संकट के समय में ही ऐसा संभव था कि उसे किसी ऐसे गैर–ब्राह्मण के अधीन अध्ययन करने की अनुमति प्रदान की गई हो, जिसे उसने अपने अध्ययन पूर्ण होने पर पूज्यनीयता में पीछे छोड़ दिया हो।[32] यह सम्मान की सामान्य धारणाओं के विरुद्ध था जिसके अनुसार शिक्षक को सदैव ही अपने शिष्यों के लिए पूजनीय होना चाहिए। हो सकता है कि ब्राह्मण कोई भी लाभदायक गतिविधि का अनुसरण न करे, तथापि जबतक वह वेदों के अध्ययन को जारी रखता था, उसे अपना प्रयोजन पूर्ण करने वाला कहा जाता था।[33] ब्राह्मण को सामान्य करों से छूट प्राप्त थी।[34] यदि कोई ब्राह्मण, जो अपने वैध पेशे का अनुसरण करता था, खजाना पा जाता था तो उसे इसे राजा को नहीं सौंपना होता था।[35] ब्राह्मण व्यक्ति तथा संपत्ति पूर्णतः अक्षत थीं। किसी ब्राह्मण का स्वर्ण चुराया जाना और ब्राह्मण की हत्या किया जाना जघन्य पाप (महापातक) समझा जाता था।[36] किसी के द्वारा ब्राह्मण के विरुद्ध क्रोध में हाथ अथवा शस्त्र उठाया जाना, वास्तव में उसपर प्रहार किया जाना, उसके शरीर से रक्त प्रवाहित कर देना, अनजाने में उसकी हत्या कर देना, और जानबूझकर उसकी हत्या करना क्रमानुसार जघन्य अपराध थे।[37] निश्चित रूप से ब्राह्मण की जानबूझकर की गई हत्या अक्षम्य थी। ब्राह्मणों को शारीरिक दंड से छूट प्राप्त थी।[38] क्षत्रिय, वैश्य, तथा शूद्र वर्णों के वारिस–हीन व्यक्तियों की संपदा राजा में समाहित हो जाती थी, जिसे इसको विद्वान ब्राह्मणों के बीच वितरित करना होता था, जबकि वारिस–हीन ब्राह्मण की संपदा सीधे ब्राह्मणों की हो जाती थी।[39] किसी ब्राह्मण की संपत्ति का वर्णन सबसे बुरे विष के रूप में किया गया है जो उसे ग्रहण करने वाले को नष्ट कर देती है।[40] दूसरी ओर, किसी विवाह अथवा किसी धार्मिक संस्कार के खर्चों अदा करने के लिए वह धोखाधड़ी अथवा बलपूर्वक किसी शूद्र से लिए गए धन से स्वयं की सहायता कर सकता है। ऐसा ही कार्य वह अन्य वर्णों के उन सदस्यों की संपत्ति के साथ भी कर सकता है जो अपने धार्मिक कर्तव्यों की उपेक्षा करते हैं।[41] यहाँ तक कि किसी ब्राह्मण पर किसी अपराध का आरोप लगाने से वह एक पाप कर सकता है।[42] उसे किसी गैर–ब्राह्मण के निर्देश पर गवाह बनने के लिए तब तक बिल्कुल बाध्य नहीं किया जाना चाहिए जबतक उसका नाम याचिका में पहले से उल्लिखित न हो।[43] यहाँ तक कि किसी गृहस्थ के सर्वाधिक प्रशंसित एवं अनिवार्य कर्तव्य, अर्थात्, आतिथ्य, के मामले में भी ब्राह्मण के पास विशेषाधिकार हैं। उसे किसी गैर–ब्राह्मण को तब तक अपना अतिथि मानना आवश्यक नहीं है जबतक वह किसी बलि के अवसर पर उपस्थित न हुआ हो।[44]

यद्यपि ब्राह्मणों के विभिन्न विशेषाधिकारों को नियम–निर्धारकों के द्वारा अनुमोदित किया गया है, तथापि समय–समय पर वे जोर देते हैं कि ब्राह्मणों को अपने वर्ग के नैतिक अनुशासन को कायम रखना चाहिए और अपने लिए निर्धारित किए गए कर्तव्यों को शुद्ध अंतःकरण से संपन्न करना चाहिए। वे घोषित करते हैं कि कोई ब्राह्मण, जो अपने पथ से भटकता है, शूद्र समान होता है और इसी कारणवश उसकी उपेक्षा करने में कोई हानि नहीं होती।[45]

यह कथन, कि ईश्वर ने शूद्र को सबका दास बनने के लिए जन्म दिया है, दोहराया गया है और उसे 'पादज' (पैरों से उत्पन्न) नाम दिया गया है। उसे शेष तीन वर्णों के द्वारा छोड़े गए जूठे और समाज–च्युत भोजन एवं वस्त्रों पर ही जीवनयापन करना होता होगा।[46] उसे आर्य के समक्ष नीचा माना गया है, जो उससे आयु में छोटा होने पर भी उसके द्वारा अपने आसन से खड़े होते हुए अवश्य ही सम्मानित किया जाना चाहिए।[47] जहाँ वैदिक काल में, जैसा कि हम देख चुके हैं, दासों को अश्वेत प्रजाति (नस्ल) वाला वर्णित किया गया था, वहीं इस काल में यह संज्ञा शूद्रों को दी गई है।[48] वशिष्ठ उसे एक शवाधान स्थल (कब्रस्तान) के समान घोषित करते हैं। उसकी उपस्थित में वेदों का पाठ निश्चित रूप से नहीं किया जाना चाहिए, उसे कोई परामर्श नहीं दिया जाना चाहिए, न ही देवताओं के चढ़ावों के अवशेष उसे दिए जाने चाहिए। पवित्र नियम उसे नहीं समझाए जाने चाहिए, न ही उसे तपस्या करने को कहा जाना चाहिए।[49] वह अन्य वर्णों के पुराने जूते, परित्यक्त आभूषण इत्यादि प्रयोग करेगा, और उनके द्वारा छोड़े गए जूठे भोजन खाएगा।[50] बलि देने वाले किसी शूद्र के विरुद्ध भावना इतनी मजबूत थी कि गौतम ने एक व्यक्ति को अपने ऐसे पिता को त्याग देने तक का परामर्श दिया है जो शूद्र के द्वारा दिए गए धन से अथवा उसकी बलि को संपन्न करवाता है।[51] *रामायण* की यह कहानी सुविदित है जिसमें राम को एक ऐसे शूद्र की हत्या करने की बात कही गई है जो तपस्या कर रहा था।[52] शूद्र को इतना नीचा माना जाता था कि अत्यधिक आवश्यक होने पर यदि किसी ब्राह्मण को शूद्र का पेशा अपनाना पड़ता था तो उसे उनके साथ मिलने–जुलने से मना किया जाता था।[53]

यह स्पष्ट है कि शूद्र बलि नहीं दे सकते थे, न ही वैदिक ग्रंथों का श्रवण अथवा उच्चारण कर सकते थे, न ही तपस्या कर सकते थे। उन्हें दीक्षा के अधिकार से स्पष्ट रूप से वंचित किया गया था और परिणामस्वरूप व्यक्तिगत जीवन की पहली अवस्था (आश्रम) अर्थात् छात्र बनने से भी। अन्य संस्कारों में से मात्र एक विवाह ही ऐसा था जो शूद्रों पर स्पष्ट रूप से लागू करने योग्य था। उनके कर्तव्यों का निर्धारण करते समय गौतम कहते हैं: ''उनके (शूद्रों) लिए भी सच्चाई, नम्रता, एवं शुद्धता निर्धारित हैं। कुछ लोग घोषित करते हैं कि जल पीने (शुद्धिकरण की सामान्य विधि) के बजाए वह अपने हाथों और पैरों को धोएगा। (वह भी) अंतिम संस्कार करेगा।''[54] अपस्तम्ब की राय है कि शूद्र दीक्षा संस्कार, वेद–अध्ययन, तथा पवित्र अग्नि प्रज्जवलित करने का अधिकारी नहीं है। उसके कार्यों (संस्कारों) को निहितार्थों के द्वारा या तो इसी जन्म अथवा अगले जन्म में अनुत्पादक पारतोषिकयुक्त होने वाला घोषित किया गया है।[55] गौतम के अनुसार, यदि अनुमति दी गई हो तो शूद्र 'नमः' शब्द का उपयोग अपने 'मंत्र' के रूप में कर सकता है। वो उल्लेख करते हैं कि कुछ लोग उसे पाकयज्ञ[56] (घर पर रखी गई अग्नि के समक्ष छोटी बलि दिया जाना, जो श्रुत अथवा वैदिक अग्नि के समक्ष प्रस्तुत बड़ी बलियों से अलग की गई हो) करने की अनुमति प्रदान करते हैं। शूद्र के धार्मिक कर्तव्यों के सम्बन्ध में *महाभारत* के विचार भी ऐसे ही हैं। उसे दीक्षित किए बिना उसकी ओर से एक पाकयज्ञ किया जा सकता है। भारी दक्षिणा शूद्रों के द्वारा प्रस्तुत ऐसी बलियों की एक प्रमुख विशेषता प्रतीत होती है। इन शूद्रों में से पैजावन नामक शूद्र के द्वारा हजारों में दक्षिणा दिए जाने की बात कही जाती है।[57] इन विवरणों से यह स्पष्ट है कि शूद्र को किसी भी महत्वपूर्ण संस्कार संपन्न करने का अधिकार नहीं था। चूंकि वह पवित्र अग्नि प्रज्जवलित नहीं कर सकता था, अतः निश्चित रूप से उसके विवाह को एक ऐसा संस्कार, जिसकी मंशा धार्मिक कर्तव्यों की पूर्ति करना रहा हो, के बजाए मात्र एक यौनक्रिया सम्बन्धी मिलन माना जाता था। चूंकि पाकयज्ञ कही जाने वाली छोटी बलि को घरेलू पवित्र अग्नि के समक्ष चढ़ाया जाना होता था, और जैसा कि हम ऊपर देख चुके हैं, शूद्र को इस अग्नि को प्रज्जवलित करने का अधिकार नहीं था, अतः हम ऐसी बलि के लिए शूद्रों को प्रदान की गई अनुमति को अधिक महत्व नहीं दे सकते। इसका एकमात्र अर्थ यह है कि ब्राह्मण कुछ ऐसे रास्तों को खोलने के पूरी तरह से अनिच्छुक नहीं थे जिसके द्वारा उनतक धन

(शुल्क) की प्राप्ति हो सकती हो, भले ही ऐसा दानकर्ता शूद्र ही क्यों न हो। यह उल्लेख किया जा सकता है कि यहाँ तक कि दस्यु लोगों को भी ऐसी बलि चढ़ाने हेतु प्रोत्साहित किया जाता था।[58] शूद्रों के प्रति प्रदर्शित चरम उदासीनता इस तथ्य से आगे और स्पष्ट हो जाती है कि विवाह के आठ स्वरूपों में से शूद्रों के लिए सिफारिश किए गए मात्र दो स्वरूप पूरी तरह से धार्मिक सामग्री से रहित हैं। वास्तव में, उनमें से एक बलात्कार को शारीरिक सम्बन्ध स्थापित करके पूर्ण किया गया विवाह कहा जा सकता है, और इस निर्धारण के लिए प्रस्तुत जिज्ञासु औचित्य यह है कि शूद्र अपनी पत्नियों के सम्बन्ध में गंभीर नहीं होते।[59]

मैं प्रोफेसर मैक्स मुलर के इस कथन से सहमत नहीं हो सकता कि *गृह सूत्र* शूद्र को दीक्षा संस्कार से स्पष्ट रूप से कभी भी बहिष्कृत नहीं करता।[60] जिस आयु को इस संस्कार को संपन्न करने हेतु निर्धारित किया गया है वह मात्र तीन वर्गों के लिए है, शूद्रों के लिए नहीं। मुझे प्रतीत होता है कि यह साक्ष्य पर्याप्त है कि *गृह सूत्र* शूद्र की दीक्षा पर विचार नहीं करता। दीक्षा समारोह वेदों के अध्ययन हेतु द्वार खोलता था। शूद्रों को हमेशा ही इस अध्ययन से वंचित रखा गया। उसे कभी भी वैदिक उच्चारणों को सुनने की अनुमति नहीं दी गई। इन परिस्थितियों के अंतर्गत *गृह सूत्र* शूद्र को दीक्षित करने की कल्पना भी संभवतः किस प्रकार से कर सकता है? सच यह प्रतीत होता है कि चूंकि वह इस संस्कार का पात्र नहीं था, अतः सामान्यतः उसे उपेक्षित कर दिया गया था।

महाभारत कहती है कि शूद्र के पास कोई भौतिक संपत्ति नहीं हो सकती, क्योंकि उसकी संपत्ति को उसके स्वामी के द्वारा इच्छा होने पर जब्त किया जा सकता है।[61] यदि किसी शूद्र का स्वामी संकटग्रस्त हो गया हो तो शूद्र की संपत्ति का निस्तारण गरीब स्वामी की इच्छानुसार होगा।[62] राजा को आदेश है कि अपनी सुरक्षा के लिए वह गाँवों और नगरों में मात्र तीन वर्गों के व्यक्तियों को ही नियुक्त करे।[63] वैदिक ग्रंथ को सुनने का प्रयास करने वाले शूद्र के कानों में पिघला हुआ राँगा अथवा लाख भर दिया जाएगा; यदि वह वेद का अपने मुख से उच्चारण करता है तो उसकी जीभ काट ली जाएगी, और यदि वह इसे स्मरण करता है तो उसका अंग–भंग कर दिया जाएगा। यदि वह बैठने, वार्तालाप करने, अथवा सड़क पर एकसाथ चलने में द्विजों के समान स्थिति प्राप्त करता है तो उसे शारीरिक दंड प्राप्त होगा।[64] पहले तीन जातियों की किसी महिला के साथ परस्त्रीगमन करने वाले शूद्र को मृत्युदंड प्राप्त होगा, अथवा उसे पुआल के साथ बाँधकर जीवित जला दिया जाएगा।[65] यदि वह जानबूझकर किसी द्विज को भला–बुरा कहता है अथवा उसपर आपराधिक हमला करता है तो जिस अंग से उसने अपराध किया है उसे काट दिया जाएगा।[66] अपस्तम्ब भी यही दंड निर्धारित करता है, लेकिन मात्र ऐसे मामले में जहाँ हमला किसी ब्राह्मण पर किया गया हो।[67] दूसरी ओर, किसी भी शूद्र को एक ब्राह्मण के द्वारा भला–बुरा कहा जा सकता है जिसे कोई दंड नहीं मिलेगा।[68] एक स्नातक (वेदपाठी) को उपदेश है कि वह किसी शूद्र के साथ अकेले किसी यात्रा पर न जाए।[69] किसी ब्राह्मण के लिए शूद्र के द्वारा दिया गया भोजन खाना पाप है जिसका प्रायश्चित अवश्य किया जाना चाहिए; और इसे ग्रहण करने से बचना उन कुछ अभ्यासों में से एक है जो किसी भी ब्राह्मण के लिए स्वर्ग में आनंद सुनिश्चित करता है।[70] गौतम और आगे जाते हैं और किसी स्नातक का शूद्र द्वारा दिए जल को ग्रहण करना निषेध करते हैं।[71] हालांकि, जैसा कि हम आगे देखेंगे, यदि किसी ब्राह्मण पुरुष तथा शूद्र महिला के बीच विवाह पर विचार किया भी जाता है तो यह कहा जाता है कि ऐसी पत्नी का ग्रहण मात्र आनंदप्राप्ति के लिए है न कि किसी धार्मिक प्रयोजन की पूर्ति के लिए।[72] किसी शूद्र महिला के साथ सहवास एक पाप है, जिसे एक ब्राह्मण को अवश्य ही पूर्णतः मिटा देना चाहिए।[73] एक ब्राह्मण, जो किसी शूद्र पत्नी से विवाह करता है और किसी ऐसे गाँव में बारह वर्षों तक निवास करता है जहाँ जल मात्र कुएँ से ही उपलब्ध हो, तो वह शूद्र के बराबर हो जाता है।[74] किसी शूद्र, जिसने किसी आर्य महिला के साथ परस्त्रीगमन किया हो, का लिंग काट दिया जाएगा और उसकी संपत्ति जब्त कर ली जाएगी।[75] कुल मिलाकर शूद्र इतना अयोग्य है, कि, यदि वह अतिथि के रूप में आ जाए तो उसे किसी के नौकर के साथ भोजन दिया जाएगा, और वह भी, शायद उससे कुछ काम करवा लेने के बाद।[76]

इस प्रकार शूद्र के पास कोई नागरिक अथवा धार्मिक अधिकार नहीं थे। तथापि, यहाँ–वहाँ उसके प्रति अनुकम्पा की भावनाओं को व्यक्त किया गया है। किसी भी स्वामी को उपदेश है कि अपने शूद्र सेवक को काम करने में असमर्थ

होने पर सहयोग प्रदान करे,[77] तथा यदि वह संतानहीन मर जाए तो उसका अंतिम संस्कार करे।[78] दुर्लभ रूप से, जैसा कि अपस्तम्ब[79] में एक मामले में उल्लेख है, उसे अन्य तीन वर्गों के सदस्यों की निगरानी में भोजन पकाने की अनुमति है, भले ही यह किसी धार्मिक समारोह के लिए क्यों न हो। शूद्र के प्रति यह असाधारण सहिष्णुता दक्षिण में भारतीय–आर्यों के प्रारंभिक प्रवासन के दौरान प्रचलित विशिष्ट स्थितियों के कारण निर्देशित की गई हो सकती है।

यद्यपि सैद्धांतिक रूप से शूद्रों की स्थिति अत्यन्त निम्न थी, तथापि यह प्रदर्शित करने वाले साक्ष्य मौजूद हैं कि उनमें से अनेकों संपन्न थे।[80] उनमें से कुछ ने अपनी पुत्रियों का विवाह राजसी परिवारों में करने में सफलता प्राप्त कर ली थी। राजा दशरथ की चार पत्नियों में से एक, सुमित्रा, एक शूद्र थीं।[81] उनमें से कुछ को तो राजसिंहासन तक पहुँच प्राप्त थी। प्रसिद्ध चंद्रगुप्त को परंपरागत रूप से शूद्र के रूप में जाना जाता है। पंतजलि की गणना के अनुसार, कुछ समय तक दक्कन पर शासन करने वाले अभिरास, जो स्वयं में एक जाति होते हैं, शूद्रों में शामिल नहीं थे, यद्यपि वे क्षत्रिय भी नहीं थे।

परंपरागत तौर पर पहले दो 'वर्णों' में वर्गीकृत वैश्यों को अनेकों अवसरों पर शूद्रों के साथ समूहबद्ध किया गया है। जैसा कि हम बाद में देखेंगे, इन दो वर्गों के लिए निर्धारित पेशे लगभग एकसमान हैं। वैश्यों तथा शूद्रों दोनों के लिए ही श्रम के द्वारा लाभार्जन का उल्लेख अर्जन की एक विशिष्ट विधि के रूप में किया गया है।[82] पेशों की बढ़ती हुई समानताओं के अलावा वैश्यों के विशिष्ट पेशे ऐसे थे कि उन्हें भली–भांति परिभाषित नहीं किया जा सकता। "किसी स्वामी को गायों की विनम्रतम भेंट इस जाति की हो सकती है, अथवा यह कार्य आर्य श्रेणियों के बाहर के किसी व्यक्ति द्वारा किया जा सकता है।"[83] ऐसा समझा जाता है कि वैश्यों में श्रमिक शामिल थे।[84] दोनों जातियों की पेशागत स्थिति की समानता के सम्बन्ध में कौटिल्य को कदापि संदेह नहीं था। *भगवद्गीता* गर्वपूर्वक घोषित करती है कि इसके धार्मिक सिद्धांत वैश्यों और शूद्रों को भी मोक्ष दिलवा सकते हैं।[85] इस मामले में ये दो वर्ग दूसरे दो वर्गों के स्पष्ट विरोध में खड़े नजर आते हैं। हमें यह विश्वास दिलवाया गया है कि ब्राह्मणों की इस निषेधाज्ञा, कि उसे पवित्र नियम में अपने लिए निर्धारित कर्तव्यों की पूर्ति करना चाहिए, के बावजूद वैश्य इतना अधिक नीचे गिर चुके हैं कि उनके लिए मोक्ष–प्राप्ति का एक कम कठोर और सुस्पष्ट तरीका खोजा जाना आवश्यक था। आठ प्रकार के विवाहों में से दो का निर्धारण वैश्यों के लिए किया गया था जो ठीक वही हैं जिनकी सिफारिश शूद्रों के लिए की गई थी। वशिष्ठ के अनुसार, जब कोई ब्राह्मण अपने वर्ण से बाहर विवाह करता है तो वैश्य पति तथा शूद्र पत्नी से जन्में पुत्र विरासत में समान हिस्से प्राप्त करते हैं।[86] इसी प्रकार से स्वागत सम्बन्धी आवश्यकताओं के मात्र एक साझा फार्मूले का उपयोग वैश्य और शूद्र अतिथि के लिए किया जाना होता था। दोनों को ही एक–दूसरे के सेवकों के साथ भोजन करवाया जाता था।[87] हमें बताया जाता है कि परशुराम के द्वारा क्षत्रियों का नरसंहार करने के बाद उत्पन्न अराजकता में ऐसा माना जाता है कि शूद्र एवं वैश्य दोनों ने ही अनुशासन के ब्राह्मणवादी नियमों को त्याग दिया था और ब्राह्मण महिलाओं को दूषित किया था।[88] इस कहानी का सबक स्पष्ट है। शूद्रों के समान ही वैश्य भी सशक्त शासक के दूर हटते ही आचरण सम्बन्धी ब्राह्मणवादी नियमों के विरुद्ध विद्रोह करने हेतु तैयार थे। जैन और बौद्ध धर्मों का विकास, विशेषतौर पर वैश्यों को तीव्रता से आकर्षित करने के द्वारा, इस निष्कर्ष की पूरी तरह से पुष्टि करता है।

चार जातियों की दैवीय उत्पत्ति का सिद्धांत कभी–कभार शूद्रों की सृजनकर्ता के पैरों से हुई उत्पत्ति पर जोर दिए जाने के साथ दोहराया जाता है। *महाभारत* में कम–से–कम एक बार इस सिद्धांत में एक मामूली परिवर्तन किया गया है, जहाँ हमें यह बताया गया है कि पहली तीन जातियों का सृजन पहले किया गया था, और बाद में दूसरों की सेवा के लिए शूद्रों को जन्म दिया गया। प्रामाणिक रूप से यह दैवीय उत्पत्ति निम्न वर्गों को उतनी सहज नहीं प्रतीत होती जितनी की सामाजिक व्यवस्था के हितों में वांछित हो सकती है। स्वयं का मोक्ष जीवन दर्शन की प्रमुख समस्या बन चुका था। यदि पवित्र नियमों में निर्धारित धार्मिक कर्मकांडों को पूरा करना ही अकेले मोक्ष की ओर ले जाता होता तो शूद्रों और शायद वैश्यों के लिए कोई आशा शेष नहीं बची थी, क्योंकि इनमें से शूद्र तो बलपूर्वक इन धार्मिक संस्कारों को संपन्न करने से प्रतिबंधित था तथा और वैश्य समय के साथ अपने अभ्यास को भुला चुके थे। एक ऐसे जातीय दर्शन, जो अकेले कर्तव्य निर्वहन के द्वारा ही सभी को मोक्ष की गारंटी देने वाला

हो, के सूत्रपात करने की आवश्यकता थी। इस प्रकार के एक सिद्धांत की रचना अशांति दूर करने और जातियों के विरुद्ध विद्रोहं को दबाने के लिए की गई थी जो कि सर्वाधिक दिलचस्प मानव हित बन चुके मोक्ष के सिद्धांत की असंतोषजनक प्रकृति के कारण उत्पन्न हुए हो सकते थे। हालांकि बौद्ध धर्म के अधिकांश अनुयायी जाति के पक्ष में यह घोषणा करने हेतु तैयार खड़े थे कि यदि ब्राह्मणों, क्षत्रियों, वैश्यों, शूद्रो, और चाँडालों ने इस जीवन में अच्छे काम किए हैं तो वे देवताओं की दुनिया में एक समान होंगे, और यह कि जीवन में किसी भी व्यक्ति का मूल्य उसके सही आचरण और ज्ञान से निर्धारित होता है। बौद्ध धर्म के भीषण आक्रमण के विरुद्ध श्रेणियों को समाप्त करने तथा सभी के लिए व्यक्तिगत मोक्ष का आश्वासन दिए जाने की आवश्यकता दो मामूली रूप से अंतर रखने वाले जातीय दर्शनों के सूत्रपात का कारण बनी।

गौतम पाते हैं: ''अनेकों जातियों एवं व्यवस्थाओं के पुरुष, जो सदैव अपने कर्तव्य अनुसार जीवन जीते थे मृत्यु के बाद अपने काम के पारितोषिकों का आनंद प्राप्त करते थे, और उनके शेष बचे पुण्यों के प्रभाव से उनका पुनर्जन्म ऐसे उत्कृष्ट देशों, जातियों, और परिवारों में होता था जिन्हें सुंदरता, दीर्घायु, वेदों का अध्ययन, पुण्य आचरण, संपदा, प्रसन्नता, और बुद्धि का वरदान प्राप्त होता था। जो इसके विपरीत कार्य करते थे, पुनः बुरी स्थितियों में पुनर्जन्म लेते थे।''[89] अपस्तम्ब के अनुसार, पापी लोग निम्न जातियों और यहाँ तक कि पशुओं के रूप में जन्में हैं। उदाहरणार्थ, कोई व्यक्ति, जो किसी ब्राह्मण का स्वर्ण चोरी करेगा तो ब्राह्मण होने पर चाँडाल, क्षत्रिय होने पर पुलकासा तथा वैश्य होने पर वैना (एक मिश्रित जाति) के रूप में जन्म लेगा। अपने कर्तव्यों को पूरा करने वाले निम्न जाति के लोग उच्च जातियों में जन्म लेते हैं, जबकि निर्धारित कर्तव्यों की उपेक्षा करने के परिणामस्वरूप उच्च जाति के लोग निम्न जातियों में जन्म लेते हैं।[90] यह स्पष्ट है कि इस नियम–निर्धारक के अनुसार किसी के अपने वर्ण के कर्तव्यों का ईमानदारीपूर्ण निर्वहन उच्च वर्ण में जन्म का कारण होता था और इस प्रकार मोक्ष का भी। अपने ही वर्ण के कर्तव्यों का पालन करने में विफलता का अर्थ था निम्न जाति में जन्म लेना और अंततः आध्यात्मिक विनाश को प्राप्त होना। *महाभारत* में, आगामी जन्मों में निरंतर उत्तरोत्तर ऊँची जाति में तब तक जन्म लेते रहना, जब तक उसे एक ब्राह्मण के रूप में जन्म न मिल जाए, विस्तारपूर्वक वर्णित किया गया है।[91]

भगवद्गीता में कहा गया है कि सृजनकर्ता के द्वारा चारों जातियों के कर्तव्यों एवं कार्यों का निर्धारण व्यक्तियों के आनुवांशिक गुणों एवं क्षमताओं के अनुसार किया गया है।[92] निश्चित रूप से, यह सिद्धांत यह स्पष्ट करने में विफल रहा है कि सृष्टि के प्रारंभ के समय पर व्यक्तियों के पास विशिष्ट गुण और क्षमताएं कहाँ से आई थीं। इस प्रकार यद्यपि कि उत्पत्ति का यह सिद्धांत उपरोक्त कठिनाईयों का अस्पष्ट उच्चारण करने के बावजूद मनमाने ढंग से किए गए विभाजन के लिए एक तर्कसंगत स्वीकृति प्रदान करने का प्रयास करता हैं। ईश्वर ने लोगों को चार वर्णों में पृथक किया था, मात्र इसलिए नहीं क्योंकि वे उसके अलग–अलग अंगों से उत्पन्न किए गए थे न ही उनकी इच्छा के विरुद्ध, बल्कि इसलिए क्योंकि उसने उन्हें अलग–अलग गुणों एवं क्षमताओं से युक्त पाया था। जहाँ तक किसी सामाजिक प्रवृत्ति के लिए एक औचित्य प्रदान करने का सम्बन्ध है, जिसे अभी तक प्रदान किया जाता रहा है, *भगवद्गीता* दृष्टिकोण में एक उल्लेखनीय परिवर्तन को दर्ज करती है। इसके साथ अनुरूपता में इस पुस्तक में शिक्षा प्रदान किया गया जीवन–दर्शन उपरोक्त सदंर्भित अन्य जातीय दर्शन प्रदान करता है। यह समस्त प्रकरण, जिसने इस नए दर्शन के प्रतिपादन के लिए एक अवसर प्रदान किया, इस बोझ के साथ समाप्त होता है कि किसी भी व्यक्ति को अपने वर्ण के समुचित कर्तव्यों का पालन अवश्य करना चाहिए। अर्जुन, नायक, निराश है और युद्ध करने, और इस प्रकार अपने क्षत्रिय धर्म के प्रति उचित कर्तव्य का पालन करने से भी से इंकार कर देता है। यह रचना ऐसा सर्वोत्तम प्रयास है जिसके द्वारा इस सत्य को स्थापित किया गया है कि किसी भी पुरुष को अपनी सामाजिक स्थिति का पालन ईमानदारी और सत्यतापूर्वक करना चाहिए और तब उसे निःसंदेहात्मक रूप से मोक्ष की प्राप्ति होगी। कोई भी कार्य बुरा, अशुद्ध, अथवा पापपूर्ण नहीं होता। यह मात्र कार्य करने का तरीका होता है जो इसके मूल्य का निर्धारण करता है। वह विशिष्ट तरीका, जिसके अनुसार समस्त कार्य अवश्य ही किया जाना चाहिए वह है इसे ईश्वर को समर्पित करते हुए पूरा करना। *महाभारत* में इस दर्शन को दो प्रकरणों में अत्यंत सुंदर तरीके से सोदाहरण प्रस्तुत किया गया है: पहला, एक व्यापारी जाजाली के सम्बन्ध में है, और दूसरा एक

कसाई व्याध से सम्बन्धित है। मध्यकालीन यूरोप के सामाजिक इतिहास से हम एक ऐसी ही मिलती–जुलती प्रवृत्ति की तुलना कर सकते हैं। आर.एच. टॉनी कहते हैं: ''वर्गों की स्थिति और असमानता को मध्ययुग में समाज के कार्यात्मक सिद्धांत के द्वारा तर्कसंगत बनाया गया था।''[93] जातियों का यह दर्शन संस्थाओं से दंश को दूर करता है और इसीलिए इसे कुशलतापूर्वक रूढ़िवादी बनाता है। इसीलिए बाद के युगों में जातियों के इस सिद्धांत का सही तरीके से संक्षेपण कर दिया गया है। जातियों के *सूत्र*–सिद्धांत, जिसका विस्तृत विवरण ऊपर दिया गया है, और इसके बीच के अंतर महत्वपूर्ण हैं। *सूत्र* के ब्राह्मण रचनाकारों ने शूद्रों के लिए मोक्ष का वादा मात्र उच्चतर जातियों में लिए जाने वाले मध्यवर्ती जन्मों के माध्यम से ही किया था। साधारण शब्दों में, इसका आशय उन्हें प्रलय के दिन तक प्रतीक्षा करने को कहे जाने के समान था। हीनता के चिह्न को उनके ऊपर स्थाई रूप से छाप दिया गया था, और उसकी निम्न स्थिति को ऐसा घोषित कर दिया गया था जिसका निहितार्थ स्वयं अपने मोक्ष का मार्ग ढूँढने को असंभव बनाए जाने का था। प्रदान की गई रियायतें धर्म के रचनाकारों के उदारवाद को मात्र प्रमाणित भर करती हैं। दूसरी ओर, *गीता,* एक से अधिक बिन्दुओं पर विरोध को शांत कर देती है। पहला, यह चार वर्णों में किए गए मौलिक विभाजन का तर्क प्रस्तुत करने का प्रयास करती है। दूसरा, जहाँ तक अपने–अपने मोक्ष का मार्ग ढूँढने के लिए उनके विशिष्ट कार्य और आनुवांशिक क्षमता का सम्बन्ध है, यह स्पष्ट रूप से इन विभाजनों की आभासी समानता पर जोर देती है

हम देख चुके हैं कि वैदिक काल में कभी–कभी क्षत्रिय लोग पुजारी के कर्तव्यों का निर्वहन करते थे और उच्च दर्शन का उपदेश दिया करते थे। विश्वामित्र उन्हीं क्षत्रियों में से एक हैं जिन्होंने, बाद की परंपराओं के अनुसार, एक पुजारी के रूप में कार्य किए थे। *ऋग्वेद* में वे और वशिष्ठ, जो ब्राह्मण थे, को अलग–अलग समय पर राजा सुदास के पुजारी रहा बताया गया है।[94] महाकाव्य साहित्य में वशिष्ठ, जो एक ब्राह्मण थे, तथा विश्वामित्र, जो एक क्षत्रिय थे, अनेकों कहानियों में एक दूसरे के विरोधी के रूप में प्रकट होते हैं।[95] उनके बीच के झगड़े का मुख्य कारण विश्वामित्र को स्वयं को एक ब्राह्मण की पहचान दिलाए जाने की इच्छा प्रतीत होती है। जहाँ एक ओर विश्वामित्र को अपने राजसी संरक्षकों को अपनी बलि को एक सफल परिणाम तक पहुँचाने में समर्थ बनाने की आश्चर्यजनक शक्तियों का श्रेय दिया जाता है वहीं दूसरी ओर उनके नाम के साथ महान वीरता और सैन्य कौशल को भी जोड़ा जाता है। वशिष्ठ का वर्णन पूरी तरह से एक शांत और विद्वान ब्राह्मण के रूप में किया जाता है, जो सर्वाधिक कठिन बलि को पूरा करने में सक्षम होने के साथ–साथ ब्राह्मणों के चारित्रिक तरीकों, अर्थात्, ब्राह्मण के तेज से विश्वामित्र के सर्वाधिक घातक हथियारों का सामना करने में भी सक्षम थे। इन कथाओं को पढ़कर कोई भी यह विचार बना सकता है कि इन दो व्यक्तियों के बीच के झगड़े को पहली दो जातियों के बीच की शत्रुता के इतिहास के रूप में लिपिबद्ध किया गया है। यद्यपि, अंत में, विश्वामित्र को ब्राह्मणत्व प्राप्त हो जाता है, तथापि वशिष्ठ को हर मामले में उन्हें पराजित करने वाले के रूप में प्रस्तुत किया गया है, यहाँ तक कि उनके युद्ध कौशल को भी नहीं छोड़ा गया है। मुझे ऐसा प्रतीत होता है कि इन कहानियों को क्षत्रियों को यह सबक देने के लिए तैयार किया गया था कि ब्राह्मण की आध्यात्मिक शक्ति के समक्ष उसकी शारीरिक शक्ति निरर्थक है। विश्वामित्र से टिप्पणी करवाई गई है, ''क्षत्रिय की शक्ति पर धिक्कार है। अकेले एक ब्राह्मणीय गदा से मेरे समस्त हथियार नष्ट हो जाते हैं।''[96] जहाँ वैदिक कालीन ब्राह्मण यह पवित्र घोषणा करने भर से संतुष्ट थे कि वे राजा की शक्ति से ऊपर हैं और इस उत्साहपूर्ण संदेश को सम्बोधित किया जाने से भी कि क्षत्रियों को ब्राह्मणों के साथ मिलकर कार्य करना चाहिए, वहीं बाद के युगों के ब्राह्मण इतने साहसी हो चुके थे कि उन्होंने ब्राह्मणों की आध्यात्मिक शक्तियों के विरुद्ध क्षत्रियों के हथियारों की पूर्ण निरर्थकता की एक ठोस तस्वीर तैयार कर दी थी। यद्यपि अंत में विश्वामित्र एक ब्राह्मण बन गए थे, तथापि क्षत्रिय हतोत्साहित थे। एक पुजारी के रूप में कार्य करने का अधिकार उन्हें बहुत मुश्किल से मिलता था। विश्वामित्र को ब्राह्मण बनने की अनुमति एक शर्त पर प्राप्त हुई थी कि वो अपने समस्त क्षत्रिय तौर–तरीकों का सदैव के लिए त्याग कर देंगे, और धीरे–धीरे ब्राह्मणों के तौर–तरीकों को अपना लेंगे। निःसंदेह वो ब्राह्मण वर्ग में प्रविष्ट हो गए थे, किन्तु अपने पूर्वकालिक सहयोगियों के लिए बंद दरवाजों को खोल नहीं सके थे।

ऐसा लगता है कि सैन्य शक्ति के ऊपर ब्राह्मणीय तेज की श्रेष्ठता को प्रदर्शित करने से असंतुष्ट ब्राह्मणों ने एक ऐसे ब्राह्मण, परशुराम, का सृजन किया जिन्होंने न केवल आध्यात्मिक शक्ति वाले सामान्य ब्राह्मणीय शस्त्रों बल्कि अपने निजी सैन्य शस्त्रों के द्वारा भी क्षत्रियों पर विजय प्राप्त की। परशुराम ब्राह्मणों के सूरमा हैं और क्षत्रियों से अपने पिता की हत्या का बदला लेते हैं। उन्हें इक्कीस अभियानों में क्षत्रिय प्रजाति (नस्ल) को नष्ट करने वाला बताया गया है। यद्यपि उन्होंने क्षत्रियों से पृथ्वी का नियंत्रण अपने अधीन कर लिया था, तथापि वो इस पर शासन करने हेतु तैयार नहीं थे। सब जगह अराजकता हो रही थी, और लोगों को शासित करने की आवश्यकता के लिए सशक्त हाथों की आवश्यकता अनुभव की जा रही थी। कथा के एक संस्करण के अनुसार, परशुराम के अवकाशग्रहण पर कुछ क्षत्रिय, जो चोरी–छिपे उनसे बच गए थे, को बहुगुणित होने और शासन करने हेतु प्रोत्साहित किया गया था। एक अन्य वर्णन के अनुसार, परशुराम युग के बाद के सभी क्षत्रिय क्षत्रिय महिलाओं और ब्राह्मण पुरुषों की मिश्रित संताने थे।[97] *महाभारत* के दो सर्वाधिक कुशल क्षत्रिय नायकों में से दो, जैसे, भीष्म और कर्ण, क्षत्रियों की कला के ब्राह्मण शिक्षक परशुराम के सर्वाधिक प्रिय शिष्यों के रूप में प्रशंसित थे। परशुराम, जिनकी उत्पत्ति की कहानी की सत्यता को सिद्ध करने में अनेकों विसंगतिया हैं, मुख्य रूप से ब्राह्मणों की इच्छा की उपज थे। इसमें से पहली थीः यह प्रदर्शित किया जाना कि ब्राह्मण के साथ की गई गलती का बदला अवश्य लिया जाएगा; दूसरी, इस तथ्य को स्थापित करना कि ब्राह्मण, यदि शस्त्र उठा ले तो स्वयं को युद्धकला में क्षत्रियों से कहीं बेहतर सिद्ध कर देगा और अंतिम थी क्षत्रियों को अपमानित किया जाना।

अपनी चर्चा से मैं निष्कर्ष निकालता हूँ कि इस अवधि के दौरान ब्राह्मण अत्यंत सुदृढ़ स्थिति में थे और उन्होंने पर्याप्त तौर पर क्षत्रियों को नीचा दिखा दिया था। यहाँ से आगे के परिदृश्य से ब्राह्मण के एक गंभीर प्रतिस्पर्धी के रूप में क्षत्रिय अदृश्य हो जाता है। इसके बावजूद वह शर्मिन्दा हो चुका है। और यह मेरा तर्क है कि अपने ही वर्ग के अंदर युगों तक चलने वाले संघर्ष के समक्ष घुटने टेक देने के बाद वो टूट जाता है और विद्रोह का झंडा उठा लेता है। जैन एवं बौद्ध दोनों ही धर्म मुझे अपवादी सामर्थ्य वाले क्षत्रियों के द्वारा प्रारंभ किए गए आंदोलन प्रतीत होते हैं जो एक ऐसे नए दर्शन, जिसका उपयोग उनके तात्कालिक अनुयायियों के द्वारा ब्राह्मणों पर क्षत्रियों की सामाजिक श्रेष्ठता को स्थापित करने हेतु किया गया था, का उपदेश देने वाले थे। ब्राह्मणों के पास शिकायत का एक ताजा कारण उपलब्ध हो गया था। वो वैदिक ब्राह्मणवादी संस्कृति के रक्षक के रूप में आगे आते हैं। यह अशोक के राजवंश के अंतिम राजा का ब्राह्मण सेनापति ही था जिसने अपने राजा की हत्या की और स्वयं को शासक घोषित कर दिया था। उसके परिवार अर्थात् शुंग लोगों ने न केवल एक बड़े हिस्से पर शासन किया बल्कि आक्रमणकारी विदेशियों का हठपूर्ण प्रतिरोध भी किया। अगला राजवंश, जो कानवसों का था, भी एक ब्राह्मण परिवार था। रोष की भावना दक्कन में लंबे समय से फल–फूल रही थी, जहाँ प्रथम शुंग विद्रोह के लगभग तीन शताब्दियों के बाद ब्राह्मण राजा ने गर्वपूर्वक दर्ज किया कि न केवल उसने विदेशियों को उखाड़ फेंका है बल्कि उसने क्षत्रियों के गौरव को भी कम किया है।[98]

महावीर और बुद्ध की मौलिक शिक्षाओं में जाति के सम्बन्ध में जो भी कथन किए गए थे, इन धार्मिक आंदोलनों के प्रारंभिक साहित्य का गहन अध्ययन करने वाला कोई भी छात्र इस बात से संतुष्ट होगा कि उनमें रचनाकारों का मुख्य सामाजिक उद्देश्य क्षत्रियों की पूर्व–श्रेष्ठता का दावा करना था। यह एक सुविदित तथ्य है कि कोई भी जैन तीर्थांकर कभी भी क्षत्रिय के अलावा किसी अन्य जाति में नहीं पैदा हुआ था। बौद्ध साहित्य में अनेकों ऐसे उदाहरण है जिनमें चार जातियों की क्रमबद्धता में क्षत्रिय शीर्ष पर है। कई बार क्षत्रियों के द्वारा ब्राह्मणों से पूर्व मान्यता प्रदान करने हेतु दावों को प्रस्तुत किया गया है। ई.जे. थॉमस कहते हैः "शाक्यों का सर्वश्रेष्ठ जाति, जो योद्धाओं की थी, से सम्बन्धित होने का दावा सुविदित है, और यद्यपि कि उनके भाषणों में ब्राह्मणों को सम्मानपूर्वक सम्बोधित किया गया है, तथापि उनके दावों की आलोचना की गई है और निरस्त किया गया है।"[99] स्वयं बुद्ध को यह कहते हुए वर्णित किया गया है कि किसी की भी सामाजिक श्रेष्ठता के प्रति सम्मान प्रकट करने के मामलों में क्षत्रियों के साथ मिलकर ब्राह्मण अन्य जातियों के ऊपर प्रधानता प्राप्त कर सकते हैं।[100] एक पौराणिक कथा हमें बताती है कि अपने पूर्व अवतारों में से एक में बुद्ध हिचकिचाहटग्रस्त थे कि उन्हें ब्राह्मण अथवा क्षत्रिय में से

किसके रूप में पुनर्जन्म लेना चाहिए और उन्होंने क्षत्रिय विकल्प के पक्ष में निर्णय लिया क्योंकि क्षत्रिय वर्ग को उस समय ब्राह्मणों से ऊँचा समझा जाता था। बुद्ध के प्रवचनों में से एक में बुद्ध और ब्राह्मण छात्र अम्बाथा के बीच एक वार्तालाप है जिसमें अम्बाथा को इस तथ्य को स्वीकार करते हुए बताया गया है कि किसी क्षत्रिय के ब्राह्मण पत्नी से जन्मे पुत्र को ब्राह्मणों के द्वारा ब्राह्मण माना जाएगा लेकिन क्षत्रियों के द्वारा नहीं, क्योंकि उत्तरवर्ती ने मात्र पूर्ण–रक्त वाले क्षत्रियों को ही समान दर्जा प्रदान किया था।[101] यद्यपि *ललितविस्तार* नामक रचना तीसरे काल से सम्बन्धित है, तथा इसके कुछ पारंपरिक कथनों को इसके लिए वैध माना जा सकता है। इसके अनुसार बोधिसत्वों का जन्म चाँडालों, रथकारों, वेणुकारों अथवा पुक्कासों जैसे निम्न परिवारों में नहीं हुआ था। वे मात्र ब्राह्मणों और क्षत्रियों के परिवारों में ही जन्म लिया करते थे। जन्म के लिए उन्होंने इन दोनों में से किसी एक जाति का चयन उस अवधि में ब्राह्मण अथवा क्षत्रिय शिक्षक की प्राथमिकता हेतु लागू व्यवस्था के अनुसार किया था। बुद्ध का युग निश्चित रूप से क्षत्रिय शिक्षकों का युग होने के कारण उन्होंने क्षत्रिय परिवार का चयन किया था।[102]

बौद्ध साहित्य में व्यक्त विचार इस अनुभव को आवाज प्रदान करते हैं कि जीवन में भौतिक सफलता से अथवा मृत्यु के बाद के पारितोषिक के साथ जाति का कुछ भी सम्बन्ध नहीं था। उच्च जाति पाप के प्रभाव से सुरक्षित नहीं है, और किसी भी तपस्वी जाति के लिए यह एक अत्यन्त उदासीनता का मामला होना चाहिए। *जातक* की कहानियों में से एक की समाप्ति बोधिसत्व की इस घोषणा के साथ होती है कि यदि किसी की धार्मिकता सुविदित हो तो धर्मात्मा लोग उससे उसके जन्म के बारे में नहीं पूछते। जीवन में किसी भी व्यक्ति के मूल्य का निर्धारण सही आचरण और ज्ञान के द्वारा किया जाता है।[103] इसके बावजूद, बुद्ध के पूर्वजन्मों के सम्बन्ध में प्रचलित विभिन्न दृष्टांतों में व्यक्ति की स्थिति को उसके आचरण और यहाँ तक कि कभी–कभी जन्म के द्वारा भी निर्धारित करने के रूप में माना गया है। दो युवाओं के बीच इस बात को लेकर एक विवाद, कि वह जन्म से ब्राह्मण है अथवा कर्म से, में बुद्ध को अपना निर्णय कर्म के पक्ष में देता हुआ बताया गया है।[104] इस प्रकार बुद्ध को जन्म के बजाए कर्मों के आधार पर किए गए विभाजनों को स्वीकार करने के इच्छुक के रूप में प्रस्तुत किया गया है। अर्थात् उनका अर्थ था कि ये विभाजन समूहों की स्थिति थे न कि मात्र नाम जो कि उनसे जुड़ी एक अन्य कथा से स्पष्ट होता है, जिसमें क्षत्रियों और ब्राह्मणों के लिए सामाजिक सम्मान के सर्वोच्च अंको का दावा किया गया है।[105] वास्तविक व्यवहार में ऐसा प्रतीत होता है कि सामान्य टिप्पणियों के आधार पर हम जो अपेक्षा करते हैं उससे कहीं अधिक जन्म व्यक्ति की सामाजिक स्थिति को निर्धारित करता था। बल्कि, मैं जाति–विचारों की निरर्थकता के सम्बन्ध में इस सिद्धांतीकरण पर केवल उपदेशों के रूप में ही विचार करने का इच्छुक हूँ, उसी प्रकार जैसे कि *उपनिषदों* तथा महाकाव्य साहित्य में ब्राह्मणों के सिद्धांतीकरण किए गए हैं। अपने पूर्वजन्मों में से एक में बुद्ध को एक वेश्या से एक संतान प्राप्त हुई थी जिसने प्रस्तावित किया था कि संतान को बुद्ध के पिता का नाम दिया जाए। बुद्ध को इस प्रकार प्रत्युत्तर देते हुए कहा गया हैः ''एक संतान, जिसका जन्म नीच महिला से हुआ हो, को संभवतः परिवार का नाम नहीं दिया जा सकता।''[106] एक राजा का विवाह क्षत्रिय पिता और दासी माँ से जन्मी पुत्री को कुलीन वर्गीय क्षत्रिय बता कर कपटपूर्वक करवा दिया गया था। जब राजा को अपने साथ किए गए छल का आभास हुआ तो उसने बुद्ध से शिकायत की, जिन्होंने, उसे सांत्वना देते हुए, कहाः ''माँ के परिवार का महत्व नहीं होता; अकेले पिता का परिवार ही महत्वपूर्ण होता है।'' इस टिप्पणी में प्रस्तुत बुद्ध का दृष्टिकोण मौलिक रूप से ब्राह्मणवादी सिद्धांत से अलग नहीं है। स्पष्ट रूप से राजा संतुष्ट नहीं हुआ प्रतीत होता है। उसे अपनी नीचकुल में जन्मी पत्नी से समस्त राजसी सम्मानों को छीन लेने वाले के रूप में प्रस्तुत किया गया है। इसकी व्याख्या उस समय के सामान्य नियमों के रूप में की जा सकती है कि क्षत्रिय पुरुष और दास महिला की पुत्री को क्षत्रिय के रूप में मान्यता नहीं दी जा सकती थी।[107] *जातक* कथाओं में से एक के परिचय में यह वर्णन किया गया है कि एक शाक्य–मुखिया, जो एक वैसा ही क्षत्रिय परिवार था जिसमें स्वयं बुद्ध का जन्म हुआ था, को उस थाली में साथ में भोजन करने, अथवा किसी दास महिला की अपनी पुत्री के द्वारा परोसे गए भोजन को ग्रहण करने में भारी शर्म आती थी।[108] इस सम्बन्ध यह भी स्पष्ट किया जा सकता है कि बुद्ध के जीवन से सम्बन्धित बाद की रचनाओं में बुद्ध को अपने पिछले जन्म के लिए कभी भी दो उच्च जातियों के परिवारों को छोड़कर किसी भी अन्य

परिवार का चयन करने वाला नहीं बताया गया है।[109] बहुसंख्यक बौद्ध भिक्षुओं की राय में जाति की विशिष्टता का मूल्य व्यक्तियों के द्वारा इस भाईचारे में प्रवेश कर लेने के बाद भी कायम रहता है। बुद्ध इस विचार अथवा व्यवहार का समर्थन नहीं करते।[110] इन तथ्यों से हम निष्कर्ष निकालते हैं कि जातीय–प्रतिबंधों के मामले में बुद्ध की शिक्षाएं एवं कार्यवाहियाँ मात्र एक सामान्य उदारीकरण प्रभाव से युक्त थीं। वो जातीय–भेदभाव का उन्मूलन करने के विचार को प्रारंभ करते नहीं प्रतीत होते, न ही उनकी कार्यवाहियाँ, जैसा कि *जातक*–कथाओं में वर्णित है, जन्म की दुर्घटना के प्रति किसी भारी उदासीनता का प्रदर्शन करती हैं; इससे भी कहीं कम वे जाति को नष्ट करने के किसी जागरुक प्रयास को सूचित करते हैं। फिक ने सही प्रेक्षण किया था कि यह गलत होगा कि बुद्ध को एक समाज सुधारक के रूप में देखा जाए तथा बौद्ध धर्म को जाति के विरुद्ध किसी विद्रोह के रूप में।[111] और सर चार्ल्स ईलियट ने अपने निर्णय का सार इन शब्दों में प्रस्तुत किया है, ''यद्यपि उन्होंने (बुद्ध) इंकार किया था कि ब्राह्मण जन्म द्वारा दूसरों से श्रेष्ठ होते हैं, उन्होंने जाति के विरुद्ध उपदेश नहीं दिया था।''[112]

बुद्ध के निजी विचार और व्यवहार चाहे जो कुछ भी रहे हों, यह निर्विवाद है कि उनके प्रारंभिक अनुयायियों ने जातियों के परंपरागत प्रतिबंधों में विश्वास किया था, और संभवतः स्वयं एक क्षत्रिय होते हुए उन्होंने बुद्ध के विद्रोह द्वारा प्रस्तुत अवसरों का उपयोग किया ताकि चारों जातियों के बीच क्षत्रियों की प्रधानता को स्थापित किया जा सके। ब्राह्मण वर्ग के अंदर क्षत्रियों की इस पूर्ण व्याकुलता ने इस मार्ग को अपरिहार्य बना दिया था। ब्राह्मणों के सापेक्ष उनकी शक्तियों की तुलना करने और प्रतिस्पर्धा में असफल होने से उन्होंने स्वाभाविक रूप से अपना ध्यान जनसमुदाय की मोड़ लिया था। अपने को समाज के वास्तविक नेतृत्वकर्ता के रूप में मान्यता प्रदान करने हेतु जनसमुदाय के समक्ष की गई अपनी अपील में उन्होंने अवश्य ही ब्राह्मणों के विरुद्ध इस आमराय का लाभ स्वयं उठाया होगा और ब्राह्मणों के पेशों और उनके व्यवहारों के बीच व्यापक विरोधाभासों की एक हास्यास्पद छवि तैयार करने में उपहास की कला का उत्कृष्ट उपयोग किया होगा।[113] संस्कृत की तुलना में बेहतर रूप से समझी जा सकने वाली भाषा के उपयोग ने अपने उद्देश्य में उनकी भारी सहायता की थी। यह उचित है क्योंकि इसे अवश्य ही बौद्ध धर्म की संभावित उत्पत्ति रहा होना चाहिए कि इसके शुरुआती अनुयायियों की सर्वाधिक बड़ी संख्या क्षत्रियों तथा अन्य खाते–पीते गैर–ब्राह्मणों की थी जो ब्राह्मणवादी वर्ग के अंदर अपनी नीची स्थिति से असंतुष्ट थे।

संदर्भ

1. Muir, i, p. 16. 2. Ibid., p. 439. 3. *Vedic Index*, ii, p. 247. 4. Compare *Shatapatha Brahmana*, v, pp. 3, 4, 20. 5. *Chhāndogya Upanishad*, iv, 4. 6. Macdonell and Keith observe: "यह महत्वपूर्ण है कि राजन्य क्षत्रिय का ही एक प्रकार है, और एक शुरुआती प्रकार है" (Vol. I, p. 203). 7. Eggeling's translation, pt. v, p. 326. 8. Eggeling's trans., pt. v, p. 446. 9. Ibid., p. 326.

10. Infra, p. 84. 11. *Vedic Index*, ii, p. 257. टिप्पणीः उपरोक्त चर्चा मूल रूप से *वैदिक इन्डेक्स* में संग्रहीत तथ्यों पर आधारित है। आर्यों, ब्राह्मणों, चाँडालों, दासों, क्षत्रियों, निषादों, पौलकसों, शूद्रों, वैश्यों एवं वर्ण पर लिखित लेखों पर विशेष ध्यान दिया जा सकता है। 12. Mandlik, p. 432. 13. Vasishtha, p. 4. 14. Gautama, p. 212. 15. Baudhāyana, p. 236. 16. Ibid., p. 277. 17. Baudhāyana, p. 220. 18. Gautama, p. 197. 19. Vasishtha, p. 9.

20. Vasishtha, pp. 7, 8, 56. 21. *Mahābhārata, Shānti Parva*, 23–5, 72. 22. Vasishtha, p. 8. 23. Vasishtha, p. 135. 24. Vasishtha, p. 139. अग्निहोत्र कर्मकांड सम्बन्धी सर्वाधिक बुनियादी एवं महत्वपूर्ण कार्य रहा है जिसे प्रारंभिक वैदिक काल से पहली तीन जातियों के लिए प्रतिबंधित कर दिया गया था। 25. *Mahābhārata, Shānti Parva*, 50, 59. 26. Gautama, p. 235. Āpastamba, pp. 124–5. 27 Vasishtha, p. 8. 28. *Mahābhārata, Anushāsana*, 12, 21–3. 29. Gautama, p. 208.

30. Āpastamba, p. 53. 31. Gautama, p. 231. 32. Ibid., p. 209. 33. *Mahābhārata, Shānti Parva*, 14, 59. 34. Vasishtha, p. 8. 35. Vasishtha, p. 18. 36. Vasishtha, p. 5. 37. Baudhāyana, p. 212; Gautama, p. 279. 38. Gautama, p. 242; Baudhāyana, p. 201. 39. Gautama, p. 305; Baudhāyana, p. 179.

40. Baudhāyana, p. 180. 41. Gautama, p. 270. 42. Gautama, p. 279. 43. Gautama, p. 243. 44. Gautama, pp. 204–5. 45. Vasishtha, pp. 16–18, 46; Baudhāyana, p. 248. 46. *Mahābhārata, Shānti Parva*, 34, verses 31, 34, 36, 38, 59, 310. 47. Gautama, p. 206. 48. Āpastamba, p. 87; Vasishtha, p. 96. 49. Vasishtha, p. 96. *Caste Through the Ages—I* 39.

50. Gautama, p. 230. 51. Ibid., p. 274. 52. *Rāmāyana* (Nirnayasagar Ed.), *Uttarakānda*, vii, 4, 76. 53. Gautama, p. 211. 54. p. 230. 55. pp. 1–2. 56. p. 231. 57. *Mahābhārata, Shānti Parva*, 59, 40–2. 58. Ibid. 59. Baudhāyana, p. 207.

60. *A History of Ancient Sanskrit Literature* (Panini Office edition, 1912), p. 106. 61. *Mahābhārata, Shānti Parva*, 39, 59. 62. Gautama, p. 231. 63. Āpastamba, pp. 161–2. 64. Āpastamba, p. 165; Gautama, p. 236. 65. Āpastamba, p. 165; Vasishtha, pp. 109–10; Baudhāyana, p. 233. 66. Gautama, p. 236. 67. Āpastamba, p. 165. 68. Gautama, p. 237. 69. Baudhāyana, pp. 217, 243.

70. Baudhāyana, pp. 224, 313. 71. Gautama, p. 76. 72. Vasishtha, p. 96. 73. Baudhāyana, p. 313; Āpastamba, p. 84. 74. Baudhāyana, p. 244. 75. Gautama, p. 236. 76. Gautama, pp. 204–5; Baudhāyana, p. 239. 77. Gautama, p. 230. 78. *Mahābhārata, Shānti Parva*, 59, 38. 79. Āpastamba, p. 103.

80. Compare the allusion to Paijavana and other wealthy Shudras in the *Mahābhārata*. 81. loc. cit., I, 2, 72. 82. Gautama, p. 229. 83. *JAOS.*, vol. xiii, p. 82. 84. Ibid., p. 83. 85. *Bhagavadgitā,* ix, 32–3. 86. p. 89. 87. Gautama, pp. 204, 205. 88. *Mahabharata, Shanti Parva*, 48, 70. 89. p. 235.

90. pp. 102–3, 125. 91. *Mahābhārata, Anushāsana Parva*, 4, 6. 92. *Bhagavadgitā*, iv, 13. 93. *Religion and the Rise of Capitalism*, p. 22. 94. Muir, vol. i, p. 375. 95. Ibid. 96. *Rāmāyana* (Nirnaysagar Edn.), 56, 23. 97. Muir, i, p. 452. 98. Sarkar, p. 199. 99. Fick, pp. 17–19, 81–7; also vide Fausboll's translation of *Sutta-Nipāta*, pp. 23, 52, 75, 192; op. cit., p. 174.

100. Fick, p. 209. 101. *Ambattha-sutta, Dīghanikāya*, No. 3. 102. *Lalitavistara* (Lefmann's ed.), p. 20. 103. Fick, pp. 19–20, 28, 30. 104. Fick, pp. 220–1. 105. Fick, p. 209. 106. Fick, pp. 20–1. 107. Fick, pp. 56–7. 108. Fick, pp. 45–6. 109. Fick. p. 86.

110. Fick, p. 33. 111. Fick, p. 32. 112. loc. cit. I, XXII. 113. *Sutta-Nipāta* (Fausboll's translation), pp. 46–51. टिप्पणी: 13वीं शताब्दी के अंत में *भगवद्गीता* के महानतम व्याख्याता संतकवि एवं दार्शनिक ज्ञानेश्वर ने जाति के दैवीय सिद्धांत का विस्तार इस ब्राह्मांड की भगवद्गीता कल्पना में एक बड़े बरगद के वृक्ष, जिसकी जड़े ऊपर और शाखाएं सभी जगह फैली हैं, के रूप में उचित शब्दों में की है। उनके द्वारा चारों वर्णों का वर्णन महान वृक्ष अर्थात् मानव प्रजाति की आड़ी–तिरछी शाखाओं के रूप में किया गया है। (BG, XV, 2, comment verse no. 156).

4

युगों से गुजरती जाति-2

उत्तर–वैदिक काल चारों वर्णों के कठोर स्तरीकरण एवं आंतरिक सहानुभूति का साक्षी है। सामाजिक जीवन के संदर्भ में प्रत्येक समूह को एक विशिष्ट तथा अपने–आप में लगभग संपूर्ण के रूप में स्वीकार कर लिया गया था। कानूनी नियम, बशर्ते वे पवित्र आदेशों का विरोध न करते हों, जातियों से ही सम्बन्धित थे। ''किसानों, व्यवसायियों, साहूकारों, तथा शिल्पकारों के पास अपने–अपने वर्गों के लिए नियम निर्धारित करने के अधिकार उपलब्ध थे।''[1] निष्कर्ष निकाला जा सकता है कि प्रत्येक वर्ण के अंदर के उप–विभाजनों में से प्रत्येक के पास अपने आंतरिक प्रबंधन के नियम मौजूद थे, और निःसंदेहात्मक रूप से तब तक प्रत्येक वर्ण में अनेकों उप–विभाजन अस्तित्व में आ चुके थे। 'जाति' शब्द को महान व्याकरणशास्त्री पंतजलि के द्वारा अभिरास जैसे समूहों के लिए प्रयुक्त किया गया है जिन्हें वो शूद्रों से पृथक जाति घोषित करते हैं। निहितार्थ यह है कि शूद्र भी एक 'जाति' थे। इस प्रकार 'वर्ण' एवं 'जाति' दोनों ही शब्द अंतःपरिवर्तनीय प्रतीत होते हैं। यह स्पष्ट है कि न केवल चार परंपरागत समूहों के अलावा अन्य समूह भी अस्तित्व में थे बल्कि उन्हें जातियों के रूप में मान्यता भी प्राप्त हो चुकी थी।[2]

यहाँ तक कि चारों जातियों को भी उनकी उत्पत्ति एवं विशिष्ट संस्कारों के अनुसार अलग किया जाता था।[3] जब सभी जातियों से अधिकारियों का चयन किया जाता था तो उनके पदों का समायोजन इस प्रकार से किया जाता था कि जाति–व्यवस्था की प्रधानता के क्रम में गड़बड़ी न होने पाए।[4] ऐसे अनेकों बड़े और छोटे अपराधों को भी संख्याबद्ध किया गया है जो जाति खो देने का कारण होते थे।[5] सामाजिक मेलजोल, खानपान, तथा परस्पर विवाह आदि व्यक्तियों को अपने समूह में समावेशित करने के दर्शनीय प्रतीक प्रतीत होते हैं।[6] स्पष्टतः, इन समूहों और उप–विभाजनों के पास निश्चित रूप से अपने खुद के आंतरिक संगठन रहे होंगे ताकि अपने समूह के दोषी सदस्यों के साथ सामाजिक मेलजोल, खानपान तथा परस्पर विवाह से प्रभावी तरीके से बचा जा सके। निर्धारित कर्तव्यों के अनुपालन को न तो पूरी तरह से व्यक्ति की इच्छा पर छोड़ा गया था, न ही इसे मात्र समूह के द्वारा लागू करवाया जाना होता था। यह देखना राजा का कर्तव्य होता था कि समुचित व्यक्तियों के द्वारा निर्धारित कर्तव्यों का पालन किया जाए। यदि किसी व्यक्ति ने सदैव ही अपने निर्धारित कर्तव्यों की उपेक्षा की हो और प्रतिबंधित कार्य किए हों तो भोजन और वस्त्र भर के लिए आवश्यक भाग को छोड़कर उसकी संपत्ति तब तक के लिए जब्त कर ली जाती थी जब तक वह अपने तौर–तरीकों में सुधार न कर ले।[7]

सामाजिक जीवन और व्यक्तिगत आचरण को शासित करने वाले नियमों एवं विनियमों में समाज की व्यवस्था के अनुसार अंतर थे, नियम–निर्धारकों के द्वारा मात्र चार 'वर्णों' पर ही विचार किया गया था। अन्य, जैसे कि मिश्रित जातियाँ तथा जाति–बहिष्कृतों का उल्लेख तो है किन्तु कानून और नैतिकता की दृष्टि से उनकी स्थिति को स्पष्ट रूप से परिभाषित नहीं किया गया है। यहाँ तक कि धर्म का विभाजन भी 'वर्ण' के अनुसार किया गया था। ब्राह्मणों को इसके संपूर्ण रूप को अपनाने का अधिकार था, क्षत्रियों को इसके तीन–चौथाई, वैश्यों को आधा, तथा शूद्रों

को मात्र एक–चौथाई का अधिकार था।[8] ब्राह्मण को 8 वर्ष की आयु में, क्षत्रिय को 11 वर्ष, तथा वैश्य को 12 वर्ष की आयु में दीक्षित किया जाना होता था।[9] भिक्षाटन में दान माँगने वाले छात्र को अपनी जाति के अनुसार अलग तरीके से दान माँगना आवश्यक था।[10] विवाह के 8 स्वरूपों में से प्रत्येक जाति के द्वारा मात्र विशिष्ट तरीकों को ही अपनाया जाता था। जहाँ शुद्धिकरण के लिए जल पिया जा रहा हो, पहली तीन व्यवस्थाओं के मामले में इसे क्रमशः हृदय, गले और मुख के अंदर तक अवश्य पहुँचना चाहिए। शूद्र के मामले में इसे मात्र होठों के अग्रभाग को स्पर्श करने भर की आवश्यकता थी।[11] जाति जितनी ऊँची होती थी जन्म और मृत्यु के समय अशुद्धता की अवधि भी उतनी ही कम थी।[12] यदि नीचे वर्ण का कोई व्यक्ति किसी उच्च–जाति के पुरुष, अथवा इसके विपरीत, का शव ढोता था तो अशुद्धता की अवधि का निर्धारण मृत व्यक्ति की जाति के अनुसार किया जाता था। उच्च जातियों के पास विभिन्न मोहल्लों में अंतिम संस्कार के अपने स्थान थे जो निम्न जातियों के स्थानों से अलग थे।[13] किसी अतिथि से उसके स्वास्थ्य के सम्बन्ध में पूछे जाने के लिए अतिथि की जाति के अनुसार शब्दों का उपयोग किया जाना होता था, जैसे, ब्राह्मण के लिए "कुशल", क्षत्रिय के लिए "अन्मय", तथा किसी वैश्य एवं शूद्र के मामले में "आरोग्य"। किसी भी ब्राह्मण को अपने क्षत्रिय अतिथि को अपने ब्राह्मण अतिथियों के भोजन ग्रहण कर चुकने के बाद ही भोजन देना आवश्यक था।[14] कुछ जातियों में जहाँ किसी महिला का पति विदेश में वास करता हो, उसके लिए प्रतीक्षा की अवधि जाति के अनुसार अलग–अलग थी जो शूद्र के लिए सबसे कम तथा ब्राह्मण महिला के लिए सबसे अधिक थी।[15]

बौधायन चारों जातियों में से किसी भी जाति के एक पागल व्यक्ति को कानूनी कार्यवाहियों के दौरान एक सक्षम गवाह होने की स्वीकृति प्रदान करते हैं। वो कहते हैंः "श्रोत्रिय, निर्दोष रूप वाले पुरुष, अच्छे चरित्र वाले, पुरुष जो पवित्र और सच से प्रेम करते हैं गवाह (बनने के योग्य) होते हैं। अथवा कोई (जाति का पुरुष) किसी (अन्य जातियों) के (पुरुषों के) सम्बन्ध में गवाही दे सकता है। उन्हें महिलाओं को महिलाओं के लिए गवाह बनाने दीजिए; द्विज पुरुषों के लिए सजातीय द्विज पुरुष (गवाह होंगे), और शूद्रों तथा निम्न जातियों में नीचे जन्में पुरुषों के लिए अच्छे शूद्र।"[17] यदि कोई शूद्र चोरी करता था तो उसे चुराई गई संपत्ति के मूल्य के आठ–गुने के बराबर वापस चुकाना पड़ता था। वैश्य चोर के मामले में अर्थदंड दोगुना होता था। क्षत्रिय चोर को वैश्य के मुकाबले दोगुना तथा ब्राह्मण के मुकाबले चारगुना अर्थदंड चुकाना होता था। यदि कोई विद्वान पुरुष चोरी करता था तो दंड बहुत अधिक बढ़ा दिया जाता था।[18] अपनी ही जाति की किसी महिला के साथ व्यभिचार करने वाले पुरुष को एक निश्चित प्रायश्चित करना होता था।[19] उच्च–जाति की किसी महिला के साथ व्यभिचार करने वाले पुरुष को जो दंड दिया जाता था उसकी गंभीरता में महिला, जिसके साथ अत्याचार हुआ है, की जाति की स्थिति के अनुसार वृद्धि होती जाती थी।[20] ऐसा प्रतीत होता है कि निम्नतर जाति की महिला के साथ उच्चतर जाति के पुरुषों के द्वारा अवैध संभोग को गंभीर प्रकृति का अपराध नहीं माना जाता था। निम्नजाति की किसी महिला के साथ किए गए व्यभिचार को एक घृणित अपराध के रूप में निंदित किया जाता था, जिसके लिए निर्धारित दंड या तो देश–निकाला था अथवा महिला की जाति में निम्न श्रेणीकरण किया जाना होता था।[21] यदि कोई ब्राह्मण किसी ब्राह्मण की हत्या कर दे तो उसे उसके माथे पर शिरोहीन धड़ का चिह्न अंकित करके राज्य से निष्कासित कर दिया जाता था; किन्तु यदि अन्य तीनों जातियों में से कोई पुरुष यही अपराध करता था तो उसे मृत्युदंड दिया जाता था तथा उसकी संपूर्ण संपत्ति जब्त कर ली जाती थी। किसी क्षत्रिय, वैश्य तथा शूद्र की हत्या करने पर प्रत्येक मामले में प्रायश्चित के रूप में एक साँड़ के साथ क्रमशः एक हजार, एक सौ, और दस गायें देनी पड़ती थीं।[22] यहाँ तक कराधान के मामले में भी जातियों के आधार पर बहुत अधिक असमानताएं मौजूद प्रतीत होती हैं। बौद्ध साहित्य से हमें पता लगता है कि क्षत्रिय तथा ब्राह्मण दोनों ही को कर भुगतान से छूट थी, भले ही उनके पास भूमि का बड़ा भाग हुआ करता था।[23]

सामान्यतः शूद्र को इतना नीचा माना जाता था कि उसका भोजन किसी ब्राह्मण के द्वारा स्वीकार नहीं किया जा सकता था। नियम–निर्धारकों के इस दृष्टिकोण का एक अपवाद है, और वह है अपस्तम्ब के द्वारा यह अनुमति कि भोजन को किसी उच्च वर्ण के मार्गदर्शन के अधीन किसी शूद्र द्वारा तैयार किया गया हो।[24] जैसा मैंने ऊपर

सुझाव दिया है, सामान्य नियम में इस रियायत की आवश्यकता दक्षिण भारत, जिससे अपस्तम्ब का सम्बन्ध है, की विशिष्ट परिस्थितियों के कारण उत्पन्न हुई होगी। यही रचनाकार किसी ऐसे ब्राह्मण छात्र के द्वारा भोजन को स्वीकार करने के मामले में अत्यन्त कठोर नियमों का निर्धारण करता है जिसने अपना अध्ययन तो पूर्ण कर लिया हो किन्तु अभी भी गृहस्थ जीवन में प्रवेश न किया हो। उसकी राय में ऐसे किसी भी व्यक्ति को तीन निम्न जातियों से सम्बन्धित किसी भी व्यक्ति के घर में भोजन नहीं करना चाहिए। वो इस विचार को उद्धृत तो करते हैं परंतु साक्ष्यपूर्वक स्वीकार नहीं करते कि वह क्रमानुसार अगली दो जातियों, जिन्होंने निर्धारित नियमों का अनुसरण किया हो, द्वारा दिया गया भोजन ग्रहण कर सकता है।[25] बौधायन ऐसे किसी भी व्यक्ति को पहली तीन जातियों के सदस्यों तथा काष्ठकारों (शब्दशः– रथ–निर्माता) से भिक्षा में मात्र कच्चा भोजन माँगने का परामर्श देते हैं[26]। वो ब्राह्मण को शूद्र के भोजन से बचने का आदेश देते हैं। इस नियम के पालनकर्ता ब्राह्मण को उपहार दिए जाने हेतु सर्वश्रेष्ठ माना जाता है। यदि इस निषेध का उल्लंघन होता है, तो उद्दंड व्यक्ति के साथ–साथ उसकी संतान को भयानक परिणाम प्राप्त होंगे। वेदों का पाठ अथवा बलि का चढ़ाया जाना भी ऐसे कार्य के दुष्प्रभावों को दूर नहीं कर सकता। कोई भी व्यक्ति जो अपने पेट में शूद्र का भोजन लेकर मरता है अगले जन्म में एक सुअर अथवा शूद्र के रूप में जन्म लेगा। यदि ब्राह्मण ऐसा भोजन ग्रहण कर ले तो इतना बुद्धिहीन हो जाएगा कि पत्नी के साथ संभोग करने पर उससे जन्म लेने वाली संतान शूद्र होगी, और ब्राह्मण स्वर्ग नहीं जा सकेगा।[27] एक अन्य वाक्य में वशिष्ठ ऐसे व्यक्तियों की सूची प्रदान करते हैं जिनका भोजन निश्चित रूप से नहीं ग्रहण किया जाना चाहिए। ये हैं जाति–बहिष्कृत लोग, शूद्र, चिकित्सक, काष्ठकार, धोबी और मोची इत्यादि।[28] गौतम अपने नियम में और अधिक कठोर हैं, और वो ब्राह्मण को वही भोजन ग्रहण करने की अनुमति देते हैं जिसे प्रमाणित रूप से पकाया गया हो, मात्र ऐसे द्विज व्यक्तियों के द्वारा दिया गया हो जिनकी प्रशंसा अपने कर्तव्यपालन के लिए की गई हो। किन्तु वो इस बात में दूसरों से भिन्न हैं कि विशेष व्यवहार के लिए वो कुछ ऐसे लोगों के दावों को मान्यता देते हैं जो शूद्र वर्ग के हैं। किसी चरवाहे, किसान, परिवार के परिचित, नाई, अथवा किसी सेवक द्वारा दिया गया भोजन स्वीकार किया जा सकता है।[29] एक ब्राह्मण किसी ऐसे व्यापारी के हाथों भी भोजन स्वीकार कर सकता है जो उसी समय में शिल्पकार भी न हो[30], अपस्तम्ब के द्वारा शिल्पकार के भोजन को घर वापास आ चुके किसी ब्राह्मण छात्र के लिए प्रतिबंधित किया गया है।[31] गौतम के अनुसार, काष्ठकार का भोजन भी किसी ब्राह्मण के लिए वर्जित है।[32]

सूत्रों में यह विचार मौजूद है कि किसी भोजन में एक ही पंक्ति में बैठे लोगों में से कुछ व्यक्ति अपवित्र करते हैं, जबकि अन्य पवित्र करते हैं।[33] इस विचार में बाद उत्पन्न उस प्रथा की उत्पत्ति की खोज की जा सकती है जिसके अनुसार अपनी जाति के अलावा अन्य जाति के लोगों की पंक्ति में बैठकर भोजन नहीं करना चाहिए। अपस्तम्ब घर वापस आ चुके ब्राह्मण छात्र को आदेश देता है कि वह भोजन के लिए अयोग्य लोगों के साथ एक ही पंक्ति में न बैठे।[34]

यह विचार, कि एक अशुद्ध व्यक्ति अपने स्पर्श से प्रदूषित करता है, और यहाँ तक कि तीन पहली जातियों के किसी सदस्य से उसकी निकटता को इस अवधि के नियम सम्बन्धी ग्रंथों में निश्चित अभिव्यक्ति प्रदान की गई है, सामान्यतः जाति–बहिष्कृत लोगों के तथा विशेषतौर पर चाँडाल कहे जाने वाले लोगों के वर्ग से सम्बन्धित है। गौतम के अनुसार, किसी व्यक्ति, जो किसी ब्राह्मण की हत्या का दोषी हो, का गाँव के बाहर निवास करना अनिवार्य है, वह मात्र भिक्षा के लिए गाँव में प्रवेश कर सकता है। इस प्रकार से जब वह गाँव में प्रवेश करे तो उसे पहली तीन जातियों के किसी सदस्य से सामना होने पर सड़क से हट जाना चाहिए और उसके लिए मार्ग छोड़ देना चाहिए।[35] किसी चाँडाल अथवा किसी ऐसे व्यक्ति, जिसने किसी चाँडाल का स्पर्श किया हो, का स्पर्श करने पर किसी को भी अपना वस्त्र पहने हुए तुरंत स्नान करना चाहिए।[36] यदि कोई ब्राह्मण अनजाने में किसी चाँडाल का दिया भोजन अथवा सामग्री ग्रहण कर लेता है तो वह जाति–बहिष्कृत हो जाता है। परंतु यदि वह जानबूझकर ऐसा करता है तो वह चाँडाल के समान हो जाता है।[37] चाँडालों की स्थिति अवश्य ही अत्यंत नीची रही होगी। एक गृहस्थ को आदेश है कि परिवार के समस्त सदस्यों के भोजन कर चुके होने के बाद वह अपने घर के बाहर कौओं और कुत्तों के साथ–साथ उनके और जाति–बहिष्कृतों के लिए भी कुछ भोजन फेंक दे।[38]

लगभग दूसरी शताब्दी और यहाँ तक कि 5वीं शताब्दी ईसापूर्व के लोगों का व्यवहार इससे अत्यधिक विपरीत था। पाणिनी के व्याकरण में एक नियम को स्पष्ट करते हुए भाषा–उपयोग के पतंजति जैसे एक सतर्क छात्र हमें यह मूल्यवान जानकारी प्रदान करते हैं कि चाँडाल को शूद्रों की एक किस्म माना जाता था, जो जरूरी नहीं था कि आखिरी हो। निहितार्थ यह कि वे इस अर्थ में जाति–बहिष्कृत नहीं थे कि उन्हें नगर अथवा गाँव की सीमा के बाहर निवास करना होता था; और स्पष्ट उल्लेख किया गया है कि वे मात्र इसीलिए जाति–बहिष्कृत थे कि कहीं उनके भोजन–पात्रों का द्विज व्यवस्था के सदस्यों के द्वारा उपयोग न कर लिया जाए। वे 'अपापात्र शूद्र' अथवा साधारणतः 'अपापात्र' थे, एक ऐसा शब्द जिसका उपयोग मनु द्वारा भी चाँडालों के लिए किया गया था। उनके द्वारा अपना भोजन प्राप्त करने में प्रयुक्त पात्रों (बर्तन) को किसी भी ऐसी प्रक्रिया से साफ नहीं किया जा सकता था कि वह द्विजों के उपयोग के योग्य बन जाए। लगभग 150 ई.पू. में महान व्याकरणविद् के द्वारा प्रदान की गई इस निश्चित एवं स्पष्ट सूचना की पुष्टि कुछ शताब्दियों के बाद स्पष्ट तौर पर चतुर प्रशासक कौटिल्य के द्वारा भी की गई है। कौटिल्य भी चाँडालों द्वारा शूद्रों के रीति–रिवाजों के अनुसरण को प्रतिबंधित करते हैं। निहितार्थ द्वारा कोई भी निष्कर्ष प्राप्त कर सकता है कि कम से कम कुछ समय के लिए चाँडाल शूद्रों के रीति–रिवाजों का पालन करते रहे थे, क्योंकि वास्तव में उन्हें उन्ही की एक किस्म समझा जाता था।

धर्म सूत्र के लेखकों में से तीन ने 'अपापात्र' शब्द का उपयोग किया है, किन्तु इस प्रकार से ताकि यह अर्थ निकल सके कि इसमें शामिल लोग शूद्रों से और कभी–कभी चाँडालों से भी भिन्न हैं। परंतु लगभग हमेशा ही उनके साथ कुत्तों और जाति–बहिष्कृतों के समान व्यवहार करने का आदेश दिया गया है।[39] अपस्तम्ब किसी चाँडाल से बात करने अथवा उसपर दृष्टि डालने को भी एक अपराध मानता है।[40] जाति–बहिष्कृतों को परस्पर एक दूसरे को शिक्षा प्रदान करते हुए और अपने बीच ही विवाह करते हुए स्वयं में एक समुदाय के रूप में जीवित रहना होता है। शुद्ध व्यक्ति के द्वारा उनके साथ सम्बन्ध बनाने का निषेध है जिसकी सजा जाति–बहिष्कार है। सम्बन्ध से आशय या तो वैवाहिक सम्बन्ध से है, उनकी बलि कार्य संपन्न कराए जाने, अथवा यहाँ तक कि उन्हें स्पर्श करने से भी है।[41] ऐसा प्रतीत होता है कि इन उदाहरणों से जितना हम विश्वास करते हैं, प्रदूषण के विचार में उससे भी आगे और वृद्धि हो चुकी थी। किसी भी कुएं का शूद्र के द्वारा निरंतर उपयोग करने पर वह कुआँ धार्मिक प्रयोजनों के लिए अनुपयुक्त हो जाता था। यह कम–से–कम बौधायन की राय प्रतीत होती है जो कहते हैं कि एक ब्राह्मण, जो किसी शूद्र पत्नी से विवाह करता है और ऐसे गाँव में निवास करता है जहाँ मात्र एक ही कुआँ हो, शूद्र के बराबर हो जाता है।[42] *जातक कथाओं* में किसी तिरस्कृत अथवा यहाँ तक कि किसी बहुत नीची जाति के व्यक्ति की निकटता से ईमानदारीपूर्वक बचने का उदाहरण देने वाली अनेकों कथाएं मौजूद हैं। दूषित होने का भय अकेले ब्राह्मणों तक ही सीमित नहीं था, बल्कि संवेदनशील महिलाओं, जैसे कथा में किसी व्यापारी की पुत्री, को भी था जो इसके शक्तिशाली होने का प्रदर्शन करती हैं। किसी व्यक्ति की अशुद्धता उसके द्वारा स्पर्श की गई वस्तुओं में भी जा सकती थी।[43] चाँडाल नगर के बाहर अपने समाज में निवास करते थे, और ऐसा प्रतीत होता है कि अन्य निम्न जातियाँ, जैसे पुक्कासा, रथकार, निषाद, जिनका उल्लेख उनके साथ किया गया है, भी ऐसा ही करती थीं।[44]

जातियों के आदर्श सिद्धांत के द्वारा कुछ कर्तव्यों को उनमें से सभी के लिए तथा कुछ को प्रत्येक के लिए विशिष्ट के रूप में निर्धारित किया गया था। इनमें से कुछ का निर्धारण आजीविका अर्जित करने की अधिकृत विधियों के रूप में किया गया था, और सामान्यतः वे प्रत्येक जाति के लिए विशिष्ट होती थीं तथा सामान्यतः दूसरों के लिए प्रतिबंधित होती थीं। ब्राह्मण को शिक्षण तथा उन जातियों की बलि में पुजारी का कार्य करते हुए जीवन निर्वाह करना आवश्यक था जिन्हें ऐसे धार्मिक पूजन करने के अधिकार थे, तथा वह उपहार स्वीकार कर सकता था। क्षत्रिय को शासन तथा हथियारों के पेशे से अपना जीवन निर्वाह करना होता था। कृषि, व्यापार, तथा गड़ेरियों से सम्बन्धित कार्य वैश्यों के द्वारा करने होते थे, जबकि शूद्र के लिए निर्धारित एकमात्र पेशा था अन्य जातियों की सेवा करना।[45] संकटकाल में कोई भी निम्नतर जातियों के लिए निर्धारित विशिष्ट पेशे को अपना सकता था, किन्तु उच्च जाति के पेशे को कभी भी नहीं अपनाया जा सकता था, और ऐसा प्राथमिकतापूर्वक अपने से एक स्थिति नीचे वाली जाति के पेशे को अपनाए जाने द्वारा होता था।[46] गौतम अन्य नियम–निर्धारकों से अधिक उदार हैं

और किसी ब्राह्मण को कृषि तथा व्यापार को वैध पेशों के रूप में अपनाने की अनुमति प्रदान करते हैं, बशर्ते वह वास्तविक व्यवसाय के संचालन के लिए सेवकों को नियुक्त करे और स्वयं कार्य न करे।[47] इस निषेध से यह स्पष्ट है कि जिन ब्राह्मणों ने स्वयं को वैध पेशों के अलावा अन्य पेशों में संलिप्त कर लिया था, चाहे ऐसा आवश्यकतावश अथवा सामान्यतौर पर भी किया गया हो, उन्हें श्राद्ध–भोज में नहीं बुलाया जा सकता था। इसमें वे ब्राह्मण थे जिन्होंने क्षत्रियों के पेशे को अपनाया था, अथवा व्यापार अथवा हस्तशिल्प के पेशे को।[48] जब कोई ब्राह्मण व्यापार में संलिप्त होता हो तो उसे कुछ वस्तुओं का व्यापार करने से दूर रहने का आदेश है। यदि वह कृषि में संलिप्त होता हो तो उसे अपने हल में ऐसे बैलों को कदापि नहीं जोतना चाहिए जिनके नाक में छेद किया गया हो, न ही उसे प्रातः नाश्ते के बाद खेत जोतना चाहिए।[49] कुछ पेशों, जैसे काष्ठकार, रथनिर्माता, और भाट आदि को उन मिश्रित जातियों को सौंपा गया है जिनके जन्म का वर्णन चार जातियों के बीच असमान विवाह के परिणामस्वरूप होने के रूप में किया गया है। यह देखा जा सकता है कि पेशों का सिद्धांत जाति–विशिष्ट के उचित पेशों में शिल्पकारों को शामिल नहीं करता। ऐसा नहीं है कि समाज में कोई शिल्पकार नहीं था, किन्तु प्रतीत होता है कि उनकी स्थिति का निर्धारण नहीं किया गया था। वास्तव में, गौतम शिल्पकारों को उन लोगों से अलग करते हैं जो निजी श्रम के द्वारा जीवनयापन करते थे; जिसमें टिप्पणीकार के द्वारा बाद की अभिव्यक्ति को मजदूरों, जैसे बोझा ढोने वालों को इंगित करने हेतु समझा गया है।[50] फिर भी, हस्तकलाएं इतनी उन्नत थीं कि शुद्ध शिल्पकार, जो अपने हस्तकार्यों में व्यापार नहीं करते थे, को शिल्प–व्यवसायियों से अगल कर दिया गया था।[51] यहाँ तक कि क्षत्रिय जाति के सदस्य भी कृषि और अन्य ऐसे व्यवसायों में संलिप्त थे जो इनके वर्ग के लिए उचित नहीं थे। यह तथ्य काम्बोजों और सौराष्ट्रों के द्वारा सिद्ध किया जाता है, जो, यद्यपि योद्धाओं में शामिल वर्णित किए गए हैं, तथापि कृषि तथा शस्त्रों में व्यापार के पेशे से जीवन निर्वाह करते थे।[52] शिल्पकारों की बाद में हुई अवनति को ध्यान में रखते हुए यह नोट किया जाना चाहिए कि कौटिल्य पहले ही उन्हें स्वाभाविक रूप से अशुद्ध चरित्र वाले के रूप में वर्णित करते हैं।

बौद्ध साहित्य में अनेकों पेशों को पैतृक के रूप में प्रस्तुत किया गया है और कुछ वर्गों, जैसे ब्राह्मण और वैश्यों के प्रतिनिधि गहापति को निश्चित रूप से ऐसी कट्टर जातियों के रूप में माना जाने लगा था कि, यद्यपि उनके सदस्यों ने अपने वर्गों के लिए प्रथागत पेशों के अलावा अन्य पेशों को अपनाया था, वे अपनी ही जातियों के सदस्य बने रहे।[54] *जातक* कथाओं में ऐसे गाँवों का उल्लेख है जिनमें मात्र एक पेशे से जुड़े लोग ही निवास करते थे। इस प्रकार, लोहारों और कुम्हारों के गाँव थे।[55] कुछ कलाओं को भी नीचा बताया गया है, उदाहरणार्थ नाई, जिसे एक निम्न जाति के रूप में संदर्भित किया गया है।[56] यद्यपि समकालीन ब्राह्मणों के द्वारा वास्तव में अपनाए गए पेशों के सम्बन्ध में बौद्ध धार्मिक साक्ष्यों को कुछ रियायत के साथ लिया जाना चाहिए, तथापि बौद्ध लेखकों के लिए यह अत्यन्त स्वाभाविक था कि वे अपने विरोधियों को अपने ही नियमों के उल्लंघनकर्ता के रूप में चित्रित करते हुए उनका उपहास करें। फिर भी यह अवश्य स्पष्ट किया जाना चाहिए कि खेती और पशुपालन करने वाला ब्राह्मण पाली ग्रंथों में बार–बार प्रकट होने वाला व्यक्ति है और यहाँ तक कि एक बार तो ब्राह्मण काष्ठकार का भी उल्लेख किया गया है।[57]

यद्यपि जाति के रूढ़िवादी सिद्धांत का उल्लेख मात्र पेशों के प्रमुख वर्गों के अर्थों में ही किया गया है, तथापि इसके पर्याप्त संकेत हैं कि दैनिक जीवन में विशेषज्ञताओं पर आधारित अन्य भेदों को भी मान्यता प्रदान की गई थी। व्यापारियों एवं शिल्पियों का उल्लेख उनके विशिष्ट माल अथवा कला के सम्बन्ध में किया गया है। किले के अंदर राजमहल के आस–पड़ोस की योजना निर्धारण हेतु निर्देश देते हुए कौटिल्य विभिन्न हिस्सों में व्यापारों तथा कलाकृतियों के स्थानीयकरण का आदेश देते हैं; और इस सम्बन्ध में वो अनाज के व्यापारियों, तरल पदार्थों के भंडारकों, पके हुए धान के व्यापारियों, माँस विक्रेताओं, सूती धागों के निर्माताओं, बाँस के कारीगरों, चर्मकारों, दस्तानों के निर्माताओं, लोहारों एवं मूल्यवान पत्थरों के शिल्पकारों जैसे अलग–अलग समूहों का उल्लेख करते हैं।[58] *जातक* साहित्य[59] के साक्ष्यों से हम यह निष्कर्ष प्राप्त कर सकते हैं कि इस काल में ये विशिष्ट पेशे पैतृक थे, यद्यपि जाति सम्बन्धी ब्राह्मणवादी सिद्धांत मात्र बड़े वर्गों को ही संदर्भित करता था। *जातक* कथाएं आगे शिल्पकारों

के काम में प्रयुक्त विधियों में मौजूद अंतरों के आधार पर शिल्पकारों के उप–विभाजनों का नामकरण करने की तत्कालीन प्रारंभिक प्रथा की साक्षी हैं। इस प्रकार मछुआरे, जो जाल और टोकरियों का उपयोग करते थे, 'केवट' कहलाते थे जबकि इसके विपरीत 'बालिस्तिक' लोग काँटा लगाकर मछली पकड़ते थे।[60]

नियम–निर्धारक चारों व्यवस्थाओं के बीच किसी के द्वारा अपनी जाति में विवाह को सर्वाधिक आदर्श तथा एक प्रकार से एकमात्र पवित्र प्रथा के रूप में देखते हैं, यद्यपि वे जाति से बाहर कि गए विवाहों को पूर्णतः वैध होने की मान्यता प्रदान करने के लिए भी तैयार हैं। गृहस्थ जीवन में प्रवेश के लिए तैयार किसी भी व्यक्ति को वशिष्ठ और गौतम आदेश देते हैं कि वह अपनी जाति की महिला से ही विवाह करे और गौतम का मत है कि समान जाति की पत्नियों, जिनका विवाह स्वीकृत रीतियों के अनुसार हुआ हो, से जन्में पुत्र ही ऐसे धर्मात्मा होते हैं जो अपने पिता के परिवार को पवित्र करते हैं।[61] बौधायन मात्र समान जाति की पत्नी से जन्में पुत्र को ही 'सपिंड' के रूप में स्वीकार करते हैं, अन्य जातियों की पत्नियों से जन्में पुत्रों को इसमें गणना नहीं की जाती।[62] परंतु, संभवतः अपने दिनों की प्रथाओं के अनुरूप, इन नियम–निर्धारकों ने उच्चतर जाति के पुरुषों को नीची जाति की महिलाओं से विवाह करने की अनुमति प्रदान कर दी थी, यद्यपि उन्होंने ऐसे विवाहों से जन्मी संतानों को समान जातीय विवाहों से जन्मी संतानों के बराबर अधिकार प्रदान करने से इंकार कर दिया था। उदाहरणार्थ, विरासत के मामले में, किसी पुत्र के अपनी पैतृक संपत्ति में हिस्से में उसकी माँ की जाति की स्थिति के अनुसार भिन्नता मौजूद रहती थी।[63] ऐसे असमान विवाहों से जन्मी संतानों को न तो पिता और न ही माता की जाति से सम्बन्ध रखने वाला कहा जाता था बल्कि उन्हें अलग वर्गों में निर्वासित कर दिया जाता था, जिन्हें मध्यवर्ती जातियाँ कहा जाता था। इन जातियों के नाम, जैसे कि गौतम के द्वारा दिए गए हैं, बौधायन के द्वारा दिए गए नामों से मेल नहीं खाते, हालांकि मात्र ब्राह्मण पुरुष और शूद्र महिला के विवाह से जन्मी संतान इसका अपवाद है।[64] पहली तीन जातियों के मामले में बौधायन घोषित करते हैं कि उच्च जाति के पुरुष और उससे अगली नीची जाति की महिला से जन्मी संतान 'सवर्ण' अथवा समान जाति की होती हैं। वो दृढ़तापूर्वक ब्राह्मण पुरुष के क्षत्रिय महिला से किए गए विवाह से जन्मी संतान को ब्राह्मण का नाम देते हैं, और क्षत्रिय पुरुष एवं वैश्य महिला से जन्मी संतान को क्षत्रिय का। यह उस पुरानी प्रथा का प्रतिनिधित्व प्रतीत होता है जब उच्चतर जाति के पुरुषों और अगले वर्णक्रम की जातियों की महिलाओं के बीच हुए विवाहों को पूर्णतः नियमित माना जाता था और इससे जन्मी संतान किसी प्रकार से अयोग्य नहीं होती थी। बल्कि गौतम तो एक ब्राह्मण पुरुष और एक क्षत्रिय महिला के मिलन से जन्मी संतान को 'सवर्ण' बुलाते हैं, यद्यपि वो क्षत्रिय पुरुष और वैश्य महिला से जन्मी संतान को यही नाम दिए जाने से इंकार करते हैं। कौटिल्य का मिश्रित जातियों का किया गया नामकरण मात्र किसी वैश्य पुरुष और किसी शूद्र महिला से जन्मी संतान के मामले को छोड़कर बौधायन से सहमत है। परंतु वो क्रमशः ब्राह्मण और क्षत्रिय जातियों के पुरुषों और क्षत्रिय एवं वैश्य जातियों की महिलाओं के मिलन से जन्मी संतानों को 'सवर्ण' के रूप में नामित करते हैं, और उनके ब्राह्मण अथवा क्षत्रिय होने के बारे में स्पष्ट बात नहीं करते।

इस अवधि के दौरान ऐसे विवाहों पर ये प्रतिबंध नए–नए लगाए जा रहे थे, ऐसा इस बात से संभव प्रतीत होता है कि यह नियम, कि मात्र एक समान जाति वाली पत्नी ही अपने पति के धार्मिक कार्यों में एक पूर्ण और वैध भागीदार हो सकती है, स्पष्ट रूप से अगली अवधि में प्रतिपादित हुआ था, जिसे इस अवधि के वैध साहित्य में अपने समान नियम नहीं प्राप्त होता। जैसा कि हम आगे देखेंगे, नियम–निर्धारकों ने मात्र एक शूद्र पत्नी को ही धार्मिक रिवाजों के लिए अयोग्य घोषित किया है। तथापि, हमारे पास यह विश्वास करने का कारण है कि अभी भी पुरानी प्रथाओं के द्वारा दो सर्वोच्च जातियों के पुरुषों के दो निम्न जातियों, अर्थात् क्षत्रिय एवं वैश्य की महिलाओं के साथ अप्रतिबंधित विवाह अपेक्षित थे। *महाभारत* में कहा गया है कि पहली तीन जातियों की पत्नियों से जन्मा किसी ब्राह्मण का पुत्र ब्राह्मण होता है।[65]

हम यह निष्कर्ष प्राप्त कर सकते हैं कि पुराने दिनों में बिना किसी कलंक के ब्राह्मण पहली तीन जातियों में से किसी की भी महिला के साथ विवाह कर सकते थे, और क्षत्रिय अपनी तथा वैश्यों में से किसी महिला के साथ। इस काल के नियम–निर्धारकों ने इस प्रथा को प्रतिबंधित कर दिया। जहाँ उनमें से कुछ ने उच्चतर जाति

के पुरुषों के अगली नीच जाति की महिलाओं के साथ विवाह को अनापत्तिजनक माना, वहीं कुछ अन्य ने इस दृष्टिकोण को ब्राह्मण के किसी क्षत्रिय महिला के साथ विवाह तक सीमित कर दिया और किसी ब्राह्मण अथवा क्षत्रिय के किसी वैश्य महिला से विवाह को विदेशी माना। किसी वैश्य महिला के साथ विवाह सम्बन्धी यह विचार वैश्य जाति के शूद्रों के बढ़ते हुए समावेशन के कारण उत्पन्न हुआ हो सकता है।

यद्यपि सैद्धांतिक रूप से किसी शूद्र महिला के साथ विवाह सभी जातियों के लिए स्वीकृत था, तथापि इसे अनेकों व्यवहारिक तरीकों से नापसंद किया जाता था। पहला, बौधायन, जो एक उच्चतर जाति के पुरुष के अगली नीची जाति की महिला के साथ विवाह का कतई विरोध नहीं करते, वैश्य पिता की शूद्र महिला से जन्मी संतान को सामाजिक स्थिति प्रदान नहीं करते। वो इसे रथकार कहते हैं। वशिष्ठ स्पष्ट रूप से पहली तीन जातियों में से किसी के भी शूद्र महिला से विवाह को प्रतिबंधित करते हैं। उनके अनुसार ऐसा मिलन इस जीवन में परिवार के क्षय और अगले जीवन में स्वार्गिक आनंद में कमी का कारण बनता है।[66] वो किसी भी गृहस्थ, जिसने श्रौत बलि के लिए अग्निवेदी का निर्माण करवाया हो, को शूद्र पत्नी के समीप जाने से निषेध करते हैं, क्योंकि उसका उपयोग आनंद के लिए किया जाना है न कि पवित्र कर्तव्यों की पूर्ति के लिए। वह एक मत को उद्धत करते हैं कि ब्राह्मण पुरुष और शूद्र महिला से जन्मी संतान एक शव के समान अशुद्ध होती है।[67] गौतम ऐसी संतानों के दावों को उन व्यक्तियों के अधिकारों के समकक्ष रखते हैं जो किसी निम्न जाति के पुरुषों और उच्च जाति की महिलाओं के बीच विवाह से जन्में हैं क्योंकि उनमें से दोनों ही पवित्र नियम के घेरे के बाहर के होते हैं।[68] इस प्रकार नियम–निर्धारकों ने पहली तीन जातियों के पुरुषों के शूद्र महिलाओं के साथ किए गए विवाह के विरोध में अपना मत निश्चित कर दिया था। यह हिन्दू समाज में सगोत्र–विवाह वाली प्रकृति के विवाह पर पहला घोषित प्रतिबंध है।

निम्न जातियों के पुरुषों का उच्चतर जाति की महिलाओं के साथ विवाह परिकल्पित और विशिष्ट रूप से व्यवहृत किया गया है। तथापि इनका कदापि प्रतिपालन नहीं किया गया है। वास्तव में, ये विवाह हैं ही नहीं। ऐसे मिलन से जन्मी संतानों को पवित्र नियम की परिधि के बिना जन्मी घोषित किया गया है,[69] यद्यपि उनके द्वारा गठित किए गए विभिन्न समूहों का नाम दिए गए हैं जो पिता और माता की जाति में अंतर के अनुसार अलग–अलग हैं।[70] ऐसे मिलन इतने तिरस्कृत हैं कि उनकी संताने, यद्यपि उनका वास्तविक पितृत्व अज्ञात हो सकता है, छाँट कर अलग करने योग्य मानी गई हैं, क्योंकि ऐसे लोग निश्चित रूप से सद्‌गुणों और सदाचार से वंचित होते हैं।[71] चाँडाल, जो इस अवधि का अस्पृश्य और निकट न जाने योग्य वर्ग है, को शूद्र पुरुष और ब्राह्मण महिला के मिलन से जन्मा बताया गया है। ताजा समूह, जिनका गठन उच्च जातियो के पुरुषों के दो जाति नीचे की महिलाओं के मिलन से जन्मी संतानों से हुआ हो, तथा वे जो उनके मिलनों से जन्में हों, परस्पर विवाह कर सकते हैं और अन्य जातियों को उत्पन्न कर सकते हैं। परंतु अंत में उल्लिखित इन मिश्रित जातियों को अपने बीच विवाह करना आवश्यक है।[72]

यह निष्कर्ष प्राप्त करना उचित प्रतीत होता है कि सगोत्र विवाह को कठोरतापूर्वक निर्धारित करने का प्रयास किया जा रहा था और बड़ी सीमा तक इसका पालन भी किया जा रहा था, और उस समय के लेखकों का इतनी बड़ी संख्या में अलग–अलग जातियों को स्पष्ट करने में महान कष्ट हो रहे थे, जिनकी उत्पत्ति या तो विजातीय विवाह, स्थानीय अलगाव, पेशेवर विशेषज्ञताओं, अथवा जनजातीय समावेशन के कारण हुई थीं, क्योंकि रूढ़िवादी सिद्धांत तो मात्र चार जातियों का ही उल्लेख़ करता है।

फिक *जातक* कथाओं से प्राप्त साक्ष्यों का संक्षेपण इस प्रकार करते हैं: ''अपनी ही 'जाति' में विवाह करना एक नियम था। *जातक* कथाओं में सभी जगह लोगों द्वारा अपनी ही बराबरी और पेशे तक सीमित लोगों के साथ विवाह करने के द्वारा, और निम्नतर तत्वों के साथ मिश्रण से हुए क्षय की अनुमति न दिए जाने के द्वारा हमें परिवार को शुद्ध रखने के प्रयास प्राप्त होते हैं। जब माता–पिता अपने पुत्र के विवाह के इच्छुक होते हैं तो उसके लिए वे अपनी ही जाति की कुँवारी कन्या तलाश करते हैं।'' इसके बाद भी *जातक* कथाओं में ऐसे उदाहरण मौजूद हैं जिनमें अंतरविवाहों के विरुद्ध जाति की बाधाओं पर विजय पाई गई है। सगोत्र विवाह जाति के एक कट्टर नियम के बजाए एक सार्वभौमिक प्रथा थी।[73]

गौतम उन नियम–निर्धारकों में से एक हैं जो जाति परिवर्तन की उस संभावना को मान्यता प्रदान करते हैं, जो मात्र विवाह के द्वारा संभव है।[74] यदि कोई ब्राह्मण किसी वैश्य महिला से विवाह कर लेता है तो उससे जन्मी संतान एक पृथक जाति को जन्म देती है। यदि इस जाति की किसी कन्या का विवाह किसी ब्राह्मण पुरुष से हुआ हो, और उनकी पुत्री का विवाह पुनः इसी प्रकार से हुआ हो, और यदि ऐसे मिलन मूल मिश्रित जाति की कन्या से पाँच अथवा सात पीढ़ियों तक जारी रहे हों तो उनसे जन्मी संतान को ब्राह्मण माना जाएगा। इस प्रकार मात्र किसी महिला के द्वारा प्रामाणिक रूप से जन्मी ऐसी संतान ही उच्च जाति में जा सकती थी। ऐसे मिश्रित विवाहों से जन्मी पुरुष संताने या तो अपनी जाति में विवाह कर सकती थीं अथवा अपनी माँ की जाति में। पाँचवी अथवा सातवीं पीढ़ी की संतानों में यदि पुरुष अपनी माँ की जाति में विवाह करना जारी रखते थे तो वे मूल मिश्रित महिला की जाति में अवनत हो जाते थे। अकेले पीढ़ियों तक जारी रहने वाले उपयुक्त विवाहों के द्वारा ही जाति परिवर्तन संभव था। इस बात में संदेह है कि इस विस्तृत नियम के कारण कोई व्यवहारिक परिणाम प्राप्त हुए हों।

महाकाव्यों में अंतरजातीय विवाह के कुछ उदाहरण निहित हैं, परंतु वे अभिजात–वर्ग और ऋषियों के बीच प्रचलित प्रथाओं को ही स्पष्ट करते हैं। हम ऋषियों को छोड़ देते हैं क्योंकि उनकी कहानियाँ अत्यधिक रहस्यपूर्ण ज्ञान से घिरी हुई हैं। जहाँ तक अभिजात–वर्ग का प्रश्न है, हम पहले ही उल्लेख कर चुके हैं कि दशरथ की पत्नियों में से एक शूद्र थीं। किन्तु *रामायण* ऐसा कोई संकेत नहीं देती कि इस मिलन से जन्मी संताने क्षत्रियों से किसी भी रूप में अलग थीं। शान्तनु ने सत्यवती से विवाह किया था जो एक मछुआरे की पुत्री थीं। *महाभारत* की कथा में ऐसा कोई सुझाव नहीं दिया गया है कि संतान को क्षत्रिय से कम समझा जाएगा। कन्या के पिता राजा से एक प्रतिज्ञा करवाते हैं कि अन्य पुत्रों को छोड़ते हुए उनसे जन्मा सत्यवती का पुत्र ही राजगद्दी का उत्तराधिकारी होगा। उन्होंने ऐसा केवल इसलिए नहीं किया था कि उनकी पुत्री के बेटे की स्थिति उसे राजगद्दी के अधिकार से वंचित कर देगी, बल्कि इसलिए क्योंकि राजा के अन्य पुत्र, जो उम्र में सबसे बड़े थे, इसके अधिकारी हो जाएगें। वास्तव में, *महाभारत* के नायकों, कौरवों और पांडवों को भी सत्यवती के वंशजों के रूप में प्रस्तुत किया गया है। यद्यपि क्षत्रिय निम्न जाति की महिलाओं के साथ विवाह करने तथा उनसे जन्मी संतानों का बराबर पालन–पोषण करने के इच्छुक रहते थे, तथापि वे अपनी पुत्रियों का विवाह किसी दोषपूर्ण वंश के पुरुष के साथ नहीं करना चाहते थे। अतः, द्रौपदी ने स्वयंवर विवाह के समय कर्ण के विरुद्ध उसकी नीची जाति के आधार पर ही आपत्ति उठाई थी।

शूद्रों के साथ इस व्यवहार के संदर्भ में व्याकरणविद् पंतजति के द्वारा शूद्रों के विभिन्न वर्गों के सम्बन्ध में प्रदान की गई सूचना अत्यन्त महत्वपूर्ण है। शूद्रों की पहचान की जा चुकी कम–से–कम पाँच किस्में मौजूद थीं। पहले, शक और यवन थे जो आर्यावर्त (आर्यों का निवास स्थान) के बाहर निवास करते थे। दूसरे, चाँडाल और डोम थे, जो आर्यों के नगरों और गाँवों की सीमाओं के अंदर निवास करते थे किन्तु जिनके भोजन के बर्तनों का उपयोग शुद्धीकरण के बावजूद भी आर्यों के द्वारा नहीं किया जा सकता था। तीसरे, ऐसे समूह थे जिनमें काष्ठकार, धोबी, लोहार तथा बुनकर आदि शामिल थे, जिनके भोजन के बर्तनो उपयोग समुचित सफाई के बाद आर्यों के द्वारा किया जा सकता था किन्तु जिन्हें बलि समारोहों और रीति–रिवाजों में भाग लेने की अनुमति नहीं थी। चौथे, निहितार्थ द्वारा शूद्र थे। पंतजलि के द्वारा ऐसे विशिष्ट उदाहरणात्मक समूहों का नाम नहीं लिया गया है जो बलि समारोहों और रीति–रिवाजों में भी भाग ले सकते थे। पाँचवें, ऐसे लोग थे जो आर्यों के गाँवों और नगरों की सीमाओं से बाहर निवास करते थे।[75]

चूंकि मैंने अवधियों की कल्पना की है, अतः भारतीय इतिहास की तीसरी अवधि हिन्दू धर्म के आदर्शों में दो ऐसी घटनाओं से चिह्नित है जिनके जाति के सिद्धांत एवं व्यवहार पर महत्वपूर्ण प्रभाव पड़े थे।[76] ब्राह्मणों को दिए गए उपहारों का महिमामंडन, जो बाद के हिन्दू धर्म की एक इतनी अधिक दिलचस्प विशिष्टता बन गया, व्यापक तौर पर इसी युग की देन था। यह सत्य है कि *ऋग्वेद* की कुछ ऋचाओं में उपहार देने की प्रशंसा की गई है, और इसे 'दानस्तुति' के रूप में जाना जाता है, किन्तु वे दार्शनिक चर्चाओं के साथ उभरते हुए उपनिषद्कालीन युग की मुख्य धाराओं से बाहर बनी रहीं। न ही वे अपने स्वर में इतनी निर्णायक हैं जितने मनु के आदेश कि अकेले उपहार ही कलियुग में पुरुषों का सर्वोच्च कर्तव्य है; और उपहारों से मनु का स्पष्ट आशय ब्राह्मणों को दिए

जाने वाले उपहारों से है।[77] एक अन्य उल्लेखनीय परिवर्तन है कतिपय अपराधियों हेतु दंड के रूप में योजनाबद्ध तरीके से काल्पनिक नर्क को विकसित किया जाना तथा पुनर्जन्म के सिद्धांत को प्रगतिशील रूप से लागू किया जाना। पवित्र नियमों के विशिष्ट उल्लंघनों के लिए हमेशा प्रायश्चित का प्रबंध किया गया है। यदि अपराधियों के द्वारा इन्हें पूरा नहीं किया जाता तो पापियों के समक्ष नर्क में मिलने वाले कष्टों की तस्वीरें प्रस्तुत की जाती हैं। इन काल्पनिक नर्कों का भय एक नया और संभवतः यह सुनिश्चित करने का एक अधिक प्रभावी तरीका था कि प्रायश्चित को ईमानदारीपूर्वक संपन्न किया जाए। प्रायश्चितों में बेहिचक विश्वास ब्राह्मणों के महत्व में स्वाभाविक वृद्धि करते हैं। आचरण सम्बन्धी कुछ नियमों की स्वीकृति के रूप में पुनर्जन्म के सिद्धांत को कुशलतापूर्वक लागू करने के प्रयास किए गए हैं। ऐसा घोषित किया गया है कि किसी विशिष्ट अपराध का अपराधी किसी निम्न और अधिक निम्नकुल और स्थान में जन्म लेगा। किसी ब्राह्मण का हत्यारा पुरुष के नहीं बल्कि मात्र पशु के रूप में जन्म लेगा। जो लोग दैवीय आदेश द्वारा निर्धारित अपने पेशों को आवश्यकता न होते हुए भी त्याग करेंगे वे दस्युओं के सेवक बनेंगे। कोई शूद्र, जो अपने कर्तव्य से गिर गया हो, कीट–पतंगा खाकर जीवित रहने वाली एक बुरी आत्मा बन जाएगा।[78] भविष्य के भयावह जन्मों के भय ने जातियों के साथ जुड़े कुछ नियमों में से कम–से–कम कुछ के समुचित रूप से पालन करने में सहायता अवश्य प्रदान की है। इस अवधि में इन प्रवृत्तियों के घोषित परिवर्तनों के कुल परिणाम को ब्राह्मणों के पक्ष में प्रस्तुत किए गए ऊटपटांग दावों के रूप में देखा जाना चाहिए।

मनु के अनुसार, ब्राह्मण समस्त सृष्टि का स्वामी है, क्योंकि वह परमात्मा के शुद्धतम अंग, अर्थात् मुख, से उत्पन्न हुआ है। ईश्वर तथा पितर दोनों को ही उनके माध्यम से चढ़ावा प्राप्त करना होता है। अतः, पुरुषों के बीच वे सबसे ऊँचे हैं, यहाँ तक कि मात्र ब्राह्मण के रूप में जन्म लेने भर से कोई भी व्यक्ति शाश्वत नियम का एक जीवित अवतार बन जाता है। वैदिक पूजन में जो कार्य अग्नि संपन्न करती थी उसका निर्वहन अब ब्राह्मण के द्वारा किया जाता है। कहा जाए तो उसने पुरुष और देवताओं के बीच एक माध्यम के रूप में अग्नि का स्थान ले लिया है। अकेला एक ब्राह्मण ही किसी ब्राह्मण के साथ एक हो सकता है क्योंकि मात्र वहीं जीवन की चौथी अवस्था, अर्थात्, सन्यास में प्रवेश करने का अधिकारी है। धार्मिक पुण्य अर्जित करने के स्वीकृत तरीकों में से एक है ब्राह्मण को भोजन करवाना।[79] इस अवधि के शिलालेख इस तथ्य की गवाही देते हैं कि यह मात्र ब्राह्मणों की एक पवित्र इच्छा भर नहीं थी, बल्कि समकालीन पुरुषों और महिलाओं के द्वारा अपनाई गई जीवित वास्तविकता थी।[80] ब्राह्मण को संसार में मौजूद प्रत्येक वस्तु पर अधिकार प्राप्त था। वास्तव में, पूरा विश्व उसकी संपत्ति है, और दूसरों को उसकी दया पर जीवित रहना होता है।[81] वो इतने अधिक पवित्र हैं कि उनकी प्रतीक्षा न किया जाना क्षत्रियों की अवनति का कारण हो सकता है। शुद्धता में उनकी तुलना अग्नि और जल से की गई है, ये दोनों ही प्राथमिक तौर पर शुद्धीकरण के साधन हैं। इसीलिए, प्रतिकूल परिस्थितियों के अंतर्गत किए गए वर्जित कार्य उन्हें दूषित नहीं करते।[82] ब्राह्मणों के मूल्य पर जोर दिए जाने में मनु की अपेक्षा विष्णु अधिक साहसी हैं। वह इस दावे से संतुष्ट नहीं हैं कि ब्राह्मण पुरुषों और देवताओं के माध्यस्थ हैं, बल्कि वे उन्हें देवताओं के समकक्ष आसन प्रदान करना पसंद करते हैं, वह भी उनके गुरु के रूप में भी। वो कहते हैं: ''देवता अदृश्य देवता होते हैं, ब्राह्मण दृश्य देवता होते हैं, ब्राह्मण संसार को कायम रखते हैं। ऐसा ब्राह्मणों की कृपा से ही है कि देवता स्वर्ग में वास कर रहे हैं; किसी ब्राह्मण के द्वारा कहा गया वाक्य (चाहे श्राप हो अथवा वरदान) कभी भी असत्य सिद्ध नहीं होता। अत्यधिक प्रसन्न होने पर ब्राह्मण जो कुछ भी घोषित करता है (यदि किसी पुरुष को वे पुत्र, पशुधन, संपदा अथवा कोई अन्य वरदान देते हैं) देवता उसकी पुष्टि करते हैं; जब दृश्य देवता प्रसन्न होते हैं तो अदृश्य देवता भी निश्चित रूप से प्रसन्न हो जाते हैं।''[83] यहाँ तक कि शांत और संवेदनशल कौटिल्य ने भी सुझाव दिया था कि अग्नि, बाढ़, तथा महामारी जैसी भयानक आपदाओं को टालने के लिए लोगों को देवताओं और ब्राह्मणों की पूजा करनी चाहिए।[84]

स्वाभाविक रूप से ऐसे अनेकों विशेषाधिकार हैं जिनका दावा ब्राह्मण के लिए किया गया है। कौटिल्य उन्हें मात्र राजद्रोह के मामलों को छोड़कर पाप–स्वीकारोक्ति प्रकट करने के लिए यातना तथा शारीरिक दंड से छूट प्रदान करते हैं।[85] जहाँ गत अवधि में मात्र शूद्र ही थे जिन्हें वर्णों और विशेषतौर पर ब्राह्मण की सेवा करने का

आदेश दिया गया था, वहीं सिद्धांत यह था कि प्रत्येक निम्न जाति समस्त उच्च जातियों की दासता करने हेतु उत्तरदायी हैं।[86] नारद एक राजा को ब्राह्मण के प्रति निरंतर सम्मान प्रकट करते रहने का आदेश इसलिए देते हैं क्योंकि "ब्राह्मणों द्वारा सुसज्जित कोई भी क्षेत्र संसार में समृद्धता का मूल होता है।" राजा को प्रातःकाल स्वयं को ब्राह्मण के समक्ष प्रस्तुत करना चाहिए और उसे नमस्कार करना चाहिए। फूल तथा ऐसी ही अन्य वस्तुओं को स्वीकार करने, अन्य पुरुषों की पत्नियों से बिना किसी प्रतिरोध के वार्तालाप करने, तथा नाव का किराया दिए बिना नदी पार करने का अधिकार उन्हीं के पास है। यदि वे किसी व्यापार में संलिप्त हों तो वे बिना कोई शुल्क चुकाए नाव का उपयोग कर सकते हैं।[87] तथापि अपने समस्त उत्कर्ष के साथ किसी भी ब्राह्मण को अपने लिए निर्धारित आचरणों का अनुसरण करने का आदेश है अन्यथा वो वैदिक अध्ययन से प्राप्त फल को खो देगा। और ब्राह्मण एवं क्षत्रिय का मिलन की सराहना करते हुए पुरानी कहावत को धाराप्रवाह प्रस्तुत कर दिया जाता है।[88]

शूद्र सामाजिक रूप से और अधिक पतित हो जाता है, यद्यपि उसके धार्मिक निर्वाण के लिए तरीकों एवं साधनों की खोज की गई है। साधनों के सम्बन्ध में, बाद में 'सत्' और 'असत्' (अच्छा और बुरा) के बीच किए गए विभाजन में शूद्र अपनी उपस्थिति दर्ज करता है। और सामाजिक एवं नैतिक जीवन के सम्बन्ध में नियमों को वर्ग के अपेक्षाकृत अधिक पतन को प्रकट करते हुए प्रमाणिकतापूर्वक उत्तरवर्ती वर्गों अर्थात्, 'असत्' शूद्रों के लिए अवश्य ही निर्धारित किया गया होना चाहिए। किसी भी शूद्र के लिए दासत्व को एक स्थाई शर्त घोषित किया गया है, चाहे उसे वास्तव में खरीदा गया हो अथवा नहीं। किसी भी शूद्र को संपदा नहीं अर्जित करनी चाहिए, क्योंकि ऐसा करने से वह ब्राह्मणों को कष्ट प्रदान करता है। मनु जर्बदस्त तरीके से घोषणा करते हैं कि कोई शूद्र इतना अधिक पतित होता था कि वह अपनी जाति को खो देने का कारण बनने वाला अपराध नहीं कर सकता था।[89] जहाँ कुछ प्रकार के मादक पेय द्विज जातियों के सदस्यों के लिए प्रतिबंधित हैं, वहीं शूद्र को उसी पर छोड़ दिया गया है।[90] स्पष्ट रूप से शूद्र को नैतिक प्रभाव की सीमा से परे माना गया था। यहाँ तक कि ब्राह्मण उससे अपने उच्च नैतिक अनुदेशों का पालन करने की अपेक्षा भी नहीं करते थे। निजी शुद्धीकरण के लिए जल पीते समय किसी भी गृहस्थ को शूद्र के द्वारा लाए गए जल को कदापि ग्रहण नहीं करना चाहिए। पहली तीन जातियों के किसी भी सदस्य को शूद्र के साथ यात्रा बिल्कुल नहीं करनी चाहिए। ऐसा प्रतीत होता है कि शूद्रों को कुछ वस्तुओं जैसे बिस्तरों और आसनों को अपने स्पर्श से अपवित्र करने वाला माना जाता था।[91] कौटिल्य के अनुसार, स्वयं को ब्राह्मण बताने वाले शूद्र के नेत्र विष से नष्ट कर दिए जाएगें अथवा उसे 800 'पणों' का भारी अर्थदंड चुकाना होगा। यदि वह किसी ब्राह्मण महिला को दूषित करता है तो उसे जला कर मार दिया जाएगा। यदि वह जानबूझकर किसी ब्राह्मण को गाली देता है अथवा उसपर आपराधिक हमला करता है तो उसके अपराध करने वाले अंग को काट दिया जाएगा।[92]

धर्म के क्षेत्र (*मंडल*) में एक ओर जहाँ शूद्र को सर्वाधिक प्रभावी सूत्रों और रीति–रिवाजों के उपयोग करने से प्रतिबंधित करने की प्रवृत्ति मौजूद हैं वहीं दूसरी ओर उन्हें अन्य जातियों के लिए निर्धारित दैनिक रीति–रिवाजों तथा अनिवार्य संस्कारों में से अधिकांश को संपन्न करने का भी आदेश है। वास्तव में, जाति के अनुसार उचित कर्तव्यों के ईमानदारीपूर्ण निर्वहन द्वारा मोक्ष के सिद्धांत का उल्लेख यत्र–तत्र किया गया है। परंतु स्पष्ट रूप से इस काल के ब्राह्मण नियम–निर्धारक मोक्ष की विधि के साथ पूर्णतः संतुष्ट नहीं थे। उनमें रीति–रिवाजों एवं संस्कारों की प्रभावकारिता में इतना अधिक विश्वास जम चुका था कि वे शूद्र के द्वारा भी उसकी उपेक्षा करने की अनुमति नहीं दे सकते थे। बौद्ध विद्रोह तथा वैष्णव करुणा के उदारवादी प्रभाव ने ब्राह्मणों को शूद्रों के लिए रीति–रिवाजों एवं संस्कारों के ब्राह्मणवादी तरीकों जैसे आध्यात्मिक उन्नति के तरीकों और साधनों को विकसित करने का कारण प्रदान कर दिया था। यह उल्लेख भी अवश्य किया जाना चाहिए कि बड़ी संख्या में लोगों के द्वारा ब्राह्मणवादी रीति–रिवाज एवं संस्कार संपन्न कराए जाने में भी ब्राह्मणों का एक स्वार्थी हित जुड़ा था, जिसे वे पूरी तरह से नजरअंदाज नहीं कर सके थे। इन रीति–रिवाजों एवं संस्कारों के अनुसार ब्राह्मण की सेवा करना आवश्यक था। लोगों का सबसे बड़ा वर्ग अर्थात् शूद्र जाति ही एकमात्र ऐसा वर्ग था जिसे ज्ञान से वंचित किया गया था। यदि शूद्र ब्राह्मणवादी रीति–रिवाजों एवं संस्कारों को संपन्न करना चाहता था तो उसे अनिवार्य रूप से किसी ब्राह्मण की सेवाएं लेनी होती थीं। इस प्रकार

शूद्र को इन पवित्र कार्यों की अनुमति देने का विशेषाधिकार ब्राह्मणों के लिए ग्राहकों की एक बड़ी संख्या सुनिश्चित करता था। फिर भी, नीच शूद्र को ब्राह्मणवादी तरीके से अपनी आध्यात्मिक उन्नति के लिए कार्य करना संभव बनाए जाने हेतु अपने धार्मिक नियमों की परिधि को व्यापक करने की वास्तविक इच्छा और बड़ी संख्या में ग्राहक एकत्रित करने का स्वार्थपूर्ण उद्देश्य, इन दोनों में से ब्राह्मण के लिए कोई भी इतना पर्याप्त शक्तिशाली नहीं था वह अपनी विद्या की पवित्रता में अपने सर्वोच्च विश्वास अथवा अनुष्ठानिक शुद्धता के लिए अपने उच्च सम्मान की अनदेखी कर सके। उन्होंने ऐसे शूद्रों, जो ब्राह्मणवादी विचारों के अनुसार व्यवहार करते थे तथा ऐसे शूद्रों, जो इतने फूहड़ थे कि आचरण के इस स्तर तक नहीं आ सकते थे, के बीच 'सत्' और 'असत्' शूद्र जैसे भेद करना प्रारंभ कर दिया। शूद्रों के मात्र 'सत्' वर्ग को ही रीति–रिवाजों एवं संस्कारों का अभ्यास करने के विशेषाधिकार की अनुमति थी हालांकि ऐसा बिना वैदिक सूत्र के उपयोग के किया जाना होता था।

याज्ञवलक्य का मत है कि पहली तीन जातियों के मामले में सामान्य संस्कारों में मात्र 'मंत्रों' का उच्चारण भर किया जाता है। निहितार्थ के अनुसार, शूद्रों को इन्हें वैदिक सूत्रों का उपयोग किए बिना ही संपन्न करना होता था। उन्हें ''नमः'' (सम्मान) जैसे सामान्य सूत्र का उपयोग करना होता था। वे घरेलू अग्नि को उसी प्रकार से दैनिक बलि तथा पितरों को वार्षिक चढ़ावे भी चढ़ा सकते थे।[93] *शुक्रनीति* के अनुसार, पुराणों में दिए गए मंत्रों के रूप में अगली अवधि में सामान्यतः किसी शूद्र को अपने लिए निश्चित समस्त कर्तव्यों को ''नमः'' सूत्र की सहायता से अवश्य संपन्न करना चाहिए, जिसे यहाँ शब्दावली में समझाया गया है।[94] अत्रि, लघुशंख, एवं लिखिता शूद्र को मात्र धर्मादा और कल्याणकारी कार्यों को अपनाने तथा वैदिक अनुष्ठानों से परहेज करने का आदेश देने के द्वारा शूद्रों और अन्य जातियों के बीच अंतर करते हैं।[95] मनु शूद्र को आर्यों के पवित्र नियम की पूर्ति करने के अधिकार से इंकार करने में अधिक कट्टर हैं। परंतु वह भी उन शूद्रों के मामले में यह छूट देने हेतु तैयार हैं जो पुण्य अर्जित करने के इच्छुक हैं, और उन्हें धर्म के अभ्यास प्रारंभ करने आदेश देते हैं।[96] याज्ञवलक्य भी उन शूद्रों के उच्चतर दावों को मान्यता प्रदान करते प्रतीत होते हैं जिनके आचरण ब्राह्मणवादी विचारों के अनुरूप हों।[97] उषानस, बृहद्यम, तथा लघुविष्णु शूद्र को 'सत्' और 'असत्' के बीच वर्गीकृत करते हैं।[98] व्यक्तिगत शुद्धता के लिए जिस सर्वाधिक शक्तिशाली पदार्थ के बारे में ब्राह्मणों द्वारा विचार किया गया था वह एक तरल पदार्थ था जिसे गाय के दूध, दही, घी, मूत्र, एवं गोबर के मिश्रण द्वारा तैयार किया गया था, हालांकि, इसे इतना पवित्र माना गया था कि यदि कोई शूद्र इसे पी ले तो वह उतना ही घृणित अपराध करता था जितना कि मदिरापान करने वाला ब्राह्मण अपराध करता है।[99]

विगत अवधि में पहले ही देखी जा चुकी वैश्यों एवं शूद्रों की निकटता इस अवधि में भी आगे बढ़ी है। परमात्मा के शरीर से चार जातियों के सृजन के विवरण में मनु उन दो जातियों को शरीर के उस अर्द्धभाग से उत्पन्न होने के रूप में एकसाथ समूहबद्ध करते हैं जो कि दूसरे अर्द्धभाग, अर्थात् नाभि के ऊपर, से कम पवित्र है जिससे ब्राह्मण एवं क्षत्रिय उत्पन्न बताए जाते हैं।[100] इस प्रश्न का समाधान करते हुए कि किसी ब्राह्मण के द्वारा किसे अपना अतिथि माना जाना चाहिए, मनु एवं विष्णु सिफारिश करते हैं कि किसी भी वैश्य तथा शूद्र को अनुकम्पा के आधार पर ब्राह्मण के सेवक के साथ भोजन करने की अनमुति दी जा सकती है।[101] याज्ञवलक्य वैश्यों के लिए मृत्यु–अशुद्धि की अवधि का निर्धारण शूद्रों के लिए निर्धारित अवधि के बराबर ही करते हैं।[102] हम देख चुके हैं कि कोई भी ब्राह्मण सामान्यतः शूद्र द्वारा प्रस्तुत भोजन स्वीकार नहीं करेगा, यद्यपि वह वैश्य के द्वारा दिए गए पदार्थों को खा सकता है। इस अवधि के कुछ लेखक इस विशेषाधिकार का विस्तार अच्छे शूद्रों तक करते हैं, और इस प्रकार उन्हें वैश्यों के समकक्ष स्थान देते हैं।[103] कौटिल्य के अनुसार, किसी वैश्य पुरुष की शूद्र पत्नी से जन्मी संतान शूद्र होती है।[104]

जिन जातियों को मिश्रित विवाहों की उत्पत्ति माना जाता है उनमें पहली तीन जातियों में उच्चतर जाति के वैवाहिक मिलन से जन्मी संतान को मनु के द्वारा द्विजों के रीति–रिवाजों और कर्तव्यों का पालन करने की अनुमति दी गई है। उनके अनुसार, अन्य मिश्रित जातियाँ मात्र शूद्रों के धार्मिक विशेषाधिकारों की ही अधिकारी हैं।[105] याज्ञवलक्य ने अपना विचार स्पष्ट रूप से मात्र चाँडाल के मामले में उद्धृत किया है, जिसे वह पवित्र नियम की

परिधि के बाहर वर्णित करते हैं।[106] *शुक्रनीति* एक अलग ही टिप्पणी करती है, जो बाद की अवधि की धार्मिक भावनाओं के अधिक अनुरूप है, जब ईश्वर का नाम बुदबुदाने के द्वारा पूजा किए जाना सार्वभौमिक हो चुका था और आध्यात्मिक उन्नति का एक सरल तरीका बन गया था। उच्चतर जातीय विवाह की प्रकृति वाले मिश्रित विवाहों की संतानों में संभवतः मात्र ब्राह्मण पुरुष और क्षत्रिय महिला से जन्मी संतान को छोड़कर अन्य को शूद्र माना जाता है। यह विचार धर्म साहित्य के विचार का कट्टर विरोधी है, परंतु कौटिल्य के *अर्थशास्त्र* की पूर्णतः पुष्टि करता है जो निर्धारित करते हैं कि ऐसी मिश्रित जातियाँ शूद्रों के पेशों और धार्मिक रीति–रिवाजों को अपनाएगीं। जातियों के विपरीत क्रमों के मिलन से जन्मी संतानों को एक नया वर्ग प्रदान किया गया है, जिससे बाद की अवधि के जातीय–संगठन में सामना होगा। ये शूद्रों में सबसे नीचे हैं और अपने धार्मिक उत्थान के लिए उन्हें मात्र ईश्वर का नाम दोहराते रहने के द्वारा अपने कर्तव्यों का पालन अवश्य ही करना चाहिए।[107] इस प्रकार 'प्रतिलोम' (उच्चतर जाति की महिला तथा निम्न जाति के पुरुष के मिलन से जन्मी संतान) निःसंदेहात्मक रूप से ब्राह्मणवादी नियमों की परिधि से बाहर हैं, उसी प्रकार जैसे कि पिछली अवधि में थे; किन्तु, जैसा हमने देखा है, धार्मिक नियमों के उदारीकरण की सामान्य प्रवृत्ति ने इन समूहों के लिए आध्यात्मिक उन्नति की आवश्यकता की दिशा में एक परिवर्तन लागू किया है। और उनके लिए धार्मिक पूजन की एक नई विधि खोल दी गई है।

सामाजिक संगठन की एक इकाई के रूप में जातीय एकता को और अधिक स्वीकार किया जाता है। यह देखना राजा का कर्तव्य है कि विभिन्न जातियों के द्वारा अपने–अपने नियमों और विनियमों का पालन किया जा रहा हो, और गलती करने वाले सदस्यों को उनके कर्तव्यपथ पर लाया जाए। उसे अंतर करने सम्बन्धी समुचित चिह्नों के द्वारा विभिन्न जातियों के बीच अंतर भी करना होता है।[108] किसी भी विवाद का समाधान करने के पूर्व राजा को जातियों के नियमों के बारे में पूछताछ अवश्य कर लेनी चाहिए। किसी भी नियम को लागू करते समय उसे यह अवश्य देखना चाहिए कि प्रस्तावित नियम जातियों की प्रथाओं से भिन्न न हों।[109] जाति सामाजिक संगठन की एक अत्यन्त महत्वपूर्ण विशेषता बन चुकी थी। किसी भी कानूनी विवाद में याचिकाकर्ता और प्रतिपक्ष को अपनी जाति दर्ज करवानी होती थी। किसी के राष्ट्र अथवा गाँव का अपमान किसी की जाति अथवा समाज के अपमान की अपेक्षा कम दंड के साथ दंडनीय था। कौटिल्य जाति के अनुसार ऋणों पर ब्याज की अलग–अलग दरें निर्धारित करते हैं। किसी ब्राह्मण के लिए 2 प्रतिशत, क्षत्रिय के लिए 3, वैश्य के लिए 4 तथा शूद्र के लिए 5 प्रतिशत। वो चार जातियों की गवाही तथा उनके शपथ ग्रहण के लिए चार अलग–अलग सूत्रों का उपयोग किया जाना निर्धारित करते हैं।[110] नारद जाति के एक सदस्य को ऐसे मृत व्यक्ति, जिसका कोई उत्तराधिकारी मौजूद न हो, की संपत्ति उत्तराधिकार में प्राप्त करने के अधिकार को मान्यता देते हैं।[111] याज्ञवलक्य किसी वादकर्ता के लिए याचिका में अपनी जाति के नाम का उल्लेख आवश्यक करते हैं।[112] और ऐसे समाज में यह अत्यन्त स्वाभाविक था जहाँ प्रशासन के किसी लेखक ने यह निर्धारित किया हो कि ऐसे व्यक्तियों, जिनपर हत्या इत्यादि का संदेह हो, के बीच वो लोग भी थे जिन्होंने अपनी जाति तथा 'गोत्र' का गलत उल्लेख किया था। सामान्यतः, निम्न जाति और व्यवसाय के लोगों को ऐसे गंभीर अपराधों का संदिग्ध समझा जाता था।[113] ब्राह्मण जाति की एकता अत्यधिक सुस्पष्ट है। कुछ अवसरों पर सजातीय सदस्यों के प्रति जाति के सदस्यों के कुछ दायित्व होते हैं। उनमें से एक यह है कि किसी ऐसे रात्रि–भोज में, जिसमें 21 ब्राह्मणों का सत्कार करना हो, अपनी जाति के कुछ पड़ोसियों को निमंत्रित किया जाए।[114] ऐसा प्रतीत होता है कि नगरों और शहरों के विशिष्ट क्षेत्रों में विशिष्ट जातियों और पेशेवर समूहों के कब्जे थे। इसीलिए, चारुदत्त, जो एक ब्राह्मण व्यापारी था, 'श्रेष्ठियों' अथवा व्यापारी राजकुमारों के क्षेत्र में निवास करता था। *हर्षचरित्र* के लेखक बाणभट्ट का निवास 'ब्राह्मणाधिवास' अर्थात् ब्राह्मण क्षेत्र में था।

किसी समूह के सदस्यों के बीच प्रभावी संघ जिस आधार पर गठित होता था वह जाति के विकास के दृष्टिकोण से महत्वपूर्ण है। संघटन पर विष्णु के विचार, यद्यपि वे जाति–बहिष्कृतों तथा 'मलेच्छों' को शासित करते हैं, बहुत कुछ उन्हीं विचारों से मिलते–जुलते हैं जिनके द्वारा जाति और जाति के बीच अथवा बाद की अवधि में किसी एक ही जाति के सदस्यों के बीच के मेल–जोल को विनियमित किया जाता था। एक ही तख्त पर बैठना, एक ही वाहन में सवारी करना, एक ही शैय्या पर लेटना, अथवा किसी के साथ भोजन करना ऐसे ही नजदीकी सम्बन्धों

को सिद्ध करता है कि यदि ऐसा व्यक्ति जाति–बहिष्कृत हो तो उपरोक्त तरीकों के अनुसार उसका साथ देने वाला व्यक्ति स्वयं भी एक वर्ष के बाद जाति–बहिष्कृत बन जाता है। कोई भी व्यक्ति जो आदत अनुसार किसी ऐसे तालाब से जल पीता है अथवा उसमें स्नान करता है जो विदेश में स्थित हो, वह स्वयं को उस देश का वासी बना लेता है।[115] इन विचारों को एक बार सामाजिक व्यवहारों में लागू कर दिए जाने के बाद हम उनमें समय के साथ नई और नवीनतम जातियों को उत्पन्न कर सकने की क्षमता की पहचान स्पष्ट रूप से कर सकते हैं।

जैसे कि पिछली अवधि में किसी शूद्र के द्वारा प्रस्तुत भोजन किसी ब्राह्मण के लिए सामान्यतः प्रतिबंधित था; किन्तु यह इस अंतर के साथ था कि, विशिष्ट रूप से विशेषाधिकारप्राप्त शूद्रों के साथ–साथ अच्छे शूद्रों का एक ऐसा वर्ग भी है जिसके भोजन को स्वीकार किया जा सकता है। इन विस्तृत विनियमों का सामान्य अभिप्राय मुझे यह विश्वास दिलाता है कि अनुमति प्राप्त ऐसा भोजन या तो बिना पका होता था अथवा इसे विशेषतौर पर दूध अथवा घी में पकाया जाता था। विष्णु के अनुसार पहली तीन जातियों का कोई सदस्य यदि किसी काष्ठकार, लोहार, सुनार, अथवा मद्य एवं अत्य तरल पदार्थों के विक्रेता, किसी तेली, जुलाहे, रंगसाज, बेंत–कारीगर, अथवा धोबी द्वारा प्रस्तुत भोजन ग्रहण करता था तो उसे इसका प्रायश्चित करना होता था। जल के साथ अथवा जल के बिना पकाए गए भोजन के बीच बाद में किए गए अंतर का उल्लेख अत्रि के द्वारा किया गया है। वह किसी ब्राह्मण को किसी शूद्र से ऐसी वस्तु स्वीकार करने की अनुमति देते हैं जिसे घी तथा दूध, छाछ, दही इत्यादि जैसी सामग्रियों से तैयार किया गया हो। भोजन में इस अंतर का निरंतर साथ देते हुए कुछ लेखकों ने ब्राह्मण को शूद्र से जल ग्रहण करने को प्रतिबंधित किया है। यहाँ तक कि किसी क्षत्रिय अथवा वैश्य के द्वारा प्रस्तुत भोजन भी पूर्णतः अहानिकर नहीं माना जाता था।[116]

अलग–अलग जातियों के सदस्यों को भोजन ग्रहण करने के लिए एक ही पंक्ति में न बैठने की बाद में उत्पन्न हुई प्रथा निश्चित रूप से अंगिरा के द्वारा व्यक्त किए गए एक विचार से खोजी गई होनी चाहिए। उनका मत है कि यदि, एक ही पंक्ति में बैठकर भोजन ग्रहण करते लोगों के बीच कोई एक पहले पाप कर चुका है तो अन्य सभी लोग उसके साझेदार हो जाते हैं। हालांकि, दोष की इस संभावना से दरवाजों, स्तंभों, भस्मों, तथा जल की अंतरस्थापना द्वारा बचा जा सकता है।[117]

हम पहले ही देख चुके हैं कि विष्णु पहली तीन जातियों के गृहस्थों को शूद्रों के साथ यात्रा न करने का आदेश देते हैं। इस निषेध का कारण संभवतः यह था कि शूद्र को संपर्क के द्वारा प्रदूषण फैलाने वाला माना जाता था। वास्तव में, एक अन्य नियम के बारे में टिप्पणीकार के द्वारा की गई व्याख्या के अनुसार शूद्र का स्पर्श वाहन तथा आसन जैसी वस्तुओं को अशुद्ध कर देता था और इस प्रकार ये तब तक उपयोग के अयोग्य रहते थे जबतक इनपर जल न छिड़क दिया गया हो।[118] अंगिरा किसी ब्राह्मण को, यदि वह किसी धोबी, चर्मकार, मछुआरे, अथवा बेंत के कारीगर के संपर्क में आ गया हो, शुद्धीकरण के लिए जल पीने का आदेश देते हैं। मनु चाँडालों तथा उनके समान अन्य लोगों को नगर की सीमा के बाहर बसाए जाने योग्य घोषित करते हैं। उन्हें 'अपापात्र' माना जाता होता था, अर्थात्, उनके द्वारा उपयोग किए गए बर्तनों का उपयोग अन्य जातियों के द्वारा नहीं किया जा सकता था।[119] हम जानते हैं कि यह अयोग्यता अत्यंत पुरातन है। और मनु का उन्हें नगर के बाहर रखे जाने का आदेश उनकी स्थिति में और अधिक गिरावट को चिह्नित करता है। यह निर्धारित करने, कि चाँडालों को श्मशान भूमि से परे निवास करना चाहिए, कौटिल्य मनु की स्थिति को वैध ठहराते हैं। उनके द्वारा प्रयुक्त एक उपमा इस तथ्य को पूर्णतः स्पष्ट कर देती है कि चाँडालों के पास उनका खुद के जलाशय होते थे जिसका उपयोग अन्य जातियों के द्वारा नहीं किया जाता था।[120] चाँडाल के बर्तन से जल पीने वाले ब्राह्मण को कई दिनों तक गौमूत्र पर जीवनयापन करते हुए प्रायश्चित करना होता था। बल्कि, लघुशंख इससे भी आगे जाते हैं और किसी ब्राह्मण के द्वारा उस कुएँ, जिससे किसी चाँडाल ने जल निकाला हो, का जल पीने हेतु भी इसी प्रायश्चित का निर्धारण करते हैं। इस मामले में संवर्त का मत तो इससे भी कठोर है क्योंकि वह बहते हुए जल को भी अशुद्ध मान लेते हैं, यदि इसका उपयोग किसी 'अंत्यजस' अथवा जातिबहिष्कृत के द्वारा किया गया हो। बाण के तर्क से यह स्पष्ट हो जाता है कि यह एक चरम विचार था। वह सुनिश्चित हैं कि चाँडालों के द्वारा प्रस्तुत फलों को अन्य लोगों के

द्वारा स्वीकार किया जा सकता है। यहाँ तक कि किसी चाँडाल के बर्तन में जल का उपयोग भी किया जा सकता है बशर्ते इसे पहले इससे बाहर धरती पर गिरा दिया गया हो।[121] इसीलिए इससे भी कहीं अधिक प्रवाहित होते जल को चाँडालों के द्वारा प्रदूषण के विरुद्ध एक प्रमाण रहा होना चाहिए। अत्रि किसी धोबी, चर्मकार, बेंत–कारीगर, मछुआरे, तथा भील को अंत्यज अथवा जाति–बहिष्कृत घोषित करते हैं। वेदव्यास इस सूची में अनेकों अन्य जातियों को जोड़ देते हैं। उषानस के अनुसार, चाँडाल को दिन के पहले भाग में अपनी काँख में झाड़ू दबाए और अपने गले में एक पात्र लटकाकर गाँव में झाड़ू लगाने इत्यादि के लिए प्रवेश करना होता था।[122] ये नियम किसी को भी पेशवा काल के पुणे के जीवन की याद दिला देते हैं और अस्पृश्यता के प्रारंभिक अस्तित्व को स्थापित करते हैं।

संपर्क द्वारा प्रदूषण के बाद के सिद्धांत तथा इसकी सीमाओं का सबसे पहली बार उल्लेख वृद्ध हारीत में है जो पाते हैं कि संपर्क का प्रभाव तीन व्यक्तियों तक सीमित होता है, चौथा व्यक्ति स्पर्श होने के बावजूद स्वतंत्र होता है। संपर्क–प्रदूषण से सम्बन्धित अत्रि का एक नियम इनमें से बाद वाली भावना को व्यक्त करता है। बलि समारोहों में, धार्मिक एवं वैवाहिक जुलूसों में, तथा अन्य सभी त्यौहारों के अवसरों पर अस्पृश्यता को कोई प्रश्न नहीं उठता।[123] हेमचन्द्र ने 'खिक्किरी' तथा 'झाँझारी' जैसे गैर–संस्कृत शब्दों को सूचीबद्ध किया है जिसका अर्थ ऐसे अछूतों के द्वारा अपने हाथों में ऐसी छड़ी लेकर चलना होता है जैसी की चाँडाल और दुम्बा लोग करते हैं ताकि लोगों को उनकी निकटता की चेतावनी मिल जाए।[124]

चारों जातियों के पेशों की परंपरागत योजना हमेशा की तरह ही निर्धारित की गई है, किन्तु कुछ संशोधनों के साथ। इसमें कुछ समूहों की स्थिति की दिशा में परिवर्तित दृष्टिकोणों को ध्यान में रखा गया है। अतः, याज्ञवलक्य, आवश्यकता पड़ने पर, किसी शूद्र को ऐसा व्यापार करने की अनुमति प्रदान करते हैं जिसपर पहले वैश्यों का एकाधिकार माना जाता था।[125] पुनः, कुछ लोगों के मतानुसार कृषि शूद्रों के लिए एक उचित पेशा था। आगे, इसे समस्त जातियों के लिए और अधिक उपयुक्त पेशा माना जाने लगा था।[126] तथापि, हमेशा की तरह मनु कहीं अधिक रूढ़िवादी विचार ही व्यक्त करते हैं। यह टिप्पणी करते हुए कि कुछ लोग कृषि को एक उत्कृष्ट पेशा मानते हैं, वो तर्क देते हैं कि यह निन्दनीय है क्योंकि हल पृथ्वी तथा जीवों को आहत करता है।[127] ऐसे संकेत मौजूद हैं कि चार जातियों के लिए निर्धारित आदर्श पेशों को उनके द्वारा आवश्यक रूप से नहीं अपनाया जाता था। विशेषतौर पर ब्राह्मण अनेकों ऐसे पेशे अपना चुके प्रतीत होते थे जो उनके लिए या तो पूर्णतः प्रतिबंधित थे अथवा दरिद्रता की परिस्थितियों में ही अनुमोदित थे। यह एकमात्र वैध अर्थ है जो हम उन अपवित्र ब्राह्मणों की लंबी सूची से निकाल सकते हैं जिन्हें किसी शूद्र द्वारा दिए गए रात्रिभोज में अनिवार्यतः निमंत्रित नहीं किया जाना होता था।[128] *मृच्छिकट्टिका* नामक नाटक में चारुदत्त, जो जन्म से ब्राह्मण थे, को एक वैश्य का पेशा अपनाने वाले के रूप में प्रस्तुत किया गया है। यह उन्हें विरासत में अपने पिता से प्राप्त हुआ था। इस पेशे के बावजूद, अनुष्ठानिक शुद्धता सम्बन्धी उनकी ब्राह्मणवादी अवधारणा ने उन्हें अपने मित्र को यह निर्देश देने हेतु बाध्य कर दिया कि वसंतसेना नामक वेश्या द्वारा जमा कराए गए आभूषणों को ब्राह्मण महिलाओं के पवित्र स्थान को प्रदूषित करने के भय के कारण घरों के चौराहों के अंदर नहीं लाया जाना चाहिए।[129] किसी क्षत्रिय का पेशा अन्य जातियों के द्वारा प्रायः हड़प लिया जाता था, यह बात उस अवधि के कुछ शासक घरानों के विवरणों से पूर्णतः स्पष्ट है। समकालीन विवरणानुसार, कन्नौज के हर्षवर्द्धन एक वैश्य थे,[130] जबकि बनवासी के कदम्ब शासक ब्राह्मण थे।[131] मालवा के ग्वालियर क्षेत्रों में मंदसौर में खोजे गए 5वीं शताब्दी के मध्य के एक शिलालेख में दर्ज है कि किस प्रकार मध्य–गुजरात से वहाँ आकर बसने वाले रेशम–बनुकरों के कुछ परिवारों ने स्वयं अवसरों द्वारा प्रस्तुत अलग–अलग पेशे अपना लिए थे, जोकि धुनर्धारी से लेकर एक योद्धा तथा ज्योतिषी, धार्मिक सिद्धांतों के ज्ञाता एवं एक सन्यासी तक थे। इंदपुर (इंदौर) से प्राप्त एक अन्य शिलालेख क्षत्रियों के द्वारा वैश्यों के पारंपरिक पेशे अपनाए जाने को दर्ज करता है। इसके अलावा, और आगे पश्चिम में सिरोही राज्य से प्राप्त कुछ शिलालेख, जिनका समय 625 ईस्वी का है, किसी भद्रपुरुष को ''जन्म से व्यापारी'' के रूप में वर्णित करते हैं।[132]

ऊपर हम मनु द्वारा प्रस्तुत कारणों को देख चुके हैं कि ब्राह्मणों के लिए कृषि को क्यों एक अयोग्य पेशा माना जाना चाहिए। अन्य पेशों के सम्बन्ध में हमें वो आधार ज्ञात नहीं हैं जिनपर किसी पेशे की स्थिति का निर्धारण

किया जाता था। फिर भी, इसमें संदेह नहीं है कि विभिन्न पेशों की स्थिति के लिए कुछ परिभाषित योजनाएं मौजूद थीं जो उनकी धार्मिक शुद्धता के बजाए उनकी लाभप्रदता पर अधिक निर्भर करती थीं। नारद सभी कार्यों के बीच शुद्ध और अशुद्ध का अंतर करते हैं, और निम्न कार्यों को अशुद्ध होने का उल्लेख करते हैं: प्रवेश द्वार, शौचालय, तथा सड़क पर झाड़ू लगाना, स्वामी के अंगों की मालिश करना, गुप्तांगों को मलकर धोना, तथा छोड़े गए जूठे भोजन, मल एवं मूत्र को एकत्रित करना और दूर फेंकना।[133]

तीन जातियों के लिए मात्र शूद्र को छोड़कर अपने 'वर्ण' से बाहर विवाह करने की अनुमति अभी भी मौजूद थी। परंतु किसी निम्न 'वर्ण' वाली पत्नी को धार्मिक संस्कारों को संपन्न करने के अयोग्य घोषित किया गया था।

चारों जातियों के सदस्यों के बीच मिलन, तथा इन समूहों के बीच आगे और अंतरवविवाहों से उत्पन्न नए समूहों की संख्या अब एक इतनी सीमित नहीं रह गई थी जितनी की यह पिछली अवधि में थी।[134] हालांकि, अपनी समस्त बाहुल्यता के साथ प्रत्येक समूह के लिए कमोबेश कुछ निश्चित पेशों का निर्धारण किया गया था। ऐसा प्रतीत होता है कि वास्तविकता में जातियों के गुणों से युक्त नए पेशेवर समूहों का गठन हो चुका था, और उनकी उत्पत्ति के ब्राह्मणवादी विवरण मात्र एक सिद्धांत भर रह गए थे जो चार मूल जातियों के क्रमपरिवर्तनों और संयोजनों पर आधारित थे, जिन्होंने ब्राह्मणों के मानसिक क्षितिज को बाँध रखा था।

पुरालेखों तथा अन्य आँकड़ों से सिद्ध होता है कि समीक्षाधीन अवधि के अंत तक भी अंतरजातीय विवाह पूरी तरह से प्रचलित नहीं थे। परंतु ऐसा प्रतीत होता है कि मात्र किसी ब्राह्मण द्वारा किसी शूद्र महिला के साथ विवाह के मामले को छोड़कर ऐसे विवाहों के मुद्दे पर विशेष विचार नहीं किया जाता था, जो पिता अथवा माता के अलग–अलग वर्ग से होने के लिए उचित था। गुप्त राजाओं, जो वैश्य थे, ने अपनी राजकुमारियों को दक्कन के ब्राह्मण वंश के राजकुमार वाकाटक को विवाह में दे दिया था। एक चीनी यात्री के द्वारा यह दर्ज किया गया है कि राजा हर्ष, जो एक वैश्य थे, का विवाह एक क्षत्रिय के साथ हुआ था, और ऐसा नहीं प्रतीत होता कि इस मिलन से जन्मी संतानों को क्षत्रिय के अतिरिक्त कुछ और समझा गया हो।[135] जोधपुर में प्राप्त 9वीं शताब्दी के उत्तरार्द्ध के एक शिलालेख में एक ऐसे ब्राह्मण का उल्लेख है जिसकी दो पत्नियाँ थीं, जिनमें से एक क्षत्रिय महिला थीं। इस महिला की संतानों को क्षत्रिय रूप में वर्गीकृत किया गया था।[136] 10वीं शताब्दी में, एक ब्राह्मण राजशेखर ने एक चौहान महिला को पत्नी बनाया था।[137] बंगाल से प्राप्त एक शिलालेख, जिसे 7वीं शताब्दी का बताया जाता है, कुछ व्यक्तियों को 'पार्श्व' के रूप में वर्णित करता है और उन्हें ब्राह्मण पिता एवं शूद्र माता की संताने बताता है, जो कि पवित्र नियमों के अनुरूप था।[138] अपनी *हर्षचरित* नामक रचना में बाण भी हमें बताते हैं कि उनके पिता, जो एक ब्राह्मण थे, के पास ब्राह्मण पत्नी के अलावा एक शूद्र पत्नी भी थी, और वह उसकी संतानों को अपने 'पार्श्व भाईयों' के रूप में वर्णित करते हैं।

जैसा कि चौथी अवधि के साहित्य और शिलालेखों के द्वारा प्रकट होता है, जाति–संगठन की स्थिति चौंका देने वाले रूप में वैसी ही है जैसी हमने 19वीं शताब्दी के मध्य में प्रचलित देखा है। इस अवधि के अग्रणी प्राधिकारी हैं पाराशर, माधव, एवं कमलाकर। परशुराम के द्वारा क्षत्रियों के संपूर्ण विनाश के पारंपरिक विवरण, जो बौद्ध धर्म की ओर धर्मत्याग से शक्तिशाली हुआ था, ने इस सिद्धांत को जन्म दिया था कि नंदवंश के साथ ही क्षत्रिय प्रजाति का अस्तित्व मिट चुका था। हुणों के प्रवेश के कारण पुराने क्षत्रिय परिवारों की पराजय ने इस सिद्धांत को और समर्थन प्रदान कर दिया। हिन्दू संप्रभुता को प्रारंभिक मुसलमान विजेताओं के द्वारा दिए गए गंभीर आघात ने अंततः पंडितों को क्षत्रियों के उन्मूलन के प्रति इतना आश्वस्त कर दिया था कि हम कमलाकर को अनिच्छापूर्वक उनके अस्तित्व को एक दुर्लभ दुर्घटना के रूप में ही स्वीकार करते हुए पाते हैं।[139] क्षत्रियों के इस छायारूपी अस्तित्व ने ब्राह्मणों के लिए यह अनावश्यक बना दिया था कि इच्छा होने के बावजूद भी वो मात्र कुछ विशिष्ट विशेषाधिकारों, जो ब्राह्मण जाति के हितों से सम्बन्धित हों, को छोड़कर अन्य विशेषाधिकारों में कटौती करें। इसीलिए, हमें इस अवधि के साहित्य में चार जातियों का उल्लेख पूर्णतः प्राप्त होता है। फिर भी हेमाद्रि के द्वारा सगोत्र विवाह के पक्ष में अनुलोम विवाह प्रतिबंधित किया गया है।[140] मादक पेयों का उपयोग पहले की तरह ही मात्र ब्राह्मण के लिए पापपूर्ण है न कि क्षत्रियों और वैश्यों के लिए। कोई भी ब्राह्मण मात्र किसी धार्मिक अवसर पर ही किसी

क्षत्रिय अथवा वैश्य द्वारा अपने घरों में तैयार किया भोजन ही ग्रहण कर सकता है, बशर्ते ये व्यक्ति पवित्र नियमों के अनुसार जीवनयापन करते रहे हों।[141]

हम पहले ही वैश्यों और शूद्रों के परस्पर बढ़ते हुए सम्मिलन को देख चुके हैं, और कमलाकर, जो इस अवधि के नवीनतम प्राधिकारी थे, को हम यह घोषणा करते पाते हैं कि कलियुग में मुश्किल से ही वैश्यों का अस्तित्व शेष रहेगा। यह अधिकाधिक स्पष्ट होता जा रहा है इस अवधि के नियमों में धार्मिक लेखकों ने वैश्यों एवं शूद्रों दोनों को लगभग अविभेद्य माना है। इस काल के अद्वितीय उपदेशक पाराशर के द्वारा दोनों के लिए निर्धारित किए गए पेशे एकसमान हैं, जैसे, कृषि, व्यापार एवं हस्तकलाएं, जिनमें शूद्रों के मामले में ब्राह्मणों की सेवा को भी सामान्य तौर पर जोड़ दिया गया है।[142] वैश्यों का भोजन ब्राह्मणों के लिए लगभग उतना ही वर्जित है जितना कि शूद्रों का।[143]

ऐसा प्रतीत होता है कि शूद्रों के साथ करने वाले इस व्यवहार में पिछली अवधि में 'सत्' और 'असत्' शूद्र के बीच किया गया अंतर उत्तरी भारत में स्थानीय तौर पर लागू किया जा रहा था, और इसने दक्षिणी भारत के पवित्र नियमों के लेखकों को आकर्षित नहीं किया था। उनके लिए नाम को छोड़ दिया जाए तो शूद्र एक शूद्र था, और इसीलिए अस्पृश्य भी। माधव किसी भी ब्राह्मण को एक ही घर में शूद्र के साथ निवास करने अथवा किसी वाहन में उसके साथ यात्रा करने से बचने का आदेश देते हैं। न ही उसे उसके द्वारा साधारण रूप से पकाए गए भोजन को ही ग्रहण करना चाहिए। परंतु तेल अथवा दूध के साथ पकाए गए भोजन को स्वीकार किया जा सकता है, बशर्ते इसे शूद्र के घर में नहीं बल्कि किसी नदी के तट पर खाया गया हो।[144] हेमाद्रि इससे भी आगे जाते हैं और किसी ब्राह्मण पर शूद्र के घर में उसका भोजन खने पर पाप आरोपित करते हैं भले ही इसे शूद्र के द्वारा दी गई कच्ची सामग्री के साथ ब्राह्मण द्वारा क्यों न पकाया गया हो।[145] यहाँ तक कि कुछ विशेषाधिकार प्राप्त शूद्रों का भोजन, जो पहले ब्राह्मणों के लिए स्वीकार्य था, को माधव के द्वारा कलियुग के लिए एक अनुपयुक्त प्रथा के रूप में अस्वीकृत कर दिया गया है।[146] शूद्र के भोजन का विरोध इतना अधिक दृढ़ हो चुका था कि कमलाकर काल्पनिक व्याख्याओं के सभी तरीकों से प्राचीन ग्रंथों को स्पष्ट करने में कष्ट का अनुभव करते हैं।[147]

धर्म के क्षेत्र में शूद्र ने केवल स्वयं को प्रदत्त अधिकारों को कायम रखा है बल्कि कमलाकर, जो सबकुछ शुद्ध कर देने वाले मिश्रण, 'पंचगव्य', के उपयोग के उसके अधिकार को स्वीकार करते हैं, के समस्त झूठे आरोपों से परे उन्हें पहले से कहीं अधिक सुपरिभाषित और संहिताबद्ध पाया है।[148] जैसा कि पहले देखा जा चुका है, शूद्र की यह धार्मिक दासत्व–मुक्ति उसे किसी भी प्रकार से उच्च जातियों के समकक्ष स्थापित नहीं करती। यहाँ तक कि नई प्रजातियों, जैसे भक्तिपूर्ण वैष्णववाद, जहाँ स्वाभाविक रूप से संपूर्ण धार्मिक समानता की अपेक्षा की जा सकती है, के वर्गों में भी शूद्र की हीनता को स्वीकार और लागू कर दिया गया था। विशुद्ध रूप से ऐसा रामानन्द के कारण हुआ था जो रामानुज के एक धर्मदूतीय उत्तराधिकारी थे तथा संभवतः वैष्णववाद के सर्वाधिक सर्वमान्य स्वरूप के संस्थापक भी थे। उनके भाईयों के द्वारा उनका अपमान इस सामाजिक हीनता के लिए किया गया था कि उन्होंने उत्तर दिशा की ओर यात्रा की थी और एक नए संप्रदाय की स्थापना की थी। उन्होंने अपने अनुयायियों को किसी से भी उसकी जाति पूछने के लिए मना किया था।[149]

महाराष्ट्र में हुई धार्मिक उथल–पुथल, जिसका प्रारंभ लगभग 13वीं शताब्दी के प्रारंभ में हुआ था, ने शूद्रों की धार्मिक स्थिति में भारी सुधार किया था। हम पहले ही देख चुके हैं कि शूद्रों को अपने मोक्ष के लिए ईश्वर के वर्णनात्मक नामों को बुदबुदाना पड़ता था। आध्यात्मिक उन्नति की यह विधि शैववादियों और वैष्णववादियों के संप्रदायों के विकास का एक अभिन्न अंग बनती जा रही थी। इस अवधि के प्रारंभ अथवा उससे कुछ पहले 'नाममहात्म्य' अर्थात् ईश्वर के नाम बुदबुदाने के महत्व को ब्राह्मणवादी रचनाओं में स्वतंत्र रूप से स्वीकार किया गया था। समीक्षाधीन अवधि में, महाराष्ट्र में उत्कृष्ट व्यक्तित्व वाले अनेकों शूद्र संत फले–फूले। उन्होंने शूद्रों के मोक्ष के लिए सरल तरीकों की खोज और सुधार किए। कुछ सरल संगीत के साथ–साथ मंदिरों में चलते–फिरते उपदेशों के माध्यम से धर्मोपदेश देने की विशिष्ट विधि नामदेव तथा तुकाराम नामक दो गैर–ब्राह्मण संतों के द्वारा उत्कृष्टतापूर्वक संपन्न की गई थी। 18वीं शताब्दी के मध्य में महिपति के द्वारा लिखित पारंपरिक इतिहास इसे काफी स्पष्ट कर देता है। आगे, इस नई धार्मिक शक्ति के गठन में योगदान करने वाले संतों की एक बहुमत

वाली संख्या गैर–ब्राह्मणों की थी। ब्राह्मण संतों में से अनेकों को इस आंदोलन के प्रत्यक्ष समर्थक नहीं माना जा सकता। वो अभी भी धर्म के दार्शनिक पहलू पर ही अधिक जोर दे रहे थे। अपने भाई–बहन तथा एकनाथ के साथ मिलकर ज्ञानेवश्र ऐसे उत्कृष्ट ब्राह्मण संत प्रतीत होते हैं जो ईश्वर का नाम बुदबुदाए जाने के द्वारा मोक्ष के नए सिद्धांत के साथ अधिकतम सहानभूति रखते थे। ज्ञानेश्वर तथा उनके भाई–बहन एक ब्राह्मण मुनि की संतान थे, जो गृहस्थ जीवन में रहने हेतु वापस आ गए थे और इसीलिए ब्राह्मणों के द्वारा इतने अधिक तिरस्कृत थे। एकनाथ ने श्राद्धभोज (पितरों के सम्मान में दिए गए भोज) में ब्राह्मणों को भोजन हेतु निमंत्रित करने के पहले ही अछूतों को भोजन करवाने का साहस किया था। यद्यपि इस पवित्र कृत्य के लिए ईश्वर ने भी एकनाथ के पक्ष में एक चमत्कार कर दिया था, तथापि स्थानीय ब्राह्मणों ने उनके एक शुद्धीकरण संस्कार पर जोर दिया जिसे एकनाथ ने विधिपूर्वक संपन्न कर दिया। इस निर्भीक ब्राह्मण ने एक महार के घर में भोजन करने का भी दुःस्साहस कर डाला था। लगभग सभी जगह ब्राह्मण इस नए आंदोलन के विरोध में खड़े हो रहे थे जो समुचित रीति–रिवाजों एवं धार्मिक–क्रियाओं के द्वारा मोक्ष के पुराने अच्छे ब्राह्मणवादी तरीके को गड़बड़ करने वाला तथा जाति व्यवस्था को नष्ट करने वाला प्रतीत हो रहा था।[150] अपनी काव्यात्मक योग्यता, धार्मिक अनुभव की अपनी क्षमता, तथा अपने शुद्ध जीवन के द्वारा इन शूद्रों ने जातिपाति के भेदभाव के बिना अपने समकालीन लोगों को इतना अधिक प्रभावित कर लिया था कि उन्हें संत की उपाधि दे दी गई थी और सभी के द्वारा स्नेह किया जा रहा था। महाराष्ट्र के इन संतों ने बिना किसी विद्रोह के एक क्रांति उत्पन्न कर दी थी। शूद्र, जो इसे यद्यपि मात्र पौराणिक मंत्रों के साथ ब्राह्मणवादी रीतियों के अभ्यास हेतु अनुमति प्राप्त होने सम्बन्धी एक महत्वपूर्ण विशेषाधिकार के रूप में देखने के अभ्यस्त थे, अब ऐसे व्यक्तियों को जन्म दे रहे थे जिन्होंने एक नए मार्ग की खोज की और स्वयं को शिक्षकों के रूप में स्थापित किया। और ब्राह्मण, जो संदेहग्रस्त थे कि क्या कोई शूद्र कभी अपनी धार्मिक शिक्षाओं द्वारा लाभार्जन हेतु सक्षम हो सकेगा, को इन शूद्रों में से कुछ को अपने धार्मिक गुरुओं के रूप में स्वीकार करना पड़ा। धार्मिक संप्रदायों के भक्तिपूर्ण संप्रदायों ने भारत के अन्य भागों में भी कमोबेश ऐसे ही परिवर्तन उत्पन्न कर दिए थे।

हालांकि, इन शूद्र संतों ने मोक्ष के सरल तरीके का लाभ उठाया और इस प्रकार शूद्रों को उनके आध्यात्मिक जीवन में ब्राह्मणों के प्रभुत्व से मुक्त कर दिया, फिर भी उन्होंने इस व्यवस्था के अनुसार अपनी खुद की हीन स्थिति को शामिल करते हुए चारों जातियों की पुरानी व्यवस्था को कायम रखा। उसी समय एक और आंदोलन जारी था जिसके द्वारा जाति के विरुद्ध एक समग्र विद्रोह की घोषणा की गई थी। यह मनभावों का संप्रदाय था।[151] यह एक असफल प्रयास सिद्ध हुआ था जिसने एक नई जाति को जन्म दिया। इस संप्रदाय के अनुयायियों के साथ जनसंख्या के सभी वर्गों के द्वारा अपमानजनक तरीके से व्यवहार किया जाता था और यहाँ तक कि अत्यधिक घृणा भी की जाती थी।

बंगाल में रमई ने 'छत्तीस जातियों' के लिए दीक्षा समारोह प्रारंभ कर दिया जिसके द्वारा डोम जैसी जातियों को दीक्षा से वंचित रखा गया था। 17वीं एवं 18वीं शताब्दियों में जब सहजिया संप्रदाय का महत्व बढ़ा तो इसके अनुयायियों ने स्वयं को जाति व्यवस्था का विरोधी घोषित कर दिया और ब्राह्मणों की श्रेष्ठ स्थिति को स्वीकार करने से इंकार कर दिया। यदि सहजिया संप्रदाय एक विद्रोह अधिक था तो वैष्णववाद को इस निगाह से नहीं देखा जा सकता। तथापि, जाति के प्रति इसके दृष्टिकोण में अधिक अंतर नहीं था। श्रीनिवास, एक ब्राह्मण, रामचन्द्र, एक वैश्य, तथा नरोत्तम, एक क्षत्रिय ये सभी वैष्णव थे और इसीलिए एक ही थाली में भोजन करने से भयभीत नहीं होते थे।[152]

समाज के जाति–बहिष्कृत वर्ग के साथ व्यवहार के मामले में यह अवधि एक ऐसी घटना की साक्षी है जो अनुष्ठानिक शुद्धता के विचारों से मेल खाती है। अस्पृश्यता को वस्तु की कल्पित अशुद्धता के अनुसार श्रेणीबद्ध किया गया है। किसी ब्राह्मण को स्वयं तथा किसी पतित व्यक्ति, मासिकधर्म वाली किसी महिला, किसी आसन्न–प्रसवा महिला, तथा किसी चाँडाल के बीच क्रमशः एक, दो, तीन तथा चार 'युगों' की दूरी रखनी चाहिए ताकि वह उनसे दूषित न हो सके।[153]

हिन्दुत्व के इतिहास में पहली बार धर्म के क्षेत्र में इतने सारे लोगों के लिए सुधार करने की माँग की गई है। ये एक ब्राह्मण रामानुज थे जिन्होंने इन लोगों की धार्मिक उन्नति के लिए साहसी कदम उठाए थे। उन्होंने उनके

लिए वर्ष में एक दिन मंदिर जाने के विशेषाधिकार सुनिश्चित करवाए और कुछ ऐसा तरीका निकाला जिससे वे ब्राह्मणों के समान पवित्र जनेऊ से मिलता–जुलता कोई धागा धारण कर सकें।[154]

महाराष्ट्र तथा भारत के अन्य भागों में भी अछूतों ने कुछ संतों को जन्म दिया जिनकी पूजा न केवल उन्हीं की जातियों द्वारा की गई बल्कि समय के साथ–साथ वे सभी के द्वारा सम्मानित हुए।

चारों जातियों के लिए पेशों का पारंपरिक निर्धारण बहुत अधिक संशोधित हो चुका था। हम पहले ही देख चुके हैं कि वैश्यों एवं शूद्रों को एकसमान पेशे सौंपे गए थे, जैसे, कृषि एवं शिल्पकारी। ब्राह्मण को कृषि पर जीवनयापन करने की अनुमति थी बशर्ते वास्तविक कार्य हेतु वह किसी शूद्र को नौकर रखे। माधव स्पष्टतः देखते हैं कि कलियुग में ब्राह्मणों के लिए यह संभव नहीं रहेगा कि वे मात्र बलि सम्बन्धी शुल्कों पर स्वयं को जीवित रख सकें। आर्थिक पहलू लेखक को इस सीमा तक प्रभावित करता प्रतीत होता है कि उसने चारों वर्णों को व्यापार और शिल्पकारी अपनाने की अनुमति प्रदान कर दी है।[155] क्षत्रियों का प्राचीन पेशा हमें अन्य जातियों के द्वारा भी अपनाया गया प्राप्त होता है। यह सुविदित है कि पुणे के पेशवा शासक ब्राह्मण थे। चेरा, चोला, तथा पांड्या राजाओं का सम्बन्ध वेल्लाला[156] जाति से था, जो मद्रास की एक खेतिहर जाति है। मदुरा और तँजौर के नायक राजा बालिजा थे, जो जाति से व्यापारी थे।[157] यहाँ तक कि कुछ भागों में तथाकथित आदिवासियों ने भी छोटे–मोटे राज्यों पर शासन किए थे। गोंड लोग संभवतः सर्वोत्तम उदाहरण प्रस्तुत करते हैं।[158] पुरानी व्यवस्था के अंतर्गत किए गए निर्धारण की अपेक्षा पेशागत विविधता कहीं अधिक व्यापक थी और माधव तथा कमलाकर दोनों के द्वारा ही मिश्रित विवाहों के अपने विवरणों में इन्हें स्पष्ट मान्यता प्रदान की गई है। जहाँ तक विवाहों के विनियमन का सम्बन्ध है, चारों जातियाँ एवं अन्य समूहों को पूर्णतः सगोत्रीय इकाईयाँ माना जाता है, अनुलोम विवाह को निरुत्साहित किया गया है। मिश्रित मिलनों के परिणामस्वरूप जन्में समझे जाने वाले समूहों की सूची बहुत विस्तृत हो जाती है और यह लेखकों को ज्ञात अलग–अलग जातीय इकाई के रूप में व्यवहार कर रहे पेशागत अथवा अन्य सभी समूहों को शामिल करती है। उदाहरणार्थ, कमलाकर की सूची कोलहाटी अथवा बहुरूपी, काँडू, साली, मोची, बुरुड, घासी एवं अन्य समूहों को शामिल करती है।[159] माधव मात्र 60 के लगभग समूहों की उत्पत्ति को स्पष्ट करने का प्रयास करते हैं और विशेषरूप से कहते हैं, ''जाति–समान ऐसे असंख्य समूह हैं जिनकी उत्पत्ति प्रजातियों (नस्लों) के मिश्रण से हुई है।''[160] यह स्पष्ट है कि प्रारंभ में उल्लिखित चार प्राचीन जातियों के अलावा जाति–समान असंख्य समूहों की उत्पत्ति के इस सिद्धांत की वास्तविकता के तत्व जो कुछ भी रहे हों, इस समय तक यह समाज में बढ़ते हुए जातीय–समूहों का काल्पनिक स्पष्टीकरण मात्र रह गया था। ब्राह्मण लेखक स्वयं को चार मूल जातियों के विचार से मुक्त नहीं कर सके थे। उनके लिए आगे के असंख्य समूह मात्र चारों जातियों के बीच मिलन के परिणाम के रूप में उत्पन्न हुए हो सकते थे, ठीक उसी प्रकार जैसे कि ये बाद वाले परमात्मा के शरीर से उत्पन्न किए गए थे। वास्तव में, यही असंख्य जातियों की उत्पत्ति का ब्राह्मणवादी सिद्धांत है। माधव एक स्पष्ट और दुर्लभ स्वीकारोक्ति करते हैं कि चार जातियों के सम्बन्ध में प्रथाएं एवं विनियम समय–समय पर परिवर्तित होते रहे हैं।[161]

इस अवधि के टिप्पणीकारों एवं निबन्ध–लेखकों के द्वारा जाति की कल्पना किसी बड़े वर्ग के अंदर एक समूह तथा आवश्यक रूप से किसी पेशे से सम्बन्धित हुए बिना की गई है। उनके अनुसार, न्याय के लिए तैयार किए गए अनेकों न्यायाधिकरणों में से एक में एक ही स्थान पर रहने वाले, अलग–अलग पेशों वाले, और अलग–अलग जातियों से सम्बन्धित लोगों को शामिल किया जाता था, जबकि किसी दूसरे में एकसमान पेशे वाले किन्तु अलग–अलग जाति के लोग शामिल होते थे।[162] गवाहों के सम्बन्ध में नीलकंठ याज्ञवलक्य के एक नियम के अर्थ को स्पष्ट करते हैं कि वे वादकर्ताओं की जातियों और 'वर्ण' के अनुसार होंगे। यदि पक्षों की जातियाँ अलग–अलग हैं तो उन गवाहों को बुलाया जाना चाहिए जो जातियों को शामिल करने वाले वर्णों से हों।[163]

इस प्रकार, जैसा कि इस अवधि के साहित्य में प्रकट किया गया है, इस अवधि के अंत तक हम जातीय–संगठन को किसी भी ऐसे अनिवार्य बिन्दु के मामले में उस जातीय–संगठन से बिल्कुल अलग नहीं पाते जिसका वर्णन मैंने 19वीं शताब्दी के मध्य में प्रचलित होने के बारे में किया है। शायद यह तर्क दिया जा सकता है कि इस साहित्य में वर्णित समूहों की बहुतायत वैसी ही नहीं है। मेरा मत है कि मिश्रित जातियों का सिद्धांत, जैसा कि समकालीन

लेखकों के द्वारा विस्तारित किया गया है, अस्तित्व ग्रहण कर चुके असंख्य समूहों को चिह्नित करता है। अब मैं साहित्यिक अभिलेखों, शिलालेखों तथा यात्रियों के विवरणों से कुछ आँकड़े प्रस्तुत कर रहा हूँ जो उन समकालीन समूहों के नाम एवं किस्म को सामने लाते हैं जो मेरे दृष्टिकोण की पुष्टि करते हैं।

हेमचन्द्र ने नागर ब्राह्मणों के पदनाम के अंतर्गत नागरेयक का उल्लेख किया है।[164]

काँची के ब्राह्मण राजा शिवस्कंदवर्मन के प्रारंभिक दिनों के प्राकृत भाषा के एक प्राचीन शिलालेख में ''वल्लवे'' (चरवाहे) तथा ''गोवल्लवे'' (गौ–चरवाहे) का उल्लेख है।[165] ललितपुर जिले से प्राप्त 10वीं शताब्दी के एक शिलालेख में व्यक्तियों के नामों के साथ संयोजन में पेशों अथवा जातियों के निम्नलिखित नाम सामने आते हैं: ''वणिक'' (व्यापारी), ''नेमकवणिक'' (नमक–व्यापारी), ''ताम्बूलिका'' (पान–विक्रेता), तथा ''सूत्रधार'' (बढ़ई)। इसी स्थान पर एक ठठेर (कामसार) तथा एक ब्राह्मण पान–विक्रेता की दुकानों का भी उल्लेख है।[166] दक्षिण भारत के एक शिलालेख में भूमि के विशिष्ट टुकड़े की सीमाओं को फला–फला की अथवा फला–फला स्थान के किसी लोहार (करुमन)[167], ''वेल्लान'' (खेतिहर) की भूमियों के संदर्भ में निर्धारित किया गया है।[168] इलावासों (ताड़ी निकालने वाले) का उल्लेख एक अन्य शिलालेख में है।[169] प्राचीन काँजीवरम् शहर में कुछ क्षेत्र अधिकांशतः बुनकरों के अधिवास थे, ''जिन्हें राजा का संरक्षण प्राप्त था तथा इनमें पट्टासालिनों के दो वर्ग थे,'' जो मद्रास के आजकल के सालियानों (बुनकरों) के समान विभाजन के समरूप है।[170] वैंकया ने पाया है कि कुछ दक्षिण भारतीय शिलालेखों में उल्लिखित अनेकों व्यक्तियों के नामों के दूसरे भाग में ''एक पूरक उपाधि के साथ पेशों अथवा जाति, जिससे उस व्यक्ति का सम्बन्ध हो, पूरी उपाधि का अर्थ, महान नर्तक गुरु......बढ़ई, लोहार, ठठेर, ब्राह्मण इत्यादि, राजा, जिसका नाम उपाधि से पहले जुड़ा हो'' का उल्लेख किया गया है।

10वीं शताब्दी के अंत के एक उत्तर भारतीय शिलालेख में ''गौड़कर्णिका'' (गौड़ देश के लेखक) का उल्लेख है।[172] 11वीं शताब्दी से सम्बन्धित धारवाड़ जिले के एक शिलालेख में मद्रास की गैर–ब्राह्मण जातियों के विभ. ाजन का एक स्पष्ट संदर्भ दायें हाथ और बायें हाथ वालों के रूप में सामने आता है।[173] इस सुविदित किन्तु समुचित रूप से न समझे गए अंतर का एक अन्य संदर्भ इसी अवधि के मद्रास के एक शिलालेख में प्रकट होता है।[174] एक अन्य शिलालेख कुछ ऐसे व्यक्तियों का उल्लेख करता है जो स्वयं को शिव–ब्राह्मणों के रूप में संदर्भित करते हैं।[175] कनमलार (मद्रास के शिल्पकार) को कुछ ऐसे अधिकार दिए गए हैं जो उन्हें पहले स्पष्ट रूप से प्राप्त नहीं थे। वे अपने यहाँ विवाह तथा अंतिम संस्कार के अवसरों पर दोहरा शंखनाद कर सकते थे; वे पादुका पहन सकते थे, और अपने घर पर पलस्तर करवा सकते थे।[176] चिंगलेपुट जिले से प्राप्त एक शिलालेख, जिसे 12वीं शताब्दी का बताया जाता है, में किसी दस्तावेज के गवाह को स्वयं को ''मैं, अमुक बढ़ई, जिसके पास गाँव में बढ़ईयों की भूमि का बड़ा भाग है'' की भांति उल्लिखित करना होता था।[177] नागर ब्राह्मणों का उल्लेख 12वीं शताब्दी के मध्य से सम्बन्धित गुजरात से प्राप्त एक शिलालेख में किया गया है। ओडिशा के एक शिलालेख, जिसे 12वीं शताब्दी के अंत का बताया गया है, में राधिया ब्राह्मणों के एक वर्ग का उल्लेख है।[178] मग अथवा शाकद्वीपीय ब्राह्मण भी उसी समय के होने हेतु जाने जाते थे।[179] 13वीं शताब्दी के पहले और दूसरे चतुर्थांशों के माउंट आबू से प्राप्त जैन शिलालेखों में निम्नलिखित जातियों का उल्लेख है: प्रागवत, धारकट्ट, श्रीमाला, ओसवाला, मोधा, तथा गुगुली ब्राह्मण भी, जो मुख्य रूप से द्वारका में अभी भी पाए जाते हैं।[180] दो मौदगल ब्राह्मणों का उल्लेख 1240 ईस्वी के एक शिलालेख में यादव राजाओं में से एक के मंत्री के रूप में किया गया है। उन्होंने अपने स्वामियों की सेवा सैनिकों के रूप में भी की थी।[181] कायस्थ प्रजाति का एक परिवार, जिसका पेशा लेखन करने का है, को 13वीं शताब्दी के अंत से सम्बन्धित एक उत्तर भारतीय शिलालेख में संदर्भित किया गया है। इस परिवार के कुछ सदस्यों ने स्वयं को योद्धाओं के रूप में अलग कर लिया था, जबकि एक किसी किले का गवर्नर था।[182] किसी 'मोची' (जूता बनाने वाला) ने 1415 ईस्वी के लगभग मध्य–प्रदेश के रायपुर में विष्णु का एक मंदिर बनवाया था।[183] लगभग 1429 ईस्वी से सम्बन्धित चित्तौड़गढ के संस्कृत के एक शिलालेख में स्तुतिकर्ता ने स्वयं को दशपुरा जाति के विष्णु भट्ट के पुत्र के रूप में वर्णित किया है।[184]

दुआर्ते बरबोसा मालाबार की 18 जातियों का वर्णन करते हैं जिनमें से प्रत्येक के पास अपने स्वयं के रीति–रिवाज और मूर्ति पूजन थे। ब्राह्मण लोग मात्र शस्त्रों को छोड़कर लगभग हर तरह से राजा की सेवा किया करते थे। उनमें से कुछ तो दरबारी भी थे। यद्यपि तियानों का मुख्य पेशा ताड़ी निकालने का था, तथापि उनमें से अनेकों को खननकर्मी, सैनिक, और यहाँ तक कि ग्रामीण दासों के रूप में पाया गया है।[185] डोमिंगो पेस हमें बताते हैं कि विजयनगर के राजा की सेवा में ऐसे अनेकों ब्राह्मण थे जो नगरों और शहरों के अधिकारी थे, जबकि अन्य व्यापार अथवा खेती से गुजारा करते थे।[186] अबुल फजल टिप्पणी करते हैं कि वैश्यों एवं शूद्रों को अनेकों शाखाओं में विभाजित कर दिया गया है। वास्तव में वह निम्नलिखित जातियों का उल्लेख करते हैं: कायस्थ, भार, बछोती, चंदेल, चौहान, गहरवाल, गौतमी, गहलोत, कौशिक, एवं रघुवंशी, जो राजपूतों के बीच स्पष्ट रूप से उप–विभाजन हैं, अहीर, लोध, गूजर, कुर्मी, बागरी, मीणा, मियो, मेहतर, भील, कोली, ग्वालिया, गरसियाह, खासिया, बावरया, बिसेन, बैस, खांड, एवं खारी, जो गौड़ कायस्थों का एक विभाजन था।[187] मोरलैंड अकबर के शासन के अंत में जाति की स्थिति का सटीक सारांश निम्नलिखित शब्दों में प्रस्तुत करते हैं: "हिन्दुओं के बीच जाति व्यवस्था आज ही के समान व्यापक रूप से मौजूद थी और जातियों तथा प्रजातियों के बीच के अंतर ऐसे थे कि हम यात्रियों को गुजरात के बनियों को ब्राह्मणों अथवा राजपूतों से अलग 'देशों' का बताते हुए पाते हैं।"[188] जहाँगीर के समय में, गुजरात के बनियों में अनेकों उप–विभाजन हो चुके थे जिनमें से कोई भी दूसरों के साथ नहीं खाता–पीता था।[189] 18वीं शताब्दी के मध्य में हैमिल्टन सूरत के बनियों के 65 विभाजनों का उल्लेख करते हैं।[190]

इस्लाम का प्रभाव इतना अधिक शक्तिशाली था कि उसने हिन्दू समुदाय में तनाव कम करने का कार्य किया। जैसा कि अलबरूनी के द्वारा दर्ज किया गया है, इसके अनुयायियों की सांस्कृतिक एवं धार्मिक प्रथाएं इतनी अलग थीं कि हिन्दू और मुसलमान एक दूसरे को विरोधियों एवं स्वाभाविक शत्रुओं के रूप में देखते थे। फिर भी संपर्क एवं भोजन के मामले में सैद्धांतिक उदारीकरण, जिसे हमने कुछ आंदोलनों तथा यहाँ तक कि इस अवधि के कुछ सर्वोत्तम व्यक्तित्वों में देखा है, का श्रेय निश्चित रूप से इस्लामी सिद्धांतों एवं प्रथाओं के प्रभाव को दिया जाना चाहिए। जब किसी सांस्कृतिक संस्था की आत्मरक्षा के लिए भारत के वीर पुत्रों द्वारा मृत्युपर्यंत संघर्ष किया जा रहा था, तब दोनों संस्कृतियाँ इतनी अलग थीं कि वे विभिन्न समयों पर बड़ा सामंजस्य स्थापित नहीं कर सकती थीं।

संदर्भ

1. Gautama, p. 234; also compare *Arthashāstra*, (2), p. 203. 2. *Vyākaranamahābhāshya*, I, 2, 72. 3. Vasishtha, p. 25. 4. *JAOS*, vol. xiii, p. 95. 5. Baudhāyana, pp. 217–18. 6. Cf. Āpastamba, p. 5. 7. Gautama, p. 238. 8. *Mahābhārata Shānti Parva*, 34, 32–3. 9. Baudhāyana, p. 150.

10. Baudhāyana, p. 151; Vasishtha, pp. 56–8. 11. Baudhāyana, p. 167. 12. Vasishtha, p. 29; Gautama, p. 246. 13. Gautama, p. 250; *Arthashāstra*, (1), p. 56. 14. Gautama, pp. 204–5. 15. Vasishtha, p. 92. 16. Baudhāyana, p. 204; Gautama, p. 243. 17. Vasishtha, p. 82. 18. Gautama, p. 237. 19. Baudhāyana, p. 232; Āpastamba, p. 165.

20. Vasishtha, pp. 109–10; cf. *Arthashāstra*, (2), p. 285. 21. *Arthashāstra*, (2), p. 285. 22. Baudhāyana, pp. 201–2; Āpastamba, pp. 18–9; cf. *Arthashāstra*, (2), p. 270. 23. Fick, p. 119. 24. Āpastamba, p. 103. 25. Ibid., pp. 66–7. 26. p. 156. 27. Vasishtha, p. 38. 28. Ibid., p. 69. 29. Gautama, p. 262.

30. Ibid., p. 263. 31. Āpastamba, p. 67. 32. Gautama, p. 264. 33. Vasishtha. p. 19. 34. Āpastamba, p. 61. 35. p. 280. 36. Gautama, p. 250; Baudhāyana, p. 171. 37. Baudhāyana, p. 235. 38. Vasishtha, p. 50. 39. *Vyākaranamahābhāshya*, II, 4, 10; Āpastamba, 1, 7, 21; 1, 5, 16; II, 7, 17; Vasishtha, XX, 16; Baudhāyana, I, 21, 15; II, 2, 13. टिप्पणी: आर.जी. भंडारकर ने 1901 में अपनी रचना *सोशल हिस्ट्री ऑफ इंडिया* में पहली बार पतंजलि के *महाभाष्य* के महत्वपूर्ण वाक्य की ओर ध्यान आकर्षित किया था। उन्होंने इस

प्रकार टिप्पणी की थीः "पतंजलि बढ़ईयों और लोहारों को शूद्र वर्ग से सम्बन्धित बताते हैं। उनमें से सर्वाधिक नीचे, चाँडाल उसी पतित हालत में थे जिसमें वे आज हैं।" (*Collected Works.*), vol. II, p. 450). वी.पी. काने अपनी *हिस्ट्री ऑफ धर्मशास्त्र* vol. II—pt. I (1941) में कहते हैं: "अतः यह निष्कर्ष प्राप्त होता है कि पाणिनि एवं पतंजलि ने चाँडालों और मृतपासों को शूद्रों में शामिल किया था (p. 168)।

40. p. 103. 41. Baudhāyana, p. 220; Vasishtha, p. 5. 42. p. 244. 43. Fick, pp. 39, 43. 44. Ibid., pp. 318, 323. 45. Vasishtha, p. 11; Gautama, pp. 224–30; Āpastamba, pp. 122–3. 46. Vasishtha, p. 12; Gautama, pp. 209, 211; Baudhāyana, pp. 225–34. 47. P. 225. 48. Apastamba, p. 144; Gautama, p. 255. 49. Vasishtha, pp. 12–13; Baudhāyana, p. 236.

50. Gautama, p. 228. 51. Ibid., p. 263. 52. Ibid., p. 437. 53. Ibid., p. 221. 54. Fick, pp. 180–1, 255, 276, 278. 55. Ibid., p. 280. 56. Ibid., pp. 327–30. 57. Ibid., pp. 241, 246. 58. *Arthashastra*, (2), pp. 58–9. 59. Fick, pp. 276, 278–9.

60. Ibid., p. 302. 61. Vasishtha, p. 42; Gautama, pp. 194, 197. 62. p. 178. 63. Baudhāyana, p. 225. 64. Gautama, pp. 195–6; Baudhāyana, pp. 197–8; cf. *Arthashāstra*, (1), p. 164. 65. C. V. Vaidya, *Epic India*, p. 59. 66. Vasishtha, pp. 5–6. 67. Ibid., pp. 95–6. 68. Gautama, pp. 197, 306. 69. Ibid., p. 197.

70. Baudhāyana, pp. 197–8; Vasishtha, pp. 195–6; cf. *Arthashāstra*, (2), pp. 202–3. 71. Vasishtha, p. 94. 72. cf. *Arthashāstra*, (2), p. 203. 73. Fick, pp. 51–3. 74. pp. 196–7. 75. *Vyākaranamahābhashya*, II, 4, 10. टिप्पणीः वी.पी. काने अपनी *हिस्ट्री ऑफ धर्मशास्त्र* (vol. I, pt. I, p. 121), में इस वाक्य पर कहते हैं: "शूद्रों अनेकों उप–जातियों में विभाजित थे। परंतु उनमें दो प्रमुख विभाजन थे। एक था 'अनिर्वासित शूद्र' (जैसे बढ़ई एवं लोहार) तथा दूसरे थे 'निर्वासित शूद्र' (जैसे चाँडाल)"। 76. आँकड़े जो पिछली तथा क्रमानुसार उसके बाद की दो अवधियों में एकसमान हैं, को दोहराया नहीं गया है। मात्र ऐसे विवरण, जो इस संस्था के विकास पर प्रकाश डालते हैं, को ही संग्रहित किया गया है।" 77. Manu, i, 86. 78. Manu, xii, 54–80; also cf. Yājnavalkya, pp. 1243–58. 79. *Collection of Smritis*, p. 423.

80. R. G. Bhandarkar, *A Peep into the Early History of India*, p. 53. 81. Manu, i, 93–101. 82. Manu, x, 43, 103. 83. Vishnu, p. 77. 84. *Arthashāstra*, (2), p. 419. 85. Ibid., pp. 270, 277. 86. *Collection of Smritis*, p. 122. 87. Nārada, pp. 218–19. 88. Manu, ix, 322. 89. Manu, viii, 413–14; x, 126.

90. Vishnu, pp. 95–6. 91. Vishnu, pp. 198–9. 92. *Arthashāstra*, (2), p. 238, 275–6, 285. 93. Yājnavalkya, pp. 11, 86. 94. *Shukraniti*, p. 163. 95. *Collection of Smritis*, pp. 11, 124, 182. 96. Manu, x, 126–128. 97. Yājnavalkya, p. 1165. 98. *Collection of Smritis*, pp. 48, 101, 122. 99. Vishnu, p. 15; *Collection of Smritis*, p. 23.

100. Manu, i, 92. 101. Manu, iii, 112; Vishnu, p. 216. 102. Yājnavalkya, p. 1165. 103. *Collection of Smritis*, p. 122. 104. *Arthashāstra*, (1), p. 164. 105. Manu, x, 41. 106. Yājnavalkya, p. 67. 107. *Shukraniti*, p. 164; op. cit., (1), p. 165. 108. Yājnavalkya, p. 218; Nārada, p. 215; *Shukraniti*, p. 164. 109. Manu, viii, 41, 46; *Shukraniti*, p. 187.

110. *Arthashāstra*, (1), p. 176; (2), pp. 236–7. 111. *Nārada*, p 201. 112. Yājnavalkya, p. 247. 113. *Arthashāstra*, (2), pp. 105, 183, 260–1, 267. 114. Manu, viii, 392. 115. Vishnu, pp. 133, 255. 116. Vishnu, pp. 163, 164; *Collection of Smritis*, pp. 3, 4, 16, 20, 122, 392. 117. *Collection of Smritis*, p. 5. 118. Vishnu, p. 99. 119. Op. cit. X, 51.

120. *Arthashāstra*, (2), pp. 27, 59. 121. *Kādambari* (N. S. P. Ed.), p. 595. 122. *Collection of Smritis*, pp. 1, 16, 18, 22, 46, 125–6, 357, 421. 123. *Collection of Smritis*, pp. 20, 314. 124. Vide *Deshināmamālā*. 125. Yājnavalkya, p. 85. 126. *Collection of Smritis*, pp. 173, 273; *Shukraniti*, p. 151. 127. Manu, x, 84. 128. Manu, iii, 150–66. 129. *The Little Clay Cart*, translated by A. R. Ryder (1905), pp. 138, 151.

130. Vaidya, vol. i, pp. 61–2. 131. V. A. Smith, *The Oxford History of India*, 1923, p. 199. 132.Sircar D. C., pp. 292, 311; Ep. Ind., ix, 192. 133. Nārada, pp. 131–2. 134. Manu, x, 8–40; *Collection of Smritis*, pp. 46–8. 135. Vaidya, vol. I. pp. 61–2. 136. Quoted in R. C. Majumdar's *Corporate Life in Ancient India*, (1922), pp. 372–3. 137. Vaidya, vol. ii, p. 180. 138. *Epigraphia Indica*, vol. xv, pp. 305, 310–11. 139. *Shudra-Kamalākara*, p. 279.

140. Hemādri, vol. iii, pt. ii, p. 667. 141. Parāshara, vol. ii, pt. ii, pp. 78–9; vol. ii, pt. i, p. 410. 142. Parāshara, vol. i, pt. ii, pp. 15–16. 143. Hemādri, vol. iv, p. 382. 144. Parāshara, vol. ii, pt. ii, p. 29; pt. i, pp. 410–11. 145. Hemādri, vol. iv, p. 382. 146. Parāshara,

vol. i, pt. i, p. 136. 147. *Shudra-Kamalākara*, p. 279. 148. The five products of the cow. 149. Hemchandra Raychaudhuri, *Materials for the Study of the Early History of Vaishnava sects*, (1920), p. 117. Nicol Macnicol, *Indian Theism*, (1915), p. 115.

150. Vide *Bhaktavijaya*, by Mahipati (Marathi), edited by L. B. Gokhale, 1888. 151. V. L. Bhawe, *Mahārāshtra Sāraswat* (Marathi) vol. i, pp. 70–1. 152. Dāsagupta, pp. 206, 214–15. 153. Parāshara, vol. ii, pt. ii, p. 38. 154. J. N. Farquhar, *Outline of the Religious Literature of India*, (1920), pp. 244–5. 155. Parāshara, vol. i, pt. ii, pp. 3–5, 15–16. 156. Kanakasabhai, p. 113. 157. Madras Census, 1901, p. 144. 158. *Imperial Gazetteer of India*, vol. x, p. 13. 159. *Shudra-Kamalākara*, pp. 289–92.

160. Parāshara, vol. i, pt. ii, p. 125. 161. Ibid., pt. i, p. 139. 162. *Vyavahāra-Mayukha* (Kane's edition, 1926), pp. 5, 215; compare also Medhātithi's comment on Manu, viii, p. 219. 162. *Vyavahāra-Mayukha*, loc. cit., notes, p. 69. 164. *Dvyāshrayakāvya*, II, p. 520. 165. *Epigraphia Indica*, vol. i, p. 5. 166. *Epigraphia Indica*, vol. i, pp. 173–7. 167. *South Indian Inscriptions*, vol. iii, p. 106. 168. Ibid., pp. 21 and 253. 169. Ibid., p. 437.

170. Ibid., p. 268. 171. *Archaeological Survey of India, Annual Report*, 1906–7, p. 243, f.n. 5. 172. *Epigraphia Indica*, vol. i, pp. 77, 85. 173. *Epigraphia Indica*, vol. xv, p. 81. 174. *South Indian Inscriptions*, vol. iii, pp. 114–17. 175. Ibid., pp. 470–1. 176. Ibid., p. 47. 177. Ibid., p. 82. 178. *Epigraphia Indica*, vol. i, pp. 299, 303, 304; vol. vi, p. 203, and f.n. 3. 179. Ibid., vol. p. 331.

180. Ibid., vol. viii, pp. 205, 208. 181. *Archaeological Survey of Western India, Report*, vol. iii, p. 86. 182. *Epigraphia Indica* vol. i, pp. 331–3, 336. 183. Ibid., vol. ii, p. 229. 184. Ibid., vol. ii, pp. 409, 420. 185. *The Book of Duarte Barbosa* by M. Longworth Dames, vol. ii, (1921), pp. 7, 37, 60. R. Sewell, *A Forgotten Empire*, ed. 1924, p. 245. 187. *Ain-i-Akbari*, translated by Jarrett, vol. iii, (1894), p. 118, and vol. ii, pp. 129, 131, 161, 162–3, 164–8, 177, 182, 184, 187, 189, 191, 198, 204–5, 255, 290. 188. *India at the Death of Akbar* (1920), p. 23. 189. *Jehangir's India*, by Moreland and Geyl, (1925), p. 76.

190. *A New Account of the East Indies*, by Capt. Alexander Hamilton, vol. i, (1740), p. 151.

5

प्रजाति एवं जाति

जाति भारतीय सामाजिक संगठन का एक ऐसा बाधक कारक है जो मेगस्थनीज के समय से ही विदेशियों, चाहे वह कोई यात्री रहा हो, प्रशासक, अथवा संस्कृत साहित्य का विद्यार्थी, को आकर्षित करने में कभी असफल नहीं रहा है। जाति के स्पष्टीकरण हेतु सामाजिक–विज्ञान की विधि का अनुप्रयोग, अर्थात् जाति जैसी संस्था की उत्पत्ति एवं विकास पर प्रयास डालने का एक व्यवस्थित प्रयास, जिसका प्रारंभ डेन्ज़िल इब्बेटसन एवं जे.सी. नेस्फील्ड के कार्यों के साथ किया गया कहा जा सकता है, समकालीन जातियों पर किए गए एक व्यापक अध्ययन द्वारा संपन्न किया गया था। सामान्यतः, ये दोनों ही इस विचार[1] का समर्थन करते हैं कि उत्पत्ति के मामले में जाति मुख्यतः पेशागत थी, अर्थात्, पेशे, जिन्हें समाज में संगठित किया गया था, धीरे–धीरे विशिष्ट हो गए और जातियों में स्तरीकृत हो गए। भारतीय प्रजाति (नस्ल) की अनिवार्य एकता की पुष्टि करते हुए नेस्फील्ड और आगे गए और जोरदार तरीके से इस बात से इंकार किया कि प्रजातीय (नस्लीय) भेदभाव जाति का आधार था।[2] नेस्फील्ड के इस आसाधारण बयान ने जाति की पहेली के समाधान हेतु हर्बर्ट रिस्ली को मानवमिति का उपयोग करने का आधार प्रदान कर दिया, क्योंकि अकेले इसी के द्वारा प्रजातीय बंधुत्व के प्रश्नों का निर्णय किया जा सकता था।[3] उन्होंने उत्तर भारत की अनेकों जातियों पर विस्तृत मापन किए और अपने शानदार कार्य के परिणाम को *एंथ्रोपोमेट्रिक डेटा फ्राम बंगाल* (1891) शीर्षक से दो खंडों में प्रकाशित किया। जाति के सिद्धांत पर इन आँकड़ों के प्रभावों की चर्चा उन्होंने अपनी *ट्राइब्स* तथा *कास्ट्स ऑफ बंगाल,* तथा बाद में *द पीपुल ऑफ इंडिया* के परिचय में की है। उनका कार्य भारत के मानवजाति विज्ञान सर्वेक्षण के एक भाग के रूप में अन्य भारतीय प्रांतों के मानवमितीय आँकड़ों पर शोध प्रबंध को आगे जारी रखने का आधार बना।

मानवमिति सम्बन्धी किसी भी कार्य में किसी भी विद्यार्थी को प्रारंभ से ही दो समस्याओं का सामना करना पड़ता है। पहला है इकाई सम्बन्धी प्रश्न। एक इकाई के रूप में हमें ऐसा क्या लेना चाहिए जिसपर मापन और तुलनाएं की जा सकती हों? क्या हमें किसी भौगोलिक अथवा राजनीतिक क्षेत्र को अपनी इकाई के रूप में लेना चाहिए और इनकी परस्पर तुलना करनी चाहिए? अथवा क्या हमें सभी लोगों को लेना चाहिए, और उनपर अपने मापन करने चाहिए और फिर उनके विश्लेषण करने चाहिए? इस समस्या का समाधान ही मानवमिति कार्य का आधार है। किन्तु, चूंकि हमारा मुख्य प्रयोजन जातियों के बीच तुलनाओं को स्थापित करना है, अतः यहाँ हमें इसे समस्या में उलझने की आवश्यकता नहीं है। हम किसी एक जाति को एक इकाई मान सकते हैं और दूसरी के साथ इसकी तुलना कर सकते हैं। जैसा कि उनके विद्वान टीकाकार डब्ल्यू. क्रूक[4] के द्वारा स्पष्ट किया गया है, इस विधि में जातियों के पृथक्करण के रिस्ली के विचार, जिसमें बहुत अधिक संशोधनों की आवश्यकता है, को

टिप्पणीः यह अध्याय लेखक के पत्र ''द एथनिक थ्योरी ऑफ कास्ट'' से लिया गया है, जो *मैन इन इंडिया,* 1924 में प्रकाशित हुआ था।

स्वीकार किया जाना संलिप्त नही है। इस प्रकार, हम ब्राह्मणों पर अपने मापन कर सकते हैं और उनकी तुलना चमारों के साथ कर सकते हैं। परंतु आँकड़े बताते हैं कि ब्राह्मणों और चमारों के शारीरिक प्रकार एक समान नही थे। हम स्वयं से इसका कारण पूछते हैं, और हमें विभिन्न शारीरिक प्रकारों की उत्पत्तियों के कारण प्राप्त होते हैं। इस प्रकार, वास्तव में हमें भारत के सामान्य मानवजाति विज्ञान से उसी प्रकार निपटना पड़ता है जैसे रिस्ली को निपटना पड़ा था। हमें प्रजातीय मिश्रण के विश्लेषण के साथ–साथ विभिन्न जातियों की तुलना भी करनी है।

यह विधि एक दूसरी समस्या भी प्रस्तुत करती है, जैसे, ऐसी कौन सी विधि है जिसके द्वारा हम प्रजातीय बंधुत्वों को खोज सकते हैं और समूहों की तुलना कर सकते है? ऐसी तुलनाओं के लिए लंबे समय से औसत का उपयोग किया जाता रहा है। रिस्ली ने अपने कार्य में दुर्लभ रूप से कालक्रमबद्धता तथा उससे भी दुर्लभ रूप से समग्र मापन के उपयोग के साथ औसत का उपयोग प्रमुखता से किया था।[5] आवृत्ति वक्र के समान ही कालक्रमबद्धता भी मात्र वास्तविक वितरण को प्रदर्शित करने का प्रयोजन ही पूरा करती है तथा तुलना सम्बन्धी प्रयोजनों के लिए इसका उपयोग सुविधाजनक तरीके से नहीं किया जा सकता। यह एक ऐसा तथ्य है जो प्रकारों के साथ निपटते समय रिस्ली द्वारा इनके दुर्लभ उपयोग को स्पष्ट करता है, यद्यपि इनका विवरण परिशिष्टियों में किया गया है। मानक विचलन के बगैर औसत एक मतिहीनता हैं और ये हमें कुछ भी नहीं बताते। तुलना के लिए हमारे द्वारा प्रयुक्त फार्मूले के आधार के रूप में कार्य करने के साथ–साथ विविधता की वास्तविक सीमा के एक विचार प्रदान करने के द्वारा मानक विचलन अत्यधिक उपयोगी है। "मानक विचलन की छह–गुने तक की एक सीमा सममित अथवा मामूली रूप से असममित प्रकार के वितरणों के मामले में सामान्यतः 99 प्रतिशत अथवा अधिक प्रेक्षणों को शामिल करती है।"[6] इसीलिए मैंने परिशिष्ट में चयनित जातियों के लिए माध्यों एवं उनके मानक विचलनों का उल्लेख किया है।

ऐसा देखा जा सकता है कि पंजाब तथा गुजरात के लिए हमने अत्यन्त कम आँकड़ों का उपयोग किया हैः सिंध के लिए हमारे पास कुछ नहीं है। मद्रास के लिए, ई. थर्सटन[7] से हमें औसतों की एक लंबी सूची प्राप्त हुई है किन्तु इसमें व्यक्तिगत मापन बहुत कम हैं। अतः, द्रविड़ भारत के मामले में हम मात्र दो जातियों की तुलना कर सके हैं, जिनके आँकड़ें सर थॉमस हालैंड के पत्र से लिए गए हैं। यद्यपि हम भारत के सामान्य मानवजाति विज्ञान के लिए थर्सटन के औसतों को स्वीकार करते हैं, फिर भी हमें यह अवश्य स्पष्ट कर देना चाहिए कि वे इसलिए अत्यन्त अपरिष्कृत हैं क्योंकि पूर्ण मापनों को सेंटीमीटरों में दर्ज किया गया प्रतीत होता है।[8] द्रविड़ भारत सम्बन्धी और अधिक वैज्ञानिक निष्कर्षों के लिए हमें विशिष्ट द्रविड़ जातियों पर किए गए ताजा मापनों की आवश्यकता है।

जब हम दो समूहों की तुलना करते हैं तो जो कुछ हम जानना चाहते हैं वह शिरस्क सूचकांक अथवा नासिका सूचकांक के सम्बन्ध में अलग–अलग दो समूहों के बीच का अंतर मात्र नहीं है, बल्कि हमे एक ऐसी अभिव्यक्ति की आवश्यकता है जो सुविधाजनक रूप से उन सभी गुणों के बीच अंतरों का सार प्रदान कर सके जिनकी हम तुलना करना चाहते हैं। ऐसी ही एक अभिव्यक्ति का उपयोग 1912 में टी.ए. जोयेस के द्वारा किया गया था। दो समूहों की तुलना करने के उद्देश्य से वह एक गुण, जैसे शिरस्क सूचकांक, के साथ प्रारंभ करते हैं और भिन्न की गणना करते हैं

$$\sum \frac{M_1 - M_2}{\sqrt{s_1^2 - s_2^2}}$$

जहाँ एम$_1$ तथा एम$_2$ दोनों समूहों के शिरस्क–सूचकांक के लिए माध्य हैं, एम$_1$–एम$_2$ बिना चिह्न के उनके अंतर हैं, तथा ∞1, ∞2 मानक विचलन हैं। ऐसे ही भिन्न उन अनेकों गुणों के लिए प्राप्त किए जा सकते हैं जितने की आवश्यकता हो, और उन सभी का परस्पर जोड़ दिया जाता है। इस योग को 'विभेदक सूचकांक' कहा जाता है।[9] यह अभिव्यक्ति दो लोगों के बीच वास्तविक अंतर को प्रदर्शित करने वाली एक सुविधाजनक मात्रा होती है तथा तुलना के लिए लाभप्रद रूप से प्रयुक्त की जा सकती है। इस अभिव्यक्ति का एक अन्य बड़ा लाभ यह है कि इसकी सहायता से हम शिरस्क लंबाई जैसे तुलनात्मक गुणों को शामिल कर सकते हैं जिन्हें, दुर्भाग्यवश, मानवजाति विज्ञान सम्बन्धी कार्यों में बहुत अधिक उपेक्षित किया गया है। इसके अलावा, भारतीय मानवजाति विज्ञान के क्षेत्र में यह

मद विशेष महत्व की है; क्योंकि यहाँ हमें कभी–कभी दो ऐसे दीर्घशिरस्क लोगों से निपटना होता है जिनके शिर के संपूर्ण मापन अनिवार्यतः अलग–अलग होते हैं। अतः, उत्तर–प्रदेश के ब्राह्मण का शिरस्क सूचकांक 73.29 है, जबकि उसकी शिरस्क लंबाई एवं शिरस्क चौड़ाई क्रमशः 187.56 तथा 137.42 है। दूसरी ओर, कुर्मी का शिरस्क सूचकांक 73.25 तथा शिरस्क लंबाई एवं चौड़ाई क्रमशः 184.05 तथा 135.13 है। बिहार के कुर्मी एवं मुसाहर के शिरस्क सूचकांक क्रमशः 75.82 एवं 75.79 हैं। उनकी शिरस्क लंबाई एवं शिरस्क चौड़ाई क्रमशः 186.97 एवं 183.17, तथा 141.55 एवं 138.69 है। खांदेश के भीलों का शिरस्क सूचकांक 72.56 है जिनकी शिरस्क लंबाई 182.92 तथा शिरस्क चौड़ाई 132.61 है, किन्तु उत्तर–प्रदेश के कायस्थों का शिरस्क सूचकांक 72.48 है जबकि उनकी शिरस्क लंबाई 186.62 तथा शिरस्क चौड़ाई 135.42 है। परिशिष्ट में मैंने चुनी गई जातियों के लिए विभेदक सूचकांक दिए हैं। इस अध्याय में मैंने सूचकांक की सहायता से जाति की समस्या का अध्ययन करने का प्रयास किया है।

ऊपर मैंने कहा है कि ये रिस्ली थे जिन्होंने जातियों की समस्या के समाधान के लिए विशेष परिस्थितियों के अंतर्गत मानवमिति को प्रयुक्त किया था। किन्तु अपने द्वारा अपनाई गई विधि के कारण इस विषय पर जो प्रकाश डालने में वो सक्षम हो सके वह अपेक्षानुसार निर्णायक नहीं था। पुनः, उन्होंने जाति विशेष की समस्या के बजाए भारत के विभिन्न शारीरिक प्रकारों के वर्गीकरण एवं उत्पत्तियों पर अधिक ध्यान दिया।

इसे एक ऐतिहासिक तथ्य के रूप में लिया जा सकता है कि स्वयं को 'आर्य' कहने वाले लोग 2000 ईसा पूर्व के लगभग उत्तर–पश्चिम के मार्ग से भारत में प्रविष्ट हुए थे। हमारी चर्चा से समान रूप से यह भी स्पष्ट है कि जाति के सदृश एक संस्था का उल्लेख संस्कृत की उन पुस्तकों में प्रायः किया गया है जो या तो आर्यों की रचनाएं हैं अथवा आर्यों से प्रेरित मूलनिवासियों की। क्या हम आर्यों के आप्रवासन तथा जाति जैसी संस्था के उद्भव के बीच किसी नजदीकी सम्बन्ध की खोज कर सकते हैं? हम देख चुके हैं कि ब्राह्मणों, जो अप्रवासी आर्यों के नैतिक मार्गदर्शक एवं शास्त्रकार थे, ने निम्न जातियों के साथ मिश्रण से अपने रक्त को सुरक्षित रखा, यद्यपि उन्हें अपने जाति के सदस्यों के द्वारा निम्न जाति की महिलाओं से संतानोत्पत्ति करने में कोई आपत्ति नहीं थी, बशर्ते उन्हें ब्राह्मण वर्ग में प्रवेश न दिया गया हो। क्या मानवमिति जाति के इस पहलू पर कोई प्रकाश डाल सकती है? मुझे ऐसा प्रतीत होता है कि मानवमिति हमें एक उत्तम मार्गदर्शन प्रदान करेगी, बशर्ते भारतीय–आर्यों और हिन्दुस्तान के मूल निवासियों के शारीरिक प्रकारों से सम्बन्धित कतिपय धारणाओं का निर्धारण विश्वसनीयतापूर्वक किया गया हो।

ऐसी दो धारणाएं हैंः पहली, यह कि आर्य प्रकार को लंबे–चेहरे और तीखी–नाक वालों के रूप में वर्णित किया जा सकता है। औसत शिरस्क सूचकांक को 70 से 75 के बीच होना कहा जा सकता है, और नासिका सूचकांक 65 से 75 के बीच हो सकता है। इस धारणा के लिए आधार यह है कि रिस्ली[10] के द्वारा पंजाब एवं राजपूताना की जातियों के लिए प्रदान किए गए शिरस्क तथा नासिका सूचकांकों के लगभग सभी औसत इन्हीं आँकड़ों के बीच आते हैं; और अपनी भौगोलिक स्थितियों के अनुसार यही वे क्षेत्र हैं जो निश्चित रूप से आर्यों के बसने के स्थान रहे होंगे। अतः, हम यथोचित रूप से स्वीकार कर सकते हैं कि पंजाब एवं राजपूताना के प्रमुख शारीरिक प्रकार आर्यों के प्रकार का प्रतिनिधित्व करते हैं। दूसरी धारणा यह है कि मूलनिवासी प्रकार का अनुमान ऐसे लोगों, जैसे मुसाहर, से लगाया जा सकता है जो हिन्दू धर्म की सीमा के अंदर न होते हुए भी दक्षिण भारत के जंगली–आदिवासियों के समान हैं। उनका प्रमुख गुण चौड़ी नाक है, जिनका नासिका सूचकांक 80 से ऊपर है। प्रायः उनका सिर लंबा होता है। यहाँ तक कि चौड़ी नाक को मूलनिवासियों के गुण के रूप में वैदिक कवियों के द्वारा भी दर्ज किया गया प्रतीत होता है जिन्हें वे कभी–कभी "नासिकाविहीन" के रूप में वर्णित करते हैं।[11]

अब मैं मानवमितीय परीक्षण से प्राप्त हमारे निष्कर्षों का वर्णन कर सकता हूँ। संयुक्त प्रांत (अब उत्तर–प्रदेश के नाम से ज्ञात) के ब्राह्मणों को प्राचीन आर्यों के विशिष्ट प्रतिनिधि के रूप में लेते हुए हम उनके साथ तुलना प्रारंभ करेंगे। यदि हम विभेदक सूचकांकों की सारणी का रुख करें तो हम पाते हैं कि चुहरा तथा पंजाब के खत्री की संयुक्त प्रांत के छेत्री को छोड़कर किसी भी अन्य जाति की तुलना में वह अपेक्षाकृत लघु विभेदक सूचकांक को प्रदर्शित करता हैं। खत्री तथा चुहरा के बीच का विभेदक सूचकांक संयुक्त प्रांत के ब्राह्मण तथा चुहरा के बीच के सूचकांक की अपेक्षा मात्र मामूली सा कम है। इसका अर्थ है कि संयुक्त प्रांत के ब्राह्मणों में अपने स्वयं के प्रांत की छेत्री जैसी अत्यधिक

उच्च जाति को छोड़कर किसी भी अन्य जाति की तुलना में चुहरा तथा पंजाब के खत्री के साथ नजदीकी शारीरिक समानताएं थीं। ब्राह्मण चुहरा के उतना ही सृदश है जितना कि उत्तरवर्ती पंजाब के खत्री के। एकमात्र वैध निष्कर्ष यह है कि संयुक्त प्रांत के ब्राह्मण पंजाब के शारीरिक प्रकार से भौतिक रूप से अलग नही हैं, अर्थात्, पहले स्पष्ट की जा चुकी धारणा के आधार पर वह आर्यों के शारीरिक प्रकार का पर्याप्त प्रतिनिधित्व करता है। यदि हम संयुक्त प्रांत के ब्राह्मणों तथा अन्य क्षेत्रों के ब्राह्मणों के बीच के विभेदक सूचकांकों की सारणी पर निगाह डालें तो संयुक्त प्रांत के ब्राह्मणों एवं पंजाब के चुहरा के बीच इस नजदीकी समानता की वास्तविकता और अधिक स्पष्ट हो जाती है। चुहरा तथा संयुक्त प्रांत के ब्राह्मण के बीच की तुलना में ये काफी ऊँचे हैं। यहाँ तक कि संयुक्त प्रांत के ब्राह्मणों तथा बिहार के ब्राह्मणों, जिन्हें आर्य संस्कृति के विस्तार के इतिहास सम्बन्धी हमारी जानकारी के अनुसार इनमें से पूर्ववर्ती के साथ अत्यन्त नजदीकी रूप से सम्बद्ध समझा जाता है, के बीच का विभेदक सूचकांक संयुक्त प्रांत के ब्राह्मण और चुहरा के बीच के सूचकांक से दोगुना अधिक ऊपर है। यह इस तथ्य का निश्चित प्रमाण है कि संयुक्त प्रांत के ब्राह्मणों ने पंजाबियों और प्राचीन आर्यों के समान ही शारीरिक प्रकार को अनिवार्यतः बनाए रखा है।

अब मुझे अवश्य ही यह परीक्षण करना चाहिए कि संयुक्त प्रांत के ब्राह्मणों के अपने ही प्रांत की अन्य जातियों के साथ क्या सम्बन्ध थे। संयुक्त प्रांत के लिए विभेदक सूचकांकों की सारणी से हम देखते हैं कि ब्राह्मण के साथ शारीरिक समानता में चुहरा के बाद कायस्थ तथा कुर्मी का स्थान है, जबकि पैमाने के दूसरे सिरे पर पासी और चमार स्थित हैं। सामाजिक प्रधानता की व्यवस्था में कायस्थ चौथी श्रेणी से सम्बन्धित हैं, कुर्मी आठवीं श्रेणी के ऊपर, जबकि पासी एवं चमार क्रमशः ग्यारहवीं और बारहवीं श्रेणी में आते हैं।[13]

ब्राह्मणों के साथ शारीरिक समानता में इस श्रेणीकरण के वास्तविक महत्व को अन्य प्रांतों के अध्ययन के द्वारा प्रदर्शित किया जा सकता है। ऐतिहासिक आधारों पर, हम बिहार को संयुक्त प्रांत के समीप होने की आशा करते हैं। सारणी के संदर्भ से हम पाते हैं कि कुर्मी ब्राह्मणों के समीप आते हैं, और चमार तथा डोम उससे बहुत अलग हैं। परंतु इस मामले में चमार ब्राह्मणों से उतना अलग नहीं है जितना कि संयुक्त प्रांत का चमार संयुक्त प्रांत के ब्राह्मण से अलग है। कुर्मी की सामाजिक स्थिति को यह उल्लेख करते हुए परिभाषित किया गया है कि वह तीसरे स्थान पर है जबकि चमार और डोम पाँचवे और छठें स्थान पर।[14] इस प्रकार, बिहार में स्थिति कुछ–कुछ उस स्थिति से मेल खाती है जिसके प्रदर्शन का प्रयास हमने संयुक्त प्रांत के मामले में किया है। बंगाल की सारणी दर्शाती है कि वहाँ ऐसी स्थितियाँ मौजूद नहीं हैं। चाँडाल, जो सामाजिक प्रधानता की व्यवस्था में छठें क्रम पर आते हैं तथा जिनका स्पर्श दूषित करता है,[15] ब्राह्मणों से अधिक अलग नहीं है, जिससे दूसरे क्रम पर आने वाले कायस्थ को मुश्किल से ही अलग कहा जा सकता है। इस प्रकार संयुक्त प्रांत में देखे गए श्रेणीकरण बंगाल में मौजूद नहीं हैं। बम्बई में मामला अभी भी यही है। यहाँ देशस्थ ब्राह्मण अपने ही साथी चितपावन ब्राह्मणों की तुलना में एक मछुआरी जाति सोन कोली से नजदीकी समानता रखते हैं। मराठा क्षेत्र के अछूत महार कुनबियों (किसानों) के साथ अगले क्रम में आते हैं। इसके बाद क्रम है शेनवी ब्राह्मणों, नागर ब्राह्मणों तथा उच्च जाति के मराठों का। बल्कि ये परिणाम विचित्र हैं। सामान्य रूप से उल्लेख करने में इनका अर्थ होता है कि बम्बई में सामाजिक श्रेणीकरण तथा शारीरिक विभेदीकरण के बीच कोई सांमजस्य नहीं है। मैं यह विचार करने का प्रयास कर रहा हूँ कि यदि हमारे पास ब्राह्मणों की उप–जातियों के आँकड़े उपलब्ध रहे होते तो बंगाल के परिणाम भी इसी प्रकार चौंकाने वाले रहे होते। राय बहादुर रामप्रसाद चंदा द्वारा प्रकाशित कुछ मापनों के द्वारा भी इस तर्क को प्रशंसनीय बना दिया गया है।[16] नीचे माध्यों और उनके मानक विचलनों का विवरण दिया जा रहा है:

	शिरस्क सूचकांक		*नासिका सूचकांक*	
	माध्य	*मानक विचलन*	*माध्य*	*मानक विचलन*
ब्राह्मण (31)	78.84	3.64	75.61	10.31
पाश्चात्य वैदिक ब्राह्मण (50)	79.83	3.56	71.97	8.62

बंगाल के ब्राह्मणों की दो उप–जातियों के बीच ऐसे अंतरों के साथ हमारे पास उपलब्ध परिणामों की तुलना में कहीं अधिक चौंकाने वाले परिणामों की आशा करने के कारण मौजूद हैं, यद्यपि ये अत्यंत महत्वहीन हैं।

हिन्दुस्तान को छोड़कर भारत के अन्य क्षेत्रों के हमारे सर्वेक्षण ने इस तथ्य को पूर्णतः स्पष्ट कर दिया है कि हिन्दुस्तान इस मामले में अनोखा है कि यहाँ शारीरिक पदानुक्रम में ब्राह्मण शीर्ष पर है; जिसके बाद एक अथवा दो उच्च जातियाँ हैं, जो उससे शारीरिक प्रकार में मुश्किल से ही अलग हैं; तत्पश्चात् उन जातियों के समूह आते हैं, जो ब्राह्मणों से मामूली रूप से अलग हैं; निम्न जातियाँ जैसे चमार एवं पासी, जिन्हें हम मूल निवासियों के हिन्दूवादी प्रतिनिधियों के रूप में देख सकते हैं, उससे कहीं दूर हटकर स्थान प्राप्त करते हैं।

अब मैं रिस्ली द्वारा प्राप्त निष्कर्षों का रुख करूँगा। हिन्दुस्तान के लोगों को शामिल करने के लिए ''पश्चिमी हिन्दुस्तान के लोगों से पूर्वीय पंजाब के लोगों को अलग करने वाले चिह्नित विचलन'' पर विश्वास करते हुए वह आर्यों की कुछ अथवा बिना किसी महिला के आने वाली दूसरी लहर का उल्लेख करते हैं। उन्होंने मूल निवासी महिलाओं के साथ विवाह किए और इस प्रकार अपने मूल प्रकारों को संशोधित कर दिया; ''परंतु रक्त के गर्व का कुछ अंश उनके साथ बना रहा, और जब उन्होंने अपने प्रयोजन–पूर्ति और एक विशिष्ट सही शादी (*jus connubii*) स्थापित करने के लिए पर्याप्त संख्या में महिलाओं को जन्म दे लिया तो अपनी श्रेणी को रक्त के और अधिक मिश्रण करने से रोक दिया। जब उन्होंने ऐसा किया तो वे आज की जातियों के समान एक जाति बन गए।''[17] मैं प्रदर्शित कर चुका हूँ कि जहाँ तक प्रकाशित आँकड़ों का सम्बन्ध है हिन्दुस्तानी ब्राह्मण पंजाबियों के शारीरिक प्रकारों से महत्वपूर्ण रूप से अलग नहीं हैं। अपर इंडिया के एक चतुर प्रेक्षक डब्ल्यू. क्रूक ने टिप्पणी की थी कि पंजाब का कोई यात्री शारीरिक प्रकार में बिना किसी परिवर्तन को चिह्नित किए हिन्दुस्तान में चुपके से प्रवेश कर लेता है।[18] इसीलिए, आर्यों, जो अपने साथ अपनी महिलाओं को नहीं ला पाए थे, के एक दूसरे आक्रमण की कल्पना करना आवश्यक नहीं है।[19] न ही हमें ब्राह्मणों के साहित्यिक अभिलेखों के पूर्णतः विरोधी सिद्धांत को प्रस्तुत करने की आवश्यकता है।

रिस्ली का एक अन्य प्रस्ताव भी है जिसका परीक्षण मुझे और अधिक सूक्ष्मता से करना आवश्यक है क्योंकि यही एक है, जो यदि तथ्यानुसार सत्य है, जो मेरे निष्कर्षों को प्रभावित करता है। वो कहते हैं, ''यदि हम बंगाल, बिहार, आगरा एवं अवध के संयुक्त प्रांत, अथवा मद्रास को लेते हैं और उन्हें नासिका सूचकांक के औसत के क्रम में व्यवस्थित करते हैं ताकि तीखी नाक शीर्ष पर रहे, और सबसे मोटी सूची में सबसे नीचे रहे, तो यह पाया जाएगा कि यह क्रम सामाजिक प्रधानता की स्वीकृत व्यवस्था के साथ पर्याप्त मेल खाता है''।[20] ऊपर स्पष्ट किए गए तर्क से यह स्पष्ट है कि जहाँ तक सगोत्र विवाह की उत्पत्ति सम्बन्धी हमारे स्पष्टीकरण के लिए शारीरिक प्रकार के श्रेणीकरण का सम्बन्ध है, भारत के प्रांतों के बीच हम हिन्दुस्तान के अनूठेपन पर निर्भर करते हैं। रिस्ली का कथन एक प्रकार से इस आधार को चुनौती देता है। मैं सोचता हूँ कि बंगाल तथा बम्बई के लिए मैंने एक अच्छा प्रकरण तैयार कर लिया है और मेरे आँकड़े स्वयं अपनी गवाही देंगे; परंतु जहाँ तक मद्रास का सम्बन्ध है, सामग्री के अभाव में मैं विभेदक सूचकांक के फार्मूले को लागू करने में सफल नहीं रहा हूँ। मेरे विरुद्ध यह तर्क दिया जा सकता है कि जहाँ तक नाक के पूर्ण मापन के बिना नासिका सूचकांक, जो प्रजातीय मिश्रण का एक संकेत हो सकता है, का प्रश्न है, मद्रास मेरे तर्क को गंभीर रूप से क्षतिग्रस्त करता है। अतः, मैं नासिका सूचकांक तथा सामाजिक स्थिति के बीच के सम्बन्ध का प्रांतवार परीक्षण करूँगा।

हिन्दुस्तान की जातियों में से कुछ के नासिका सूचकांक की तुलना करने के उपरांत रिस्ली कहते हैं कि नासिका सूचकांक के द्वारा स्थापित श्रेणीकरण का क्रम ''मूलतः'' वैसा ही है जैसा सामाजिक प्रधानता का।[21] इस मामूली कथन की पुनर्प्रस्तुति मानवजाति विज्ञान पर एक अधिकृत पुस्तक के अंतर्गत अतिरंजित रूप में की गई है। कीन की *मैन, पास्ट एंड प्रेजेंट* [22] नामक पुस्तक में यह कहा गया है कि संयुक्त प्रांतों के हिन्दुस्तानी प्रकारों में ''सामाजिक स्थिति के पूर्णतः समरूप एक नासिका सूचकांक'' मौजूद है। मैं वर्तमान में यह प्रदर्शित करूँगा कि रिस्ली का कथन आंशिक तौर पर सत्य है, और यह कि कीन का सामान्यीकरण निराधार है। नीचे वह क्रम उल्लिखित है जिसके अंतर्गत संयुक्त प्रांतों की कुछ विशिष्ट जातियाँ अपने नासिका सूचकांक, जैसा कि प्रांतवार मेरी सारणी में उल्लिखित है, के अनुसार क्रमबद्ध होती हैं: बाभन, ब्राह्मण, छेत्री, कायस्थ, कुर्मी, थारू, बनिया, भार, कोल, लोहार, डोम, पासी, मुसाहर तथा

चमार। 1901 की जनगणना रिपोर्ट[23] में उल्लिखित सामाजिक प्रधानता का क्रम इस प्रकार हैः ब्राह्मण, बाभन, राजपूत, कायस्थ, बनिया, कुर्मी तथा लोहार, मल्लाह एवं बींद इत्यादि, भारत एवं थारू इत्यादि, कोल एवं मुची, इत्यादि, पासी एवं दोध, इत्यादि, चमार, मुसाहर एवं डोम इत्यादि। इनमें मैं काछी, लोधा, एवं कोइरी को जोड़ सकता हूँ। उनके नासिका सूचकांक के लिए रिस्ली[24] का औसत हैः 82.9, 83.4, तथा 83.6। मेरी सूची में पहले दो कोल के बाद श्रेणीबद्ध होते हैं और तीसरा लोहार के बाद। परंतु सामाजिक प्रधानता की व्यवस्था में उन्हें कुर्मियों के साथ समूहबद्ध किया गया है। ये तुलनाएं सिद्ध करती हैं कि कीन का कथन निराधार है और रिस्ली का मात्र मोटे तौर पर ही सत्य है। बंगाल के लिए, रिस्ली[25] के औसत हमें निम्नलिखित क्रम प्रदान करते हैः पूर्वीय बंगाल के ब्राह्मण तथा कायस्थ, पश्चिम बंगाल के ब्राह्मण, चाँडाल एवं सदगोप, गोआला, मुची, पोड, कैबर्त, एवं राजवंशी कोछ। सामाजिक स्थिति के अनुसार इन जातियों को इस प्रकार क्रमबद्ध किया जा सकता हैः ब्राह्मण, कायस्थ एवं अन्य, सदगोप एवं अन्य, कैबर्त एवं गोआला, भुइया एवं अन्य, कोछ, एवं पोड, चाँडाल, मुची एवं अन्य।[26] यह स्पष्ट है कि ये सूचियाँ रिस्ली के कथन को अस्वीकार करती हैं। ओडिशा की कुछ जातियों सम्बन्धी रिस्ली[27] के औसतों का क्रम हैः शाशान ब्राह्मण, पाँडा ब्राह्मण एवं तेली, खँडैत, मस्तान ब्राह्मण एवं गुरिया, एवं चासा, करन, पान, केवट, एवं बाउरी। प्रधानता का सामाजिक क्रम हैः ब्राह्मण, करन, खँडैत एवं अन्य, चासा, गुरिया एवं अन्य, गोआला एवं अन्य, तेली एवं केवट, इत्यादि, चमार, बाउरी एवं अन्य, पान एवं अन्य।[28] मैं बम्बई को इससे बाहर छोड़ देता हूँ, क्योंकि इसे रिस्ली के प्रेक्षण में शामिल नहीं किया गया है। सारणी पर निगाह डालने से पाठक स्वयं को संतुष्ट कर सकते हैं कि अभी तक समीक्षाधीन प्रांतों की अपेक्षा बम्बई के लिए आँकड़े कहीं अधिक सूचनाप्रद हैं। अंततः हम मद्रास पर आते हैं। यहाँ विभिन्न क्षेत्रों में अलग–अलग सामाजिक प्रधानता की व्यवस्था के लिए हमें अलग–अलग भाषाई क्षेत्रों पर अलग–अलग विचार करना आवश्यक है। प्रारंभ मैं तेलुगु क्षेत्र के साथ करूँगा। रिस्ली द्वारा दिए गए औसतों (पृष्ठ 398) तथा ई. थर्सटन (vol. i, pp. lxviii–lxiii) के अनुसार जातियों के क्रम इस प्रकार हैंः कापू, सेल, गोल्ला, माला, मदिगा एवं तोगाटा, एवं कोमाटी। सामाजिक स्थितियों के अनुसार उनका श्रेणीक्रम इस प्रकार हैः ब्राह्मण........कोमाटी, गोल्ला एवं कापू एवं अन्य, एवं सेल, तोगाटा एवं अन्य। माला एवं मदिगा सर्वाधिक निचली श्रेणी में हैं, जो तेलुगु देश के परियाह हैं।[29] कर्नाटक क्षेत्र में नासिका सूचकांक निम्नलिखित क्रम प्रदान करता हैः कर्नाटक स्मार्त ब्राह्मण, बाँत, बिल्लवा, माँड्या ब्राह्मण, वक्कालिगा, गनिगा, लिंग–बंजिगा, पाँचाला, कुरुबा, होलेया, देशस्थ ब्राह्मण, तोरिया, एवं बीदर। सामाजिक प्रधानता की व्यवस्था में इन जातियों का क्रम इस प्रकार हैः ब्राह्मण.....बाँत एवं वक्कालिगा, तोरिया, इत्यादि, कुरुबा एवं गनिगा, बादगा एवं कुरुम्बा तथा सोलागा, बिल्लवा, बीदर एवं होलेया।[30] तुलना के महत्व में और वृद्धि हो जाती है जब हम यह याद करते हैं कि कर्नाटक क्षेत्र की अछूत जाति होलेया का नासिका सूचकांक 75.1 है, और ब्राह्मण जाति की सर्वोच्च उप–जाति के लिए यही सूचकांक 71.5 है, जबकि हिन्दू बनने पर जंगल के कुरुम्बा एवं सोलागा, जिन्हें सूची में श्रेणी आबंटित की गई है, का सूचकांक क्रमशः 86.1 एवं 85.1 का है। लिंग–बंजिगा एवं पाँचाल की श्रेणियों का निर्धारण नहीं किया जा सकता क्योंकि वे ब्राह्मणों के अधिकार को मान्यता नहीं देते। तमिल जातियों को उनके नासिका सूचकांक के अनुसार इस प्रकार क्रमबद्ध किया जा सकता हैः अम्बाट्टन, वेल्लाल, इदाइयन, अगमुदाइयन, तमिल ब्राह्मण, पल्ली, मलईयाली, शानन, पारियान, इरूला, एवं मालासार। इन जातियों के सामाजिक क्रम इस प्रकार हैंः ब्राह्मण, इदाइयन एवं वेल्लाला, अगमुदाइयन एवं पल्ली, अम्बाट्टन एवं अन्य, इरूला एवं मालासार तथा मलाईयाली, शानन एवं अन्य, पारियान।[31] चार विशिष्ट मलयालम जातियों के नासिका सूचकांक हैंः तियान 75; नम्बूदिरी ब्राह्मण 75.5;[32] नायर 76.7; चेरुमन 77.2। इनके बीच सामाजिक प्रधानता क्रम हैः नम्बूदिरी, नायर, तियान एवं चेरुमन। त्रावनकोर की जंगली जनजाति कनिकर का नासिका सूचकांक 84.6 है। इस प्रकार, चेरुमन उसी प्रजाति से सम्बन्धित हैं जिससे कि ब्राह्मण, न कि कनिकर की प्रजाति से। मैं आशा करता हूँ कि इन तुलनाओं ने इस बात को भली–भांति स्पष्ट कर दिया होगा कि वास्तव में हिन्दुस्तान के बाहर रिस्ली के प्रस्ताव का लगभग कोई आधार नहीं था।

हिन्दुस्तान के बाहर प्रत्येक भाषाई क्षेत्र में हम पाते हैं कि जनसंख्या का शारीरिक प्रकार मिश्रित है, और यह विभिन्न जातियों की सामाजिक प्रधानता के पैमाने पर इसके श्रेणीकरण के साथ मेल नहीं खाता। अभी तक अन्य जातियों से ब्राह्मण को उसके शारीरिक गुणों में इसलिए अलग नहीं किया गया है कि वह उनसे अलग और शारीरिक पदानुक्रम

में शीर्ष पर बना रहे। अपनी जातीय स्थिति में बहुत नीचे रहने वाली जातियों में से कुछ वास्तव में उच्च जातियों में से कुछ के शारीरिक गुणों से ऊपर स्थित हैं। दूसरी ओर हिन्दुस्तान में ब्राह्मणों से नीचे की ओर मुसाहर तक किए गए शारीरिक प्रकारों के श्रेणीकरण हिन्दुस्तानी जातियों के बीच प्रचलित सामाजिक प्रधानता के क्रम से बहुत अधिक नजदीकी समानता रखते हैं। मामले की स्थिति ऐसे नियमों का परिणाम मात्र हो सकती है जिनके द्वारा ब्राह्मण रक्त को मूल निवासियों के रक्त के साथ मिलने से रोका गया हो किन्तु अलग–अलग अनुपातों में अन्य समूहों के रक्त मिश्रण की अनुमति प्रदान की गई हो। जैसा कि हम देख चुके हैं, यह ठीक वही था जिसे ब्राह्मणों ने अपने आचरण सम्बन्धी नियमों के द्वारा करने का प्रयास किया था। ब्राह्मणों ने स्वयं को यह आदेश दिए जाने के द्वारा शुद्ध बनाए रखा कि मात्र ऐसे लोग, जिनके माता–पिता दोनों ही ब्राह्मण हों, को ही ब्राह्मण माना जा सकता है। इसीलिए अपने वर्ग के संदर्भ में ब्राह्मण सगोत्र विवाह का पालन करने वाले सर्वप्रथम लोग थे। हम यह भी देख चुके हैं कि प्रत्येक भाषाई क्षेत्र का ब्राह्मण अन्य क्षेत्रों तथा हिन्दुस्तान के ब्राह्मणों की अपेक्षा अपने क्षेत्र की अन्य जातियों के साथ अधिक शारीरिक समानता प्रदर्शित करता है। इससे यह स्पष्ट है कि सगोत्र विवाह की ब्राह्मणवादी प्रथा अवश्य ही हिन्दुस्तान में विकसित हुई होनी चाहिए और फिर हिन्दुस्तान ब्राह्मणों के शारीरिक प्रकार वाले लोगों के किसी बड़े अंतःप्रवाह के बिना ही एक सांस्कृतिक गुण के रूप में इसका प्रसार अन्य क्षेत्रों में हुआ होना चाहिए।

इस विषय का वर्णन भारत के शारीरिक प्रकारों एवं उनकी उत्पत्ति के अन्वेषण के बिना पूरा नहीं हो सकता।[33] इस क्षेत्र में भी रिस्ली के द्वारा एक सूत्र प्रदान किया गया है। उनके विचार के एक कथन के साथ प्रारंभ करना सर्वोत्तम होगा। वो सात प्रकारों का विभेदन करते हैंः (1) बलूचिस्तान तथा उत्तर–पश्चिमी सीमावर्ती प्रांतों के तुर्क–ईरानी। हम इस प्रकार पर चर्चा नहीं कर रहे हैं, क्योंकि हम सोचते हैं कि यह अनिवार्य रूप से सांस्कृतिक भारत के बाहर स्थित है। (2) कश्मीर, पंजाब, एवं राजपूताना के भारतीय–आर्य। ये एक पतली नाक के साथ दीर्घशिरस्क हैं। हम अन्य शारीरिक गुणों को छोड़ दे रहे हैं क्योंकि वो बहुत अधिक अस्पष्ट हैं। (3) हिमालय, नेपाल, असम और बर्मा के मंगोल प्रकार। (4) द्रविड+ प्रकार जो सीलोन से लेकर गंगा की घाटियों और संपूर्ण मद्रास, हैदराबाद, एवं मध्य प्रांत, अधिकांश मध्य भारत एवं छोटा नागपुर तक फैला हुआ है। यह ''संभवतः भारत की मूल प्रकार की जनसंख्या'' थी। एक ''अत्यंत चौड़ी नाक'' के साथ यह दीर्घशिरस्क है। (5) संयुक्त प्रांतों, बिहार एवं सीलोन के आर्य–द्रविड़। इन्हें राजपूताना के कुछ हिस्सों में भी पाया जाता है। मध्यम प्रवृत्ति के साथ इनके शिर का स्वरूप लंबवत् है। (6) निचले बंगाल तथा ओडिशा के मंगोल–द्रविड़। ''शिर चौडा है; नाक मध्यम है जिसकी प्रवृत्ति चौड़ी की है।'' (7) पश्चिमी भारत के सिथो–द्रविड़ प्रकार। ''शिर चौड़ा है; नाक मामूली रूप से पतली है।''[34]

भारतीय आर्य प्रकारः इस प्रकार के विरुद्ध पहली आपत्ति यह है कि रिस्ली द्वारा प्रस्तावित व्यवस्था में इसे इंगित करने हेतु प्रयुक्त शब्द असंतोषजनक है। अन्य प्रकारों के मामले में नामों के लिए दो शारीरिक प्रकारों के नामों के संयोजित शब्दों का उपयोग किया गया है जिसे विशिष्ट प्रकार के द्वारा व्युत्पन्न माना जाता है। अतः आर्य–द्रविड़ शब्द का आशय यह है कि इसे आर्य प्रकार और द्रविड़ प्रकार का एक मिश्रण माना जाता है। परंतु भारतीय–आर्य के मामले में आशय ऐसे किसी मिश्रण से नहीं है। भारतीय–आर्य प्रकार को भारतीयों और आर्यों का मिश्रण नहीं माना जाता बल्कि एक शुद्ध प्रकार माना जाता है। भारतीय–आर्य का अर्थ ईरान के आर्यों के विपरीत भारत के आर्य से अधिक कुछ भी नहीं है। अतः, यह देखा जाएगा कि रिस्ली की व्यवस्था में यह शब्द भ्रामक अधिक है। इसके बावजूद, जैसा कि इस विषय के मेरे वर्णन में है, मैं समस्त संयोजित शब्दों से बचने का इच्छुक हूँ। मैं भारतीय–आर्य शब्द को भारत के आर्य प्रकार को इंगित करने के लिए साथ रखूँगा। इसके स्थान पर मैं आर्य शब्द का उपयोग नहीं कर सकता क्योंकि भाषा विज्ञान में इस शब्द को सामान्यतः ईरानियों के साथ–साथ भारतीयों के लिए भी प्रयुक्त किया जाता है। तब भारतीय–आर्य से मेरा आशय उस शारीरिक प्रकार से है जिसमें व्यापक योगदान वैदिक भारतीयों द्वारा दिया गया है। इस प्रकार के शारीरिक गुणों का एकमात्र पंजाब की वर्तमान जनसंख्या की व्याख्या से प्राप्त किया गया है। मेरे पास यह सोचने का कोई कारण नहीं है कि भारत में आर्यों के आप्रवासन के पश्चात् एवं दारा (Darius) के प्रभुत्व के पूर्व विदेशियों का कोई भारी अंतःप्रवाह हुआ था। ऐसा प्रतीत होता है कि जब दारा ने पंजाब के एक हिस्से पर आधिपत्य जमाया था तब देश पहले से ही घनी आबादी

से युक्त और समृद्ध था।[35] पंजाब का शारीरिक प्रकार इतना एकसमान है कि किसी बड़े मिश्रण की संभावना को निरस्त कर देता है। अतः, हम उचित रूप से मान सकते हैं कि पंजाब के वर्तमान निवासियों का एक बड़ा भाग वैदिक आर्यों के वंशज हैं। बाद के उन आप्रवासियों के कारण उनकी संख्या में वृद्धि हुई हो सकती है जिनका शारीरिक प्रकार उनके समान रहा हो, किन्तु जिनकी सांस्कृतिक समानता को खोज पाने में हम समर्थ न रहे हों। दूसरे, रिस्ली के द्वारा राजपूतों के भारतीय–आर्यों के रूप में किए गए वर्गीकरण पर एक आपत्ति की गई है।[36] यह तर्क दिया गया है कि राजपूतों के कुछ कुलों के नाम वही है जो गुर्जर जनजाति अथवा जाति के हैं, और यह कि 9वीं शताब्दी के दौरान और उसके बाद कन्नौज के राजवंश गुर्जरों के थे। अतः, यह तर्क दिया जाता है कि कुछ राजपूत कुल गैर–आर्य वंशज हैं।[37] यहाँ तक कि राजपूताना (वर्तमान राजस्थान) के मीणा और मियो भी राजपूतों से शारीरिक रूप से अधिक अलग नहीं हैं।[38] इस प्रकार राजपूत उसी प्रजाति के हैं जैसे राजपूताना के अन्य लोग। हम यह नहीं मान सकते कि छठवीं ईस्वी में जब विदेशी जनजातियों ने प्रवेश किया तब राजपूताना शासकविहीन रहा हो। संभवतः यह कहा जाएगा कि गुर्जर राजपूताना की जनसंख्या के समान शारीरिक प्रकार वाले थे और इसीलिए उनकी उपस्थिति को शारीरिक मानवविज्ञान के द्वारा नहीं खोजा जा सकता, यद्यपि वे भारी संख्या में प्रविष्ट हुए थे और उन्होंने राजपूताना की वर्तमान जनसंख्या को उत्पन्न किया था। यह मान्यता टिकाऊ नहीं है; क्योंकि गुर्जरों को श्वेत हुणों[39] के रक्त से सम्बन्धित होने का विश्वास किया जाता है, जो एक लघुशिरस्क लोग रहे प्रतीत होते हैं।[40] अतः यह मान लेना उचित है कि गुर्जरों के कुछ सत्तारूढ़ परिवार अपने अनुयायियों के एक छोटे दल के साथ तत्कालीन राजपूताना आबादी पर अपनी संस्कृति थोपने और प्रधानता प्राप्त करने में सफल रहे। यह भी कहा जाता है कि कुछ राजपूत कुल प्रकट रूप से ''तथाकथित मूलनिवासी जनजातियों जैसे–गोंड, भार, कोल तथा अन्य समान जनजातियों के वंशज हैं'',[41] क्योंकि राजपूत तथा मूलनिवासी जनजातियाँ दोनों में कुछ कुलनाम एकसमान हैं। शारीरिक गुणों में ये जनजातियाँ राजपूतों से अत्यधिक भिन्न हैं, और फिर भी हमें यह विश्वास करने को कहा जाता है कि वे अनिवार्यतः वहीं हैं क्योंकि सामाजिक संगठन की कुछ विशेषताएं उनके बीच एक समान हैं। साझा कुल–नामों को निम्न जातियों अथवा जनजातियों के द्वारा प्रभुत्वशाली राजपूतों से उधार लिए जाने के रूप में बेहतर तरीके से स्पष्ट किया जा सकता है। इस प्रकार, राजपूतों को भारतीय–आर्य के रूप में वर्गीकृत करने के विरुद्ध कोई गंभीर आपत्ति नहीं प्रतीत होती। तीसरे, कश्मीरियों के भारतीय–आर्यों के रूप में रिस्ली के वर्गीकरण के लिए कोई आधार मौजूद नहीं प्रतीत होता। कश्मीरी एक मध्यशिरस्कीय (mesaticephalic) लोग प्रतीत होते हैं, जो संभवतः मध्य एशिया के उच्च–पर्वतीय ग्रामीण तथा पंजाब के भारतीय–आर्यों का एक मिश्रण है। अंततः, मैंने यह स्पष्ट कर दिया है कि रिस्ली इस प्रकार को पंजाब तथा राजपूताना तक सीमित करने में सही नहीं थे। यह प्रकार हिन्दुस्तान की एक अथवा दो उच्च जातियों को भी शामिल करता है।

जहाँ तक भारत के बाहर भारतीय–आर्यों की समानता का सम्बन्ध है, हैडॉन संभवतः उनमें संशोधित आदिम–उत्तर यूरोपीय लोगों को देखेंगे।[42] परंतु यह बेहतर है कि उन्हें भूमध्यसागरीय प्रजाति की एक लंबी किस्म के साथ सम्बद्ध किया जाए।

मंगोल प्रकारः यहाँ हमें *मैन, पास्ट एंड प्रेजेंट* [44] में दोहराई गई रिस्ली की एक गलती की ओर ध्यान आकर्षित करने के अलावा और कोई टिप्पणी नहीं करनी है। लाहुल और कुल्लू दोनों के कनेतों को इसमें मंगोलों के रूप में वर्गीकृत किया गया है। पंजाब की सारणी पर एक निगाह यह प्रदर्शित करती है कि जहाँ कुल्लू के कनेत बहुत कुछ पंजाब के खत्रियों के समान हैं, वहीं लाहुल के कनेत उनसे पूर्णतः भिन्न हैं। कुल्लू के कनेत भारतीय–आर्य हैं, जबकि लाहुल के कनेत कुल्लू के कनेतों तथा मंगोली लोगों का एक मिश्रण हैं। वास्तव में, इसका प्रयोजन कुल्लू के कनेतों (जो पंजाबियों के साथ संपर्क के उल्लेखनीय चिह्न दर्शाते हैं) तथा मंगोलों के बीच के प्रजातीय मिश्रण की प्रक्रिया को स्पष्ट करना है जिसका अध्ययन, इन दो लोगों पर, इस विषय पर हमारे विद्वान हालैंड द्वारा किया गया है।[45]

द्रविड़ प्रकारः यहाँ हम रिस्ली के महान कार्य के सर्वाधिक कमजोर भाग पर आते हैं। इस प्रकार का विस्तार सीलोन से गंगा की घाटी तक हुआ माना जाता है, जिसके सर्वश्रेष्ठ प्रतिनिधि हैंः नायर, पानियान, सन्ताल, एवं अन्य।[46] *मैन, पास्ट एंड प्रेजेंट* [47] में इस विचार को दोहराया गया है, जहाँ यद्यपि कि जंगली जनजाति जैसे

पानियानों को द्रविड़–पूर्व लोगों के रूप में अलग वर्गीकृत किया गया है, नायरों एवं सन्तालों को द्रविड़ प्रकार के विशिष्ट प्रतिनिधि के रूप में प्रस्तुत किया गया है। अब यदि हम उनके रंग–रूप को नायर और पानियान से अलग भी कर दें तो सन्ताल नायर से उतनी ही दूरी पर हैं जितने कि पानियान। नायर का नासिका सूचकांक 76.7 है; सन्ताल का 88.8; पानियान का 95.1 है। यदि हम अन्य जनजातियों जैसे इरूला एवं कनिकर को भी विचार में शामिल करते हैं तो सन्ताल का दक्षिण भारत की जंगली जनजातियों के साथ निकट सम्बन्ध और अधिक स्पष्ट हो जाता है। मोटे तौर पर यह उल्लेख किया जा सकता है कि जंगली जनजातियों का नासिका सूचकांक 30 से 90 के बीच है। इसीलिए मुझे सन्ताल का जंगली जनजातियों से जोड़ना पड़ा है और नायर एवं उनके जैसे अन्य को उनसे पृथक करना पड़ा है।

मैं इस संयोजित समूह को चार अलग प्रकारों में विभाजित करने का प्रस्ताव करता हूँ:

1. द्रविड़–पूर्व प्रकार
2. मुँडा प्रकार
3. द्रविड़ प्रकार
4. पश्चिमी प्रकार

इन प्रकारों पर चर्चा करने के पूर्व मुझे कुछ विशिष्ट शब्दों के उपयोग का उल्लेख अवश्य कर देना चाहिए। संस्कृत लेखकों के द्वारा तेलुगु देश को 'आंध्र देश' के रूप में उल्लिखित करने के विपरीत मलयालम एवं तमिल क्षेत्रों को सामूहिक रूप से 'द्रविड़ देश' के रूप में संदर्भित किया गया प्रतीत होता है। द्रविड़ों को जो प्रकार मैं दिया जाना प्रस्तावित करता हूँ वह मात्र मलयालम एवं तमिल क्षेत्रों में ही प्रभावी है। अतः, इसे आत्मसंयमपूर्वक द्रविड़ प्रकार कहा जाना चाहिए। 'द्रविड़यन' 'द्रविड़' शब्द का मात्र एक अंग्रेजीकृत रूप है। परंतु भाषा विज्ञान में इसका उपयोग न केवल तमिल एवं मलयालम बल्कि कन्नड़, तेलुगु, तथा समान भाषाओं में अर्थ स्पष्ट करने हेतु किया गया है। इसका उपयोग आर्य संस्कृति से एक अलग संस्कृति को नामित करने हेतु भी किया गया है। इस शब्द को एक ऐसी संस्कृति को निर्दिष्ट करने हेतु साथ रखना सुविधाजनक है जो अपने सामाजिक संगठन में एक ओर ऐसी प्रथाओं, जैसे पार–चचेरे भाई–बहन के विवाह द्वारा तो दूसरी ओर दोहरे संगठन एवं मातृवंशीय वंश द्वारा वर्णित किया गया था।

द्रविड़–पूर्व प्रकारः इस प्रकार के विशिष्ट प्रतिनिधि मुख्यतः दक्षिण भारत के जंगलों में निवास करते हैं। ये मध्य भारत के पर्वतीय देशों, राजस्थान एवं उत्तर–प्रदेश तथा पश्चिमी भारत में सभी जगह एक खूँटे की तरह घुसपैठ करते हुए पाए जाते हैं। ऐसा वितरण यह संभव बना देता है कि ये लोग दक्षिण भारत के प्रथम निवासी थे। ऐसा प्रतीत होता है कि बाद में आने वाले आप्रवासियों के द्वारा दबाए जाने पर इन्होंने पर्वतों और जंगलों में शरण ले ली, अथवा आप्रवासियों की सामाजिक राज्यव्यवस्था में पुनः निम्नकोटि के सदस्य बनने का प्रबंध कर लिया। उनपर हावी होने वाले आप्रवासी लोग द्रविड़ प्रकार के थे। अतः इसी प्रकार के नाम पर विचार किया गया। यदि हम इरूला, कादिर, कनिकर, पानियान तथा तत्समान लोगों को इस प्रकार के सर्वश्रेष्ठ प्रतिनिधियों के रूप में मान लें तो इसकी शारीरिक विशेषताओं को इस प्रकार सारांशीकृत किया जा सकता है: शिर लंबा है, शिरस्क सूचकांक सामान्यतः 75 के नीचे है; नाक चौड़ी है, नासिका सूचकांक सदैव 80 के ऊपर है। पश्चिमी भारत के भील एवं कटकरी भी इसी प्रजातीय प्रजाति के सदस्य हैं। मुसाहर, पासी, चमार, तथा सामान्यतौर पर संयुक्त प्रांतों की निचली जातियाँ भी इसी प्रकार से सम्बन्ध रखती हैं। इस तथ्य, कि कनिकरों के बीच पर्वतीय क्षेत्रों की पिता से पुत्र को विरासत की व्यवस्था में निजी संपत्ति का मात्र एक भाग भतीजे को दिया जाता है, जबकि मैदानी भागों में किसी की स्व–अर्जित संपत्ति का समान वितरण उसके पुत्रों और भतीजों के बीच किया जाता है[48], से यह मान लेना उचित है कि द्रविड़–पूर्व लोग अनिवार्यतः पितृवंशीय थे। ऐसा प्रतीत होता है कि उत्तर की ओर बढ़ते समय उन्होंने द्रविड़ संस्कृति की अनेकों मदों को आत्मसात् किया हुआ था। वे अपने साथ बड़े पत्थरों से निर्मित समाधियों और स्मारकों के निर्माण की प्रथा को लाए, जो मध्य–प्रदेश, पूर्वीय राजस्थान एवं उत्तर–प्रदेश के मिर्जापुर जिले में पाई जाती हैं। वो द्रविड़ भाषाएं बोला करते थे; क्योंकि मध्य प्रांतों के कुछ गाँवों के नामों की समाप्ति कन्नड़ शब्दों[49] के साथ होती है और गया एवं मिर्जापुर जिलों के कुछ गाँवों के नाम विशिष्ट रूप से

द्रविड़ हैं।[50] जहाँ तक सामाजिक संगठन की बात है वे अपने साथ पार–चचेरे भाई–बहन विवाह की प्रथा को लाए प्रतीत होते हैं, जो आज बची हुई रीति के रूप में मात्र उनके बीच ही विद्यमान है।[51]

अभी तक इस प्रकार को द्रविड़–पूर्व के रूप में जाना जाता रहा है। कुछ विद्वान इन लोगों को मलय प्रायद्वीप के सकाई एवं आस्ट्रेलियाई लोगों के साथ जोड़ते हैं।[52] वे भारत के मूल निवासी रहे हो सकते हैं। इस प्रकार में एक नीग्रिटो (ऑस्ट्रोनेशियन क्षेत्र के छोटी शारीरिक संरचना वाले अश्वेत लोग) प्रजाति है इस तथ्य को बी.एस. गुहा के अनुसंधानों के द्वारा संभव माना गया है।[53]

मुँडा प्रकारः ऐसे लोग, जिनमें मध्य–शिरस्क (mesaticephaly) तथा मोटी नाक वाले होने की बहुत मामूली प्रवृत्ति मौजूद है, का नासिका सूचकांक 80 के ऊपर है, और वे छोटा–नागपुर एवं पश्चिमी बंगाल में भरे पड़े हैं। ये बिहार में भी पाए जाते हैं किन्तु उत्तर–प्रदेश में नहीं हैं।[54] इस क्षेत्र में मुँडा संस्कृति मूल रूप से फली–फूली प्रतीत होती है।[55] अतः, इस प्रकार को मुँडा नामित करना सर्वोत्तम है। इस प्रकार से सम्बन्धित कुछ लोग भारतीय–आर्यों एवं द्रविड़ों की भाषाएं बोलते हैं। संस्कृति में मुँडा लोगों में इंडोनेशियाई एवं मलेशियाई क्षेत्र के लोगों के साथ समानाताएं हैं। यह निश्चित है कि इस मुँडा संस्कृति का वितरण वर्तमान की अपेक्षा पहले कहीं अधिक व्यापक था, क्योंकि ''मुँडा भाषाएं अवश्य ही मध्य भारत के एक बड़े भाग, तथा संभवतः गंगा घाटी में भी बोली जाती रही होंगी।''[56] आगे, गया और मिर्जापुर जिले के कुछ गाँवों के नाम उत्पत्ति के मामले में मुँडा भाषा से हैं।[57] मुँडा भाषाएं मलय प्रायद्वीप के सैकिया और सेमंग लोगों के द्वारा बोली जाने वाली मोन–ख्मेर भाषाओं से नजदीकी सम्बन्ध रखती हैं और आगे इंडोनेशिया, मेलानेशिया, एवं पॉलीनेशिया की भाषाओं के साथ इस प्रकार से सम्बन्धित हैं कि वे इन्हें हमें एक परिवार के रूप में समूहबद्ध करने की अनुमति प्रदान करती हैं।[58] एक अनूठी प्रथा, अर्थात्, दादा का पोती के साथ विवाह, मात्र भारत के इसी भाग तक सीमित रूप से बची है। ओरोन लोगों के बीच इसके अस्तित्व की जानकारी पहली बार राय बहादुर एस.सी. राय द्वारा दी गई थी। इसका एक समकक्षी मेलानेशिया से ज्ञात हुआ है।[59] राय ने बिहार से भी कुछ प्रथाओं को दर्ज किया था जो इसके जीवित रहने की याद दिलाते हैं।[60] इस कौतुहलपूर्ण प्रथा का गंजम में भी बचे रहना सूचित किया गया है, जहाँ अभी भी मुँडा भाषा बोली जाती है। गौडो जाति के सोल्लोखोन्डिया वर्ग के बीच यदि कोई लड़की रजस्वला होने के पूर्व पति प्राप्त करने में विफल रहती है तो उसे किसी वृद्ध पुरुष (''प्राथमिकतापूर्वक लड़की का दादा'') के साथ नाममात्र का विवाह करना होता है।[61] ऐसी ही एक प्रथा गंजम के कुरूमो के बीच भी प्रचलित है।[62] पोती एवं दादा के बीच विवाह की प्रथा निश्चित रूप से मुँडा संस्कृति का हिस्सा रही होगी। एक नव–पाषाणकालिक कलाकृति, जिसे ''स्कंधकुठार'' के नाम से जाना जाता है, बंगाल तथा असम की उच्च–भूमियों की विशेषता है। ऐसे ही उपकरण मलय क्षेत्रों में भी पाए गए हैं।[63] इस उपकरण का भारत में सीमित वितरण इस निष्कर्ष को समर्थन प्रदान करता है कि जो लोग इसे भारत में लाए थे वे निश्चित रूप से मलय क्षेत्रों से आए होंगे। आगे, चूंकि यह उपकरण मुँडा संस्कृति द्वारा निरूपित क्षेत्र के पश्चिम में नहीं पाया जाता, अतः यह मान लेना उचित है कि मुँडा लोग इस कलाकृति को प्रचलित करने हेतु उत्तरदायी थे। मुँडा प्रकार की उत्पत्ति के सम्बन्ध में निष्कर्ष यह है कि इस प्रकार के लोग भारत में मलय क्षेत्रों से उस समय आए थे जब वे नवपाषाण युग में थे।

इस प्रकार के विशिष्ट प्रतिनिधि हैं मुँडा और सन्ताल, मुसाहर, और बिहार के चमार।

द्रविड़ प्रकारः इस प्रकार की विशेषता एक लंबा शिर होना है, शिरस्क सूचकांक 75 के नीचे है, और नासिका सूचकांक 77 से कम होने के साथ नाक मध्यम है। यह तमिल और मलयालम देशों तक सीमित है।[64] मातृवंशीय वंशज होना इस प्रकार के लोगों के सामाजिक संगठन का प्रमुख गुण रहा प्रतीत होता है। मालाबार के सामाजिक संगठनों की इस विशिष्टता को संदर्भित करने के लिए मेगास्थनीज के एक कथन का यह अर्थ लगाया गया है।[65] एक शारीरिक गुण, जिसपर अभी तक हमने विचार नहीं किया है, बाल हैं। यह इस प्रकार की समानताओं के परीक्षण के साथ विशिष्ट सामाजिक महत्व का है। नम्बूदिरियों को छोड़कर मालाबार की अधिकांश जातियों के गालों तथा छातियों पर बाल या तो नहीं हैं अथवा बहुत कम हैं। वे बिना डाढ़ी वाले हैं, और उनकी नकल करने वाले नम्बूदिरी अपने शिखा (चोटी) को छोड़कर पूरे शरीर के बाल साफ कर देते हैं। ''मालाबार की अच्छी जातियों के बीच किसी बाल वाले व्यक्ति के बारे में बोलने का अर्थ है उसकी निन्दा करना।''[66] गालों पर बालों का

न होना द्रविड़ों को निश्चित रूप से इलिअट स्मिथ द्वारा निरूपित भूरी प्रजाति से जोड़ता है।[67] वे मेसोपोटामिया अथवा अरब से भारत कब आए, यह निर्धारित नहीं किया जा सकता। इन देशों से वे अपने साथ मातृवंशीय प्रकार का सामाजिक संगठन लाए हो सकते हैं; क्योंकि ऐसा विचार करने हेतु कुछ साक्ष्य मौजूद हैं कि अरब तथा बेबीलोनियाई दोनों ही लोग मातृ–अधिकारों का उपयोग करते हैं।[68]

इस प्रकार के सर्वश्रेष्ठ प्रतिनिधि हैं: नायर, तियान, बडागा, अगामुदाइयान, एवं वेल्लाला। मैं नम्बूदिरियों को इस प्रकार से बाहर रखता हूँ क्योंकि उनका शिरस्क सूचकांक 75 से अधिक है, और उनके बाल बहुत घने हैं। टोडास एक समस्या हैं। उनके शिरस्क एवं नासिका सूचकांक ऐसे हैं जो उन्हें इस प्रकार में शामिल करते हैं; परंतु उनके बालों की प्रणाली विशिष्ट रूप से विकसित है। नदियाँ उन्हें मालाबार जातियों से जोड़ती हैं और और उनकी बालदारता उनके पर्यावरण के कारण है।[69] इस स्पष्टीकरण के विरुद्ध आर. चन्दा ने उचित ही तर्क दिया है कि बडागा, जो नीलगिरि की एक अन्य जनजाति है, बालदार नहीं प्रतीत होती।[70] इस तथ्य के मद्देनजर कि "मालाबार की समस्त जातियों अथवा जनजातियों में से शायद नम्बूदिरी लोग ही टोडा लोगों की प्रथाओं के साथ सर्वाधिक बड़ी संख्या में सादृश्यता प्रदर्शित करते हैं"[71], ऐसा असंभव नहीं है कि नम्बूदिरियों के साथ उनके कुछ सम्बन्ध रहे हों।

पश्चिमी प्रकारः मैं इस प्रकार के साथ रिस्ली के सिथो–द्रविड़ प्रकार के सम्बन्ध में चर्चा करूँगा।

आर्य–द्रविड़ प्रकारः चूंकि अभी तक की चर्चा ने यह अवश्य ही स्पष्ट कर दिया होगा कि हम किसी आर्य–द्रविड़ प्रकार के बारे में बात नहीं कर सकते। मैंने प्रदर्शित कर दिया है कि संयुक्त प्रांतों (और संभवतः बिहार की भी) की उच्च–जातियाँ ही भारतीय–आर्यों के रूप में वर्गीकृत की गई होंगी। संयुक्त प्रांतों (और संभवतः बिहार की भी) की निम्न जातियाँ को अवश्य ही भारतीय–आर्य के रूप में वर्गीकृत किया गया होगा। संयुक्त प्रांतों की निम्न जातियों को अवश्य ही द्रविड़–पूर्व प्रकार के रूप में तथा बिहार की निम्न जातियों को मुुंडा प्रकार के रूप में संदर्भित किया गया होगा। विभेदक सूचकांक द्वारा स्पष्ट कर दिया गया है कि हमें बिहार की निम्न जातियों को संयुक्त प्रांत की निम्न जातियों से अवश्य ही पृथक कर देना चाहिए। दोनों प्रांतों के ब्राह्मणों के बीच का विभेदक सूचकांक 2.05 है; कुर्मियों के बीच यह 3.49 है; और चमारों के बीच यह 4.01 है। संयुक्त प्रांतों की मध्यस्थ जातियों को निश्चित रूप से भारतीय–आर्यों और द्रविड़–पूर्व का मिश्रण माना जाना चाहिए, जबकि बिहार में इसे संभवतः एक द्रविड़–पूर्व अंश के साथ भारतीय आर्यों तथा मुँडा लोगों का मिश्रण माना जाना चाहिए।

मंगोल–द्रविड़ प्रकारः रिस्ली के अनुसार यह प्रकार शुद्ध मंगोलों और द्रविड़ प्रकारों का एक मिश्रण है और इसमें निचले बंगाल तथा ओडिशा की जनसंख्या शामिल है। वह इस प्रकार के शिर का चौड़ा होने का वर्णन करते हैं, परंतु मैं सोचता हूँ कि इसे मध्यम कहना अधिक बेहतर होगा। रिस्ली के द्वारा मापन की गई बंगाल की 14 जातियों में शिरस्क सूचकांक 74.9 से 78.8 के बीच रहा था, बाउरी, मल पहारिया, बागदी, गोआला एवं मल, कैबर्त एवं मुची के सूचकांक नीचे थे और सदगोप, निम्न जातियों के चाँडालों तथा कायस्थों और उच्च जातियों के ब्राह्मणों के सूचकांक ऊँचे थे। मात्र चिटगाँव पहाड़ियों के राजबंशी मघा लोगों के शिरस्क सूचकांक 79 के ऊपर दिखाई दिए हैं। उपरोक्त 14 जातियों के नासिका सूचकांक 70.7 से 94.7 के बीच रहे हैं। निचले सूचकांकों को कायस्थ, ब्राह्मण, सदगोप एवं चाँडाल इत्यादि के बढ़ते हुए क्रम में प्रदर्शित किया गया है। बागदी लोगों का नासिका सूचकांक 80.8 है और बाउरी, मल पहारिया एवं मल लोग घटते हुए क्रम में शामिल होते हैं।[72] भारत में मंगोल प्रकार के नासिका सूचकांक अधिकांश मामलों में 78 से ऊपर हैं।[73] न ही *नेत्रगड्ढा*–नासिका सूचकांक (orbito-nasal index) मंगोलों के किसी मिश्रण के विचार का समर्थन करता है।[74] बंगाल की तीन निचली जातियों, अर्थात्, पोड, बागदी और चाँडाल में आँकड़े क्रमशः इस प्रकार हैं: 111.5, 112.2, तथा 114.0। ओडिशा में *नेत्रगड्ढा*–नासिका सूचकांक 112 से 117 के बीच है। हम यह अर्थ नहीं निकालना चाहते कि भारत के इस भाग में किसी प्रकार का मंगोल मिश्रण नहीं है, बल्कि सिर्फ यह स्पष्ट करना चाहते हैं कि मानवमिति के प्रकाशित आँकड़े हमें कोई सूत्र प्रदान नहीं करते। गंजम के सावरा लोग स्पष्ट तौर पर मंगोल हैं।[75] पुनः, संयुक्त प्रांतों की कुछ जातियाँ मंगोल लोगों के साथ स्पष्ट सांस्कृतिक समानताओं को प्रदर्शित करती हैं। बहेलियों, ढाँगरों, धरकारों, डोमों, दुसधों, एवं नाइयों के बीच उनकी माँ की बहन (मौसी) के वंश में विवाह की अनुमति है।[76] भारत में अन्य सभी जगहों पर ऐसे विवाह कठोरतापूर्वक प्रतिबंधित हैं; अतः इन जातियों के बीच

ऐसे विवाहों की अनुमति अत्यन्त असामान्य है। हम इसे मंगोलों, अर्थात् सिक्किम के भोतिया लोगों से उधार ली गई प्रथा के रूप में स्पष्ट कर सकते हैं। उनके बीच कोई भी अपने मातृपक्ष की मौसेरी/ममेरी बहन से विवाह कर सकता है, वो या तो माँ के भाई की संतान हो अथवा माँ के बहन की।[77] मैं सोचता हूँ कि बंगाली लोग पश्चिमी प्रकार का एक विस्तार मात्र हैं। शैलेन्द्रनाथ सेनगुप्त का[78] प्रजातीय स्थिति का नवीनतम मूल्यांकन, कि, ''उच्च जातियों के बीच लघुशिरस्कता को उचित रूप से पश्चिम से हुए एक सांयोगिक तत्व के सम्मिश्रण के कारण हुआ माना जा सकता है,'' निष्कर्ष का विरोध नहीं करता। विभेदक सूचकांक दर्शाता है कि बंगाल के ब्राह्मण बिहार के ब्राह्मणों की तुलना में शेनवियों से तथा बम्बई के चितपावन ब्राह्मणों से अधिक नजदीकी रूप से सम्बन्धित हैं, और ऐसा ही संयुक्त प्रांतों के ब्राह्मणों की तुलना में भी है। यह प्रदर्शित करने के साक्ष्य मौजूद हैं कि बंगाल के लोगों की द्रविड़ संस्कृति के साथ समानताएं हैं। विवाह में शंख से बनी चूड़ियों का ब्राह्मणों के द्वारा भी उपयोग किया जाना इसका एक उदाहरण है।[79] रिस्ली सोचते हैं कि ''उच्चतर समूहों में भारतीय–आर्यों के रक्त का एक अंश मौजूद है''।[80] इस तथ्य को ध्यान में रखते हुए कि बंगाल के ब्राह्मण एवं चाँडाल के बीच का विभेदक सूचकांक 1.11 है, जबकि उनके तथा संयुक्त प्रांतों के ब्राह्मणों का 3.89 है, इस अनुमान का कोई आधार नहीं प्रतीत होता। ओडिशा में, मुँडा प्रकार के कुछ मिश्रण हुए प्रतीत होते हैं, क्योंकि उनका नासिका सूचकांक कभी–कभी बहुत ऊँचा है। अतः, बंगाल और ओडिशा के लोगों को सर्वश्रेष्ठ रूप से पश्चिमी और मुँडा प्रकारों का मामूली संशोधित मिश्रण माना जा सकता है और कुछ मामलों में मंगोल प्रकार का भी।

सिथो–द्रविड़ प्रकारः सिथियन शब्द से रिस्ली का वास्तव में क्या आशय था यह स्पष्ट नहीं है। उनका अर्थ मंगोल नहीं हो सकता क्योंकि तब इस प्रकार को मंगोल–द्रविड़ से अलग करने का कोई औचित्य ही नहीं रहा होता। संभवतः, उन्होंने इस शब्द का उपयोग संस्कृत लेखकों के शक लोगों के समकक्ष किया है। यह कि इस बात का कोई साक्ष्य मौजूद नहीं है कि जितना यह प्रकार फैल सका है शक लोगों ने उतनी दूरी तय कर ली थी।[81] अतः हमें इस प्रकार के इस नामकरण को त्याग देना चाहिए। मैं इसे पश्चिमी प्रकार कहा जाना प्रस्तावित करता हूँ, क्योंकि यह गुजरात से पश्चिमी तट से लेकर दक्षिण कनारा को चिह्नित करता है, और फिर अंदर की ओर कूर्ग, मैसूर, दक्कन, एवं तेलुगु देश तथा ओडिशा होते हुए बंगाल में फैलता है। शिर चौड़ा होने की एक मामूली प्रवृत्ति के साथ अधिकांशतः मध्यम है; अधिकांश समुदायों में नासिका सूचकांक 78 से नीचे है। इसके प्रतिनिधि हैं: सेल, बाँत, वक्कलिगा, कूर्गा, शेनवी, प्रभु, नागर, चितपावन, माला, मादिगा, एवं होलेया। चँदा गुजरातियों, मराठियों, तथा बंगालियों को पर्वतीय प्रजाति के उन लोगों के साथ जोड़ने का प्रयास करते हैं जो उनके अनुसार चीनी तुर्किस्तान से आए थे। और उन्हें हैडन जैसे विद्वान का समर्थन प्राप्त है जिन्होंने पहली बार पर्वतीय लोगों के आप्रवासन की कल्पना की थी ताकि ''पश्चिमी भारत की जनसंख्या में शक्तिशाली रूप से चिह्नित लघुशिरस्क तत्व'' को शामिल किया जा सके।[82] आप्रवासन के इस मार्ग के विरुद्ध यह आपत्ति अवश्य की जानी चाहिए कि यदि पर्वतीय लोग कश्मीर और पंजाब के रास्ते से आए थे तो ऐसा कैसे है कि गुजरात पहुँचने के पूर्व बीच के क्षेत्र में लघुशिरस्क अथवा मध्यशिरस्क में से किसी के होने के कोई भी संकेत हमें नहीं प्राप्त होते? आगे, इस प्रकार की विशेषता से युक्त सर्वोच्च शिरस्क सूचकांकों को क्षेत्र के दक्षिणी भाग, अर्थात्, बेल्लारी से दर्ज किया गया है। ऊपर आरेखित प्रकार का वितरण आप्रवासन के एक बिल्कुल अलग मार्ग, अर्थात्, समुद्र मार्ग द्वारा पश्चिमी तट को सुझाता है। इन जातियों में से अधिकांश मध्यशिरस्क हैं तथा मराठी क्षेत्र की जातियों में से नौ को एकसाथ मिलाने पर यह 77.84 का माध्य शिरस्क सूचकांक प्रदान करती हैं। अतः, यह अधिक उचित है कि इस प्रकार की उत्पत्ति को बजाए विशुद्ध पर्वतीय लोगों के एक मिश्रित समूह में से खोजने का प्रयास किया जाए, क्योंकि पर्वतीय लोगों के शिर बहुत चौड़े हैं, जिनका शिरस्क सूचकांक प्रायः 85 तथा उससे ऊपर की ओर है।[83] पश्चिम एशिया हमें ऐसे लोग उपलब्ध कराता प्रतीत होता है; क्योंकि वहाँ हमें भूरी प्रजाति तथा पर्वतीय प्रजाति के बीच मिश्रण की एक लंबी प्रक्रिया की जानकारी मिलती है।[84] स्कॉफ कच्छ में कास्तियों के संस्मरणों को देखते हैं जिनका आगमन लगभग 2200 ईसापूर्व एलम से हुआ था।[85] एच.जे.ई. पीके सोचते हैं कि लगभग 2000 ईसापूर्व कुछ उत्तरी यूरोपीय लोगों ने एशिया माइनर में अपनी उपस्थिति दर्ज की थी।[86] यदि उनमें से कुछ लोग उन लोगों के साथ रहे जिन्होंने

भारत के पश्चिमी तट पर कदम रखा, तो हम बम्बई के चितपावनों की आँखों के रंग को स्पष्ट कर सकते हैं। ये नीले के बजाए हरे अधिक हैं। मराठी में उनकी आँखों को ''बिल्ली की आँखें'' कहा जाता है।[87]

गिफ्रिडा–रग्गेरी ने भारत में जातीय तत्वों के निम्नलिखित वर्गीकरण सुझाए हैं: (क) नेग्रिटो। प्रकटतया इनका कोई प्रतिनिधि मौजूद नहीं है। उनका सोचना है कि ये भील, गोंड इत्यादि जातियों में जीवित बचे हैं।[88] (ख) द्रविड़–पूर्व (आस्ट्रेलियाई–वैदिक); (ग) द्रविड़ लोग। ये इथियोपियाई लोगों से सम्बन्धित हैं, जिनमें सोमाली और गल्ला अपवाद हैं।[89] इस वर्ग के अंतर्गत वो कर्नाटक–तेलुगु क्षेत्र के चपटे–शिरस्क और लघुशिरस्क लोगों को शामिल करते हैं।[90] उनके इलिअट स्मिथ[91] के उपहास को देखिए, समुद्री आप्रवास से डरते हुए वो द्रविड़ों को ईरान से भारत में लाते हैं, और ''दक्षिण के निवासियों के बीच शिरस्क सूचकांक के उत्थापन को लघुशिरस्क नेग्रिटो, जो भारत तथा फारस की खाड़ी के बीच की सर्वाधिक प्राचीन आबादी है, के बीच एक मिश्रण'' द्वारा स्पष्ट करते हैं।[92] वो ऊपर स्पष्ट किए गए दीर्घशिरस्क और मध्यशिरस्क प्रकार के वितरण के महत्व को पूर्णतः नजरअंदाज कर देते हैं। (घ) लंबे दीर्घशिरस्क तत्व (तोडा),[93] (ङ) दीर्घशिरस्क आर्य। इस वर्ग में काफिर, डार, राजपूत, और लाहुल के कनेत शामिल हैं।[94] (च) लघुशिरस्क ल्यूकोडर्म। वो पर्वतीय लोगों के आप्रवासन के सम्बन्ध में चँदा की कल्पना को स्वीकार करते हैं।[95] मेरी चर्चा से यह पूर्णतः स्पष्ट हो गया होगा कि ऐसे वर्गीकरण टिकने योग्य नहीं हैं। भारतीय मानवमिति के निर्धारित तथ्य मेरी चर्चा से उभरे वर्गीकरण को कहीं बेहतर रूप से स्थान प्रदान करते हैं।

मुझे भारत की हिन्दू आबादी के बीच 6 मुख्य शारीरिक प्रकारों को स्पष्ट करना चाहिए। ये हैं: (1) भारतीय–आर्य; (2) द्रविड़–पूर्व; (3) द्रविड़; (4) पश्चिमी; (5) मुँडा; तथा (6) मंगोल। भारतीय–आर्य पंजाब, राजपूताना, तथा संयुक्त प्रांतों के कुछ भागों तक सीमित हैं, तथा अंतिम प्रांतों में इसकी निचली जातियों के बीच द्रविड़–पूर्व एवं मुँडा प्रकारों के साथ मिश्रित हैं। मुँडा प्रकार छोटा–नागपुर के आसपास केन्द्रित हैं। बिहार की आबादी का गठन तीन प्रकारों, जैसे, भारतीय–आर्य, द्रविड़–पूर्व, तथा मुँडा के मिश्रण से हुआ है, जबकि बंगाल तथा ओडिशा में ये पश्चिमी, मुँडा तथा मंगोल प्रकारों से मिश्रित हुए हैं। शुद्ध मंगोल हिमालय, नेपाल, तथा असम तक सीमित हैं। पश्चिमी प्रकार को पश्चिमी तटों पर मालाबार की उत्तरी सीमाओं, मैसूर, तथा तेलुगु देश, तथा संपूर्ण महाराष्ट्र में पाया जाता है। मात्र अशिक्षित पर्वतीय–जनजातियों को छोड़कर द्रविड़ प्रकार दक्षिण के तमिल और मलयालम भाषी जिलों की आबादी का गठन करता है। दक्षिण भारत के जंगली लोग सामान्यतः द्रविण–पूर्व प्रकार का प्रतिनिधित्व करते हैं। 1933 में लेखन के दौरान वॉन इकिस्टेड इस निष्कर्ष पर पहुँचे कि 6 मुख्य प्रजातीय प्रकारों को स्पष्टतः पहचाना जा सकता है और, यद्यपि उन्होंने उनके नामकरण कहीं काल्पनिक तरीके से किए, तथापि उन्होंने मेरे द्वारा ऊपर उल्लिखित प्रकारों से समानता को प्रदर्शित किया है।[96] बी.एस. गुहा द्वारा 1931 की जनगणना के संलग्नक के रूप में लिए गए मापनों के आधार पर प्राप्त निष्कर्ष को सर्वेक्षण संपन्न करने में घटित गंभीर दोषों के कारण *पूर्णतः* स्वीकार नहीं किया जा सकता। जैसा कि मेरे[97] द्वारा स्पष्ट किया जा चुका है, चुने गए समूह उचित नहीं थे, मापन किए गए व्यक्तियों की संख्या पर्याप्त नहीं थी तथा शायद ये व्यक्ति हमेशा ही समूह का प्रतिनिधित्व नहीं करते थे।

संदर्भ

1. Risley, (2) pp. 263–5. Ibid., p. 265. 3. Ibid., p. 20. 4. Ibid., p. xvii. 5. Op. cit., p. 37. 6. Yule, *An Introduction to the Theory of Statistics*, 1916, p. 40. 7. Vol. i, p. xi 8. Ibid., pp. lv, lxi. 9. *J.R.A.I.*, 1912, p. 451. टिप्पणी: रेसियल एफिनिटीज ऑफ द पीपुल्स ऑफ इंडिया (*सेन्सस ऑफ इंडिया,* 1931 vol. I, Part III, Ethnographical, 1933) शीर्षक से अपने निबंध में डॉ. बी.एस. गुहा ने कार्ल पियर्सन द्वारा विकसित अधिक विस्तृत फार्मूले का उपयोग उस समय से बहुत बाद में किया है जब मुझे अपने समय में उपलब्ध एकमात्र फार्मूले का उपयोग करना पड़ा था। इस नए फार्मूले को प्रजातीय समानता का गुणांक कहा गया था। इसका उपयोग करने में डॉ. गुहा ने पियर्सन के द्वारा प्रस्तुत व्यक्तियों की भिन्नतापूर्ण संख्या के लिए आगे एक और सुधार करने वाले कारक का प्रयोग किया है और इसे प्रजातीय समानता का निम्नीकृत गुणांक कहा है (p. vii)। 1936 में प्रो. आर.ए. फिशर ने *जर्नल ऑफ द रॉयल एंथ्रोपोलॉजिकल इंस्टीट्यूट* में योगदान किए गए अपने पत्र में सी.आर.एल. के समानता तथा दूरी के एक मापन के रूप में उपयोग की आलोचना की है और इस बिन्दु पर जोर दिया है कि

यह फार्मूला मात्र विचलन को इंगित करता है अन्यथा यह किसी और दुनिया का है। उन्होंने टिप्पणी की: ''जैसा कि ऊपर स्पष्ट किया जा चुका है, किसी भी महत्व परीक्षण का यह कार्य है कि एक संभावना का मापन किया जाए, न कि किसी मापीय अंतर के अनुमान को सहन किया जाए। अतः, यह कुछ–कुछ दुर्भाग्यपूर्ण है कि प्रजातीय समानता के गुणांक को दिया गया नाम पहली बार इसे सुनने वालों को यह नहीं बता पाता कि यह विभिन्न प्रजातियों के बीच अंतरों के मापन, अथवा विपरीततः समानता को सहन करता है'' (p. 60)।

1949 में प्रो. पी.सी. महालनोबिस (*Sankhya*, vol. 9, pp. 237ff) ने यह स्पष्ट करते हुए ''द पियर्सन सी.आर.एल.'' के विरुद्ध यही आलोचना प्रस्तुत की थी कि इसमें मुख्य दोष यह तथ्य है कि यह नमूनों के भिन्नतापूर्ण आकारों पर ध्यान नहीं देता, एक ऐसा बिन्दु जिसे वो पहले ही 1930 में उठा चुके थे (*Biometrika*, vol. 22, p. 98)। वो प्रो. फिशर के उपरोक्त पत्र को संदर्भित नहीं करते न ही वो डॉ. गुहा द्वारा प्रयुक्त प्रजातीय समानता का निम्नीकृत गुणांक को संदर्भित करते हैं, जिसमें भिन्नतापूर्ण संख्या में शुद्धीकरण किया गया है। उन्होंने एक नया फार्मूला विकसित किया था जिसे वो डी^{2} कहते हैं और इसे अपने लेखन *U. P. Anthropometric Survey*, 1941 (*Sankhya*, vol, 9, pp. 111–202) में प्रयुक्त करते हैं।

आगे, यहाँ स्पष्ट किया जाना है कि आंध्र के दो श्रमिकों के कायिकविज्ञान सम्बन्धी अध्ययन के परिणामों ने तेलुगु शिर के दीर्घशिरस्क चरित्र की डॉ. गुहा द्वारा की गई पुष्टि का खंडन कर दिया है। 1937 में भारतीय विज्ञान कांग्रेस में मानवविज्ञान खंड के समक्ष पढ़े गए अपने पत्र में आर.के. रॉव एवं ए. अनंथनारायन अय्यर ने अधिकांशतः आंध्रदेश के साथ अन्य प्रबुद्ध वर्ग के लोगों का प्रतिनिधित्व करने वाले 200 छात्रों के कायिकविज्ञान सम्बन्धी अध्ययन द्वारा प्रदर्शित कर दिया था कि ''76 से अधिक औसत के साथ उनमें मध्यशिरस्क की प्रधानता है तथा माध्य नासिका सूचकांक 73 है।

10. Op. cit., Appendix, iii, p. 396. 11. *Vedic Index, vide* Dasyu. 12. मैंने मात्र उन्हीं विभेदक सूचकांकों का उपयोग किया है जो छह चरित्रों पर आधारित हैं। 13. *United Provinces Census Report*, 1901 p. 248. 14. *Bengal Census Report*, 1901,p. 373. 15. Ibid., p. 369. 16. pp. 255–57. 17. (2), pp. 56, 274–5. 18. *Northern India*, 1907, p. 107. 19. आर्यों के दो अथवा तीन आगमन मार्गों की इस कल्पना का परीक्षण लेखक के द्वारा *Man in India* 1924 में प्रकाशित अपने पत्र "The Ethic Theory of Caste" में किया जा चुका है।

20. Op. cit., p. 29. 21. Op. cit., p. 40. 22. p. 546. 23. p. 248. 24. Op. cit., p. 400. 25. p. 401. 26. *Bengal Census Report*, 1901, p. 369. 27. Op. cit., p. 401. 28. *Bengal Census Report*, 1901, p. 375. 29. *Madras Census Report*, 1901, pp. 130–7.

30. Ibid., pp. 136–9. 31. Ibid., p. 31. 32. Rivers, *The Todas*, p. 708. 33. शारीरिक प्रकार की मेरी चर्चा में मैंने अपनी टिप्पणियों को हिन्दू जनसंख्या तक ही सीमित रखा है। 34. Risley, (2), pp. 33–4. 35. *Cambridge History of India*, vol. i, pp. 335–7. 36. V. A. Smith, *Early History of India* 1914, pp. 411–14. 38. Risley, p. 396. 39. Smith, op. cit., p. 321.

40. Keane, p. 326. 41. V. A. Smith, op. cit., p. 413. 42. *Wanderings of Peoples*, pp. 26–7. 43. p. 34. 44. p. 547. 45. *J.R.A.I.*, 1902, pp. 114, 120. 46. Risley, (2), 34–5. 47. p. 347. 48 Thurston, op. cit., iii, p. 169. 49. *Central Provinces District Gazetteers: Chanda*, p. 123.

50. *J.A.S.B.*, 1903, pt. iii, pp. 92–3. 51. *J.R.A.S.*, 1907, p. 626. 52. Keane, p. 422. 53. *Nature*, 1929, pp. 942–3. 54. Risley,pp. 399–440. 55. Haddon, p. 26. *Linguistic Survey of India*, iv, p. 9. 57. *J.A.S.B.*, 1903, pt. iii, pp. 92–3. 58. *Linguistic Survey of India*, iv, p. 14, and f.n. p. 21. 59. S. C. Roy, *The Oraons*, pp. 352–4.

60. Ibid. 61. Thurston, op. cit., ii, p. 276. 62. Ibid., vol. iv, p. 179. 63. *Journal of the Department of Letters*, Calcutta University, i, p. 165. 64. Thurston, op. cit., p. 41. 65. W. Logan, *Malabar*, i, p. 247. *Madras Museum Bulletin*, vol. iii, p. 38. 67. *The Ancient Egyptians*, pp. 50–62. 68. H. Schaeffer, *The Social Legislation of the Primitive Semites*, p. 3. 69. *The Todas*, p. 708.

70. *Journal of the Department of Letters*, Calcutta University, vol. viii, p. 300. 71. *The Todas*, p. 709. 72. *Sankhya*, I, pp. 76–105. 73. Risley, p. 402. 74. Ibid. p. 31. 75. Thurston, op. cit., vi, p. 312. 76. *U.P. Census Report*, 1911, p. 212. 77. *Bengal Census Report*, 1911, p. 326. 78. *Census, West Bengal*, 1951, *Tribes and Castes of West Bengal*, (1953), p. 383. 79. J. Hornell, *The Sacred Chank of India*, pp. 145–6.

80. Op. cit., p. 33. 81. Risley, (2), p. xx. 82. Op. cit., p. 27, and Map 1.83. Keane, p. 438. 84. Elliot Smith, op. cit., p. 136. 85. *The Periplus of the Erythrean Sea*, p. 134. 86. J.R.A.I. 1916. p. 172, and Map 2. 87. *Bombay Gazetteer*, vol. x, p. 111, f.n. 3. 88. *Journal of the Department of Letters*, Calcutta University, v, p. 226. 89. Ibid., p. 219.

90. Ibid., p. 222. 91. Ibid., p. 233. 92. Ibid., p. 216. 93. Ibid., p. 220. 94. Ibid., p. 256. 95. Ibid., p. 216. 96. L. A. Krishna Iyer, *The Travancore Tribes and Castes*, vol. ii, pp. xlix, liv. 97. *Quarterly Journal of the Mythic Society*, vol. xvii.

6

भारत के बाहर जाति के तत्व

हमारे समक्ष मौजूद भारतीय जातियों के तत्वों के साथ यह देखना शिक्षाप्रद होगा कि उनमें से कोई एक अथवा कई एकसाथ मिलकर संयुक्त रूप से किसी अन्य सभ्य अथवा जनजातीय समुदाय का वर्णन करते हैं अथवा नहीं। इन तत्वों की अपनी खोज में जहाँ एक ओर हम मिस्त्र, पश्चिमी एशिया, चीन, जापान, अमेरिका तथा जनजातीय लोगों को शामिल करेंगे वहीं दूसरी ओर रोम एवं जनजातीय यूरोप को भी शामिल करेंगे।

पिरामिड युग के दौरान मिस्त्र में तीन प्रमुख वर्ग थेः भू–स्वामी, कृषि–मजदूर और गुलाम, जिनमें से अंतिम दो पहले से इसलिए अलग थे क्योंकि उनके पास कोई भूमि नहीं थी।[1] एक आधिकारिक जनगणना में किए गए वर्गीकरण से निर्णय किया जाए तो अट्ठारहवीं वंशपरंपरा के दौरान उस समय न्यूनतम चार वर्ग मौजूद रहे प्रतीत होते हैं। वे सैनिक थे, जिन्होंने अपने साथ मध्यवर्ग के समस्त ऐसे स्वतंत्र व्यक्तियों को शामिल किया हुआ था जो किसी अन्य पेशे, जैसे, पुजारी, शिल्पकार अथवा कृषि मजदूरी में संलिप्त नहीं थे। पहले दो वर्गों के बीच अनेकों साझा हित विद्यमान थे जो उन्हें शेष लोगों से स्पष्टतः अलग करते थे।[2] फिर भी संपत्ति के वास्तविक प्रभाव और कब्जे में पुरोहित–वर्ग सैनिकों से कहीं अधिक श्रेष्ठ थे।[3] और तब तक उन लोगों ने अपना स्वयं का एक विशाल पुरोहितवादी संगठन खड़ा कर लिया था।[4] पेट्री के द्वारा सामाजिक स्थिति का सार इस प्रकार प्रस्तुत किया गया हैः ''जब हम देश के विभिन्न वर्गों पर दृष्टि डालते हैं तो यह स्पष्ट होता है कि अत्यन्त स्वाभाविक रूप से पदों और व्यवसायों को बड़ी संख्या में वंशानुगत उत्तराधिकार में ग्रहण किया जाता था। हम इंग्लैंड अथवा किसी अन्य देश में यही देखते हैं, यद्यपि प्रत्येक व्यक्ति अपनी पसंद के अनुसार अपने पेशे को परिवर्तित करने हेतु स्वतंत्र है। इसके विपरीत मिस्त्र में किसी भी शिल्पकार को किसी और व्यापार अथवा रोजगार चुनने, अथवा किसी अन्य वर्ग में शामिल होने की अनुमति नहीं थी। अतः, एक बार व्यापार में प्रवेश करने के बाद इससे बाहर निकलना असंभव था, और किसी पुत्र के द्वारा अपने पिता के व्यापार को सीखने की स्वाभाविक सुविधा प्रत्येक पीढ़ी को एक ही रेखा में कायम रखने की प्रवृत्ति से युक्त थी। इस प्रकार, ऐसे एक समाज में प्रवेश के समय पर यूनानियों (ग्रीक लोग) में यह धारणा बन गई कि इसकी संरचना किसी वंशक्रम अथवा वंशानुगत जनजातियों की है।''[5] ये मात्र शिल्पकार ही थे जिन्हें किसी अन्य पेशे में प्रवेश करने के प्रयास से रोका गया था किन्तु ऐसा प्रतीत होता है कि अन्य निम्न वर्गों के किसी भी सदस्य को भी अपने पिता के पेशे के अलावा दूसरे किसी पेशे को अपनाने की अनुमति नहीं थी। परिणामस्वरूप, विभिन्न पद पीढ़ियों तक एक ही परिवार के पास बने रहे। इस प्रकार, शिलालेखों के द्वारा हमें बताया गया है कि वास्तुकार का पद तेईस पीढ़ियों तक किसी एक परिवार के पास बना रहा।[6] स्वर्णकार के साथ–साथ चित्रकार एवं मूर्तिकार की कला पारंपरिक रूप से पिता से पुत्र को दी जाती रही थी। जहाँ तक तीन मध्यवर्गीय पेशों अर्थात्, पुजारी, मुंशी (लेखक), अथवा योद्धा का सम्बन्ध है, यद्यपि सामान्यतः ये एक ही परिवार से रहते थे, तथापि इनमें से किसी

पर भी इन पेशों को अपनाने का कोई प्रतिबंध नहीं था, भले ही किसी पिता ने उस विशिष्ट पेशे को घोषित न किया हो किन्तु अन्य दो में किसी एक को जारी रखा हो। बल्कि, एक ही व्यक्ति, उपयुक्त अवसर पर, पुजारी हो सकता था, एक सैनिक अथवा नौसेना कमांडर हो सकता था अथवा एक मुंशी अथवा अधिकारी के रूप में कार्य कर सकता था।[7] ''सेना का सेनानायक किसी पुजारी की पुत्री से विवाह कर सकता है, और उसकी संतानें मुंशी, पुजारी अथवा सार्वजनिक अधिकारी हो सकती हैं।''[8] हालांकि, प्रारंभिक टॉलेमियों के समय तक और संभवतः उससे भी पहले मात्र पुजारियों के वंशज ही इस पेशे में प्रवेश कर सकते थे। उन्होंने अपने वर्ग के सदस्यों के लिए व्यक्ति कर (प्रत्येक व्यक्ति पर लगने वाला कर) से छूट प्राप्त कर ली थी।[9] अपने मुंशियों, जो अपने पेशे को अन्य लोगों से पदोन्नत करने का प्रयास कर रहे थे, के प्रभाव के अधीन मिस्री लोगों ने किसानों के साथ–साथ सुयोग्य शिल्पकारों के सम्मान में कमी प्रारंभ कर दी थी।[10]

सुमेरियाई लोगों के बीच नगर के अभिजात वर्ग का गठन पुजारियों और अधिकारियों के द्वारा किया गया था, जबकि स्वतंत्र भू–धारक नागरिकों, जो दासों की सहायता से अपने खेतों में काम करते थे, ने मध्यवर्ग का गठन किया।[11] सुमेरियाई कानूनों के जो अंश हमें प्राप्त हुए हैं वो समुदाय के इन वर्गों के बीच किसी भी असमानता की पहचान नहीं करते।[12] परंतु हम्मुरबी–संहिता में अर्थदंड और दंडों की प्रकृति और मात्रा का निर्धारण अधिकांशतः अपराधी एवं पीड़ित की वर्ग–स्थिति के आधार पर किया गया है।[13] अंग के बदले अंग का कानून मात्र उन मामलों तक सीमित था जिनमें पीड़ित सर्वाधिक उच्च्य वर्ग से सम्बन्धित रहा हो, अन्य मामलों में शारीरिक चोटों के लिए सामान्यतः अर्थदंड द्वारा क्षतिपूर्ति कर दी जाती थी। अभिजात वर्ग के किसी व्यक्ति द्वारा किसी साधारण वर्ग के व्यक्ति को पहुँचाई गई शारीरिक क्षति के लिए अर्थदंड उस राशि का एक–तिहाई था जो किसी साधारण वर्ग द्वारा अपने ही वर्ग के व्यक्ति को पहुँचाई गई शारीरिक क्षति के लिए देना होता था। चोरी के मामले में, अभिजात वर्ग को साधारण वर्ग की तुलना में तीनगुना अर्थदंड भुगतान करना पड़ता था। ऐसी पत्नी, जिसके लिए कोई वधू–मूल्य का भुगतान न किया गया हो, को तलाक देते समय अभिजात वर्ग को साधारण वर्ग से माँगी गई राशि से तीनगुना अधिक राशि का भुगतान करना पड़ता था। शल्यचिकित्सक का शुल्क रोगी की स्थिति पर निर्भर करता थाः जितनी ऊँची स्थिति उतना अधिक शुल्क।[14]

वूली का विचार है कि यह वर्ग–व्यवस्था अपनी उत्पत्ति के मामले में सैन्य थी, और यही कारण था कि नियमित सेना का गठन करने वाले अभिजात लोगों को गैर–योद्धा नागरिकों की तुलना में अधिक महत्व प्रदान किया जाता था।[15] यह सिद्धांत हमें यह स्पष्ट करने की सामर्थ्य देता है कि उन मामलों में, जहाँ संपत्ति शामिल होती थी, उच्चतर वर्गों की जिम्मेदारियाँ अधिक क्यों होती थीं।

यह पूर्णतः स्पष्ट नहीं है कि एक ही माता–पिता से जन्में अथवा परिवार में गोद लिए गए सभी पुरुष वास्तव में परिवार के ही व्यापार को आगे बढ़ाते थे अथवा नहीं। ''निश्चित रूप से अनेकों पुरुष, जिन्होंने व्यापार संचालित किए, व्यापारी–पिताओं के पुत्र थे, किन्तु प्रकटतः सभी नहीं।''[16] हम्मुरबी संहिता का एक उपखंड इस विचार का समर्थन करता है कि किसी विशिष्ट व्यापार, जिसे किसी पिता द्वारा न अपनाया गया हो, में प्रवेश करने के लिए किसी व्यक्ति को किसी ऐसे परिवार का दत्तक (गोद लिया) बनना होता था जो उस व्यापार को संचालित करता रहा हो।[17] कुछ नगरों में व्यापारों के विशिष्ट स्थान होते थे।[18]

एक दास किसी स्वतंत्र महिला से विवाह कर सकता था, जिससे जन्मी संतान को स्वतंत्र माना जाता था। ऐसे किसी विवाह के साथ कोई अपमान जुड़ा नहीं प्रतीत होता, और ऐसी स्वतंत्र महिला, यदि अपने वर्ग में ही विवाह करती थी, अपने साथ विवाह–भाग (दहेज) ला सकती थी।[19]

ईरानी सभ्यता की सर्वाधिक प्रारंभिक अवधि अर्थात्, 700 ईसा पूर्व में प्रायः समाज के तीन वर्गों अर्थात्, पुजारी, योद्धा तथा किसान का उल्लेख तो किया गया है, किन्तु शिल्पकारों द्वारा गठित चौथे वर्ग का उल्लेख मात्र एक बार किया गया है, यद्यपि इस वर्ग के सदस्यों, जैसे, स्वर्णकार, लोहार, राजमिस्त्री इत्यादि के द्वारा किए गए कार्यों का संदर्भ बार–बार सामने आता है। इन वर्गों की उत्पत्ति का श्रेय ज़रथुस्त्र को दिया जाता है।[20] हालांकि, *शाहनामा* के अनुसार, चारों वर्गों का गठन यीमा द्वारा किया गया था। सासैनियाई अवधि अर्थात् 226–651 ई.प. में इन वर्गों

तथा उनकी सापेक्षिक स्थितियों का हमें बार–बार प्राप्त होने वाला संदर्भ भी भली–भांति परिभाषित है। पुजारियों को किसी पुरुष के शिर के समान, योद्धाओं को उसकी भुजाओं, किसानों को उसके पेट तथा शिल्पकारों को उसके पैरों के सदृश माना जाता है। आगे, हमें बताया गया है कि अंतिम वर्ग के सदस्य व्यापार एवं वाणिज्य में भी संलिप्त थे। चारों वर्गों को अलग–अलग वरदान प्राप्त थे, अच्छा स्वभाव सर्वोत्तम वर्ग के पास था, संसाधनसंपन्नता और पौरुष दूसरे वर्ग, श्रमसाध्य कृषि तीसरे तथा परिश्रम और कौशल चौथे के लिए था। आगे यह भी पाया गया है कि "पुजारियों का कार्य सर्वोच्च प्रतिभासंपन्न था, और उपयोगिता के पैमाने पर चौथे वर्ग का काम सबसे नीचे था, विशेषतौर पर उनका व्यापार और वाणिज्य का कार्य।"[22]

पुजारी का पेशा प्राचीन समय, जब वर्गों की पहचान किया जाना प्रारंभ हुआ था, से ही वंशानुगत रहा प्रतीत होता है। सासैनियाई अवधि तक अपने पूर्वजों के पेशों का अनुसरण करने को स्वाभाविक व्यवस्था मान लिया गया था। और यदि किसी को अपने वर्ग के पेशे से अलग किसी पेशे का प्रयास करने की इच्छा हो तो उसे ऐसा करने की अनुमति मात्र तभी प्राप्त होती थी जब परीक्षण के बाद वह स्वयं को आवश्यक प्रतिभासंपन्न पुरुष सिद्ध कर दे।[23]

ऐसा ईरानी इतिहास की मात्र बाद की अवधि में हुआ था कि समाज के विभिन्न वर्गों के बीच परस्पर विवाह के लिए कोई बाधा उत्पन्न हुई हो, पुजारी वर्ग ने सामान्य वर्ग की कन्याओं से विवाह करने का अधिकार स्वयं के लिए हड़प लिया, यद्यपि कि अपने इन्हीं अधिकारों को सामान्यजन के युवाओं को देने से इंकार कर दिया।[24] पारसी तथा गैर–पारसी लोगों के बीच परस्पर विवाह की कड़े शब्दों में निंदा की जाती थी।[25]

ऐसा माना जाता है कि चिरकाल से ही चीन में समाज चार व्यवस्थाओं अर्थात्, कुलीनपुरुषों, किसानों, शिल्पकारों और व्यापारियों के बीच विभाजित रहा है। कुलीनपुरुषों के सभी सदस्य शासक वर्ग के थे, लोकसेवाओं की सदस्यता, जिनमें प्रवेश एक साहित्यिक परीक्षण पर निर्भर था, लगभग सभी ऐसे लोगों के लिए खुली थी जो अपने भाग्य और बुद्धि को आजमाना चाहते थे। "देश की सेवा करने के अलावा कोई भी अन्य पेशा किसी पुरुष को 'कुलीनपुरुष' कहलाने का अधिकार नहीं देता।" बैंकर, वकील, चिकित्सक, पुजारी, व्यापारी–राजकुमार, निर्माता, इंजीनियर में से किसी को भी उसके पेशे अथवा संपदा की शक्ति के आधार पर कुलीनपुरुष नहीं कहा जा सकता था। "अभिजात्य वर्ग का एकमात्र चिह्न साहित्यिक उपलब्धि है जिसने अपने साक्ष्य प्रस्तुत कर दिए हैं।"[26] इस वर्ग की मामूली तौर पर एक निचली श्रेणी थी जिसका गठन उन लोगों के द्वारा किया गया था जिन्होंने लोक सेवाओं की पात्रता प्राप्त कर ली थी और फिर भी उपयुक्त नियुक्तियों की प्रतीक्षासूची में शामिल थे। इन्हें विद्वानों के रूप में जाना जाता था।[27] अगले क्रम में मिट्टी से जुड़े श्रमिक थे, जबकि कृषि को अति प्राचीनकाल से ही एक उत्कृष्ट पेशा माना जाता था। सामाजिक सीढ़ी व्यापारियों के साथ ही पूर्ण नहीं होती थी। इसके बाद बचने वालों में नाई और उनके पुत्र शामिल थे जिनकी गणना पारिया वर्गों के बीच की गई थी और जो लोक सेवाओं की प्रतिस्पर्धा में भाग लेने से वंचित कर दिए गए थे।[28] कन्फयूशियस के अनुसार, लोगों को पाँच वर्गों में विभाजित किया गया था, जो सामाजिक व्यवस्था के अवरोही क्रमानुसार इस प्रकार थे–विद्वान, किसान, शिल्पकार, व्यापारी, और सेवक। सैनिकों को सदैव ही अंतिम समूह में शामिल किया जाता था।[29] प्राचीन समय से ही सैनिकों और विद्वानों को एक ही शब्द के अंतर्गत समूहबद्ध किया गया था।[30]

श्रेणियों में भेद अलग–अलग शिराभूषणों (शिर के पहनावों), वस्त्रों, बिल्लों इत्यादि के द्वारा किया जाता था।[31] अपमानजनक व्यवसायों, जैसे चाकरी सेवा, खेलकार्य अथवा भाई–पालन में शामिल रहने वाले माता–पिताओं की किसी भी संतान को लोकसेवा में प्रतिस्पर्धा करने की अनुमति नहीं थी।[32] एक सम्राट ने तो व्यापारियों के द्वारा रेशमी वस्त्रों और वाहनों के उपयोग को निषिद्ध कर दिया था; और उस पेशे को अलोकप्रिय बनाने के उद्देश्य से उसने उन पर भारी कर लगा दिए थे।[33]

ऐसा प्रतीत होता है कि मात्र लोक सेवाओं को छोड़कर अन्य सभी पेशे परंपरागत रूप से आनुवांशिक थे। एक चीनी पुस्तक इसका उल्लेख एक नियम के रूप में करती है कि "अधिकारियों के पुत्रों को सदैव अधिकारी ही होना चाहिए, शिल्पकारों के पुत्रों को सदैव शिल्पकार होना चाहिए। व्यापारियों के पुत्रों को सदैव व्यापारी, तथा किसानों के पुत्रों को सदैव किसान ही होना चाहिए"।[34]

अधिकारियों तथा नायिकाओं अथवा गायिका कन्याओं के बीच विवाह की अनुमति नहीं थी। आनुवांशिक श्रेणी के कुलीन पुरुषों के मामले में ऐसे विवाह करने का दंड था किसी निम्नवर्ग की ओर अवनत कर दिया जाना।[35] नाटक–कलाकार, पुलिसकर्मी, तथा नाविक को अपने ही वर्ग की महिलाओं से विवाह करना होता था। कोई भी दास किसी स्वतंत्र महिला से विवाह नहीं कर सकता था।[36] अधिकारियों को विद्वान वर्ग में शामिल किया जाता था और वे व्यापारी परिवारों के साथ अंतरविवाह से विमुख रहते थे। लाटोरेटे पाते हैं कि ''चीनी समाज को एक उल्लेखनीय न्यूनतम कठोर एवं तीव्र वर्ग–विभाजनों के द्वारा चिह्नित किया गया है।''[37]

जापान में सैन्य युग (12वीं शताब्दी के मध्य से 19वीं शताब्दी ई.प.) के दौरान समाज पाँच अलग–अलग विशिष्ट समूहों में विभाजित था। आनुवांशिक सैनिक, अर्थात् समुराई, इनमें सर्वश्रेष्ठ थे। किसान, शिल्पकार, तथा व्यापारी क्रमशः इनके बाद आते थे। पाँचवे वर्ग का गठन इटा एवं हिनिन नामक दो समूहों के द्वारा किया गया था, जो पारिया एवं समुदाय के जाति–बहिष्कृत लोग थे।[38] अस्वच्छ वस्तुओं, जैसे मानव मृतशरीर, पशुओं के कंकाल, तथा सभी प्रकार के कूड़े के संपर्क में किसी व्यक्ति को लाने वाला कोई भी पेशा नीचा होता था।[39] ऐसे पेशे, जो मनुष्य की कामुक आवश्यकताओं की पूर्ति करते थे तथा साथ–साथ जिनके पारश्रमिक का पैमाना निर्धारित नहीं होता था, को नीचा समझा जाता था।[40] नीच पेशे, और कुछ अन्य जैसे पत्थर–कटाई एवं धातु की ढलाई आदि को जाति–बहिष्कृतों को सौंप दिया गया था।[41] क्रांति के पश्चात्, 1867–78 के दौरान सामाजिक वर्गीकरण में एक परिवर्तन लाया गया और वर्तमान समय* में कानून के द्वारा तीन वर्ग स्थापित किए गए है। ये हैं कुलीनता, सज्जनता, तथा आम लोग जिनमें किसानों, शिल्पकारों, तथा व्यापारियों को शामिल किया गया है। पहले दो वर्ग कुल जनसंख्या के मात्र 5 प्रतिशत का गठन करते हैं, शेष आम लोग हैं। प्रत्येक गृहस्वामी को अपने दरवाजे पर एक अपने नाम एवं वर्ग लिखी हुई एक नामपट्टिका लगानी होती है।[42]

क्रांति से पूर्व आठ शताब्दियों तक चली सैन्य सामंतशाही के दौरान समुराई एक पृथक वर्ग थे। उनके आचरणों को विशिष्ट कानूनों द्वारा शासित किया जाता था, और विशेष न्यायाधिकरण उनके अपराधों का फैसला करते थे। यदि उन्हें अस्थाई कारावास दिया जाता था और न्यायालय के समक्ष पेश किया जाना होता था तो उन्हें एक बंद पालकी में लाया जाता था, जबकि एक आम कैदी को सड़क पर चलाते हुए लाया जाता था।

मंदिरों और देवालयों से सम्बन्धित मामलों का निर्णय करने वाले न्यायाधिकरण शिल्पकारों, व्यापारियों, एवं अन्य लोगों तथा किसानों के मामले का निपटारा करने वाले न्यायालयों से भिन्न होते थे। 17वीं शताब्दी के उत्तरार्द्ध में समुराईयों तथा पुजारियों के लिए अलग तथा व्यापारियों के लिए अलग कारावासों का निर्माण किया गया था, जबकि तीसरा कारावास किसानों के लिए होता था। 17वीं शताब्दी के उत्तरार्द्ध तक किसी समुराई को किसी भी अपराध के लिए कारावास भेजा जाना सामान्य बात नहीं होती थी।[43] इटा लोगों को कस्बों और गाँवों के बाहरी भाग में निवास करना होता था तथा उनका शासन उनका अपना मुखिया करता था। इस दुर्भाग्यशाली वर्ग के लोगों के विरुद्ध पूर्वाग्रह इतना अधिक था कि यह उपन्यासकारों के लिए एक विषय बने रहने के साथ 1871 में हटाए जाने तक उनकी कानूनी अयोग्यताओं को हटाए जाने तक कायम रहा।[44]

जाति–बहिष्कृत लोग उच्च वर्गों के लोगों से विवाह नहीं कर सकते थे।[45] सामंतवादी युग के दौरान समाज के विभिन्न मान्यताप्राप्त वर्गों के बीच अंतरविवाहों के लिए विशिष्ट अनुमति की आवश्यकता होती थी।[46]

मैक्सिको में, यूरोपीय लोगों की विजय के परिणामस्वरूप, जनसंख्या को अनेकों उप–विभाजनों के साथ तीन सुस्पष्ट समूहों में विभाजित किया गया है। सर्वोच्च वर्ग का गठन ऐसे सदस्यों द्वारा किया गया है जिनमें कमोबेश स्पेनी रक्त मौजूद है, इसके बाद वर्णसंकर का क्रम है, और विशुद्ध भारतीय सबसे निचले वर्ग का गठन करते हैं।[47] जब स्पेनी लोगों ने मैक्सिकों पर कब्जा किया तो उन्होंने पाया कि सामान्यतः पुत्र लोग अपने पिता के पेशे

---

* इसे 1930 में लिखा गया था।

को सीखते हैं और फिर उसमें प्रवेश कर जाते हैं। ''विभिन्न व्यापारों को कुछ समाजों जैसे रूप में व्यवस्थित किया गया था, प्रत्येक के पास जिले का एक विशिष्ट नगर होता था, अपने मुखिया होते थे, स्वयं के संरक्षक देवता होते थे, अपने विशिष्ट त्यौहार थे।''[48]

व्यापक सांस्कृतिक अंतरों के बावजूद स्पेनी लोगों और भारतीयों का मिश्रण तीव्र गति से जारी रहा। यह व्यापक तौर पर मेस्टीजो कहे जाने वाले वर्णसंकर लोगों, जो भारतीयों की अपेक्षा अधिक सक्रिय और अनुकूलनीय थे, से प्रकट होता है। 1921 में शुद्ध श्वेत लोगों की संख्या कुल आबादी का 19 प्रतिशत हो चुकी थी, शुद्ध भारतीय 38 प्रतिशत थे, और मेस्टीजो 43 प्रतिशत थे। 1940 के लगभग की गई एक गणना के अनुसार क्रमिक प्रतिशत परिवर्तित होकर 17, 19 तथा 54 हो चुके थे। निरपवाद रूप से वर्णसंकर किसी स्पेनी पुरुष के भारतीय महिला के साथ किए गए संभोग का परिणाम हैं। यह नोट किया जाना दिलचस्प है कि श्वेत पुरुषों को यद्यपि अत्यन्त उचित रूप से *स्पेनोल* कहा जाता था, तथापि उन्हें अन्यथा *गाचुपिन* (वह जो जूते पहनता है) के नाम से जाना जाता था। पेरू में भी, जहाँ स्पेनी लोगों का मिश्रण भारतीयों से हुआ था, वर्णसंकरों को मेस्टीजो के रूप में जाना जाता है, और उनमें वृद्धि होती रही है। तटरेखा निवासी वर्णसंकरों के पास रंग और प्रजाति के समस्त स्तरों के लिए विशिष्ट शब्द उपलब्ध हैं।

ब्राजील में, जहाँ मूल भारतीयों को कोलम्बस–पूर्व की सभ्यता विकसित करने हेतु नहीं जाना जाता, और जिसे पुर्तगालियों के द्वारा उपनिवेश बना लिया गया था, को उनके द्वारा इस देश को ''इसकी भाषा तथा मूल प्रजातीय प्रकार'' दिए जाने वाले के रूप में वर्णित किया जाता है। मेस्टीजो अथवा मामलुका के नाम से ज्ञात ये पहला वर्णसंकर अन्य स्थानों पर श्वेत पुरुषों और भारतीय महिलाओं की संताने थे। बाद में नीग्रो लोगों को लाया गया था। परस्पर विवाह प्रतिबंधित नहीं था। आज*, जब ब्राजील की जनसंख्या 4 करोड़ से अधिक है, शुद्ध भारतीय और मेस्टीजो लोग जनसंख्या के मात्र 2 और 18 प्रतिशत रह गए हैं। नीग्रो की तुलना में श्वेत लोग तीनगुने अधिक हैं, जिनमें भी वर्णसंकर मौजूद हैं, जिन्हें मुलाट्टो कहा जाता है और वो बेहतर वृद्धि प्रदर्शित करते हैं। यह पुर्तगाली वंशजों के पुराने परिवार हैं जो अभिजात वर्ग का गठन करते हैं, और संपन्न होने के कारण उन्होंने मिश्रित जनसंख्या के नवधनाढ्यों से स्वयं को पिछड़ने नहीं दिया है। ज़्वेग ने पाया है कि ''ब्राजील में प्रजातीय और सामाजिक दोनों ही क्षेत्रों में अनन्यता अज्ञात वस्तु है, आत्मसात् की प्रक्रिया जारी है''। ऊपर दिए गए आँकड़ों के आधार पर यह आत्मसात् भारतीयों के सर्वनाश से कुछ अलग नहीं प्रतीत होता। वास्तविक आत्मसात् में कोई भी वर्णसंकरों से प्रचुरतापूर्वक बढ़ने की आशा करता है।[49]

बोर्नियो के कायनो और केन्याकों के बीच तीन वर्ग मौजूद हैं, उच्च, मध्यम एवं गुलाम।[50] माओरिस उनके समाज में निम्नलिखित व्यवस्थाओं में अंतर करते हैः छोटे जनजातीय खंडों के पुरोहित मुखिया, कुशल शिल्पकार एवं अन्य पेशेवर, अपेक्षाकृत गरीब जनसंख्या का बड़ा भाग, और अंततः युद्ध में बंदी बनाए गए दास।[51] समोआ लोग छह वर्गों को मान्यता देते हैः मुखिया, पुजारी, जमींदार कुलीन, बड़े भू–स्वामी, आम लोग, तथा दास, जिनमें से पहला पूरी तरह से एकसमान नहीं है।[52] किन्तु सर्वाधिक स्पष्ट और न पटने योग्य खाईं अभिजात्यों और साधारण लोगों के बीच की थी जो दोनों ही उपरोक्त वर्गों को शामिल करने वाले समाज के प्रमुख विभाजन थे।[53] ताहिती समाज ऐसे वर्गों में बँटा हुआ था जो एकदूसरे से अजेय रूप से अलग थे। विशेषाधिकृत वर्ग में शासक राजा, मुखियागण, एवं उनके सम्बन्धी शामिल थे। श्रेणी में अगला क्रम कुलीनों, किसानों, शिल्पकारों का था तथा अगला वर्ग मछुआरों का था। सर्वाधिक निम्नवर्ग में सेवक और दास शामिल थे।[54] हवाई द्वीप के लोगों के बीच समाज एक विशिष्ट वर्ग–विभाजन से चिह्नित था, सभी व्यक्ति जन्म द्वारा तीन में से किसी एक वर्ग से सम्बन्ध रखते थे। एरीइस अथवा रईस, हुकुएना अथवा भू–स्वामी एवं पुजारी, कनाकामुवरी अथवा आम लोग, जिनमें छोटे किसान, शिल्पकार एवं पेशेवर, मछुआरे तथा मजदूर शामिल हैं।[55]

* इसे 1950 में लिखा गया था।

फिजी के कुछ भागों में लोगों को छोटे स्वतंत्र निकायों में विभाजित किया गया है, प्रत्येक में छोटे–छोटे समूह हैं, जिन्हें मतनग्गली कहा जाता है। कुछ मामलों में किसी जनजाति के मतनग्गलियों के कार्य अलग–अलग होते हैं, और कुछ आम लोगों के बीच कुछ समूहों के बीच उनके विशिष्ट पेशों के आधार पर अंतर किया जाता है।[56]

बोर्नियों के लोग लगभग हमेशा अपने वर्ग के अंदर ही विवाह करते हैं, यद्यपि मध्यमवर्ग के लोग कभी–कभी दास वर्ग की महिलाओं से विवाह कर लेते हैं।[57] कैरोलाइना में दासों के अलावा दो वर्ग मौजूद हैं, जिनमें से निचले वर्ग के लिए मृत्यु के दर्द पर उच्च वर्ग को स्पर्श करना प्रतिबंधित है। आगे, उन्हें मछली पकड़ने और मल्लाह का कार्य करने की अनुमति नहीं है, न ही वे उच्च वर्ग के सदस्यों के साथ विवाह कर सकते हैं।[58] अफ्रीका हमें अनिवार्य सगोत्र विवाह का एक अत्यन्त रोचक मामला प्रदान करता है। धातुकर्मी प्रायः शेष समुदाय से अलग रखे गए एक सामाजिक समूह का गठन कर लेते हैं, जिससे अपने समूह के अंदर विवाह करने के द्वारा वे परस्पर सम्बन्धित रहते है।[59] गणचिह्नवाद (टोटेमवाद) सामान्यतः विजातीय विवाह से जुड़ा हुआ है, फिर भी अफ्रीका तथा अन्य स्थानों पर ऐसे गणचिह्नवादी समूह हैं जो कमोबेश अंतर्विवाही हैं।[60]

दक्षिण अरब में पारिया लोगों के दो वर्ग हैं। पहले वर्ग, जिसमें शिल्पकार हैं, को प्रभुत्वशाली वर्ग के अधीनस्थ सेवक माना जाता था। इसके सदस्यों को नगरों के बाहरी भाग में निवास करना होता था, और यद्यपि उन्हें मस्जिदों में प्रवेश मिलता था तथापि उन्हें अरब लोगों के घरों में प्रवेश की अनुमति नहीं थी। पारिया लोगों के दूसरे वर्ग को और नीचा समझा जाता था, और इसके सदस्यों को तो मस्जिद में भी प्रवेश की अनुमति नहीं थी, यद्यपि वे भक्त मुसलमान होते थे।[61]

यह प्रदर्शित करने हेतु पर्याप्त साक्ष्य मौजूद हैं कि अरब लोगों में सगोत्र विवाह सम्बन्धी कोई कानून मौजूद नहीं था। परंतु वे अलग रुचियों और प्रथाओं वाले लोगों के साथ अंतरविवाह करना पसंद नहीं करते थे।[62]

प्राचीन रोम में दीर्घकाल तक जनता तीन समूहों अर्थात्, अभिजात, साधारण तथा दासों के समूहों में विभाजित रही थी। इनमें से पहले दो वर्गों में सभी स्वतंत्र लोग शामिल थे। यह एक आम जानकारी का विषय है कि रोम में राजनीतिक संस्थाओं का उद्भव व्यापक तौर पर अभिजात लोगों, जो राजनीतिक रूप से विशेषाधिकार प्राप्त वर्ग था, तथा साधारण लोगों, जो राजनीतिक रूप से महत्वहीन थे, के बीच हुए संघर्ष का परिणाम था। सर्वियस ट्यूलियस के समय तक अकेले अभिजात वर्ग के लोगों को ही नागरिक माना जाता था। उनके विवाहों को पवित्र और वैध माना जाता था। उनके पास वसीयत प्रबंधन के विशेष अधिकार उपलब्ध थे। और कोई नहीं, किन्तु मात्र वे ही एक विशिष्ट रूप से पवित्र की गई प्रक्रिया द्वारा रोम के देवता से परामर्श कर सकते थे।[63] साधारण लोग रोम के शिल्पकार तथा कारीगर हुआ करते थे। उनके विवाहों उन धार्मिक रीतियों के साथ नहीं संपन्न किए जाते थे जिनके साधारण लोग अभ्यस्त थे, और उत्तरवर्तियों द्वारा उन्हें विवाह के कानूनी परिणामों को संलिप्त न करने वाले के रूप में देखा जाता था।[64] वर्ग एवं जनसामान्य के बीच उनके राजनीतिक तथा धार्मिक अधिकारों अधिकारों सम्बन्धी असमानताएं धीरे–धीरे दूर हो गईं थी, अतः 287 ईसा पूर्व तक दोनों समूहों को समानता के एक ही स्तर पर खड़ा कर दिया गया था।[65] इसके बावजूद पुरानी भावना सामाजिक मामलों में जड़ें जमा चुकी थी। महान आर्थिक विकास के परिणामस्वरूप अनेकों नए और विविधतापूर्ण पेशों को बढ़ावा मिला जिनमें से कुछ को तथ्यतः अपमानजक रूप में देखा गया।[66] आर्थिक जीवन का विकास इतना उन्नति कर चुका था कि विशिष्ट कलाओं और शिल्पों ने अपने समाज स्थापित कर लिए थे। इस प्रकार, जूता बनाने वालों के बीच अनेकों विभाजन थे, जैसे बूट–निर्माता, सैंडल–निर्माता, स्लिपर–निर्माता तथा महिलाओं के जूते–निर्माता। इसी शिल्प और व्यापार में संलग्न श्रमिक रोम तथा इटली में विशिष्ट जिलों के अन्य स्थानों में एकत्रित हो गए। किसी भी और प्रत्येक वस्तु का एक समाज था, प्रत्येक के अपने विशिष्ट देवता थे और एक वार्षिक त्योहार था। संरक्षक देवता के वार्षिक जुलूस में समाज के लोग राजचिह्न एवं झंडे के साथ सड़कों पर चला करते थे।[67] ईसाई युग की 5वीं शताब्दी के रोमन कानून उच्च वर्ग को जनसाधारण से कटे रहना प्रकट करते हैं। प्रत्येक सामाजिक श्रेणी और पेशा ''व्यवहारिक रूप से आनुवांशिक था, सभासदों से लेकर टीबर नदी के नाविक तक, अथवा किसी सीमावर्ती

चौकी पर सिपाही तक।'' विभिन्न पेशों एवं समाज में श्रेणियों के बीच स्वतंत्र प्रचलन को रोकने वाली एक प्रवृत्ति रूढ़िवादी सामाजिक जीवन में मौजूद थी।[68] थियोडोसियन संहिता ने युवाओं को अपने पिता के रोजगार का अनुसरण करने हेतु बाध्य कर दिया था।[69]

प्रागैतिहासिक रोम में सगोत्रविवाह इस सीमा तक विद्यमान था कि विवाह परिवारों (एक वंशाणु वाले) के अंदर सीमित थे।[70] सामान्यतः, विवाह मात्र दो ऐसे पक्षों के बीच संपन्न हो सकते थे जिनके राजनीतिक अधिकार एक बराबर हों। इस प्रकार एक स्वतंत्र व्यक्ति किसी मुक्त की गई महिला के साथ सभासद की अनुमति के बिना विवाह नहीं कर सकता था।[71] सभासद श्रेणी का कोई व्यक्ति किसी निम्न पेशे में रत् परिवार की किसी महिला के साथ विवाह अनुबंध नहीं कर सकता था।[72] 5वीं शताब्दी ई.प. में पुरुषों को अपने समाज के बाहर विवाह करने की अनुमति नहीं थी। यदि रोटी पकाने वाली जाति के किसी सदस्य की पुत्री अपनी जाति से असम्बन्धित पुरुष से विवाह कर लेती थी तो उसके पति को उसके पिता के पेशे को अपनाना पड़ता था।[73] विवाह और पेशे सम्बन्धी ये प्रावधान अधिकांशतः सामाजिक विकास के बजाए वित्तीय समायोजन की प्रकृति वाले थे।

चौथी शताब्दी ईसा पूर्व में आयरलैंड पर सेल्ट लोगों ने कब्जा कर लिया था और उन्होंने शीघ्र ही वहाँ की मूल पिक्तिश भाषा एवं संस्कृति को उखाड़ फेंका। इसके तुरंत बाद के युगों के साहित्यिक एवं पुरातात्विक दोनों ही अवशेषों के अपने अध्ययन से मैकालिस्टर संतुष्ट है कि नवागन्तुकों और मूल निवासियों के बीच शारीरिक बनावट और रंगरूप में चिह्नित विषमताएं मौजूद थीं। वो पाते हैं कि इस अवधि के साहित्य में ''सम्मानपूर्वक बात किए गए प्रत्येक व्यक्ति'' को लंबे और गोरे रूप में वर्णित किया गया है, जबकि ''किसी भी कारणवश नफरत के साथ बात किए गए प्रत्येक व्यक्ति को नाटे, काले, और छोटे कटे बालों वाला'' वर्णित किया गया है। इससे वो यह निष्कर्ष निकालते हैं कि शारीरिक विषमताओं को ''अंतरविवाहों पर प्रतिबंधों के द्वारा बनाए रखा गया'' था।[74]

इंग्लैंड का एंग्लो–सैक्सन समाज तीन सुस्पष्ट वर्गों में विभाजित थाः कुलीनजन, आम स्वतंत्र लोग, तथा दास। 'लाएट' कहा जाने वाला एक चौथा वर्ग भी मौजूद रहा प्रतीत होता है। यह एक ऐसे वर्ग का प्रतिनिधित्व करता था जो ''स्वतंत्र लोगों तथा दासों के बीच मध्यवर्ती थे, जो कि इंग्लैंड में बहुत कम होता था यद्यपि यह महाद्वीप के ट्यूटोनिक लोगों में बहुत आम था।[75] यह वर्ग, जो केन्टिश समाज की एक विशिष्ट विशेषता थी, अपने विर्गेल्डों (संपत्ति तथा संपत्ति के प्रत्येक टुकड़े पर रखा गए मूल्यों) में तीन भिन्न–भिन्न उप–विभाजन रखते थे, जो क्रमशः 80, 60 तथा 40 शिलिंगों के विर्गेल्ड थे।[76] पहले वर्ग के दो उप–विभाजन थे, एक ऊँचा तथा दूसरा नीचा। उच्च वर्ग, जिसका निकटस्थ स्वामी राजा होता था, अधिक शुल्कों और भारी अर्थदंड का भुगतान करता था। इस वर्ग की सदस्यता आंशिक रूप से आनुवांशिक तथा आंशिक रूप से स्व–अर्जित होती थी। किसी परिवार के द्वारा निरंतर तीन पीढ़ियों तक भूमि के कुछ भाग का कब्जा बनाए रखना उस परिवार के सदस्यों को स्थाई कुलीनता प्रदान कर देता था।[77] दूसरे वर्ग में अंग्रेज रक्त के वो सभी स्वतंत्र लोग शामिल थे जो पहले वर्ग के सदस्य नहीं थे। यद्यपि इस वर्ग के अंतर्गत अनेकों उप–विभाजन थे, तथापि विर्गेल्ड में अंतर के हमें कोई साक्ष्य नहीं प्राप्त होते,[78] ''एक निश्चित राशि जिसके साथ किसी व्यक्ति की मृत्यु की उसके परिवार के लिए क्षतिपूर्ति की जानी चाहिए अथवा जिसे कुछ मामलों में वह अपने स्वयं के दुर्व्यवहार के लिए भुगतान कर सकता है।'' कुलीन व्यक्ति का विर्गेल्ड साधारण व्यक्ति की तुलना में छह गुना था; और उसकी शपथ का मूल्य भी उतना ही था।[79] दास लोग पराधीन होने के कारण कानूनी व्यक्ति नहीं थे और इसीलिए उनके पास कोई विर्गेल्ड नहीं होता था।

पादरी लोगों को कुलीन वंश का सदस्य माना जाना प्रतीत होता है; फिर भी उनके लिए विर्गेल्ड का एक विशिष्ट पैमाना था। एक पुजारी, जो इस पद को ग्रहण करने के पूर्व एक कुलीन व्यक्ति था, के पास या तो अपनी मूल श्रेणी के लिए उचित विर्गेल्ड अथवा ऐसे विर्गेल्ड की माँग करने का विकल्प उपलब्ध होता था जो उसे अपनी चर्च सम्बन्धी श्रेणी के कारण उपलब्ध रहा हो।[80]

यदि कोई दास किसी स्वतंत्र व्यक्ति की संपत्ति चुरा लेता था तो उसे क्षतिपूर्ति के रूप में दोगुनी राशि का भुगतान करना होता था, जबकि स्वतंत्र व्यक्ति को चोरी के लिए तीन गुना क्षतिपूर्ति देनी होती थी। यदि किसी

पुजारी की संपत्ति चोरी की गई हो तो नौ–गुना क्षतिपूर्ति का भुगतान करना होता था।[81] यदि किसी व्यक्ति का सेवक किसी ऐसे कुलीन व्यक्ति की हत्या कर दे जिसका विर्गेल्ड 300 शिलिंग का हो, तो उसके स्वामी को सेवक का आत्मसमर्पण करवाना होता था तथा तीन व्यक्तियों का मूल्य देना होता था; परंतु यदि वह किसी साधारण व्यक्ति की हत्या करता था, जिसकी विर्गेल्ड मात्र 100 शिलिंग की हो, तो स्वामी को हत्यारे के आत्मसमर्पण के साथ मात्र एक व्यक्ति की कीमत देनी होती थी। यदि कोई पुजारी किसी व्यक्ति, स्वतंत्र व्यक्ति, की हत्या कर दे तो उसे चर्च से हटा दिया जाता था और उसकी संपत्ति जब्त कर ली जाती थी।[82] कुलीन व्यक्ति की सेवारत् किसी नौकरानी के साथ बिना विवाह के व्यभिचार करने की क्षतिपूर्ति उस धन की दोगुनी राशि द्वारा की जानी होती थी जिसे किसी साधारण व्यक्ति की सेवारत् नौकरानी के साथ ऐसे ही अपराध के सम्बन्ध में दिया जाना होता था। यदि कोई व्यक्ति किसी सेवक की पत्नी के साथ व्यभिचार करता था तो उसे क्षतिपूर्ति का भुगतान करना होता था, जबकि ऐसा ही कार्य किसी स्वतंत्र व्यक्ति की पत्नी के साथ करने पर उसे क्षतिपूर्ति के साथ–साथ उसके लिए एक दूसरी पत्नी भी उपलब्ध करानी होती थी। यदि साधारण वर्ग की वाग्दान (मंगेतर बन चुकी) की गई किसी महिला को विवाहेतर सम्बन्ध का दोषी पाया जाता था तो उसे विवाह के जमानतदार को क्षतिपूर्ति के रूप में 60 शिलिंग का भुगतान करना पड़ता था; यदि वह उच्च जाति से रही हो तो यह राशि उसके विर्गेल्ड के अनुपात में और अधिक हुआ करती थी। "यदि कोई व्यक्ति किसी साधारण व्यक्ति की दासी के साथ बलात्कार करता था तो उसे साधारण व्यक्ति को 5 शिलिंग तथा 60 शिलिंग के अर्थदंड का भुगतान करना होता था। यदि कोई दास किसी दासी का बलात्कार करे तो उसका वंध्याकरण (अंडकोश निकालना) आवश्यक था।" किसी अवैध सम्बन्ध के लिए कुलीन व्यक्ति को साधारण व्यक्ति की अपेक्षा दोगुनी क्षतिपूर्ति देनी होती थी।"[83] किसी कुलीन व्यक्ति के घर में सेंध लगाने की सजा उस अर्थदंड की तीन से छह गुने तक होती थी जिसका भुगतान किसी साधारण व्यक्ति के घर में सेंध लगाए जाने पर करना होता था। क्षतिपूर्ति के पैमाने, जिसे किसी व्यक्ति को किसी और व्यक्ति के घर में लड़ाई करने के लिए भुगतान करना पड़ता था, में दोनों वर्गों के बीच समान अनुपात को बनाए रखना होता था।[84] कोई पादरी एक साधारण घोषणा द्वारा स्वयं को किसी भी आरोप से मुक्त कर सकता था; एक क्लर्क को अपने वर्ग के तीन व्यक्तियों के साथ एक वेदी पर अपने हाथ रखने होते थे, जबकि एक साधारण व्यक्ति को स्वयं तथा अपने वर्ग के तीन व्यक्तियों की सामूहिक शपथ द्वारा स्वयं को दोषमुक्त करना होता था।[85] "यदि कोई कुलीन व्यक्ति, जिसके पास भूमि हो, सैन्य सेवा की उपेक्षा करता है, तो वह 120 शिलिंग का भुगतान करेगा और उसकी भूमि जब्त कर ली जाएगी; एक कुलीन व्यक्ति, जिसके पास कोई भूमि न हो, 60 शिलिंग का भुगतान करेगा; एक साधारण व्यक्ति को सैन्य सेवाओं की उपेक्षा करने के लिए 30 शिलिंग का अर्थदंड देना होगा।"[86]

13वीं शताब्दी तक स्थिति सम्बन्धी कानून सापेक्षिक रूप से महत्वहीन हो गए थे, और स्वामित्व के कानून प्रधान हो गए थे। तदनुसार, कानूनी–पुस्तकों में कहने के लिए व्यक्तियों की श्रेणी के बारे में बहुत कम तथा स्वामित्वों के बारे में बहुत कुछ था। "मुख्य बात में सभी स्वतंत्र व्यक्ति कानून के समक्ष बराबर हैं। सिर्फ इसलिए कि ऐसा है, अतः स्वतंत्र और पराधीन के बीच का अंतर बहुत स्पष्ट प्रतीत होता है।" और यह अंतर भी स्वामित्वों में एक अंतर के रूप में अभ्यास में प्रकट होने हेतु अत्यंत उपयुक्त है। पादरियों का महत्व बढ़ रहा था। पादरी बनने वाले प्रत्येक क्लर्क को चर्च सम्बन्धी और निरपेक्ष कानूनों के विशिष्ट नियमों के अधीन रहना होता था। यदि वह महापातक के रूप में ज्ञात अपराधों में से कोई भी अपराध करता था तो उसका विचारण मात्र एक चर्च सम्बन्धी कानून के साथ–साथ सांसारिक न्यायाधिकरणों के द्वारा किया जा सकता था।[87]

15वीं शताब्दी तक भावना इतनी अधिक विकसित हो चुकी थी कि स्थिति सम्बन्धी महत्वहीन होते जा रहे विच. ारों को संपत्ति की धारिता के आधार पर किए गए सामाजिक अंतरों द्वारा प्रतिस्थापित किया जाने लगा था। यहाँ तक कि भूमि को संपत्ति का मात्र एक प्रकटीकरण और स्रोत माना जाने लगा था। इस अवधि के व्यय–विषयक कानूनों की विफलता पुराने वर्ग विभाजन को कायम रखने की निरर्थकता का एक उपाय है।[88]

प्रारंभिक मध्ययुग के दौरान स्कैंडेनेविया में सामाजिक वर्गों की निम्नलिखित योजना लागू थी: उच्च–कुल जिसमें शाही परिवार और उनके निकटस्थ जागीरदार शामिल थे; कुलीनजन; महान भू–धारक मध्य वर्ग, जिसमें

मुक्त धारकों की सभी श्रेणियाँ शामिल थीं; स्वतंत्र व्यक्ति और उनके कई पीढ़ियों के वंशज; तथा दासजन। निम्न श्रेणी के सदस्यों के लिए विवाह के साथ–साथ संपत्ति के संग्रह द्वारा श्रेष्ठतर श्रेणी में प्रवेश करना संभव था। फिर भी सामाजिक स्तरीकरण ने सामाजिक शिष्टाचार, तथा कानूनी एवं धार्मिक मामलों पर अपनी छाप डाल दी थी। अतः, बड़े भोजन गृहों में बैठने की व्यवस्था इस क्रम में की जाती थी कि सर्वाधिक निचले सदस्यों को दरवाजे के सर्वाधिक निकट बैठना पड़े। ''हालांकि, वर्ग सम्बन्धी भेदभाव का अनुभव कानूनी एवं सरकारी मामलों में, यदि आबादी का कोई सदस्य गलती करता था अथवा हत्या करता था, विर्गेल्ड की राशि, जिसका भुगतान आवश्यक था, का निर्धारण करने में, न्यायाधीशों के संयोजन में, तथा राजनीतिक सभाओं में विधायी तथा न्यायिक अधिकारों के उपयोग करने में सर्वाधिक तौर पर किया जाता था।'' ईसाईयों के सार्वजनिक कब्रिस्तानों में कुलीन व्यक्तियों को सर्वाधिक पवित्र भूमि में दफनाया जाता था, जो चर्च के निकटस्थ होती थीं, जबकि अन्य वर्गों के पास अपनी श्रेणी के अवरोही क्रम में अधिक दूरियों पर स्थित अपने–अपने कब्रिस्तान हुआ करते थे, दासों को चर्च के कब्रिस्तान की चाहरदीवारी के सर्वाधिक निकट की भूमि में दफनाया जाता था।[89]

मध्यकालीन युग के दौरान संपूर्ण यूरोप में व्यापार एवं शिल्प अत्यधिक संगठित थे। अतः, किसी व्यापार अथवा शिल्प के चयन की स्वतंत्रता का कुछ अभाव अवश्य था। इस प्रकार, इंग्लैंड में, जहाँ धातुकला को विशेष महत्व दिया जाता था, किसी भी दास को अपने स्वामी की अनुमति के बिना उसके शिल्प को संचालन करने की अनुमति नहीं थी।[90] जब महत्वपूर्ण शिल्पों को समाजों में संगठित किया जाने लगा, किसी विशिष्ट शिल्प का अभ्यास करने के इच्छुक किसी भी व्यक्ति को उस समाज में एक मजदूर के समान प्रवेश करना होता था ताकि वह उस शिल्प का प्रशिक्षण प्राप्त कर सके। सर्वप्रथम, यह प्रतीत होता है कि प्रवेश अप्रतिबंधित था और शर्तें पर्याप्त कठोर थी, इस प्रकार समाज व्यक्तियों के कमोबेश शिल्पों में संलिप्त रहने वाले स्वतंत्र संघ बन जाते थे और नई पीढ़ी को उनकी आजीविका प्राप्त करने के साधनों का निर्देश देने की प्रतिज्ञा करते थे। परंतु बाद के काल में, 13वीं शताब्दी के लगभग ये पारिवारिक मंडलियों में परिवर्तित हो गए। समाज की कोई विधवा अपने पति के व्यापार को संचालित कर सकती थी, अथवा अपनी समाज की स्वतंत्रता को अपने दूसरे पति, यदि वह उसी व्यापार से रहा हो, को दे सकती थी। परंतु यदि वह अपने ही शिल्प से सम्बन्ध न रखने वाले किसी व्यक्ति से विवाह करती थी तो वह अपने नए पति को न केवल अपनी समाज की स्वतंत्रता नहीं दे सकती थी बल्कि वह स्वयं भी उस समाज से बहिष्कृत हो जाती थी। 15वीं तथा 16वीं शताब्दियों में किसी शिल्प में प्रवेश पर प्रतिबंध और अधिक कठोर हो गए थे, तथा हस्तशिल्प मात्र कुछ परिवारों के एकाधिकार बन चुके थे।

लगभग इसी समय जर्मनी में किसी समाज में प्रवेश के किसी अभ्यर्थी को प्रवेश के योग्य होने के लिए विशुद्ध जन्म का साक्ष्य प्रस्तुत करना पड़ता था। उनके जन्म से जुड़े किसी कलंक के आधार पर लोगों के पूरे के पूरे वर्ग को समाजों से बहिष्कृत कर दिया जाता था, यहाँ तक कि, 16वीं शताब्दी के बाद बढ़ती हुई बुराई का उपचार करने हेतु कानून पारित करना पड़ा था। अपने जन्म की शुद्धता सिद्ध कर देने वाले प्रशिक्षुओं को अपने प्रशिक्षणकाल में भारी खर्चें वहन करने पड़ते थे और शिल्प में कारीगर के रूप में स्थापित होने के पूर्व उन्हें लंबी यात्राएं करनी होती थीं जो पाँच वर्षों तक भी जारी रहती थीं। आगे, यदि कोई शिल्पकार अपना स्वतंत्र व्यवसाय स्थापित कर लेता था तो उसे एक श्रेष्ठकृति तैयार करनी होती थी, जो सामान्यतः बहुत महँगी और अनुपयोगी वस्तु हुआ करती थी। दूसरी ओर, निपुण शिल्पकार के पुत्र इन समस्त प्रतिबंधात्मक शर्तों से मुक्त थे। परिणामस्वरूप, विशिष्ट शिल्पों का पैतृक संचालन करते हुए समाज परिवारों के क्लब बन चुके थे।

''शिल्प–समाजों के द्वारा आदेशित दंडों में अर्थदंड का भुगतान, अथवा प्रारंभिक अवधियों में मोम की कुछ मात्रा, अथवा उनकी दावतों में बियर अथवा मदिरा पिलाया जाना होता था।'' धोखाधड़ी जैसे अपराध समाज से बहिष्करण तथा शिल्प का अभ्यास करने के अधिकार वापस लिए जाने के आधार होते थे।[91] प्रत्येक शिल्प के सदस्य सामान्यतः एक ही मोहल्ले में रहते थे। इस प्रकार लंदन में बुनकर कैनन स्ट्रीट में, धातुकर्मी स्मिथफील्ड में बसे हुए थे। ''ऐसे समूहीकरण ने प्रत्येक शिल्प में कारपोरेट जीवन की भावना को निश्चित रूप से भारी शक्ति प्रदान की होगी।''[92]

यद्यपि ऐसे शिल्प, जिनके अभ्यास अत्यन्त प्रारंभिक समय से ही अनेकों प्रतिबंधों से घिरे हुए थे, कमोबेश पैतृक बन चुके थे, तथापि विद्वतापूर्ण पेशों एवं वाणिज्य ने बुद्धिमान युवाओं को नए क्षेत्रों के प्रस्ताव प्रदान करना आरंभ कर दिया था। ''चर्च चतुर युवकों को दुनिया में प्रगति करने का एक अवसर सदैव प्रदान किया करता था।'' ऐसा प्रतीत होता है कि 14वीं शताब्दी के अंत में तथा लगभग संपूर्ण अगली शताब्दी में पादरियों का अधिकांश चयन मध्यवर्गों में से और यहाँ तक कि दासों में से भी किया गया, आर्थिक परिवर्तनों ने इस पेशे को उच्च वर्गों के सदस्यों के लिए कम आकर्षक बना दिया था। 15वीं शताब्दी में कानूनी पेशे ने भी एक प्रतिभावान रोजगार की संभावनाओं के द्वार खोल दिए थे।[93]

यूरोपीय शहरों में समाजों को उनके व्यापार के मान्यताप्राप्त महत्व के अनुसार श्रेणीबद्ध किया गया था। जिस सिद्धांत के आधार पर पेशों का श्रेणीकरण किया जाता था वह स्पष्टतौर पर उनके द्वारा प्रदान की जाने वाली आवश्यकताओं के प्रति अधिक महत्वपूर्ण नहीं था। ''किसी पेशे की स्थिति इस बात पर निर्भर रही प्रतीत होती है कि यह कमोबेश सम्मानजनक, लाभदायक अथवा प्राचीन है अथवा नहीं। सम्मानजनक स्थान उन शिल्पों में आरक्षित था जिनमें मानसिक कार्य ने शारीरिक कार्य पर प्रधानता अर्जित कर ली थी। स्पष्ट तौर पर उन्हें इसलिए माननीय माना जाता था क्योंकि ईसाई समाजों को शासित करने वाली द्वैतवादी अवधारणा के अंतर्गत भावना को पदार्थ के ऊपर, बुद्धि को मनुष्य के शरीर के ऊपर स्थान दिया गया था।'' मात्र बौद्धिक कार्य की आवश्यकता वाले पेशों को 'उदार' पेशों का नाम दिया गया था, जिसके विपरीत शारीरिक श्रम वाले पेशों को 'दासत्व' का। विश्वविद्यालय वाले नगरों में प्रोफेसरों को प्रथम श्रेणी प्राप्त थी जिसे वे कुलीन लोगों के साथ फुटपाथों पर चलने के विशेषाधिकार के साथ साझा करते थे। चिकित्सक भी इसी श्रेणी में आते थे, यद्यपि उनके मूल की निचली बिरादरी, शल्यचिकित्सक–नाई, को उनके शल्यचिकित्सा सम्बन्धी कार्यों के कारण आंशिक तौर पर एक निम्न स्थिति प्रदान की गई थी। यद्यपि शिल्पकारों को सामान्यतः निचली श्रेणी दी गई थी, तथापि स्वर्णकारों ने उच्च श्रेणी अर्जित कर ली थी। दूर देशों से खरीदी गई वस्तुओं, जैसे मसाले और फर, के व्यापारियों को अत्यधिक ऊँची श्रेणी हासिल थी। बैंकर्स, मुद्रा–परिवर्तक, तथा थोक व्यापारियों को उनके पेशे में शीघ्र निर्णय लेने, जटिल गणनाएं करने, व्यापक दृष्टिकोण और दुर्लभ विचारों के कारण ही नहीं बल्कि उनके संपदा के प्रदर्शन के कारण भी अलग किया गया था। ''यह देखना सहज है कि बड़े औद्योगिक एवं व्यवसायिक समाजों को दी गई प्राथमिकताओं में किसी शिल्प को इसके द्वारा उपार्जित की जाने वाली संपत्ति के अनुसार कम या अधिक सम्मानजनक समझा जाना हमारे द्वारा उल्लिखित सिद्धांतों में से दूसरा था। निःसंदेहात्मक रूप से यही कारण था कि कसाईयों, जिनके पास अपने नियंत्रण के अधीन कार्यरत् अनेकों सहायक हुआ करते थे और जिन्होंने भारी लाभ अर्जित किए थे, ने कभी–कभी पेरिस में 'छह समाज' (सिक्स गिल्ड्स) के बीच शामिल होने का प्रबंध कर लिया था।'' घरेलू शिल्प आंतरिक प्रतिस्पर्धा से दुष्प्रभावित थे और इसी कारणवश कहीं निचली श्रेणी प्राप्त कर सके थे। फ्लोरेंस में नानबाई और रोटी पकाने वाले 21 आधिकारिक समाजों की सूची में सबसे अंत में शामिल थे।[94]

ऐसा पेशागत प्रतिष्ठा सम्बन्धी इन विचारों को ध्यान में रखते हुए किया गया था कि फ्रांस में कुलीनों के किसी सदस्य, जो शस्त्रों के पेशे के अयोग्य रहा हो, को व्यापार करने अथवा हस्तकला अपनाने पर उसकी स्थिति से निलंबित कर दिया जाता था।[95]

एंग्लो–सैक्सन लोगों के कानूनों द्वारा निर्धारित था कि कोई भी अपने वर्ग से बाहर की महिला से विवाह का प्रयास नहीं कर सकता, ताकि यदि निम्न स्थिति का कोई व्यक्ति किसी उच्च वर्ग की महिला से विवाह करे तो उसे मरना होगा।[96] 15वीं शताब्दी तक इंग्लैंड में सगोत्र विवाह का यह नियम लगभग गायब हो चुका था, यहाँ तक कि जरूरतमंद कुलीनों के द्वारा अपने खाली हो चुके खजाने को भरने के लिए जिन सामान्य तरीकों को अपनाया गया था उनमें अपनी पुत्रियों अथवा विधवाओं का अमीर व्यापारियों से विवाह किया जाना भी शामिल था। ऐसे विवाहों ने उच्च वर्गों और मध्यवर्गों के मिश्रण में महत्वपूर्ण भूमिका अदा की।[97] फ्रांस में, रोमन साम्राज्य की बाद की अवधि में, हथियारों के निर्माण जैसे कार्य में रोजगार प्राप्त श्रमिकों को अपनी पुत्रियों के विवाह अपने समूह से बाहर करने की अनुमति नहीं थी।[98] जनजातीय कानून की दृष्टि में एकमात्र वैध विवाह वही होता था जो समान स्थितियों वाले स्वतंत्र

लोगों में किया जाता था। स्वतंत्र महिला, जिसने अपने ही दास से विवाह किया हो, अपनी स्वतंत्रता खो देती थी, और उसकी संपत्ति जब्त हो जाती थी, तथा दास को पहिए पर चढ़ा कर मार दिया जाता था। यदि कोई स्वतंत्र व्यक्ति या तो अपनी दासी से अथवा स्वतंत्र की गई महिला से विवाह करता था तो न तो पत्नी और न ही उसकी संतान को उस व्यक्ति की श्रेणी प्राप्त होती थी।[99] हालांकि, सामंतवादी युग में वैध संतानों ने अपने पिता की स्थिति प्राप्त कर ली थी, यह सिद्धांत कि सज्जनता पिता से आती है, को धीरे–धीरे मान्यता प्रदान की जानक लगी थी। यदि कोई स्वतंत्र महिला किसी कुलीन पुरुष से विवाह करती थी तो वह उसकी स्थिति प्राप्त कर लेती थी लेकिन एक दासी महिला के साथ ऐसा नहीं था।[100] जर्मनी में, "जन्म की समानता के परिणामों ने पारिवारिक एवं विरासत सम्बन्धी कानून में स्वयं की मौजूदगी को महसूस करवा दिया था। मात्र संपदा के मामले में समान–जन्में सदस्य के पास ही नाबालिगों और महिलाओं के अभिभावक बनने का अधिकार था। और मात्र जन्म में समान लोगों के बीच ही विरासत का अधिकार भी मौजूद था।" मूलतः अलग–अलग स्थिति–समूहों के सदस्य परस्पर एक वैध विवाह नहीं कर सकते थे। किसी स्वतंत्र महिला के किसी दास से विवाह का अर्थ था महिला द्वारा स्वतंत्रता खो देना अथवा दास को जीवन हानि होना। ईसाई धर्म के प्रभाव के अधीन असमान विवाहों के विरुद्ध कानून की कठोरता बहुत कम हो गई थी, ऐसे विवाहों को मात्र तुच्छ विवाह समझा जाने लगा था और उनकी संतानों को पूर्णतः वैध माना जाता था। परंतु दोनों में से एक पक्ष की उच्च स्थिति को दूसरे को नहीं प्रदान किया जा सकता था। स्वाभाविक रूप से उनकी संतान को निम्न स्थिति वाले पक्ष की श्रेणी ही प्राप्त होती थी। अपवादस्वरूप ऐसे विवाह की संतानों, जिनमें पत्नी एक स्वतंत्र महिला रही हो और पति अर्द्ध–स्वतंत्र अथवा पराधीन, को अपनी माँ की प्राकृतिक स्वतंत्रता हासिल करने की अनुमति थी। पेशों के आधार पर किए गए समाज के नवीन समूहीकरण में "समान जन्म के सिद्धांत को कम से कम अपनाया गया था।" मात्र उच्चतर कुलीनवर्ग ही इससे चिपका रहा था।[101]

सारांश यह है कि जन्म द्वारा अंतर को सामान्यतः अनेकों आदिमकालीन लोगों तथा प्राचीनकाल की लगभग सभी प्रमुख सभ्यताओं के द्वारा मान्यता प्रदान की गई है। जहाँ तक कलाओं और शिल्पों का प्रश्न है, वे न तो बहुत अधिक थी और न ही विशेषज्ञतापूर्ण थीं, तथापि आदिमकालीन लोगों के पास कुछ वर्ग ही थे जिनकी स्थिति निर्धारित थी। किन्तु जहाँ कहीं भी स्थिति को मान्यता दी गई थी, पेशे की पसंद के मामले में विशेषाधिकार एवं प्रतिबंध बहुत आम हैं। जन्म के आधार पर किसी के साथी की पसंद पर प्रतिबंध उनके बीच अपेक्षाकृत कम प्रचलित था। जनजातीय इंग्लैंड में, रोम में, तथा एशियाई सभ्यताओं में, पेशों की प्रवृत्ति न केवल पैतृक हुआ करती थी बल्कि वास्तव में उन्हें विशिष्ट वर्गों के द्वारा अपनाए जाने हेतु निर्धारित किया गया था तथा किसी व्यवस्था के अंतर्गत ऊँचे और नीचे के रूप में श्रेणीबद्ध किया गया था। विशेषज्ञताप्राप्त पेशों ने स्वयं का गठन सामुदायिक जीवन की इकाईयों के रूप में कर लिया था। समाज दो, तीन, चार, अथवा पाँच सुचिह्नित स्थिति–समूहों में विभाजित था, जिनके बीच अंतरविवाह प्रायः प्रतिबंधित थे। भारतीय विचारों से प्रभावित होने के पहले चीनी सभ्यता अपने सामाजिक समूहीकरण के मामले में अधिकांशतः स्वतंत्र रही प्रतीत होती है।

किसी समाज में प्रख्यात स्थिति–समूह, जो अधिकारों और अयोग्यताओं द्वारा एक–दूसरे से अलग थे, अंतर. विवाह की स्वतंत्रता के अभाव में एक दूसरे से पृथक बने रहे, और इसीलिए उन्हें इंडो–यूरोपीय संस्कृतियों की मानसिक पृष्ठभूमि और सामाजिक परिदृश्य की साझा विशेषताएं होना माना जा सकता है। विनिर्दिष्ट पेशों के अंतर्गत एकता के साथ पेशों की विशेषज्ञता तथा अपनी पसंद की महान पराधीनता प्राचीन एवं मध्ययुगीन समय की एक आम विशेषता थी। रोम तथा इंग्लैंड में जन्म तथा पेशों पर आधारित भेदभाव को समाप्त करने का कारण बनने वाली परिस्थितियाँ प्रत्येक के मामले में विशिष्ट हैं और यहाँ उनपर विचार नहीं किया जा सकता। हमारे लिए यह याद रखना ही पर्याप्त है कि प्रत्येक मामले में राजनीतिक एकता और व्यवसायिक तरक्की करते हुए ये विशिष्ट परिस्थितियाँ ही थीं जिन्होंने जन्म के द्वारा स्थिति के विचार को धीरे–धीरे नष्ट कर दिया और पेशों की पराधीनता को समाप्त कर दिया। जी.एम. ट्रेवलियन का अवलोकन चौसर का इंग्लैंड इस बिन्दु को स्पष्ट करता है। ट्रेवलियन टिप्पणी करते हैं: "राष्ट्रीय आत्मचेतना उन स्थानीय निष्ठाओं तथा कट्टर वर्ग विभाजनों को समाप्त करना प्रारंभ कर रही है जो सामंती युग के महानगरीय समाज की विशेषता थे।[102]

संदर्भ

1. Breasted, (2), p. 67. 2. Breasted, (1), p. 246. 3. Maspero, p. 35. 4. Breasted, (1), p. 247. 5. Petre, pp. 11–12. 6. Spencer, iii, p. 422. 7. Erman, p. 460. 8. Wilkinson, i, p. 159, a note by Dr. S. Birch. 9. A. M. Blackman, in *Ency. of R. and E.*, vol. x, p. 299 (b).

10. Erman, p. 446, Breasted, (1), p. 169. 11. Breasted, (2), p. 119. 12. Brooks, p. 88. 13. Jastrow, p. 293. 14. Johns, p. 74. and pp. 44–63 of *The Code of Hammurabi* edited by him. 15. Woolley, p. 97. 16. Johns, p. 121. 17. Brooks, p. 44. 18. Johns, p. 121. 19. Ibid., pp. 75, 136.

20. Dhalla, p. 65. 21. Ibid., p. 7. 22. Ibid., p. 295. 23. Ibid., p. 296. 24. Ibid., p. 78. 25. Ibid., p. 304. 26. Brinkley, xi, pp. 202–4. 27. Douglas, p. 116. 28. Ibid., pp. 120–46. 29. Bash-ford, p. 43.

30. Latourette, II, p. 206. 31. Werner (1), Table I. 32. Brinkley, x, 132. 34. Spencer, iii, p. 422. 35. Mollendorff, p. 20. 36. Werner (2), p. 40. 37. Op. cit., II. pp. 204–206. 38. Longford, pp. 69–70. 39. Brinkley (2), vol. ii, p. 41.

40. Ibid. 41. Ibid., p. 49. 42. Chamberlain, p. 95. 43. Brinkley, iv, pp. 64–6, 76. 44. Chamberlain, pp. 149–150. 45. Brinkley (2), vol. ii, p. 50. 46. *Ency. of R. and E.*, viii, p. 459 (b). 47. Spencer, p. 25. 48. Spencer, vol. iii, pp. 422–45. 49. *E.B.*, XVI, pp. 381–382; XVII, p. 628; Zweig, pp. 136–7, 149, 150, 155; *E.B*, IV, pp. 50–51; *Condition of Life & Work of Indigenous Populations of Latin American Countries* (I.L.O. Publication, 1949), p. 17.

50. Hose and McDougall, i, p. 68. 51. Lowie, pp. 346–7. 52. Ibid., p. 347. 53. Ibid., p. 349. 54. Featherman, ii b, 37. 55. Ibid., p. 244. 56. Rivers, pp. 264–5. टिप्पणी: फिजी तथा सैमोआई वर्गों का ए.एम. होकार्ट द्वारा दिया गया विवरण इस बात को पूर्णतः स्पष्ट कर देता है कि इन व्यवस्थाओं की नकल हिन्दू जाति व्यवस्था से की गई थी। 7 अप्रैल, 1928 की नेचर पत्रिका (पृष्ठ 551) में दिए गए सारांश को देखें। 57. Hose and McDougall, pp. 71–2. 58. Hobhouse, *Morals in Evolution*, (1916), p. 274, f.n. 5. 59. Rivers in *Ency. of R. and E.* viii, p. 424 (b).

60. *E.B.* XXII, p. 315. 61. Featherman, v, p. 424. 62. Smith, W. Robertson, pp. 74–5, and f.n. 2. 63. Muirhead,p. 6. 64. Ibid., pp. 11–12; Louis, pp. 48–9. 65. Leage, p. 14. 66. Tucker, p. 295. 67. Friedlander, vol. i, p. 147; Tucker, p. 254; Dill (2), p. 265. 68. Dill, (2), pp. 228–33. 69. Lambert, p. 12.

70. Warde Fowler, in *Ency. of R. and E.*, vii, p. 463 (a); cf. Ghurye (2), pp. 210–11. 71. Leffingwell, p. 39. 72. Tucker, p. 295. 73. Dill, (2), p. 233, Louis, p. 261. 74. *E.B.* XII, p. 618. 75. Attenborough, p. 177. 76. Chadwick, p. 112. 77. Ibid., pp. 79–84. 78. Ibid., p. 85. 79. Pollock and Maitland, p. 33.

80. Ibid., p. 34. 81. Attenborough, pp. 5, 17. 82. Ibid., pp. 19–75. 83. Ibid., pp. 7, 9, 15, 25, 73, 75. 84. Ibid., pp. 81–3, 85. Ibid., p. 29. 86. Ibid., p. 53. 87. Pollock and Maitland, pp. 407, 412, 439, 441. 88. Abram, p. 72. 89. Williams, pp. 35–6.

90. Trail, vol, i, p. 104. 91. Toulmin Smith (Lujo Brentano in), pp. cxxvi–vii, cxxxii, cxlix–cli; Huebner, pp. 104, 129. 92. Ashley, p. 96. 93. Abram, pp. 99, 106. 94. Renard, pp. 57–61. 95. Brissaud (2), p. 300. 96. N. K. Sidhanta, *The Heroic Age of India*, pp. 136–7. 97. Abram, p. 89. टिप्पणी: 18वीं शताब्दी के मध्य में जापानी समुराई लोगों की अपने खजानों को दोबारा भरने के लिए अपने परिवारों में अमीर आम लोगों के पुत्रों को गोद लिए जाने की प्रथा की तुलना कीजिए : Yosoburo Takakoshi, *The Economic Aspects of the History of the Civilization of Japan*, (1930), vol. ii, pp. 452–3. 98. Brissaud, (2), p. 48. 99. Brissaud, (1), pp. 158–9.

100. Brissaud, (2). pp. 291, f.n. 6, 298. 101. Huebner, pp. 92–4, 99. 102. Op. cit., p. 3.

7

जाति व्यवस्था की उत्पत्ति

समूहों तथा व्यक्तियों की स्थिति से जुड़े अपने सीमा–निर्धारण सहित सामाजिक भेदभाव मानव समाज की एक अत्यन्त व्यापक विशेषता है।[1] अभी तक बड़ी संख्या में समुदायों में यह स्थिति व्यक्तियों द्वारा उन क्षेत्रों की गतिविधियों में अर्जित की गई उपलब्धियों पर निर्भर करती रही है जिन्हें उन समुदायों के द्वारा महत्वपूर्ण समझा गया हो। इनका विस्तार कुछ अलौकिक अनुभवों से लेकर संपदा अर्जित करने की योग्यता तक रहा है। जैसा कि हम देख चुके हैं, इस भेदभाव के दृश्य चिह्न हैः वस्त्रों, पेशों और यहाँ तक कि भोजन जैसे मामलों में कुछ समूहों के विशेषाधिकार तथा दूसरों की अयोग्यताएं। अन्य समुदायों में व्यक्तियों की स्थिति का निर्धारण जन्म के द्वारा किया जाता है। भारतीय–यूरोपीय भाषाएं बोलने वाले लोगों ने किसी समाज के अंदर विभेदीकृत समूहों की संख्या के मामले के साथ–साथ उनके अधिकारों एवं अयोग्यताओं के मामलों में भी जन्म के इस सिद्धांत का विस्तार अन्य लोगों की तुलना में बहुत दूर तक कर दिया। उनमें से कुछ ने तो यह आदेश जारी कर दिया कि किसी समूह का सदस्य अपने ही समूह में विवाह करेगा। अतः, यह देखा जा सकता है कि हिन्दू व्यवस्था इस मामले में अनूठी है कि अकेले इसी के द्वारा कुछ समूहों को अछूत और अगम्य समझा जाता है।[2] अन्य मामलों में, यह मात्र उस संपूर्णता में अलग है जिसके साथ योजना तैयार की जाती है तथा विभेदीकृत समूहों की संख्या में भी अलग है।

भारत में फलने–फूलने वाली अनेकों संस्कृतियों में से भारतीय–आर्य संस्कृति के साहित्यिक अभिलेख न केवल प्राचीनतम हैं बल्कि इनमें जाति का निर्माण करने वाले कारकों का सर्वप्रथम उल्लेख और एक सतत् इतिहास भी समाहित है। एकमात्र दूसरी संस्कृति, जिसके अभिलेख सुस्पष्ट हैं, द्रविड़ है; किन्तु जब यह संस्कृति अपने उन अभिलेखों को सामने रखती है जो वर्तमान में मौजूद हैं, तो स्पष्ट होता है कि यह पहले से ही भारतीय–आर्य परंपरा से बहुत अधिक प्रभावित रही थी। इस भारतीय–आर्य सभ्यता की ब्राह्मणवादी किस्म, जो इसका सर्वाधिक व्यापक और गहन विस्तारित पहलू है, गंगा के मैदानों में ही विकसित हुई थी। इसीलिए मैं निष्कर्ष देता हूँ कि जाति के कुछ महत्वपूर्ण पहलू इसी क्षेत्र में उत्पन्न हुए थे। जिन लोगों को यहाँ तथा अन्य स्थानों पर भारतीय–आर्यों के रूप में जाना जाता है तथा जिनके प्राचीनतम साहित्यिक अभिलेख हमें जाति एवं वर्ग की स्थापना के सम्बन्ध में जानकारी प्रदान करते हैं, भाषाई तौर पर उन लोगों के बड़े परिवारों से सम्बन्धित हैं जिन्हें या तो भारतीय–आर्य अथवा भारतीय–जर्मन का नाम दिया गया था। इनमें अन्य लोगों के साथ–साथ सेल्ट्स, एंग्लो–सैक्सान एवं ट्यिूटोन, रोमन, ईरानी भी शामिल थे। पुर्तगाली तथा स्पेनी लोग भी इसी परिवार से सम्बन्धित हैं। लगभग 5000 ईसा पूर्व के प्रागैतिहासिक काल में इन लोगों के पूर्वज सुस्पष्ट रूप से परिभाषित एक क्षेत्र पर कब्जा जमाए तथा एक–दूसरे के साथ घनिष्ठ सांस्कृतिक संपर्कों में बने रहे प्रतीत होते हैं। किसी कारणवश जब उनके बीच अपने संगठन में छितराव हुआ तो विभिन्न समूहों ने अलग–अलग दिशाओं का रुख किया और अलग–अलग पराक्रम किए। यद्यपि उनकी पृथक भाषाएं अलग–अलग दिशाओं में चली गईं फिर भी उनके द्वारा पर्याप्त साझा ढाँचे

और सामग्री को बनाए रखा गया ताकि 19वीं एवं 20वीं शताब्दी के भाषाविद् उन्हें एक साथ समूहबद्ध करने और उस आदिम भाषा की पुनः संरचना करने में समर्थ हो सकें जो निश्चित रूप से उनके पूर्वजों के निरूपण के केन्द्र में पिटे–पिटाए भाषण रहे होने चाहिए। इन लोगों की शाखाओं में से एक, जो लगभग 2500 ईसा पूर्व प्रारंभिक वैदिक–धर्म रूपी धर्म के प्रकार के साथ भारत पहुँची, को भारतीय–आर्य कहा जाता है।

जैसा ऊपर प्रदर्शित किया गया है, कुछ समूहों तथा अन्य लोगों के लिए उनका पसंदीदा शब्द था 'वर्ण' अर्थात् 'रंग'। अतः, वे 'दसा वर्ण', 'दसा रंग' के बारे में अथवा और अधिक उचित रूप से दसा लोगों के बारे में बातें करते थे। ईरानी साहित्य, यद्यपि कि वेदों के मुकाबले सामग्री में बहुत ही कम है, ने इस महत्वपूर्ण सूचना को सुरक्षित रखा है कि ईरानी लोग उन लोगों के बारे में 'दहा' कहकर बातें करते थे जिन्हें उन्होंने कुछ ऐसे क्षेत्रों में पेशों में लिप्त पाया था जिसपर बाद में उन्होंने कब्जा कर लिया था। ईरानी 'दहा' पूरी तरह से वैदिक 'दसा' के समान है, जो अंतिम शब्दांश की ध्वनि के भाषाई मूल्य की अनुमति प्रदान करता है। वैदिक आर्यों के समान ही वो स्वयं को 'आर्य' अथवा 'ऐर्य' कहा करते थे जिसकी संस्कृत के शब्द 'आर्य' के साथ समानता को स्पष्टीकरण की आवश्यकता नहीं है। 'दहा' तूरान की हिंसक जनजाति हैं, जहाँ बँटवारे के पूर्व तथा बाद के छितराव में वैदिक भारतीयों और ईरानियों के पूर्वज स्वयं को 'आर्य' शब्द का नाम देते हुए एक समुदाय के रूप में एकसाथ रहा करते थे। यद्यपि 'दहा' का अर्थ शत्रु अथवा डकैत होता है, तथापि उनकी ईरानी राष्ट्रीयता संदिग्ध है। हो सकता है कि वैदिक भारतीयों ने इस शब्द का उपयोग भारत में अपने शत्रुओं अर्थात् पंजाब की स्थानीय आबादी के लिए किया हो। आगे यह और नोट किया जाना चाहिए कि यद्यपि संभवतः अपनी अत्यधिक विकृत स्थिति में हम तक पहुँचने वाला ईरानी साहित्य लोगों के लिए संस्कृत के 'अनार्य' शब्द का उपयोग नहीं करता, तथापि स्ट्रैबो यूनानी भूगोलवेत्ता ने 'अनारिएके', 'गैर–एरियन' कहकर लोगों का उल्लेख किया है।[3]

प्रारंभिक फारसी लोग तथा उनके महान राजा एक उदारता और कोमलता प्रदर्शित करते हैं जो विश्व साम्राज्य का एक राजनायिक संकेत मात्र नहीं है। जैसा कि महान इतिहासकार एडुअर्ड मेयर ने अवलोकन किया है: ''यहूदी धर्म के विपरीत पारसी धर्म ने समस्त देवताओं की अपनी बचाई गई सूचियों में प्रवेश नहीं किया था, किन्तु इसने उन्हें अधीनस्थ शक्तियों, सहायकों और आहूरा–मज़्दा के रूप में मान्यता देने में कोई कठिनाई नहीं हुई।'' दारा महान ने न केवल मिस्री पुजारियों के प्रयासों को हर प्रकार से प्रोत्साहित किया बल्कि उनके देवताओं के लिए मंदिरों का निर्माण भी करवाया। साइरस, दारा तथा आर्टएक्ससर्क्स–प्रथम ने मिलकर यहूदियों को स्वयं को बेबीलोन में पुनःस्थापित करने का सामर्थ्य प्रदान किया था। सहिष्णुता तथा यहाँ तक कि सहानुभूति की इस भावना तथा प्रारंभिक फारसी लोगों को चुनिंदा तौर आत्मसात् करने के लगभग 700 से 800 वर्षों बाद की सैसेनियाई अवधि में उनके उत्तराधिकारियों की विशिष्टता और असहिष्णुता को पूरी तरह से विपरीत होना दर्ज किया गया है। नव–फारसी साम्राज्य, जैसा कि सैसेनियाई राज्य को नाम दिया गया है, ने स्वयं को सहिष्णुता की बुनियादी भावना तथा अनुष्ठानिक शुद्धता को छोड़कर लगभग सभी मामलों में स्वयं को हख़ामनी काल की राष्ट्रीय परंपराओं को जारी रखने वाले के रूप में प्रदर्शित किया। इस लंबे अंतराल में फारसियों के साथ कुछ घटित हो चुका था। अनुष्ठानिक शुद्धता की निर्धारित रीतियों, जिनका विदेशों में पालन नहीं किया जा सका था, का पालन सख्ती से किया जा रहा था। एडुअर्ड मेयर के शब्दों में, ''अनुष्ठान तथा शुद्धता के सिद्धांत सुस्पष्ट और विस्तृत थे, और समस्त अनुमति प्राप्त एवं प्रतिबंधित मामलों, प्रदूषण के रूपों तथा प्रत्येक के लिए प्रायश्चित इत्यादि से सम्बन्धित धर्मसंकटमीमांसा की एक संपूर्ण और विस्तृत प्रणाली विकसित की गई थी, जो अपनी शुष्क एवं भावनाशून्य एकरसता के लिए टोरा में ऐसे ही निर्धारणों को स्पष्ट रूप से याद करती है। संक्षेप में, हख़ामनी लोगों की सहिष्णुता तथा अरसासिदों की उदासीनता का स्थान अब असष्णुिता तथा धार्मिक उत्पीड़न के द्वारा लिया जा चुका था।''[4] इस विद्वान तथा अनेकों अन्य के यहाँ उद्धृत करने वाले ये शब्द अनुष्ठानिक शुद्धता के विचार की प्रगति तथा भारतीय जातीय समाज की अत्यधिक बुनियादी विशिष्टता के किसी छात्र के लिए अत्यन्त महत्वपूर्ण हैं। जैसा कि हम देख चुके हैं, यह महज संयोग नहीं हो सकता कि फारसी समाज के चार सामाजिक क्रम, जैसे, अथरवान इत्यादि की सकारात्मक गणना की गई है तथा फारसी इतिहास में सैसेनियाई काल के दौरान

उनसे सम्बन्धित कुछ विशेषाधिकार एवं अयोग्यताओं का विशेष उल्लेख किया गया है। जैसा कि तीसरे अध्याय के अवलोकन से अवश्य ही स्पष्ट हो गया होना चाहिए, भारतीय आर्यों ने विशिष्टता और सहिष्णुता दोनों की एक मामूली मात्रा के साथ प्रारंभ किया था। रंग में अत्यन्त साँवले तथा कहीं चपटी–नाक वाले लोगों के संपर्क में आ चुके होने के बाद उन्होंने प्रारंभिक निवासियों को 'काले रंग' वाले, बिना नाक वाले लोगों के रूप में वर्णित किया, और उनके लिए उस 'दसा' शब्द का प्रयोग किया जिसका ईरानी भाषा में अर्थ 'शत्रु' होता है। अनुष्ठानिक शुद्धता के विचार, जिससे हमारा परिचय चौथे अध्याय में हो चुका है, वर्तमान उपलब्ध साहित्य में बहुत पहले के हैं। उनमें अत्यधिक सादृश्यता भी है। धार्मिक विश्वासों और प्रथाओं, जिनका प्रारंभ उनके द्वारा स्थानीय लोगों को बदनाम करने के द्वारा किया गया था, के मामले में उन्होंने उस चरम सहिष्णुता को विकसित नहीं किया था जिसका प्रदर्शन सैसेनियाई काल के फारसी लोगों के द्वारा किया गया था। विभिन्न विश्वासों के प्रति उनकी सहिष्णुता इस सिद्धांत पर आधारित थी कि धार्मिक तथा नैतिक विश्वास एवं प्रथाओं को व्यक्तियों तथा समूहों की आध्यात्मिक महत्ता के अनुरूप समायोजित किया जाना चाहिए। बाद के हिन्दुओं के रूप में भारतीय आर्यों ने न केवल अपने प्रमुख सिद्धांतों के साथ असंगत विश्वासों एवं प्रथाओं को सहन किया बल्कि अपने जटिल विश्वासों एवं प्रथाओं में अनेकों को आत्मसात् भी कर लिया। कम से कम आंशिक तौर पर, जाति व्यवस्था का सामाजिक संगठनात्मक पक्ष विश्वासों एवं प्रथाओं की विविधता को समायोजित करने वाली *कार्यप्रणाली* का था।

अनुष्ठानिक शुद्धता की सीमित एवं सशर्त विशिष्टताएं एवं परिणामी प्रथाएं स्वयं को भारतीय यूरोपीय लोगों की अन्य एवं पश्चिमी शाखाओं की संस्कृति एवं चरित्र के बुनियादी गुणों के रूप में प्रदर्शित करती हैं। यहाँ तक कि यूनानियों ने अपनी समृद्धि के उत्कर्ष के दिनों में भी इस भावना को प्रकट किया था। दासों की उनके द्वारा अवमानना लगभग लोकसिद्ध है; और दासों की बड़ी आबादी प्रजाति और संस्कृति दोनों में ही उनसे अलग थी। आदर्श कानूनों के निर्माता प्लेटो इस भावना की गहराई और शायद इसके अभ्यास की सीमा का सर्वश्रेष्ठ साक्ष्य प्रस्तुत करते हैं। जघन्य अपराध के लिए उनका दंड अपराधी के माता–पिता का शहर से चिरकालीन निर्वासन किया जाना है। उसका निर्वासन एवं बहिष्कार पूर्णतः सफल रहे इसके लिए प्लेटो आगे एक और नियम निर्धारित करते हैं, जो हिन्दुओं के द्वारा अपने पापी सदस्यों को दिए जाने वाले जातीय दंडों का द्योतक है। यह कहता है: "और यदि कोई व्यक्ति उसके साथ खाता अथवा पीता है, अथवा उसके साथ किसी प्रकार का संसर्ग करता है, अथवा उससे मिलने पर मात्र उसका स्पर्श करता है, तो वह न तो किसी मंदिर में प्रवेश करेगा, न ही किसी सभास्थल में, न शहर में, जब तक कि वह शुद्ध नहीं हो जाता; क्योंकि उसे यह विचार करना चाहिए कि वह एक पाप से कलंकित हो गया है।"[5]

ठीक वैदिक आर्यों के आगमन के समय, एक सभ्य लोगों, संभवतः वो जो पंजाब में हड़प्पा और सिंध में मोहनजोदाड़ों के स्तूपों में अपनी संस्कृति के चिह्नों को छोड़ गए थे, तथा यूनानियों को अपनी–अपनी पसंदीदा भूमि पर उच्च एजियन सभ्यता के साथ मुकाबला करना पड़ा था। दोनों सभ्यताओं की अंतःक्रियाओं और इसके परिणामों को हमारे लिए पर्याप्त सुरक्षित नहीं रखा गया है। यूनानियों के द्वारा एक कहीं अधिक पुरातन, स्थिर एवं व्यापक दूसरी सभ्यता के साथ आमना–सामना होने तथा नजदीकी संपर्क स्थापित होने के बाद कोई आठ अथवा दस शताब्दियाँ गुजर चुकी थीं जब उन्होंने मिस्त्र में नॉकट्रिस में एक उपनिवेश स्थापित किया। उस समय जो कुछ हुआ उसका कुछ स्पष्ट विवरण उपलब्ध है। यह अत्यन्त सूचनाप्रद है और यहाँ फायदे के साथ प्रस्तुत किया जा सकता है। यह भली–भांति ज्ञात है कि सिकंदर (एलेक्जेंडर) की मृत्यु के पश्चात् जब उसका विशाल साम्राज्य उसके विभिन्न दावेदारों के बीच बँट गया था, तब मिस्त्र टॉलमी के हिस्से में आ गया था। सामान्य रूप से टॉलेमियाई मिस्त्र तथा नॉकट्रिस जैसे शहरों एवं नवीन एलेक्जिंडरिया (सिकन्दरिया) का सामाजिक इतिहास शिक्षाप्रद है। प्रारंभिक वैदिक साहित्य में अत्यधिक प्रत्यक्ष गर्व एवं अनन्य भावना का प्रदर्शन यूनानियों के द्वारा उन मिस्त्रियों के साथ अपने व्यवहार में किया गया था जिन्होंने स्वयं की स्थिर और प्राचीन सभ्यता से सामान्यतः न केवल प्रेरणा हासिल की थी बल्कि कुछ विशिष्ट गुण भी प्राप्त किए थे। स्वयं को विजेता मानते हुए उन्होंने मिस्त्री लोगों के साथ शासित जनता जैसा बर्ताव किया था। मिस्त्री सभ्यता की अत्यधिक प्राचीनता की अपनी ही प्रशंसा

के बावजूद उन्होंने स्वयं को उच्चतर लोगों के वारिस एवं प्रतिनिधि के रूप में प्रदर्शित किया। कोई भी इस स्थिति की तुलना 19वीं शताब्दी के अधिकांश भाग के दौरान भारत में विद्यमान स्थिति के साथ भली–भांति कर सकता है, अंग्रेजों ने यूनानियों का स्थान ले लिया था और भारतीयों ने मिस्त्रियों का। एलेक्जिेंडरिया, नॉकट्रिस इत्यादि जैसे शहरों में वो लोगों से अलग हो गए प्रतीत होते हैं। और उनके बीच विवाहों की अनुमति नहीं थी, यहाँ तक कि यूनानी पुरुष किसी मिस्त्री महिला से विवाह नहीं कर सकता था। परंतु देश में, जहाँ ऐसा कोई प्रतिबंध नहीं था, यूनानियों और मैसिडोनियाई सैनिकों तथा सामान्य निवासियों को मिस्त्री महिलाओं से विवाह करने पर ऐसा कोई भय नहीं था। अपनी ओर मिस्त्री लोगों ने महसूस कर लिया था कि विजेताओं और शासकों के साथ मिल कर रहने के लिए उनके लिए यह आवश्यक था कि वे उनसे न केवल यूनानी भाषा सीखें बल्कि यूनानियों के समान ही वस्त्र पहने और व्यवहार भी करें। इस दोहरी प्रक्रिया से बड़ी मात्रा में रक्त का मिश्रित होना जुड़ा हुआ था। प्रजातीय अंतर भी निरंतर घटने लगा था, जिससे मिस्त्र में बड़ी संख्या में लोग, जिन्होंने बाद में स्वयं को यूनानी कहा, रक्त के संदर्भ में वास्तव में यूनानी पुरुषों के रक्त के मामूली सम्मिश्रण द्वारा परिष्कृत अथवा घुलमिल चुके मिस्त्री ही रह गए थे। यूनानियों के उच्च स्तरों तथा मिस्त्रियों के निचले स्तर के बीच का अंतर समाप्त नहीं हुआ था। फिर भी टॉलेमियाई शासन लंबे समय तक जारी रहा और गर्वीले रोमनों की घुसपैठ से समाप्त नहीं हुआ, हालांकि यूनानियों और मिस्त्रियों के बीच का अंतर क्रमशः कम हो गया हो सकता है। एडविन बेवन[6], जिनका मत भी ऐसा ही है, अपने पाठकों को भी सूचित करते हैं कि रोमन लोगों के शासन ने मिस्त्रियों की स्थिति को आगे और खराब कर दिया था, जो उसके बाद तीसरी श्रेणी में पहुँच गए थे और इस प्रकार लगभग जाति–बहिष्कृत बन चुके थे।

वैदिक भारतीयों तथा भारत के प्रारंभिक निवासियों के बीच का प्रभाव एक ऐसी स्थिति को प्रस्तुत करता है जो यूनानी–मिस्त्री स्थिति से मामूली रूप से ही अलग थी। सर्वप्रथम, ऐसा प्रतीत होता है कि भारत के लोग, जिन्होंने वैदिक आर्यों का विरोध किया था, अधिकतर काले रंग के थे। दूसरे, स्थानीय सभ्यता चाहे कितनी भी ऊँची क्यों न रही हो, भारतीय आर्यों ने अपनी सभ्यता को स्थानीय प्रजाति से नहीं प्राप्त किया था। इस प्रकार वैदिक लोगों के पास अपने गर्व और विशिष्टता को प्रदर्शित करने का कहीं बड़ा कारण मौजूद था। जैसा कि हम तीसरे अध्याय में देख चुके हैं, उन्होंने स्थानीय लोगों के प्रति कहीं कठोर रवैये का उपयोग किया और यद्यपि उन्होंने यौन–संतुष्टि के लिए उनकी महिलाओं का उपयोग करने को बुरा नहीं माना, तथापि उनमें उनके विरुद्ध भारी पूर्वाग्रह मौजूद था। किसी स्थानीय पुरुष से सहानुभूति रखने वाली कोई भी आर्य महिला सामान्यतः शापित होती थी और इसीलिए ऐसी स्थिति की जोरदार तरीके से निन्दा की जाती थी।

भारतीय–यूरोपीय लोगों की एक दूसरी शाखा अर्थात् रोम के लोगों के कृत्य जाति के भारतीय विकास के सम्बन्ध में कुछ सामानान्तर तथ्य प्रस्तुत करते प्रतीत होते हैं। और मैंने पहले ही अपने पाठकों का ध्यान इन साझा तत्वों की आकर्षित कर रखा है। परंतु पेशागत सगोत्रीय विवाह एवं प्रतिबंध व्यापक तौर पर उस अवधि में लागू किए जा रहे थे जब राजकोषीय व्यवस्थाओं के लिए पेशाजन्य गतिविधियों के सतत् प्रवाह की आवश्यकता थी तथा सामाजिक परिस्थितियाँ एवं प्रवृत्तियाँ इसे बाधित करने का षड़यंत्र कर रही थीं। अतः, यदि हम रोमन साम्राज्य की अंतिम अवधि में उत्पन्न इस स्पष्ट समानता को छोड़ देते हैं तो रोम का सामाजिक इतिहास समानता के बजाए विपरीतता के द्वारा भारतीय विकास को समझने में हमारे लिए सहायक होगा। रोमन और यूनानी लोग प्राचीन लोगों के बीच पुरोहिताई के अधिकार से लगभग पूर्णतः स्वतंत्र रहे होने के मामले में अनोखे थे।[7]

पहला, मूल रोमन लोगों की छोटी संख्या दो वर्गों में विभाजित प्रतीत होती है, अमीर अभिजात्य तथा साधारण लोग। अमीरों का साधारणजन के प्रति दृष्टिकोण कृपालुता का है। साधारणजन अधिकारविहीन हैं। अमीर अभिजात्यों, जो बाद में सभासद बन गए, में विशिष्टता की भावना प्रबल थी। वो मात्र अपने बीच ही वैध विवाह कर सकते थे। उनके गर्व और विशिष्टता ने उन्हें यह निर्धारित करने का आधार प्रदान कर दिया था कि कोई भी किसी गैर–रोमन से तब तक विवाह नहीं करेगा जब तक वह उन विशिष्ट राष्ट्रीयताओं में से किसी एक से सम्बन्धित न हो जिनसे वधू का चुना जाना स्वीकार्य था। इस प्रकार, प्रारंभिक रोमन अन्य लोगों के प्रति अनुलोम विवाही (उच्चतर जाति में विवाह) थे तथा सामान्य लोग अपने बीच सगोत्र विवाही। जन्म के गर्व एवं विशिष्टता की भावना

लंबे समय तक सामान्य तथा उनके समान लोगों में जारी रही। यहाँ तक कि सिसरो ने जन्म के महत्व पर जोर दिया; तथा आत्मसंयमी दार्शनिक मानवजाति के भाईचारे को आगे बढ़ाने के साथ–साथ जनसाधारण तथा दासों एवं उनके नीच पेशों से नफरत करते रहे। साधारणजन तथा अन्य लोग सामाजिक विशिष्टता अथवा इसके विपरीत स्थिति में सभासदों के साथ आत्मसात् होने के बजाए अपने राजनीतिक अधिकारों तथा अपने आर्थिक कल्याण में कहीं अधिक रुचि ले रहे थे। शहरों में बसे कुछ अभिजात्य परिवारों ने निरंतर युद्ध, नियमित बाँझपन तथा बारबार करने वाले राजनीतिक नरसंहारों के कारण अपनी संख्या में भारी गिरावट का सामना किया। इस प्रकार अभिजातीय उत्थानों को सौहार्दपूर्ण माध्यम नहीं प्राप्त हुआ। न ही बड़ी कार्यवाही करने हेतु इनकी संख्या पर्याप्त थी।[8]

दूसरे, रोमन धर्म, यद्यपि एक औपचारिक धर्म था और परिणामस्वरूप एक ऐसा धर्म था जिसमें कठोर प्रक्रियाओं और अनुष्ठानिक शुद्धता के विचारों को समृद्ध होना चाहिए था, तथापि यह उस रूप में अधिक विकसित नहीं हो सका। और रोमनों एवं भारतीयों के जीवन तथा भिन्नतापूर्ण भाग्य के प्रति विषमतापूर्ण दृष्टिकोणों को कोई भी तथ्य इतनी भली–भांति चिह्नित नहीं करता जितना कि दो लोगों के बीच उनके मूल धर्म के हेरफेर द्वारा किया जाता है। अत्यन्त प्राचीनकाल से ही बिशपों (पुजारियों) पर *यथास्थिति* को बनाए रखने का आरोप लगाए जाने के साथ ही रोम में धर्म संस्थागत बन चुका था और स्थापित हो गया था। लगभग किसी भी अन्य क्षेत्र की तरह ही धार्मिक क्षेत्र में भी राजनीति की घुसपैठ हो चुकी थी। यदि धर्म राजनीति की एक प्रकार की दासी बनने के द्वारा अपनी ही रेखा में विकसित होना बंद कर देता है तो व्यवसाय की प्रथा की वृद्धि तथा उसके परिणामी लाभ की इच्छा के कारण इसका पतन प्रारंभ हो जाता है। इस सम्बन्ध में ईसाई युग के प्रारंभ होने के पूर्व रोमन धर्म के द्वारा प्राप्त की जा चुकी स्थिति की शुरुआत मात्र हिन्दू धर्म के द्वारा 20वीं शताब्दी के प्रारंभ के लगभग की जा चुकी थी। अनुष्ठानिक शुद्धता के विचारों को स्पष्ट करने तथा सामाजिक जीवन में उनके अनुप्रयोग हेतु कोई गुंजाइश शेष नहीं बची थी।

तीसरे, रोमनों का धर्म किसानों का एक धर्म था। और अग्रणी किसान शहरों तक सीमित हो चुके थे। परिवर्तित न हो पाने के कारण उनका धर्म स्वाभाविक रूप से जीवनशक्ति से वंचित हो चुका था। शीघ्र ही यह विजेता पूर्वीय देशों के विभिन्न पंथों का सहज शिकार बन गया। फिर भी यह अपने अनुयायियों को एक संतोषजनक सम्प्रदाय और प्रथा नहीं प्रदान कर सका। और इस विकसित होती परिस्थिति का अंतिम परिणाम था कमोबेश ईसाई धर्म का सहजतापूर्वक विजयी होना।[9] कम आश्चर्य की बात है कि रोमन धर्म रोमन अभिजात्यों की विशिष्ट भावना के साथ सहयोग करने में विफल रहा।

चौथे, दासता का अस्तित्व तथा इसका प्रारंभिक व्यापक विकास अपने साथ जुड़े पेशागत मान अथवा अपमान के साथ विशिष्ट स्तरीकरण के विकास के सर्वाधिक शक्तिशाली विरोधी कारणों में से एक सिद्ध हुआ। गणराज्य की समाप्ति के पूर्व भी दासों की संख्या इतनी बड़ी थी कि स्वतंत्र जनसंख्या लगभग नगण्य हो चुकी थी। दास जनसंख्या का संयोजन रोमन दासता का एक महत्वपूर्ण पहलू था। अधिकतर दास या तो यूनानी थे अथवा मिस्त्री जैसे धार्मिक पूर्वीय लोग, सीरियाई लोग और यहाँ तक कि यहूदी अथवा लातिनी एवं पश्चिमी बारबेरियाई (जंगली) लोग थे। उनमें से अधिकांश प्रजातियों के बाहरी दिखावे में रोमनों से अलग नहीं थे। उनमें से अनेकों तो बेहतर मुखाकृति वाले थे। और उनकी एक काफी बड़ी संख्या शिक्षित और सभ्य थी। सीरियाई एवं यहूदी विशेषतौर पर व्यापार में निपुण थे। हम दासों के अनेकों उत्थानों के सम्बन्ध में पढ़ते रहते हैं। दासों के असंतोष को दासत्वमुक्ति की उस नीति से सहायता प्राप्त हुई थी, जो दासों के स्वामित्व सम्बन्धी आर्थिक लाभों के कारण रोमन लोगों के द्वारा व्यवहार में विकसित हुई थी। मुक्त हुए पुरुषों, जैसे कि दासत्वमुक्ति प्राप्त दासों को जाना जाता था, ने रोमन आर्थिक व्यवस्था में एक महत्वपूर्ण भूमिका अदा की। समर्थ तथा गैर–कुरूप लोगों की दासता रोमन समाज के अंदर श्रेणियों एवं वर्गों के भेदभावपूर्ण स्तरीकरण के विरुद्ध एक प्रभावी अवरोध थी।[10]

हम देख सकते हैं कि असंख्य भारतीय–यूरोपियन लोगों के साझा गुणों के साथ अपना खाता खोलने वाले रोमन लोग कुछ शताब्दियों के समय में ही क्यों एक अलग कारण से समाप्त हो गए। उनका आर्थिक संगठन उपनिवेश कही जाने वाली व्यवस्था पर निर्भर हो चुका था परंतु वास्तव में यह दासत्व का ही दूसरा रूप था।[11] उनके धर्म को ईसाई धर्म के द्वारा उखाड़ फेंका गया था जो सिद्धांततः विशिष्ट भावना का प्रतिपालन नहीं कर सका था।

जैसा कि पिछले अध्याय में देखा जा चुका है, सेल्ट तथा एंग्लो–सैक्सान लोगों में रोमनों के नए अधिवासों में बसने के साथ जुड़ी विशिष्ट विशेषताओं में से अनेकों का अभाव था। उन्होंने कमोबेश हिन्दू नमूनों पर ही अपने मूल गुणों को विकसित कर लिया। उनकी सभ्यता लंबे समय तक कहीं मौलिक बनी रही। उसी अवधि में सेल्ट लोगों, जिन्होंने अपने मूल धर्म को कायम रखा, ने उस समय हो चुके मामूली धार्मिक विकास से असमर्थित होने के बावजूद विशिष्ट भावना का प्रदर्शन किया। यद्यपि एंग्लो–सैक्सान लोगों ने ईसाई धर्म स्वीकार कर लिया था, फिर भी उन्होंने विशिष्ट भावना का प्रदर्शन किया। और सेल्ट लोगों के पादरी, ड्रुइड लोगों ने पर्याप्त शक्ति विकसित कर ली थी और अपने नियमों और प्रतिबंधों का आविष्कार कर लिया था जो भारत के ब्राह्मणों में अतीत का स्मरण करवाने वाला है। सीज़र ने यह महत्वपूर्ण जानकारी सुरक्षित रखी है कि उन्होंने आज्ञा न मानने वाले व्यक्तियों को बलि से प्रतिबंधित रखा और ऐसे बहिष्कृत लोगों को अपवित्र तथा अपराधी के रूप में देखा गया। सभी लोगों ने उन्हें त्याग दिया और न केवल उनके स्पर्श से बचे बल्कि उनसे बात करने से भी बचे, भले ही उन्हें उनके संसर्ग से चोट क्यों न पहुँची हो।[12]

उपरोक्त तथ्य से कोई भी यह सुरक्षित निष्कर्ष निकाल सकता है कि भारतीय–यूरोपीय लोगों, वैदिक आर्य जिनकी एक शाखा मात्र थे, ने सामाजिक व्यवहार में विशिष्ट भावना को बहुत पहले विकसित कर लिया था तथा अनुष्ठानिक शुद्धता के विचारों के लिए पक्षपात को पाल–पोस दिया था। अपने अलग विकास में उनमें से कुछ ने वास्तव में उनका विस्तार एक विशिष्ट सामाजिक स्तरीकरण में कर लिया, यद्यपि ऐसा अत्यन्त सीमित दायरे और गहनता से किया गया था।

16वीं शताब्दी के बाद के यूरोपीय विजेताओं एवं निवासियों के व्यवहार का अवलोकन करना अत्यन्त शिक्षाप्रद है। प्रारंभिक भारतीय–यूरोपियनों, लातिनी लोगों, सेल्ट लोगों तथा ट्यिूटोनों अथवा एंग्लो–सैक्सान लोगों के ये आधुनिक प्रतिनिधि लगभग 8 से 10 शताब्दियों तक पुरुषों के साथ भाई–समान व्यवहार करने तथा गर्व एवं विशिष्टता का त्याग करने के लिए प्रोत्साहित करते हुए ईसाई धर्म के उदारवादी सिद्धांतों को आत्मसात् करते रहे थे। शताब्दियों पुराने समतावादी एवं लोकतांत्रिक उपदेशों के बावजूद यूरोपीय लोग जहाँ कहीं भी विजेता के रूप में पहुँचे वहाँ उन्होंने विशिष्टता को प्रकट किया जिसका विस्तार कृपालुता एवं अनुलोम वैवाहिक भावना एवं प्रथा के प्रति भारी तिरस्कार तथा कठोर प्रतिबंध तक था। जहाँ कहीं भी उन्होंने कृपा दिखाई, वहाँ उन्होंने जीती गई अधिकांश महिलाओं को तो अपना लिया किन्तु कभी भी अपनी महिलाओं के स्थानीय पुरुषों से विवाह को बढ़ावा नहीं दिया। इस अनुलोमी वैवाहिक प्रथा में भी उन्होंने वर्णसंकरों की संतानों को अलग रखने का ध्यान रखा।

जीते गए लोगों, चाहे वो किसी भी सांस्कृतिक स्थिति अथवा प्रजातीय रंगरूप वाले क्यों न रहे हों, के साथ अनेकों भारतीय–यूरोपीय लोगों के कार्यों में किया गया विशिष्ट गर्व का व्यवहार, जो चाहे उनके जनजातीय धर्मों को जारी रखने के अंतर्गत अथवा ईसाई धर्म को स्वीकार करने के अंतर्गत किया गया हो, गंगा के मैदान के वैदिक अथवा उत्तर–वैदिक काल के आर्यों के दृष्टिकोणों और प्रथाओं में एक विशिष्ट संदर्भ में प्रकट होता है। उनके द्वारा जीते गए लोग काले थे। जब उन्होंने भारत में प्रवेश किया तो उनके बीच तीन सुपरिभाषित वर्ग अवश्य रहे होगें, जिनके बीच अंतरविवाह यद्यपि सकारात्मक रूप से प्रतिबंधित नहीं तो दुर्लभ अवश्य रहे होने चाहिए। इस सम्बन्ध में उनके पहले नियमों का प्रारंभ शूद्रों के अपने धार्मिक पूजापाठ से बहिष्कृत करने के साथ हुआ। यह ऐसा वर्ग था जो व्यापक तौर पर अवश्य ही मूलनिवासियों द्वारा गठित हुआ होना चाहिए। हम देख चुके हैं कि शूद्र को समाज में सर्वाधिक नीच के रूप में प्रस्तुत किया जाता था। अपने भारतीय इतिहास के बहुत प्रारंभ में ही आर्यों ने आदेश जारी किए थे कि शूद्र उनके द्वारा विकसित की गई धार्मिक पूजा का अभ्यास नहीं करेंगे। यहाँ तक कि उन्होंने बलिगृह में उनकी उपस्थिति का भी निषेध कर दिया था। अनुलोम विवाह की प्रकृति के किसी भी प्रतिबंध को लागू करने का प्रयास करने के पूर्व तीनों पहली जातियों को पहले से आदेश था कि किसी शूद्र महिला से विवाह न करें। किसी ब्राह्मण महिला के साथ विवाह करने वाला शूद्र सबसे बड़ा अपवित्र होता था जिसे समाज का दोषी माना जा सकता था। जातीय–समाज को निरूपित करने वाले विभिन्न कारक प्रथमदृष्टया ब्राह्मणवादी सभ्यता के समर्थकों द्वारा किए गए उन प्रयासों के परिणाम थे जिनका उद्देश्य मूल निवासियों तथा शूद्रों को उनके

अपने धार्मिक एवं सामाजिक सम्मिलन से बाहर रखना था। बहुत कुछ संभव है कि शूद्र वर्ग का गठन व्यापक तौर पर उन मूल निवासियो के द्वारा किया गया हो जिन्होंने भारतीय–आर्यों का आधिपत्य स्वीकार कर लिया था और उनकी सेवा में लग गए थे। यह देखा गया है कि प्रारंभिक साहित्य में मात्र तीन वर्ग, अर्थात्, ब्राह्मण, क्षत्रिय, एवं वैश्य की ही कल्पना की गई है तथा ऐसा मात्र एक ही स्थान पर है, जिसे अधिकांश वैदिक विद्वानों के द्वारा कालानुक्रम में नवीनतम माना गया है, कि शूद्र वर्ग का उल्लेख चार में से एक के रूप में किया गया है। अभीतक यह संभव नहीं हो सका है कि संस्कृत भाषा में शूद्र शब्द की कोई संतोषजनक उत्पत्ति का विवरण दिया जा सके। इसके अलावा, जब इस चौथे वर्ग का निश्चित रूप से गठन किया गया तो ब्राह्मणवादी साहित्य ने इसकी कल्पना अन्य तीन वर्गों के विरोधाभासी के रूप में की। इस प्रकार, आर्यों एवं दासों के बीच का वैदिक विरोध 'द्विजाति' तथा 'एकजाति' (शूद्र) के ब्राह्मणवादी वर्गीकरण द्वारा प्रतिस्थापित कर दिया गया है, जो ब्राह्मणवादी तथा बाद की अवधियों के लेखकों के मस्तिष्कों में दासों को शूद्रों में परिवर्तित करने वाला प्रतीत होता है।

यह कि जाति व्यवस्था का मुख्य घटक, अर्थात्, सगोत्र विवाह अथवा इसके कहीं प्रारंभिक स्वरूप, स्वीकृत अनुलोम विवाह, का विनियमन गंगा के मैदानी आर्यों की अपनी शारीरिक शुद्धता तथा सांस्कृतिक अखंडता को संरक्षित रखने की इच्छा का परिणाम था, एक ऐसा प्रस्ताव है जिसे उत्तरी भारत में शारीरिक प्रकारों के वितरण में लगभग सुस्पष्ट समर्थन प्राप्त होता है। यह अत्यन्त शिक्षाप्रद तथा अवश्य ही ध्यान में रखे जाने योग्य है कि 150 ईसा पूर्व भी जब महान व्याकरणविद् पतंजलि ने लिखा था, ''ब्राह्मणों की शारीरिक विशेषताएं गोरी त्वचा तथा पीले–भूरे बाल हैं'', तब पंतजलि ने उन्हें ब्राह्मण चिह्नित करने वाले अंतर्भूत गुण होना घोषित किया था, तथा त्वचा का अश्वेत रंग गैर–ब्राह्मणों का होता था।*

मानवजाति–विज्ञानियों के द्वारा किए गए कुछ शारीरिक मापनों तथा इन मापनों की समग्रता में एक से दूसरी जाति की दूरी की निकटता के मापन सम्बन्धी सांख्यकीय उपकरणों में से एक के उपयोग पर आधारित करते हुए अपनी गणना में मैंने जाति–पदानुक्रम में बेहतर शारीरिक प्रकार एवं उच्च–स्थिति के बीच एक सामान्य अनुरूपता स्थापित की है। उत्तर–प्रदेश के ब्राह्मणों को प्राचीन आर्यों के विशिष्ट प्रतिनिधि मानते हुए कोई भी यह पाता है कि उत्तर–प्रदेश की छेत्री, जो जाति पदानुक्रम में ब्राह्मणों के बाद अगली जाति है, को छोड़कर किसी भी अन्य जाति की तुलना में यह समूह शारीरिक तौर पर खत्री के अधिक समरूपी है, जो एक उच्च जाति है, तथा यहाँ तक कि चुहरा के भी जो पंजाब की एक निम्न जाति है। इस प्रकार, उत्तर–प्रदेश की सर्वोच्च जाति में अपने ही क्षेत्र की अधिकांश जातियों की तुलना में पंजाब की सर्वाधिक निचली जाति से अधिक समानता थी। यदि पंजाब की जातियों में से किसी को आर्यों के पुराने वंशों की प्रमुख जाति का प्रतिनिधित्व करने वाला चुनना हो तो उत्तर–प्रदेश के ब्राह्मण उसी वंश के उतने ही अच्छे प्रतिनिधि हैं, यह बात स्वाभाविक रूप से इस सम्बन्ध से प्रदर्शित होनी चाहिए। उत्तर–प्रदेश के ब्राह्मणों की अपने ही क्षेत्र की अधिकांश निचली जातियों से पृथकता प्रदर्शित करती है कि परिस्थितियों के अंतर्गत उन्होंने अपने शारीरिक प्रकार को यथासंभव शुद्ध बनाए रखने में सफलता प्राप्त की है। उत्तर–प्रदेश की विभिन्न जातियों के बीच शारीरिक समानता कमोबेश जाति की पूर्वता के समरूपी है। छेत्री, जो ब्राह्मणों के बाद अगली जाति है, उनसे सर्वाधिक समानता प्रदर्शित करती है। कायस्थ उसके बाद आते हैं और उनके बाद अहीर एवं कुर्मी के स्थान हैं, जिनमें से पहली बौद्धिक पेशों वाली एक उच्च जाति है तथा बाद की दोनों उच्च स्थिति वाली शिल्पकार जातियाँ हैं। उसी क्रम में पासी तथा अछूत चमार बहुत कम समानता प्रदर्शित करते हैं। सामाजिक प्रधानता की व्यवस्था में कायस्थों को चौथी श्रेणी प्राप्त है, कुर्मी आठवीं श्रेणी के शीर्ष पर हैं, जबकि पासी एवं चमार ग्यारहवीं एवं बारहवीं श्रेणी पर आते हैं।[13] पी.सी. महालनोबिस उत्तर–प्रदेश की जातियों पर किए गए अपने सर्वेक्षण का निष्कर्ष इस प्रकार प्रस्तुत करते हैं: ''हिन्दू समाज में तस्वीर के शीर्ष पर ब्राह्मणों को सर्वोच्च सामाजिक स्थिति प्राप्त है, तथा लंबे कद के साथ उनके चेहरे एवं शरीर सबसे बड़े हैं, चेहरे की चौड़ाई अधिक है, तथा नाक सापेक्षिक रूप से लंबी एवं नासिका सर्वाधिक गहराई वाली है किन्तु नासिका

* व्याकरण–महाभाष्य, सूत्र द्वितीय, 2, 6।

की चौड़ाई संकीर्ण है। जैसे–जैसे तस्वीर में कोई ऊपर से नीचे की ओर जाता है, (मात्र अवनत जातियों जैसे भाटू, हबरू एवं डोम के मामलों को छोड़कर) सामाजिक स्थिति तथा शारीरिक आकार में कमी आती जाती है।''[14]

ऊपरोक्त तथ्य तब और अधिक महत्वपूर्ण हो जाते हैं जब यह ज्ञात होता है कि तुलना की इसी विधि के अनुसार बिहार के ब्राह्मण उत्तर–प्रदेश के छेत्रियों, कायस्थों तथा कुर्मियों की तुलना में ब्राह्मणों से शारीरिक समानता में अधिक दूर हैं।

बिहार की अपनी जातियों के बीच तुलना करने पर शारीरिक समानता कुछ जातियों को ब्राह्मणों, कुर्मियों, चमार एवं डोम के क्रम में श्रेणीबद्ध करती है जबकि सामाजिक प्रधानता कुर्मियों के तीसरे स्थान तथा चमारों के चौथे एवं पाँचवें स्थान के सापेक्षिक क्रम से छेड़छाड़ नहीं करती।[15] यहाँ पुनः, यद्यपि ब्राह्मण उत्तर–प्रदेश जैसे ब्राह्मण नहीं हैं, तथापि उन्होंने स्वयं को शारीरिक क्रम में शीर्ष पर रखा हुआ है। बंगाल तथा पश्चिमी भारत की जातियों के सम्बन्ध में भी ऐसी ही तुलनाएं मामूली रूप से एक अलग नमूना प्रदर्शित करती हैं। जहाँ बंगाल के ब्राह्मणों की शारीरिक निकटता के क्रम में अनेकों उच्च जातियाँ यह अर्थ प्रदान करती हैं कि उनके साथ अंतर–मिश्रण ''सम्बन्धित जाति की सांस्कृतिक निकटता के साथ प्रत्यक्ष रूप से परिवर्तित हुआ है'', वहीं चाँडाल, जिसका स्पर्श दूषित करता है, का नजदीकी सादृश्य कहीं भी अनपेक्षित है। इसी प्रकार महालनोबिस द्वारा स्थापित तुलनाओं में बंगाल के ब्राह्मणों का बिहार के ब्राह्मणों और यहाँ तक कि उत्तर–प्रदेश जैसे अधिक दूरस्थ स्थानों के पंजाबी खत्री के साथ निकट समानता वाले ब्राह्मणों से शारीरिक अंतर समान रूप से परेशान करने वाला है। महत्वपूर्ण प्रासंगिकतावश उनके निष्कर्षों में से एक को यहाँ उद्धृत किया जा सकता है। वो कहते हैं: ''जैसे ही सामाजिक पैमाने में नीचे की ओर जाते हैं उत्तर भारतीय जातियों का प्रभाव घटता है और छोटा नागपुर की मूल निवासी जनजातियों के प्रभाव में वृद्धि होती है।''[16] महाराष्ट्र का देशस्थ ब्राह्मण अपने सामाजिक समकक्षी चितपावन ब्राह्मण के बजाए सोन कोली के साथ अपनी शारीरिक समानता का ढिंढोरा पीटता है। गुजरात में, 1931 की भारतीय जनगणना के मानवजाति–विज्ञानी सर्वेक्षण के आँकड़े नागर ब्राह्मणों की बानिया जैनों के साथ नजदीकी समानता को प्रकट करते हैं। हालांकि, ब्राह्मणों का एक और वर्ग, औदिच्य, काठी ब्राह्मणों की अपेक्षा नागर ब्राह्मणों से अधिक व्यापक दूरी का प्रदर्शन करता है।[17] औदिच्य, जैसा कि नाम से ही स्पष्ट होता है, एक उत्तर भारतीय आप्रवासी समूह है।

सामान्यतः, अपने क्षेत्र के बाहर की समान जातियों की अपेक्षा किसी भी भाषाई क्षेत्र की जातियाँ एक–दूसरे के साथ शारीरिक रूप से अधिक सम्बन्धित हैं। उत्तर–प्रदेश के बाहर सामाजिक पैमाने पर कुछ ऐसी निम्न जातियाँ प्रकट होती हैं जो मध्यवर्ती जातियों की अपेक्षा सर्वोच्च जातियों से अधिक शारीरिक सादृश्यता रखती हैं। अनुलोम विवाह के प्रारंभिक रूप में सगोत्र विवाह की उत्पत्ति को गंगा के मैदान में लागू किया जा सकता है और इसे उस ब्राह्मणवादी संस्कृति से जोड़ा जा सकता है जिसका साहित्य ऐसी स्थितियों का एक शाब्दिक चित्र प्रदान करता है। सगोत्र विवाह एवं जाति के अन्य तत्वों के विचार को ब्राह्मण पूर्वेक्षकों द्वारा ग्रहण कर लिया गया था। अतः, दूसरे क्षेत्रों में शारीरिक प्रकार तथा सामाजिक स्थिति के बीच इतनी अधिक अनुरूपता प्राप्त नहीं होती। पूर्वेक्षक जहाँ कहीं भी गए, उस क्षेत्र के शारीरिक मिश्रण को बाधित नहीं कर सके। वे विभिन्न समूहों पर उनकी ग्रहणशील योग्यताओं के अनुसार पेशागत पृथक्करण एवं सगोत्र विवाह की अपनी योजना को लागू करने का मात्र प्रयास ही कर सके। मैं निष्कर्ष निकाल सकता हूँ कि भारत में जाति भारतीय–आर्य संस्कृति की ब्राह्मणवादी संतान है जो गंगा और यमुना की भूमि के पालने पली–बढ़ी है और फिर देश के अन्य भागों में स्थानान्तरित हो गई।

जाति व्यवस्था की प्रमुख विशेषता की इस प्रजातीय उत्पत्ति को आगे रंग अर्थ वाले शब्द 'वर्ण' से समर्थन प्राप्त हुआ जिसका उपयोग समाज में क्रम को निर्दिष्ट करने हेतु किया जाता था। बाद में 'जाति' शब्द को जाति, अर्थात्, एक समूह जिसकी सदस्यता जन्म द्वारा अर्जित की जाती है, को इंगित करने हेतु विशेषीकृत किया गया। शब्दव्युत्पत्तिविज्ञान के अनुसार 'जाति' शब्द का अर्थ 'कुछ ऐसा जिसमें व्यक्ति ने जन्म लिया हो' होता है। अच्छे प्राचीन रचनाकारों के द्वारा इसका उपयोग कभी–कभार 'वर्ण' के समकक्ष किया गया है।

बलि अनुष्ठान के सम्बन्ध में ब्राह्मणवादी संस्कृति के एक महत्वपूर्ण घटक के रूप में अनुष्ठानिक शुद्धता की आर्य धारणा ने एक अतिशयोक्तिपूर्ण पहलू अपना लिया। पवित्र सूत्रों के न केवल सही शब्द एवं उच्चारण बल्कि

अनुष्ठानिक प्रक्रिया के सूक्ष्मतम विवरणों का कठोरतम अनुपालन भी अनुष्ठानों को समुचित रूप से संपन्न कराने हेतु अनिवार्य था। शुद्ध और अशुद्ध वस्तुओं के बीच अंतर किया जाना प्रारंभ हो चुका था। जो कुछ भी अस्वच्छ था निश्चित रूप से अशुद्ध था। और यहाँ तक कि पशुओं की दुनिया पर दृष्टिकोण में आए परिवर्तन के साथ ही पहले सम्मानजनक समझे जाने वाले कुछ पेशों को पतनकारी के रूप में देखा जाने लगा। *सूत्रों* के समय तक अनुष्ठानिक शुद्धता सम्बन्धी ब्राह्मणवादी आदर्श कितनी कठिनाई से तृप्त होते थे इसका सर्वश्रेष्ठ उदाहरण शुद्धीकरण तथा सामान्य आचरण के लिए निर्धारित किए गए सूक्ष्म नियमों के द्वारा प्रस्तुत किया गया है।

आंशिक तौर पर वैदिक अनुष्ठान की शुद्धता को संरक्षित रखने की अपनी ईमानदार इच्छा तथा आंशिक तौर पर अपने ही अनुष्ठानिक शुद्धता सम्बन्धी विचारों के शिकार होने, तथा आंशिक तौर पर मूल निवासियों से श्रेष्ठता की अपनी जागरुकता के कारण ब्राह्मणों ने पहले अपने स्वयं के सदस्यों के मार्गदर्शन हेतु नियमों को लागू किया, जिनकी मंशा किसी भी प्रकार से शूद्रों द्वारा उनके नैतिक स्तरों को नीचा दिखाने तथा अपने नीच रक्त को मिश्रित करने की संभावना को रोकने की थी।

ऐसा इसलिए है क्योंकि ब्राह्मणों ने अपनी उस संस्कृति, जिसे हम उत्तरी भारत में पाते हैं, के विकास की दूसरी अवस्था में शूद्रों से भोजन और पेय पदार्थों के ग्रहण करने पर प्रतिबंध लगा दिए थे। इस संस्कृति में सामान्यतः उनके द्वारा उच्चतर जातियों के प्रति कुछ उदारता प्रदर्शित की गई है, जबकि दक्षिण भारत में ऐसे किसी भी दृष्टिकोण एवं अभ्यास को महान अपवित्रीकरण माना जाता है। शूद्रों के विरुद्ध वर्जनाएं निर्धारित कर दी गई थीं, और इस मामले में संभवतः ब्राह्मण अन्य दो जातियों को लगभग अपने बराबर मानते रहे थे, तब भी जब बाद के समय में वर्जनाएं और कठोर हो गई थीं और बलपूर्वक एवं परंपराओं के द्वारा व्यापक तौर पर लागू की जा चुकी थीं, ब्राह्मणों ने शुद्ध जातियों से जल तथा उच्च जातियों द्वारा विशेषतौर पर तैयार किए गए भोजन को स्वीकार करना जारी रखा हुआ था। जब ब्राह्मणवादी संस्कृति के अग्रणी अपनी परंपराओं में से एक शूद्रों से भोजन एवं जल ग्रहण करने के विरुद्ध प्रतिबंधों के साथ दक्षिण भारत में प्रविष्ट हुए, तब चूंकि उनके पास क्षत्रिय तथा वैश्य में से कोई अन्य जाति साथ नहीं थी जिसके वे अभ्यस्त थे, अतः अपने नए क्षेत्रों में विचार करने हेतु उन्होंने शूद्रों के विरोधी नियम को दक्षिणी देशों की समस्त स्वदेशी जनसंख्या पर लागू कर दिया। और यह बीज अत्यधिक उपजाऊ मिट्टी पर गिरा था। भारतीय–आर्यों के साथ अपने संपके के पहले संभवतः दक्षिण भारतीय लोगों को विश्वास था कि भोजन की पवित्रता तथा शक्ति द्वारा आदिम लोगों जैसे बहुत से गुणों को संचारित किया जा सकता है।[18] यही कारण है कि जैसा मैंने कहा है, दक्षिण भारत, जहाँ ब्राह्मण किसी ब्राह्मण के अलावा किसी अन्य के हाथों भोजन अथवा पेयपदार्थ स्वीकार नहीं करते, में भोजन एवं पेय पदार्थों पर प्रतिबंध इतने अधिक कठोर हैं।

वैश्यों और शूद्रों के बीच बढ़ते हुए समावेशन के साथ ही ब्राह्मणों ने अपने समूह को इस सम्मिश्रण से मुक्त रखने के लिए ऐसे नियमों को लागू कर दिया जिसके अनुसार ब्राह्मण पुरुष तथा वैश्य महिला के मिलन से जन्मी संतान के लिए अलग स्थिति तय की जा सके। और समय के साथ तथा विशेषतौर पर बौद्ध धर्म के पराभव के बाद उन्होंने वैश्यों के हाथों भोजन लेना बंद कर दिया। क्षत्रियों की विशिष्ट स्थिति के कारण, तथा राजा के उसी समूह से सम्बन्धित होने के कारण, सिद्धांततः ब्राह्मणों ने कम–से–कम उनके हाथों भोजन स्वीकार करना प्रतिबंधित नहीं किया। तथापि, ब्राह्मण पुरुष तथा क्षत्रिय महिला से जन्मी संतान को एक पृथक समूह से सम्बन्धित बताते हुए उन्होंने अपनी प्रजातीय शुद्धता को कायम रखने का प्रयास किया।

इस प्रकार अंतरविवाहों तथा भोजन पर प्रतिबंध ब्राह्मणों की स्वयं को शुद्ध बनाए रखने की इच्छा की जड़ में निहित थे। आंशिक तौर पर यह इच्छा शुद्धता की अतिरंजित धारणाओं के कारण, आंशिक तौर पर बिना किसी भी मामूली परिवर्तन के वैदिक शिक्षा के स्थाईकरण से जुड़े भारी महत्व के कारण, तथा आंशिक रूप से श्रेष्ठता के उस गर्व के कारण भी विद्यमान थी जिसे ब्राह्मणों ने अन्य भारतीय–आर्य वर्गों के साथ प्रारंभ में साझा किया था, तथा जिसे अकेले उन्होंने ही अक्षुण्ण रखा हुआ था। क्षत्रियों की संपूर्ण पराजय तथा लोगों की शास्त्रों की पुरातन भाषा से पूर्ण असम्बद्धता ने ब्राह्मणों के लिए सबकुछ अपने अनुकूल करना सहज कर दिया था।

हालांकि, ब्राह्मणों का यह श्रेय अवश्य दिया जाना चाहिए कि वे पहले तीन वर्गों के साथ मूल एकता को बिल्कुल नहीं भूले। निश्चित रूप से अपने मॉडल के अनुसार ही सही, कम से कम अपनी आदर्श योजनानुसार उन्होंने क्षत्रियों तथा वैश्यों दोनों की ही शुद्धता बनाए रखने का प्रयास किए, यद्यपि उन्होंने समस्त व्यवहारिक प्रयोजनों के लिए वैश्यों को शूद्रों के बराबर माना।

समाज के सर्वाधिक सम्मानित वर्ग द्वारा स्वयं के लिए स्थापित इस सामाजिक नमूने का प्रबल उत्साह के साथ सभी तरीकों से अनुकरण करने में वे समूह भी असफल नहीं रहे जो अपने लिए सम्मान का दावा कर रहे थे। इस प्रकार, निश्चित रूप से ये अंतरविवाह पर सर्वप्रथम प्रतिबंध एवं भोजन की स्वीकार्यता सम्बन्धी मूल नियम थे जिसकी कल्पना समाज में मात्र चार वर्गों के लिए ही की गई थी, जो बाद में प्रत्येक तथा हर सुचिह्नित समूह की विशेषता बन गए।

सामूहिक एकता एवं समूह की प्रतिष्ठा शीघ्र ही असमान शर्तों पर विवाह करने के विरुद्ध स्वयं का अधिकार जता सकती थीः निचला समूह अपनी महिलाओं का उच्चतर समूहों में विवाह करने से मात्र इसलिए इंकार कर देगा ताकि स्वयं को श्रेष्ठ बताने वाले किसी नए समूह का गठन न किया जा सके। ये अपने वर्ग को बंद रखने तथा सगोत्र विवाह हेतु बाध्य थे।

समाज में कार्यकारी विभेदीकरण के साथ ही कमोबेश अलग–अलग रुचियों के साथ अलग–अलग पेशेवर समूहों ने अस्तित्व ग्रहण कर लिया। हमने इसे प्राचीन एवं मध्यकालीन समाज की व्यापक विशेषता के रूप में देखा है कि प्रत्येक समूह का पेशा परंपरागत रूप से अपने सदस्यों के बीच वंशानुगत रहने की प्रवृत्ति का रहा है। मात्र ब्राह्मणों ने ही पुजारी के पेशे पर अपना एकाधिकार बनाए रखा था। निःसंदेह, प्रारंभ में वे समस्त–महत्वपूर्ण पवित्र विद्याओं के संरक्षण सम्बन्धी प्रशंसनीय उद्देश्य द्वारा प्रेरित थे। परंतु बाद में उन्होंने अपनी पूजनकला को अपनी एकाधिकारी गतिविधि बना लिया और कठोरतापूर्वक इसे बनाए रखा, जबकि दो अन्य जातियों के परंपरागत पेशों का प्रगतिशील रूप से अन्य जातियों के द्वारा भी अतिक्रमण किया जा रहा था। जैसा कि हम देख चुके हैं, प्रत्येक पेशेवर समूह की आदतन सगोत्र विवाही बने रहने की एक स्वाभाविक इच्छा भी थी। परंतु ये प्रवृत्तियाँ नियम बन गईः ब्राह्मणों के नमूने के बाद इनमें से पहली कमोबेश अस्पष्ट थी तथा बाद वाली अत्यन्त कठोर। इस प्रकार पेशे ही सगोत्र वैवाहिक समूह बन गए थे। अनुष्ठान के सम्बन्ध में जिन्हें पहले बढ़ावा दिया गया था उन विवरणों के प्रति सम्मान का दृष्टिकोण सामाजिक व्यवहार में प्रचलित दृष्टिकोण बन गया। सामाजिक एवं परंपरागत शिष्टता के विवरण का अनुपालन किसी समूह की सदस्यता की पहचान कराने वाला चिह्न बन गया। किसी भी विवरण में अंतर सदस्यता और परिणामस्वरूप किसी समूह की पृथकता को निर्धारित करने की प्रवृत्ति रखता था।

राज्य के कठोर संगठित नियंत्रण का अभाव, शासकों में कानून एवं प्रथाओं के एक समान मानक को लागू करने की अनिच्छा, विभिन्न समूहों की अलग–अलग रीति–रिवाजों को वैधता की मान्यता देने हेतु उनकी तत्परता, तथा मामले को किसी न किसी प्रकार अपने आप ही ठीक–ठाक होने देने की उनकी सामान्य आदत[19] ने समूहों की पृथकतावादी प्रवृत्ति की सहायता की और प्रत्येक समूह में एकता की भावना तथा सामुदायिक अनुभूति को बढ़ावा दिया।

इन दोनों ही परिस्थितियों ने मामूली अंतरों पर आधारित छोटे–छोटे समूहों के गठन को प्रोत्साहित करने का काम किया।

उच्च वर्गों के लिए विशेष अधिकार एवं निम्नवर्गों के लिए अयोग्यताएं वर्ग समाज की लगभग सार्वभौमिक विशेषता बन चुके थे; और चार जातियों के अपने अधिकारों एवं अयोग्यता से युक्त ब्राह्मणवादी सिद्धांत किसी भी विशिष्ट स्पष्टीकरण की माँग नहीं करते। मात्र अस्पृश्यता की प्रथा ही हिन्दू व्यवस्था की विशेषता है। तीसरे तथा चौथे अध्याय में उल्लिखित जाति के इस कारक के इतिहास से यह स्पष्ट हो चुका होगा कि अस्पृश्यता एवं अगम्यता के विचार अनुष्ठानिक शुद्धता के विचारों से उत्पन्न हुए, और बलि अनुष्ठानों के सम्बन्ध में इन्हें पहले मूल निवासी शूद्रों पर लागू किया गया तथा बाद में कुछ पेशों की सैद्धांतिक अशुद्धता के कारण अन्य समूहों तक विस्तारित किया गया।

समूहों की बहुलता तथा संपूर्ण व्यवस्था की संपूर्णता हिन्दू मस्तिष्क की वर्गों को उत्पन्न करने तथा मामले को उसके तर्कसंगत परिणाम तक पहुँचाने की आदत के कारण है, जो एक ऐसा गुण है जो उनके साहित्य, दर्शन, तथा धार्मिक संप्रदायों में प्रकट होता है।[20]

संदर्भ

1. देखें C. C. North, *Social Differentiation*. 2. जापान में अस्पृश्यता को मुश्किल से इस विषय में भारतीय विचारों से मुक्त माना जा सकता है। 3. *E.B.*, XVII, pp. 565–66. 4. Ibid., pp. 568, 570, 580, 582. 5. Jowett's *Dialogues of Plato*, vol. V, p. 267. 6. Op. cit., pp. 80, 83–4, 86, 87, 98. 7. Russell, B., *Power*, p. 52. 8. Dill (1), pp. 1, 3, 38, 102–03, 104, 273, 282; Warde Fowler, pp. 43–44, 61, 97–99, 101; Louis, pp. 30–33, 110–11, 148–9; Duff, pp. 200–01, 207; Geer, pp. 161–3. 9. Dill (1), pp. 529–35, 537, 543–45; Warde Fowler, pp. 154, 320–23, 331; Louis, p. 151; Geer, pp. 173–75, 187–191, 279–89.

10. Dill (1), pp. 100–103; Warde Fowler, pp. 69, 204–07; Louis, pp. 37, 39, 42–3, 130, 135–7, 140, 144, 147–8; Duff, pp. 1–3, 5, 7, 9, 19, 188, 190–1, 202–04; Geer, p. 169. 11. Louis, pp. 214–15, 241–45, 252–57. 12. Seebohm, F., *Tribal Custom in Anglo-Saxon Law* (1911), p. 118. 13. *United Provinces Census Report*, 1901, p. 248. 14. *Sankhyā*, IX (1949), p. 199. 15. *Bengal Census Report*, 1901, p. 373. 16. *J.A.S.B.*, XXIII (1927), pp. 310, 311, 319; Ghurye in *Q. J. of the Mythic Society*, vol. XVII, Nos. & 4, p. 17 (of the Reprint). 17. G. S. Ghurye in *The Q. J. of the Mythic Socīety*, vol. XXVII, Nos. 3 & 4, pp. 34–35 (Reprint). 18. A. E. Crawley, *The Mystic Rose*, 1902, pp. 157–60. On p. 162 वो भोजन के प्रति दृष्टिकोण का सारांश इस प्रकार प्रस्तुत करते हैं: "यह स्पष्ट है कि मनुष्य न केवल मानवीय गुणों के अन्य लोगों के भोजन के संपर्क में आने द्वारा बल्कि उनके साथ अथवा उनकी उपस्थिति में भोजन करने से भी संचारित होने में विश्वास करते हैं" 19. See V. A. Gadgil in the *Journal of the Bombay Branch of the Royal Asiatic Society*, 1926, p. 161, for the connection of this practice with the village-organization of Northern India.

20. Professor C. G. Seligman attributes this mental trait to the Nordic race (see his presidential address to the Royal Anthropological Institute, *J.R.A.I.* 1924).

8

जाति, उप–जातिः विलय अथवा विखंडन?

प्रस्तुत पुस्तक में प्रतिपादित जाति सम्बन्धी विचार द्वारा स्पष्ट रूप से तथाकथित उप–जाति को वास्तविक जाति के रूप में स्वीकार किया गया है जिसकी अनिवार्य विशेषता सगोत्रीय विवाह रही है। वैकल्पिक तौर पर, उप–जाति को या तो किसी छोटी इकाई के रूप में एवं तथाकथित जाति को या तो जाति, अथवा बड़ी इकाई के रूप में संदर्भित किया गया है। उप–जातियों को शायद ही कभी स्पष्टतौर पर किसी बड़ी इकाई अथवा उसके अंदरूनी विभाजनों अथवा उप–विभाजनों, जिन्हें जाति कहा गया, के रूप में संदर्भित किया गया है। पुराने बॉम्बे प्रांत तथा मध्य–प्रांतों, अर्थात्, वर्तमान महाराष्ट्र में जातियों और उप–जातियों की प्रकृति के एक अध्ययन से लगाए गए अनुमान के अनुसार इनकी प्रकृति का विश्लेषण द्वितीय अध्याय में किया गया है, जिसके अंतर्गत पाठकों को इन ''छोटी इकाईयों'', अथवा उप–जातियों के विशिष्ट चिह्नांकन के उत्तरदायी सिद्धांत अथवा आधार उपलब्ध कराए गए हैं। पुनः इस बात की पुष्टि की जा रही है कि इन सिद्धांतों की पहचान ब्राह्मणवादी संस्कृति के घर उत्तर–प्रदेश में राजपूत कुलों एवं नामांकित लोगों* के शामिल करने के साथ की जा सकती है।

कुशाग्रबुद्धि पाठक महसूस करेंगे कि वर्तमान जातियों एवं उप–जातियों के विश्लेषण पर आधारित यह कथन अब समूहों की तुलना में एक सिद्धांत नहीं रह गया है अपितु यह तथ्यों का एक कथन है। यदि आवश्यकता हो तो वो इस तथ्य से और अधिक समर्थन प्राप्त कर सकते हैं कि द्वितीय अध्याय में उप–जातीय नामकरण के आधारों के रूप में उल्लिखित सिद्धांतों का उपयोग सातवें अध्याय में नहीं किया गया है जो मेरे विचारों अथवा जाति–व्यवस्था की उत्पत्ति के सिद्धांत का उल्लेख करता है। मुझे इस तथ्य पर जोर देना चाहिए कि मैंने जाति–व्यवस्था की उत्पत्ति के सिद्धांत का सूत्रपात किया है और मैंने जातियों की उत्पत्तियों को स्पष्ट करने का प्रयास नहीं किया है।

वर्ष 1932 में इस पुस्तक के प्रथम संस्करण के प्रकाशन के समय से ही जाति–अध्ययनों की एक बड़ी संख्या सामने आ चुकी है; परंतु वे मुझे उत्पत्ति के मेरे सिद्धांत का समर्थन करने वाले तथा उसमें तथ्य जोड़ने वाले प्रतीत होते हैं, और कम–से–कम 1961 में इरावती कर्वे द्वारा *हिन्दू सोसाइटीः एन इंटरप्रेटेशन* शीर्षक से अपनी पुस्तक के प्रकाशित करने तक उन्होंने इसका खंडन करने का सीधा प्रयास नहीं किया है। विशेषतौर पर कर्वे सकारात्मक और लगभग सुनिश्चित हैं कि उप–विभाजनों अथवा विशिष्टीकृत एवं विभेदीकृत उप–इकाईयाँ होने से परे तथाकथित उप–जातियाँ ही वास्तविक जातियाँ, अर्थात्, तथाकथित बोलचाल वाली, एवं हिन्दू अथवा भारतीय जाति–व्यवस्था के अधिकांश विद्यार्थियों के लिखित उपयोग वाली जातियाँ हैं, जो वास्तव में ''जातीय–समूह'' थे और जिनका गठन तथाकथित उप–जातियों के ''विलय'' से हुआ था (पृष्ठ 11–12, 19, 26–28, 61)।

---

* इस अध्याय की रचना 1968 में की गई थी।

मैं उत्तर–प्रदेश, जो मेरी राय में जाति–व्यवस्था का वास्तविक घर है, में लागू इस व्यवस्था पर आधारित एवं ई.ए. ब्लंट के तत्सम्बन्धित विचारों के साथ प्रारंभ करूँगा। ब्लंट, जो संयुक्त प्रांत की 1911 की जनगणना के अधीक्षक थे और बाद में संयुक्त प्रांतों की बैंकिंग जाँच समिति के अध्यक्ष बने, ने 1931 में *कास्ट सिस्टम ऑफ नार्दन इंडिया* शीर्षक से अपनी पुस्तक प्रकाशित की थी जिसके प्राप्त होने में पर्याप्त देरी इसलिए हुई क्योंकि यह *टाइम्स ऑफ इंडिया* में मेरी पुस्तक की समीक्षा प्रकाशित होने के लगभग चार महीनों बाद ही सितम्बर 1932 में बम्बई विश्वविद्यालय के पुस्तकालय में पहुँच सकी थी। अतः, मेरी पुस्तक के बारे में पूर्णतः अनभिज्ञ रहने के दौरान सृजित करने के कारण उनके विचार इसके किसी भी प्रभाव से पूर्णतः मुक्त हैं, जो पूरी तरह से दो अथवा तीन दशकों तक एक जिला अधिकारी के रूप में नौकरी करने के दौरान संग्रहित की गई जाति–व्यवस्था की व्यापक जानकारी पर आधारित हैं। और जैसा कि लेखक अपनी प्रस्तावना में हमें सूचित करता है, इसके लेखन का अधिकांश भाग 1927 के पहले ही पूरा किया जा चुका था तथा यह 1931 के प्रारंभ में पूरी हो चुकी थी, अतः इस बात की कोई संभावना नहीं है कि लेखक के विचार किसी भी तरह से जे.एच. हटन के *सेंसस रिपोर्ट आन इंडिया* में जाति पर प्रकाशित निबंध से प्रभावित रहे हों जिसका प्रकाशन ही 1933 में हुआ था।

यह शिक्षाप्रद है कि ब्लंट न केवल उप–जातियों के बल्कि उप–उप–जातियों के बारे में भी बात करते हैं (पृष्ठ 49)। अपने पाठकों को वो बताते हैं कि ''जातियों के उप–विभाजनों'' को 1891 की जनगणना में विस्तारपूर्वक दर्ज किया गया था; और यह कि परिणाम यह था कि जाटों एवं अहीरों की ''1,700 से अधिक प्रविष्टियाँ थीं; कुर्मी 1,500 के लगभग थे''। वह स्वाभाविक रूप से टिप्पणी करते हैं कि विवेकपूर्ण समीक्षा के द्वारा संख्या चाहे कितनी भी घटा दी जाए, अभिलेख ''उप–विभाजनों के विकास में जाति व्यवस्था की उर्वरता का उल्लेखनीय साक्ष्य प्रस्तुत करता है''। वो सोचते हैं कि ''उप–विभाजनों के नाम ही सामान्यतः ऐसे एकमात्र सुराग नहीं हैं जो इसकी (जाति नामकरण) उत्पत्ति के मामले में हमारे पास मौजूद हैं'' और उल्लेख करते हैं कि ''किसी ने भी कभी भी जाति नामकरण के विस्तृत विश्लेषण का प्रयास नहीं किया है''। अतः, वो इसकी ''प्रमुख विशेषताओं'' का विश्लेषण करते हैं और उल्लेख करते हैं: ''सर्वप्रथम, स्थानीय, नामांकित तथा पेशागत नाम मौजूद हैं''; दूसरे, ''वर्गगत नाम हैं जिन्हें जातियों से व्युत्पन्न किया गया है''। नामों की पाँचवी किस्म कुलदेवता आधारित है; छठवीं, उपनामों पर; सातवीं, कुछ सामाजिक रीतियों पर; आठवीं, उत्पत्ति को संदर्भित करने वाली; नौवीं, ''धार्मिक विश्वास को संदर्भित करने वाली'' तथा दसवीं, ''पुराणों की जातियों का स्मरण करने'' वाले नाम हैं (पृष्ठ 37–42; 50–57; 236–38)।

जे.एच. हटन 1946 में पहली बार प्रकाशित अपनी पुस्तक *कास्ट इन इंडिया* में इस शब्द एवं अवधारणा का उपयोग अनेकों बार करते हैं (मेरे संदर्भ 1961 के तीसरे संस्करण के लिए हैं), यहाँ तक कि कुछ जातियों तथा उनकी उप–इकाईयों के सम्बन्ध में लिखते समय वो पृथक्करण, अलगाव एवं विखंडन की प्रक्रियाओं के बारे में भी बात करते हैं तथा पहले के समय में उप–जातियों के वर्तमान समय में प्रचलित जाति के साथ गठन की प्रक्रियाओं के साथ संक्षिप्त करते हैं। पहले, वो ''इस प्रकार के विखंडनों'', अर्थात्, उनका उल्लेख करते हैं जिन्हें कसाईयों की एक जाति खटिक की उप–इकाईयों अथवा उप–जातियों के रूप में देखा जाता था, जैसे बेकनवाला,* 'सुअर कसाई'; राजगार, 'राजमिस्त्री'; सोमबट्टा, 'रस्सी बनाने वाले'; मेवा–फरोश, 'फल विक्रेता'; प्रवासन के कारण अथवा राजनीतिक अथवा सामाजिक कारकोंवश हुए थे, किन्तु बाद में वे किसी की स्थिति के उत्थान पर आधारित होने लगे। बॉम्बे प्रेसीडेंसी की जातियों पर आधारित ए.एम.टी. जैकसन के कथन कि ''उपजातियों का एक बड़ा भाग भौगोलिक नामों से युक्त है'' का स्वीकृति के साथ उल्लेख करते हुए वो कहते हैं कि इन्हें इसके साथ बिना अधिक कठिनाई के ''संपूर्ण भारत से सामानान्तर उद्धरणों के साथ'' जोड़ा जा सकता है। प्राचीन भारत की ''ठीक इसी प्रकार के विखंडन'' की राजनीतिक स्थिति की अनुकूल प्रकृति को स्पष्ट करते हुए वो निष्कर्ष प्रदान करते

---

* ई.ए. ब्लंट ने इस समूह के सम्बन्ध में लेखन ''गठन की प्रक्रिया के अंतर्गत'' के रूप में न कि वास्तव में गठित हो चुके के रूप में किया है। मुझे आश्चर्य है, जब 1946 में हटन ने इसे पहले से गठित एक उप–जाति में परिवर्तित कर दिया था, तब क्या यह वास्तव में इस प्रकार गठित था अथवा गठन की प्रक्रिया के अधीन था क्योंकि ब्लंट ने उनसे 15 वर्षों पूर्व ही ऐसा लिख दिया था!

हैं: ''स्पष्टतः भौगोलिक, राजनीतिक एवं प्रशासनिक विचार जाति व्यवस्था के विकास एवं संचालन में महत्वहीन नहीं रहे हैं''। आगे वह अनुलोम विवाह की प्रकृति एवं कार्यप्रणाली की व्याख्या करने के लिए उपजाति की इस अवधारणा तथा तथ्य का उपयोग करते हैं (पृष्ठ 51–6, 113, 119, 181)।

ऊपर उद्धृत किए गए ब्लंट के विचारों में जाति तथा उप–जाति के नामकरण के विश्लेषण की आवश्यकता का एक विस्तृत उल्लेख किया गया है जो कि पूर्णतः सही नहीं है। ए.एम.टी. जैकसन के 1907 के योगदान का ऊपर किया गया उल्लेख संयोगवश है। जाति के अध्ययन के मामले में सर हर्बर्ट रिस्ली को दिए जाने वाले श्रेय के अनेकों बिन्दुओं में से कुछ जातियों और उप–जातियों के नामों का विश्लेषण भी एक है और फिर भी ब्लंट के दावे के मद्देनजर यह उचित ही है कि मैं संक्षेप में इसका वर्णन करूँ। उप–जाति से सम्बन्धित मेरे व्यवहार के सम्बन्ध में कर्वे के फुटनोट के मद्देनजर रिस्ली के योगदान का एक संक्षिप्त कथन मुझे भी न्याय प्रदान करेगा।

सामाजिक प्रकारों पर आधारित अध्याय में जनजातियों के प्रकारों का वर्णन करने के उपरांत रिस्ली सात प्रकारों में अंतर करते हुए जातियों के प्रकारों का विवरण प्रस्तुत करते हैं जो इस प्रकार हैं: (1) जनजातीय जातियाँ; (2) कार्यकारी जातियाँ (अन्य लेखकों के अनुसार पेशेवर जातियाँ); (3) सांप्रदायिक जातियाँ; (4) वर्णसंकर जातियाँ; (5) राष्ट्रीय प्रकार की जातियाँ; (6) प्रवासन द्वारा गठित जातियाँ; तथा (7) रीति–रिवाजों के परिवर्तन द्वारा गठित जातियाँ। जातियों के पाँचवे समूह में वो क्षेत्रीय नामों वाली जातियों की ओर आकर्षित करते हैं; परंतु इस तथ्य के मद्देनजर, कि क्षेत्रीय सिद्धांत अथवा ए.एम.टी. जैकसन का राजनीतिक सिद्धांत तथाकथित उप–जातियों के नामकरण में अत्यधिक दूरी तक सक्रिय दिखाई पड़ता है, रिस्ली को उप–जाति की अवधारणा तथा तथ्य को बीच में लाना पड़ा, यद्यपि उनका सम्बन्ध जातियों के विभेदक प्रकारों के साथ है न कि तथाकथित उप–जातियों के साथ। वो कहते हैं कि कुछ जातियों के लोगों का ऐसे दूसरे क्षेत्रों में प्रवासन, जहाँ उनकी अपनी जातियों के लोगों कम संख्या में हों, ने बहुत शीघ्र ही इसे आवश्यक होने का अनुभव कर लिया था कि वे नए अधिवास में सीमित संख्या के बीच वैवाहिक गठबंधन करें और ''समय के साथ आप्रवासी एक उप–जाति बन गए जिन्हें एक क्षेत्रीय नाम के साथ पहचाना गया, जैसे जौनपुरिया, तिरहुटिया, बारेन्द्र एवं अन्य''। सातवें समूह के अंतर्गत भी रिस्ली परिवर्तित हो चुकी सामाजिक रीतियों की विशिष्ट व्यवस्था को इंगित करते हुए नामों के साथ–साथ स्थान–आधारित नामों का भी उल्लेख करते हैं। इस प्रकार वह अवधिया कुर्मियों एवं कनौजिया कुर्मियों के उदाहरण महान कुर्मी जाति की उप–जातियों के रूप में प्रस्तुत करते हैं (*पीपुल ऑफ इंडिया,* संस्करण 1915, पृष्ठ 75–94)। सगोत्र विवाह पर विचार करते समय रिस्ली मात्र छह नामित श्रेणियों की ही गणना करते हैं। श्रेणियों की विसंगतियों अथवा तार्किकता में जाए बिना यहाँ मुझे अवश्य ही स्पष्ट कर देना चाहिए कि वो अन्य समूहों के क्षेत्रीय अथवा स्थानीय नामों का उल्लेख करते हैं तथा साथ–साथ कैबर्तों एवं दूलिया की हालिया उप–जाति तथा बागदियों की मछुआ और मैती उप–जातियों का भी उल्लेख करते हैं, ये दोनों ही बंगाल की जातियाँ हैं। अंततः, वह अपने विचारों को सामान्य शब्दों में इस प्रकार प्रस्तुत करते हैं जो उप–जाति नामकरण के सिद्धांतों का उल्लेख करने जैसा है: ''उप–विभाजन की प्रवृत्ति, जो भारतीय समाज में अंतर्निहित है, इस कल्पना के द्वारा गति प्राप्त करती प्रतीत होती है कि ऐसे लोग जो एक अलग भाषा बोलते थे, जो एक अलग जिले में निवास करते थे, जो अलग देवताओं का पूजन करते थे, जो अलग सामाजिक रीतियों का पालन करते थे, जो अलग–अलग पेशे अपनाते थे, अथवा एक ही पेशे का अभ्यास अलग तरीकों से करते थे, निश्चित रूप से एक अलग बुनियादी प्रजाति रहे होगें।'' (पृष्ठ 156–88)

ग्रामीण क्षेत्रों में जाति के नवीनतम विद्यार्थियों, जिनके विचार एक सीमित मोहल्ले में किए गए गहन अन्वेषण पर आधारित हैं, में से मैं ए.सी. मेयर को चुनूँगा। अन्य सभी की अपेक्षा वह उप–जाति के औचित्य तथा प्रकृति के प्रश्न पर चर्चा करते हैं। और उन्होंने ऐसा मात्र अपने कार्य सम्बन्धी परिदृश्य की पृष्ठभूमि के आधार पर ही नहीं किया है बल्कि वह इस क्षेत्र से काफी आगे निकल गए हैं। उन्होंने इस विषय से सम्बन्धित एस.वी. केतकर, ई.ए. ब्लंट, जे.एच. हटन, एच.एन. स्टीवेन्सन, एस.सी. दुबे, एम.एन. श्रीनिवास, आदि के विचारों और योगदानों का मूल्यांकन किया है और उन्होंने जो निष्कर्ष प्राप्त किया है वह कमोबेश मेरे विचारों का समर्थन करता है। (एड्रियान सी. मेयर, *कास्ट एंड किनशिप इन सेंट्रल इंडिया,* 1960, पृष्ठ 4–9 तथा 152–60)।

तमिलनाडु के हृदयस्थल, अर्थात्, तँजौर जिले में कार्यरत् रही एक अन्य क्षेत्रीय अन्वेषक कैथलीन गौघ (ई.आर. लीच, *op. cit.*, पृष्ठ 16) शैव अथवा स्मार्त तमिल ब्राह्मणों के चार ''उप–विभाजनों'' का उल्लेख करती हैं और कहती हैंः ''प्रत्येक उप–विभाजन *क्षेत्रीय लघु सगोत्रीय उप–जातियों में विभाजित है, प्रत्येक में कोई दस से बीस गाँवों के स्थानीय समुदाय शामिल हैं*''। चार उप–विभाजनों के सम्बन्ध में उनका कथन है कि उनकी ''पहचान वैदिक रीति–रिवाजों को संपन्न करने में मामूली अंतरों के द्वारा की गई है''।

इन निर्णयों के आधार पर कर्वे की द्वितीय अध्याय में मेरे कथन, जिसका सम्बन्ध जाति–समूहों की प्रकृति के साथ है, के प्रति आपत्ति एवं आलोचना न केवल अजीब अथवा पक्षपातपूर्ण है बल्कि नुक्ताचीनी भरी और अविवेकपूर्ण दोनों है। कर्वे की आलोचना के इस पहलू का पूरी तरह से मूल्यांकन करने हेतु उनके स्वयं के विचार तथा भारतविज्ञानी एस.वी. केतकर के विचारों का संक्षिप्त उल्लेख किया जाना आवश्यक है। यह ध्यान रखना आवश्यक है कि केतकर द्वारा जाति पर किए गए कार्य रिस्ली की पुस्तक *पीपुल ऑफ इंडिया* के प्रकाशन के एक दशक के अंदर तथा मेरी पुस्तक से दो दशक पूर्व प्रकाशित हुए थे। केतकर के विचारों का अध्ययन करते समय पाठकों को इस तथ्य को भी ध्यान में रखना चाहिए कि 1909 में प्रकाशित उनकी पुस्तक द *हिस्ट्री ऑफ कास्ट इन इंडिया* में जाति पर कार्य किया गया है जैसा कि 'लॉज ऑफ मनु' में अध्ययन किया जा सकता है जो द *कास्ट सिस्टम* शीर्षक से प्रारंभिक निबंध मात्र है, तथा पूरी पुस्तक में सामान्य रूप से जाति से सम्बन्धित कार्य के पाँचवें भाग से कम ही है।

कर्वे हिन्दू समाज में समूहीकरण की तीन अवस्थाओं की पहचान करती हैं; (1) जातियाँ, अर्थात्, भारतीय अर्थों में 'जाति', सगोत्रीय समूह; (2) जाति–समूह जैसे ब्राह्मण, कुनबी अथवा मराठा–कुनबी, सोनार, कुम्भार; तथा (3) *वर्ण।* वो कहती हैंः ''नामकरण के पुराने तरीके के अनुसार कुम्भार जातियों में से प्रत्येक को एक उप–जाति कहा जाता है, जबकि मिट्टी–बर्तन निर्माताओं के जाति–समूहों को 'कुम्भार जाति' कहा जाता था। सबसे छोटे सगोत्रीय समूहों के नामकरण की इस विधि ने यह धारणा उत्पन्न कर दी कि उप–जातियाँ छोटे समूह थीं जिनकी उत्पत्ति जाति कहे जाने वाले किसी निकाय के उप–विभाजन द्वारा हुई थी। किसी जाति के अंदर दो नई पृथक सगोत्रीय इकाईयों की स्थापना करने वाले विभाजन के कुछ उदाहरण तो ज्ञात थे; परंतु ऐसे मामले नियम के बजाए अपवाद हैं''। अपने कुम्भार कहे जाने वाले ''जाति–समूह'' के मामले में अपनी आपत्ति को स्पष्ट करते हुए उन्होंने उल्लेख किया कि थोर–चाके, लहन–चाके, कुरेरे, हथगढ़े कुम्भार, गढेरिया कुम्भार इत्यादि ऐसे ''नाम हैं जिनके द्वारा सगोत्रीय जातियाँ'' जो इनमें शामिल हैं, जानी जाती हैं, और यद्यपि इसका ''कभी भी स्पष्ट उल्लेख नहीं किया गया था कि एक मूल कुम्भार जाति कुछ लोगों के द्वारा अलग–अलग उपकरणों एवं तकनीकों के उपयोगों के कारण अथवा कुछ पशुओं, जैसे बर्तनों की ढुलाई के लिए गधों, के उपयोग के कारण विभिन्न सगोत्रीय इकाईयों में विभाजित हुई थी'', ''जिस प्रकार से संपूर्ण जाति व्यवस्था का वर्णन किया गया था उससे यह धारणा उत्पन्न की'' कि ये उप–विभाजन थे जो किसी इकाई के विभाजन द्वारा अस्तित्व में आए थे। वो और आगे जाती हैं और जोर देती हैं कि ''जब जाति को एक सामाजिक संगठन के रूप में वर्णित किया गया था, तब किए गए विश्लेषण एवं वर्णन अनेकों भाषाई क्षेत्रों सहित एक बड़े क्षेत्र में जातियों के समान अथवा मिलते–जुलते नामों का उल्लेख करते हैं, जो कभी–कभी संपूर्ण भारत में व्याप्त है तथा यह धारणा इस बात से शक्तिशाली हुई थी कि या तो (1) समान नामों वाली जातियाँ किसी एक अकेले मूल निकाय के विखंडन का उत्पाद थीं अथवा यह कि (2) प्रत्येक भाषाई क्षेत्र में एक अकेला जातिविहीन समाज था जो जातियाँ कहे जाने वाले अनेकों सगोत्रीय समूहों में विभाजित था''। (पृष्ठ 9–13, 19–20)

महाराष्ट्र में जाति व्यवस्था के तथाकथित वर्णन से यह स्पष्ट है कि '*जातियाँ* ' एवं '*वर्ण* 'मूल समूहीकरण' हैं। कर्वे अवलोकन करती हैं (पृष्ठ 47), ''असंख्य अलग–अलग सगोत्रीय समूहों को अलग–अलग जीने की अनुमति देने वाली '*जाति* ' पूरी तरह से उस '*वर्ण* ' व्यवस्था से भिन्न है जिसने समाज को चार श्रेणियों में विभाजित किया था। भारत में '*जाति* ' अथवा इससे काफी मिलते–जुलते संगठन लंबे समय से अस्तित्व में रहे थे, लेखक का विचार है, कि शायद आर्यों के आगमन से पहले से ऐसा था। '*वर्ण* ' संगठन का सम्बन्ध ऐसे समाज से है

जो भारत में वेदों को लाया था। समय के साथ *वर्ण* व्यवस्था संशोधित हुई और *वर्ण* एवं *जाति* व्यवस्थाएं अत्यन्त विस्तृत श्रेणीकरण व्यवस्था का निर्माण करने हेतु परस्पर घुलमिल गईं''। '*जाति* ' व्यवस्था के बारे में अपने दावे से उनका क्या आशय है इसे वो इस प्रकार से और अधिक स्पष्ट करती हैं (पृष्ठ 66): ''मेरे तर्क, कि प्रत्येक भाषाई क्षेत्र में कोई भी जाति अन्य जातियों से भिन्न है और शताब्दियों से ऐसी ही थी, का यह अर्थ नहीं है कि प्रारंभ से ही दो हजार अलग–अलग इकाईयाँ मौजूद थीं। भारत में जनजातीय समूह थे, साथ ही विभिन्न प्रजाति भी........इन समूहों में से अनेकों के नामों को भारत के साहित्य में दर्ज किया गया है।''

जहाँ तक कर्वे इस तथ्य के प्रति सकारात्मक हैं कि ''भारत में दो हजार से भी अधिक जातियों में से'' प्रत्येक भाषाई क्षेत्र में लगभग 200 ऐसी जातियाँ हैं, और जहाँ तक वो हमें आश्वस्त करती हैं कि ये दो हजार, और तद्नुसार भाषा–केन्द्रित 200, जातियाँ प्रारंभ से ही मौजूद नहीं थीं, कोई भी स्वाभाविक रूप से उनसे यह अपेक्षा कर सकता है कि वो अपने द्वारा नामित कुछ जनजातीय प्रजातीय समूहों में से इतनी सारी जातियों के समकालीन अथवा वर्तमान अस्तित्व को स्पष्ट करें। नामित जनजातीय एवं प्रजातीय समूहों के नाम पर लगाए गए अंकितक, जो ''और सैकड़ों अन्य'' पढ़े जाते हैं, को यदि सोची–समझी अभिव्यक्ति के रूप में गंभीरतापूर्वक लिया जाए तो यह कर्वे की उस पुष्टिकरण का खंडन करता है कि प्रारंभ से दो सौ अथवा दो हजार समूह अस्तित्व में नहीं थे। हालांकि, उनके द्वारा प्रतिपादित ''द्वितीय प्रस्ताव'' कहे गए कथन, जिसका आशय है: ''अलग–अलग रहने वाले और एक जाति समान ढाँचे में संगठित समूह भारत में लंबे समय से मौजूद रहे प्रतीत होते हैं, जो आर्यों के आगमन के पहले से मौजूद थे और वर्तमान समय तक कायम हैं'', तथा उनका कथन कि ''विश्व में किसी भी जनजातीय समाज के अंदर इतने अधिक प्रकोष्ठ नहीं थे जितने कि भारतीय समाज में मौजूद थे'' के अलावा उनका और कई कथन मौजूद नहीं है। (पृष्ठ 69)

अपने दावे, कि उन्हें मेरी पुस्तक से ऐसा प्रतीत हुआ कि तथाकथित उप–जातियाँ ''जातियों से निकलीं थीं'', के समर्थन में वो निम्नलिखित वाक्यांश को एक ऐसे वाक्य के रूप में प्रस्तुत करती हैं जो ''सुझाता है कि उप–जातियाँ जातियों से निकली थीं''। ''विभिन्न छोटी इकाईयों, अर्थात् प्रमुख समूहों के अंदर तथाकथित उप–जातियों के नामों का एक नजदीकी अध्ययन इस तथ्य को स्पष्ट कर देता है कि *विशिष्ट चिह्नांकन का आधार रहे* इन समूहों के अंतरों के आधार क्षेत्रीय, इत्यादि थे।'' (तिरछे अक्षर मेरे हैं)।

मेरी पुस्तक के दूसरे अध्याय में यह वाक्यांश जातियाँ कहे जाने वाले बड़े समूहों के नामकरण की गणना के बाद प्रकट होता है। चूंकि यह अध्याय ''जाति समूहों की प्रकृति'' के एक विश्लेषण को समर्पित है, अतः उद्धरण के अधीन यह वाक्यांश तथाकथित उप–जातियों के नामकरण की गणना को प्रस्तुत करता है। यह उन आधारों का संक्षेपण करता है जो उप–जातियों के नाम प्रदान करते हैं। कर्वे के द्वारा तिरछे शब्दों में अंकित की गई अभिव्यक्ति का अर्थ कठोर रूप से वही है अथवा नहीं जो उन्होंने ग्रहण किया है इस बात का निर्णय अवश्य ही उन अभिव्यक्तियों से किया जाना चाहिए जिनका उपयोग उसके एक के बाद एक वाक्यांशों के उदाहरणों में किया गया है। और मैं निवेदन करता हूँ कि यह संदर्भ कर्वे की व्याख्या को उचित नहीं ठहराता, यद्यपि मैं इस बात पर जोर देने के लिए तैयार हूँ कि इनमें से अनेकों अपने मुख्य निकायों अथवा इकाईयों से विभेदकारी पृथक्करण हैं।

अतः, जातीय अथवा अन्य मिश्रण के सिद्धांतों की व्याख्या करते हुए मैं देखता हूँ: ''जाति के तथाकथित कट्टरपन के बावजूद ऐसा प्रतीत होता है कि अनेकों पेशेवर एवं जनजातीय जातियों ने अन्य जातियों के सदस्यों के सम्मिश्रण की या तो अनुमति प्रदान की अथवा उसे प्रश्रय दिया''। ''उप–जातियाँ, जो किसी प्राचीन शहर अथवा मोहल्ले का नाम जोड़ती हैं, अधिकांश जातियों में पाई जाती हैं'' यह किसी अन्य निहितार्थ के बिना स्थानीय जाति के विखंडन अथवा किसी अन्य क्षेत्र से अभिवृद्धि के रूप में तथ्य का एक कथन मात्र है।

लोकमान्य बाल गंगाधर तिलक ने 1918 में काफी देर से मराठा जातियों के बारे में एक मराठा जाति की या तो ''उपजाति'' अथवा ''पोटाशाखा'' अर्थात्, उप–विभाजनों के रूप में बात की थी (देखें–*लोकमान्य तिलकाँचे केसरितिल लेखा,* pt. IV, p. 553)।

उप–जातियों का गठन चाहे जैसे भी हुआ हो, को मेरे द्वारा वास्तविक जातियों के रूप में प्रदर्शित किया गया है। हालांकि, इसी के साथ–साथ मैंने व्यक्ति की तथाकथित उप–जाति एवं जाति के विशिष्ट कार्यों, तथा समाज में अन्य समूहों के द्वारा उनके बारे में अलग–अलग अभिव्यक्ति पर भी जोर दिया है। और मेरे व्यवहार की यही विशेषता है जिसने ए.सी. मेयर को अपने क्षेत्र सम्बन्धी कार्य में स्वयं सच्चाई की खोज कर लेने पर इसे स्वीकार करने को बाध्य कर दिया। अपने अध्ययन में उन्होंने ''जाति की आंतरिक संरचना'' के प्रमुख पहलू के रूप में गाँव में उप–जातियों तथा उनके कामकाज के बारे में सविस्तार चर्चा की है (पृष्ठ 5–9; 151–161; 271–72)।

अपनी आलोचना में कर्वे ने जाति के विषय पर अन्य सुविख्यात लेखकों को लगभग पूरी तरह से बहिष्कृत रखा है। जाति पर उनके विचारों की एक समझ प्रदान करने हेतु ऊपर उनकी पुस्तक से दिया गया उद्धरण का महत्वपूर्ण भाग स्वाभाविक रूप से मेरी पुस्तक पर लागू करने हेतु ग्रहण किया जाएगा, भले ही उनकी ऐसी मंशा रही हो अथवा नहीं, विशेषतौर पर इसलिए क्योंकि उन्होंने उस आलोचना में किसी भी अन्य लेखक को निर्दिष्ट नहीं किया है। अतः, उस विशेषता, जो उनकी आलोचना का भाग नहीं है किन्तु एक योगदान के रूप में प्रस्तुत की गई है, को उनका स्वयं का ऐसा नया योगदान माना जाएगा जो मेरे कार्य में निहित नहीं है। अतः, यहाँ मैं एक अथवा कुछ अधिक वाक्यांशों को उद्धृत करूँगा जो इस बात को स्पष्ट कर देगें कि उनकी आलोचना मेरे कार्य पर लागू नहीं हो सकती और यह भी कि उनका योगदान मेरे अथवा मेरे कार्य के प्रति नया नहीं है।

मेरी पुस्तक के प्रथम अध्याय में निम्नलिखित वाक्यांश हैः जाति समाज की अभी तक चर्चा की गई विशेषताओं में से तीन पूरी तरह से जाति से सम्बन्धित हैं; किसी भी उप–जाति में पदानुक्रम में स्थिति जाति की स्थिति पर निर्भर करती है, जिसके आधार पर विभिन्न नागरिक एवं धार्मिक अधिकार एवं अयोग्यताएं तय होती हैं, और परंप. रागत पेशे का निर्धारण जाति की प्रकृति के द्वारा किया जाता है। उप जातियों से सम्बन्धित तीन अन्य विशेषताएं, जो एक प्रभावी सामाजिक जीवन के दृष्टिकोण से किसी समूह पर विचार करने में महत्वपूर्ण हैं, इस प्रकार हैं–वे जो साम्प्रदायिक जीवन को विनियमित करती हैं और भोजन, सामाजिक सहक्रियाओं तथा सगोत्र विवाह आदि के सम्बन्ध में नियमों का निर्धारण करती हैं।'' फिर एक दूसरा वाक्यांश हैः ''इनमें से प्रत्येक समूह, चाहे वह बड़ा हो अथवा छोटा, जिन्हें सामान्यतौर पर जातियों और उप–जातियों के रूप में जाना जाता है, अपना एक नाम रखता है। जब एक ही नाम के किसी समूह का विस्तार बहुत व्यापक हो जाता है तो भाषा प्रभावी सामाजिक सहक्रिया की सीमा निर्धारित कर देती है...। किसी भी भाषाई क्षेत्र में इन बड़े समूहों की संख्या 50 से लेकर 200 तक होती थी जो 500 से लेकर 2000 छोटे समूहों में विभाजित थे। किसी भी व्यक्ति की सामुदायिक–भावना की परिधि इन छोटे समूहों, जिसमें उसका जन्म हुआ हो, में से कोई एक हुआ करती थी; परंतु जहाँ तक नागरिक जीवन का सम्बन्ध था, किसी भी व्यक्ति की स्थिति का निर्णय बड़े समूह के द्वारा ही किया जाता था।'' पहले अध्याय के अंत में बड़े समूहों की अनुमानित संख्या पर जोर दिए जाने के बाद छोटे समूहों को ''सामान्यतौर पर ज्ञात उप–जातियों'' के रूप में उल्लिखित किया गया है। इसके आगे यह कथन इस प्रकार हैः ''कुछ अपवादों के साथ, ये प्रमुख समूह एक साझा पुरोहित पद के कब्जे के अधीन एकजुट रखे जाते थे। एक प्रकार की गणना की जाती थी जो उन सभी को स्पष्टतौर पर व्यक्त अथवा मौन रूप से समझे गए पाँच अथवा छह वर्गों में समूहबद्ध करती थी।''

मेरी पुस्तक के उपरोक्त उद्धरणों से यह देखा जा सकता है कि मैंने भारत की समस्त जातियों की एकसाथ विवेचना करने का अपराध नहीं किया है। मैंने यह विचार स्पष्ट रूप से व्यक्त किया है कि जातियाँ भाषाई सीमाओं में बँधी हुई हैं। ब्राह्मणों के मामले में मैंने अपने विचार इतनी कठोरतापूर्वक लागू किए हैं कि मैंने ब्राह्मणों को पाँच गौड़ों एवं पाँच द्रविड़ों में विभाजित एक ही समुदाय मानते हुए उनके परंपरागत विवरण के समस्त संदर्भों को त्याग दिया है। जहाँ तक कर्वे का आक्षेप है कि जाति व्यवस्था का त्रि–स्तरीय विश्लेषण उनकी खोज अथवा योगदान है, यह स्पष्ट है कि मैं उनके द्वारा इसे एक बिल्कुल नई खोज के रूप में प्रस्तुत करने के तीस वर्षों पूर्व ही उस निष्कर्ष पर पहुँच चुका था। मैंने अपनी खोज के रूप में इसका दावा नहीं किया था क्योंकि मुझे जे.एन. भट्टाचार्य के जाति की विवेचना द्वारा ऐसा सुझाव दिया गया था और यह 1901 की जनगणना के रिस्ली के वर्गीकरण का

आधार था। इससे भी अधिक, एस.वी. केतकर द्वारा 1909 में प्रकाशित अपनी रचना में भी इसका स्पष्ट उल्लेख किया जा चुका है। यह रचना, जिसका शीर्षक *हिस्ट्री ऑफ कास्ट इन इंडिया* है, जैसा कि उप–शीर्षक से स्पष्ट है, लगभग पूरी तरह से *मनुस्मृति* में परिकल्पित जाति व्यवस्था के आलोचनात्मक विवरण के प्रति समर्पित है। इसके प्रारंभिक 33 पृष्ठ अकेले ही सामान्यतौर पर जाति व्यवस्था पर एक परिचयात्मक निबंध प्रस्तुत करते हैं। और ऐसा इसी निबंध में हैं कि केतकर ने वो कथन किए हैं जिन्हें, कर्वे के अपने दृष्टिकोण के नए होने के निहित दावे तथा मेरे विचारों की आलोचना के संदर्भ में सावधानीपूर्वक नोट करने की आवश्यकता है। इसीलिए मैं यहाँ पर प्रासंगिक हिस्से का प्रतिलेखन करूँगा।

केतकर (पृष्ठ 5, 15–6) कहते हैः "बीस करोड़ हिन्दुओं में विविध प्रजातीय तत्व शामिल हैं। वे पुनः तीन हजार से भी अधिक जातियों में विभाजित हैं, जिनमें से अधिकांश में उप–जातियाँ भी हैं। इनमें से एक जाति, अर्थात्, ब्राह्मण आठ सौ से भी अधिक उप–जातियों में विभाजित है। जाति दो विशेषताओं वाला एक सामाजिक समूह है। ऐसे प्रत्येक समूह का एक विशिष्ट नाम है जिसके द्वारा इसे एक साझा नाम के अंतर्गत बुलाया जाता है, जबकि ये बड़े समूह उन समूहों के उप–विभाजन भर हैं जिनके अपने स्वतंत्र नाम हैं। इस प्रकार हम देखते हैं कि समूहों की अनेकों अवस्थाएं हैं और यह कि 'जाति' शब्द को किसी भी अवस्था में समूह पर लागू किया गया है। 'जाति' तथा 'उप–जाति' शब्द संपूर्ण नहीं हैं बल्कि अभिप्राय में तुलनात्मक हैं। जब हम मराठा ब्राह्मण तथा कोंकण ब्राह्मण के सम्बन्ध में बात करते हैं तो इनमें से पहले को एक जाति कहा जाएगा जबकि दूसरे को एक उप–जाति। अपने क्रम में मराठा ब्राह्मणों को दक्षिणी अथवा द्रविड़ ब्राह्मणों की एक उप–जाति कहा जाएगा। इन विभाजनों और उप–विभाजनों को विभिन्न सिद्धांतों के आधार पर लागू किया गया है। इस तरीके से 20 करोड़ हिन्दू इतने अधिक विभाजित और उप–विभाजित हैं कि ऐसी जातियाँ विद्यमान हैं जो पंद्रह परिवारों के बाहर विवाह नहीं कर सकतीं......*अपनी उप–जातियों सहित ये तीन हजार जातियाँ हिन्दू समाज का निर्माण करती है।*" * जब मैं कहता हूँ कि हिन्दू समाज अनेकों जातियों में विभाजित है तो इससे यह नहीं समझा जाना चाहिए कि इतने हजार जातियाँ मात्र एक संयुक्त निकाय से कट कर अलग हुई हैं। असंख्या जनजातियाँ, जो भारत के अलग–अलग भागों में रह रही थीं, पृथक इकाईयों के रूप में मौजूद थीं, तथा यद्यपि वे संपूर्ण देश में बिखरी हुई थी तथापि सगोत्र विवाह की प्रथा के लागू करने के बाद भी उन्होंने विलय नहीं किया। परंतु यह नहीं समझा जाना चाहिए कि जातियों का गठन मात्र जनजातियों से ही हुआ है। मूलतः, संयुक्त निकाय भी अनेकों जातियों में विभाजित किए गए थे।"

यह देखा जा सकता है कि इरावती कर्वे ने केतकर के कथन, जो मेरी पुस्तक के प्रकाशन के दो दशक पूर्व किए गए थे, को ही धारणा के रूप में आगे बढ़ाया है और उन्हें अखिल भारतीय आधार पर जाति माने जाने वाले एक दलदल में बदल दिया है। यह उन्हें सही दृष्टिकोण की एक विजेता के रूप में प्रस्तुत करने की सुविधा प्रदान करता है। इस प्रक्रिया में, आकस्मिक अथवा उद्देश्यपूर्ण मौन अपनाया गया है ताकि जाति पर मेरे काम को अपराधी सिद्ध किया जा सके!

मामले की सच्चाई पूर्णतः स्पष्ट है। और वह यह है कि केतकर के गलत विचार मुझे स्पष्ट हो गए और मैंने जातियों के अध्ययन को उनके भाषाई सीमाओं तक सीमित करने के सही दृष्टिकोण को प्रतिपादित किया है और इस विषय पर कर्वे द्वारा लेखन करने से लगभग तीस वर्षों पूर्व ही कर्वे से आगे जा चुका हूँ। अनजाने में, अथवा जानबूझकर, कर्वे ने इस दृष्टिकोण के स्पष्टीकरण में उस सुझाव को नोट नहीं किया और उसका उल्लेख कर दिया जिसे अतीत से निकाला गया था।

जैसा कर्वे उल्लेख करती हैं, जातियों का तीसरा और सर्वाधिक व्यापक समूह 'वर्ण' नहीं है बल्कि एक अस्पष्ट समूह है, पुराने समूहीकरण 'वर्ण' को प्रत्येक भाषाई क्षेत्र में ब्राह्मणों के मामले में नियमित रूप से तथा दो अथवा तीन अन्य जातियों के मामले में कभी–कभी अंकित किया जाता रहा है। लगभग दो सौ जातियों के मामले में अन्य समूह, जो अस्पष्ट हैं, कम से कम पिछले 150 वर्षों से साझा रहे हैं।

---

* तिरछे शब्द मेरे हैं।

हर्बर्ट रिस्ली के योगदानों से ली गई कर्वे की आलोचनाएं एवं कथन, केतकर, जिन्होंने मुझसे बीस से तीस वर्षों पूर्व लेखन किया, ई.ए. ब्लंट एवं हटन के लेखन, जिन्होंने या तो मेरी पुस्तक के प्रथम संस्करण के साथ–साथ अथवा तुरंत बाद में लेखन किया, तथा मेयर एवं गॉफ, जिन्होंने कर्वे की रचना के लगभग साथ–साथ तथा मेरी पुस्तक के प्रथम संस्करण के तीन दशकों के बाद लेखन किया, के लिए इतना पर्याप्त होगा।

अब मैं सकारात्मक पक्ष का रुख करूँगा। कर्वे ने अपने तर्क के समर्थन में जो उदाहरण प्रस्तुत किए हैं कि तथाकथित उप–जातियाँ, जो वास्तव में पहली श्रेणी, स्तर अथवा अवस्था की जातियाँ हैं, विखंडन नहीं बल्कि विलय हैं अथवा, जैसा ब्लंट ने 1931 में कहा था (पृष्ठ 50, 236–38), ''अभिवृद्धि'' अथवा ''सम्बद्धता'' हैं।

कर्वे ''ब्राह्मणों के बीच मात्र कुछ बड़े समूहों जैसे सारस्वत, चितपावन, देशस्थ ऋग्वेदी, मध्यानदिना एवं चरक'' का चयन करने के द्वारा ''महाराष्ट्र के ब्राह्मण जाति–समूह के बीच'' जातियों की ''किस्म'' के उदाहरण प्रस्तुत करती हैं (पृष्ठ 22–25)। सारस्वत से उनका स्पष्ट आशय लोगों के ऐसे समस्त समूहों से हैं जिन्हें या तो सारस्वत ब्राह्मण अथवा गौड़ सारस्वत ब्राह्मण के रूप में जाना जाता है। क्योंकि वह उनके फैलाव को ''मालवा एवं मैंगलोर के बीच पश्चिमी तटीय क्षेत्र'' के रूप में निर्दिष्ट करती हैं। हालांकि, खानपान सम्बन्धी आदतों एवं भाषा दोनों के ही द्वारा किया गया निरूपण मात्र उसी समूह को संदर्भित करता है जो स्वयं को चित्रपुर सारस्वतों के रूप में नामबद्ध करता है तथा गौड़ सारस्वत ब्राह्मणों के बीच 'शेनायपैकी' के नाम से ज्ञात है।

ऐसे लोगों के कम–से–कम सात समूह हैं जो पाँच शताब्दियों पूर्व गोवा के क्षेत्र तक सीमित रहे थे, जो पिछले तीन सौ वर्षों के दौरान न केवल देवगढ़ के नीचे स्थित पश्चिम तट तक बल्कि इसके उत्तर में रत्नागिरी जिले के राजापुर से लेकर कोलाबा में अलीबाग तथा बम्बई तक फैल चुके हैं। कम–से–कम शिवाजी के समय से ही उनमें से कुछ को पर्वत–श्रेणियों में और थोड़े समय बाद बड़ौदा, इंदौर एवं उत्तर में ग्वालियर तथा पूर्व में नागपुर में जाना जाता रहा है। ये समूह, तथाकथित उप–जातियाँ, इस प्रकार हैं: (1) बार्देशकर, (2) भालावालीकर, (3) कुदालदेशकर, (4) लोतलीकर, (5) पेडनेकर, (6) सश्तीकर, (7) शेनवी अथवा शेनवी–पैकी। सारस्वत विद्यार्थी सहायक मंडल ने चैरिटी कमिश्नर ऑफ महाराष्ट्र* के द्वारा 1954 में प्रकाशित *डायरेक्ट्री ऑफ पब्लिक ट्रस्ट्स* (वृहत्तर बम्बई एवं बम्बई उप–शहरी जिला) में 1425वें क्रम पर इन सातों समूहों को लाभार्थियों के रूप में विनिर्दिष्ट किया है।

डॉ कर्वे द्वारा ब्राह्मण समूह में सारस्वतों का लोगों के एक समूह के रूप में किया गया उल्लेख, तथा उनका दावा कि उनकी भाषा कोंकणी है, और यह कि वे सभी शैव हैं, मेरे उस कथन का सर्वाधिक गंभीर सत्यता की पुष्टि करता है कि ''उप–जातियाँ'' एक समूहीकरण है जो अधिकांशतः जाति के लोगों को ज्ञात होता है, जबकि जाति ऐसा समूहीकरण है जो व्यापक समाज को ज्ञात होता है। चित्रपुर सारस्वत, जिनके लिए सारस्वत हेतु किया गया कर्वे का निरूपण पूरी तरह से लागू होता है, स्वयं को एक पृथक समूह मानते हैं। वे सभी शैव हैं। उनकी भाषा कोंकणी है, जिसे अनेकों लोगों के द्वारा मराठी की बहन (सहयोगी भाषा) माना जाता है। अपने भोजन में वे अधिकांशतः मछली त्याग देते हैं। गौड–सारस्वतों की छह उप–जातियाँ, जिनमें से एक कौदालदेशकर, संभावित रूप से अपवाद हो सकती है, के द्वारा लंबे समय से स्वयं को एक जाति माना जाता रहा था और माना जा रहा है। उन्होंने 20वीं शताब्दी के पहले दशक में विलय हेतु एक आंदोलन प्रारंभ किया था। संक्षेप में, एक साथ मिलाकर माने जाने पर, वे ब्राह्मणों, जैसे चितपावन, देशस्थ, करहडा, पालशेष, देवरूखास आदि अन्य चार अथवा पाँच अथवा छह उप–जातियों के साथ बराबरी पर हैं। ब्राह्मणों के ये उत्तरवर्ती वर्ग अधिकांशतः पिछले साठ वर्षों के दौरान परस्पर विलय करते रहे हैं, यद्यपि उनमें से कुछ ने ऐसा बहुत पहले कर लेने के प्रयास किए थे अथवा अपनी इच्छा व्यक्त की थी। उनके प्रयास बम्बई ब्राह्मण सभा जैसी

---

* इस बात का खेद है कि बाद के आँकड़े प्राप्त नहीं हो सके। बाद में प्रकाशित किसी दस्तावेज के उपलब्ध न हो पाने पर मैंने बम्बई विश्वविद्यालय के पुस्तकालयाध्यक्ष प्रोफेसर डी.एन. मार्शल से चैरिटी कमिश्नर से पूछने हेतु प्रार्थना की कि क्या इसके बाद में भी इसका कोई प्रकाशन किया गया था अथवा क्या वह किसी शोधकर्ता को किसी प्रकार से बाद के आँकड़ों तक पहुँच प्राप्त करने में सक्षम बना सकते हैं। प्रो. मार्शल ने कृपापूर्वक दो बार अधिकारी को लिखा किन्तु उनसे कोई प्रत्युत्तर प्राप्त नहीं हुआ!

संस्थाओं में संघनित हो चुके हैं, जबकि गौड़ सारस्वत ब्राह्मणों के पुराने समूह भी गौड़ सारस्वत ब्राह्मण समाज में संघनित हुए हैं, जो बम्बई का ही है।

गौड़ सारस्वत ब्राह्मण की उप–जातियों में से कम–से–कम दो, बार्देशकर एवं सश्तिकर वैष्णव हैं, जो द्वैतवादी वेदांत के माधव संप्रदाय के अनुयायी हैं, तथा उस संप्रदाय के मठवासी केन्द्र के पुजारी के धार्मिक अधिकारों को स्वीकार करते हैं। गौड़ सारस्वत ब्राह्मणों की उप–जातियों की घरेलू भाषा मालवनी अथवा कुडाली के नाम से जानी जाती है। पूर्णतः स्पष्ट रूप से यह मराठी उपभाषा है न कि इसकी कोई बहन (सहयोगी भाषा)। कम–से–कम लगभग दो शताब्दियों बाद इस जाति के शिक्षित वर्ग ने मानक मराठी भाषा द्वारा अपनी शिक्षा अर्जित की है। और इन उप–जातियों के सदस्य चाहे मराठी का उपयोग अपनी घरेलू भाषा के रूप में करें अथवा नहीं, वे लगभग हमेशा ही मराठी को अपनी भाषा के रूप में देखते हैं। गोवा क्षेत्र में इन उप–जातियों के सदस्य ही हैं जो व्यापक तौर पर मराठी को लगभग 100 वर्षों से अपनी प्राथमिक शिक्षा के लिए प्रायोजित करते रहे हैं और गोवा के महाराष्ट्र के साथ विलय हेतु एक आंदोलन का नेतृत्व करते रहे हैं।

कर्वे अपने बड़े समूहों की सूची में ब्राह्मण समूह का गठन करने वाले देशस्थ ऋग्वेदियों का उल्लेख करती हैं (पृष्ठ 22–23), जिन्हें वो बाद में (पृष्ठ 25) ऋग्वेदी देशस्थ, तथा मध्यानदिना के रूप में संदर्भित करती हैं। ऊपर उल्लिखित पब्लिक ट्रस्ट डायरेक्ट्री में देशस्थ ऋग्वेदी ब्राह्मण कम–से–कम दो ट्रस्टों में प्रकट होते हैं, जबकि स्वयं मध्यानदिना ब्राह्मणों के लिए कोई प्रविष्टि प्राप्त नहीं होती। इसके स्थान पर कम–से–कम एक प्रविष्ट मौजूद है (क्रमांक 63) जो ''मध्यानदिना ब्राह्मण (देशस्थ शुक्ल यजुर्वेदी)'' पढ़ी जाती है तथा दूसरी (871 एवं 1631) जो ''मध्यानदिना ब्राह्मण'' पढ़ी जाती है। कर्वे द्वारा नामकरण में मामूली अंतर, चाहे जानबूझकर किया गया हो अथवा नहीं, उनके सिद्धांत के प्रति लाभदायक है जो उनकी बाधाओं को दूर करता है! ''देशस्थ ऋग्वेदी ब्राह्मण'' देशस्थ ब्राह्मणों का एक अन्य समूह सुझाता है जो गैर–ऋग्वेदी हैं। ये यजुर्वेदी अथवा शुक्ल यजुर्वेदी अथवा कृष्ण यजुर्वेदी अथवा सामवेदी हो सकते हैं। मध्यानदिना के रूप में समूह का नामकरण इस समूह के देशस्थ ब्राह्मणों के साथ सम्बद्धता को छिपाता है। यदि एक ओर तथाकथित समूह अर्थात्, उप–जातियाँ समाज में व्यापक तौर पर ज्ञात रूप में सूचीबद्ध की गई हैं तो उनका नामकरण देशस्थ ऋग्वेदी तथा देशस्थ यजुर्वेदी अथवा देशस्थ शुक्ल यजुर्वेदी के रूप में किया जाना होगा। नामकरण के इस तरीके के लिए कर्वे को देशस्थ ब्राह्मण समुदाय के प्रकट विभाजन को स्पष्ट करने की आवश्यकता पड़ेगी जो सफलतापूर्वक कर पाना कहीं कठिन है। उप–जातियों का मध्यानदिना के रूप में नामकरण किया जाना कर्वे को इस संदर्भ में अपने पाठकों के समक्ष सही ठहरने में सक्षम बनाता है। हालांकि, स्थिति की वास्तविकता स्वयं को दृढ़तापूर्वक व्यक्त करती है और बाद में कर्वे को इस जाति को ''मध्यनंदिना शुक्ल यजुर्वेदी ब्राह्मण'' के रूप में नामित करने को बाध्य करती है (पृष्ठ 46)।

हालांकि, नामकरण का उनका तरीका वर्तमान अभ्यास एवं व्यापक समाज में प्रचलित धारणाओं तथा स्वयं देशस्थ ब्राह्मण जाति के साथ उग्र व्यवहार करता है। *द सेन्सस रिपोर्ट ऑन द बॉम्बे प्रेसीडेन्सी,* 1911 (पृष्ठ 245) इस जाति को देशस्थ के रूप में दर्ज करती है और पाठकों को सूचित करती है कि इसके दो प्रमुख विभ. ाजन हैं, अर्थात्, ऋग्वेदी और यजुर्वेदी, जो एकसाथ भोजन तो करते हैं परंतु परस्पर विवाह नहीं करते। यह एक तीसरे विभाजन को भी दर्ज करता है जिसे 'अथर्ववेदी' का नाम दिया गया है, जो स्पष्ट रूप से *अथर्ववेद* के अनुयायी हैं, ''यद्यपि कहीं स्थानीयकृत'' हैं। यह हमें आश्वस्त करता है कि ऋग्वेदी स्मार्तों एवं माधवों अर्थात् वैष्णवों ''में उप–विभाजित'' हैं। इसी सूचना स्त्रोत के अनुसार माधवों एवं वैष्णवों के बीच अट्ठारह ''उप–विभाजन हैं जो एकसाथ भोजन तो करते हैं किन्तु उनमें से मात्र तीन, जो सत्यबोध, राजेन्द्रतीर्थ तथा राघवेन्द्र नाम वाले हैं, ही परस्पर विवाह करते हैं। यही अधिकरण यह तथ्य प्रदान करता है कि यजुर्वेदी उन लोगों ''में विभाजित'' हैं जो कृष्ण यजुर्वेद और शुक्ल यजुर्वेद का अनुसरण करते हैं, जो परस्पर विवाह नहीं करते। 1884 में प्रकाशित सूचना का अपेक्षाकृत पुराना स्त्रोत *डिस्ट्रिक्ट गजेटियर्स ऑफ बॉम्बे* जनगणना रिपोर्ट के विवरणों के सही होने का परीक्षण करता है और उसमें कुछ जोड़ता भी है। इसी प्रकार *डिस्ट्रिक्ट गजेटियर ऑफ अहमदनगर* (पृष्ठ 50) में इस कथन, कि देशस्थों के बीच दो विभाजन हैं, अर्थात्, ऋग्वेदी और यजुर्वेदी, के बाद हम आगे की सूचना प्राप्त

करते हैं कि यजुर्वेदियों के बीच ''आगे कनवास कहा जाने वाला एक और विभाजन'' मौजूद है। वास्तविकता में यह कितनी जटिल भूलभुलैया है तथा कर्वे के द्वारा प्रस्तुत अति–सरलीकरण कितना त्रुटिपूर्ण है! ब्राह्मण समूहों के बीच अंतरविवाह की वकालत करते हुए 1881 में लोकमान्य तिलक देशस्थ, कोंकणस्थ, तथा करहडे लोगों का उल्लेख ''उप–जातियों'' अथवा ''पोटाशाखाओं'' के रूप में करते हैं, जिन्हें स्वतंत्र रूप से परस्पर विवाह करने चाहिए (*लोकमान्य तिलकाँचे केसारितिल लेख* IV, pp. 1, 211, 553)।

अपनी मध्यानदिना जाति की प्रकृति पर विस्तारपूर्वक वर्णन करने में कर्वे ने *कास्ट एंड ट्राइब्स ऑफ साउथ इंडिया* शीर्षक से सात खंडों के ग्रंथकार ई. थर्सटन के प्रति एक प्रकार का अनौपचारिक अन्याय किया है। उन्होंने इस पुस्तक का उल्लेख नहीं किया है न ही उसके पृष्ठ को विनिर्दिष्ट किया है तथा ''दक्षिणी ब्राह्मणों'' का अहित किया है। वो कहती हैं (पृष्ठ 25): ''थसर्टन टिप्पणी करते हैं कि दक्षिण में माना जाता है कि ये बाह्मण मात्र मध्याह्न के बाद ही ब्राह्मणत्व प्राप्त करते हैं। मध्यानदिना का अर्थ 'दिवस के मध्य का' होता है; यह याज्ञवलक्य के एक शिष्य का भी नाम है जो शुक्ल यजुर्वेद के संस्थापक थे तथा मध्यानदिना के अनुयायियों को उनके नाम से जाना जाता है। प्रकटतया, इस नाम को गलत समझा गया था अथवा दक्षिणी ब्राह्मणों के द्वारा जानबूझकर इसकी गलत व्याख्या की गई थी।''

थर्सटन (I, पृष्ठ 344–47) ने तमिलनाडु एवं दक्षिण में प्रथमाक्षी के रूप में ज्ञात स्मार्त ब्राह्मणों के बारह उप–विभाजनों में से एक के प्रति कुछ पृष्ठों को समर्पित किया है। शुक्ल यजुर्वेद के अनुयायी होने के कारण प्रथमाक्षियों को शुक्ल यजुर्वेदी कहा जाता है और आगे ''कभी–कभी कात्यायन, वाजसनेयी, तथा मध्यदानास (मध्यानदिना) भी कहा जाता है। *बाद वाले दो नाम उनके प्रवर गोत्र ऋषि के बीच प्रकट होते हैं।* प्रथमाक्षी लोग समस्त भाषाई समूहों (कन्नड़, तमिल, एवं तेलुगु) में पाए जाते हैं। स्मार्तों, आंध्रों एवं वैष्णवों के बीच उन्हें नीचा माना जाता है। दूसरी ओर, कर्नाटक प्रथमाक्षियों को कर्नाटक के अन्य वर्गों के द्वारा नीचा नहीं माना जाता।* *तंजौर जिले में, प्रथमाक्षियों को मद्यान (मध्याना) पाराइयान के रूप में ज्ञात बताया जाता है।'*

इसके बाद थर्सटन इन ब्राह्मणों और उनकी वैदिक 'शाखा' के नाम की उत्पत्ति को स्पष्ट करते हुए पारंपरिक पौराणिक विवरण के दो मामूली रूप से भिन्न संस्करण दर्ज करते हैं। इसका सम्बन्ध उस सैद्धांतिक अंतर से है जिसकी उत्पत्ति अन्य लोगों के साथ–साथ *यजुर्वेद* के प्रणेता वैशाम्पायन तथा याज्ञवलक्य के गुरु तथा उनके शिष्य याज्ञवलक्य के बीच हुई थी।

इस अंतर का सम्बन्ध उस प्रायश्चित से है जिसे वैशम्पायन को अपने एक पाप से छुटकारा पाने के लिए करना पड़ा था जिससे वे दुर्घटनावश *अपनी बहन के बच्चे को कुचलकर हत्या करने* के कारण ग्रसित हुए थे। यह अंतर वैशम्पायन के वैदिक सम्प्रदाय तथा उनके एक असम्मत किन्तु सुयोग्य शिष्य याज्ञवलक्य द्वारा स्थापित सम्प्रदाय के बीच फूट का कारण बन गया। इनमें पहला सम्प्रदाय कृष्ण यजुर्वेद तथा बाद वाला शुक्ल यजुर्वेद के नाम से जाना जाता है। बाद वाले सम्प्रदाय की पंद्रह पारंपरिक शाखाओं के अनुयायियों को एकसाथ मिलाकर 'वाजसनेय' के नाम से जाना जाता है। उनके बीच ही मध्यानदिना शाखा के अनुयायी प्रकट होते हैं जिन्हें इनके प्रथम प्रणेता मध्यानदिना (चित्रव, *प्राचीन चरित्रकोष* (मराठी), *द्वारा* पिप्लाडा, याज्ञवलक्य, वाजसनेय, वैशम्पायन, व्यास) के नाम पर इस प्रकार सम्बोधित किया जाता है। शुक्ल यजुर्वेद के अनुयायियों को विचाराधीन नाम, अर्थात्, प्रथमाक्षी द्वारा सम्बोधित किया जाता है, क्योंकि शायद मध्यानदिना याज्ञवलक्य द्वारा यजुर्वेद की पुनःसंशोधन में उन पंद्रह शाखाओं में से पहले थे।

थर्सटन द्वारा प्रस्तुत कथा के एक संस्करण में याज्ञवलक्य के चार विशिष्ट शिष्यों का उल्लेख है जिनमें ''मध्यानदनार एवं कात्यायनार'' प्रकट होते हैं। दोनों ही संस्करणों में याज्ञवलक्य को एक श्राप दिए जाने की बात कही गई है। इस श्राप के द्वारा याज्ञवलक्य को एक चाँडाल बनने की बात कही गई थी, जो एक बहिष्कृत जाति

* यह पहचान पूर्णतः सही नहीं है। एम.एन. श्रीनिवास (*मैरिज एंड फैमिली इन मैसूर, पृष्ठ 29*) उनके बारे में कहते हैं: ''किसी अज्ञात कारणवश उन्हें अन्य ब्राह्मणों से नीची निगाह से देखा जाता है।'' तिरछे अक्षर मेरे हैं।

है। प्रथमाक्षी ब्राह्मणों, अथवा मध्य–दिवसीय पाराइयान (जैसा उन्हें बुलाया जाता है), ''से अपेक्षा की जाती है कि अपने दोष (स्वयं को चाँडाल के रूप में अवनत करने के अथवा उस याज्ञवलक्य के अनुयायी होने जो चाँडाल बनने के लिए निन्दित थे) को दूर करने के लिए वे रोज मध्याह्नकाल में अपने घर के बाहर डेढ़ घंटे तक खड़े रहें और उसके बाद स्नान करें। परंतु उनमें से मात्र कुछ ने ही इस नियम का पालन किया; तथा रूढ़िवादी लोग उनके साथ भोजन नहीं करते थे।''

ऐसा देखा गया है कि (1) थर्सटन ने ऐसा कुछ भी नहीं किया है जो कर्वे के द्वारा उनके लिए बताया गया है; (2) तमिल ब्राह्मणों को ज्ञात है कि मध्यानदिना, अथवा मध्यानदनार, जैसे वो उन्हें सम्बोधित करते हैं, याज्ञवलक्य के शिष्य थे; (3) यह कि तमिलनाडु के प्रथमाक्षी अथवा मध्यानदिना ब्राह्मणों के कम से कम एक स्थानीय वर्ग के बीच यद्यपि महत्वहीन हो रहीं वर्तमान में ज्ञात कुछ प्रचलित प्रथाओं ने उन्हें दिए गए नाम के लिए कोई औचित्य अवश्य ही प्रदान किया होगा। आगे यह और स्पष्ट हो जाता है कि यह वर्ग मध्य–दिवस पाराइयान के नाम से जाना जाता था और वे मात्र दिन के मध्य के समय अथवा मध्याह्न तक ही पाराइयान हुआ करते थे। जैसा कर्वे अपने पाठकों को विश्वास दिलाना चाहती हैं, वे मात्र मध्याह्न के समय पर ब्राह्मण नहीं होते थे। मध्याह्न का अलगाव और उनके द्वारा अभ्यासगत् शुद्धीकरण निश्चित रूप से उन्हें 'मध्यानदिना' की संज्ञा प्रदान कर सकता है; परंतु यह आवश्यक रूप से इस निष्कर्ष को उचित नहीं ठहराता कि यह किसी व्यक्ति के पारंपरिक नाम रहे होने सम्बन्धी तथ्य की अनभिज्ञता से उत्पन्न हुआ था। और ये मात्र तमिलनाडु के मध्यानदिना ब्राह्मण ही नहीं है जो मध्याह्न के समय कुछ विशेष अभ्यास करते हैं, बल्कि उनके निकट महाराष्ट्र में भी उन्हें ऐसे ही एक अभ्यास के लिए जाना जाता है। 1884 में प्रकाशित हुए *द डिस्ट्रिक्ट गजेटियर ऑफ अहमदनगर* (पृष्ठ 50) में निम्नलिखित कथन निहित है: ''यजुर्वेदियों को मध्यानदिना भी कहा जाता है क्योंकि ऋग्वेदियों के विपरीत वे प्रार्थनाओं अथवा *संध्या* सहित अपनी धार्मिक रीतियों को सायंकाल के बजाए दोपहर में संपन्न करते हैं।'' परंपरागत विवरणों में तमिलनाडु के संदर्भ में दर्ज महान वैदिक संपादकों के जीवन की एक अनूठी विशेषता यह है कि इसके ब्राह्मण अनेकों गैर–ब्राह्मणों के समान न केवल एक पुरुष को अपनी बहन की पुत्री के साथ विवाह करने की अनुमति प्रदान करते हैं बल्कि आज भी किसी–न–किसी प्रकार से इस प्रथा को जारी रखे हुए हैं। यह विशेषता इस संदर्भ में विशेष महत्व अर्जित कर लेती है। इसके प्रथमाक्षी ब्राह्मणों के प्रति प्रदर्शित सामान्य अनादर के प्रति संभावित योगदानकर्ता होने पर जोर दिया जा सकता है। गुरु वैशम्पायन को भूलवश अपनी बहन के शिशु की हत्या करने के लिए प्रायश्चित करना पड़ा था जो याज्ञवलक्य के साथ झगड़े का कारण बना। दूसरी ओर, याज्ञवलक्य को अपनी खुद की बहन के साथ विवाह करने अथवा संभोग करने तथा उसे एक प्रसिद्ध पुत्र, पिप्पालाद को प्रदान करने का श्रेय दिया जाता है, जो स्वयं भी याज्ञवलक्य की शुक्ल यजुर्वेद की एक शाखा के मुखिया बन गए थे!

मैं कर्वे के मात्र एक और उदाहरण को लूँगा और यह महाराष्ट्रीय समाज के कृषि भूधारक वर्ग से होगा। वो कहती हैं (पृष्ठ 19–20): ''मराठा–कुनबी जाति समूह में कृषि में संलिप्त जातियाँ शामिल हैं। 'कुनबी' शब्द को भूमि के हलवाहों के विभिन्न समूहों के लिए प्रयुक्त किया जाता है। 'मराठा' शब्द को पश्चिमी महाराष्ट्र के एक विशिष्ट समूह के लिए प्रयुक्त किया जाता था। मराठा कुनबी पश्चिमी महाराष्ट्र की कुल आबादी के लगभग 40 प्रतिशत भाग का गठन करते हैं। इनमें से मराठा स्वयं को शासक और सामंत मानते हैं और कुनबियों के साथ विवाह नहीं करते। पुणे, सतारा, कोल्हापुर, अहमदनगर, खांडेश एवं शोलापुर के कुछ भाग के मराठा अपने बीच विवाह नहीं करते।''

अहमदनगर, पुणे, सतारा एवं शोलापुर के पुराने *गजेटियर* के प्रथम संस्करणों में प्रदान की गई सूचना कुनबियों अथवा मराठों के अतिरिक्त दो अथवा तीन अन्य जातियों को 'किसानों' के शीर्षक के अधीन दर्ज करती हैं। उनके बीच माली हैं, जिनकी संख्या लगभग 53 हजार है जबकि 1881 में पुणे जिले में कुनबियों की संख्या 3,97,000 थी। अहमदनगर तथा पुणे के *गजेटियरों* में मराठों के लिए पृथक शीर्षक मौजूद नहीं है, और सतारा में, यद्यपि मराठों के लिए एक पृथक खंड है तथापि यह उनकी संख्या का पृथक उल्लेख नहीं करता। *शोलापुर डिस्ट्रिक्ट गजेटियर* कुनबियों को निश्चित गणना किए बिना ही उन्हें मराठों के अंतर्गत शामिल करता है जिनकी संख्या उस जिले में 1,80,000 थी। 1881 की जनगणना के द्वारा सभी मराठों को कुनबी शीर्षक के अंतर्गत दर्ज किया गया था।

शोलापुर डिस्ट्रिक्ट गजेटियर में हमें मराठों, जिनके नाम वर्ग–शीर्षक प्रदान करते हैं, और कुनबियों, जिन्हें पृथक नहीं माना गया है, के बीच सम्बन्धों के मामले में निम्नलिखित कथन प्राप्त होते हैं: ''कुनबियों को अवैध संतान अथवा *अकरमाशे* मराठा बताया जाता है जो किसी मराठा की अपनी पत्नी के अतिरिक्त किसी अन्य मराठा महिला से जन्मी संतान होते हैं।''

अहमदनगर जिले में कुनबी, जिनमें निश्चित रूप से मराठा शामिल हैं, की संख्या 3,04,000 थी। इसके *गजेटियर* की टिप्पणी और अधिक विस्तृत है और दोनों समूहों के बीच के सम्बन्धों को बेहतर तरीके से स्पष्ट करती है। हमें सूचित किया गया है कि मराठों के बीच ''दो वर्ग'' हैं, जैसे (1) ''ईश्वर'' अथवा मधुर अर्थात् वैध; तथा (2) ''कडु'' (कड़ुवा) अथवा ''अकरमाशे'' (अवैध संतान) तथा इनमें से पहले वालों के बीच कुछ उच्च–स्थिति वाले परिवार अपने पुत्रों को (किन्तु पुत्रियों को नहीं) ''सामान्य मराठा'' परिवारों में विवाह करने की अनुमति प्रदान करते हैं। टिप्पणी के आगे का भाग दिलचस्प तरीके से पुराने महान याज्ञवलक्य सरीखे नियम–निर्धारकों के निषेधों के समान प्रवर्तित होने और इनमें से एक का स्मरण कराता प्रतीत होता है: ''चार अथवा पाँच पीढ़ियों के बाद दोगले मराठों को मधुर अथवा वैध बनने की अनुमति है।'' जबकि शोलापुर का विवरण साफ–साफ जोर देता है कि मराठा एवं कुनबी एक साथ भोजन तो करते हैं किन्तु वे परस्पर विवाह नहीं करते और इस प्रकार कर्वे के कथन का समर्थन करते हैं। पुणे का इस दावे पर जोर देने वाला विवरण, कि मराठा और कुनबी परस्पर विवाह करते हैं, यह जोड़े जाने के साथ दिया गया है कि दोनों समूह ''रंगरूप, धर्म अथवा रीति–रिवाजों में अलग नहीं हैं'', उनके बयान का खंडन करता है।

इस प्रकार, 75 वर्षों पूर्व मराठों के द्वारा कुनबियों को तुच्छ स्थिति वाली एक उप–जाति माना जाता था और वैसा ही व्यवहार किया जाता था। और कम–से–कम आंशिक तौर पर उप–जाति का गठन प्रजातीय मिलावट से हुए होने का विश्वास किया जाता था। चयनात्मक जानकारी के आधार पर कर्वे द्वारा किए गए कथन के विपरीत ब्राह्मण तथा मराठा दोनों जातियों में पृथक्करण अथवा विखंडन अथवा मुख्य समूह से पृथक्करण के द्वारा उप–जातियों का गठन हुआ था।

स्पष्ट रूप से अपने दृष्टिकोण पर जोर देने के लिए कर्वे ने एक पुराने मराठी दस्तावेज का 'साक्ष्य' प्रस्तुत किया है। वो कहती हैं (पृष्ठ 21, 31): ''बेरार और नागपुर में प्रभुत्वशाली कुनबी समूह को तिरोले कुनबी कहा जाता है। वे अनेकों मामलों में पश्चिमी कुनबियों से भिन्न हैं......और वे औपचारिक रूप से योद्धा होने का दावा पेश नहीं करते। स्वयं को कुनबी कहने वाली अनेकों असंख्य जातियों में से मात्र एक का उल्लेख करने की आवश्यकता है। इसे माना अथवा मानवा कुनबी कहा जाता है। एक पुराने दस्तावेज में कोंकण तट (पश्चिमी महाराष्ट्र) के एक गाँव का वर्णन किया गया है। इसमें ब्राह्मणों, कुनबियों एवं अन्य जातियों का उल्लेख है। परंतु दस्तावेज के लेखक ने किसी अन्य जाति के नाम का उल्लेख करना आवश्यक नहीं समझा क्योंकि इस गाँव में मात्र ब्राह्मणों और कुनबियों की एक–एक जाति ही बसती थी।''

आर.वी. रसेल (*ट्राइब्स एंड कास्ट ऑफ द सी.पी.*, II, 19) के अनुसार मध्य प्रांत एवं बेरार तिरोले कुनबी राजपूत होने का दावा करते हैं। कर्वे के कथन को अवश्य ही या तो त्रुटिपूर्ण अथवा ऐसी गोपनीय सूचना पर आधारित समझा जाना चाहिए जो सत्यापन से परे हो। जहाँ तक पश्चिमी कुनबियों से उनके अंतर के उनके दावे का प्रश्न है, यह स्पष्ट किया जाना होगा कि 1880 में जब *डिस्ट्रिक्ट गजेटियर ऑफ खाँडेश* (पृष्ठ 68) का प्रकाशन हुआ था, स्थानीय लोगों, अर्थात्, गैर–गूजर, कुनबियों के बीच कम–से–कम ''आठ वर्गों'' की पहचान की गई थी। उनमें से एक तिरोले है (जिसे *गजेटियर* में तिलोले का नाम दिया गया है, जो रसेल के अनुसार नाम की एक वैकल्पिक वर्तनी है) जिनकी कुल संख्या 3.50 लाख से कम खाँडेश कुनबियों के बीच लगभग 70 हजार थी। एक अन्य वर्ग है ''मराठे'' जिनकी संख्या 50 हजार से कम है तथा एक तीसरा वर्ग ''अकरमाशे'', अवैध संतानों का है। ''मराठे'' कुनबियों में आगे खासा और कार्ची के उप–विभाजन हैं, जिनमें से कार्ची 'मराठे' खासा कुनबियों की नौकरानियों की संतानें हैं।

जहाँ तक दस्तावेज के समर्थन का प्रश्न है, मुझे स्पष्ट करना है कि यह अप्रासंगिक है। दस्तावेज में उल्लिखित जातियों के बीच कुनबी मौजूद ही नहीं हैं। दूसरी ओर, यह दस्तावेज मराठों को उल्लेख करता है। कर्वे ने अपने

पाठकों को इस दस्तावेज के लिए अपने स्वर्गीय श्वसुर धोंडो केशव कर्वे की आत्मकथा के प्रति संदर्भित किया है। मराठी भाषा की *आत्मवृत्त* नामक इस पुस्तक के पृष्ठ 536 पर पाठकों को मराठों का एक उल्लेख प्राप्त होगा किन्तु कुनबियों के उल्लेख की कोई भी खोज निरर्थक सिद्ध होगी। कर्वे की पुस्तक *हिन्दू सोसाइटी: एन इंटरप्रेटेशन* के प्रकाशन के लगभग 15 महीनों पहले इस दस्तावेज का एक संदर्भ मेरी पुस्तक *आफ्टर ए सेंचुरी एंड ए क्वार्टर* (पृष्ठ xxiii) में प्रकट हो चुका था। परिचय, जिसका सम्बन्ध भारत में गाँव के निर्माण एवं प्रबंधन के इतिहास से है, के अंतर्गत मैंने इस दस्तावेज को आधार बनाया है ताकि गाँवों के निर्माण की प्रक्रिया पर हमें जानकारी प्राप्त हो सके। मैंने इसे वी.एन. मॉंडलिक के लेखनों से आधार बनाया था जिनके द्वारा यह दस्तावेज 1865 में जनता की जानकारी में लाया गया था। यह तथ्य डी.के. कर्वे के द्वारा भी दर्ज किया गया है। *मॉंडलिक्स राइटिंग्स एंड स्पीचेस* के अंतर्गत पृष्ठ 201 से 234 स्वयं वी.एन. मॉंडलिक द्वारा दी गई स्पष्टीकरण सम्बन्धी टिप्पणियों के साथ–साथ इस दस्तावेज के उत्कृष्ट अंग्रेजी अनुवाद से भरे हुए हैं; ओर कोई भी पाठक इनका अवलोकन कर स्वयं को संतुष्ट कर सकता है।

तथाकथित उप–जातियों के गठन से सम्बन्धित कर्वे के दावों और तर्कों का निस्तारण कर चुकने के बाद मैं कुछ ऐसे उदाहरण जोड़ूँगा जिनमें सम्बन्धित लोगों, जैसे पहले विचार किए गए गौड़ सारस्वत ब्राह्मणों द्वारा स्वयं को अथवा व्यापक समाज के द्वारा उन्हें किसी एक मूल निकाय के विभेदीकृत वर्ग माना गया है।

जाति व्यवस्था की उत्पत्ति के क्षेत्र के साथ प्रारंभ करने हेतु, जैसा कि ब्लंट द्वारा सूचित किया गया है, उत्तर–प्रदेश के सरवरिया ब्राह्मण ''अपनी उत्पत्ति को इस तथ्य से जोड़ते हैं कि जब राम के द्वारा रावण को मार दिए जाने के बाद उनके पूर्वजों को *जगिया* (शुद्धीकरण समारोह)* संपन्न करने हेतु भेजा गया था, तो उन्होंने 'दान' अथवा बलि के चढ़ावे के हिस्से को स्वीकार किया था; और उनकी वापसी पर *कनौजिया ब्राह्मणों,* जिनसे वे सम्बन्धित थे, ने उन्हें वापस लेने से इंकार कर दिया और उन्हें सरयू नदी के दूसरे पार बसने के लिए बाध्य कर दिया, जहाँ से उनका नाम सरवरिया (सरयूपारी) पड़ा।** कलवार, लोहार, नाई एवं तेली जैसी अनेकों जातियों में पाई जाने वाली उप–जाति 'ब्याहुत' को ''विधवा विवाह की प्रथा बंद करने का परिणाम'' माना जाता है'' (ब्लंट, पृष्ठ 53)। कुर्मियों की सैंतवार उप–जाति मुख्यतः अपने अग्रणी परिवार के उत्थान के कारण हाल ही में एक पृथक जाति बन गई है। इसने विधवा–विवाह को भी त्याग दिया है (ब्लंट, पृष्ठ 55)।

मालवा में मेयर (पृष्ठ 258) ने एक प्रकार के विभाजन का उदाहरण दिया है जो राजपूतों के बीच एक उप–जाति के गठन का आधार बना। उनके रामखेरी राजपूत, जो अब पाँच–गाँव के एक क्षेत्र में सीमित हैं, पहले साठ गाँवों के एक कहीं बड़े क्षेत्र तक फैले थे।

बंगाल के सदगोपों और मधुनापितों के मामले पेशे में परिवर्तन के द्वारा उप–जाति एवं जाति के गठन के अतिरिक्त उदारहण उपलब्ध होते हैं। गोप, जिनकी संख्या 1931 में लगभग 6 लाख तथा सदगोप, जिनके संख्या लगभग 5.70 लाख थी, एक ही जाति थे। गोप लोग दूध और दुग्ध–उत्पादों का व्यवसाय करते थे और उन्हें 'अच्छे' शूद्रों के रूप में स्वीकार नहीं किया जाता। मूल गोपों में अपने परंपरागत पेशे को त्याग देने वाले जो लोग स्वयं को सदगोप कहा करते थे, और अपने नए पेशे के रूप में खेती को अपना रहे थे, एक बेहतर स्थिति हासिल करने में सफल रहे थे। यद्यपि नवशाखा जाति–समूह की पारंपरिक सूची में गोप जाति प्रकट होती है, तथापि वास्तविक अभ्यास में आज केवल सदगोप लोग ही उस समूह के प्रति समुचित व्यवहार को हासिल कर पाते हैं। नापित, अर्थात् बंगाल के नाईयों को उत्तर भारत तथा अन्य स्थानों के अपने समकक्षियों की तुलना में एक बेहतर स्थिति प्रदान की गई है। हालांकि, मधुनापित, जो नापित हैं और जो मिठाई बनाने वाले बन चुके हैं, इससे भी उच्च स्थिति का दावा करते हैं और उन्होंने नापितों के साथ विवाह करना बंद कर दिया है (एन.के. दत्त, II, पृष्ठ 128–30)।

---

* जगिया' *'यज्ञ '* शब्द का एक फूहड़ उच्चारण प्रतीत होता है, जो संस्कृत के एक शब्द 'यज्न' (बलि) से उत्पन्न हुआ है।

** तिरछे अक्षर मेरे हैं।

गुजरात के नागर ब्राह्मण, जिन्हें अनेकों लोगो के द्वारा एक विदेशी जनजाति माना जाता है जो पाँचवी से सातवीं शताब्दी ईसा पश्चात् के दौरान हुणों के साथ देश में आई थी, ऐसे अनेकों मामलों का एक मिलाजुला उदाहरण प्रस्तुत करती है जिसमें तथाकथित उप–जातियों को पृथक्करण अथवा विखंडन के परिणाम के अतिरिक्त और कुछ नहीं माना जा सकता। *बॉम्बे गजेटियर (IX) गुजरात पापुलेशन* (पृष्ठ 13) के अनुसार उनके बीच छह मुख्य 'विभाजन' थे और 1891 में उनकी कुल संख्या 28,250 थी। उनके बीच सर्वाधिक बड़ी संख्या निःसंदेहात्मक रूप से वाडनागर नागर लोगों की थी, जिनके द्वारा पकाया गया भोजन शायद प्राशनोरा उप–जाति को छोड़कर शेष सभी उप–जातियों के द्वारा खाया जा सकता था (जी.एच. देसाई, पृष्ठ 76)। देसाई ने दर्ज किया हैः ''समुदाय में विभाजन (नागर ब्राह्मणों की उप–जातियाँ) का श्रेय शिव के क्रोध को जाता है जिनके मंदिर (हटकेश्वर) को शहर के निर्माण के समय वाडनागर से बहिष्कृत कर दिया गया था।'' पहला विखंडन करने वाली और हमें विसनागर जाति देने वाली एक अन्य परंपरा यह है कि सभी छह इकाईयों का नाम मध्यकालीन गुजरात के शहरों के नाम पर रखे गए हैं, जो स्वयं को विसनगर नगर की स्थापना करने वाले विशालदेव के साथ जोड़ते हैं जो पटना के चौहान राजा थे। अपने शहर की स्थापना के समय चढ़ाई गई बलि के समय *दक्षिणा* बाँटते समय विशालदेव ने इसे उन नागर ब्राह्मणों को दे दिया जो वहाँ मौजूद थे। हालांकि, ब्राह्मणों ने इसे स्वीकार करने से इंकार कर दिया क्योंकि किसी भी उच्चवर्गीय विद्वान ब्राह्मण के लिए बिना सोचे–विचारे ऐसे उपहार स्वीकार करना उचित नहीं होता। राजा ने उन्हें इसे स्वीकार करवाने के लिए एक चाल चली जिससे उन्हें कुछ गाँव प्रदान कर दिए गए। इसके बाद ब्राह्मणों ने स्वयं को अपने स्वतंत्र गाँवों में बसा लिया था। हालांकि, इन अनुदान प्राप्तकर्ताओं को ''वाडनगर में पीछे बने रहे उनके जातिपुरुषों द्वारा बहिष्कृत कर दिया गया था'' और उन्हें विशालनगर अथवा विसनागर ब्राह्मण के रूप में जाना जाने लगा। वाडनागरों के बीच, विसनागर एवं साथोद्रास, जो शेष चार उप–जातियों में से एक है, एक उप–विभाजन मौजूद है जिसे नागर ब्राह्मणों का एक अतिरिक्त विभाजन अथवा उप–जाति माना जाता है। उन्हें ''अपने ही समुदाय से पत्नी प्राप्त कर पाने में असफल रहने वाले तथा अन्य जातियों की कन्याओं से विवाह करने वाले तथा पृथक निवास करने वाले'' लोगों के रूप में वर्णित किया जाता है। जैसा कि अहमदाबाद से भेजे गए एक ताम्रपत्र से सिद्ध होता है, ईसा पश्चात् 10 शताब्दी के मध्य तक उप–जातियों की बिना किसी पहचान के मात्र नागरों का ही अस्तित्व था (*Ep. Ind.* XIX, 241)।

जैसा कि नाम से स्पष्ट है, औदिच ब्राह्मण उत्तरी लोग हैं और उन्हें अवश्य ही उत्तर से गुजरात में प्रवासित हुआ माना जाना चाहिए। 1891 में गुजरात में उनकी संख्या 2 लाख से मात्र कुछ हजार अधिक थी जो गुजरात के कुल ब्राह्मणों के 36 प्रतिशत भाग का गठन करते थे। *गजेटियर* (*Ibid.*, pp. 2–3) के अनुसार, 1891 में गुजरात के ब्राह्मणों की कुल संख्या 5.70 लाख थी तथा उनके बीच 53 नामित विभाजन मौजूद थे, यद्यपि 84 का उल्लेख किया गया है जिसमें से 70 ही खोजे जा सके थे। 1911 की *सेंसस रिपोर्ट ऑफ बॉम्बे* (पृष्ठ 240) में गुजरात के ब्राह्मणों के बीच विभाजनों की संख्या को 39 दर्ज किया गया है। मुख्य विखंडन का श्रेय गुजरात के राजा मूलराज (961–996 ईसवी) को दिया गया है। कुछ औदिच ब्राह्मणों को उनके द्वारा एक बलि संपन्न करने में सहायता के लिए तैयार कर लिया गया था। बलि पूर्ण होने पर राजा ने उन्हें अपने प्रभुत्व में रुकने का प्रलोभन दिया। विश्वास किया जाता है कि मात्र एक हजार ब्राह्मणों ने इस प्रस्ताव को स्वीकार किया था, शेष ने एक *टोली* का गठन करते हुए वहाँ निवास करने से इंकार कर दिया। परंतु बाद में उन्हें भी अतिरिक्त लाभों का प्रस्ताव दिए जाने के द्वारा वहाँ रुकने को मना लिया गया। पहले बसने वालों को स्वाभाविक रूप से सहस्त्र तथा बाद वालों को टोलकिया के नाम से जाना जाने लगा। हालांकि, आश्चर्यजनक रूप से सहस्त्र लोगों को सामाजिक श्रेणी में उच्च माना जाता है। सहस्त्रों के बीच दो उप–विभाजन हैं जो विशुद्धतः भौगोलिक हैं, अर्थात् सिहोरा एवं सिद्धपुरिया, जो कि अलग–अलग नामों पर आधारित हैं। औदिच ब्राह्मणों के साथ दस अन्य उप–जातियों अथवा जातियों के उत्पन्न होने का उल्लेख है (देसाई, पृष्ठ 4)। ऊपर उल्लिखित चैरिटी कमिश्नर्स डायरेक्ट्री में सूचीबद्ध पंजीकृत धार्मिक ट्रस्टों के बीच न केवल औदिच्य सहस्त्र (1164, 1427) तथा सिद्धपुर के औदिच्य सहस्त्र (1239) शामिल हैं बलिक दानधव्य औदिच्य ब्राह्मण (291) तथा घंगोली औदिच्य (438) भी शामिल किए गए हैं।

गुजरात के वानिया (बनिया), जिनकी संख्या 1891 में 2,10,000 थी, के बीच 23 विभाजन मौजूद बताए जाते हैं (*गजेटियर,* पृष्ठ 70); किन्तु 1911 की बम्बई की जनगणना रिपोर्ट (पृष्ठ 307) ने उनके बीच 41 ''उप–जातियाँ'' होना सूचित किया है। कपोलों को छोड़कर अधिकांश विभाजन अथवा उप–जातियाँ, जिनकी संख्या 17 हजार से कुछ ही अधिक थी, के बीच मानक उप–विभाजन मौजूद होना सूचित किया गया है। मानक उप–विभाजन ऐसा उप–विभाजन है जो गुजराती जातियों के बीच व्यापक रूप से मौजूद है, ब्राह्मण तथा राजपूत तथा संभवतः कनबी (कुनबी अथवा किसान) इसके अपवाद हैं, जैसे कि सर एथेलस्टैन बैनेस (पृष्ठ 34) इसे प्रस्तुत करते हैं, विसा को ''पूरे अंक'', दास को ''आधे अंक'' तथा ''पँचों'' को ''चौथाई अंक''। एक वर्ग अर्थात् श्रीमाली वानिया के बीच सर्वाधिक निचले उप–विभाजन को 'पँच' कहे जाने के बजाए 'लाडवा' के नाम से जाना जाता है (देसाई, पृष्ठ 103)। और नामकरण के अंतर के साथ सामाजिक व्यवहार का अंतर जुड़ा हुआ है। श्रीमालियों के 'विसा' और 'दसा', यद्यपि परस्पर विवाह और साथ–साथ भोजन नहीं करते, परंतु उनमें से कोई भी लाडवाओं के साथ भोजन नहीं करता। कमोबेश, ओसवालों के 'पँचों' के साथ भी मामला ऐसा ही है जो वैकल्पिक तौर पर इस वर्ग को 'लेटा' बुलाते हैं (देसाई, पृष्ठ 78)।

मोध बनियों, जिनका ऐसा नामकरण प्रकटतया मध्यकालीन गुजराती सांस्कृतिक केन्द्र मोधेरा से किया गया है, तथा 1891 में जिनकी संख्या लगभग 35 हजार थी, के बीच कम–से–कम छह उप–इकाईयाँ मौजूद हैं, जिनमें से न्यूनतम तीन, अदल्जा, गोघवा, तथा मन्डलिया के नाम उन शहरों के नाम पर रखे गए हैं जो अहमदाबाद के आसपास स्थित हैं (देसाई, पृष्ठ 74)। केवल इतना ही नहीं है कि ये इकाईयाँ परस्पर विवाह नहीं करतीं, बल्कि इनमें से प्रत्येक के बीच में अंतरविवाह की आजादी तो नहीं है लेकिन इसे कुछ स्थानीय समूहों तक सीमित रखने की प्रवृत्ति विद्यमान है। अतः, अहमदाबाद के गोघवा मोध सूरत के गोघवा मोधों के साथ विवाह नहीं करते, जबकि भड़ोच गोघवा मोध कैरा गोघवा मोध के साथ विवाह नहीं करते। इसी प्रकार से, अहमदाबाद के विसा देसावल सूरत के विसा देसावलों के साथ विवाह नहीं करते, देसावल मोधों की कुल संख्या 17,411 है (*गजेटियर,* पृष्ठ 70)। 'विसा' एवं 'दसा' विभाजन इस सीमा तक एंकीकृत इकाईयाँ हैं कि इनमें से प्रत्येक के लिए पृथक धार्मिक ट्रस्ट हैं। दसा दिसावल, दसा गोमाथिया, दसा गुज्जर वणिक, दसा लाड, दसा मोध अदल्जी, दसा मोध मन्डलिया, दसा पोरवाड, दसा श्रीमाली एवं दसा जरोला वणिक इन सभी को ऊपर वर्णित डायरेक्ट्री ऑफ चैरिटी ट्रस्ट्स ऑफ द चैरिटी कमिश्नर ऑफ महाराष्ट्र में प्रस्तुत किया गया है। इनके बीच दसा श्रीमाली इस डायरेक्ट्री में कम–से–कम 16 ऐसे ट्रस्टों के अपने होने का दावा करते हैं (देखें, पृष्ठ 301–3, 881, 954, 966, 973 इत्यादि)।

गुजरात के बनिया अथवा वानिया समुदाय के बीच 'विसा' एवं 'दसा' विभाजनों की कुछ विशेषताएं, जिनका उल्लेख यहाँ किया जा रहा है, स्पष्ट रूप से पूर्णतः स्थापित करती हैं कि वे विभिन्न वर्गों के सगोत्र विवाही उप–विभाजन हैं, जिन्हें आमतौर पर उप–जातियाँ कहा जाता है तथा इसीलिए वे उप–उप–जाति के नाम होने का दावा करते हैं। यह विखंडन और इसके द्वारा जातियों का बहुलीकरण है।

मोची चमड़ा–कारीगर हैं; किन्तु गुजरात में उनके उप–विभाजन उनके शिल्प व्यापार के विभिन्न विशिष्टीकरणों तक सीमित हैं। ढालगार (ढाल निर्माता), जिंगार (काठी–निर्माता), पखारी (घोड़ों के लिए सजावटी सामग्री बनाने वाले), तथा सिकलीगर (सान चढ़ाने वाले) के अलावा ऐसे मोची भी है जिन्हें चँदलागार (लाख के सितारे बनाने वाले), चितारा (चित्रकार), मिंगारा (मीनाकारी कारीगर), पनगरा (सोने और चाँदी के वर्क निर्माता) तथा रसनिया (कलई/पॉलिशकर्ता) कहा जाता है। ये विभिन्न उप–विभाजन एकसाथ बैठकर भोजन करते हैं किन्तु कम–से–कम पाँच ने श्रेष्ठता का दावा करने की प्रवृत्ति प्रदर्शित की है और चँदलागार, चितरा एवं रसनिया लोग ''लंबे समय से पृथक जातियों में बँट चुके हैं और स्वयं को ईंट–निर्माता, बढ़ई, राजमिस्त्री, एवं शिल्पकार के स्तर तक उन्नत कर लिया है''। (देसाई, पृष्ठ 72; *बॉम्बे सेन्सस रिपोर्ट,* 1911, पृष्ठ 203)

स्वाभाविक रूप से कार्यों, पेशों अथवा शिल्पों पर आधारित जातियों की गणना विखंडन अथवा विभेदीकरण के द्वारा हुए पृथक्करण के अंतर्गत की जानी है। तकनीकी विकास का इतिहास जातियों एवं उप–जातियों के बहुलीकरण के स्पष्टीकरण की इस विधि को उचित बताता है। कर्वे द्वारा प्रतिपादित दृष्टिकोण समस्त विशेषज्ञताओं

एवं विभेदीकरणों के एकसाथ अस्तित्व में रहने की कल्पना करता है जो पेशेवर जातियों के बीच उप–इकाईयों की भीड़ के नामकरण से दिखाई देता है। उस प्रकार का तकनीकी विकास सर्वश्रेष्ठ रूप से एक आधुनिक अथवा एक अत्यधिक हालिया घटना है। दूसरी ओर, पूर्व–आधुनिक तकनीक की दीर्घ अवधि कलाओं और शिल्पों की विभेदीकृत विधियों को मंद और प्रगतिशील गति से अपनाए जाने का प्रदर्शन करती है।

वास्तविक विखंडन के विभिन्न उदाहरणों तथा अनेकों उप–जातियों की उत्पत्ति के सम्बन्ध में अनेकों जातियों के बीच प्रचलित साझा दृष्टिकोण के बावजूद इस तथ्य पर जोर देने हेतु तमिलनाडु के श्री वैष्णवों का अनुकरण किया जाना है। श्री वैष्णववाद का प्रारंभ एक संप्रदाय के रूप में 11वीं शताब्दी ईसा पश्चात् अथवा कम–से–कम 10वीं शताब्दी में नाथामुनि के साथ हुआ था (*इंडियन एंटीक्वेरी* में गोपीनाथ राव, 1919, पृष्ठ 20)। 10वीं शताब्दी के पहले तमिलनाडु में ब्राह्मण मौजूद थे। समाज के छात्र तथा तमिलनाडु का समाज स्वयं ही मूल श्री वैष्णवों को परिवर्तित, अर्थात्, पहले के स्मार्त ब्राह्मणों से असंतुष्टों अथवा पृथकतावादियों के रूप में देखता था। दूसरी ओर, श्री वैष्णव ब्राह्मण जोर देते हैं कि एक पृथक जाति के रूप में उनका अस्तित्व स्मार्त ब्राह्मणों के साथ–साथ कायम रहा है (बी.एस. बालिगा, पृष्ठ 127)। मामले का सत्यानाश करने हेतु श्री वैष्णवों के बीच आगे एक और विभाजन मौजूद है जो हमें दो उप–जातियाँ, वडागलाई एवं तेंगालाई प्रदान करता है। जे.एन. फर्खुहार (पृष्ठ 320) अवलोकन करते हैं: ''प्रत्येक संप्रदाय ने यथासंभव अनेकों मंदिरों पर कब्जा कर लिया है और परिणामस्वरूप अनेकों कानूनी वाद पैदा हो गए हैं। विभाजन इतना गहरा है कि यह अंतरविवाह को रोकता है।'' और इस विभाजन का कारण रही फूट का प्रारंभ 14वीं शताब्दी के मध्य के बाद वेदांता देसिका के साथ हुआ।

सोलिया वेल्लाला, जो तमिलनाडु की महान कृषक जाति के चार प्रमुख क्षेत्रीय वर्गों में से एक है, के बीच निम्नलिखित तीन ''उप–विभाजन'' मौजूद हैं: (1) वेल्लाला चेट्टी, वेल्लाला व्यापारी; (2) कोडिक्कला, 'पान–पत्ता उत्पादक किसान'; तथा (3) कनाकिलिनट्टार, ''कनाक्किलनाडु के निवासी''। इनमें से अंतिम इकाई बहुत छोटी है और ''लड़कियाँ इतनी दुर्लभ होती जा रही हैं कि इसके सदस्य अब अपनी वधुओं के लिए अन्य उप–विभाजनों का रुख कर रहे हैं'', जो किसी एक इकाई के अंदर सगोत्रविवाह के नियम का अतिक्रमण है। कोंगा वेल्लाला, जो इन चार क्षेत्रीय विभाजनों में से एक है, के बीच निम्नलिखित सगोत्र विवाही इकाईयाँ मौजूद हैं: (1) सेन. दलाई (लाल शिर वाले पुरुष); (2) पाडितलाई ('सेनानायक'); (3) वेल्लिक्काई ('चाँदी के हाथ'); (4) परलमकट्टी ('मूँगा धारणकर्ता'); (5) मलाइयाडी ('पर्वतपादी'); (6) तोल्लाकाटू ('बड़े कर्णछिद्र वाले'); (7) अत्तनगराई ('नदीतट') (थर्सटन, VII, पृष्ठ 374–81)।

सालेम जिले के शानार लोग दो सगोत्र विवाही वर्गों में विभाजित हैं। कोंगा शानार, जिनके किसी मुप्पन की पहली पत्नी की संतान होने का विश्वास किया जाता है, कल्याना शानारों, जिन्हें मुप्पन की ही दूसरी पत्नी की संतान होने का विश्वास किया जाता है, के साथ अंतर–विवाह नहीं करते (*सालेम डिस्ट्रिक्ट गजेटियर,* पृष्ठ 183)।

कर्वे द्वारा दक्षिण भारतीय ब्राह्मणों के विरुद्ध लगाए गए आरोप के सम्बन्ध में मैं पहले ही तमिलनाडु ब्राह्मणों के बीच एक उप–जाति अथवा विभाजन, अर्थात्, तथाकथित प्रथमाक्षी के सम्बन्ध में चर्चा कर चुका हूँ। यह तथ्य कि ब्रहचरणम वर्ग के पास अपने बीच नौ 'उप–विभाजन' की पुथूर द्रविड़ नामक एक इकाई मौजूद है, ब्राह्मण समूहों के बाद में उप–इकाईयों में हुए विभेदीकरण का आगे समर्थन करता है। ऐसा ही वट्टिमाओं के बीच 'उप–विभाजन' के मामले में भी है जो तमिलनाडु के स्मार्त ब्राह्मणों के 12 अथवा ऐसे ही कुछ मुख्य वर्गों में से एक हैं, जिनका नाम पाथीनेट्टू ग्रामाथथू ('अट्ठारह गाँव') समूह है तथा अस्थासहसारम वर्ग के चार उप–विभाजनों के बीच एक का नाम शातकुलम (छह परिवार) है (थर्सटन, I, पृष्ठ 335–38)।

पंडाराम तमिलनाडु के पुजारियों की एक जाति है जो गैर–ब्राह्मणो के एक बड़े वर्ग की आध्यात्मिक एवं अर्द्ध–आध्यात्मिक आवश्यकताओं की पूर्ति करती है। पंडाराम जाति, जो पुजारी भिक्षुकों से भिन्न है, को ''मूल रूप से शोझिया वेल्लाला बताया जाता है, जिनके साथ अभी भी अंतरविवाह किए जाते हैं'' (थर्सटन, VI, पृष्ठ 46)।

उप–जातियों का गठन करने वाले विखंडन के साक्ष्यों के इस संक्षिप्त विवरण की समाप्ति मैं लगभग 150 वर्षों पहले और वह भी व्यापारियों एवं सौदागरों की तथाकथित कार्यकारी जातियों के द्वारा प्रिवी काउंसिल में दर्ज

किए गए मुकद्में के एक दिलचस्प उदाहरण के साथ करूँगा। ओडिशा के कुछ 'कोमाट्टे–वैश्यों' ने एक ब्राह्मण संगठन के विरुद्ध एक मुकद्मा दाखिल किया जिसने उन्हें वैदिक रीति–रिवाजों सम्बन्धी पेशेवर सेवाएं प्रदान करने से यह निष्कर्ष देते हुए इंकार कर दिया था कि तथाकथित वैश्य 200 वर्षों से भी अधिक समय से शूद्र प्रथाओं का पालन करते रहे हैं। *इसी के साथ,* यह पता लगा कि तथाकथित शूद्र प्रथाओं का अनुपालन समूह के अंदर तीन विभाजनों अथवा उप–जातियों का कारण रहा है; ''ब्यारी कोमेट'', ''बोरक्का कोमेट [?]'' एवं ''नोगाराम कोमेट'' (*Moore's Indian Appeals* (1836–72) *with Complete Digest*, by P. Hari Rao, Vol. III, pp. 226–41)।

सच यह है कि विभिन्न प्रकार के विभेदीकरण, विशेषज्ञताएं एवं फूट इस धरती पर लंबे समय से जारी रहे हैं। अपनी जनता के एकीकरण के लिए चिन्तित होने वाले सर्वप्रथम महान मौर्य सम्राट, अशोक, ने इस तथ्य को अपने फरमानों में से एक में मार्मिकता के साथ नोट किया है (डी.सी. सरकार, पृष्ठ 35) और धार्मिक संप्रदायों तथा उनके कटु विवादों के बारे में चर्चा की है, जबकि एक अन्य में (*पूर्वोक्त,* पृष्ठ 51–54) वो लोगों अथवा उनके धार्मिक अथवा अर्द्ध–धार्मिक संप्रदायों को सम्मिश्रित कर देने का दावा करते हैं। इस प्रकार से पृथक्करण अथवा विखंडन जाति की धारणा के सैद्धांतिक आधार के बाद के कारकों में से ऐसे सर्वाधिक महत्वपूर्ण कारक के रूप में उपस्थित होता है जिसने हिन्दू समाज में सगोत्र विवाही समूहों की बहुलता को प्रोत्साहित किया।

9

जाति, उप-जाति एवं सगोत्रता

द सन एंड द सर्पेन्ट नामक बहुचर्चित पुस्तक के लेखक सी.ई.ए.डब्ल्यू. ओल्डहैम ने उस समय मेरी इस पुस्तक के प्रथम संस्करण की समीक्षा करते हुए *मैन* (नवंबर अंक) में लिखा थाः ''उदाहरण के लिए रिस्ली ने प्रजातीय भेदभाव तथा *सगोत्रता के विचार के प्रभाव* पर जोर दिया था, एवं नेसफील्ड ने जाति के कार्यकारी आधारी पर। अधिकांश विद्वानों ने कम–से–कम इस व्यवस्था के विकास को आकार प्रदान करने में ब्राह्मण पुजारीवाद के शक्तिशाली प्रभाव को संदर्भित किया है। डॉ. घुर्ये और आगे जाते हैं और मानते हैं कि भारत में जाति 'एक ब्राह्मणवादी संतान......' है, और यह कि सगोत्र विवाह, जो इस व्यवस्था की उत्कृष्ट विशेषता है, को सर्वप्रथम उत्तर भारत के ब्राह्मणों के द्वारा विकसित किया गया था और फिर अन्य क्षेत्रों में इसे एक सांस्कृतिक गुण के रूप में हस्तांतरित किया गया था। हम अनुभव करते हैं कि यह स्पष्टीकरण अपर्याप्त है, और यह कि *कुलदेवतावादी गोत्रों, पश्चिमी भारत के देवकाओं* तथा अनेकों अन्य कारकों, प्रजातियों, जनजातियों, *सगोत्रताओं,* मोहल्लों, धार्मिक एवं सामाजिक उपयोगों तथा समारोहों आदि के उन विवरणों को भी अवश्य शामिल किया जाना चाहिए जिनके द्वारा इस जटिल संरचना के निर्माण में योगदान दिया गया है, *जिसकी नींव तथाकथित 'आर्यन' आप्रवासन के पूर्वकालिक समय तक जाती है,* जिसके प्रभाव में अधिमूल्यांकन करने की प्रवृत्ति मौजूद रही है।''

भारतीय जाति–व्यवस्था के गठन पर 'सगोत्रता के विचार के प्रभाव' पर हर्बर्ट रिस्ली के द्वारा दिए गए कथित जोर के साथ प्रारंभ करने हेतु यह स्पष्ट किया जाना है कि ओल्डहाम की टिप्पणी लगभग एक अफवाह जैसी है। निःसंदेह, रिस्ली ने एक संपूर्ण अध्याय, जिसका शीर्षक ''जाति एवं विवाह'' है, को हिन्दू विवाह के साथ–साथ जाति की संस्था पर किए गए विचार को समर्पित किया है, परंतु वह उन्हें इन दोनों के बीच किसी किसी प्रकार के विश्लेषण करने अथवा व्याख्या करने का आधार नहीं प्रदान करता। वह तत्कालीन सुधारकों तथा ब्रिटिश लिबरल सिविल सर्वेंट्स, जैसे, भ्रूणहत्या, बाल–विवाह, विधवा–विवाह तथा उनसे जुड़ी अनुलोम विवाह, गोत्रान्तर विवाह, सगोत्र विवाह जैसी वैवाहिक संस्थाओं, जिनमें से मात्र अंतिम ही जाति की एक दीर्घकालिक सहगामी रही है, के रोष से चिन्तित थे। सर हर्बर्ट कहते हैं:[1] ''हम देख चुके हैं कि सगोत्र विवाह कृत्रिम रूप से बड़ी संख्या में ऐसे छोटे समूहों, जिनके अंदर ही लोगों का विवाह करना आवश्यक होता है, का गठन करने के द्वारा एक दिशा में अंतरविवाह को प्रतिबंधित करता है। गोत्रान्तर विवाह भी कृत्रिम रूप से उस दायरे, जिसके अंतर्गत वे विवाह नहीं कर सकते, का विस्तार करने के द्वारा ऐसे ही परिणाम प्रस्तुत करता है।'' ''द ओरिजिन ऑफ कास्ट'' शीर्षक वाले अध्याय के अंत में रिस्ली ने जिन नौ निष्कर्षों का उल्लेख किया है, उनमें सगोत्रता का कोई उल्लेख नहीं है। उनमें से एक में सगोत्र, गोत्रान्तर एवं अनुलोम समूहों का उल्लेख 'जनजातियों एवं जातियों' के उप–विभाजनों के रूप में किया गया है, तथा एक अन्य में गोत्रान्तर समूहों की एक बड़ी संख्या को कुलचिह्नवादी (टोटेमिस्टिक)

घोषित किया गया है। जाति की स्वीकार्य उत्पत्तियों ने नौवें निष्कर्ष (नाइन्थ कंक्लूजन) की विषय–वस्तु का निर्माण किया। उन्हें अनुमान बताते हुए वो अपने पाठकों से कहते हैं कि ये ''सर्वप्रथम, उस समानता, जिसकी खोज कुछ जातीय श्रेणीकरणों तथा शारीरिक प्रकारों की कुछ विविधताओं के बीच की जा सकती है; दूसरे, विभिन्न रंग वाले समूहों से मिश्रित जातियों के विकास से; और तीसरे कल्पना के प्रभाव पर आधारित हैं।''[2]

रिस्ली के इन समस्त एवं अन्य अवलोकनों में ऐसा कुछ भी नहीं है जो ओल्डहाम के रिस्ली के द्वारा भारतीय जाति व्यवस्था की उत्पत्ति में सगोत्रता पर जोर दिए जाने सम्बन्धी कथन को उचित ठहरा सके। सगोत्रता का एकमात्र उल्लेख, जिसे रिस्ली ने आवश्यक समझा है, का सम्बन्ध ई. सेनार्ट द्वारा डेन्जिल इब्बेटसन की जाति की कार्यात्मक अथवा पेशागत सिद्धांत की आलोचना के उनके मूल्यांकन से सम्बन्धित है। रिस्ली कहते हैं:[3] ''सबसे पहले, वह (सेनार्ट) उस अंश के प्रति आपत्ति करते हैं जिसे वो ब्राह्मणवादी प्रभाव को लागू करने वाला मानते हैं, और उस मान्यता को चुनौती देते हैं कि नियमों की एक कठोर संहिता, जो पुरुषों के विवेक पर इतनी संपूर्णता के साथ लागू रही हो, एक आधुनिक आविष्कार मात्र हो सकती है, जो अपने चरित्र में कृत्रिम तथा अपने उद्देश्यों में स्व–सम्मानजनक है। दूसरे, वो उस गैर–आनुपातिक महत्व का अपवाद ग्रहण करते हैं जिसकी कल्पना उन्होंने डेन्जिल इब्बेटसन के द्वारा पेशों को समुदाय के साथ सम्बद्ध करने के रूप में की है, और स्पष्ट करते हैं कि, यदि ये वास्तव में जाति के मूल बाध्यकारी सिद्धांत थे तो अनवरत् विखंडन एवं विस्थापन कहीं कम चिह्नित होंगे: वह शक्ति, जिसने प्रारंभ में विभिन्न छितरे हुए अणुओं को एकजुट किया था, उन्हें एकसाथ बाँधे रखना जारी रखेगी। *दोनों ही आलोचनाएं योजना में एक अनिवार्य विशेषता, सगोत्रता के विचार के प्रभाव, जो निश्चित रूप से जाति व्यवस्था में सर्वाधिक पुरातन और संभवतः सर्वाधिक चिरस्थाई कारक रहा है, को छोड़ती प्रतीत होती हैं, तथा जो औपचारिक उपयोगों तथा पेशों के समुदाय पर आधरित आधुनिकतम प्रतिबंधों के ढाँचे तथा उद्देश्यपूर्ण सिद्धांतों को प्रदान करने वाली प्रतीत होती है।*''* हालांकि, रिस्ली अपनी *इतरोक्ति* की न तो परवाह करते हैं, न ही वह तार्किक विचार के किसी तथ्यात्मक साक्ष्य द्वारा उसकी पुष्टि करते हैं!

ऐसा नहीं है कि रिस्ली ने हिन्दू समाज के वैवाहिक नियमों के उन समस्त विचारों को त्याग दिया था जो सगोत्रता के प्रमुख भाग के मौलिक आधार हैं। इसके विपरीत, उन्होंने ''जाति एवं विवाह'' शीर्षक प्रदान करते हुए एक संपूर्ण अध्याय को उनके प्रति समर्पित कर दिया। निश्चित रूप से जाति के अध्ययन का कोई भी विद्यार्थी, चाहे वह कितना भी अनुभवहीन अथवा नवदीक्षित क्यों न हो, विवाह के प्रति ध्यान दिए जाने से बच सकता है, क्योंकि किसी विनिर्दिष्ट जन्म–समूह के अंतर्गत विवाह जाति का अवशिष्ट सार होता है। रिस्ली के मामले में, भारत में जाति की उनकी गहन जानकारी के अलावा, उनकी विशिष्ट चिंता के विषय थे कन्या भ्रूणहत्या की समस्या, जो उस समय और उसके भी पहले राजस्थान में विशेषतौर पर प्रचलित थी, और जिसे बंगाल में कुलीनवाद कहा जाता है अथवा उच्च–जातीय बंगाली सुधारकों और प्रचारकों के दुख, जो स्वयं को तत्कालीन जिला अधिकारियों का ध्यान आकर्षित करने पर समर्पित किए हुए थे।

रिस्ली 'सगोत्र विवाह' और 'गोत्रान्तर विवाह' पर संक्षेप में और 'अनुलोम विवाह' तथा साथ ही 'बहुपतित्व' पर अधिक चर्चा करते है। दोनों प्रकारों के बहुपतित्व पर उनकी व्याकुलता को देखते हुए गोत्रान्तर विवाह पर उनकी चर्चा विशेषतौर पर संक्षिप्त और छोटी है। अतः, बंगाल, तथा निश्चित रूप से बिहार, जो उस समय बंगाल का ही एक भाग था, की उनकी विशिष्ट जानकारी के साथ उन्हें उस क्षेत्र में नीची जातियों के बीच प्रचलित 'घपलेबाज'–गोत्रान्तर विवाह के कहीं विस्तृत एवं अत्यधिक प्रतिबंधात्मक नियमों का उल्लेख नहीं करना चाहिए था, यह इस बिन्दु का एक उदाहरण है। यह विशिष्टता गोत्रान्तर विवाह एवं जाति के बीच प्रशंसनीय सम्बन्ध की खोज करने की उनकी अयोग्यता से भी हमें परिचित कराती है। उनके द्वारा किया गया एकमात्र प्रेक्षण वास्तव में इस विषय के साथ रिस्ली के व्यवहार की असम्बद्धता को प्रदर्शित करता है। गोत्रान्तर विवाह तथा जाति अथवा

* तिरछे अक्षर मेरे हैं।

सगोत्र विवाह के बीच सम्बन्ध के बारे में वो कहते हैं: "सगोत्र विवाह कृत्रिम रूप से बड़ी संख्या में ऐसे छोटे समूहों, जिनके अंदर ही लोगों का विवाह करना आवश्यक होता है, का गठन करने के द्वारा एक दिशा में अंतरविवाह को प्रतिबंधित करता है। गोत्रान्तर विवाह भी कृत्रिम रूप से उस दायरे, जिसके अंतर्गत वे विवाह नहीं कर सकते, का विस्तार करने के द्वारा ऐसे ही परिणाम प्रस्तुत करता है।" वो उल्लेख करते हैं कि कुछ ब्राह्मण जातियों के अंदर एक गोत्रान्तरीय वैवाहिक इकाई इतनी अधिक बड़ी होती है कि यह दो हजार लोगों को शामिल कर ले और यह कि, यदि अल्पकथन के तथ्य को छोड़ भी दिया जाए, अंग्रेज लोगों के बीच वर्तमान प्रतिबंधित स्तरों के कानून द्वारा प्रतिबंधित व्यक्तियों की संख्या इसकी आश्चर्यजनक विपरीत स्थिति प्रस्तुत करती है। फिर वह पूर्णतः पक्षपातपूर्ण गोत्रान्तर नियमों के संशोधन के लिए एक अतिरिक्त अथवा पूरक नियम की आवश्यकता को स्पष्ट करते हैं।[4] खैर, यदि किसी का उद्देश्य ऐसे सम्बन्धों, यदि कोई हों, की खोज करना हो जो गोत्रान्तर विवाह एवं जाति के बीच कायम रहे हों तो पूरी तरह से सही होते हुए भी यह सब इस बिन्दु से अलग हैं।

रिस्ली अनुलोम विवाह पर विस्तारपूर्वक चर्चा करते हैं; परंतु उनका मुख्य उद्देश्य बहुविवाह एवं कन्या भ्रूणहत्या के साथ इसके सम्बन्ध को उजागर करना है, हालांकि, वो इसके बारे में ऐसे बात करते हैं जैसे यह "जाति के उद्भव के साथ इतना घनिष्ठतापूर्वक जुड़ा रहा हो" और अपना आश्चर्य व्यक्त करते हैं कि उस प्राचीन प्रथा को "समस्त आधुनिक लेखकों द्वारा विवाह के प्रारंभिक इतिहास पर दिए गए ध्यान से बच जाना चाहिए था।"[5]

जाति के साथ अनुलोम विवाह का सम्बन्ध उनकी चर्चा में मात्र उसी समय प्रकट होता है जब रिस्ली "मुसलमानों तथा उन हिन्दू जातियों, जो विधवाओं को पुनर्विवाह की अनुमति प्रदान करती हैं," के बीच इसकी अनुपस्थिति के बारे में बात करते हैं। वो स्पष्ट करते हैं कि ऐसी जातियों के बीच ऐसी परिस्थितियाँ जैसे पेशों में परिवर्तन अथवा "जातियों के परंपरागत अधिवासों के बाहर बसना" अनुलोम विवाही वर्गों को जन्म देने के स्थान पर सगोत्रीय उप–जातियों को जन्म देने की प्रवृत्ति से युक्त होती हैं।[6] परंतु निश्चित रूप से यह, यदि है भी तो, अनुलोम विवाह तथा जाति के बीच एक संदिग्ध एवं अत्यधिक सूक्ष्म सम्बन्ध है।

ऐसा अनुलोम विवाह की उत्पत्ति के मामले में ही है कि रिस्ली प्रजाति और जाति को दो अथवा संयुक्त कारकों के रूप में प्रकट करते हैं और "अमेरिका की मिश्रित अथवा मिली–जुली रंग वाली प्रजातियों" की सहायता से अपने विचार को स्पष्ट करते हैं। आगे वह भारतीय अनुलोम विवाह को मेडागॉस्कर में मौजूद सामाजिक स्तरीकरण तथा "इस अनुमान को खतरे में डालते हैं कि हो सकता है कि रोम में लेक्स कैनुलिया (445 ईसा पूर्व) के पहले अभिजात्यों और सामान्यजनों के बीच वैवाहिक सम्बन्धों को अनुलोम विवाह की प्रथा के द्वारा नियंत्रित किया गया हो" के संदर्भ द्वारा स्पष्ट करते हैं।[7]

संभवतः, डब्ल्यू. किर्कपैट्रिक जाति पर लेखकों में सर्वप्रथम थे जिन्होंने गोत्रान्तर तथा सगोत्रीय विवाह दोनों के बारे में इस प्रकार एक साथ बात की जैसे जाति के निर्माण के बारे में उनके संयुक्त योगदान की कल्पना की जा रही हो। 1912 में उन्होंने "प्राइमिटिव एक्सोगेमी एंड द कास्ट सिस्टम" शीर्षक से *जर्नल ऑफ द एशियाटिक सोसाइटी ऑफ बंगाल, एन.एस.* VIII (पृष्ठ cix-cx) में प्रकाशित अपने पत्र में लिखा था: "प्रत्येक सगोत्रीय वर्ग अनेकों गोत्रान्तर संप्रदायों अथवा उप–वर्गों में विभाजित है। ये तथ्य निश्चित रूप से एक निष्कर्ष की ओर इशारा करते हैं जो बिना किसी असाधारण तर्क के हमें वर्तमान हिन्दू जाति व्यवस्था के उन आदिकालीन नियमों की खोज करने की योग्यता प्रदान करता है जिसके द्वारा गोत्रान्तर नियमों के एक सशक्त एवं कठोर पालन की आवश्यकता थी तथा जिसे स्थापित और लागू किया गया था। संक्षेप में, आधुनिक हिन्दू धर्म में अलग–अलग वैवाहिक समूहों के निरंतर सृजन के अपने आधार तथा सहज प्रवृत्तियाँ थीं, जिन्होंने पुरुषों को अपनी वधू खोजने, और यदि आवश्यक हो तो किसी दूसरे समूह से बलपूर्वक हासिल करना सिखा दिया था, जिसे राक्षस विवाह कहा जाता है जो गोत्रान्तर विवाह का सर्वाधिक प्रारंभिक स्वरूप है।"

उपरोक्त उद्धरण से यह देखा जा सकता है कि यह किसी भी साक्ष्य अथवा तर्क द्वारा असमर्थित दावा मात्र नहीं है बल्कि यह भी है कि यह निराशाजनक रूप से भ्रमित भी है, राक्षस विवाह के क्रियात्मक स्वरूप के रूप में गोत्रान्तरीय विवाह को जाति–व्यवस्था की रहस्यमयी उत्पत्ति का श्रेय प्रदान किया जाता है।

बी.आर. अम्बेडकर ऐसे अगले व्यक्ति थे जिन्होंने गोत्रान्तर एवं सगोत्र विवाह को जातियों की सृजनकर्ता शक्ति के रूप में परस्पर जोड़ा था। कोलम्बिया विश्वविद्यालय में एक संगोष्ठी में पढ़े गए तथा बाद में 1917 में *इंडियन एंटीक्वेरी* में प्रकाशित एक पत्र में किर्कपैट्रिक के लगभग समान रहस्यमयी धारा, किन्तु काल्पनिक हस्तक्षेपी कदमों के साथ, बल्कि शब्दशः दोहराते हुए, उन्होंने यह प्रतिपादित किया कि गोत्रान्तर विवाह को ढँकते हुए सगोत्र विवाह ने लगभग अपने आप ही भारत को उसकी व्यवस्था प्रदान कर दी। अम्बेडकर के तर्कों के विस्तार में जाए बिना अथवा उसकी आलोचना का प्रयास किए बिना अथवा उन्हें दरकिनार किए बिना ही मैं इस तथ्य के प्रति प्रशंसा के रूप में उनके सिद्धांत की अनिवार्य विशेषताओं को स्पष्ट करूँगा कि गोत्रान्तर विवाह भारत में न केवल लगभग सार्वभौमिक है बल्कि जाति–व्यवस्था की तुलना में प्रदर्शनीय रूप से एक पुरानी संस्था भी है। जैसा कि अम्बेडकर जोर देते हैं, गोत्रान्तर विवाह जाति व्यवस्था के किसी भी अन्य स्वरूप की अपेक्षा अधिक प्रचलित है, यहाँ तक कि अनेकों सर्वाधिक आदिम लोग इसका कठोरतापूर्वक पालन कर रहे हैं।

निम्नलिखित उद्धरण अम्बेडकर के विचारों का सारांश प्रस्तुत करते हैः (उपरोक्त, पृष्ठ 84) ''(भारतीय समाज में) आदिम अवशेषों में से एक है *गोत्रान्तर विवाह की प्रथा।* भारत के विभिन्न गोत्र गोत्रान्तरीय हैं और रहे हैं। कुलदेवतावादी संगठन के साथ समूहों का भी यही हाल है। यह कहना कोई अतिशयोक्ति नहीं है कि भारत के लोगों में गोत्रान्तरीयता एक धार्मिक–मत हैं और कोई भी इसका उल्लंघन करने का दुःस्साहस नहीं करता, यहाँ तक कि, उनके अंदर जातियों की सगोत्रता के बावजूद (?) गोत्रान्तरीयता का कठोरतापूर्वक पालन किया जाता है और सगोत्रता का उल्लंघन करने की अपेक्षा गोत्रान्तरीयता का उल्लंघन करने हेतु अधिक कठोर दंड मौजूद हैं। अतः, आप देखेंगे कि एक नियम के रूप में गोत्रान्तर विवाह के साथ कोई जाति जुड़ी नहीं हो सकती, क्योंकि गोत्रान्तर का अर्थ है विलय। परंतु *हमारे पास* जातियाँ हैं; परिणामस्वरूप, जहाँ तक भारत का सम्बन्ध है, अंतिम विश्लेषण में जातियों की उत्पत्ति का अर्थ है गोत्रान्तर विवाह पर सगोत्र विवाह का अधिरोपित होना। हालांकि, किसी मौलिक गोत्रान्तरीय जनसंख्या (जो जाति के सृजन के बराबर है) में सगोत्र विवाह का सरल समाधान किया जाना एक गंभीर समस्या है, तथा ऐसा गोत्रान्तर विवाह के विरुद्ध सगोत्र विवाह के संरक्षण के लिए प्रयुक्त साधानों के बदले में है कि हम इस समस्या का समाधान प्राप्त करने की आशा कर सकते हैं। अतः, *गोत्रान्तर विवाह पर सगोत्र विवाह के अधिरोपण का अर्थ है जातियों की उत्पत्ति।*''

ई.ए.एच. ब्लंट, जो संयुक्त प्रांतों में 1911 की जनगणना सम्बन्धी कार्यों के अधीक्षक रहे थे तथा बाद में इसी प्रशासनिक इकाई के अंतर्गत बैंकिंग जाँच समिति के अध्यक्ष थे, ने 1931 के अंत में *कास्ट सिस्टम ऑफ नार्दर्न इंडिया* शीर्षक से अपनी पुस्तक प्रकाशित की थी। जैसा कि ब्लंट अपने पाठकों को बताते हैं, यह पुस्तक 1913 में आरंभ हुई थी तथा मुख्य रूप से 1927 एवं 1930 के बीच पूरी की गई थी। ब्लंट इस तथ्य को पूर्णतः स्पष्ट करते हैं कि इस पुस्तक में अध्ययन एवं प्रतिपादित की गई जाति–व्यवस्था आगरा तथा अवध के संयुक्त प्रांतों की है; और उन्होंने ऐसी कोई गुंजाइश नहीं छोड़ी है कि स्वयं पुस्तक के शीर्षक के साथ छोटे अक्षरों में किसी उचित उपनाम को जोड़कर किसी भी पाठक को गुमराह किया जा सके। जब वह अपने पाठकों को आश्वस्त करते हैं कि उत्तर–प्रदेश में हिन्दू सामाजिक व्यवस्था उत्तर भारत की हिन्दू सामाजिक व्यवस्था है और यह कि ''यदि, अन्य स्थानों पर, इसमें कोई भिन्नता है, तो वे अनिवार्यताएं नहीं हैं'' तब वह प्रस्तावना में ही वह बिना उपनाम के शीर्षक के लिए सही औचित्य जोड़ देते हैं।

ब्लंट की पुस्तक ऐसी सर्वप्रथम, और, मेरा विश्वास है, एकमात्र रही है जो किसी प्रांत विशेष अथवा राज्य की जाति व्यवस्था पर चर्चा करती है और इसी कारणवश इस संस्था के विद्यार्थियों के सर्वाधिक गंभीर ध्यान की माँग करती है। हमारे विशिष्ट दृष्टिकोण से जो कुछ और अधिक महत्वपूर्ण है वह यह है कि स्पष्ट रूप से रिस्ली का अनुसरण करते हुए उन्होंने दो अध्यायों को विवाह के विचार तथा जाति पर इसके प्रभाव के प्रति समर्पित किया है। कम–से–कम उसमें वो रिस्ली से एक कदम आगे गए और उप–जाति जैसा बीच का एक शब्द जोड़ा तथा दो अध्यायों को ''जाति, उप–जाति एवं विवाह'' जैसा शीर्षक प्रदान किया। सगोत्र विवाह, गोत्रान्तर विवाह, सगोत्रता के निषिद्ध स्तर, अनुलोम विवाह एवं कौमार्य विवाह की पाँच श्रेणियों में विवाह पर प्रतिबंधों की सविस्तार चर्चा करते हुए वो अवलोकन (पृष्ठ 37) करते हैः ''कुछ पूर्णतः अपवादी जातियों को छोड़कर इन प्रतिबंधों में से

पहला सार्वभौमिक है। दूसरे अथवा तीसरे प्रत्येक जाति में लागू होते हैं; सामान्यतः दोनों एक साथ लागू होते हैं। चौथा साझा है। पाँचवा (जो किसी पुरुष के किसी विधवा से विवाह को प्रतिबंधित करता है) संभवतः एक–तिहाई जनसंख्या, अर्थात्, अधिकांश उच्च–जातियों पर लागू होता है।''

इसके बाद सगोत्र एवं गोत्रान्तर विवाहों पर पहले विचार किया जाता है क्योंकि दोनों ही ''जातियों के विभाजन में शामिल हैं''। जाति–नामों के विश्लेषण से ब्लंट निष्कर्ष प्राप्त करते हैं (पृष्ठ 41) कि ''किसी भी जाति का गठन अत्यधिक परिवर्तनीय होता है'', मूल रूप से गोत्रान्तरीय समूह सगोत्रीय बन जाते हैं और इसका विपरीत भी घटित होता है, यद्यपि बाद वाली प्रक्रिया ''अपेक्षाकृत कम प्रचलित'' है। किसी सगोत्र वैवाहिक समूह के स्थानीय वर्ग को '*बिरादरी*' के नाम से जाना जाता है तथा सामान्यतः इसकी एक अपनी 'पंचायत' अथवा जातीय–परिषद् होती है। इस प्रकार की *बिरादरी* अथवा भाईचारा एक गोत्रान्तर समूह होता है, इसके सदस्य एक–दूसरे से अत्यधिक घनिष्ठतापूर्वक सम्बद्ध होते हैं। हालांकि, *बिरादरी* की सदस्यता ''सदस्यों की अंतर–विवाह की अक्षमता'' के तथ्य पर नहीं बल्कि ''इस तथ्य पर, कि वे सभी संयोजित, निश्चित रूप से रिहाइशी पात्रताओं के साथ किसी एक सगोत्रीय समूह से सम्बन्ध रखते हैं, पर आधारित होती है'' (पृष्ठ 129–9)।

ब्लंट के अनुसार अनुलोम विवाह की प्रथा (पृष्ठ 46–47) किसी जाति की पूर्ण गोत्रान्तरीय इकाईयों की रूपरेखा के अंतर्गत कार्य करती है। गोत्रान्तरीय समूहों को इस प्रकार वर्गीकृत किया जाता है कि ''उनकी सामाजिक स्थिति (?)'', के अनुसार उच्च श्रेणी का कोई समूह नीचे के समूह से वधुएं स्वीकार तो करता है किन्तु उन्हें वधुएं नहीं देता। जाति पर इसके प्रभाव का ब्लंट द्वारा किया गया एकमात्र अवलोकन यह है कि ''अनुलोम विवाह का नियम उन जातियों की विवाह प्रणालियों को बहुत अधिक जटिल बना देता है जो इसका पालन करती हैं''।

निश्चित रूप से, सगोत्र विवाह ''जाति व्यवस्था में सर्वाधिक महत्वपूर्ण कारक है'', वैवाहिक प्रतिबंध ''सामान्यतौर पर कहा जाए तो अन्य समस्त प्रतिबंधों को नियंत्रित करता है'' (पृष्ठ 47, 89)।

निषिद्ध स्तरों के नियम गोत्रान्तरीय नियमों की पूर्ति करते हैं और गोत्रान्तरीय समूहों से रहित जातियों के मामले में वैवाहिक बंधनों को पूरी तरह से नियंत्रित करते हैं। निषिद्ध स्तरों के नियम एक ''अनावश्यक रूप से विस्तृत'' सगोत्रता को प्रतिबंधित करते हैं, जिसके द्वारा प्रतिबंधित रिश्तेदारों में से अनेकों ''वैवाहिक प्रयोजनों हेतु उपलब्ध'' नहीं होते'' (पृष्ठ 60)।

इसके बाद 1946 में जे.एच. हटन का क्रम आता है।* जातियों की संरचना पर आधारित एक अध्याय में वो सगोत्र विवाह, अनुलोम विवाह एवं गोत्रान्तर विवाह पर उसी क्रम में चर्चा करते हैं और विवाह पर अन्य प्रतिबंधों का उल्लेख भी करते हैं। हालांकि, अंततः वो अवलोकन करते हैं (पृष्ठ 63) कि, विभिन्नतापूर्ण वैवाहिक प्रतिबंधों के बीच, ''नियमों में से अनेकों को जाति के प्रश्न के साथ मुश्किल से ही पूर्णतः प्रासंगिक कहा जा सकता है''। जिस एकमात्र प्रासंगिकता को वो स्पष्ट करते हैं, वह सगोत्र विवाह तथा उन वैवाहिक नियमों की है जिनका उल्लंघन करने पर जातीय आचारसंहिता के उल्लंघन का संज्ञान जाति–परिषद् के द्वारा लिया जाता है; सगोत्र विवाह के नियमों का उल्लंघन सामान्यतः जाति से बहिष्करण का आधार होता है (पृष्ठ 64)। बाद में, सहभोजी एवं अन्य प्रतिबंधों, जो ''एक जाति को दूसरे से तटस्थ अथवा, बल्कि, अलग कर देते हैं'' पर चर्चा के समय वो जोर देते हैं कि ''जाति के वैवाहिक प्रतिबंध किसी जाति के संपूर्ण समाज के साथ सम्बन्ध में अत्यावश्यक रूप से शामिल हैं'' और यह कि ''किसी भी स्तर की नीची जाति के किसी व्यक्ति द्वारा पकाए गए भोजन को ग्रहण करने पर लगे प्रतिबंध के प्रति जातीय सगोत्र विवाह कमोबेश सांयोगिक हैं'' (पृष्ठ 71)। अतः, ऐसा प्रतीत होता है कि सगोत्र विवाह के अपने आप में सहभोजी प्रतिबंध के साथ सांयोगिक होते हुए सगोत्र विवाह के जाति के साथ सम्बन्ध को हटन गौण समझते हैं!

यह देखा जाएगा कि न तो ब्लंट और न ही हटन के पास जाति व्यवस्था पर सगोत्रता और इसके प्रभाव, यदि कोई हों, के सम्बन्ध में सीधे कहने के लिए कुछ नहीं है। न ही उनके पहले रिस्ली ने ऐसा किया है। मैं सोचता

* समस्त पृष्ठ संदर्भ तृतीय संस्करण, 1961 से हैं।

हूँ ए.सी. मेयर इस संस्था के ऐसे सर्वप्रथम विद्यार्थी थे जिन्होंने जाति और सगोत्रता दोनों को एक ही संदर्भ तथा शीर्षक के अंतर्गत एकसाथ रखा, और इस प्रकार इस विचार को एक स्पष्ट एवं प्रत्यक्ष अभिव्यक्ति प्रदान की कि जाति एवं सगोत्रता के बीच कुछ सम्बन्ध विद्यमान हैं। मेयर की पुस्तक *कास्ट एंड किनशिप इन सेंट्रल इंडिया,* जिसकी प्रस्तावना जनवरी 1958 में लिखी गई, 1960 में प्रकाशित हुई थी। ''परिचय'' तथा ''निष्कर्ष'' के दो अध्यायों को छोड़ दिया जाए तो पुस्तक में 11 अध्याय हैं, जिनमें से कम–से–कम 5 में इसकी उपशाखाओं में सगोत्रता तथा जाति पर प्रभाव पर चर्चा की गई है। और विशेषतया, जैसा कि इसे एक सगोत्रता–उन्मुख दृष्टिकोण में होना चाहिए, 'विवाह' इस श्रृंखला को प्रारंभ नहीं करता। विवाह का स्वरूप मात्र सगोत्रता के स्तरों पर चर्चा समाप्त हो जाने तथा इस व्यवस्था के घटकों का गठन करने वाले व्यक्तियों को विवाह के लिए तैयार रूप में मंच पर लाए जाने के बाद ही विचारार्थ सामने आता है। विवाह का स्वाभाविक अनुक्रम सगोत्र विवाह सम्बन्धी व्यवहार के स्वरूप का व्यवहारिक संचालन है। कार्य एवं व्यवहार की संपूर्ण योजना ऐसी है कि, कहीं भी, किसी को भी मेयर की पुस्तक में सगोत्रता तथा जाति के बीच सम्बन्ध की एक स्पष्ट तस्वीर मिल जानी चाहिए।

इस बिन्दु पर मेयर के निष्कर्षों का उल्लेख किया जा सकता हैः (1) प्रत्येक पुरुष तीन निकायों, सगोत्रता, उप–जाति तथा जाति का एक सदस्य है (पृष्ठ 5); (2) ''अंतिम विश्लेषण में, संपूर्ण उप–जाति एक सगोत्रीय–समूह हो सकती है; किन्तु यह मानवजातिविज्ञानियों की कल्पना मात्र है, तथा मात्र अपवादी मामलों में ही किसी सगोत्रीय–समूह को किसी एकल संख्या द्वारा इस प्रकार से मान्यता प्रदान की जा सकती है''। सामान्यतः, इसकी मान्यता आम उप–जाति नाम से प्राप्त होती है। ये ''अनेकों बस्तियों में संयोजित'' अपेक्षाकृत किसी छोटे क्षेत्र के लोग होते हैं जो ''प्रभावी उप–जाति समूह'' का गठन करते हैं; तथा ''इसी के साथ–साथ ये लोग सगोत्रीय भी होते हैं''। और इसीलिए यही वह स्थानीय उप–जाति समूह है जिसे समुचित रूप से सगोत्रीय–समूह के रूप में परिभाषित किया जा सकता है (151, 248, 269, 271, 272); (3) सगोत्रीयता एक जाति अथवा उप–जाति सदस्य के रूप में मान्यता की कुंजी प्रदान करती है, किसी दूर स्थान से आने वाले एक उप–जातीय सदस्य को ऐसा माना जाता है जैसे उसका सम्बन्ध सगोत्रीयता के किसी निश्चित मान्यताप्राप्त स्तरों के अंतर्गत अपने सम्बन्धों के साथ स्थापित हो (पृष्ठ 213); (3) सगोत्रीयता एक जातीय अथवा उप–जातीय सदस्य के रूप में मान्यता की कुंजी प्रदान करती है, किसी दूर स्थान से आने वाले किसी उप–जातीय सदस्य के साथ मात्र ऐसा व्यवहार किया जाता है जैसे उसके सम्बन्ध कुछ मान्यताप्राप्त सगोत्रतीयता के स्तरों वाले स्थानीय लोगों के साथ स्थापित हों (पृष्ठ 213)।

1955 के बाद प्रकाशित की गई विशिष्ट जातीय समूहों अथवा विशिष्ट ग्राम समितियों सम्बन्धी अनेकों रचनाओं के द्वारा जाति एवं हिन्दू समाज की एकजुटता में सगोत्रीयता तथा गोत्रान्तरीयता दोनों की भूमिकाओं के एक मूल्यांकन के लिए सामग्री उपलब्ध कराई गई है। इस दिशा में मेयर का प्रयास सर्वश्रेष्ठ प्रयासों में से एक रहा है। हालांकि, इस सम्बन्ध में उनके विशिष्ट योगदान पर समुचित संदर्भ में बाद में चर्चा की जाएगी।

जाति पर लेखकों के पास गत 60, बल्कि और विशिष्ट रूप से 37 वर्षों में जाति एवं सगोत्रता के बीच सम्बन्धों के बारे में जो कुछ भी कहने को था उसके सामान्य विवरण को इस प्रेक्षण के साथ समाप्त किया जा सकता है कि जाति के सम्बन्ध में सगोत्रता की भूमिका 37 वर्षों पूर्व इस पुस्तक के सर्वप्रथम संस्करण में सर्वाधिक प्रभावशाली एवं व्यापक रूप में स्पष्ट की जा चुकी थी तथा इसे इस संस्करण के कुछ पहले के अध्यायों में भी जोर दिया गया देखा जा सकता है। मेरे लिए इस संस्करण के पाठकों, जिनमें से कुछ को 1932 में विद्यमान स्थिति का ज्ञान हो सकता है, को बस इतना सूचित करना ही शेष रह जाता है कि मेरे इस विचार, कि सगोत्र विवाह जाति की धुरी एवं आत्मा है, को बुद्धिजीवियों अथवा व्यापक पाठक समूह के द्वारा सामान्यतः सम्बद्ध नहीं किया गया था। और यह जाति की समस्या की जड़ अभी भी बनी हुई है!

अतः, जो कुछ भी आवश्यक है वह है गोत्रान्तर विवाह एवं अनुलोम विवाह के जाति के साथ सम्बन्धों को उजागर किया जाना तथा समस्त नए प्रकाश को सगोत्रीय इकाई की प्रकृति एवं आकार पर केन्द्रित किया जाना।

इस पुस्तक के पहले के हिस्सों में प्रस्तुत किए गए जाति–तत्वों के इतिहास ने प्रदर्शित कर दिया है कि, इस व्यवस्था के मूलभूत तत्व, अर्थात्, सगोत्र विवाह के पहले किसी का अपनी ही जाति अथवा उप–जाति के अंदर

विवाह सामाजिक जीवन का एक लगभग कठोर नियम बन चुका था, चार 'वर्णों' अथवा जातीय–समूहों के सदस्यों के बीच अंतरविवाह संभव थे। वास्तव में, अत्यन्त प्राचीन समय से, अर्थात् कम–से–कम 500 ईसा पूर्व से, पवित्र नियमों के समस्त मूल ग्रंथों की यह प्रथा रही है कि इन अंतरविवाहों, उनमें हुए परिवर्तनों तथा संयोजनों के परिणाम के रूप में बड़ी संख्या में नामित समूहों का हिसाब रखें। हालांकि, बालों अथवा स्वभाव के विरुद्ध उच्च 'वर्णों' के सदस्यों की महिलाओं तथा निम्न वर्णों के पुरुषों के बीच अंतरविवाह, जिसे 'प्रतिलोम' कहा जाता है, की निंदा की जाती थी। हालांकि, अन्य प्रकार के अंतरविवाह, जिन्हें 'अनुलोम' कहा जाता है, जो बालों अथवा स्वभाव के अनुरूप होते हैं, यद्यपि अत्यन्त दुर्लभ थे तथापि उनकी अनुमति की सीमा की अधिकता तथा उनके इतने लंबे समय तक रही मौजूदगी के कारण उन्हें अवश्य ही प्राचीन समय की एक आम प्रथा माना जाना चाहिए। इसे सामान्य तथा स्वाभाविक रूप से संभावित वास्तविकता की तुलना में कहीं अधिक सरलीकृत रूप में व्यक्त करने के लिए कहा जा सकता है कि एक ओर ब्राह्मणों एवं क्षत्रियों तथा क्षत्रियों एवं वैश्यों के बीच, तथा दूसरी ओर वैश्यों एवं शूद्रों के बीच अपने स्वयं के 'वर्ण' के ठीक नीचे के 'वर्ण' की कन्या को पत्नी बनाया जाना सामाजिक अंतःक्रिया एवं सामाजिक सम्मिश्रण की विधियों में से एक था जो हमें ज्ञात जाति व्यवस्था में कठोरतापूर्वक परिवर्तित हुए सामाजिक परिवेश के अंतर्गत बहुत समय पहले से जारी रहा था।

अनुलोम विवाह एक युगों पुरानी प्रथा है तथा प्राचीन एवं मध्ययुगीन सभ्य समाज का लगभग एक सार्वभौमिक सामाजिक गुण है जो 'स्वतंत्रता, समानता एवं भाईचारे' के अत्यधिक परिष्कृत युग में भी पूरी तरह से मिट नहीं सकी है। और तथाकथित अनुलोम विवाह इस अनुलोम वैवाहिक भावना एवं प्रथा का एक संस्थागत स्वरूप है। अनुलोम विवाह कभी भी सगोत्र विवाह, जो विवाह का एक अनिवार्य अथवा विशिष्ट स्वरूप है, के समान न रहा है और न ही हो सकता है। मुश्किल से ही किसी भी समाज अथवा समूह को ऐसा आदेश जारी करने हेतु जाना जाता है कि यदि किसी पुरुष को विवाह करना हो तो उसे अवश्य ही अपने समूह से नीचे समूह की महिला से विवाह करना चाहिए, चाहे वह एक अथवा कई श्रेणी नीचे की क्यों न हो। कुछ समाजों में जो कुछ निर्धारित किया भी गया है वह यह है कि किसी महिला का विवाह ऐसे पुरुष से किया जा सकता है जो महिला के नीचे के समूह से सम्बन्धित न हो। वह अपने ही समूह के पुरुष से विवाह कर सकती है; परंतु यदि वह समूह के बाहर जाती है तो उसका विवाह मात्र अपने से उच्च समूह में ही हो सकता है। किसी उच्चतर समूह में किसी महिला का विवाह किया जाना बढ़ी हुई सामाजिक प्रतिष्ठा, अथवा, जो परिवार ऐसा करने में सफल रहा है उसकी, सामाजिक स्थिति के रूप में कोई पारितोषिक प्रदान करे अथवा न करे, परंतु किसी निम्न समूह में उसका विवाह किया जाना निश्चित रूप से उस परिवार को बेइज्जती एवं पारिवारिक स्थिति को क्षति प्रदान कर सकता है जिसकी महिला का विवाह इस प्रकार किया गया हो।

वैदिक काल के हिन्दू समाज में कम–से–कम चार स्थिति समूह अथवा 'वर्ण' मौजूद थे। इस प्रकार, मात्र इस नियम, जो निम्नतर जातीय समूहों की किसी महिला को किसी उच्चतर स्थिति समूह में विवाह करने के लिए प्रोत्साहित करता हो अथवा प्रेरित करता हो अथवा आवश्यक बनाता हो, को छोड़कर यदि ऐसा कोई और वैवाहिक नियम मौजूद नहीं था तो पहली स्थिति, अर्थात् ब्राह्मण 'वर्ण' वाले किसी पुरुष के लिए यह संभव था कि अपने नीचे के तीनों वर्णों में से किसी की भी महिला से विवाह कर ले। और ऐसा नहीं प्रतीत होता कि यह अनुलोम वैवाहिक प्रथा अनुलोम विवाह का एक नियम रही हो, यहाँ तक कि उस प्रकार की ताकतवर अथवा कठोर जैसी हमें बंगाल के 'कुलीनवाद' अथवा पवित्र हिन्दू नियमों पर लेखकों के द्वारा परिकल्पित स्थिति सम्बन्धी प्रतिमानों के अंतर्गत मिलती है। इन लेखकों में 500 ईसापूर्व से लेकर 300 ईसापूर्व के बीच जीवित रहे *धर्मशास्त्रों* के लेखकों से लेकर 6ठीं अथवा 8वीं शताब्दी ईसवी् तक के *स्मृति* के नियम–प्रदाता शामिल हैं जिन्होंने कम–से–कम सिद्धांततः तीन निम्नतर वर्णों की किसी महिला का विवाह सर्वोच्च स्थिति वाले समूह, ब्राह्मण 'वर्ण' के साथ करने की अनुमति प्रदान की थी।

कोई भी क्षत्रिय पुरुष दो निम्नतर 'वर्णों' में से किसी एक में विवाह कर सकता था और वैश्य शूद्र समूह में विवाह कर सकते थे। निश्चित रूप से शूद्रों को अपने लिए पत्नियों की खोज अपने समूह की उन महिलाओं में से

करनी होती थी जो उच्चतर समूहों को इस आशा के साथ आपूर्ति करने के बाद शेष बची हों कि इससे उनकी पारिवारिक प्रतिष्ठा बेहतर और उन्नत होगी तथा उनकी महिलाओं की संताने एक पृथक समूह का गठन करेंगी जो स्वयं उनसे कुछ उच्च स्थिति वाले होंगे।

लगभग 500 ईसापूर्व में गौतम जैसे नियम–प्रदाताओं से लेकर 6ठीं शताब्दी ईसवी तक के उदारवादी *स्मृति*–लेखक बृहस्पति के द्वारा इस संस्था पर यहाँ तक विचार किया गया था कि उनमें से अनेकों ने इस तथ्य से उत्पन्न होने वाली आकस्मिकताओं के लिए प्रावधान कर दिए थे। इनमें किसी मृत व्यक्ति की पृथक 'वर्णों' वाली पत्नियों से जन्में पुत्रों के मौजूद होने तथा परिणामस्वरूप इन पुत्रों की विभेदक संख्या के बीच समानता और निष्पक्षता के दावों का समायोजन करने की कष्टदायी समस्या से उसी प्रकार निपटा गया था जैसे मृत व्यक्ति की अलग–अलग *वर्णों* वाली पत्नियों के बीच की समस्या के साथ।*

बौधायन धर्मसूत्र उन नियमों का निर्धारण करता है जो कमोबेश हमेशा ही मानक बने रहे। इनका कथन है: ''यदि विभिन्न जातियों (वर्णों) की पत्नियों से जन्मे पुत्र मौजूद हों, तो उन्हें पुश्तैनी संपत्ति के दस भाग करने चाहिए और (जातियों के) क्रमानुसार चार, तीन, दो (तथा) एक भाग लेने चाहिए।'' *विष्णुस्मृति* में हमें पुत्रों की विभेदक बहुलता के सोदाहरण स्पष्ट किए गए मामलों के साथ एक विस्तृत उपचार प्राप्त होता है, जिसमें दो मार्गदर्शक नियम हैं: ''यदि किसी ब्राह्मण पत्नी से दो पुत्र हों तथा किसी शूद्र पत्नी से एक पुत्र तो संपत्ति का बँटवारा नौ हिस्सों में किया जाएगा; और इनमें से ब्राह्मण पत्नी के दो पुत्र आठ हिस्से (जॉली के अनुवाद में एक त्रुटि के कारण ''दो'') लेंगे, शूद्र पत्नी का एक पुत्र एक हिस्सा लेगा। यदि शूद्र से दो पुत्र हों तथा ब्राह्मण पत्नी से एक तो संपत्ति को छह हिस्सों में विभाजित किया जाएगा; और इनमें से ब्राह्मण पत्नी का पुत्र चार हिस्से लेगा, तथा शूद्र पत्नी के दो पुत्र दो–दो हिस्से लेंगे।'' अलग 'वर्णों' वाली पत्नियों के पुत्रों के सम्बन्ध में विरासत सम्बन्धी नियमों की यह मानक व्याख्या रही प्रतीत होती है, जिसमें बँटवारा उन विशिष्ट अंशों के आधार पर किया जाता रहा है जिसके लिए पुत्र अपनी माँ की स्थिति के अनुसार अधिकारी रहे हैं। 11वीं शताब्दी के महान न्यायविद् विज्ञानेश्वर ने *याज्ञवलक्यस्मृति* (II, 125) पर टिप्पणी करते हुए इसी सिद्धांत को अस्पष्ट रूप से समझाया है। यह बँटवारे को पुत्रों की माताओं के आधार पर आधारित नहीं करता। यदि बँटवारा बाद वाले आधार पर किया गया होता था, तो *विष्णुस्मृति* के पहले व्याख्या किए गए उदाहरण में संपत्ति को पाँच हिस्सों में विभाजित किया गया होता, और शूद्र के इकलौते पुत्र को मृतक की संपत्ति का 1/5वां अंश प्राप्त हुआ होता, जबकि ब्राह्मण पत्नी के प्रत्येक पुत्र को 2/5वें अंश, अर्थात्, शूद्र पत्नी के पुत्र से दोगुना प्राप्त हुआ होता, न कि 4/9 हिस्से, जैसा कि विष्णु का उदाहरण प्रस्तुत करता है।

हालांकि, 6ठीं शताब्दी के बृहस्पति, जिन्हें महिला अधिकारों के प्रति उनके उदारवादी दृष्टिकोण के लिए जाना जाता है, इस प्रकार से सामान्यीकरण करते हैं जो बहुविवाह के सामान्य मामलों में विरासत के ऐसे नियम प्रदान करता है जिन्हें पंजाब के परंपरागत कानून[6] में 'चुंदेवांद' के रूप में जाना जाता रहा है, जिसका अर्थ है 'चुंद' अर्थात्, बालों की चोटी के अनुसार विरासत अथवा विभाजन। पश्चिमी उत्तर–प्रदेश में इसे 'जोरूबाँट' के नाम से जाना जाता है जो पत्नी के अनुसार विभाजन होता है, तथा संस्कृत की रचनाओं में इसे 'पत्नीभाग', अर्थात्, पत्नी अनुसार विभाजन के नाम से संदर्भित किया गया है। बृहस्पति (XXV, 15) कहते हैं: ''जब एक ही पिता से कई पुत्र जन्में हों, जो जाति एवं संख्या में एकसमान हों, किन्तु अलग–अलग माताओं से जन्में हों, (संपत्ति का) एक कानूनी बँटवारा उनकी माताओं के अनुसार समायोजन करने के द्वारा किया जा सकता है।'' उत्तरी भारत में ग्रामीण–जीवन के सर्वाधिक परिश्रमी एवं मर्मज्ञ विद्यार्थी बी.एच. बाडेन–पावेल 1900 ईसवी में सुदूर गोवा में 16वीं शताब्दी के प्रारंभ के ग्रामीण–जीवन पर लेखन (*J.R.A.S*, पृष्ठ 271) करते समय हमें बताते हैं कि ''जब दो पत्नियों

---

* *Gautama*, XXVIII, 35–39 (*S. B. E.* series, II, pp. 308–9); *Baudhāyana*, II, 2, 3, 10–12 (*S. B. E.* series, XIV, pp. 225–6; *Vishnusmriti*, XVIII, 1–34 (*S. B. E.* series, VII, pp. 72–3), *Vasishtha*. XVII, 47–50 (*S. B. E.* series, XIV, p. 89); *Manusmriti*, IX, 149–53; *Brihaspati* (*S. B. E.* series, XXXIII), pp. 374–5; *Kautiliya Arthashāstra* (Eng. Trans, by R. P. Kangle, pp. 245–6) II, 6; 17–22.

से पुत्र हों तब किसी पुरुष की संपत्ति के विभाजन का सिद्धांत है *प्रति–अंश* (उत्तर–पश्चिमी भारत में जोरूबाँट अथवा पंजाब में चुंदावंड) और न कि *प्रति–व्यक्ति* विभाजन किया जाना।'' यह नियम पंजाब तथा उत्तर–प्रदेश से कहीं अधिक व्यापक प्रचलन रखता प्रतीत होता है।

कम–से–कम संतान के लिए किसी अनुलोम विवाह से जुड़ा स्थिति का उत्थान, जो पत्नी एवं माँ की स्थिति से उच्चतर होती है, एक कहीं अधिक रूढ़िवादी तथा हठी प्रारंभिक नियम–पुस्तिका *गौतम धर्मसूत्र* (I, 4, 18–19 or *S. B. E.* trans., p. 199) में किए गए एक अन्य प्रावधान में अंतर्निहित है। यह कहता है: ''सातवीं पीढ़ी में (पुरुषों द्वारा प्राप्त पीढ़ी) जाति का एक परिवर्तन या तो किसी उच्चतर जाति की ओर उठने अथवा किसी निम्नतर जाति की ओर गिरने से होता है।'' सात पीढ़ियों वाला नियम प्रकट रूप से पुराना नियम था, तथा आदरणीय शिक्षकों ने आदेश दिए कि इसे इस सीमा तक उदार बनाया जाना चाहिए कि क्रमशः 'अनुलोम' (उच्च जाति में विवाह) अथवा 'प्रतिलोम' (निम्न जाति में विवाह) विवाह की संतानों के उत्थान अथवा पतन के लिए मात्र पाँच पीढ़ियाँ ही पर्याप्त हों। 13वीं शताब्दी के प्रारंभ के महान टीकाकार हरदत्त ने नियम के संचालन की पूर्ण व्याख्या की है जिसके द्वारा अनुलोम विवाह से जन्मी महिला के द्वारा पीढ़ी–दर–पीढ़ी उसी उच्चतर समूह में विवाह करने की कल्पना की गई है जिसमें उस श्रृंखला की सर्वप्रथम महिला के द्वारा विवाह किया गया था। ऐसी वैवाहिक श्रृंखला में किसी क्षत्रिय महिला से विवाह करने वाले सर्वप्रथम ब्राह्मण की संतानें सातवीं पीढ़ी में विशुद्ध ब्राह्मण होंगी।

कमोबेश समान शब्दों में ही इस नियम को गौतम से 700 से 800 वर्षों बाद दूसरी अथवा तीसरी शताब्दी ईसवी की *याज्ञवलक्यस्मृति* (I, 96) में निर्धारित किया गया है। जो कुछ भी और अधिक दिलचस्प और शिक्षाप्रद है वह यह है कि न्यायविद् विज्ञानेश्वर ने लगभग 12वीं शताब्दी के अंतिम दशक में इस पर टिप्पणी करते हुए इसे सोदाहरण स्पष्ट किया था जो अभी भी इस जाति–विरोधी–कठोरता के प्रावधान के महान उदारीकरण की गवाही देता है। विज्ञानेश्वर के अनुसार, किसी क्षत्रिय महिला से विवाह करने वाले किसी ब्राह्मण की महिला संतान को विशुद्ध ब्राह्मण की स्थिति अपनी प्रपौत्री की संतान होने पर तब प्राप्त होगी जब बीच की तीन पीढ़ियों में महिला संतानों ने ब्राह्मणों के साथ ही विवाह किया हो। इस प्रकार, यह नियम किसी क्षत्रिय महिला के किसी ब्राह्मण के साथ अनुलोम विवाह की पाँचवीं पीढ़ी तथा किसी शूद्र महिला के किसी ब्राह्मण के साथ अनुलोम विवाह की सातवीं पीढ़ी के उत्थान की कल्पना करता है। इस चर्चा में और उलझे बिना और समस्त ब्यौरों तथा विवरणों को छोड़ते हुए कोई भी सुरक्षित रूप से निष्कर्ष प्राप्त कर सकता है कि अनुलोम विवाह के ऐसे सामाजिक परिणाम होते थे कि विवाह के अलावा अन्य संस्थाओं को इसे समायोजित करने हेतु तैयार किया जा रहा था। इसी समय पर ऐसे विवाहों से जन्मी संतानों के उत्थान के लिए सरल शर्तों को प्रस्तावित करने के द्वारा इसे प्रोत्साहित भी किया जा रहा था।

डी.एफ. पोकोक ने गुजरात के पाटीदारों के बीच अनुलोम विवाह के अपने मूल्यवान अध्ययन में एक प्रकार के अनुलोम विवाह 'मुक्त अनुलोम विवाह'[9] (*Ghurye Felicitation Volume*, पृष्ठ 196) की चर्चा की है। उनके उपयोगों को अपनाते हुए मैं प्राचीन हिन्दू नियम–निर्धारकों के अनुलोम विवाह, अर्थात् 'वर्ण'–अनुलोम विवाह की चर्चा 'मुक्त' अनुलोम विवाह के रूप में करूँगा। इसलिए, क्योंकि न तो 'वर्ण' के श्रेणी–क्रम अथवा न ही विवाह कर रहे पुरुष की अपने परिवार की स्थिति के आधार पर अनुलोम विवाह को नियंत्रित करने वाला कोई प्रतिबंध मौजूद है, अथवा न ही इस बात पर कि विवाह कर रहे पुरुष का यह पहला विवाह है अथवा अनुक्रमिक। इन उत्तरवर्ती बिन्दुओं को ध्यान में रखते हुए अनुलोम विवाह के एक समूह में अनुमोदित तथा दूसरे में प्रतिबंधित होने को 'प्रतिबंधित' अनुलोम विवाह कहा जा सकता है।

आधुनिक भारत में मुक्त अनुलोम विवाह केरल के विशिष्ट सामाजिक परिवेश के बाहर पंजाब के पहाड़ों में अपनाया गया प्रतीत होता है। इसके बारे में हमें पर्वतीय लोगों के बीच प्रचलित एक कहावत में बताया जाता है। यह कहती है: ''घिरथनी की सातवीं पीढ़ी भी रानी हो जाती'' अर्थात्, किसी घिरथ महिला की पुत्री सातवीं पीढ़ी में रानी बन जाती है। घिरथ जाति पर्वतों के सामाजिक क्रम में सबसे नीची तथा राणा सबसे उच्च जाति मानी है। एक घिरथ कन्या, जो अपवादी रूप से गुणवती हो, उच्चतर जाति में विवाह करने में सफल हो सकती है तथा

उसकी महिला संताने भी इसी प्रकार से उच्चतर जातियों में विवाह करना जारी रखें तो इस रेखा में छठवीं पीढ़ी किसी राणा से विवाह कर सकती है और उसकी पुत्री अपने जन्म–अधिकार से एक रानी होगी।[10]

गैर–'वर्ण' अनुलोम विवाह अथवा अंतर्जातीय अनुलोम विवाह को आधुनिक भारत में एक व्यापक प्रवृत्ति के रूप में जाना जाता रहा है तथा इसे अनेकों ऐसी सामाजिक बुराईयों के साथ सम्बद्ध किया गया है जिनका श्रेय प्रायः इसी को दिया जाता है। जाति, उप–जाति, समूहों की बहुलता, तथा वैवाहिक विनियमनों एवं जाति पर सगोत्र–व्यवस्था के प्रभाव को समझने के दृष्टिकोण से जो इससे भी अधिक दिलचस्प और शिक्षाप्रद तथ्य है वह यह है कि इन सबके बावजूद यह एक शताब्दी के विगत तीन–चौथाई समय के दौरान फूलती–फलती रही है।

सर्वाधिक कुख्यात अनुलोम विवाह को बंगाल में 'कुलीनवाद' के नाम से जाना जाता रहा है, जिसका वर्णन रिस्ली ने किया है। एन.के. दत्त एवं डी.सी. सरकार ने स्पष्ट किया है कि जैसा कि बंगाल परंपरा के द्वारा दावा किया जाता है इस संस्था का सूत्रपात 12 शताब्दी के किसी राजा के द्वारा किया गया नहीं हो सकता।[11]

गुजरात के राजपूत, बनिया, कुनबी एवं पाटीदार और यहाँ तक कि ब्राह्मण भी अंतर्जातीय अनुलोम विवाह का पालन करते हैं जहाँ उनके बीच 'विसा', 'दसा', 'पँचास' जैसे विभाजन हैं जो जाति अथवा उप–जाति के अंदर समूहों की पदानुक्रमिक स्थिति को इंगित करते हैं अथवा मात्र नामित अथवा मान्यताप्राप्त 'गोल' अथवा क्षेत्रीय वृत्त मौजूद हैं।[12]

उत्तर–प्रदेश में न केवल खत्री और कायस्थ तथा बनिया बल्कि ब्राह्मणों को भी अंतर्जातीय अनुलोम विवाह का पालन करने हेतु जाना जाता है, इसके लिए आधार तैयार करने वाले इनके उप–विभाजनों के सिद्धांत गुजरात के समान ही हैं। हालांकि, खत्रियों के बीच उन्हें 'ढाईघर'; 'चारघर'; 'बारहघर'; एवं 'बावनजाति' जैसे अलग–अलग नाम दिए गए थे।[13] बनियों के बीच के उप–विभाजन गुजरात के समान 'दसा' तथा विसा' इत्यादि जैसे ही हैं।[14]

कन्नौजिया ब्राह्मणों के संगठन, तथा बर्न द्वारा ''निजी तौर पर सत्यापित'' उनके जटिल संगठन के अलग–अलग प्रारूप प्रतीत होने वाले 1901 के जनगणना अधीक्षक के एक विवरण के अनुसार, ''कोई 6 अथवा 7 *गोत्र* मौजूद हैं, जिनमें से प्रत्येक कोई 10 अथवा 12 *कुलों* अथवा परिवारों में विभाजित है, जिनके नाम अधिकांशतः स्थानीय हैं। प्रत्येक *गोत्र* सामाजिक श्रेणी के क्रम में *कुल* तीन वर्गों में विभाजित हैं, जिनमें से एक अथवा दो को खटकुल कहा जाता है, कुछ और को पंचादरी, तथा शेष को ढाकरा। एक खटकुल, यदि अपनी पहली पत्नी, जो एक खटकुल ही रही हो, के निधन के बाद दूसरा विवाह न कर रहा हो, मात्र खटकुल में ही विवाह कर सकता है। अपने दूसरे विवाह के लिए वह किसी पँचादरी से विवाह कर सकता है किन्तु ढाकरा से नहीं।[15] पोकॉक उल्लेख करते हैं कि बंगाल में अनुलोम वैवाहिक प्रतिबंध विवाह करने वाले व्यक्ति की वरिष्ठता अथवा कनिष्ठता के आधार पर प्रकट होते हैं (पृष्ठ 196)। ये वही हैं जो हमें पाटीदारों* के अनुलोम विवाह की घटनाओं के बारे में सूचित करते हैं। ऐसे गाँव, जिन्हें पहले अनौपचारिक रूप से निम्नतर वैवाहिक वृत्त के रूप में जाना जाता था, ने स्वयं को 'एकादा' (एकता) समूह की संज्ञा देते हुए तथा वैवाहिक मामलों की देखभाल हेतु एक 'पंच' नियुक्त करते हुए एक औपचारिक स्वरूप प्रदान कर दिया। इस औपचारिकरण का तात्कालिक परिणाम अनुलोम विवाह का विस्तार होना रहा और इसके संभावित परिणाम भली–भांति उप–जातियों की उत्पत्तियाँ रहे हो सकते हैं। क्योंकि जैसा पोकॉक उल्लेख करते हैं, कोई भी 'एकदा' परिवार निम्नतर परिवारों अथवा वैवाहिक वृत्तों से वधुएं ले सकता था परंतु अपनी पुत्रियों को भूतपूर्व उच्चतर वैवाहिक वृत्त को नहीं दे सकता था। इस प्रकार 'एकदा' अनुलोम विवाह के साथ असंगत नहीं है तथा जैसा पोकॉक (पृष्ठ 203) प्रेक्षण करते हैं, ''निम्नतर समूहों के उत्थान ने सगोत्र वैवाहिक उप–जातियों की शृंखला के गठन का आधार प्रदान कर दिया।''

जातियों एवं उप–जातियों की बहुलता की संभावना तथा परंपरागत दावों से अलग जाति एवं इसकी एकजुटता के सैद्धांतिक परिणामों को पोकॉक के द्वारा सगोत्रता के अर्थों में भली–भांति सामान्यीकृत किया गया है और मैं उनके सामान्य निष्कर्ष को उद्धृत करने से बेहतर कोई कार्य नहीं कर सकता। वो कहते हैं:[16] ''हम कह सकते हैं

* इस घटना का उल्लेख स्पष्टतौर पर जी.एच. देसाई द्वारा पोकॉक से 40 वर्षों पूर्व कर दिया गया था।

कि जहाँ अनुलोम विवाह बड़े सगोत्रीय–समूहों के प्रति एक विघटनकारी कारक है वहीं उनके स्थायित्व को कायम रखने वाले कारक आज नपुंसक अथवा नष्ट हो चुके हैं।''

गोत्रान्तर विवाह, जो स्वयं परिवार के समान ही एक प्राचीन संस्था रहा प्रतीत होता है, का रुख करने हेतु यह नोट किया जा सकता है कि यह दो स्वरूपों में विद्यमान है। इन दोनों स्वरूपों को (1) गोत्र, अथवा हिन्दू शब्दावली में *गोत्र*–गोत्रान्तर विवाह, तथा (2) निषिद्ध स्तर, अथवा हिन्दू शब्दावली में *सपिंड*–गोत्रान्तर विवाह के रूप में पृथक किया जा सकता है। गोत्रान्तर विवाह के दोनों ही स्वरूप परिवार, वंश तथा अथवा गोत्र, जैसा भी मामला हो, की छोटी इकाईयों से बाहर के लोगों के बीच स्थापित करने वाले वैवाहिक सम्बन्धों को आवश्यक बनाते हुए किसी बड़े समूह, सगोत्र वैवाहिक इकाई, में एकजुट होने की प्रवृति रखते हैं।

जहाँ तक भारत का सम्बन्ध है, कुल अथवा *गोत्र*–गोत्रान्तर विवाह, जिसके अनुसार व्यक्ति को अपने कुल अथवा *गोत्र* से बाहर से अपने लिए साथी ढूँढ़ना आवश्यक होता है, जिन्हें पैतृक समाजों में पिता से पुत्र को सौंपा जाता है, को (1) ब्राह्मणवादी तथा (2) गैर–ब्राह्मणवादी व्यवस्था के रूप में पृथक किया जा सकता है। जैसा कि शीघ्र ही स्पष्ट कर दिया जाएगा, प्रकटतया एक संकरित स्वरूप मौजूद है जो वास्तविक प्रयोग में गोत्रान्तर विवाह की मात्र एक दूसरी प्रजाति सिद्ध होता है।

यहाँ तक कि यदि कोई भारत में प्राप्य कुलदेवतावादी समूह की अत्यधिक अस्पष्ट प्रकृति को ध्यान में रखता है तो गोत्रान्तर विवाह की गैर–ब्राह्मणवादी प्रजाति को कुलदेवतावादी गोत्रान्तर विवाह का नाम भी दिया जा सकता है। जैसा जे.वी. फेरीरा[17] ने हाल ही में स्पष्ट किया है, भारत में कुलदेवतावाद न केवल ''लगभग पूरी तरह से कुटम्ब का प्रकार'' है बल्कि कुलदेवता की पूजा भी सापेक्षिक रूप से नए युग की है तथा हिन्दू सभ्यता से प्रभावित हे। और जैसा कि यही विद्वान स्पष्ट करते हैं ''सुदूर दक्षिण एवं उत्तर तथा उत्तर–पश्चिम के बड़े क्षेत्र गैर–कुलदेवतावादी हैं।''

हिन्दू गोत्रान्तर विवाह के अपने शास्त्रीय अध्ययन में एस.वी. करंदीकर (*हिन्दू एक्सोगेमी, पृष्ठ 220–82*) ने उन गोत्रों को व्यवस्थित रूप से सूचीबद्ध किया है जो गैर–ब्राह्मण जातियों के बीच गोत्रान्तर विवाह के आधार का गठन करते हैं। हम उनकी छह प्रजातियों की पहचान कर सकते हैं–(1) गोत्र, जो क्षेत्रीय विभाजन हैं; (2) गोत्र, जो पारिवारिक वर्ग हैं; (3) गोत्र, जो नाम अथवा उप–नाम समूह हैं; (4) गोत्र, जो पूजा करने वाले देवताओं की संख्या पर आधारित हैं; (5) गोत्र, जो कुलदेवतावादी हैं अथवा सम्मानित 'देवकाओं' पर आधारित हैं, तथा (6) गोत्र, जो नामस्त्रोतीय विभाजन हैं। इनमें से अंतिम प्रजाति अपने विशुद्ध स्वरूप में गोत्र गोत्रान्तर विवाह का ब्राह्मणवादी स्वरूप भी है।

हम एक सातवीं प्रजाति के बारे में भी बात कर सकते हैं जो पहली पाँच प्रजातियों में से किसी एक तथा छठवीं के संयोजन द्वारा उत्पन्न की गई है। परंतु मैं ऐसा करना पसंद नहीं करूँगा क्योंकि, जैसा कि देखा जाएगा, यह इसका गैर–नामस्त्रोतीय घटक है जो गोत्रान्तर विवाह को नियंत्रित करता है।

इन प्रजातियों में से पहली दो तथा अंतिम दोनों ही सर्वाधिक महत्वपूर्ण हैं क्योंकि इनमें जातियों तथा जनजातियों की सर्वाधिक बड़ी संख्या शामिल है तथा इसलिए भी क्योंकि वे ब्राह्मणवादी प्रजाति के सर्वाधिक प्रभावशाली प्रभाव को दर्शाते हैं अथवा प्रतिबिंबित करते हैं। इनके संक्षिप्त विश्लेषण के लिए आगे बढ़ने से पूर्व यह स्पष्ट किया जाना है कि इस आम दृष्टिकोण, कि प्राचीन गोत्रान्तर विवाह अत्यन्त व्यापक है, के बावजूद करंदीकर 50 से भी अधिक ऐसी जातियों को सूचीबद्ध करने में सक्षम हो सके थे जो अपने विवाहों को निषिद्ध स्तर अथवा 'सपिंड' गोत्रान्तर विवाह के नियमों की सहायता से नियंत्रित कर रही थीं।

गोत्रान्तर वैवाहिक इकाईयों के रूप में स्थानीय अथवा पारिवारिक वर्गों का सर्वश्रेष्ठ उदाहरण महाराष्ट्र की कम–से–कम दो जातियों, कुनबी तथा चमार, के द्वारा उपलब्ध कराया गया है। कुनबियों का गोत्रान्तर वैवाहिक वर्ग 'कुल' कहा जाता है तथा ये वंशों के उपनाम अथवा नाम से बेहतर कुछ भी नहीं होते, चाहे उन्हें किसी भी प्रकार से प्राप्त अथवा गठित क्यों न किया गया हो। एक ही 'कुल' के अंदर विवाह निषिद्ध है। हमें सूचित किया गया है कि यद्यपि कुनबी लोग किसी पुरुष द्वारा अपने माँ के भाई की पुत्री के साथ मैथुन को प्राथमिकता देते हैं,

तथापि माँ के पिता, पिता की माँ के पिता तथा माँ की माँ के पिता के कुलों में विवाह निषिद्ध हैं (?)। जहाँ कहीं भी *देवकाओं* के रूप में ज्ञात कुलदेवतावादी वर्ग मौजूद हैं, उन्हें भी विचारार्थ शामिल किया जाता है ताकि किसी भी पुरुष को ऐसी कन्या से अवश्य बचना चाहिए जिसके पिता का उपनाम अथवा *देवक* वही हो जो कि उसका स्वयं का है। कुछ चमार उप–जातियों के बीच कोई भी किसी ऐसे परिवार में विवाह नहीं कर सकता जो उसके माँ के पिता अथवा उसके माँ की माँ के पिता तथा परनानी का परिवार हो (?)।

पंजाब तथा उत्तर–प्रदेश में पाई जाने वाली एक जाति अहीर, जो पूर्वीय जिलों में अत्यधिक बहुतायत में संकेन्द्रित है, को पश्चिमी क्षेत्र में *गोत्र* गोत्रान्तर विवाह का पालन करने वाला बताया जाता है; परंतु बिहार में इसे क्षेत्रीय प्रकार के गोत्रान्तर वैवाहिक वर्गों से युक्त होने के रूप में जाना जाता है जिन्हें *मूल* कहा जाता है। हमें आगे सूचित किया गया है कि इन 'मूल' लोगों की अपेक्षाकृत एक बड़ी संख्या खोजी गई है, जो सुविधाजनक रूप से छोटे–छोटे वर्गों में विभाजित हैं। इन छोटे वर्गों को *पुरुख* कहा जाता है। ये यही 'पुरुख' हैं जो अहीरों, जहाँ कहीं भी उनका अस्तित्व है, के बीच गोत्रान्तर विवाह का आधार गठित करते हैं। पश्चिमी क्षेत्रों में, 'गोत्र' चाहे कुछ भी क्यों न हो, उनपर आधारित गोत्रान्तर विवाह सम्बन्धी नियम अत्यन्त व्यापक हैं। किसी भी व्यक्ति को चार *गोत्रों* से बचना होता है, जैसे–अपने पिता, अपनी माँ के पिता, अपने पिता की माँ के पिता तथा अपनी माँ के माँ के पिता के गोत्र से (ब्लंट, पृष्ठ 62)। बैस लोगों के बीच किसी भी पुरुष को अपने *मूल* अथवा अपने माँ के पिता के *मूल* अथवा अपने पिता की माँ के पिता के *मूल* की किसी भी महिला से कदापि विवाह नहीं करना चाहिए। गोत्रान्तर विवाह नियम का आगे एक और दिलचस्प विस्तार है जो माँग करता है कि ऐसे ही प्रतिबंधों को वधू–पक्ष की ओर के *मूलों* के सम्बन्ध में भी पालन किया जाना चाहिए। कन्या के विवाहयोग्य होने के लिए कन्या की माँ के पिता का *मूल* और उसके पिता की माँ के पिता का *मूल* का भी वर के पिता, माँ के पिता एवं पिता की माँ के पिता के मूल से भिन्न होना चाहिए (रिस्ली, *ट्राइब्स एंड कास्ट्स,* I, *पृष्ठ 51*)।

दोसाध, जो एक प्रकार के अछूत हैं, एक पहेली रहे हैं (ब्लंट, पृष्ठ 101) और उनमें ऐसी उप–जातियाँ हैं जिनके पास क्षेत्रीय अथवा स्थानीय वर्ग मौजूद हैं तथा उनमें से कुछ के बीच गोत्रान्तर विवाह के नियम अत्यन्त व्यापक हैं। सात वर्ग इससे बाहर हैं, जैसे–पिता, पिता की माँ के पिता, पिता के पिता की माँ के पिता, पिता के पिता के पिता की माँ के पिता, माँ के पिता, माँ की माँ के पिता तथा माँ की माँ की माँ के पिता।

बिहार के ग्वालों के बीच दो उप–जातियाँ हैं जो सगोत्र विवाह को प्रेरित करने वाली जाति के अलावा वैवाहिक विनियमनों का एक लगभग अनूठा उदाहरण प्रदान करती हैं। इनके नाम क्रमशः नौमुलिया और सतमुलिया हैं, क्योंकि नौमुलियों को नौ *मूलों* अथवा गोत्रान्तर वर्गों से बचना होता है, जबकि सतमुलियों को मात्र सात से। जिन *मूलों* से बचा जाना है वे इस प्रकार हैं: (1) स्वयं का अर्थात् अपने पिता का; (2) माँ के पिता का; (3) माँ की माँ के पिता का (4) माँ की माँ की माँ के पिता का; (5) पिता की माँ के पिता का; (6) पिता के पिता की माँ के पिता का, तथा (7) पिता के पिता के पिता की माँ के पिता का। नौमुलियों को आगे दो और *मुलों* से बचना होता है जो (8) पिता की माँ के माँ के पिता का, तथा (9) पिता की माँ के पिता की माँ के पिता का होता है।[18] बंगाल के हजाम इस नियम का आगे और विस्तार करते हैं जब वे कन्या के ऐसे ही रिश्तेदारों पर इस फार्मूले को लागू करते हैं और यह सुनिश्चित करते हैं कि ये *मूल* उनके अपने *मूलों* से मेल न खाने पाएं (पूर्वोक्त, पृष्ठ 306)।

गूजर उत्तर–प्रदेश के पश्चिमी तथा पंजाब के पूर्वीय जिलों में संकेन्द्रित एक ग्रामीण चरवाहा एवं कृषक जाति है। यदि क्रूक द्वारा दर्ज जनगणना आँकड़ों (देखें, क्रूक, II, 443–440) को थोड़ा–बहुत भी सही माना जाए तो वे गोत्रान्तर वैवाहिक इकाई के मानक ब्राह्मण उपशाखाओं के साथ प्रतिस्पर्धा कर सकते हैं और करते हैं। जैसा कि बाद में उल्लेख किया जाएगा, ब्राह्मणवादी *गोत्रों* की संख्या 900 से कम है, जिसे जॉन ब्रॉग के द्वारा इस विषय पर बौधायन के प्राचीन ग्रंथ से सूचीबद्ध किया गया है। एक नवीनतम संस्कृत–कर्मकांडी साहित्यिक प्रयास, *संस्कारकौस्तुभ* (18वीं शताब्दी ईसवी) में ब्राह्मणवाद *गोत्रों* की संख्या 1,600 के लगभग है। गूजरों के *गोत्रों* की संख्या 1,178 बताई जाती है! हालांकि, उनमें से अधिकांश के क्षेत्रीय मूल के होने का विश्वास किया जाता है। यह सावधानीपूर्वक नोट किया जाना चाहिए कि इस समुदाय में जाति के साथ गोत्रान्तर विवाह का सम्बन्ध यह है

कि इसके नियम विभिन्न उप–जातियों में अलग–अलग हैं। इनमें से कुछ उप–जातियाँ चार *गोत्रों* में विवाह करने से बचती हैं ताकि कोई भी जाति के पृथक सगोत्र वैवाहिक इकाईयों में विखंडन होने देने अथवा उसे रोकने में गोत्रान्तर विवाह की किसी भी भूमिका का उपयोग करने हेतु प्रवृत्त न हो।

जाटों में अनेकों गोत्रान्तरीय वैवाहिक वर्ग मौजूद हैं, जिनमें से अनेकों की उत्पत्ति गाँवों के नाम से होने का विश्वास किया जाता है। जाति एवं सगोत्रता के बीच सम्बन्ध के दृष्टिकोण से जो कुछ और भी महत्वपूर्ण है वह यह है कि कुछ वर्ग एकसाथ मिलकर एक गोत्रान्तर वैवाहिक समूह का गठन कर लेते हैं, क्योंकि वर्गों के एक दूसरे से सम्बन्धित होने का विश्वास किया जाता है।

दिल्ली से लगभग 15 मील की दूरी पर स्थित रानी खेड़ा गाँव, जो जाटों का घनी आबादी वाला क्षेत्र है, में ऑस्कर लेविस द्वारा हाल ही में किया गया कार्य संभवत जाट संगठन की इस विशेषता पर प्रकाश डालने वाला एकमात्र संसाधन है। लेविस हमें बताते हैं कि रानी खेड़ा एक बड़ी इकाई, जिसे *चौगामा*, अर्थात्, 'चार–ग्रामीण इकाई' नाम से जाना जाता है, और यह एक और बड़ी इकाई का भी घटक है जिसे महत्वपूर्ण रूप से बिसगामा अथवा 'बीस–ग्रामीण इकाई' का नाम दिया गया है, जिसमें घटक के रूप में बीस गाँव शामिल हैं, जिनमें से रानीखेड़ा भी एक है। ये गाँव इस प्रकार से एकसाथ समूहबद्ध हैं क्योंकि उन्हें प्रभुत्वशाली जाति, जाट, को सम्मिलित करने हेतु जाना जाता है, जो एक साझा पूर्वज के वंशज हैं, हालांकि, लेविस के द्वारा गुजर चुकी पीढ़ियों को स्पष्ट नहीं किया गया है। संभवतः जाटों अथवा उनके वंशावली विशेषज्ञों को उनकी पीढ़ियों की सही संख्या स्मरण न हो, सिवाए इस परंपरा के कि वे ''प्रसिद्ध शासक पृथ्वीराज'' के एक प्रपौत्र के वंशज हैं (?) जो लगभग 1200 ईसवी में रामपुर में रहने आ गए थे। इन बीस गाँवों को एकसाथ मिलाकर ''दाबा'' गाँवों के नाम से जाना जाता है, स्पष्टतः इसलिए क्योंकि इनके साझा पूर्वज इस नाम के गाँव में रहा करते थे! यद्यपि लेविस अवलोकन जारी रखते हैं कि ''ये बीस–ग्रामीण इकाई बदले में किसी बड़े अंतर–ग्रामीण नेटवर्क की सदस्य हैं जो 360–ग्रामीण इकाई में समाप्त होता है, जिन सबके पूर्वज किसी प्राचीन अतीत में सम्बन्धित थे'', तथापि रानीखेड़ा के जाटों की वैवाहिक व्यवस्थाओं के उनके प्रदर्शन से यह पूर्णतः स्पष्ट है कि बीस–ग्रामीण इकाई ही गोत्रान्तर वैवाहिक इकाई है न कि 360–ग्रामीण इकाई अथवा इसके बीच की कोई इकाई। 'गोत्र' अथवा सगोत्र अथवा कुल जैसा कि लेविस इसे सम्बोधित करते हैं, *दाबा* वास्तव में एक गोत्रान्तर वैवाहिक वर्ग का नाम है।[19]

स्पष्टतौर पर रानीखेड़ा के जाट उनके बीच उस उप–जाति के सदस्य हैं जिसे विवाह में चार वर्गों अथवा *गोत्रों* से बचना होता है। यदि कोई उप–जाति रही भी हो तो भी लेविस ने उनके नाम से अपने पाठकों को सूचित किए बिना ही उनके बारे में लिखा था। रानीखेड़ा के ये जाट अपने पिता के वर्ग अथवा *गोत्र* में विवाह नहीं कर सकते, न ही अपनी माँ के, और न ही पिता की माँ के पिता के अथवा माँ की माँ के पिता के वर्ग अथवा *गोत्र* में से किसी से भी।[20]

उत्तर–प्रदेश के कायस्थों की कुछ उप–जातियों में स्थानीय समूह शामिल हैं जिन्हें वे उनके गोत्रान्तर विवाह के आधार पर *आल* कहते हैं। कोई भी व्यक्ति अपने खुद के *आल* में अथवा अपनी माँ के पिता के अथवा माँ की माँ के पिता के *आल* में विवाह नहीं कर सकता।

कुछ जातियों में दोनों प्रकार के ब्राह्मणवादी *गोत्र* तथा एक अन्य प्रकार का गोत्रान्तरीय वैवाहिक वर्ग शामिल है और उनमें से कुछ के उदाहरण दिए जा सकते हैं।

बिहार की एक बड़ी भू–स्वामी जाति बाभनों के बीच दो प्रकार की गोत्रान्तर वैवाहिक इकाईयाँ, अर्थात्, ब्राह्मणवादी *गोत्र* तथा क्षेत्रीय विभाजन विद्यमान हैं; और हमें बताया गया है कि गोत्रान्तर वैवाहिक नियम दोनों पर ही आधारित हैं, ताकि जब उनमें ''टकराव हो तो क्षेत्रीय वर्ग का अधिकरण नामस्त्रोतीय अथवा ब्राह्मणवादी वर्ग पर अधिमान प्राप्त कर ले''। यह नोट करने योग्य है कि दोनों ही माता–पिताओं के वर्गों से बचा जाना होता है। उत्तर–प्रदेश के भूमिहार, जो बिहार के बाभनों के समकक्षी हैं, के बीच 84 प्रकार के मानक ब्राह्मणवादी *गोत्र* मौजूद हैं, जैसे भार्गव, कश्यप, पाराशर, वशिष्ठ, तथा वे क्षेत्रीय वर्गों अथवा *मूलों* को भी मान्यता प्रदान करते हैं। किसी टकराव की स्थिति में, 'मूल' का बहिष्करण गोत्र गोत्रान्तर विवाह से अधिक महत्वपूर्ण होता है।[21] बिहार के कायस्थों में

गोत्र तथा *कुल* के नाम से ज्ञात क्षेत्रीय वर्ग दोनों ही मौजूद होते हैं; किन्तु वे अपने गोत्रान्तर विवाहों को मात्र अपने स्वयं के *कुल* से बचाते हुए 'कुलों' पर आधारित करते हैं।

भाटिया लोग, जो उत्तर–प्रदेश का एक राजपूत समुदाय है, के बीच ब्राह्मणवादी *गोत्र* मौजूद हैं, जिनमें से प्रत्येक अनेकों *नुखों* अथवा 'परिवारों' में उप–विभाजित है, जिनके नाम कुछ व्यक्तियों, ग्रामों अथवा यहाँ तक पेशों पर आधारित हैं। प्रकटतया, *गोत्र* प्रतिष्ठा के प्रतीक हैं जिनकी उन गणना गोत्रान्तर वैवाहिक नियमों में नहीं की गई है जो पूर्णतः *नुखों* पर आधारित हैं। हमें बताया गया है कि प्रत्येक *नुख* को ''अन्य *नुखों* से न्यूनतम 49 पीढ़ियों द्वारा पृथक किया गया है''।[22] यह पहेलीनुमा है कि किसी *नुख* को अन्य *नुखों* से पृथक करने वाली पीढ़ियों की संख्या उन 'प्रवरों' के समान ही होनी चाहिए जिनके आधार पर, 2,300 वर्षों पहले बौधायन को ब्राह्मणों के गोत्र की व्यवस्था करने के लिए जाना जाता है!

जहाँ तक उत्तर–प्रदेश तथा बिहार के राजपूतों का सम्बन्ध है, सभी राजपूतों, जिनमें राजस्थान, पंजाब एवं मध्य–प्रदेश के राजपूत भी शामिल हैं, सहित इनकी कुल संख्या भारत में ब्राह्मणों की कुल संख्या के लगभग बराबर है, जिनके गोत्र क्षेत्रीय प्रजाति के प्रतीत होते हैं। इनमें ब्राह्मणवादी *गोत्र* भी मौजूद हैं। कुछ के बीच तो मात्र ब्राह्मणवादी *'गोत्र'* ही प्रयुक्त होते हैं। अन्य लोगों में गोत्रान्तर विवाह के आधार पर मूल गोत्र प्रयुक्त होता है। इन बाद वालों के बीच व्यापक निषेध लागू हैं जो किसी भी व्यक्ति के लिए न केवल अपने गोत्र से बल्कि माँ के पिता, माँ की माँ के पिता तथा पिता की माँ के पिता के गोत्र के बाहर से वधू प्राप्त करना आवश्यक बनाते हैं।

राजपूतों के घर राजस्थान के राजपूतों के सम्बन्ध में डी.आर. भंडारकर ने गोत्रान्तर विवाह सम्बन्धी प्रतिबंधों के बारे में अत्यन्त दिलचस्प आँकड़े प्रदान किए हैं।[23] वो हमें बताते हैं कि क्षत्रिय के रूप में वे 'प्रवर' को अपनाते हैं, जो उनके पुजारियों के 'ऋषि'–आधारित प्रार्थना के फार्मूले हैं, किन्तु ''इनके लिए इन *प्रवरों* से बचना भर ही पर्याप्त नहीं है जैसा कि ईसाई धर्म के पहले की अवधि के क्षत्रियों के मामले में रहा प्रतीत होता है।'' इन *प्रवरों* के अलावा उन्हें एक अन्य विभाजन का ध्यान रखना होता था जिससे वो सम्बन्धित होते थे, जैसे, *खम्प* अथवा ''कुल''। प्रत्येक *खम्प* में आगे और विभाजन अथवा शाखाएं थीं। इस प्रकार, चौहान तथा गहलौत *खम्प* हैं। शाखाओं के रूप में, यदि इनका कोई तकनीकी नाम रहा भी हो तो उसकी सूचना हमें नहीं दी गई है, चौहान *खम्प* अथवा कुल का उल्लेख है: चौहान, हाडा, खिची, सोनगिरा, देवडा तथा गहलौत के लिए गहलौत, सिसोदिया, अहाडा, पपादा, माँगल्यया इत्यादि। प्रत्येक *खम्प* की शाखाएं गोत्रान्तर विवाह वाली हैं ताकि किसी को भी अपने खुद के *खम्प* के बाहर विवाह करना पड़े।

देवडा तथा सोनागरा अथवा सोनगिरा शाखाएं एवं अन्य जैसे नाडोलिया एवं संकोरा को वंश के सर्वप्रथम महत्वपूर्ण प्रत्यक्ष पूर्वज द्वारा प्रतिपादित सिद्धांतों अथवा शासन के नाम पर नामकरण करने हेतु जाना जाता है।[24]

दहिमा अथवा दधीच नामक मारवाड़ ब्राह्मण जाति, जिन्हें इस प्रकार उनकी संरक्षक देवी दधिमती के नाम पर बुलाया जाता है, के पास 'गोत्र' तथा 'खम्प' दोनों ही मौजूद प्रतीत होते हैं। कुछ 'खम्प' इस प्रकार हैं: 'गोटेचा', 'मंगलोदया', 'असोपा'। जैसा कि पंडित राम करन हमें सूचित करते हैं, 'इनन्या', 'खटोदा', 'बोरादा', 'डिडवनया' आदि का नामकरण उनके मोहल्लों अथवा गाँवों के नाम पर किया गया है। भूतपूर्व जोधपुर देश में नागौर से प्राप्त 610 ईसवी के एक पुराने अभिलेख, जिसमें इन ब्राह्मणों (उनमें से 14) का उल्लेख किया गया है, में उन्हें 'वत्स–गोत्र' के रहे होने के रूप में संदर्भित किया गया है। यह किसी भी 'खम्प' का उल्लेख नहीं करता। और पंडित राम करन ने यह महत्वपूर्ण निष्कर्ष प्राप्त किया है कि 'खम्पों' का अस्तित्व अवश्य ही 7वीं शताब्दी ईसवी के बाद दहिमा ब्राह्मणों के बीच से प्रकट हुआ होना चाहिए।[25] क्या ऐसा हो सकता है कि वे राजसी राजपूतों की उत्पत्ति रहे हों जिन्होंने अपने विशिष्ट क्षेत्रों के द्वारा अपनी शाखाओं को पृथक कर लिया हो तथा उनका उपयोग मोहल्लों के आधार पर गोत्रान्तर वैवाहिक इकाईयों के रूप में करते रहे हों? खैर, राजपूतों के 'खम्पों' को ब्राह्मणवादी 'गोत्रों' से बाद का ही माना जाना होगा तथा जैसा कि उत्पत्ति में है, राजसी गौरव की एक समुचित प्रतिक्रिया के रूप में, जिसे ब्राह्मणवादी 'ऋषि–आनुवांशिकता' अथवा विरासत से वंचित कर दिया गया था!

महान व्यापारी जाति बनिया की एक उप–जाति अगरवाला ब्राह्मणवादी *गोत्रों* का दावा करती है जो, जैसा कि एक दूसरे से लगभग 20 वर्षों के अंदर–अंदर लेखन करने वाले तीन अलग–अलग लेखकों द्वारा प्रस्तुत किया

गया है, मेल नहीं खाती; और उनके गोत्रान्तर विवाह उन्हीं पर आधारित हैं। किसी भी व्यक्ति को अपने खुद के गोत्र के साथ–साथ अपनी माँ के पिता के गोत्र से भी बचना होता है।

जैसा कि पुस्तक के पहले के भाग में स्पष्ट किया जा चुका है, तमिलनाडु के शिल्पकार कम्मालन लोग, जिनका विगत कुछ शताब्दियों से यह तर्क रहा है कि वे ब्राह्मणों के समान ही हैं अथवा शायद उनसे बेहतर हैं, के बीच पाँच *'गोत्र'* हैं जिन्हें ब्राह्मणवादी बताया जाता है, यद्यपि जॉन ब्रोग द्वारा अपनी पुस्तक में जोड़ी गई लंबी अनुक्रमणिका में मैं इनमें से किसी को भी नहीं खोज सका हूँ। ये हैं: अहिमा, जनाघा, जनार्दना, उभेन्द्रा एवं विश्वागू। बताया जाता है कि प्रत्येक 'गोत्र' के अंदर 25 उप–वर्ग हैं किन्तु समुदाय के आम लोगों को मुश्किल से ही इसकी जानकारी है। अतः, कम्मालनों के गोत्रान्तर विवाह को ब्राह्मणवादी प्रकार, अर्थात्, 'गोत्र' गोत्रान्तर विवाह होना घोषित कर दिया गया है।

यह ब्राह्मणवादी गोत्रान्तर विवाह अथवा 'गोत्र'–गोत्रान्तर विवाह क्या होता है तथा यह कितना प्राचीन है ये ऐसे प्रश्न हैं जो इसलिए हमारा ध्यान आकर्षित करते हैं ताकि हमें उस सम्बन्ध, जो वैवाहिक नियमों और उनके परिणामी सगोत्रीय प्रतिमानों तथा जाति के साथ जुड़ा रहा हो, की कुछ जानकारी प्राप्त हो सके। इस बात पर बहुत अधिक जोर नहीं दिया जा सकता कि 'गोत्र' व्यवस्था के विश्लेषण में, इसके गठन अथवा क्रियान्वयन की तिथि के साथ–साथ संपूर्ण सामाजिक व्यवस्था में इसके परस्परानुबंधन जाति एवं सगोत्रता के बीच किसी सम्बन्ध की प्रकृति तथा सीमा का निर्धारण करने हेतु अत्यधिक आवश्यक हैं। जैसा कि हमें ज्ञात है, व्यापक तौर पर जाति व्यवस्था को 6ठीं शताब्दी ईसापूर्व में अपनी अनिवार्य विशेषताओं के अधीन भारत–गांगेय दोआबा क्षेत्र में ब्राह्मण बुद्धिजीवियों तथा नियम–निर्धारकों के द्वारा जन्म दिया गया था।

इस पुस्तक के प्रथम संस्करण में प्रस्तुत जाति व्यवस्था की अनिवार्य विशेषताओं की उत्पत्ति के मात्र यही विचार सही हैं, यह इस लेखक की पक्की राय है जिसे इस विषय पर मूल स्त्रोतों तथा अनेकों अलग–अलग विद्यार्थियों के द्वारा संपन्न किए गए आधुनिक क्षेत्रीय–अन्वेषणों के द्वारा लगभग 40 वर्षों से भी अधिक के अध्ययन के बाद तैयार किया गया है। क्योंकि अकेला यही विचार ज्ञात ऐतिहासिक तथ्यों तथा नवीनतम एवं समकालीन आँकड़ों की सर्वाधिक बड़ी संख्या को समुचित रूप से समायोजित कर सकता है, जिनमें से पूर्ववर्ती को इस पुस्तक के कुछ शुरुआती अध्यायों में क्रमबद्ध किया जा चुका है और उत्तरवर्ती का उपयोग इस पुस्तक के आठवें अध्याय से लेकर अंत तक किया गया है।

ब्राह्मणवादी अथवा *गोत्र* गोत्रान्तर विवाह की प्रकृति तथा तिथि पर एक संक्षिप्त कथन के साथ आगे बढ़ने के पहले मैं ब्राह्मणवादी एवं उत्तर–भारतीय आर्य उत्पत्ति के सिद्धांत का आगे समर्थन करने हेतु मात्र दो ताजी दलीलों एवं तर्कों में जाति व्यवस्था की अनिवार्य विशेषताओं को सामने रखूँगा।

सर्वप्रथम प्रस्तुत बिन्दु का सम्बन्ध जाति व्यवस्था की उत्पत्ति के स्वदेशी, अथवा द्रविड़ सिद्धांत के पुनः पनपने से सम्बन्धित है। इस सम्बन्ध में यह जोर दिया जाना है कि यह सिद्धांत काफी पुराना है और इसे पहली बार सर्वाधिक बहुमुखी प्रतिभावान एवं गहन अध्येता तथा अत्यन्त महत्वपूर्ण भारतविज्ञानियों में से एक के द्वारा प्रस्तुत किया गया था। ये ओल्डेनबर्ग थे जिन्होंने उस सिद्धांत को प्रायोजित किया था जिसका उल्लेख मैंने हटन की *कास्ट इन इंडिया* (पृष्ठ 179) में इसके संदर्भों से किया है। ओल्डेनबर्ग ने सेनार्ट के इस विचार की आलोचना की है कि जाति अप्रवासी आर्यों के जटिल विश्वासों तथा प्रथाओं तथा स्वदेशी लोगों की प्रचलित सामाजिक स्थिति पर आधारित एक भारतीय–आर्य घटना थी। वह इस विचार को निरस्त करते हैं कि सहभोजिता पर प्रतिबंधों की शुरुआत आर्यों के आगमन के साथ हुई तथा सुझाते हैं कि सगोत्र विवाह में स्थानीय लोगों के योगदान रहे होने की संभावना अधिक है। इसके पूर्व हटन ने *सेंसस रिपोर्ट ऑफ इंडिया 1931* (पृष्ठ 434) में और अधिक सकारात्मक रूप से लिखा था: "ओल्डेनबर्ग को शुरु में 1907 में ही यह देख लेने के लिए श्रेय अवश्य ही दिया जाना चाहिए कि सहभोजिता पर वर्जनाएं आर्यों से पहले उत्पन्न हो चुकी थीं।"

सिंधु–घाटी सभ्यता की खोज तथा द्रविड़ों बल्कि तमिल संस्कृति के साथ इसकी संदिग्ध सम्बद्धता ने अनेकों लोगों को सभी प्रकार की प्रारंभिक उपलब्धियों को तमिल लोगों के सिर मढ़ने का आधार प्रदान कर दिया, जिनके

बीच जाति की एक यह उपलब्धि कुछ लोगों की गणना में प्रकट होती है। हालांकि, अभी तक सत्य यही रहा है कि सर्वाधिक प्राचीन समय में भी देखा जाए तो पहली अथवा दूसरी शताब्दी ईसापूर्व के पहले तमिल संस्कृति का कोई भी ऐसा साहित्यिक साक्ष्य मौजूद नहीं है। और तमिल साहित्य का उपलब्ध सर्वाधिक प्रारंभिक साक्ष्य संगम काल का है, जो तमिल संस्कृति के तत्वों एवं गुणों के लिए सर्वाधिक प्रासंगिक प्रमाण है।

एन. सुब्रह्मण्यम, जो एक नए विद्यार्थी हैं, जाति के प्रति किसी महत्वपूर्ण तमिल योगदान को नकारते हैं। वो कहते हैं[26] ''.....एक जाति के रूप में ब्राह्मण तमिलिहाम (तमिलनाडु) को आर्यों का एक उपहार थाः एक व्यक्ति नहीं बल्कि अवधारणा''। वो पाठकों को आगे आश्वस्त करते हैं कि *वेलिर* एवं *वेल्लार,* जो वास्तविक तमिल हैं, ''गैर–आर्य उत्तर भारतीय आप्रवासी थे''। वो आगे दावा करते हैं कि यहाँ तक कि संगम काल की तमिल जाति व्यवस्था ''पूर्णतः ब्राह्मणों पर निर्भर थी'' जो ''ऐसे आदर्श पुरोहित, विद्वान एवं दार्शनिक थे कि न केवल सभी के द्वारा स्वयं उनकी एक समान पूजा की गई बल्कि जाति व्यवस्था के लिए यह भी संभव था कि वह उनके नाम पर स्वयं का गठन करे और किसी को भी जाति व्यवस्था के निहितार्थों में से किसी को भी निरस्त करने का कोई भी कारण प्राप्त नहीं हुआ''।

यह हटन के तर्क (पृष्ठ 153) को पूर्णतः निरस्त कर देता है कि ''ऋग्वेदी आर्यों के पहले ब्राह्मण मौजूद थे, और अनुमानतः हमें उस जाति की उत्पत्ति के लिए द्रविड़भाषी सभ्यता के पुजारियों पर अंशतः संदेह नहीं करना चाहिए।''

दूसरे बिन्दु का सम्बन्ध उस आलोचना से है जिसे हटन ने जाति की उत्पत्ति पर मेरे विचारों के सम्बन्ध में प्रस्तुत किया है।

पहले, मैं हटन की धारणा, कि मेरे सिद्धांत का एक भाग बिरेन बनर्जी के सिद्धांत के समान ही है तथा दोनों प्रकाशनों (हटन, पृष्ठ 178) की तिथियों के उनके विशिष्ट उल्लेख में निहित सुझाव पर पर चर्चा करूँगा। हटन कहते हैंः ''घुर्ये लगभग एक समान धारणा को ही अपनाते हैं, और सुझाव देते हैं कि भारतीय–आर्य संस्कृति के संपर्क में आने के पूर्व दक्षिण भारतीय लोग संभवतः आदिम लोगों के गुणों का संचार करने में भोजन की शक्ति सम्बन्धी विचारों को साझा करते थे, जबकि अस्पृश्यता के विचार बलि सम्बन्धी कर्मकांडों तथा कुछ पेशों की सैद्धांतिक शुद्धता के साथ सम्बन्धित आदिम जनजातियों पर लागू की गई अनुष्ठानिक शुद्धता के विचार से उत्पन्न हुए थे।'' अगले पैराग्राफ में हटन अपने पाठकों को बताते हैं कि घुर्ये का जाति का विवरण 1932 में प्रकाशित हुआ था, ''किन्तु उससे पहले *द इंडियन एंटीक्वेरी* (अप्रैल 1931) में एक लेख में बनर्जी ने जाति को जादू में आदिम विश्वास के रूप में स्पष्ट किया है, जिसके साथ वह आर्यों तथा आर्य–पूर्व लोगों दोनों को श्रेय प्रदान करते हैं।''

मुझे पाठकों को सूचित करना है कि, सर्वप्रथम, जैसा कि इसके द्वितीय संस्करण की प्रस्तावना में स्पष्ट किया जा चुका है, मेरी पुस्तक की टंकित प्रति 1931 के प्रारंभ में ही लंदन स्थित प्रकाशक को प्रेषित की जा चुकी थी और यह सूचना प्रस्तावना में उद्देश्यपूर्वक शामिल की गई थी क्योंकि जाति पर एन.के. दत्त तथा ई.ए. ब्लंट की दो पुस्तकें मेरी पुस्तक के प्रकाशन के कुछ महीनों पहले ही प्रकाशित हो चुकी थीं। मेरी पुस्तक की एक समीक्षा *टाइम्स ऑफ इंडिया* के 5 मई, 1932 के अंक में प्रकाशित हो चुकी थी। आगे, जनगणना *(1931 की रिपोर्ट)* के अपने योगदान में हटन ने जहाँ मेरी पुस्तक से उद्धृत करने अथवा उसे संदर्भित करने हेतु मुझे बधाई दी है, वहीं बिरेन बनर्जी की कल्पना का उल्लेख वो मात्र फुटनोट में ही कर सके हैं (पृष्ठ 434)। वो कहते हैंः ''यह 1931 में *इंडियन एंटीक्वेरी* में प्रकाशित डॉ. बनर्जी की परिकल्पना पर भी लागू होता है। राइस द्वारा जाति को आर्य आक्रमण से पूर्वकालीन माने जाने की आलोचना करते हुए वह इस व्यवस्था को भारतीय–यूरोपीय लोगों द्वारा लागू किया गया मानते हैं, परंतु इसके बावजदू इस संस्था को आदिम अंधविश्वास तथा जादू में करने वाले विश्वास के साथ जोड़ते हैं। डॉ. गुहा हार्वर्ड विश्वविद्यालय के समक्ष 1924 के एक शोधप्रबंध में ऐसे ही विचार को आगे बढ़ाते हैं। मैं जाति को जादू में विश्वास के साथ जोड़े जाने से सहमत हूँ, यद्यपि मैं डॉ. बनर्जी की शेष परिकल्पना को स्वीकार नहीं कर सकता जो मुझे विरोधाभासी प्रतीत होती है। यह जोड़ा जा सकता है कि यहाँ प्रस्तुत किया गया जाति का सिद्धांत मेरे द्वारा राइस के (1929) अथवा बनर्जी के (1931) लेखों को देखने के पूर्व ही प्रसिद्ध हो चुका था तथा उनके निष्कर्षों से स्वतंत्र था।''

और आखिरकार, राइस अथवा बनर्जी का जाति का सिद्धांत है क्या? मैं स्वयं बनर्जी के स्टेनली राइस के सिद्धांत के अनुमान को उद्धृत करने के द्वारा पाठकों को बताना चाहूँगा जिसे वो जाति–व्यवस्था की उत्पत्ति को कुलदेवतावादी विचार होना घोषित करते हैं। बनर्जी कहते हैं (*इंडियन एंटीक्वेरी,* 1931, पृष्ठ 50 एवं 91): ''......जाति की कुलदेवतावादी उत्पत्ति कुछ कठिनाईयाँ प्रस्तुत करती है, यद्यपि हमारी राय में यह तीन में से सर्वाधिक संभावित प्रतीत होती है''। बनर्जी के अनुसार जाति की उत्पत्ति के दो अन्य सिद्धांत हैं (1) पेशा; तथा (2) ''कायिक विज्ञानी'' अर्थात् प्रजातीय जैसा कि रिस्ली और मैं तथा कुछ अन्य लोग इसे सम्बोधित करेंगे।

दूसरे, मुझे अपने सिद्धांत के एक अन्य भाग की हटन की आलोचना को भी देखना है। हटन (पृष्ठ 175) कहते हैं: ''(प्रो. एन.के. दत्त) के समान ही श्री हयावदना राव एवं डॉ. घुर्ये जाति को व्यापक तौर पर प्रजातीय अंतरों के परिणाम के रूप में उत्पन्न हुआ मानते हैं। घुर्ये विशेषतौर पर ब्राह्मणों के द्वारा आर्य आक्रमणकारियों की प्रजाति की शुद्धता को कायम रखने के प्रयास में पुजारियों के द्वारा किए गए हेरफेर के कारक पर जोर देते हैं। हालांकि, कोई फिर भी विश्वास कर सकता है कि पुजारियों का इस प्रकार का हस्तक्षेप जाति के समान एक दूरगामी और जटिल व्यवस्था को स्थापित कर पाने में प्रभावी रहा होगा, यह आवश्यक है कि उस व्यवस्था में कुछ अनिवार्य कारकों के पूर्व–अस्तित्व को मान लिया जाए जो आगे से उनके विस्तार को सामान्यतौर पर स्वीकार करने के लिए जनसंख्या को प्रवृत्त करेगा।'' आगे, वह मुझे स्वर्गीय एस.सी. राय के द्वारा ''सामाजिक पैमाने में जाति की स्थिति के संकेतक के रूप में रिस्ली के नासिका सूचकांक परीक्षण'' को ''उत्तर भारत के लिए मोटे अर्थों में सही मानने'' के रूप में स्वीकार करने के साथ जोड़ते हैं, और बिना कोई उदाहरण उद्धृत किए दावा करते हैं कि ''इस सामान्य नियम के अनेकों आश्चर्यजनक अपवाद मौजूद हैं''।

जहाँ तक नासिका सूचकांक तथा सामाजिक प्रधानता के साथ इसकी समानता, जैसा कि रिस्ली के द्वारा प्रस्तुत किया गया है, का सम्बन्ध है, हटन ने मेरे विचार की गलत प्रस्तुति की है। मेरी पुस्तक के पृष्ठ 108 पर मैं नासिका सूचकांक की चर्चा का प्रारंभ सामाजिक श्रेणी के एक परीक्षण के रूप में इस वाक्य के साथ करता हूँ: ''रिस्ली का एक अन्य प्रस्ताव है जिसका परीक्षण हमें सूक्ष्मतापूर्वक करना चाहिए, क्योंकि यह एक ऐसा प्रस्ताव है, जो यदि तथ्यों में सत्य हो, तो हमारे निष्कर्ष को प्रभावित करता है''। तत्पश्चात्, मैंने रिस्ली को यह उल्लेख करते हुए उद्धृत किया है, ''यदि हम बंगाल, बिहार, आगरा एवं अवध के संयुक्त प्रांतों, अथवा मद्रास में जातियों की एक शृंखला को लें और उन्हें नासिका सूचकांक के क्रम में व्यवस्थित करें ताकि सूची में सर्वाधिक तीक्ष्ण नासिका वाली जाति शीर्ष पर रहे, और सर्वाधिक मोटी/भद्दी सबसे नीचे, तो यह पाया जाएगा कि यह क्रम सामाजिक प्रधानता की स्वीकृत व्यवस्था के पर्याप्त रूप से समरूपी है।'' और अगले वाक्य में मैंने कहा है: ''(मेरे द्वारा) ऊपर स्पष्ट किए गए तर्क में यह स्पष्ट है कि सगोत्र विवाह की उत्पत्ति के स्पष्टीकरण के लिए शारीरिक प्रकार के श्रेणीकरण के सम्बन्ध में हम भारत के प्रांतों के बीच हिन्दुस्तान के अनूठेपन पर निर्भर करते हैं। रिस्ली का कथन एक प्रकार से उस आधार को चुनौती देता है।'' अगले पैराग्राफ में मैंने यह स्पष्ट करने के साथ प्रारंभ किया है कि रिस्ली के विचार कि ''नासिका सूचकांक के साधनों द्वारा स्थापित श्रेणीकरण की व्यवस्था 'पर्याप्त रूप से' वही है जैसी कि सामाजिक प्रधानता की'' को कीन के *मैन, पास्ट एंड प्रेजेंट* में एक कथन में पलट दिया गया है ''कि संयुक्त प्रांतों के हिन्दुस्तानी प्रकार के पास ''सामाजिक स्थिति के पूर्णतः समरूप एक नासिका सूचकांक'' मौजूद है।'' और इस पर मैंने टिप्पणी की है: ''मैं वर्तमान में यह प्रदर्शित करूँगा कि रिस्ली का कथन आंशिक तौर पर सत्य है, और यह कि कीन का सामान्यीकरण निराधार है।'' तत्पश्चात् मैंने वास्तविक आँकड़े प्रदान करते हुए विसंगतियों को स्पष्ट किया है तथा इसे पाठकों द्वारा अनुमान लगाए जाने के लिए नहीं छोड़ा है जैसा कि हटन इस तथ्य के बावजूद करते हैं कि उनके समक्ष मेरे द्वारा दो दशकों पूर्व पूरी तरह से तैयार की जा चुकी सामग्री उपलब्ध थी।* मैं उन्हें नहीं दोहराऊँगा क्योंकि इन्हें प्रथम संस्करण के पृष्ठ 109–111 तथा चौथे संस्करण के पृष्ठ 120–22 पर

---

* इस सामग्री का उपयोग मेरे पत्र *द एथनिक थ्योरी ऑफ कास्ट* में किया गया था जो 15 अगस्त, 1925 की *नेचर* पत्रिका के 'शोध सामग्री' में इस टिप्पणी के साथ निकाला गया था कि यह ''भारत में जाति के प्रश्न की चर्चा के प्रति एक महत्वपूर्ण योगदान है''।

प्राप्त किया जा सकता है। तब इस संपूर्ण चर्चा का निष्कर्ष इस प्रकार हैः ''हम आशा करते हैं कि इन तुलनाओं ने यह भली–भांति स्पष्ट कर दिया होगा कि रिस्ली के प्रस्ताव का वास्तव में हिन्दुस्तान के बाहर लगभग कोई आधार मौजूद नहीं है। हिन्दुस्तान के बाहर प्रत्येक भाषाई क्षेत्र में हम पाते हैं कि जनसंख्या का शारीरिक प्रकार मिश्रित है और यह विभिन्न जातियों के सामाजिक प्रधानता के पैमाने पर इसके श्रेणीकरण से मेल नहीं खाता।''

''पुजारियों के हस्तक्षेप'' की सफलता से सम्बन्धित हटन के संदेह तथा प्रश्न तथा स्थानीय अथवा स्वदेशी जनसंख्या में अनुकूलन सम्बन्धी पूर्वआवश्यकताओं के लिए उनकी माँग का अब उत्तर दिया जा सकता है। प्रारंभ में ही मुझे यह स्पष्ट कर देना चाहिए कि संस्कृति के एक विद्यार्थी के रूप में हटन को बौद्धिक, भावनात्मक तथा सामाजिक व्यापार के परिसर में प्रवेश करने वाली अथवा एक घुसपैठिया संस्कृति, जो जारी है और जिसे सांस्कृतिक संपर्क तथा सांस्कृतिक–संक्रमण का नाम दिया गया है, के प्रतिष्ठा–कारक पर विचार करना और उसे समुचित महत्व देना चाहिए था। और संस्कृति के इतिहास में यह एक स्वीकृत तथ्य है कि कोई भी धर्मान्तरित क्रियान्वयन की कठोरता, गंभीरता तथा संपूर्णता में मौलिकता से आगे निकल सकता है अथवा निकलने को प्रवृत्त होता है। जैसा कि प्रतीत होता है, हटन ने सांस्कृतिक संपर्क एवं सांस्कृतिक रूपांतरण के इस पहलू की उपेक्षा की है, वो अवश्य ही ब्रिटिश–पूर्व के भारत में जाति के ऐतिहासिक विकास के युगों से जारी जाति सम्बन्धी प्रभ. ावों के प्रति मेरे व्यवहार को पूरी तरह से समझ नहीं सके हैं। और अब जबकि प्रश्न उठ खड़ा हुआ है, यहाँ मैं भारतीय समाज में ब्राह्मण की प्रतिष्ठा–स्थिति का एक विशिष्ट किन्तु सक्षिप्त विवरण प्रस्तुत करूँगा। इतिहास में बहुत पहले, लगभग 800 ईसापूर्व, वैदिकोत्तर काल की एक *ब्राह्मण* रचना *शतपथ ब्राह्मण* (II, 2, 2, 6) में ब्राह्मणों ने इन शब्दों में देवता के समान अपनी श्रेष्ठता के महत्व का दावा किया हैः ''वस्तुतः देवता दो प्रकार के हैं; क्योंकि वास्तव में, देवता तो देवता हैं ही और ब्राह्मण, जिन्होंने अध्ययन किया है और जो पवित्र ज्ञान की शिक्षा देते हैं, मनुष्य देवता हैं।'' बलि अनुष्ठानों के ज्ञान द्वारा अधिग्रहीत प्रचुर प्रतिष्ठा में आगे ब्राह्मणों के ब्रह्म के सम्बन्ध में अत्यन्त गूढ़ एवं आसाधारण रूप से महत्वपूर्ण ज्ञानसंपन्न होने के कारण और वृद्धि हो गई थी जो, वास्तव में क्षत्रियों द्वारा अत्यधिक स्वस्थ, सक्षम एवं विस्तृत प्रतिस्पर्धा करने के बावजूद व्यापक तौर पर ब्राह्मणों की ही उपलब्धि बनी रही। इस प्रतिष्ठा के विस्तार तथा गहनता का मापन राकवा (*छांदोग्य उपनिषद्,* IV, 2) एवं याज्ञवलक्य (बृहदारण्यक उपनिषद्, IV, 4) की कहानियों से किया जा सकता है। इनमें से बाद वाला हमारे प्रयोजन को बेहतर तरीके से पूरा कर सकता है और उल्लिखित किया जा सकता है। विदेह के राजा जनक, जो *उपनिषदों* में याज्ञवलक्य के बाद संभवतः दूसरे महानतम ब्राह्मण–साधक के रूप में प्रकट होते हैं, याज्ञवलक्य की दोनों ही विषयों की विद्वता तथा इसकी मौखिक अभिव्यक्ति से इतना अधिक प्रभावित और अधीनस्थ हो चुके थे एक समय पर उन्होंने इस विषय पर आत्म–उद्दीपन की व्याख्या के लिए साथ देने पर याज्ञवलक्य को अपना संपूर्ण राज्य दे देने की बात कह दी थी।

एक शिक्षक अपने छात्र के विद्याध्यन सत्र के अंत पर अन्य बातों के साथ उसे संदेह की स्थितियों में आधिकारिक आचरण के स्रोत के सम्बन्ध में आदेश, जिसे आधुनिक शब्दावली में दीक्षांत सम्बोधन कहा जा सकता है, देता है। वह उसे ब्राह्मणों के आचरण का पालन करने हेतु कहता है जो विचारशील, धर्मशील, परिश्रमी, मृदु, तथा सही काम करने हेतु संकल्पित, तथा आदर्श के रूप में इसका पालन करने वाले हैं (*तैत्तीरियोपनिषद्,* XI, 4)। दो अथवा तीन शताब्दियों बाद, अर्थात् 400 ईसापूर्व बौधायन के नियम–ग्रंथ (*बौधायन धर्मसूत्र,* I, 1, 1, 14) द्वारा घोषित किया गयाः ''जो कुछ भी ब्राह्मणों ने 'धर्मशास्त्र' के रथ पर सवार होकर और वेद की तलवार को धारण करते हुए भले ही मजाक में भी प्रतिपादित किया है, उसे सर्वोच्च नियम घोषित किया जाता है।'' निश्चित रूप से सर्वाधिक आधिकारिक आचरण वह था जो दोआब, अर्थात्, कुरु और पाँचालों के देश में ब्राह्मणों के बीच प्रचलित था (I, 1, 2, 15–6)।

ग्रहीत सूत्र, जो 500 ईसापूर्व से अधिक प्राचीन नहीं हो सकता, के कार्य ब्राह्मण प्रतिष्ठा की वास्तविकता को आगे स्पष्ट करते हैं। इन कार्यों में वर्णित अधिकांश धार्मिक अथवा अर्द्ध–धार्मिक रीति–रिवाजों, जो पूरे वर्ष आवधिक आधार पर संपन्न किए जाते रहते हैं, के एक भाग के रूप में ब्राह्मणों को भोजन करवाया जाना आवश्यक था।

इसी के साथ जुड़ा था महान भाषा संस्कृत से सम्बन्धित बढ़ता हुआ वह रहस्यमय विचार, जिसे संभवतः पहले ही देवताओं की भाषा होने का नाम दिया जा चुका था। इस भाषा के असाधारण महत्व की प्रशंसा शायद तब होती है जब किसी को भी यह ज्ञात होता है कि व्याकरणविद् पाणिनि, जिन्होंने संस्कृत को एक वैज्ञानिक व्याकरण प्रदान किया था और सभी के लिए इसके स्वरावरोही भाषण के अध्ययन तथा निपुणता को बहुत सरल बना दिया था, और जो निश्चित रूप से 400 ईसापूर्व ही जीवित रहे होंगे, को बहुत शीघ्र ही भगवान पाणिनि, पाणिनि देवता अथवा देवत्व के रूप में संदर्भित किया जाने लगा।

नियमों तथा आचरण के मामले में मनु की विशेषज्ञता अत्यन्त प्राचीन है, यद्यपि *मनुस्मृति* का वर्तमान ग्रंथ दूसरी अथवा तीसरी शताब्दी ईस्वी में वर्णन किया गया हो सकता है। और जो कुछ भी मनु ने कहा था उसे औषधि के समान लाभदायक घोषित कर दिया गया और इसीलिए उसे आँख बंद करके लागू किया जाना था।

मनु द्वारा ब्राह्मणों की श्रेष्ठता पर दिया गया जोर (*मनुस्मृति,* I, 92–101), जो इस तथ्य से उपजा है कि उनका जन्म परमात्मा के शरीर के सर्वोच्च एवं सर्वश्रेष्ठ भाग से हुआ है, सुविदित है। उन्होंने इस अनुमान का उपयोग न केवल 'वर्णों' के बीच ब्राह्मणों के सर्वश्रेष्ठ होने के दावे को स्थापित करने के लिए किया बल्कि सभी लोगों के आचरण को शासित करने के लिए भी किया, यद्यपि ऐसा राजसी नागरिक अधिकार के समुचित माध्यम से किया गया था। यहाँ तक कि मनु एक कदम और आगे गए और घोषित किया कि संपूर्ण विश्व में सभी पुरुषों को गंगा–यमुना दोआब, अर्थात् भारतीय–गांगेय क्षेत्र के ब्राह्मणों से अपने समुचित कर्तव्यों को सीखना चाहिए।

ब्राह्मणों को एक अति–दैवीय स्थिति प्रदान करने वाला धार्मिक सामग्री से युक्त एक अन्य आधार यह है कि देवताओं तथा पितरों को चढ़ाया गया समस्त चढ़ावा देवताओं अथवा पितरों तक मुख्यतः अथवा विशेषतया मात्र ब्राह्मणों तथा अग्नि के माध्यम से ही अपने गंतव्य तक पहुँच सकता है। अतः, ब्राह्मण उतने ही महत्वपूर्ण एवं शक्तिशाली हैं जितनी कि अग्नि। यहाँ तक कि अत्यधिक पसंदीदा एवं उदारवादी *भगवद्गीता* (IX, 33) भी निःसंदेहात्मक रूप से पुष्टि करती है कि ब्राह्मण *अद्वितीय* रूप से शुद्ध एवं प्रतिभावान हैं। इस पृष्ठभूमि और ब्राह्मणों द्वारा लगभग 200 ईसापूर्व से ही राजसी एवं पुजारी के अधिकारों से संपन्न होने के साथ इसमें कोई आश्चर्य नहीं है कि हम *विष्णुस्मृति* जैसे नियम–ग्रंथ को ब्राह्मणों के दावे को और आगे स्थापित करते हुए पाते हैं। (XIX, 20, 4) में हम इन्हें पढ़ते हैं: "देवतागण अदृश्य देवता है जबकि ब्राह्मण दृश्य देवता हैं। वे विश्व को संभाले हुए हैं। यह ब्राह्मणों के सहयोग के कारण ही है कि देवता स्वर्ग में वास कर रहे हैं। ब्राह्मणों के द्वारा कहा गया कोई भी भाषण, चाहे वह श्राप हो अथवा वरदान, कभी भी असफल नहीं होता। जब दृश्य देवता प्रसन्न होते हैं तो अदृश्य देवता भी निश्चित रूप से प्रसन्न होते हैं।"

यह कि उत्तर के ब्राह्मणवादी नियम–निर्धारकों का यह दावा व्यर्थ की कोई डींग अथवा इच्छापूर्ति मात्र नहीं था, इसकी पुष्टि संगम काल, अर्थात् *विष्णुस्मृति* से लगभग एक अथवा दो शताब्दी पूर्व के तमिल साहित्य में दर्ज अनुमानों के द्वारा की जाती है, जिसे ऊपर मैंने एन. सुब्रह्मण्यम की रचना *संगम पॉलिटी* से उद्धृत किया है।

हमारे वर्तमान संदर्भ अर्थात् हटन की आपत्तियाँ, संदेह एवं प्रश्नों के बारे में जो कुछ भी विशेषरूप से शिक्षाप्रद एवं प्रासंगिक है, वह यह तथ्य है कि 20वीं शताब्दी के तीसरे दशक में एफ.ई. पर्जिटर, जो हटन की पीढ़ी से वरिष्ठ पीढ़ी के भारत के एक ब्रिटिश सिविल सर्वेंट थे, ने महत्वपूर्ण रूप से अवलोकन किया था: "उनकी (प्रारंभिक ब्राह्मणों) प्रतिष्ठा उनके तंत्र–मंत्र का ज्ञान तथा शक्ति रखने के दावे तथा इस विश्वास पर टिकी हुई थी कि उनके पास ये सब मौजूद है। और इसका एक प्राचीन उदाहरण कम–से–कम *यजुर्वेद* के समय (1200 ईसापूर्व) का है।"

मैं प्राचीन ग्रंथों से उद्धरणों में बहुत वृद्धि नहीं करूँगा बल्कि एक संदर्भ, जो अवश्य ही अत्यन्त सूचनाप्रद होना चाहिए, के साथ इस खंड की समाप्ति आमतौर पर ब्राह्मणों के साथ जोड़ वर्णित की जाने वाली तंत्र–मंत्र की शक्तियों और उन्हें प्रदान करने वाले बेहतर सम्मान सम्बन्धी बड़े दावों के साथ करूँगा। बृहस्पति, जो 6ठीं अथवा 7वीं शताब्दी ईसवी के एक नियम–निर्धारक थे, को एक असाधारण प्रबुद्ध तथा उदार विचारक के रूप में जाना जाता है। क्योंकि, महिलाओं के अधिकारों की उनकी शिक्षाओं की प्रशंसा पश्चिमी विद्यार्थियों के द्वारा सामान्यतौर पर "उन्नत चरित्र" के रूप में की जाती थी (*सैक्रेड बुक्स ऑफ ईस्ट सीरीज,* खंड XXXIII, पृष्ठ 275

में जूलियस जॉली)। और उन्होंने भी निर्धारित किया है (XXIII, 12) कि "एक पुरुष, जिसका अपनी से किसी उच्च जाति की महिला से सम्बन्ध हो, को मृत्युदंड दिया जाएगा" तथा एक संयुक्त परिवार की परीक्षा के रूप में पितरों एवं देवताओं के साथ ब्राह्मणों की पूजा को भी शामिल किया है (XXV, 6)। यहाँ तक कि ब्राह्मणों के विशेषाधिकारों के मामले में एक अत्यन्त उदार तथा एक लगभग शुद्ध नियम–निर्धारक भी ब्राह्मणों के अति श्रेष्ठ दावों और अधिकारों को त्याग नहीं सका है।

इस साक्ष्य, जिसका अधिकांश भाग प्रेरणादायी, निर्देशात्मक अथवा अनुष्ठानिक साहित्य है, से अब हम वास्तविक स्थितियों का रुख करते हैं, और विशेषतौर पर द्रविड़ों के दक्षिण का, ताकि यह देखा जा सके कि क्या यह उनके मौखिक दावों का समर्थन करता है अथवा विरोध।

दक्कन के सत्वाहन राजाओं का परिवार, जिन्होंने ईसापूर्व की एक अथवा दो और ईसापश्चात् की दो शताब्दियों तक वर्तमान महाराष्ट्र एवं आंध्र–प्रदेश के एक बड़े भाग पर राज्य किया था, ने ऐसे अभिलेख छोड़े हैं जो उस परिवार के सदस्यों द्वारा करने वाले ब्राह्मणों के पूजन की गवाही देते हैं, हालांकि वे बौद्ध थे। हमें प्राप्त अभिलेखों में अनेकों वैदिक बलियों के संपन्न करने का गर्वपूर्ण उल्लेख है, जिनमें से कुछ में अवश्य ही पशुओं की बलि भी शामिल थीं, जो इस तथ्य से पृथक है कि ऐसी वैदिक बलि बुद्ध एवं बौद्धों के लिए एक अभिशाप थी। इन बलियों के पारश्रमिक के रूप में ब्राह्मणों को वितरित करने वाले पारितोषिक एक विस्मयकारी राशि हुआ करते थे, जो पूरे गाँव को करमुक्त करने से अलग होते थे। ब्राह्मणों को उपहार दिया जाना राजसी परिवार के सदस्यों का इतना पुण्यदायक कार्य समझा जाता था कि सैंकड़ों गायों के अलावा सैंकड़ों और हजारों नारियल के वृक्षों को उन्हें प्रदान कर दिया जाता था। ब्राह्मणों के विवाहों की व्यवस्था किया जाना एक वैसी ही पुण्य–अर्जक गतिविधि मानी जाती थी जैसे कि एक लाख ब्राह्मणों को भोजन करवाया जाना तथा इन दोनों ही प्रकार की पवित्र गतिविधियों को इन अभिलेखों में गर्वपूर्ण उल्लेख प्राप्त हुआ है (सरकार, पृष्ठ 186–205)। एक अभिलेख में, कम–से–कम इस परिवार के एक राजा को "एक ब्राह्मण", अर्थात्, श्रेष्ठतम ब्राह्मण के रूप में वर्णित किया गया है और इससे भी अधिक, एक अद्वितीय के रूप में, एक ऐसा जिसने न केवल जातियों के मिश्रण के ज्वार को ठंडा कर दिया बल्कि ऐसे व्यक्ति के रूप में भी जिसने क्षत्रियों के गर्व को मिटा दिया, एक गैर–पौराणिक एवं ऐतिहासिक परशुराम, और यहाँ तक कि उन्हें संपूर्ण वैदिक ज्ञान के एक स्त्रोत के रूप में भी वर्णित किया गया है (पृष्ठ 199)।

गुंटूर जिले के नागार्जुनकोंडा में कृष्णा–गुंटूर क्षेत्र के इक्ष्वाकु राजा अपने शिलालेखों, जो लगभग तीसरी शताब्दी ईसवी के तीसरे चतुर्थांश के मध्य के समय के हैं, में बेहतर कार्य करते हैं। यद्यपि वे स्वयं को महासेना, शिव के 'विरूपाक्ष गण' के नेता, की विशेष कृपा के अधीन वर्णित करते हैं, तथापि उन्होंने अपने अभिलेख का प्रारंभ न केवल बुद्ध के प्रति नमन के साथ प्रारंभ किया है बल्कि उन्हें अपने ही वंश, इक्ष्वाकु का भी घोषित किया है (पृष्ठ 225)। वे उन्हीं अभिलेखों, जो बौद्धों तथा बौद्धधर्म के उद्देश्यों की कुछ संरचना के प्रति समर्पण का पुण्यस्मरण करवाते थे, में अपने राजकुमारों एवं राजाओं को अनेकों वैदिक बलियों को संपन्न करने वाले तथा करोड़ों की संख्या में सोने के सिक्कों तथा लाखों गायों के दानकर्ता तथा ब्राह्मणों के खेतों में हल जोतने वाले के रूप में वर्णित करने में गर्व अनुभव करते थे।

वाकाटक राजवंश के अभिलेख, जिन्हें चौथी तथा पाँचवी शताब्दी ईसवी का तथा विदर्भ से आने वाला बताया जाता है, ब्राह्मणवाद तथा ब्राह्मणों के बढ़ते हुए महत्व की वाक्पटु गवाही देते हैं। यह ब्राह्मण वंश अपने वंश के 'गोत्र', विष्णुवृद्धा का उल्लेख करते हुए स्वयं को विशुद्ध ब्राह्मणवादी अर्थों में वर्णित करने वाला प्राचीनतम वंश था। इसने ऐसे राजा भी उत्पन्न किए जिन्होंने भारी संख्या में वैदिक बलियों को संपन्न कराए जाने से स्वयं को गौरवान्वित किया। उनके राजाओं ने स्वयं को धर्ममहाराजाओं, अर्थात्, महान न्यायाध्यक्षों के रूप में वर्णित किया, जिस शीर्षक को, डी.सी. सरकार[27] अपने पाठकों को "(काँची के) पल्लव, (बनवासी के) कदम्ब तथा पश्चिमी गंगा के अभिलेखों में पाया गया" बताते हैं। सरकार पाठकों को अपनी सूचनाप्रद टिप्पणी द्वारा आगे सूचित करते हैं कि इन राजवंशों के द्वारा "बौद्ध धर्म जैसे धर्म–विरोधी सिद्धांतों के प्रभाव से शुद्ध किए गए ब्राह्मणवादी विश्वास रखने" के अपने दावों को उचित ठहराते हुए प्रकट रूप से इस शीर्षक को प्रदर्शित किया गया था (पृष्ठ 406–25)।

चौथी से सातवीं शताब्दी ईसवी के अपने अभिलेखों में पल्लव राजवंश ने समान रूप से गर्वपूर्वक, अथवा कहीं अधिक दंभपूर्वक, अपनी प्रजननात्मक भूमिका का उल्लेख किया था जिसमें शीर्षक को धर्ममहाराजाधिराज, अर्थात् धर्म के महाराजाओं का स्वामी, के रूप में दोगुना विस्तृत कर दिया था। पल्लवों ने गोत्र के अर्थों में भी स्वयं को भारद्वाज गोत्र के 'भारद्वाजसगोत्र' के रूप में वर्णित किया था। उन्होंने आगे अपने कम–से–कम तीन अभ्यस्त वैदिक बलिदानों की भी घोषणा की जिसमें घोड़े की बलि (अश्वमेध) भी शामिल थी। विष्णुगोप को देवताओं, ब्राह्मणों, गुरुओं तथा बुजुर्गों की सेवा के उत्सुक के रूप में वर्णित किया गया है, जबकि उसके पुत्र धर्ममहाराज श्री सिंहवर्मन को तो लौह युग (कलि–युग) में आम दोषों एवं बुराईयों से घिर जाने अथवा आक्रांत होने पर धर्म को पुनर्जन्म देने के लिए तत्पर बताया गया था। विष्णुगोप के पिता श्री स्कंदवर्मन को ऐसे व्यक्ति के रूप में वर्णित किया गया है जिन्होंने बड़ी मात्रा एवं संख्या में दिए गए भूमि, स्वर्ण और गाय के दान द्वारा अपने पुण्य (धर्म) के भंडार में वृद्धि कर ली थी।[28]

अनंतपुर जिले में पेनूकोंडा में पाया गया 5वीं शताब्दी के उत्तरार्द्ध के एक गंगा राजा का एक अभिलेख दान प्राप्तकर्ता ब्राह्मण को संयम, नियमितता, तपस्या, पवित्र अध्ययन, बलिदान, शिक्षण तथा दूसरों की बलियों को संपन्न करवाने के कारण अर्जित शक्तियों के आधार पर श्राप और आर्शीवाद देने में सक्षम के रूप में वर्णित करता है।[29]

1413 ईसवी का गुंटूर जिला रेड्डी का शिलालेख तब ब्राह्मणों की इस जादुई क्षमता में विश्वास को जारी रखने की पुष्टि करता है, जब यह दान प्राप्तकर्ता ब्राह्मण को अपने पिता जो, ''समान रूप से श्राप वरदान देने में सक्षम, 'लक्ष्मी नरसिंह की मंत्रों' के शक्तिशाली स्वामी तथा समस्त कवियों के अधिपति'' थे, को समस्त शुद्ध ज्ञान जैसे वेदों के स्त्रोत के रूप में वर्णित करने वाला बताते हुए दर्ज करता है।[30]

जैसा कि तत्समकालीन असंख्य अभिलेखों से स्पष्ट हो जाता है, ब्राह्मणों ने विभिन्न गुणों के आधार पर स्वयं के लिए भारी प्रतिष्ठा एकत्रित कर ली थी, जिनमें से चौथी शताब्दी ईसवी तक एक था दक्षिण भारत में मात्र शब्दों के माध्यम से उनके द्वारा अच्छा या बुरा करने की शक्ति रखना, और इससे उनके द्वारा अपने प्रभाव के लाभ–प्राप्ति को जारी रखना। विशेष विवरणों के लिए ब्राह्मणों के उल्लेख को उनके ब्राह्मणवादी 'गोत्र' के उल्लेख की भी आवश्यकता थी। तमिलनाडु में उनके 'गोत्रों' के द्वारा ब्राह्मणों के ऐसे विशिष्ट विवरण इस बात के स्पष्ट प्रमाण हैं कि संख्या में चाहे वो जितने भी रहे हों, गंगा–यमुना दोआब क्षेत्र के ब्राह्मणों ने स्वयं को दक्षिण में जलवायु का अभ्यस्त बना लिया था और तमिल लोगों को अपने विशिष्ट सामाजिक संगठन, अर्थात्, 'गोत्र' के द्वारा पहचानने का आदी बना दिया था।

इसीलिए हम जाति के ब्राह्मणवादी सिद्धांत की हटन की आलोचना को दरकिनार कर सकते हैं और जाति व्यवस्था की उत्पत्ति एवं विस्तार में ब्राह्मणों की भूमिका को पूर्णतः स्वीकार करते हुए आगे बढ़ सकते हैं।

अतः, ब्राह्मणों ने जाति में निर्णायक स्थिति हासिल कर ली थी और हमारे ध्यान को अपने उस सामाजिक संगठन की ओर आकर्षित कर लिया था जो उनकी विशेषता थी तथा जिसे तमिलनाडु के ब्राह्मणों के प्रारंभिक अभिलेखों में इसी प्रकार व्यवहृत किया गया है। पुनः, इनकी संख्या 1901 में 1.489 करोड़ थी, जिसने कुल हिन्दुओं के 7.2 प्रतिशत भाग का गठन कर लिया था। *गोत्र* तथा *प्रवर* का उनका सामाजिक संगठन, जिसमें से पूर्ववर्ती कम–से–कम पिछले 2500 वर्षों से गोत्रान्तर विवाह का आधार रहा है, हालांकि संक्षेप में ही सही किन्तु परीक्षण करने योग्य है ताकि जाति एवं सगोत्रता के सम्बन्ध की चर्चा को पूरा किया जा सके।

जैसा पहले अवलोकन किया जा चुका है, बौधायन के द्वारा अपने *प्रवराध्याय* अथवा *महाप्रवर,* जो 400 ईसापूर्व के उनके *श्रुत सूत्र* की एक परिशिष्ट है, में की गई गणनानुसार 'गोत्रों' की संख्या 900 से कम नहीं थी तथा, जैसा कि 18वीं शताब्दी के एक मराठी लेखक ने अपनी पुस्तक *संस्कारकौतुभ* में सूचीबद्ध किया है, इनकी संख्या 1600 से अधिक है। इन 'गोत्रों' का प्रत्येक व्यक्ति एक गोत्रान्तर इकाई है, अर्थात्, कोई भी व्यक्ति किसी ऐसी कन्या से विवाह नहीं कर सकता जिसके पिता का गोत्र भी स्वयं उसका, अर्थात् उसके पिता का हो। हालांकि, 1955 के बाद से एक वैध हिन्दू विवाह के लिए यह अब एक वैध शर्त नहीं रह गई है (देखें, के. देसाई की *इंडियन लॉ ऑफ मैरिज एंड डायवोर्स,* पृष्ठ 60.67)। किन्तु इतना ही पर्याप्त नहीं है। क्योंकि

'गोत्रों' को कुछ सम्बन्ध एवं सम्बद्धताएं रखने वाला होने का विश्वास किया जाता है अथवा जाना जाता है। जिस सिद्धांत के आधार पर इनका निर्धारण किया जा सकता है और किया जाता है उसे 'प्रवर' नाम से जानते हैं, जिसका अर्थ एक 'ऋषि'–आधारित आह्वाहन अथवा घोषणा का सूत्र। हाल के समय में और आज मात्र प्रत्येक रूढिवादी ब्राह्मण, जिसका यज्ञोपवीत संस्कार संपन्न हो चुका है, अर्थात्, अपने जीवन के लगभग 10वें वर्ष से अत्यन्त वृद्ध होने तक इस सूत्र को प्रतिदिन दो बार अपने 'संध्या' संपन्न करते समय अथवा 'प्रातः एवं सायंकालीन आराधना' के समय दोहराता है। अतः, प्रत्येक रूढ़िवादी ब्राह्मण को न केवल अपना 'गोत्र' ज्ञात होना चाहिए, जिसे वह घोषित सूत्र में दोहराता है, बल्कि उसे अपने 'गोत्र' के दूसरों के साथ सम्बन्ध अथवा सम्बद्धता का निर्धारण करने में समर्थ भी होना चाहिए।

हालांकि, इस विषय के लेखकों ने किसी भी मामले को संयोग अथवा व्यक्ति की त्रुटिपूर्ण स्मृति के सहारे नहीं छोड़ा है। बौधायन के समय से ही, और संभवतः कहीं अधिक प्राचीन समय से प्रचलित अभ्यासों में इन 'गोत्रों' को 'प्रवर' के किसी संदर्भ के द्वारा उनकी श्रेष्ठतर इकाईयों के अधीन रखा अथवा सूचीबद्ध किया गया है।

कोई 800 अथवा इससे भी अधिक 'गोत्रों' को एक विद्वान के द्वारा 71* श्रेष्ठ इकाईयों के अंतर्गत सूचीबद्ध किया गया है जिन्हें सुविधापूर्वक 'गोत्र'–संकुलों का नाम दिया जा सकता है। ये 71 'गोत्र'–संकुल अपने आपमें गोत्रान्तर वैवाहिक इकाईयाँ हैं। परंतु संगठन तथा गोत्रान्तर विवाह यहीं समाप्त नहीं होता, 'गोत्र' संकुलों में से 61 में परस्पर सम्बन्ध हैं। इसीलिए, इन्हें इनके सम्बन्धों एवं सम्बद्धताओं के आधार पर आगे 8 समूहों में समूहबद्ध किया गया है जिसे हम 'महा–गोत्रों' का नाम दे सकते हैं और जो लोकप्रिय तथा तकनीकी भाषा में 'गोत्रों' के पूर्वज अथवा मुखिया के रूप में जाने जाते हैं। कुल 8 प्रसिद्ध 'ऋषि' अथवा साधु हैं: अगस्त्य, अत्रि, भारद्वाज, गौतम, जमदग्नि, कश्यप, वशिष्ठ एवं विश्वामित्र। इन 8 'महा–गोत्रों' में से प्रत्येक के अधीन वर्गीकृत अथवा सम्मिलित 'गोत्र'–संकुल गोत्रान्तर वैवाहिक इकाईयाँ भी हैं। इस प्रकार, अगस्त्य के अधीन सम्मिलित 7 'गोत्र'–संकुल, अथवा उचित संज्ञा, जो स्वयं ही इकाई के गोत्र अथवा कुल–प्रकृति की घोषणा कर सकती है, महा–गोत्र अगस्त्य के बहुवचन, का प्रयोग करने हेतु एक गोत्रान्तर वैवाहिक इकाई का गठन करते हैं। कोई भी व्यक्ति, जिसका गोत्र अगस्त्य के इन सात 'गोत्र–संकुलों में से एक हो, किसी ऐसी कन्या से विवाह नहीं कर सकता जिसके पिता का 'गोत्र' इन सातों 'गोत्रों' में से कोई एक हो। इसका अर्थ है कि इन सात 'गोत्रों' का गठन करने वाले 20 'गोत्रों' में से किसी एक 'गोत्र' वाला व्यक्ति किसी ऐसी कन्या से विवाह नहीं कर सकता जिसके पिता का 'गोत्र' भी इन्हीं 20 गोत्रों में से कोई एक हो।

71 'गोत्र'–संकुलों में से शेष 10 को भी महा गोत्रों के अधीन समूहबद्ध किया गया है अथवा 'गोत्र'–कार 'ऋषियों' को सौंप दिया गया है, जिनमें से 4 को भृगु अथवा भिृगु तथा 6 को अंगिरस अथवा अंगिरसा के अधीन समूहबद्ध किया गया है। परंतु इस समूहीकरण का कोई विशेष महत्व नहीं है। क्योंकि भृगु के अधीन चार 'गोत्र'–संकुल परस्पर विवाह कर सकते हैं; उनमें से मात्र 'गोत्र'–संकुल के अंदर प्रत्येक परस्पर विवाह नहीं कर सकते। इसी प्रकार से, अंगिरासों के अधीन 6 'गोत्र'–संकुल परस्पर विवाह कर सकते हैं, जिनमें प्रत्येक 'गोत्र'–संकुल के अधीन 'गोत्र' गोत्रान्तर वैवाहिक हो।

वास्तविक उदाहरणों के साथ स्पष्ट करने हेतुः बंगाल में राधी ब्राह्मणों में एक गाँगुली पुरुष का विवाह किसी घोषाल कन्या से अथवा इसके विपरीत नहीं हो सकता। गाँगुलियों के पास अपना 'सावर्णि' नामक गोत्र है जबकि घोषालों के पास 'वत्स' गोत्र है।[31] 'सावर्णि' 'वत्सों' के अधीन आने वाले 73 'गोत्रों' में से एक है, जो स्वयं भी जमदग्नि के अधीन आने वाले 7 'गोत्र'–संकुलों में से एक है।

'गोत्र'–संगठन को इसके गोत्रान्तरीय वैवाहिक पहलू में आगे और अधिक स्पष्ट करने तथा सगोत्रता एवं जाति के बीच के सम्बन्धों पर प्रकाश डालने के लिए मैं महाराष्ट्र के चितपावन ब्राह्मणों के बीच विद्यमान स्थिति का

* जैसा कि जॉन ब्रोग की *द अर्ली ब्राह्मनिकल सिस्टम ऑफ गोत्र एवं प्रवर*, पृष्ठ 31–37 से गणना की जा सकती है, यह कुल संख्या है।

संक्षिप्त वर्णन करना चाहूँगा। यह कार्य स्वर्गीय एन.जी. चापेकर* द्वारा इस विषय पर किए गए शानदार कार्य, जिसका प्रकाशन उन्होंने मराठी भाषा में रचित अपनी पुस्तक *चितपावन* (द्वितीय संस्करण, 1966) में किया है, के द्वारा न केवल सरल बना दिया गया है बल्कि आकर्षक भी हो गया है।

चितपावन ब्राह्मण की संख्या लगभग दो–ढाई लाख के आसपास बताई जाती है। जैसा कि चापेकर के द्वारा संग्रहीत किए गए हैं, उनके बीच उपनामों की संख्या 360 है। उनमें से निम्नलिखित मात्र 14 गोत्र हैं जो इन उपनामों को साझा करते हैं। चापेकर के द्वारा इतने विचारपूर्वक सूचीबद्ध किए गए उपनामों की संख्या के साथ 'गोत्र' निम्नलिखित सारणी में दिए गए हैं:

क्रम संख्या	*गोत्र*	*समकालीन उपनामों की संख्या*	*उपनामों की संख्या (प्राचीन, प्रारंभिक अथवा मौलिक)*
1.	अत्रि	16	3
2.	बाभराव्य	2	2
3.	भारद्वाज	20	6
4.	गर्ग	32	5
5.	जमदग्नि	4	2
6.	कापी	26	4
7.	कश्यप	46	5
8.	कौन्दिन्य	7	2
9.	कौशिक	42	5
10.	नितुन्दना	7	2
11.	शाँडिल्य	66	7
12.	वशिष्ठ	61	12
13.	वत्स	22	1
14.	विष्णुवृद्धा	9	4

कुछ साक्ष्यों, जो निश्चित रूप से दोषरहित नहीं हैं, के आधार पर ऐसा विश्वास किया जाता है कि चितपावनों के पास मात्र 60 उपनाम उपलब्ध थे। 'गोत्र'–वार उनके वितरण को सारणी के तीसरे स्तंभ में प्रस्तुत किया गया है। इन्हें हाल के *स्कंदपुराण* में सूचीबद्ध किया गया है। ऐसा संभवतः दस शताब्दियों पहले हुआ था और यह संभव है कि आप्रवासी ब्राह्मणों, जो चितपावनों के रूप में ज्ञात हुए, का आगमन 60 परिवारों के रूप में हुआ हो। आज, चापेकर हमें बताते हैं कि यद्यपि वो 'गोत्र'–वार मात्र 360 उपनामों को खोज पाने में ही सफल हुए हैं, तथापि चितपावनों के बीच 400 से भी अधिक उपनाम मौजूद हैं (पृष्ठ 64–7, 84–5)।

उपनाम हमें मात्र वंशों के बारे में बताते हैं लेकिन वे स्वयं द्वारा उस वंश के नाम वाले परिवारों की संख्या को प्रकट नहीं कर सकते और हम विभिन्न 'गोत्र' रखने वाले लोगों की किसी सापेक्षिक संख्या के सम्बन्ध में किसी वैध निष्कर्ष पर नहीं पहुँच सकते। अतः, हम जाति की एकजुटता की प्रकृति एवं सीमा के मात्रात्मक आकलन जैसे

* समाज के इस अथक एवं कुशाग्रबुद्धि विद्यार्थी का निधन 99 वर्ष की आयु में मार्च 1968 में हो गया था।

किसी भी कार्य के लिए उन आँकड़ों का उपयोग नहीं कर सकते जिन्हें 'गोत्र'–गोत्रान्तर विवाहों एवं 'गोत्र'–गोत्रान्तर विवाह–आधारित सगोत्रताओं के द्वारा संपन्न किया जा सकता है और किया जा रहा था।

उपनामों में होने वाली वृद्धि का कारण तब तक मूल समूह, अर्थात्, चितपावन जाति के बाहर से नए तत्वों द्वारा घुसपैठ अथवा शामिल होना नहीं हो सकता, जब तक हम यह दिखा सकें, अथवा विश्वास हेतु चयन कर सकें, कि इन 60 परिवारों का आगमन उस समय हुआ था जब जातियों का कोई अस्तित्व मौजूद नहीं था। जैसा कि हमने प्रदर्शित करने का प्रयास किया है, और हम अत्यधिक ठोस कारणों तथा ठोस आधारों पर विचार करते हैं कि विशिष्ट रूप से पहचान करने योग्य एक स्वरूप, अथवा एक ऐसी छवि जो अपनी बुनियादी विशेषताओं में बाद वाली व्यवस्था से बहुत अलग न रही हो, में जाति व्यवस्थ अवश्य ही 7वीं शताब्दी ईसापूर्व के पहले से अस्तित्व में रही होगी। हमने यह भी सुझाव दिया है कि 'गोत्र'–संगठन 6ठीं अथवा 7वीं शताब्दी ईसापूर्व के बाद अस्तित्व में नहीं आया है। यदि चितपावन परिवारों का उत्तरी भारत से आगमन 6ठीं अथवा 7वीं शताब्दी ईसापूर्व के पहले हुआ होता तो उनके पास 'गोत्र' उपलब्ध नहीं रहा होता। ऐसा कोई साक्ष्य मौजूद नहीं है कि चितपावनों ने अपने गोत्रों को महाराष्ट्र में हासिल किया हो। वास्तविकता यह है कि हमें इस पूर्वधारणा के साथ प्रारंभ करना होगा कि एक ब्राह्मण, चाहे वह भारत के पूर्व अथवा पश्चिम कहीं भी क्यों न पाया जाता हो, वहाँ अपने 'गोत्र' के साथ पहुँचा था, तथा इसीलिए वहाँ 600 ईसापूर्व के पहले नहीं पहुँच सका होगा।

वास्तव में उपनामों की संख्या मात्र 59 थी यद्यपि कि गोत्र 14 ही थे, क्योंकि उपनामों में से एक दो 'गोत्रों' में प्रकट होता है। यह स्थिति उस स्थिति के अपेक्षा अधिक जटिल है जिसे किसी के भी द्वारा इसे चापेकर के कथन, कि एक से अधिक 'गोत्रों' में कुछ उपनामों की पुनरावृत्ति के लिए रियायत देने के साथ वंशों की कुल संख्या 304 है, से उत्पन्न होने वाले मामले के रूप में सोचा जा सकता है। क्योंकि, जैसा कि वह 'कौशिक गोत्र' के सम्बन्ध में स्पष्ट करते हैं, इस 'गोत्र' के अधीन सूचीबद्ध 42 उपनामों में से कम–से–कम 25 के कोई भी प्रतिनिधि जीवित नहीं हैं (पृष्ठ 284)।

गोत्रान्तर वैवाहिक एकजुटता के गुणात्मक पहलू के सम्बन्ध में हम तभी बात कर सकते हैं जब हम सदैव ही अपने ध्यान में रखें कि यह मोटे तौर वाली एक रूपरेखा में भी एक संपूर्ण छवि नहीं है और यह कि निषिद्ध स्तरों अथवा 'सपिंड'–गोत्रान्तर विवाह की गणना पर प्रतिबंध अंतर्विवाहों के लिए खुले उपनामों की संख्या के अर्थों में इसे संशोधित कर सकते हैं।

जैसा कि भारत के अन्य भागों में ब्राह्मणों के बीच है, चितपावनों में भी एक व्यक्ति किसी ऐसी कन्या से विवाह नहीं कर सकता जिसके पिता का 'गोत्र' उसके अपने 'गोत्र' अर्थात्, अपने पिता के 'गोत्र' के समान हो। 'शाँडिल्य गोत्र' के 66 उपनामों को अपना जीवनसाथी 66 उपनामों के बाहर से ही प्राप्त करना आवश्यक है। चूंकि 'कश्यप गोत्र' इस विषय के अधिकृत ग्रंथों में 'गोत्र'–संकुल के रूप में सूचीबद्ध है जिसके अधीन 'शाँडिल्य' को स्थान प्राप्त है, इसीलिए वे भी 'कश्यप' गोत्र के किसी वर/वधू के साथ विवाह नहीं कर सकते। अतः, उन्हें इसके अलावा 'कश्यप गोत्र' के 46 उपनामों से भी परहेज करना होता है। इस प्रकार, 'गोत्र'–आधारित गोत्रान्तर वैवाहिक नियम 66 'शाँडिल्य गोत्र' तथा 46 'कश्यप गोत्र' उपनामों के लिए 360 उपनामों में से मात्र 248 के साथ ही अंतर्विवाह की स्वतंत्रता देता है। 'गर्ग'–गोत्र के अपने 32 उपनामों के अतिरिक्त 32 उपनामों के लिए 'कपि'–गोत्र के 26 उपनाम तथा 'भारद्वाज'–गोत्र के 20 उपनाम विवाह के अयोग्य हैं। 'भारद्वाज'–गोत्र 'गोत्र'–संकुल है जिसके अधीन 'गर्ग' तथा 'कपि' दोनों गोत्र सूचीबद्ध हैं। 'विष्णुवृद्धा' एवं 'नितुन्दना' गोत्रों के क्रमशः 9 और 7 उपनाम अपने 16 उपनामों को छोड़कर शेष 344 नामों में से किसी के भी साथ विवाह कर सकते हैं। चितपावनों के बीच 'गोत्र'–गोत्रान्तर विवाहों के अधीन अंतर–जाति एकीकरण की संभावनाएं ऐसी ही हैं।

महाराष्ट्र के मध्यानदिना देशस्थ ब्राह्मण कुछ बड़ा समुदाय हैं, जिनकी संख्या संभवतः तीन लाख है। परंतु जैसा कि पुरुषोत्तम शेटे (मराठी में *गोत्रावली*) हमें सूचित करते हैं, उनके बीच 2,000 से अधिक उपनाम तथा 138 'गोत्र' मौजूद हैं। इन 138 में से कम–से–कम 10 'गोत्रों' में प्रत्येक के अधीन 50 से अधिक उपनाम मौजूद हैं। उपनामों की संख्या के साथ ये इस प्रकार हैं: कश्यप–245; भारद्वाज–217; अत्रि–126; गौतम–118; पाराशर–87; शाँडिल्य–78;

वशिष्ठ–77; कौन्डिन्या–73; तथा गर्ग–72। सम्बद्धता हेतु चुने गए 5 अन्य 'गोत्र' अपने अधीन उपनामों की बहुत छोटी संख्या प्रदर्शित करते हैं। इस प्रकारः उपमन्यु–28; कौशिक–10; समकृति–8; तथा जातु–कर्ण्य–7 हैं। आगे यह नोट किया जा सकता है कि 'अगस्ति–गोत्र', जो कहीं पर भी दुर्लभ प्रतीत होता है, के अधीन 12 उपनाम मौजूद हैं।

मध्यानदिना देशस्थ गोत्रान्तर विवाह नियमों के अनुसार किसी भी व्यक्ति को न केवल अपने पिता अथवा स्वयं के गोत्र से बल्कि अपनी माँ के पिता के गोत्र से भी परहेज करना होता है। इस जटिलता के साथ वैवाहिक सम्बन्धों का अनिवार्य विविधीकरण और अधिक बड़ा हो जाता है, जिसका परिणाम परिवारों एवं जाति से सम्बन्ध रखने वाले लोगों के एक व्यापक दायरे का एकीकरण होना होता है। इस प्रकार, यह मानते हुए कि 'शाँडिल्य गोत्र' से सम्बन्धित विवाह के इच्छुक किसी मध्यानदिना ब्राह्मण पुरुष को न केवल 'शाँडिल्य गोत्र' वाले समस्त उपनामों से परहेज करना होता है बल्कि उन 245 उपनामों से भी जो 'कश्यप–गोत्र' के अंतर्गत आते हैं। उसे ऐसा उसी प्रकार करना होता है जैसा कि चितपावन और अधिकांश अधिक ब्राह्मणों को, क्योंकि यद्यपि मात्र कुछ ग्रंथों में ही 'कश्यप' एवं 'शाँडिल्य' दोनों 'गोत्रों' के 'प्रवर' अथवा घोषणा–सूत्रों के बीच एक साझा 'ऋषि' हैं, तथापि 'गोत्रों' के विषय पर समस्त अधिकृत प्राचीन लेखकों एवं 'प्रवरों' के माध्यम से उनके सम्बद्ध लोगों के द्वारा शाँडिल्य को निश्चित रूप से कश्यपों के नीचे रखा गया है। किन्तु मध्यानदिना ब्राह्मणों के बीच होने वाले वर को ऐसी कन्या से भी बचना होता है जिसके पिता का 'गोत्र' उसकी अपनी माँ के पिता के गोत्र समान हो। 'गोत्र'–गोत्रान्तर विवाह के सामान्य नियम के अधीन, वर की माँ के पिता का 'गोत्र' का कश्यप तथा शाँडिल्य दोनों से पृथक रहना अनिवार्य है। उदाहरणार्थ, हम मान ले कि यह भारद्वाज था। अतः, इस विशिष्ट इच्छुक वर को ऐसी कन्या से भी बचना होगा जिसके पिता का 'गोत्र' भारद्वाज हो। उसे कश्यप अथवा शाँडिल्य 'गोत्र' रखने वाले 323 उपनामों तथा साथ ही भारद्वाज 'गोत्र' रखने वाले 217 उपनामों के अलावा किसी अन्य उपनाम में से कन्या का चयन करना होगा। इस प्रकार वर को उन कुल 1,326 में से 540 उपनामों से परहेज करना होगा जिन्हें गणनाओं के लिए मेरे द्वारा चुने गए 15 'गोत्रों' के अंतर्गत शामिल किया गया है।

एक अन्य उदाहरण 'गोत्र'–गोत्रान्तर विवाह सम्बन्धी मामले की जटिल स्थिति को आगे और अधिक स्पष्ट कर देगा और हमें जाति के साथ गोत्रान्तर–विवाहजनित सगोत्रता के कहीं सूक्ष्म सम्बन्ध से अवगत करा देगा।

हम विवाह के इच्छुक एक अन्य मध्यानदिना वर के वशिष्ठ 'गोत्र' के होने की कल्पना करेंगे। चुने गए 15 'गोत्रों' में से 3 ऐसे हैं जो 'प्रवर' अथवा घोषणा–सूत्र में एक साझा ऋषि के माध्यम से वशिष्ठ 'गोत्र' से सम्बद्ध हैं। इनके नाम हैं पाराशर, कौन्डिन्य एवं उपमन्यु। वशिष्ठ 'गोत्र' वाले इस विशिष्ट वर को इन चार में से किसी भी एक 'गोत्र' के अंतर्गत आने वाले उपनामों में से किसी कन्या से परहेज करना होगा, अर्थात्, उसे अवश्य ही वशिष्ठ, पाराशर, कौन्डिन्य, तथा उपमन्यु में शामिल 265 उपनामों के समूह के बाहर से ही किसी कन्या की खोज करनी चाहिए। आगे, चूंकि उसकी माँ के पिता के गोत्र को भी इन चार गोत्रों से अवश्य ही भिन्न रहा होना चाहिए, अतः उसे उस 'गोत्र' के अधीन आने वाले उपनाम समूहों की किसी कन्या से भी बचना होगा। मान लेते हैं कि वर की माँ के पिता का 'गोत्र' कश्यप था और यह कि उसे कश्यप 'गोत्र' के अंतर्गत शामिल 245 उपनामों में से किसी एक की कन्या से परहेज करना है। इस प्रकार इस वर को इन 5 'गोत्रों' वशिष्ठ, पाराशर, कौन्डिन्य, उपमन्यु एवं कश्यप के अंतर्गत शामिल 510 उपनामों के बाहर जाना होगा। यदि वर की माँ के पिता का 'गोत्र' जातुकर्ण्य हो, जैसा कि भली–भांति हो सकता है, तब वर के लिए स्थिति बहुत सहज हो जाती है। क्योंकि तब उसे 'गोत्र'–गोत्रान्तर विवाह के सामान्य नियम के अधीन परहेज करने वाले 265 उपनामों के साथ–साथ मात्र उन 7 उपनामों से परहेज करना होगा जो जातुकर्ण्य 'गोत्र' के अंतर्गत आते हैं। यह विशिष्ट मध्यानदिना वर गणना हेतु चुने गए 15 'गोत्रों' में शामिल 1,326 में से शेष बचे 1,054 उपनामों में से किसी में भी विवाह कर सकता है, बशर्ते 'सपिंड'–गोत्रान्तर विवाह अथवा निषिद्ध स्तरों सम्बन्धी नियमों का पालन किया जा चुका हो। पिछले वाले वर, जिसकी माँ के पिता का 'गोत्र' कश्यप है, की पसंद इसी योग में से मात्र 816 उपनामों तक सीमित है।

'अत्रिगोत्र' के अधीन आने वाले उपनामों की गोत्रान्तर वैवाहिक स्थिति 'गोत्र–प्रवर' संगठन के एक अन्य पहलू तथा गोत्रान्तर विवाह एवं इसकी सगोत्रता व्यवस्था के फलस्वरूप होने वाले एकीकरण पर इसके प्रभाव का एक

और उदाहरण प्रस्तुत करती है। 'अत्रि–गोत्र' के साथ 126 उपनाम जुड़े हैं। 15 'गोत्रों' तथा उनके 1,326 उपनामों के बीच ऐसा कोई 'गोत्र' नहीं है जो ब्राह्मणवादी संगठन के अधीन इससे सम्बद्ध हो। अतः, यदि अन्य नियम प्रतिबंध न करते हों तो अत्रि–'गोत्र' के 126 उपनामों वाले लोग शेष 14 'गोत्रों' तथा उनके 1,200 उपनामों में विवाह कर सकते हैं। मेरी समझ में गोत्रान्तर विवाह के सामान्य नियम के अंतर्गत खुला रहने वाला यह सर्वाधिक व्यापक वृत्त है। परंतु इस मामले में, जो कि मध्यानदिना वर का है, निश्चित रूप से, उसकी माँ के 'गोत्र' पर विचार किया जाना होगा। मान लीजिए यदि उसका सम्बन्ध जातुकर्ण्य 'गोत्र' से है, तब वृत्त की सीमा इतनी छोटी हो जाएगी कि उसकी लगभग उपेक्षा की जा सकती है, क्योंकि वर के पास पसंद के लिए 1,192 उपनाम उपलब्ध होंगे; परंतु, मान लीजिए, यदि वह कश्यप 'गोत्र' से आती हैं तो वर की पसंद में कटौती हो जाएगी और यह मात्र 955 उपनामों तक सीमित रह जाएगी।

जैसा कि हम देख चुके हैं उत्तरी भारत में यह अत्यधिक व्यापक तौर पर प्रचलित प्रवृत्ति है कि किसी के जीवनसाथी की खोज करते समय किसी की माँ के 'गोत्र' अथवा तुलनीय इकाई पर विचार किया जाता है; किन्तु जैसा कि उपलब्ध सामग्री से कोई भी निर्णय कर सकता है, यह एक ऐसी प्रथा है जो बहुत अधिक सुस्पष्ट है और शायद उत्तर भारत के पूर्वीय जिलों एवं क्षेत्रों में स्थानिक भी है। जैसा हम देख चुके हैं, उत्तर–प्रदेश में कम–से–कम उच्च जातियों में गोत्रान्तर विवाह नियम विवाहयोग्य वृत्त में से स्वयं के 'गोत्र' से बचने की कल्पना करते हैं।

ऐसा प्रतीत होता है कि उत्तर–प्रदेश के ब्राह्मणों के बीच 'गोत्र' सम्बन्धी नियम 'गोत्र' को सामान्य अर्थों में सम्मिलित करते हैं और 'प्रवर' सिद्धांत की पहचान पर विचार नहीं करते। उदाहरणार्थ, कन्नौजिया ब्राह्मणों और यहाँ तक कि सामान्य तौर पर उत्तर–प्रदेश के सभी ब्राह्मणों के वृत्तांतों में 'प्रवरों' तथा 'गोत्रों' एवं 'गोत्र'–आधारित गोत्रान्तर विवाह के बारे में हमें कोई संदर्भ प्राप्त नहीं होता। 'गोत्रों' तथा गोत्रान्तर विवाह के सम्बन्ध में ई.ए.एच. ब्लंट कहते हैं (पृष्ठ 44): ''*गोत्र* गोत्रान्तर विवाह के नियमों का उल्लेख अब इस प्रकार किया जा सकता है। 18 समूह हैं जिनमें एक 'गोत्र' है जिसमें इसके सहायक *गोत्र* शामिल हैं, और इन समूहों से किसी एक से भी सम्बन्धित कोई भी पुरुष इसी से सम्बन्धित महिला से विवाह नहीं कर सकता। प्रत्येक नियम–निर्धारक इस नियम पर जोर देता है, जिसका पालन ब्राह्मण सभी जगहों पर करते हैं, मात्र पर्वतीय ब्राह्मणों को छोड़कर जो स्थानीय उप–विभाजन के कारण अपने *गोत्र* की उपेक्षा करते हैं।''

कन्नौजिया ब्राह्मणों[32] के गोत्रान्तर वैवाहिक नियम जटिल प्रतीत होते हैं किन्तु यह जटिलता आंशिक सगोत्रता तथा आंशिक अनुलोम विवाह के बीच एक संयोजन के कारण है, और 'प्रवर' अथवा घोषणा सूत्र तथा इसके 'ऋषियों' के संदर्भ के बिना गोत्रान्तर विवाह की एक इकाई होते हुए 'गोत्र' से सम्बन्धित कथन का खंडन नहीं करती।

कश्मीर के ब्राह्मणों के पास 19 'गोत्र' हैं। उनमें कश्यप तथा शाँडिल्य दोनों प्राप्त होते हैं और परस्पर विवाहयोग्य हैं। एन.जी. चापेकर, जिन्होंने इस सूचना का अपनी पुस्तक *कश्मीर* (147, मराठी में) में सत्यापित किया है, ने एक पत्र में मुझे सूचित किया है कि 'गोत्र'–गोत्रान्तर विवाह के मामले में कश्मीरी ब्राह्मण न केवल 'प्रवर' सिद्धांत को लागू नहीं करते बल्कि उन्हें तो 'प्रवरों' का ज्ञान तक नहीं है। मैं समझता हूँ कि गुजराती ब्राह्मणों के बीच भी विवाह में 'प्रवर' सम्बद्धता पर विचार नहीं किया जाता। उदयपुर स्थित ट्राइबल रिसर्च इंस्टीट्यूट के प्रधानाचार्य, नरेन्द्र व्यास, मुझे सूचित करते हैं कि राजस्थानी ब्राह्मण, चाहे वे पालीवाल हों अथवा दधीचि अथवा अन्य, इसे एक 'प्रवर' का नाम देने में कठिनाई अनुभव करेंगे और यह कि उनके लिए गणना में 'प्रवरों' का कोई अस्तित्व नहीं होना चाहिए।

जैसा कि उल्लेख किया जा चुका है, 1932 में डी.आर. भंडारकर[33] ने स्पष्ट किया था कि बंगाल के वैदिक ब्राह्मणों के बीच 'प्रवरों' में बहुत भिन्नता थी और यह कि उनके बीच बहुत सारे 'अनाधिकार प्रवेशकर्ता' मौजूद थे। तथापि उन्होंने पाया कि यद्यपि बनर्जी का गोत्र शाँडिल्य है और चटर्जी का कश्यप तथापि राधी ब्राह्मणों के बनर्जी एवं चटर्जी परस्पर विवाह कर सकते हैं। इस प्रकार वे कश्मीरी ब्राह्मणों से मिलते–जुलते हैं और चितपावनों एवं अन्य महाराष्ट्रीय ब्राह्मणों से अलग हैं जो सामान्यतः दो 'गोत्रों' को परस्पर विवाहयोग्य नहीं मानते।

कलकत्ता में राधी ब्राह्मणों के एक नमूने[34] में वैवाहिक नियमों के हाल के एक अध्ययन में यह पाया गया कि ऐसे परिवार, जिनके बीच वैवाहिक सम्बन्ध स्थापित हो चुके हैं, में से लगभग 35 प्रतिशत शाँडिल्य 'गोत्र' के लोग

कश्यप–'गोत्र' परिवारों वाले थे। कश्यप गोत्र के लोगों के वैवाहिक सम्बन्ध स्थापित परिवारों के बीच 42 प्रतिशत शाँडिल्य गोत्र के लोग थे।

किसी 'गोत्र'–परिवार विशेष के वैवाहिक सम्बन्ध स्थापित परिवारों का प्रतिशत कुछ सीमा तक निश्चित रूप से विभिन्न गोत्रों में परिवारों की संख्या, उनकी सापेक्षिक विशिष्ट स्थिति तथा इस विवरण, अर्थात्, बंगाल के ब्राह्मणों, के मामले में उन अनुलोमी वर्गों के संयोजन पर अधिक निर्भर करना चाहिए जो चार शताब्दियों से भी अधिक समय से अस्तित्व में रहे हैं और हो सकता है कि 800 वर्षों से भी अधिक पुराने हों।[35]

यह एक रोचक तथ्य है कि इस नमूने के राधी ब्राह्मणों के बीच मात्र 18 उपनाम मौजूद हैं, किन्तु राधी के बीच 'गोत्र' कुल मिलाकर मात्र 8 ही हैं।[36] दत्त के ऐतिहासिक विवरण के अनुसार हमारे पास राधी ब्राह्मणों के बीच 56 उपनाम होने चाहिए।[37] इसके बाद भी चितपावन ब्राह्मणों और उससे भी अधिक महाराष्ट्र के मध्यानदिना देशस्थ ब्राह्मणों की तुलना में राधी ब्राह्मण, जिनकी संख्या महाराष्ट्रीय ब्राह्मण समुदायों में से किसी से भी अधिक होने की संभावना है, एक सुगठित समुदाय है। यह तथ्य ऊपर संदर्भित कलकत्ता राधी वैवाहिक नियमों के अध्ययन से भी स्पष्ट हो जाता है। इस नमूने के अंतर्गत 'भारद्वाज–गोत्र' के अधीन 8 उपनाम हैं जिनके साथ नमूने में प्रदर्शित अन्य चार 'गोत्रों' में से कोई भी विवाहयोग्य नहीं है। 'कश्यप–गोत्र' 7 उपनामों का दावा करता है। चूंकि बंगाल में शाँडिल्य 'कश्यप–गोत्र' के लिए भी एक विवाहयोग्य 'गोत्र' है, अतः, इसके अंतर्गत शामिल 5 उपनाम अपने जीवनसाथी की चयन अन्य चार गोत्रों और उनके अधीन 13 उपनामों में से कर सकते हैं। नमूने में शामिल 'बतस्य–गोत्र' के पास 6 उपनाम हैं जबकि 'सबर्णया' के पास मात्र 3 उपनाम हैं। किन्तु बतस्य (वत्स) एवं सबर्णया (सावर्णी) सम्बद्ध 'गोत्र' हैं, जिनके दोनों के 'प्रवर' एकसमान हैं। अतः, राधी ब्राह्मणों के इन दो 'गोत्रों' के अधीन 9 उपनाम परस्पर विवाह योग्य नहीं हैं। उनके समक्ष शेष 9 उपनाम ही पसंद के लिए बचते हैं।

कन्नड़ ब्राह्मणों के 'गोत्रों' को जिस प्रकार से संक्षेप में दो लोगों, अर्थात् एल.के. अनंथ कृष्ण अय्यर द्वारा *द कास्ट्स एंड ट्राइब्स ऑफ मैसूर* के विभिन्न संस्करणों में एवं एम. एन. श्रीनिवास द्वारा अपनी पुस्तक *मैरिज एंड फैमिली इन मैसूर* (पृष्ठ 32–7) में संदर्भित किया गया है, उससे मुझे लगता है कि उनके बीच 'प्रवर' या तो अनुपस्थित हैं अथवा वैवाहिक चयन में उन्हें कोई महत्व नहीं दिया गया है।

इस रोचक विषय की व्याख्या के लिए शिलालेखों सम्बन्धी आँकड़ों के एक संक्षिप्त अध्ययन में मेरा सामना आंध्र–प्रदेश तथा तमिलनाडु के 1,000 से अधिक दान प्राप्तकर्ता ब्राह्मणों से हुआ, जिनमें से 300 से भी अधिक तमिल ब्राह्मण थे। ये अभिलेख लगभग 600 ईसापूर्व से लेकर लगभग 1600 ईसवी तक के थे। उनमें से एक भी ऐसा नहीं था जिसका 'गोत्र' 'प्रवर' के अर्थों में अथवा उसके संदर्भ द्वारा विनिर्दिष्ट किया गया हो। तमिलनाडु के दान प्राप्तकर्ता ब्राह्मणों के विवरण में 'प्रवर' की पूर्ण अनुपस्थिति मुझे इस निष्कर्ष पर पहुँचाती है कि तमिल ब्राह्मणों के 'गोत्रों' से यदि 'प्रवरों' का जरा भी लेना–देना है तो भी किसी महत्वपूर्ण मामले में इनका कोई महत्व नहीं है। ऐसा प्रतीत होगा कि दक्षिण भारतीय ब्राह्मणों, विशेषतौर पर तमिल ब्राह्मणों का गोत्र–गोत्रान्तर विवाह 'प्रवर' के द्वारा सम्बद्धता अथवा 'ऋषि'–आधारित घोषणा सूत्र पर बिना किसी विचारण के अकेले 'गोत्र' पर ही आधारित रहा होगा।

यहाँ तक कि निषिद्ध स्तरों द्वारा वैवाहिक नियंत्रणों और विशेषतौर पर अधिमान्य विवाहों का निर्धारण करने अथवा उन्हें प्रोत्साहित करने वाले नियमों, यदि कोई हों, को शामिल किए बिना गोत्रान्तर विवाह के प्रभाव का और अधिक प्रत्यक्ष मूल्यांकन तो सैद्धांतिक आधार पर भी नहीं किया जा सकता। अधिमान्यतापूर्ण विवाह, अर्थात्, किसी सम्बन्धी का विवाह किसी अन्य संभावित वधू के साथ प्राथमिकता से करने की आवश्यकता, के निर्धारण अथवा प्रोत्साहन का प्रभाव निषिद्ध स्तरों एवं सामूहिक–गोत्रान्तर विवाहों पर विपरीत प्रतिक्रिया फैलाने वाला होता है। यह अंदरूनी–विवाह की व्यवस्था करता है और एक स्वाभाविक सगोत्र वैवाहिक इकाई का गठन करने को प्रवृत्त होता है जो मूल समूह, जाति अथवा उप–जाति से बहुत छोटी होती है। अनुमानतः, पूरी तरह से कायम रहे ऐसे वैवाहिक नियंत्रणों का परिणाम एक नया समूह हो सकता है जो, वैवाहिक प्रयोजनों के लिए, गुजरात पाटीदारों के पूर्ववर्णित 'एकादा' से भी अधिक एक उप–जाति का स्वरूप और रंग अर्जित कर लेता है।

सर्वाधिक व्यापक अधिमान्य विवाह किसी व्यक्ति का विवाह उसकी माँ के भाई की पुत्री के साथ होना होता है, दूसरे रूप में यही किसी के पिता की बहन की पुत्री के साथ भी हो सकता है किन्तु यह इसका बहुत कम प्रचलित एवं अधिक प्रतिबंधित स्वरूप है। अतीत में मैं ऐसे अधिमान्य विवाह के इस स्वरूप के विस्तार एवं ऐतिहासिक अतीत पर कार्य कर चुका हूँ (देखें: *एंथ्रोपो–सोशियोलॉजिकल पेपर्स* एवं मेरी पुस्तक *फैमिली एंड किन इन इंडो–यूरोपियन कल्चर* के द्वितीय संस्करण की परिशिष्ट) और मैं उस कार्य को यहाँ नहीं दोहराऊँगा। जो सर्वाधिक महत्वपूर्ण प्रश्न मेरे मस्तिष्क में उठा, (1946 में प्रकाशित मेरे पत्र में मैंने इसे अभिव्यक्त किया था, *फैमिली एंड किन इन इंडो–यूरोपियन कल्चर* की परिशिष्ट में पुनः प्रस्तुत किया था) वह उत्तर–भारतीय लोकसाहित्य एवं सगोत्रता–व्यवहारों में किसी महिला की सास के व्यवहार का प्रतिमान का था, जहाँ, चचेरे/ममेरे भाई–बहनों में विवाह (जैसा कि अधिमान्य विवाह के इस स्वरूप को महत्वपूर्ण रूप से सम्बोधित किया जाता है) के साक्ष्य बहुत कम रहे हैं तथा जो लोगों के गैर–अभिजात्य अथवा अति–विशिष्ट वर्ग के बीच छिट–पुट रूप से प्रकट होते रहे हैं, महाराष्ट्र में प्रचलित ऐसे विवाहों से बहुत अलग नहीं रहे हैं जो एक ऐसा क्षेत्र है जहाँ मात्र दो अथवा तीन जातियों को छोड़कर सभी जातियों में चचेरे/ममेरे भाई–बहनों के बीच विवाह के साक्ष्य उपलब्ध हैं।

द्रविड़–भाषी क्षेत्रों, जैसे मैसूर, आंध्र–प्रदेश एवं तमिलनाडु से ऐसा दर्ज किया गया है कि चचेरे/ममेरे भाई–बहन विवाह किस्म के विवाह के अधिमान्य स्वरूप का प्रचलन अधिक रहा है। साथ–साथ, यहाँ तक कि नजदीकी समरक्तता अथवा बंधुत्व, जैसा भी हो, वाले रिश्तेदारों को संलिप्त करते हुए अधिमान्य विवाहों के अन्य स्वरूपों को प्रचलन में रहे होने हेतु जाना जाता है और समकालीन अवधियों में इनके साक्ष्य मौजूद रहे हैं। इनमें से एक, जो चचेरे/ममेरे भाई–बहन विवाह किस्म से लगभग जुड़ा है, किसी पुरुष का विवाह उसकी बहन की पुत्री के साथ किया जाना है, जो प्राथमिकतापूर्वक अथवा विशिष्ट रूप से उसकी बड़ी बहन की पुत्री हो, और इसे ब्राह्मणों सहित लगभग समस्त जातियों के बीच व्यवहृत एवं स्वीकृत माना जाता है।

बहन की पुत्री के साथ विवाह की अनुमति प्रदान करने वाले बल्कि इसे आवश्यक बनाने अथवा प्रोत्साहित करने वाले इस नियम का एकमात्र अपवाद उन समुदायों के द्वारा गठित किया गया था जो अधिकांशतः तिन्नेवेल्ली एवं रामनाथपुरम में बसे हुए थे, जैसे कि मारावन, कल्लन एवं वेल्लाला लोगों के कुछ वर्ग, जिनके बीच *किलाई,* जो एक गोत्रान्तर वैवाहिक इकाई है, मातृवंशीय है, जिसकी संताने अपनी *किलाई* विरासत में अपनी माँ से प्राप्त करती हैं। इस व्यवस्था के अंतर्गत कोई पुरुष तथा उसकी बहन की पुत्री समान गोत्रान्तर वैवाहिक इकाई, *किलाई,* से सम्बन्ध रखते हैं, और इसीलिए एक–दूसरे से विवाह नहीं कर सकते।[38]

ऐसा अधिमान्य विवाह, अर्थात्, अपनी बहन की पुत्री से विवाह, कुछ महाराष्ट्रीय ब्राह्मण जातियों और माली (बागवान) जाति में छिट–पुट रूप से प्राप्त होता है।[39]

ऐसे समाज में किसी महिला की सास या तो उसके पिता की बहन अथवा माँ के भाई की पत्नी अथवा माँ की माँ होती है। यहाँ तक कि इन समाजों, कम–से–कम दो, अर्थात्, कन्नड़ एवं तमिल में, किसी महिला और उसके पति की माँ के बीच की कलह उतनी ही कटु होती है जितनी कि उत्तर–भारतीय समाज में। यह बात मुझे एम.एन. श्रीनिवास की रचना[40] द्वारा उस समय ज्ञात हुई जब मैंने भारतीय–आर्य साहित्य में प्रदर्शित सगोत्र व्यवहारों पर अपना पत्र लेखन किया था; किन्तु स्वाभाविक रूप से मुझे इसे बाहर कर देना पड़ा था क्योंकि यह द्रविड़ लोकसाहित्य एवं लोकप्रथाओं से सम्बन्धित था।

तमिल लोकगीत में जिस प्रकार की कलह को प्रदर्शित किया गया है वह किसी भी अन्य लोक–साहित्य, चाहे वह उत्तर का हो अथवा गुजरात अथवा महाराष्ट्र का, से ज्ञात कलह की अपेक्षा अधिक दुखद और हृदयविदारक है। श्रीनिवास की निम्नलिखित टिप्पणी पाठकों को संतुष्ट करने हेतु पर्याप्त होगी: ''एक लंबी कहानी एक क्रूर सास और उसकी बहू के बीच के संघर्ष, तथा अंत में बहू किस प्रकार से आत्महत्या कर लेती है, का वर्णन करती है। कन्या का बड़ा भाई अपनी बहन की मृत्यु के बारे में जानकर सास का अपमान करता है, और अंततः उसे जलती हुई चूने की एक भट्टी में झोंक देता है। वह उन दूसरी बहुओं को भी काट डालता है जिन्होंने संभवतः उसकी बहन के विरुद्ध षड़यंत्र में सहयोग किया था।'' जैसा कि 1961 की जनगणना योजना के अधीन हाल ही के एक ग्रामीण सर्वेक्षण में

प्रकट हो चुका है, सास एवं बहू के बीच इस कटु विरोध की गहरी जमी जड़ों वाली प्रकृति ग्रामीण संस्थाओं में ठोस रूप में मौजूद है। त्रिचुरापल्ली जिले (*थिरुवेल्लारी*, पृष्ठ 86) में थिरुवेल्लारी गाँव में एक 'स्वास्तिक' कुँआ, अर्थात् 'स्वास्तिक' के आकार वाला कुँआ है, जिसे ग्रामीणों के द्वारा महत्वपूर्ण रूप से ''मामियार–मारुमागल कुलम'' कहा जाता है। इस अभिव्यक्ति का अर्थ है कि यह कुँआ सासों एवं बहुओं के लिए है। स्वास्तिक आकार वाले कुएं का इस प्रकार नामकरण करने का कारण, जो हमें बताया गया, यह है कि ये दोनों रिश्तेदार, जो हमेशा ही एक–दूसरे के साथ टकराव की स्थिति में रहते हैं, इस कुएं पर बिना एक–दूसरे की निगाह में आए ही स्नान कर सकती हैं!

रिश्तों के व्यवहार का यह लगभग सार्वभौमिक प्रतिमान मुझे आवश्यक विचार के लिए मात्रात्मक कारक को सोचने का कारण प्रदान करता है। वास्तविक अभ्यास में अधिमान्य विवाह के संपूर्ण अनुमोदन एवं प्रोत्साहन के साथ संभव है कि ऐसे विवाहों की संख्या इतनी पर्याप्त न हो कि यह उस प्रकार के मानक व्यवहार को प्रभावित कर सके जो व्यक्तिगत मनोविज्ञान में गैर–निषिद्ध प्रतीत होता हो। एक विशिष्ट एवं विस्तृत क्षेत्रीय अन्वेषण के एक सर्वप्रथम अवसर पर मैंने इन समुदायों में से किसी में भी ऐसे विवाहों की वास्तविक सीमा के एक नमूना अध्ययन करने का निर्णय किया था। तद्नुसार, लगभग 1952–53 में मैंने इस मद को उस समय प्रारंभ किए गए अपने दो क्षेत्रीय अध्ययनों में शामिल किया था। यह एक दिलचस्प तथ्य है, जो समाजविज्ञान के विद्यार्थियों के द्वारा नोट एवं चिंतन करने योग्य है, कि लगभग ठीक उसी समय पर भारत में समाजविज्ञान के क्षेत्र में अनेकों कार्यकर्ताओं के द्वारा संपन्न किए गए अन्वेषणों के द्वारा अपनी सूची में ऐसे ही प्रश्न शामिल किए गए थे, जैसा कि 1955 और 1963 के बीच के उनके प्रकाशनों से भी इंगित होता है। इन विद्यार्थियों, एस.सी. दूबे, जी.एस. घुर्ये, टी.एस. एपस्टीन, डब्ल्यू. मॅकोरमैक, डागफिन सिवर्टसन के परिश्रम तथा 1961 की जनगणना के 'ग्रामीण सर्वेक्षण' द्वारा उपलब्ध कराए गए आँकड़ों के संयोजन ने अधिमान्य विवाह के तीन प्रकारों की वास्तविक सीमा के बारे में एक अर्थपूर्ण कथन जारी करना संभव बना दिया है। ऐसे एक कथन को आगे बढ़ाने हेतु आँकड़ों की निम्नलिखित सारणीबद्ध प्रस्तुति की गई है:

		प्रतिशत (के साथ)		
*क्षेत्र**	*विवाहों की संख्या*	*माँ के भाई की पुत्री*	*पिता की बहन की पुत्री*	*बहन की पुत्री*
तमिलनाडु	703	9.2	6.5	7.4
आंध्र–प्रदेश	960	12.7	7.3	3.8
मैसूर	620	7:4	5.5	11.3
महाराष्ट्र	495	6.9	**	†

*स्रोतः (*Andhra Pradesh* 1961 *Census*, Vilalge Survey Monographs: *Jerrela* (Visakh. dist.), *Kondiba, Mantsala* (Kurnool dist.), *Pasarlapudilanka* (East Godavari dist.) and Telugus of *Nuagolabandh* (Ganjam dist.); Dr. Dube's Shamirpet data showed 18 per cent of the 380 marriages to have been between cross-cousins. (Maharashtra)—*Mahadev Kolis* and *After a Century and a Quarter*, by G. S. Ghurye; (Mysore)—W. McCormack in *Man in India*, 1958; *Nandigudi* (Harihar taluka) 1961 *Census*, Village Survey Monograph; T. S. Epstein, *Economic Development and Social Change in South India*, 1962; (Tamil Nadu)—Sivertsen, *When Caste Barriers Fall*, 1963; Census (1961) Village Survey Monographs: *Ayyangarkulam* (Chingleput dist.), *Athanagari* (Ramnathapuram dist.) and *Ravanasamudram* (Tiruneleveli or Tinnevelly dist).

** मात्र एक मामला.

† शून्य.

हम देखते हैं कि महाराष्ट्र में ऐसे विवाह, जिनमें किसी महिला की सास उसके पिता की बहन रही हो, की आवृत्ति इतनी कम है कि इस बात पर आश्चर्य करने की कोई आवश्यकता नहीं है कि इस रिश्ते ने किसी महिला और उसकी सास के बीच व्यवहार के मानक प्रतिमान को वस्तुतः प्रभावित न किया हो, जो कि गुजरात तथा उत्तर भारत के इसी रिश्ते के लगभग समान है। दूसरी ओर, मैसूर एवं तमिलनाडु क्षेत्रों में 16 प्रतिशत से भी अधिक

विवाहों में किसी महिला की सास या तो उसके माँ की माँ अथवा पिता की बहन रही है। हमें आशा करनी चाहिए कि इस तथ्य के कुछ प्रभाव व्यवहार के मानक प्रतिमान पर पड़ते हैं। हालांकि, हमारे पास यह निष्कर्ष निकालने हेतु कोई साक्ष्य नहीं है कि संयुक्त–परिवार की संस्था में इतनी अधिक व्याप्त और कुल सांस्कृतिक परिवेश में इतनी अधिक गहराई से समाई हुई सत्तावादी मानसिकता दूसरे प्रभाव का विरोध करने में सक्षम रही है!

कुछ रिश्तों के व्यवहारिक प्रतिमान के अध्ययन में अपने महत्व के अलावा अधिमान्य विवाह की सीमा किसी उप–जाति को छोटे सगोत्र–समूहों में एकीकरण और शायद उसके परिणामस्वरूप उप–जातियों की बहुलता के गठन में सहायता प्रदान करते हुए हमारे गंभीर ध्यान को आकर्षित करती है। वैवाहिक गठबंधनों के वास्तविक भौगोलिक विस्तार, जो, निश्चित रूप से, उप–जाति–अनुलोम, गोत्रान्तर एवं अधिमान्य वैवाहिक नियमों के समनुरूपित परिणाम हैं, इस पहलू पर हमें जानकारी प्रदान कर सकते हैं। और यह पहलू वही है जैसा कि इस अध्याय के शीर्षक द्वारा व्यक्त किया गया है, अर्थात्, जाति अथवा उप–जाति पर सगोत्रता के प्रभाव।

ऊपर वर्णित अनेकों विद्यार्थियों के कार्यों ने वैवाहिक गठबंधनों के भौगोलिक विस्तार के एक मूल्यांकन हेतु आँकड़े प्रदान कर दिए हैं; और निम्नलिखित शोधकर्ताओं ने इसी अवधि में अपने कार्यों द्वारा इस दिशा* में सामग्रियों के प्रवाह में वृद्धि कर दी हैः ए.आर. बेल, एफ.जी. बैले, के. गाफ, आस्कर लेविस, ए.सी. मेयर एवं मैकिम मैरियट।

तमिलनाडु के सम्बन्ध में गाफ के तँजौर जिले में कुम्बापेट्टाई के आँकड़े विशिष्ट हो सकते हैं। वो (I, पृष्ठ 49 पर) हमें बताती हैं कि ''गाँव का प्रत्येक जाति समूह कोई 15 से 20 गाँवों में फैले किसी सगोत्र वैवाहिक उप–जाति से सम्बन्धित रहा प्रतीत होता है'' जाँच के समय 18 गाँवों से सम्बन्धित ब्राह्मण ''उत्तरी तँजौर एवं त्रिचिनापल्ली सीमा तक व्यापक रूप से छितरे थे'', जो ''लगभग 30 मील के घेरे में'' फैली थी। वह आगे इस अंतर्विवाही ब्राह्मण इकाई के आकार से हमें अत्यन्त विचारपूर्वक अवगत कराती हैं। इसमें कोई 5 से 6 हजार लोग शामिल थे (II, पृष्ठ 829)। अछूत पल्लन लोग ''अभी भी व्यापक तौर पर 20 मील के घेरे के अंदर के गाँवों में सीमित'' हैं, और ''अनेकों गैर–ब्राह्मण जाति समूहों में से प्रत्येक के सदस्यों के रिश्तेदार 60 मील दूर तक फैले हैं''(I, पृष्ठ 49)।

कन्नड़–भाषी क्षेत्र के लिए हमारे पास ए.आर. बेल का नामहल्ली गाँव अपने सम्बन्धित गावों के बड़े वृत्त के साथ मौजूद है, जिसमें ''अनेकों वैवाहिक सम्बन्ध 50 मील दूर तक'' स्थापित किए गए हैं'' (पृष्ठ 96)। एपस्टीन के वँगाला गाँव में पूरे–के–पूरे 50 प्रतिशत वर्तमान अंतर–ग्रामीण विवाह ''4 मील के घेरे के अंदर के गाँवों तक सीमित'' थे, और 10 मील के घेरे के अंदर से शामिल गाँवों में विवाहों की संख्या 83 प्रतिशत थी (पृष्ठ 166–69)। 6 मील के घेरे में होने वाले विवाह कुल वर्तमान अंतर–ग्रामीण विवाहों के 69 प्रतिशत थे। उनके दूसरे गाँव डालेना में ऐसे विवाह कुल वर्तमान अंतर–ग्रामीण विवाहों के 79 प्रतिशत थे (296–97)। एपस्टीन के अनुसार पहले वाले गाँव में 54 प्रतिशत तथा दूसरे गाँव में 68.5 प्रतिशत विवाह गाँव के बाहर रहने वाले जीवनसाथियों के साथ किए गए थे। हालांकि, मैं पाता हूँ कि एपस्टीन की पुस्तक में सारणी–21 के आँकड़े डालेना गाँव के बाहर से विवाहों का एक अत्यधिक उच्च प्रतिशत (85) हासिल करते हैं।

आंध्र–प्रदेश के लिए दुबे का हैदराबाद के निकट स्थित शमीरपेट पर्याप्त हो सकता है। कुल 380 विवाहों में से 68 प्रतिशत ने गाँव को 35 मील के घेरे के अंदर स्थिति इकाईयों से सम्बद्ध किया, 30 प्रतिशत ने गाँव को 60 मील तक की दूरी से सम्बद्ध किया। ऐसा प्रतीत होता है कि इन 380 विवाहों में से 5.3 प्रतिशत ऐसे थे जिनमें दोनों जीवनसाथियों का सम्बन्ध शमीरपेट, अर्थात् गाँव के अंदर से ही था (पृष्ठ 54)।

पूर्वीय गोदावरी जिले के राजोल तालुक में पसारलापुदिलका गाँव में कुल 210 विवाहों में से 20 प्रतिशत गाँव के अंदर ही संपन्न हुए थे और 51 प्रतिशत गाँव से 10 मील की दूरी के अंदर संपन्न किए गए थे। 32 विवाह 10 मील

---

* (1) विद्वानों के कार्यों को पिछली सारणीबद्ध प्रस्तुति में पहले ही नोट किया गया है; (2) *Village India*, edited by McKim Marriott; (3) Gough in *American Anthropologist*, 1956; (4) Oscar Lewis, *Village Life in Northern India*, 1958; (5) A. C. Mayer, *Caste and Kinship in Central India*, 1960; (6) A. R. Beals, *Gopalpur*, 1962; (7) F. G. Bailey, *Politics and Social Change*, 1963 and (8) S. C. Dube, *Indian Village*, 1955.

से अधिक की दूरी पर किन्तु जिले के अंदर तथा 79 तालुक के अंदर संपन्न किए गए थे (1961 जनगणना, A. P. VI, No. 16, p. 27)। कुरनूल जिले के अडोनी तालुक में मन्तसला गाँव के कुल 391 विवाहों में से 36.8 प्रतिशत गाँव के अंदर संपन्न हुए थे। 34.5 प्रतिशत विवाह उन गाँवों में किए गए थे जो मन्तसला से 10 से 25 मील की दूरी के अंदर स्थित थे। 25 से 100 मील की दूरी पर स्थित गाँवों में किए गए विवाहों की संख्या कुल विवाहों का 14.8 प्रतिशत थी। मन्तसला के वैवाहिक प्रतिमान की सर्वाधिक स्मरणीय विशेषता यह तथ्य है कि 101 मील से अधिक की दूरी पर स्थित गाँवों के जीवनसाथियों के साथ किए गए कुल 21 विवाहों में से 20 ब्राह्मण विवाह थे!

पुणे से लगभग 12 मील उत्तर–पूर्व में स्थित हवेली तालुक में एक गाँव लोनीकंड के साथ इसकी तुलना में मुझे जो कुछ प्राप्त हुआ वह इस प्रकार है। पिता की पीढ़ी में मुखियाओं की माताओं एवं पिताओं में से 39 प्रतिशत स्वयं इसी गाँव से थे; किन्तु लोनीकंड के इन मुखियाओं की पत्नियों के बीच महिलाओं की संख्या मात्र लगभग 22 प्रतिशत थी। उन गाँवों, जिनमें मुखिया लोगों के अपने विवाह हुए थे, में उनकी कुल 62 विवाहित बहनों में से लगभग 42 का विवाह हवेली तालुक के गाँवों में हुआ था और लगभग 31 प्रतिशत स्वयं लोनीकंड में ही विवाहित थीं। मुखियाओं अथवा उनके भाईयों की 56 विवाहित पुत्रियों में से 38 प्रतिशत के पति हवेली तालुक से थे और मात्र 21 प्रतिशत के पति स्वयं लोनीकंड से। बहनों तथा पुत्रियों दोनों के ही विवाह समूहों में, उत्तरपूर्व स्थित निकटस्थ तालुक, सिरूर, ने 38 प्रतिशत पति प्रदान किए थे (*आफ्टर ए सेंचुरी एंड ए क्वार्टर*, पृष्ठ 77–8)।

निश्चित रूप से महाराष्ट्र के लगभग सांस्कृतिक केन्द्र लोनीकंड में विवाह तमिलनाडु सहित दक्षिणी क्षेत्रों की तुलना में क्षेत्रीय अंदरूनी विवाहों की अधिक गहनता को प्रदर्शित करते हैं।

उत्तर की ओर चलते हुए मुझे ए.सी. मेयर के द्वारा मालवा गाँव में किए गए उत्कृष्ट कार्य पर ध्यान देना चाहिए। मेयर ने अपने रामखेड़ी लोगों के विवाह के क्षेत्रीय विस्तार के सम्बन्ध में सर्वाधिक विस्तृत विवरण प्रदान किए हैं। वैवाहिक स्थिति के सामान्यीकृत विचार का उल्लेख इस प्रकार किया गया है (पृष्ठ 212): ''किसी भी ग्रामीण उप–जाति समूह के वैवाहिक सम्बन्ध औसतन 20 से 30 मील तक फैले हुए हैं, जिसमें सर्वाधिक दूरी कोई 50 मील के आसपास है।'' जातिवार विशिष्टीकृत स्थिति सामान्यीकृत औसत स्थिति की अपेक्षा कहीं अधिक अस्पष्ट अथवा अस्थिर है जो किसी को भी विचार करने हेतु बाध्य कर सकती है। मेयर की पुस्तक में पृष्ठ 210 पर सारणी–2 के अंतर्गत मुसल. मान 'कपास–धुनिया'–विवाहों को छोड़ दिया जाए तो हमारे पास 264 विवाह शेष हैं। इनमें से 141 विवाहों में वर रामखेड़ी थे जबकि 123 वधूएं रामखेड़ी कन्याएं थीं। दोनों ही प्रकार के विवाहों में राजपूतों ने सर्वाधिक लंबी दूरी का औसत बनाया था जिससे या तो वधू अथवा वर आए थे, जो कि पुराने प्रकार में 17 मील का था। किसी राजपूत के जीवनसाथी के गाँव की औसत दूरी 15.5 मील की थी, जिसके बाद अगला स्थान 12 मील दूरी के साथ 'कृषक' जाति का था। नमूने में शामिल राजपूत विवाहों की संख्या 86 थी जबकि किसानों के 96 विवाह शामिल किए गए थे।

उत्तर में और आगे, ऑस्कर लेविस के दिल्ली के निकट स्थित गाँव में 266 विवाहित महिलाओं का आगमन ''200'' अलग–अलग गाँवों से हुआ था जो 40 मील की दूरी तक स्थित थे, जिनकी औसत दूरी 12 से 24 मील थी। चूंकि लेविस ने अपने पाठकों को वैवाहिक आँकड़ों के विश्लेषित विवरण उपलब्ध नहीं कराए हैं, अतः यह कहना संभव नहीं है कि जिस गाँव से वधु को उनके गाँव में लाया गया था उसकी सामान्य औसत दूरी 18 मील थी अथवा 15 मील। हालांकि, इस कमी को ब्राह्मणों, जाटों, नाईयों तथा चमारों के सम्बन्ध में प्रदान की गई जानकारी द्वारा दूर कर दिया गया है। जहाँ जाटों और ब्राह्मणों ने अपनी वधुओं की खोज मात्र 12 से 13 मील की दूरी में की थी, वहीं चमार औसतन 20 मील की दूरी तक आगे चले गए थे। नाई, जिनकी खोज कहीं मुश्किल थी, इससे भी आगे गए और उन्होंने 24 मील की दूरी तय की (पृष्ठ 161)। अलीगढ़ जिले के पूर्व में लगभग 100 मील की दूरी पर स्थित किशनगढ़ी गाँव, जिससे सम्बन्धित कुछ आँकड़े मॅकिम मैरियट द्वारा उपलब्ध कराए गए हैं, में यद्यपि मुख्य भू–स्वामी जाट वैसे ही हैं जैसे कि लेविस के गाँव में ब्राह्मण आसामी–किसानों द्वारा गाँव की आधी भूमि पर कब्जा करते हुए गठित हुए अनेकों समूह। मैरियट ने हमें बहुत कम आँकड़े प्रदान किए हैं। वह तो विवाहों की कुल संख्या भी प्रकट नहीं करते, यद्यपि यह स्पष्ट है कि इनकी संख्या 399 से अधिक अवश्य होनी चाहिए। लेविस तथा बाद में मेयर के समान ही वह हमें जातिवार आँकड़े बहुत कम ही उपलब्ध कराते हैं।

वो हमें बताते हैं कि ''किशनगढ़ी में समूहों के वैवाहिक बंधनों में से आधे उन्हें 14 मील से अधिक दूरस्थ स्थानों से जोड़ते हैं, जबकि 5 प्रतिशत उन्हें 40 मील दूर स्थित स्थानों से सम्बद्ध करते हैं''। शेष 45 प्रतिशत विवाहों के सम्बन्ध में हमें प्रत्यक्ष अथवा अप्रत्यक्ष किसी प्रकार की जानकारी नहीं मिल सकी (पृष्ठ 174–5)। उनके बाद के एक प्रकाशन, *कास्ट रैंकिंग कम्युनिटी स्ट्रक्चर* (1965, पृष्ठ 25) में उन्होंने इस कथन में इस प्रकार संशोधन किया है: ''इन नियमों (वैवाहिक) के प्रभाव वैवाहिक सम्बन्धों को गाँव से सभी दिशाओं में औसतन 14 मील की दूरी तक बिखराने के हैं।'' मुझे यह पर्दा डालने जैसा प्रतीत होता है, जो या तो मूल कथन को विकृत करता है अथवा उसपर संदेह उत्पन्न करता है। हालांकि संभव है कि मैं नहीं सोच रहा हूँ कि किशनगढ़ी के लोग विवाह के लिए जीवनसाथी की खोज सम्बन्धी दूरी, जिसे 15 से 20 मील की औसत दूरी के बीच में निर्धारित किया जा सकता है, के मामले में लेविस की प्रथा से बहुत अधिक विचलित नहीं हुए थे।

इस प्रकार यह देखा गया है कि कन्नड–भाषी क्षेत्र में कुछ अपवादों के साथ दक्षिण भारत तथा विशेषतौर पर तमिलनाडु में विवाहों का क्षेत्रीय प्रसार मध्य–प्रदेश तथा उत्तर–प्रदेश के उत्तर के भारतीय–आर्य प्रकार से बहुत अधिक भिन्न नहीं है। अतः, अधिमान्य विवाह वैवाहिक रिश्तों की दूरी एवं उसके परिणामस्वरूप किसी सगोत्र वैवाहिक समूह, जाति अथवा उपजाति के क्षेत्रीय अथवा प्रादेशिक एकीकरण को बहुत अधिक प्रभावित नहीं करते।

यहाँ तक कि इस अनुमान अथवा निष्कर्ष का समर्थन सगोत्रीय वैवाहिक इकाईयों के वास्तविक आकार से सम्बन्धित उस सीमित जानकारी द्वारा भी किया गया है जिसे हम इस समस्या पर प्रभाव डालने वाला मान सकते हैं। के. गाफ ने यह उल्लेख करने के द्वारा हमें उपकृत किया है कि उनके कुम्बारपेट्टाई के ब्राह्मण एक ऐसे सगोत्र वैवाहिक समूह से सम्बन्धित हैं जो 18 गाँवों में फैले हुए हैं और जिनकी संख्या 5 से 6 हजार के लगभग है।

1891 में गुजरात के ब्राह्मणों की संख्या 5,69,000 थी। उनके बीच 93 उप–विभाजन रहे बताए जाते हैं (*बॉम्बे सेंसस,* 1911, *रिपोर्ट,* पृष्ठ 240)। हालांकि, *गुजरात पापुलेशन* शीर्षक से बॉम्बे गजेटियर (पृष्ठ 3), जो उपरोक्त संख्याएं प्रदान करता है, मात्र 54 'वर्गों' के बारे में बात करता है, यद्यपि कहा जाता है कि उनके बीच मौजूद गैर–अंतर्वैवाहिक समूहों की संख्या 79 से 84 के बीच थी। उनके बीच के एक विभाजन अथवा एक जाति, औदिच ब्राह्मण, के पास 2,00,000 से कुछ अधिक सदस्य रहे बताए जाते हैं। यदि हमें शेष 3,69,000 ब्राह्मणों का विभाजन समान रूप से शेष उप–विभाजनों अथवा जातियों के बीच करना हो तो हमें एक जाति में मात्र 7,000 लोग ही प्राप्त होंगे, जो एक ऐसी संख्या है जो 1951 में कुम्बारपेट्टाई की बृहक्षछारण ब्राह्मण जाति की संख्या के लगभग समान है। जैसा कि इनके पास 1951 में था, निश्चित रूप से 60 वर्षों पूर्व कुम्बारपेट्टाई ब्राह्मण जाति के बीच 6,000 से कम ही सदस्य रहे होंगे। इसका अर्थ है कि गुजरात ब्राह्मणों के बीच अवश्य ही ऐसी सगोत्रीय वैवाहिक इकाईयाँ मौजूद थीं जो कुम्बारपेट्टाई ब्राह्मणों की सगोत्रीय वैवाहिक इकाई से कुछ बड़ी रही हों। दूसरी ओर, गुजरात की कुछ ब्राह्मण जातियाँ अपेक्षाकृत अल्पसंख्यक रहीं हो सकती हैं; और सूचना के इसी स्त्रोत से हमें ज्ञात होता है कि भार्गव ब्राह्मण के रूप में ज्ञात जाति के द्वारा मात्र 1,884 सदस्यों की गणना की गई थी (पृष्ठ 8)। प्रसिद्ध एवं अग्रणी गुजराती समुदाय, नागर ब्राह्मण जाति, के पास 28,250 सदस्य थे जो 6 'मुख्य' विभाजनों में विभाजित थे (पृष्ठ 13)। यदि सदस्य कमोबेश समान रूप से इन 6 सगोत्रीय वैवाहिक इकाईयों में विभाजित थे तो प्रत्येक इकाई के पास लगभग 5,000 की संख्या रही होनी चाहिए, जो एक बार फिर से कुम्बारपेट्टाई की ब्राह्मण जाति की संख्या के बहुत नजदीक है। आगे, कुम्बारपेट्टाई ब्राह्मणों के विपरीत, नागरों के उप–विभाजनों में से कम–से–कम तीन दो वर्गों, 'गृहस्थ' तथा 'भिक्षुक' में बँटे हुए हैं; और इन उप–विभाजनों में से एक, वाडनागर नागर, के बीच दो वर्ग परस्पर विवाह नहीं करते (देसाई, जी.एच., पृष्ठ 76)। अतः, यदि वाडनागर ब्राह्मणों की संख्या 8,000 के लगभग रही भी हो तो भी उनके बीच दो सगोत्रीय वैवाहिक इकाईयाँ, 'गृहस्थ' एवं 'भिक्षुक', रहीं होंगी, जिनमें से प्रत्येक के पास 3,000 से 5,000 तक सदस्य रहे होने चाहिए।

उपलब्ध साक्ष्यों, जो निश्चित रूप से पूर्णतः दोषहीन नहीं हैं, के आधार पर हम यह निष्कर्ष निकाल सकते हैं कि न तो अनुलोम विवाह, न ही गोत्रान्तर विवाह, और न ही अधिमान्य विवाह किसी सगोत्रीय वैवाहिक इकाई अथवा ऐसी इकाईयों की बहुलता की सीमा को ठोस रूप से प्रभावित करते नहीं प्रतीत होते।

संदर्भ

1. *People of India*, 2nd ed., p. 161. 2. P. 277. 3. P. 264. 4. Op. cit. (2), pp. 161–63. 5. Op. cit. (2), p. 179. 6. p. 185. 7. Pp. 179–80. 8. Rattigan, W. H., *Digest of Punjab Customary Law* (3rd ed., 1883), pp. 7–8. 9. *Ghurye Felicitation Volume*, p. 196.

10. Rose, H. A.: II, p. 289. 11. Risley: (1) pp. 48, 66, etc.; (2) Pp. 163–71; Dutt: (II) pp. 5–16, 62–5; Sircar, pp. 498–500. 12. *Bom. Gaz.*, IX, *Gujarat Population*, p. 123; *Bombay Census Report*, 1911, pp. 118–20, 280–81; Pocock in *Ghurye Felicitation Volume*. 13. *U.P. Census Report*, 1901, pp. 209–10; Blunt, pp. 46–9. 14. Baines, p. 34. 15. *U.P. Census Report*, 1901, pp. 209–10; Blunt, p. 49. 16. P. 23. 17. *Totemism in India*, 1965, p. 283. 18. Risley, *T.C.*, I, pp. 285–6. 19. *Village Life in Northern India*, p. 23; McKim Marriott's *Village India*, pp. 155, 163.

20. Marriott, *Village India*, pp. 155, 163. 21. Blunt, p. 45. 22. Blunt, p. 45. 23. *Ep. Ind.*, LXI, 1932, p. 55. 24. D. R. Bhandarkar in *Ep. Ind.*, XI, pp. 26, 61, 79. 25. *Ep. Ind.*, XI, pp. 299–303. 26. Pp. 250, 254. 27. Pp. 406–25. 28. Sircar, pp. pp. 433, 47. 29. Sircar, pp. 456–57.

30. *Ep. Ind.*, XI, pp. 317, 325. 31. *Ep. Ind.*, LXI, pp. 71–2. 32. Blunt, p. 49. 33. *Ind. Art.*, p. 71–2. 34. Gangopadhay, p. 42. 35. N. K. Dutt (2), pp. 3, 5, 9–12. 36. Gangopadhay, p. 40. 37. Dutt, 4, 12. 38. *Dist. Gaz. Tinnevelly*, pp. 133–40; Thurston, III, p. 73; *Madras Census* 1961, *Village Survey Monographs; Kunnalur* (Thanjavur Dist.), p. 15; *Golwarpatti* (Ramnathapuram Dist.), p. 10. 39. *Bombay Census Report*, 1911, pp. 245, 288.

40. *Marriage and Family in Mysore*, pp. 191–98; 'Some Tamil Folk Songs' in the *Journal of University of Bombay*, vol. XII, 1943–44, pp. 61, 75–9.

10
ब्रिटिश शासन के दौरान जातियाँ

हम देख चुके हैं कि जातीय पदानुक्रमिक संगठन में ब्राह्मण शीर्ष पर थे तथा हिन्दू राजाओं ने सत्ता सम्बन्धी अपने अधिकारों की सहायता से इस संस्था को हमेशा कायम रखा। समाज के राजनीतिक मुखियाओं के रूप में ब्रिटिशों के आगमन के साथ ही स्थितियों में परिवर्तन अवश्यसंभावी हो चुके थे। ब्रिटिश अपने साथ सरकार का अपना स्वयं का परंपरागत तरीका लेकर आए थे, और ईसाईयों के रूप में उन्हें हिन्दुओं की संस्थाओं से बहुत अधिक सहानुभूति नहीं थी। एक अजनबी धरती और लोगों पर अपनी शक्ति को स्थापित करने की इच्छा से युक्त विवेकपूर्ण विदेशियों के रूप में उन्होंने देश के उन संस्थानों, जहाँ उन्होंने सरकार सम्बन्धी अपने पोषित विचारों के गंभीर उल्लंघन किए थे, को छोड़कर अन्य विशिष्ट संस्थानों को पूर्णतः अकेले छोड़ देने का निर्णय कर लिया। उन्होंने शिक्षा की एक ऐसी प्रणाली लागू कर दी जो विद्यार्थियों से किसी धर्म परिवर्तन की माँग नहीं करती थी। इस प्रकार विचार एवं व्यवहार के प्रतिमानों, जो उनसे बहुत भिन्न थे और जिसके लोग अभ्यस्त थे, को धर्म से पृथक रूप में प्रस्तुत किया गया। तुलनात्मक गैर–हस्तक्षेप की नीति ने स्वाभाविक रूप से उन जातियों को विद्रोह की गुंजाइश प्रदान कर दी जो ब्राह्मणवादी श्रेष्ठता के अधीन पूर्णतः सहज नहीं थीं। बाद में, आधुनिक औद्योगिक संगठनों के आगमन तथा औद्योगिक शहरों के विकसित होने के साथ लोगों की बड़ी संख्या मिश्रित आबादी के रूप में शहरों में जमा हो गई, जो अपने घरेलू प्रभावों से दूर थी तथा अपनी जातियों एवं गाँव के लोगों की निगाहों से परे थी। यह समकालीन जाति की तस्वीर की पृष्ठभूमि है। इस अध्याय में मैं हमारी संस्था पर इन परिस्थितियों के परिणामों की खोज करूँगा।

ब्रिटिश शासन के इतिहास के प्रारंभ में तीन प्रेसीडेन्सियों (सूबों) में शासकों के कार्य एकसमान नहीं थे। जातीय संगठन की अखंडता को मान्यता प्रदान करते समय बंगाल में नियमों में से एक के द्वारा जाति बहाली के लिए ऐसे मुकद्मों की अनुमति दे दी गई थी जिस पर साधारण न्यायालयों द्वारा विचार किया जाता था।[1] यह निर्णय दिया गया कि क्लबों अथवा स्वैच्छिक संघों से निष्कासन जाति बहिष्करण से पूर्णतः भिन्न थे।[2] हालांकि, बम्बई में यही नियम स्पष्ट रूप से प्रावधान करता है कि ''किसी अन्य पक्ष के कुछ गैरकानूनी कार्य से उत्पन्न जाति एवं वादी के चरित्र को हुई कथित हानि के कारण क्षतिपूर्ति के लिए स्थापित वाद के स्वीकार करने और विचारण से परे'' कोई भी न्यायालय जाति सम्बन्धी किसी भी प्रश्न में हस्तक्षेप नहीं करेगा।[3] किसी जाति की सदस्यता के सामाजिक विशेषाधिकारों को पूरी तरह से जाति के न्यायाधिकार क्षेत्र के अंदर माना जाएगा। जब किसी शिकायत द्वारा आरोप लगाया गया हो कि जाति से उसके बहिष्करण के कारण या तो किसी संपत्ति अथवा किसी पद के किसी कानूनी अधिकार का उल्लंघन किया गया है, मात्र तब ही ऐसा होगा कि किसी न्यायालय के द्वारा किसी वाद पर विचार किया जाए।[4] आगे यह और माना गया है कि जाति की इस स्वायत्तता का अस्तित्व मात्र कानून के अंतर्गत है न कि इसके विरुद्ध। अतः, जातीय–कार्यवाहियों को सम्बन्धित व्यक्ति को स्पष्टीकरण का समुचित

अवसर प्रदान करते हुए अवश्य ही परिपाटी के अनुसार होना चाहिए तथा किसी भी द्वेष से अवश्य ही प्रभावित नहीं होना चाहिए।[5]

आंतरिक मामलों हेतु जाति की अखंडता की यह मान्यता इस संस्था को इसके महत्वपूर्ण अधिकारों में से कुछ के अतिक्रमण से संरक्षण नहीं प्रदान करती। एकसमान आपराधिक कानून को लागू करते हुए ब्रिटिश न्यायालयों की स्थापना ने जाति की परिधि से अनेकों ऐसे मामलों को बाहर कर दिया जिन पर पहले इसके द्वारा निर्णय किए जाते थे। हमला करने, व्यभिचार, बलात्कार, तथा ऐसे ही मामलों को निर्णय के लिए ब्रिटिश न्यायालयों में ले जाया जाने लगा और जातीय परिषदें आनुपातिक रूप से अपने पुराने महत्व को खोती चली गईं। यहाँ तक कि सिविल कानून के मामलों, जैसे विवाह, तलाक इत्यादि में भी यद्यपि अंग्रेजों की स्पष्ट मंशा जाति–प्रथाओं से निर्देशित होने की थी, किन्तु धीरे–धीरे लेकिन सुनिश्चित रूप से उच्च न्यायालयों के अनेकों निर्णयों द्वारा जाति के अधिकार को निरस्त कर दिया गया।

1826 में बम्बई की ओर से सर्वप्रथम ब्रिटिश प्रशासक के रूप में बोराडाइल एवं स्टील जैसे अधिकारियों को नियुक्त किया गया था ताकि वे प्रेसीडेंसी की अनेकों जातियों की परिपाटियों एवं प्रथाओं के संकलन तैयार कर सकें। इन परिश्रमी अधिकारियों ने उपयोगी संकलन तैयार कर लिए। किन्तु अन्य प्रांतों में ऐसे ही सार–संग्रह तैयार नहीं किए गए थे। परिणाम यह था कि 1856 के विधवा–पुनर्विवाह अधिनियम में ऐसे खंड थे जो तथाकथित निम्न जातियों की कुछ प्रथाओं का वास्तव में उल्लंघन करते थे। किसी हिन्दू विधवा के विवाह को वैधता प्रदान करने के साथ इस अधिनियम ने ऐसी पुनर्विवाहित विधवा को अपने मृत पति की संपत्ति में प्राप्त समस्त अधिकारों एवं हितों से वंचित कर दिया। सौभाग्यवश, न्यायालयों ने इस अधिनियम की इन धाराओं का एक समुचित दृष्टिकोण अपनाया, और आदेश दिया कि अपने प्रतिबंधात्मक खंडों के साथ यह अधिनियम मात्र उन्हीं विधवाओं पर लागू होता है जो, इस अधिनियम की सहायता के बिना, अपनी जातीय–प्रथाओं के अनुसार पुनर्विवाह नहीं कर सकती थीं। पुनर्विवाह की अनुमति प्रदान करने वाली जातियों की विधवाओं के अपने मृत पति की संपत्ति में अधिकार और हितों को मात्र तब ही जब्त किया गया जब जातीय–प्रथाओं ने ऐसे जब्तीकरण के आदेश दिए।[6]

1876 में ही बम्बई उच्च न्यायालय ने निर्णय दिया कि "न्यायालय किसी भी जाति के विवाह को अवैध घोषित करने, अथवा किसी महिला को पुनर्विवाह की अनुमति देने के अधिकार को मान्यता नहीं प्रदान करेगा"।[7] जब अपनी परिवर्तित स्थिति की भरपूर उपेक्षा करते हुए कोई जातीय–परिषद् एक न्यायाधिकरण बनने का उपक्रम करती है ताकि यह अपने दोषी सदस्यों का विचारण कर सके, तब इसे कानून की शक्ति का तुरंत ही अनुभव करवाया जाता है। यह भली–भांति ज्ञात है कि पुराने शासन के अंतर्गत किसी अपराध की खोज करने के सर्वाधिक सामान्य तरीकों में से एक यह था कि आरोपी व्यक्ति को अनेकों प्रकार की कठिनाईयों वाली अग्निपरीक्षा से गुजरना होता था। हाल ही में अहमदाबाद की पख्खा राजपूतों की जातीय–परिषद् ने जादू–टोने के आरोपी एक पुरुष और उसकी माँ को एक अग्निपरीक्षा में प्रस्तुत कर दिया था जो ऐसे मामलों में आम बात है। चूंकि उनमे से एक संदिग्ध सफल नहीं हो सका अतः परिषद् ने कथित अपराध के लिए अर्थदंड की माँग कर दी। इस अर्थदंड की वसूली के लिए एक वाद प्रस्तुत किया गया किन्तु इसे नीति–विरुद्ध होने के कारण निरस्त कर दिया गया। इस पर एक व्यक्ति ने उन व्यक्तियों के विरुद्ध मानहानि का दावा प्रस्तुत कर दिया जिन्होंने जातीय–परिषद् के समक्ष उनके विरुद्ध शिकायत दर्ज की थी।[8]

हिन्दुओं की समस्त जातियों के पुजारियों के रूप में कार्य करने के ब्राह्मणों के आनुवांशिक एवं निर्देशात्मक अधिकार, कुछ अपवादों के साथ जाति–समाज में अपने समस्त उतार–चढ़ावों से गुजरते हुए, एकसमान एवं सामान्य सिद्धांत बने रहे हैं। बाद में मैं इस प्रश्न से सम्बन्धित लोगों के दृष्टिकोण का वर्णन करूँगा; किन्तु यहाँ मैं स्पष्ट करना चाहूँगा कि उच्च न्यायालयों के कुछ निर्णयों ने किसी प्रकार से गैर–ब्राह्मण जातियों को इतना शक्तिशाली बना दिया कि वे ब्राह्मणों को उनके पुजारीपद के एकाधिकार से वंचित कर दें। बंगाल तथा उत्तरी भारत में अब यह सामान्य तौर पर स्थापित हो चुका है कि कानून में पुजारी जैसे किसी भी पद को कोई मान्यता प्राप्त नहीं है, और कोई भी गृहस्थ अपने पसंद के किसी भी व्यक्ति को किसी भी पूजन सेवा के लिए नियुक्त कर सकता है

और उसके शुल्क का भुगतान कर सकता है। मद्रास प्रेसीडेंसी द्वारा भी ऐसा ही दृष्टिकोण अपनाया जा चुका है।[9] जब मराठा देश में गैर–ब्राह्मण सुधारवादियों ने अपने धार्मिक अनुष्ठानों को ब्राह्मण पुजारियों की सहायता के बिना ही संपन्न करना प्रारंभ कर दिया था, तो ब्राह्मणों ने अपने अधिकारों का उल्लंघन करने वाले व्यक्तियों के विरुद्ध निषेधाज्ञा की माँग करते हुए एक शिकायत दर्ज करवा दी थी। बम्बई उच्च न्यायालय ने आदेश दिया कि लोग अपनी पसंद के किसी भी पुजारी को नियुक्त कर सकते हैं, और वे आनुवांशिक पुजारियों की सेवाएं प्राप्त करने हेतु कतई बाध्य नहीं थे; परंतु मद्रास उच्च न्यायालय के विपरीत उन्होंने आदेश दिया कि आनुवांशिक पुजारियों को क्षतिपूर्ति के रूप में कुछ शुल्क अवश्य दिया जाना चाहिए।[10]

इसने विभिन्न जातियों को एकसाथ बाँधे रखने वाले एकमात्र बंधन, अर्थात्, आम पुजारी के रोजगार की समाप्ति के मार्ग को खोल दिया है।

1850 के जाति–अक्षमता निवारण अधिनियम ने जाति की अखंडता को एक और आघात पहुँचाया। जैसा कि इसके शीर्षक से ही अपेक्षा की जा सकती है, यह अधिनियम जाति तथा जाति के बीच मौजूद नागरिक अक्षमताओं को ही दूर नहीं करता बल्कि किसी अन्य धर्म में परिवर्तित होने अथवा किसी अन्य जाति में प्रवेश करने की सुविधा भी प्रदान करता है। किसी जाति अथवा धर्म के परिवर्तन के लिए जाति से बेदखल करने की किसी भी प्रथा के बावजूद यह अधिनियम प्रावधान करता है कि एक व्यक्ति जाति के खोने अथवा धर्म परिवर्तन के कारण संपत्ति के अपने सामान्य अधिकारों को नहीं खोता।

सर्वाधिक महत्वपूर्ण और संभवतः एकमात्र शेष बचे हुए पहलू, अर्थात्, जाति के बाहर विवाह के विरुद्ध निषेध के सम्बन्ध में ब्रिटिश न्यायालयों की कार्यप्रणाली विविधतापूर्ण रही है। कुछ प्रारंभिक मामलों में यह निर्णय दिया गया था कि ब्राह्मणों अथवा शूद्रों के विभिन्न विभाजनों से सम्बन्धित व्यक्तियों के बीच हुए विवाह तब तक अवैध थे जबतक कि प्रथाओं के द्वारा विशेषतौर पर अनुमोदित न किए गए हों; परंतु हाल के आदेश इसके विपरीत रहे हैं। मद्रास के एक मामले में जब शूद्र वर्ग से सम्बन्धित एक हिन्दू ने हिन्दू धर्म में परिवर्तित एक ईसाई महिला से विवाह किया तो इस विवाह को शूद्र वर्ग के अलग–अलग विभाजनों के सदस्यों के बीच होने और इसी कारण वैध होने के रूप में स्वीकार कर लिया गया। जाति की अखंडता को अभी तक जो मान्यता प्राप्त थी कि न्यायालय ने यह माना था कि जहाँ जाति विवाह को वैध मानती है और पक्षकारों को अपना सदस्य मानती है, वहाँ न्यायालय इसे अवैध एवं शून्य घोषित नहीं कर सकता।[11]

हालांकि, सामाजिक सुधार मामलों की वर्तमान स्थितियों से संतुष्ट नहीं थे, और विधायकों ने अंतर्जातीय विवाहों को वैध ठहराने वाले विधेयकों को प्रस्तुत करने के प्रयास किए थे। 1872 के विशेष विवाह अधिनियम ने किसी भी भारतीय, चाहे वह किसी भी जाति अथवा पंथ का हो, के लिए किसी भी जाति अथवा पंथ से सम्बन्धित व्यक्ति के साथ विवाह करना संभव बना दिया, बशर्ते विवाह का अनुबंध पंजीकृत करने वाले पक्ष *साथ–साथ* यह भी घोषित करें कि वे किसी धर्म से सम्बन्ध नहीं रखते। सिविल विवाह के पक्षकारों के द्वारा जाति एवं धर्म के औपचारिक परित्याग की माँग करने वाले खंड को देश में समस्त प्रगतिशील तत्वों के द्वारा एक महान समस्या और एक नैतिक दुविधा माना गया था। इस शिकायत में वृद्धि करने हेतु, ब्राह्मों समाज के सदस्य, जिन्हें इस अधिनियम की परिधि के बाहर का माना गया था, को प्रिवी काउंसिल के एक निर्णय के द्वारा अधिनियम के प्रयोजनों के लिए हिन्दू माना गया था। ब्राह्मों–समाज के सदस्यों के विवाह आगे तब तक वैध नहीं हो सकते थे जबतक कि पक्षकार इस घोषणा पर हस्ताक्षर न कर दें कि उनका किसी भी जाति अथवा धर्म से कोई सम्बन्ध नहीं है। सुधारकों के द्वारा विवाह कानून को उदार बनाने हेतु विरोध प्रदर्शनों को जारी रखा गया। आंशिक तौर पर सरकार की उदासीनता तथा हिन्दुओं के रूढ़िवादी वर्ग के शत्रुतापूर्ण रवैये के कारण बी.एन. बसु तथा वल्लभभाई पटेल दोनों ही इस दिशा में अपने प्रयासों में एक के बाद एक असफल रहे। संशोधित कानून में मात्र इतना ही था कि सर हरी सिंह गौड़ एक प्रासंगिक विधेयक को कानून में पारित करवाने में सफल रहे, यद्यपि कि यह पहले सुधारकों के इच्छित मौलिक रूप में नहीं था। इसे 1923 के विशेष विवाह संशोधन अधिनियम के नाम से जाना जाता है। यह जैनों, सिक्खों, तथा ब्राह्मणों सहित मात्र हिन्दुओं पर लागू होता है। इस अधिनियम के प्रावधान के अधीन विवाह करने वाले

व्यक्ति, चाहे वे किसी भी जाति के हों, को 1872 के अधिनियम के अंतर्गत निर्धारित घोषणा करने की आवश्यकता नहीं होती। हालांकि, यह लाभ बिना पर्याप्त बलिदान के प्राप्त नहीं हुआ था। यदि दो अलग–अलग जातियों से सम्बन्धित दो हिन्दू इस अधिनियम के अधीन विवाह करते हैं तो उन्हें घोषणा में अपने धर्मों का त्याग करने की आवश्यकता तो नहीं है किन्तु उन्हें हिन्दुओं के रूप में अपने कुछ निजी अधिकारों से वंचित होना होता है। वे किसी को गोद नहीं ले सकते। अपने विवाह के उपरांत वे उस संयुक्त परिवार के सदस्य नहीं रह जाते जिससे वे पहले सम्बन्धित थे। परिवार की संपत्ति में जो कुछ भी अधिकार उन्हें हिन्दू कानून के अंतर्गत उत्तरजीवित द्वारा उपार्जित हुए थे, समाप्त हो जाते हैं। जहाँ तक उनकी स्वयं की संपत्ति का प्रश्न है, वह हिन्दू कानून से नहीं बल्कि भारतीय उत्तराधिकार अधिनियम द्वारा शासित होगी।[12]

जाति की पुरानी व्यवस्था के अंतर्गत हिन्दू समाज के कुछ वर्ग, जिन्हें अछूत माना जाता था, अनेकों नागरिक अधिकारों से वंचित थे। उनकी अयोग्यताओं को दूर करने तथा नागरिक समानता के स्तर पर उन्हें स्थापित करने का प्रश्न ब्रिटिश प्रशासकों के समक्ष विचारार्थ प्रस्तुत हुआ। 1856 में बम्बई सरकार को एक महार लड़के के मामले पर विचार करना पड़ा जिसे धारवाड़ के सरकारी स्कूल में प्रवेश देने से इंकार कर दिया गया था। इस मामले में संलिप्त प्रधानाचार्य ने लगभग दो वर्षों तक सरकार के ध्यान को उलझाए रखा। अंततः, 1858 में एक प्रेस विज्ञप्ति में यह घोषित किया गया कि ''यद्यपि गवर्नर–इन–काउंसिल उन स्कूलों, जिनके खर्चों को ऐसे किसी उपाय पर आपत्ति करने वाले स्थानीय योगदानकर्ताओं एवं संरक्षकों के द्वारा सरकार के साथ साझा किया जाता है, में निम्न–जाति के विद्यार्थियों के प्रवेश को लागू करने पर विचार नहीं करते, तथापि वह आंशिक रूप से सहायताप्राप्त किसी भी ऐसे स्कूल को सरकार के सहयोग से इंकार करने के संपूर्ण अधिकार को अपने पास सुरक्षित रखते हैं जिसमें शिक्षा के लाभ को लोगों के किसी वर्ग से जाति अथवा प्रजाति के आधार पर दूर रखा जाता हो, और आगे निश्चय करते हैं कि सरकार की संपूर्ण लागत पर चलने वाले समस्त स्कूलों में सभी विषयों में बिना किसी भेदभाव के सभी वर्गों के लिए प्रवेश खुला रहेगा''।[13] 1915 की एक प्रेस विज्ञप्ति में हमें अभी भी यह शिकायत प्राप्त होती है कि पश्चिमी सभ्यता तथा अंग्रेजी शिक्षा भी अस्पृश्यता सम्बन्धित पुराने विचारों का सफलतापूर्वक मुकाबला नहीं कर सकी है। आगे यह ''ग्रामीण स्कूलों में महारों एवं अन्य वंचित वर्ग के लड़कों के उन जाने–पहचाने दृश्यों'' को संदर्भित करता है ''जिनमें इन्हें स्कूल की कक्षा में प्रवेश की अनुमति प्रायः नहीं होती बल्कि उन्हें कक्षा के बाहर बरामदे में बैठाया जाता है''। 1923 में सरकार ने एक प्रस्ताव जारी किया था कि किसी भी ऐसे सहायताप्राप्त शिक्षण संस्थान को अनुदान नहीं दिया जाएगा जो वंचित वर्ग के बच्चों को प्रवेश देने से इंकार करता हो। इस समय तक, वंचित वर्ग के लड़कों को पृथक करने की प्रथा तेजी से समाप्त होती जा रही थी, विशेषतौर पर प्रेसीडेंसी के केन्द्रीय प्रखंड में। अनेकों स्थानीय बोर्डों एवं नगरपालिका स्कूलों में वंचित वर्ग के विद्यार्थियों को अपनी कक्षाओं में हिन्दू जाति के लड़कों और लड़कियों की तरह से बैठने की अनुमति नहीं है।

जहाँ बम्बई सरकार इस प्रकार से वंचित वर्गों के लिए समान व्यवहार के अधिकारों को लागू कर रही थी, वहीं मद्रास सरकार ने अपनी विधि–पुस्तिका में बहुत देरी से 1923 में एक कानून पारित किया जिसके द्वारा ग्रामीण मजिस्ट्रेटों को निम्नजातियों के प्रति अपराधकर्ताओं को कारावास द्वारा दंडित करने का अधिकार प्रदान कर दिया क्योंकि सरकार ने 1914 में ही इस अमानवीय प्रथा को समाप्त करने के लिए स्वयं को प्रतिज्ञाबद्ध कर लिया था।[14] 1925 में मद्रास विधान परिषद् में एक विधेयक प्रस्तुत किया गया था ताकि किसी भी सार्वजनिक कार्यालय, कुएं, तलाब, अथवा सार्वजनिक स्थल तक पहुँच प्रदान करने वाली सभी सार्वजनिक सड़कों, चौराहों, अथवा पैदलपथों को वंचितों सहित सभी वर्गों के लिए खुला छोड़ने के लिए पारित एक प्रस्ताव के सिद्धांत को कानून का रूप प्रदान किया जा सके।[15]

संशोधित संविधान में वंचित वर्गों को नामांकन द्वारा स्थानीय एवं विधायी निकायों में विशिष्ट प्रतिनिधित्व प्राप्त हो गया।

वंचित वर्गों को छोड़कर अधिकांश जातियाँ, जो अनेकों अयोग्यताओं से पीड़ित थीं, गैर–ब्राह्मण थीं। अंग्रेजों के समान कानूनों के द्वारा इनमें से किसी भी योग्यता को वैध नहीं माना गया था। फिर भी सेवाओं पर अधिकांशतः

उन ब्राह्मण एवं सम्बद्ध जातियों का कब्जा था जो अंग्रेजी शिक्षा से सबसे पहले लाभान्वित हुए थे। जातियों के प्रति उनके परंपरागत दृष्टिकोण ने गैर–ब्राह्मणों वर्गों के साथ उनके व्यवहारों को स्वाभाविक रूप से प्रभावित किया था। इस स्थिति ने कुछ गैर–ब्राह्मण नेताओं तथा सरकार में सहानुभूति रखने वाले कुछ अधिकारियों को धीरे–धीरे उन आधे–अधूरे विलय हो चुके वर्गों के लिए विशेष व्यवहार की माँग करने हेतु जाग्रत कर दिया। एक प्रत्युत्तर के रूप में, बम्बई में सार्वजनिक निर्देश निदेशक चैटफील्ड ने 1878 में इन जातियों में से कुछ के लड़कों को प्राथमिक स्कूलों में शुल्क के मामले में कुछ रियायतें प्रदान कर दीं। बाद में माध्यमिक स्कूलों एवं कॉलेजों में इनमें से कुछ के लड़कों के लिए छात्रवृत्तियों की स्थापना कर दी गई।

प्रारंभिक गैर–ब्राह्मण नेताओं ने प्रशासनिक निकायों तथा सेवाओं दोनों में ही अपने सदस्यों के लिए विशेष प्रतिनिधित्व हेतु सरकार से अनुरोध किया था। बहुत लंबे समय तक यह अपील बिना सुनवाई के लंबित रही। हालांकि, कोल्हापुर के स्वर्गीय महाराजा[16] के द्वारा इस शोर को सुना गया और श्री मॉंटेग के भारत आगमन पर उनके द्वारा इसके लिए एक मजबूत मामला तैयार किया गया ताकि वे सरकार के भविष्य के स्वरूप के सम्बन्ध में जनता तथा भारत सरकार से विचार–विमर्श कर सकें। श्री मॉंटेग एवं लार्ड चेम्सफोर्ड के प्रस्तुतिकरण द्वारा तैयार किए गए संशोधित संविधान में मिश्रित मतदाताओं के द्वारा गैर–ब्राह्मणों के लिए विशिष्ट प्रतिनिधित्व स्वीकार कर लिया गया था। इन प्रावधानों के अंतर्गत बम्बई प्रेसीडेंसी की संपूर्ण हिन्दू आबादी को तीन वर्गों में विभाजित कर दिया गयाः (1) ब्राह्मण एवं सम्बद्ध जातियाँ; (2) मराठों एवं अन्य लोगों द्वारा गठित मध्यवर्ग, तथा (3) तथाकथित अछूतों सहित पिछड़े वर्ग।[17] अन्य भारतीयों जैसे समुचित वर्ग में पारसियों के साथ–साथ इस वर्गीकरण का अनुसरण विभिन्न सेवाओं में भर्ती करने हेतु भी किया गया था।

बम्बई सरकार के वित्त विभाग के दिनांक 17 सितम्बर, 1923 के एक प्रस्ताव द्वारा निम्न सेवाओं में ब्राह्मणों एवं अन्य उन्नत वर्ग से भर्ती को स्पष्ट रूप से तब तक के लिए प्रतिबंधित कर दिया गया था जबतक कुल पदों के एक निश्चित भाग को मध्यवर्ग एवं पिछड़े वर्गों के सदस्यों के द्वारा न भरा जा चुका हो।[18] ऐसा सरकार की यह देखने की प्रबल इच्छा के कारण ही हुआ था कि कुछ जातियों को उन प्रांतीय सेवाओं में प्रतिनिधित्व प्राप्त हो सके। इसीलिए सरकारी संस्थानों के प्रमुखों ने अपने प्रभार के अधीन रिक्त पदों के लिए आवेदन आमंत्रित करते समय आवेदकों को अपनी जाति एवं उप–जाति का उल्लेख करने की माँग की थी।[19]

इस लोकप्रिय परंपरा का अनुसरण करते हुए ब्रिटिश प्रशासकों ने जातियों के नाम का उपयोग व्यक्तियों के वर्णन की एक सुविधाजनक विधि के रूप में कर डाला। अपराधियों के बारे में विवरण प्रदान करते समय पुलिस की रिपोर्टों में भी उनकी जातियों का उल्लेख किया जाने लगा। रेलवे के जोखिम–पत्र, जिसे पार्सल भेजने वाले प्रत्येक प्रेषक को भरना एवं हस्ताक्षर करना होता है, में अभी हाल ही के समय तक प्रेषक की जाति की एक प्रविष्टि हुआ करती थी।[20] इसे व्यक्ति के पेशे के सम्बन्ध में सूचना देने अथवा उसे प्रकाश में लाने की मंशा के रूप में नहीं स्वीकार किया जा सकता। किसी के पेशे का वर्णन करने के लिए एक पृथक प्रविष्टि का प्रावधान किया गया है। संभवतः जाति की प्रविष्टि को सम्बन्धित अधिकारियों को व्यक्ति के नैतिक चरित्र का एक मोटा अनुमान लगाने में सक्षम बनाए जाने के लिए लागू किया गया है।

जाति की अनूठी संस्था भारत में रहने वाले अंग्रेजों, चाहे वे अधिकारी अथवा गैर–अधिकारी कुछ भी रहे हों, में अधिक बुद्धिजीवियों के बीच बौद्धिक कौतूहल उत्पन्न करने में असफल नहीं रही, और इस संस्था की हमारी समझ को उनके कार्यों द्वारा व्यापक सहायता प्राप्त हुई है। इन प्रारंभिक अधिकारियों में से कुछ, जैसे, ईलियट, डॉल्टन, शेरिंग एवं नेस्फील्ड ने सूचनाएं एकत्रित करने तथा अपनी टिप्पणियों के साथ इनका प्रकाशन करने के द्वारा इस विषय पर अपनी रुचियों को प्रकट किया था। हालांकि, बाद के अधिकारियों ने सूचनाएं एकत्रित और प्रस्तुत करने के लिए दशकीय जनगणना के उपयोग तथा जातियों की उत्पत्तियों के सिद्धांतों में संलिप्त होने की सरल विधि को अपना लिया था।[21] यह प्रक्रिया सर हर्बर्ट रिस्ली के मानवजाति विज्ञान की रूपरेखा सम्बन्धी मार्गदर्शन के अधीन 1901 की जनगणना में अपने चरमोत्कर्ष पर पहुँच गई। "भारत के लोगों के उस बड़े अनुपात के सामाजिक सामूहिकरण, जो स्वीकृत अथवा अकथित रूप से जाति के आधार पर संगठित है, की एक सुगम तस्वीर प्रस्तुत

करने की दिशा में हमारी'' सहायता करने के दृष्टिकोण से जनगणना आयुक्त ने 1891 के वर्गीकरण को एक ऐसे वर्गीकरण में परिवर्तित कर दिया जो ''वर्तमान में स्वदेशी लोकमत द्वारा मान्यताप्राप्त सामाजिक अधिमान तथा स्वयं को इन तथ्यों में प्रकट करने वाला था कि विशिष्ट जातियों को सैद्धांतिक हिन्दू व्यवस्था की जातियों में से एक–न–एक की आधुनिक प्रतिनिधि माना जाता है'' पर आधारित था। और रिस्ली ने इस प्रक्रिया को अपनी इस स्पष्ट स्वीकारोक्ति के बावजूद चुना कि इस जाति–ग्रस्त समाज में भी कोई व्यक्ति अपनी जाति के सम्बन्ध में पूछे जाने पर अनेकों प्रकार के विस्मयकारी प्रत्युत्तर दे सकता है: ''वह किसी पंथ, किसी उप–जाति, किसी गोत्रान्तरीय पंथ अथवा वर्ग, किसी अनुलोम वैवाहिक समूह आदि के नाम का उल्लेख कर सकता है; वह कुछ उपाधिजनित पदों का उल्लेख कर सकता है जो उसकी जाति के नाम से श्रेष्ठ प्रतीत होते हों; वह स्वयं को अपने पेशे अथवा प्रांत अथवा उस देश के क्षेत्र द्वारा वर्णित कर सकता है जिससे उसका आगमन हुआ हो।''[22]

विभिन्न महत्वाकांक्षी जातियों ने तीव्रता से अपनी स्थितियों के उत्थान की कल्पना कर डाली। उन्होंने अपने सदस्यों के सम्मेलन आयोजित किए, और यह सुनिश्चित करने हेतु परिषदों का गठन कर डाला कि उनकी स्थिति को उसी प्रकार से दर्ज किया जाए जो उन्हें सम्मानजनक लगती थी। अन्य जातियाँ, जो इस 'गुप्त' प्रक्रिया से नाराज होने के अतिरिक्त और कुछ नहीं कर सकीं, समान रूप से उत्सुकता के साथ अपने–अपने दावों को लेकर विवाद करने लगीं। इस प्रकार परस्पर दोषारोपण का एक अभियान प्रारंभ कर दिया गया था। ''उच्चतम जातियों के अलावा अन्य समस्त जातियों के नेताओं ने जनगणना को स्पष्टतः एक ऐसे अवसर के रूप में देखा जिसके द्वारा उच्च जाति वाले लोगों के द्वारा उनकी अपनी जातियों को अभी तक दिए जाने से इंकार किए गए सामाजिक दावों के लिए दबाव डाला जा सकता था और शायद कुछ पहचान हासिल की जा सकती थी।''[23] 1911 में मद्रास के जनगणना रिपोर्टर ने निम्नलिखित तथ्य लिखे थे: ''मुझे एक भारतीय सज्जन के द्वारा यह स्पष्ट किया गया है कि पिछले कुछ वर्षों, और विशेषतौर पर वर्तमान जनगणना के अवसर के द्वारा कुछ पहलुओं में जातीय भावना को असाधारण रूप से पुनर्जीवित होते हुए देखा गया है। क्योंकि अनेकों जाति 'सभाएं' फूट पड़ी हैं, प्रत्येक उस सामाजिक समूह की गरिमा का दावा करने की इच्छुक है जिसका वह प्रतिनिधित्व करती है।''[24]

जनगणना रिपोर्ट में जाति के साथ किए गए इस विस्तृत व्यवहार के लिए किसी वैध सार्वजनिक कारण की खोज कर पाना कठिन है। सरकार ने कभी भी हर जाति को अपनी संख्या और समृद्धता को कायम रखने में सहायता करने की इच्छा व्यक्त नहीं की है। न ही उसने किसी भी समय पर किसी जाति विशेष की इसलिए सहायता की है क्योंकि उसके द्वारा सांख्यकीय गिरावट अथवा आर्थिक विस्थापन का अनुभव किया गया है। यहाँ तक कि प्रांतीय सरकारों द्वारा या तो निर्वाचन अथवा नामांकन के द्वारा कुछ लोगों के वर्गों को विशिष्ट प्रतिनिधित्व प्रदान करने की घोषित नीति भी लोगों की गणना उनकी जाति के अनुसार किया जाना आवश्यक नहीं बनाती। क्योंकि यह प्रतिनिधित्व संख्याओं पर निर्भर नहीं है। यह आनुपातिक नहीं है। विशिष्ट सरकारी अधिकारियों को जो कुछ करना भी है वह मात्र इतना है कि अपने अनुभव के प्रकाश में वो यह निर्णय करें कि क्या कोई व्यक्ति विशेष ऐसा व्यक्ति है जो राजनीतिक प्रयोजनों के लिए निर्धारित आबादी के तीन बड़े समूहों में से किसी एक से सम्बन्धित होने का वैध दावा कर सकता हो। और किसी भी विवादित मामले में एक न्यायालय इस बिन्दु का निर्धारण लोगों के सामान्य अभ्यास के संदर्भ द्वारा करेगा। यह अपरिहार्य निष्कर्ष है कि प्रारंभिक अधिकारियों में से कुछ की बौद्धिक जिज्ञासा ही जनगणना में जाति को प्रदान किए गए व्यवहार के लिए सर्वाधिक उत्तरदायी है, जो 1872 के बाद से प्रगतिशील रूप से प्रत्येक जनगणना में अधिक व्यापक हो गई है। कुल परिणाम रहा है जातीय–भावना को जीवित कर दिया जाना।

पुराने शासन में कोई जाति प्रभुसत्ता के समक्ष किसी अन्य जाति को किसी सड़क विशेष से होकर एक जुलूस निकालने अथवा किसी विशिष्ट चिह्न के उपयोग से रोकने के लिए याचिका प्रस्तुत करती थी। पेशवाओं की *डायरियों* में ऐसे मामले दर्ज हैं। भारत में ब्रिटिश सरकार ने अपनी घोषित नीति के द्वारा ऐसे हस्तक्षेपों को निरुत्साहित किया और इस प्रकार कटु जातीय–भावना के प्रदर्शन के सम्बन्धी कुछ अवसरों को समाप्त कर दिया। दूसरी ओर, जनगणना अधिकारियों द्वारा समकालीन समूहों के सुंदर श्रेणीकरण के माध्यम से जाति की एक सुस्पष्ट तस्वीर प्रस्तुत करने की इच्छा ने पुरानी जातीय–भावना को एक बढ़िया शक्ति संचयन प्रदान कर दिया।

एक समान कानून तथा कुछ प्रशासनिक उपायों के लागू करने का एक निर्विवाद परिणाम रहा था विभिन्न जातियों, विशेषतौर पर तथाकथित निचली जातियों के बीच कानूनी असमानताओं को लगभग पूरी तरह से समाप्त कर दिया जाना। मात्र दलित जातियों के मामले में ही सरकार किसी तर्कसंगत निर्णय पर नहीं पहुँची थी। इन जातियों, जो स्वयं को हिन्दू कहलाने में गर्व का अनुभव करती हैं, और जिन्हें उच्चतर जातियाँ अपने धर्मसंघ का होने का दावा करती हैं, की अयोग्यताओं में से एक यह थी कि इन्हें हिन्दू मंदिरों में प्रवेश की अनुमति नहीं है। उन्हें मंदिर के बाहर के प्रांगण में ही रुकना होता है और उन्हें ईश्वर की प्रतिमा की एक झलक से ही स्वयं को संतुष्ट करना होता है। एक भक्त हिन्दू बहुत मजबूती से विश्वास करता है कि ईश्वर के प्रति उसकी श्रद्धा एवं प्रार्थना को ईश्वर की प्रतिमा के साक्षात् दर्शन में किया जाना आवश्यक होता है। हिन्दू धर्म एक स्थापित चर्च नहीं है। ईश्वर की प्रतिमाओं के लिए अनेकों मंदिर हैं जिनकी व्यवस्था निजी व्यक्तियों अथवा सार्वजनिक न्यासों के द्वारा की जाती है। कुछ मामलों में न्यासों को राज्य से अनुदान प्राप्त होते हैं। पूना का प्रसिद्ध पार्वती मंदिर ऐसा ही एक मंदिर है। दलित वर्ग भी मंदिरों में उसी तरह से दर्शन करना चाहते हैं जैसे कि अन्य हिन्दू करते हैं। न्यासीगण उन्हें यह अधिकार प्रदान करने से इंकार करते हैं। बम्बई की सरकार, जो इस मंदिर के रखरखाव के लिए पर्याप्त अनुदान प्रदान करती है, ने अभीतक* सार्वजनिक नीति के रूप में इस मामले में हस्तक्षेप करना उचित नहीं समझा है। मैं यह देख पाने में असफल हूँ कि सरकार, जिसने सिद्धांततः स्वीकार कर लिया है कि ऐसे किसी भी संस्थान, जिसका रखरखाव पूर्णतः अथवा आंशिकतौर पर सार्वजनिक धन से किया जाता हो, को अवश्य ही किसी भी व्यक्ति पर उसकी जाति अथवा पंथ के कारण किसी भी प्रकार का प्रतिबंध नहीं लगाना चाहिए, दलित वर्गों की संकटग्रस्त दुर्दशा से असम्बन्धित रहते हुए उनके प्राथमिक अधिकारों के व्यवहारिक प्रदर्शन पर विचार कर सकती है। स्पष्ट रूप से यह सरकार का कर्तव्य है, जिसका निर्वहन दुःखद रूप से अभी तक नहीं किया गया है, कि वह घोषित करे कि उन हिन्दू मंदिरों, जो सार्वजनिक धन से किसी भी प्रकार का सहयोग प्राप्त करते हैं, में प्रवेश की समस्या का समाधान हिन्दुओं के सभी वर्गों के प्रतिनिधियों द्वारा सहमत किसी आधार पर अवश्य ही किया जाना चाहिए, और ऐसा न होने पर सार्वजनिक निधि से दिए जाने वाले अनुदान को रोक दिया जाना चाहिए।

हम देख चुके हैं कि ब्रिटिश सरकार ने जाति को न्याय प्रदान करने के अधिकार से युक्त एक इकाई के रूप में मान्यता नहीं प्रदान की थी। इस प्रकार एक समुदाय के रूप में जाति को इसके एक महत्वपूर्ण कार्य से वंचित कर दिया गया था। अतः, अलग–अलग सदस्यों के द्वारा अपने जाति–समूहों के लिए सहानुभूति की पुरानी भावना को अनुभव करने की आशा की जा सकती थी। परंतु ऐसा कुछ घटित हुआ नहीं प्राप्त होता।[25] सर्वप्रथम, यद्यपि एक जाति न्याय नहीं प्रदान कर सकती थी, तथापि कानून के मामलों में सरकार किसी जाति की प्रथाओं को तब तक निरस्त नहीं कर सकती थी जबतक ऐसा सार्वजनिक नीति के विरुद्ध न रहा हो। इस प्रकार, जाति ने अपनी सांस्कृतिक अखंडता को कायम रखा। दूसरे, ब्रिटिश प्रशासन के अनेकों अन्य पहलूओं, जिनमें से कुछ, जैसे जनगणना पर ऊपर चर्चा की जा चुकी है, के द्वारा जाति–समूह के समेकन के लिए पर्याप्त से अधिक प्रोत्साहन प्रदान किए गए। 1921 की जनगणना कार्य के दो अधीक्षकों में से एक श्री मिडलटन ने पंजाब में जाति पर ब्रिटिश प्रशासन के प्रभावों की स्पष्ट टिप्पणी की है। वो अवलोकन करते हैंः ''मेरा इरादा यह बताने का था कि पेशेवर जातियों के वर्गीकरण के विरुद्ध विद्रोह अत्यन्त व्यापक हैः क्योंकि ब्रिटिश सरकार के द्वारा व्यापक तौर पर इन जातियों को निर्मित किया गया है और लगभग पूरी तरह से पृथक जातियों के रूप में संरक्षित किया गया है। हमारे भू–अभिलेख एवं सरकारी दस्तावेजों ने जाति की पुरानी कट्टरता को लोहे के समान कठोर बना दिया है। ऊँची जातियों के बीच जाति अपने आप में कट्टर थी, परंतु निचली जातियों में यह लचीली थी। हमने हर किसी पर जाति की छाप लगा दी, और यदि उनके लिए हम एक असली जाति नहीं खोज सके तो उनपर उनके वंशानुगत पेशे के नाम का ठप्पा लगा दिया। हम सामाजिक एवं आर्थिक समस्याओं पर जाति–व्यवस्था एवं इसके प्रभावों

---

* 1930 में लिखा गया।

की भर्त्सना करते हैं, किन्तु हम ही उस व्यवस्था के लिए व्यापक तौर पर जिम्मेदार हैं जिसकी हम भर्त्सना कर रहे हैं। यदि उन्हीं पर छोड़ दिया जाए तो सोनार तथा लोहार जैसी जातियाँ तीव्रता से गायब हो जाएगीं और किसी को कोई पीड़ा नहीं होगी......। ठप्पा और छाप लगाने के सरकारी जुनून ने जाति व्यवस्था के क्रिस्टलीकरण का आधार उत्पन्न कर दिया है, जो स्वदेशी शासन के अधीन, मात्र अभिजात्य जातियों को छोड़कर, वास्तव में अत्यधिक महत्वहीन था........। यदि सरकार जाति की उपेक्षा करती है तो धीरे–धीरे इसे किसी बहुत अलग सी व्यवस्था द्वारा प्रतिस्थापित कर दिया जाएगा।''[26] पंजाब की स्थिति को अन्य प्रांतों में विशिष्ट होने के रूप में नहीं लिया जा सकता। यह भली–भांति ज्ञात है कि पंजाब कट्टर जाति व्यवस्था से बहुत अधिक प्रभावित नहीं था। एक इकाई के रूप में जाति को न्याय प्रदान करने के अधिकार से वंचित करने से जुड़े अच्छे परिणाम कुछ भी क्यों न रहे हों, फिर भी छाप लगाने और इस प्रकार रूढ़िवादी बनाने की प्रक्रिया ने निःसंदेहात्मक रूप से उल्टी प्रतिक्रिया की।[27] कम–से–कम कुल प्रभाव जातीय–सहानुभूति को पूर्णतः अखंडित बनाए रखने का ही रहा है।[28]

एक ऐसे समाज में जहाँ लगभग प्रत्येक व्यक्ति किसी–न–किसी समूह से सम्बन्धित हो, और कोई भी इस समूह के बिना किसी सम्मानजनक स्थिति को हासिल करने की आशा न कर सकता हो, किसी भी व्यक्ति का ऐसे समूह, जिसमें वह पैदा हुआ हो, तथा जिसके साथ वह परंपरागत, भावनात्मक, तथा सांस्कृतिक सम्बन्धों से बँधा हुआ हो, से सम्बन्ध ऐसा होता है जो किसी कानूनी अधिनियमन, प्रशासनिक नियमों, अथवा न्यायिक निर्णयों के परिणामस्वरूप परिवर्तन के प्रति संवेदनशील नहीं होता। यद्यपि जाति अब एक न्याय–प्रदाता इकाई नहीं रह गई है, तथापि अपने सदस्यों पर इसने अपनी पकड़ को नहीं खोया है जो अभी भी जाति की राय से ही नियंत्रित हो रहे हैं। जाति के द्वारा किसी व्यक्ति की गतिविधियों के नियंत्रण की यह तस्वीर, जिसे 1925 में गुजरात के एक विख्यात सामाजिक कार्यकर्ता द्वारा प्रदान किया गया था, 19वीं शताब्दी के मध्य के लगभग के जाति के मेरे वर्णन के साथ इसकी नजदीकी समानता के प्रति किसी को भी संतुष्ट कर देती है कि इस शताब्दी के तीन–चौथाई भाग के दौरान जाति के कम–से–कम इस पहलू के सम्बन्ध में लगभग कोई भी परिवर्तन नहीं हुआ है। यह अवलोकन करती हैं: ''देश में हमारी तरफ, मेरा मतलब गुजरात में, समस्त सामाजिक सुधारों में सबसे बड़ी बाधा जाति है। यदि मैं अपनी बेटी को शिक्षित बनाना चाहती हूँ तो जाति बीच में आ जाएगी और कहेगी कि आपको ऐसा नहीं करना चाहिए। यदि मैं अपने बच्चों का विवाह उनके पर्याप्त रूप से बड़े होने तक स्थगित करना चाहती हूँ तो जाति अपने हाथ उठाएगी और मुझे रोक देगी। यदि कोई विधवा पुनर्विवाह करने और अपने घर में ससम्मान व्यवस्थित होने की इच्छा करती है तो जाति उसे समाज–बहिष्कृत करने की धमकी देगी। यदि कोई युवा अपने स्वयं के अथवा देश की संभावनाओं की बेहतरी के लिए यूरोप जाने की इच्छा करता है तो जाति, यद्यपि, शायद आजकल उसे हृदय से विदाई दे भी दे, तो भी उसकी वापसी पर उसके लिए अपने दरवाजों को बंद कर लेती है। यदि कथित रूप से अछूत माने जाने वाले वर्ग के किसी सम्मानित व्यक्ति को किसी घर में निमंत्रित कर लिया जाए तो जाति उस गृहस्थ के विरुद्ध अपना निर्णय सुना देगी और उसके साथ किसी भी प्रकार का सम्बन्ध रखे जाने के अयोग्य ठहरा देगी।''[29]

अबतक यह अवश्य ही स्पष्ट हो गया होगा कि जाति की समस्या के समाधान की दिशा में ब्रिटिश सरकार की गतिविधियाँ अत्यन्त सीमित थीं। जैसा कि स्पष्ट है, इन गतिविधियों में से अधिकांश प्रशासन के विवेक द्वारा आदेशित थीं न कि जाति की कट्टरता को कम करने की इच्छा से, क्योंकि इसकी हानियाँ उनके लिए अत्यधिक स्पष्ट थीं। कुछ प्रांतों में उनके द्वारा हाल ही के नियमों में जो सर्वाधिक महत्वपूर्ण कदम उठाए गए थे वे यह थे कि विभिन्न सेवाओं में पदों के एक निश्चित प्रतिशत को गैर–ब्राह्मण अथवा मध्यवर्ती जातियों के सदस्यों से भरा जाएगा, बशर्ते उनके पास न्यूनतम शैक्षिक योग्यता मौजूद हो। गैर–ब्राह्मण आंदोलनकारी नेताओं की माँग भी मूल रूप से यही थी। और जाति–प्रभुत्व के विरुद्ध यही सर्वाधिक स्वाभाविक उपचार भी है। किन्तु आवश्यक नहीं है कि स्वाभाविक ही सर्वाधिक बुद्धिमत्तापूर्ण हो। मैंने तर्क दिया है कि ब्राह्मणों एवं सम्बद्ध जातियों के अनेकों योग्य सदस्यों पर सरकार के प्रस्ताव द्वारा लगाए गए प्रतिबंध कुछ योग्य व्यक्तियों को मात्र इसलिए दंडित करते

हैं क्योंकि उनका सम्बन्ध इन विशिष्ट जातियों से होता है। जब प्रतिस्पर्धात्मक परीक्षाओं के माध्यम से कुछ सेवाओं में भर्ती के मामलों में कुछ रिक्तियों को ऐसे अभ्यर्थियों, जो परीक्षा में एक विशिष्ट श्रेणी हासिल कर पाने में असफल रहे हों, को इस आधार पर प्रस्तावित किया जाता है कि वे किसी ऐसी जाति विशेष से सम्बन्धित हैं जिसका प्रतिनिधित्व देश की उच्चतर सेवाओं में होना आवश्यक है, तो इसका यह स्पष्ट अर्थ होता है कि शिक्षा एवं दक्षता के स्वीकृत मानकों का भी परित्याग कर दिया गया है। परिणाम रहा है दक्षता एवं न्याय की लागत पर भी किसी जाति से लाड़–प्यार किया जाना। भारतीय संविधान आयोग के समक्ष प्रस्तुत अपने ज्ञापन, 1928 (पृष्ठ 94) में बम्बई सरकार ने शिकायत की है कि जिला विद्यालय परिषद्, जहाँ गैर–ब्राह्मणों का बहुमत है, "ने लगभग हर मामले में ब्राह्मणों की दक्षता पर विचार किए बिना ही उन्हें बाहर करने के प्रयास किए हैं।" इसके बावजूद यह कार्यवाही सरकार के दृष्टिकोण की एक तर्कसंगत घटना भर है जिसने जाति की भावना की उपेक्षा करने के बजाए उसका पोषण किया था।

कुल मिलाकर, जहाँ तक भारत की राष्ट्रीयता को जाति द्वारा प्रभावित करने की बात है, ऐसा प्रतीत होता है कि भारत के ब्रिटिश शासकों, जो सदैव ही देश के कल्याण के न्यासी होने की घोषणाएं करते रहे थे, ने कभी भी जाति की समस्या को अधिक महत्व नहीं दिया। न ही उन्होंने जाति को हानिरहित बनाए जाने की दिशा में कठोर कदम उठाए जाने की किसी इच्छा को ही प्रदर्शित किया। सामान्यतः उपायों को हिस्सों–टुकड़ों में लागू किया गया जिसमें ब्रिटिश प्रभुत्व की सुरक्षा का पूरा ध्यान रखा गया।

यह तर्क दिया जा सकता है कि, यदि भारत के ब्रिटिश स्वामियों ने जाति के उन बुरे प्रभावों, जिनकी वे खुले. आम निंदा करते थे, को न्यूनतम करने हेतु कोई व्यापक कदम नहीं उठाए थे, तो उन्हें यह श्रेय अवश्य ही दिया जाना चाहिए कि कम–से–कम उन्होंने जानबूझकर इस संस्था को बढ़ावा नहीं दिया। किन्तु 1857 के विद्रोह को कुचल दिए जाने के बाद कुछ जिम्मेदार ब्रिटिश अधिकारियों के बयानों के मद्देनजर इस विचार का समर्थन किया जाना संभव नहीं है। इस विद्रोह ने जाति की क्षमताओं के प्रति देश के प्रशासकों के साथ–साथ ब्रिटिश भारत के इतिहास के छात्रों की आँखें भी खोल दीं। भारत सरकार के साथ सम्बद्ध व्यक्तियों की यह लगभग एकमत राय थी कि विद्रोह की गहराई में दबे कारणों को इस तथ्य में पाया जाना चाहिए कि बंगाल आर्मी का गठन व्यापक तौर पर उच्च–जातियों, अर्थात्, ब्राह्मणों एवं राजपूतों के संयोजन द्वारा किया गया है। लॉर्ड पील की अध्यक्षता में विशेष आयोग, जिसकी नियुक्ति भारतीय सेना के पुनर्गठन की सलाह देने के लिए की गई थी, ने ऐसे अनेकों उच्चाधिकारियों से साक्ष्य प्राप्त किए जो भारत के साथ किसी न किसी समय पर नजदीकी रूप से सम्बद्ध रहे थे। लॉर्ड एलफिनस्टोन का मत था कि यह वांछनीय था कि विभिन्न जातियों के लोगों को सेना में भर्ती किया जाना चाहिए, जबकि मेजर–जनरल एच.टी. टकर और आगे गए और उन्होंने सेना में भर्ती करने वालों को राष्ट्रीयता तथा जातियों के विशिष्ट निकायों में विभाजित और पृथक्कृत करने की नीति के द्वारा देश को ब्रिटिश प्रभुत्व के अधीन बनाए रखने पर जोर दिया। अधिकांश साक्ष्यों के सामान्य आशय प्रमुख रूप से ऐसे ही होने के साथ ही आयोग ने सिफारिश की कि "स्वदेशी भारतीय सेना का गठन विभिन्न राष्ट्रीयताओं एवं जातियों से किया जाए और एक सामान्य नियम के रूप में प्रत्येक रेजीमेंट द्वारा इन्हें स्वच्छंदतापूर्वक मिश्रित किया जाए"। लॉर्ड एलेनबरो ने भी यही राय दी, किन्तु स्पष्ट कर दिया कि ये सिफारिशें मात्र ब्रिटिश हितों पर आधारित हैं न कि सेना की कुशलता के विचार पर। उन्होंने इस तथ्य पर शोक प्रकट किया कि यदि सुझाई गई प्रक्रिया को अपनाया जाता है तो "हमें उस प्रकार की स्वदेशी सेना को दोबारा देख पाने की आशा को अवश्य ही त्याग देना चाहिए जैसी कि हम खो चुके हैं। यह एक ऐसी सेना थी जो एक जनरल, जो इसे प्यार करता था और इसका भरोसा करता था, के अधीन दार्दानेल्ज में विजयी हुई होती।"[30] उसी समय से ही भारतीय सेना को उच्च जातियों के अध्ययन द्वारा शुद्ध किया जा चुका है। विद्रोह के सबक ने ब्रिटिश शासकों को यह स्वीकार करने के लिए बाध्य कर दिया था कि भारत में ब्रिटिश प्रभुत्व की सुरक्षा भारतीय लोगों को जाति के आधार पर विभाजित करने के साथ बहुत घनिष्ठतापूर्वक जुड़ी हुई है। सर लेपेल ग्रिफिन जैसे कुछ अधिकारियों ने सोचा कि विद्रोह को रोकने में जाति उपयोगी थी,[31] जबकि जेम्स केर, जो कलकत्ता के हिन्दू कॉलेज के प्रधानाचार्य थे, ने 1865 में लिखा था: "यदि

जाति का अस्तित्व कुल मिलाकर हमारे शासन के स्थायित्व के प्रतिकूल है तो इस पर संदेह किया जा सकता है। इसे इसके प्रति अनकूल भी माना जा सकता है, बशर्ते हम विवेक एवं सहनशीलता के साथ कार्यवाही करें। इसकी भावना राष्ट्रीय एकता के विरुद्ध है।''[32] इतिहासकारों एवं पत्रकारों के द्वारा ''बाँटों और राज करो'' के सिद्धांत का सिखाया जाना समान रूप से प्रारंभ हो चुका था।[33] चूंकि विद्रोह अधिकांशतः ब्राह्मण एवं राजपूत जैसी उच्च जातियों के सिपाहियों का कार्य था, अतः इंग्लैंड में कोलाहल मच गया कि उच्च–जाति के सिपाहियों को पूर्णतः मार दिया जाना चाहिए।[34] इसीलिए उच्च जातियों पर संदेह विद्रोह के समय से ही प्रारंभ हो गया था। इतनी महँगी लागत पर प्राप्त मूल्यवान सबक सहजता से छोड़ा जाने वाला नहीं था। 'बाँटों और राज करो' के सामान्य सिद्धांत के रूप में दोहराए जाते रहने के द्वारा यह बाद के अधिकारियों की नीति एवं आचरण को प्रभावित करने में असफल नहीं रहा। इस सम्बन्ध में यह स्मरण रखना बेहतर है कि यहाँ तक कि रोमन चर्च, जो अपनी आस्था का प्रचार करने का इच्छुक था, भी जाति को अपने व्यवहारिक कार्यक्रम में स्थान देने हेतु तैयार था, यद्यपि ऐसा करना चर्च के मानवतावादी सिद्धांतों के विरुद्ध था। पोप ग्रेगोरी 15वें ने भारत के ईसाई चर्चों में जाति सम्बन्धी नियमों का अनुमोदन करते हुए एक आदेश प्रकाशित कर दिया।[35]

अंग्रेज अपने साथ एक जातिविहीन संस्कृति और व्यक्तिगत स्वतंत्रता पर विचारों से भरे हुए साहित्य को साथ लाए थे। अंग्रेजी शिक्षा को लागू करने के साथ ही देश के अनेकों बुद्धिमान लोग शासकों के धर्म के नजदीकी संपर्क में आ गए जबकि कुछ उत्कृष्ट व्यक्तित्व उनके विरुद्ध थे। परिणामस्वरूप राजा राम मोहन राय एवं देवेन्द्रनाथ टैगोर जैसे भारतीयों ने आंदोलन प्रारंभ कर दिए, जिसका उद्देश्य धर्म का उदारीकरण करना तथा मनुष्यों के बीच भाईचारे को अपनाया जाना था। ब्रह्मो समाज के पास सिखाने के लिए न केवल एकेश्वरवाद था बल्कि उसे एक ऐसे भाईचारे की स्थापना भी करनी थी जिसके अंतर्गत जाति के कारण लोगों के बीच विभाजन न किया जाए। बंगाल में ब्रह्मो समाज के आदर्शों से प्रेरित होकर बॉम्बे प्रार्थना समाज ने भी जाति को अपने सिद्धांतों की परिधि के बाहर दूर फेंक दिया था। जब जाति के खंडन सम्बन्धी इस आंदोलन को बढ़ावा दिया जा रहा था, अन्य सक्षम हिन्दू मस्तिष्कों ने हिन्दू समाज को *वेदों* में निहित समझे जाने वाले मौलिक आदर्शों के आधार पर पुनर्गठित करने का विचार कर डाला। स्वामी दयानन्द ने प्रचार किया कि हिन्दुओं के चार विभाजनों को समकालीन जाति की अनेकों शाखाओं के साथ प्रतिस्थापित कर दिया जाना चाहिए। इस विचारधारा के द्वारा पुनर्गठन के अपने कार्यक्रम में संपन्न किया गया एक महत्वपूर्ण नवाचार यह था कि हिन्दू समाज का चौथा वर्ग, अर्थात्, शूद्र भी *वेदों* का अध्ययन कर सकता है।[36] एक बाहरी व्यक्ति के रूप में इन दोनों आंदोलनों पर दृष्टि डालते हुए कोई भी स्वामी दयानन्द के आर्यसमाज आंदोलन की प्रकट सफलता से प्रभावित हुए बिना नहीं रह सकता। बम्बई के प्रार्थना समाज के बारे में बात की जाए तो इसके उच्च–जातीय नेतृत्वकर्ताओं के बीच से ऐसे उदाहरणों को स्पष्ट करना अत्यन्त कठिन होगा जिनके द्वारा अपने पुत्र–पुत्रियों के विवाह की व्यवस्था करते समय स्वयं द्वारा प्रचारित आदर्शों का पालन करने के प्रयास किए गए हों। बल्कि, समाज के कुछ विख्यात नेतृत्वकर्ताओं ने जाति की खुलेआम भर्त्सना करते हुए स्वयं को उन्हीं जाति–समूहों के मामलों में व्यस्त कर लिया था जिसमें उनके जन्म हुए थे। यह स्थिति जाति की दृढ़ वास्तविकता को प्रदर्शित करती है, जिसका बहुत समय पहले तमिल कहावत में स्पष्ट उल्लेख किया गया थाः ''यहाँ तक कि एक सन्यासी भी अपने जाति–प्रेम से मुक्त नहीं होता''। प्रार्थना समाज की तुलना में आर्यसमाज की अधिक लोकप्रियता के निम्नलिखित कारण हैं: पहला, आर्यसमाज ने वैदिक समाज की प्राचीन शुद्धता को पुनर्जीवित करने का प्रयास किया और इस प्रकार लोगों की परंपरागत भावनाओं को आकर्षित किया; दूसरे, आर्यसमाज के सदस्यों की निष्ठा का उनके वास्तविक व्यवहार में किया गया प्रदर्शन कहीं बेहतर था; और तीसरे, इसकी गतिविधियों का प्रमुख केन्द्र पंजाब में स्थानान्तरित कर दिया गया था जहाँ जाति में लचीलापन रहा है।

जाति के विरुद्ध और अधिक उग्रवादी प्रकृति के आंदोलन रुकने का नाम नहीं ले रहे थे। 1873 में पूना के ज्योतिराव फुले, जो यद्यपि माली जाति के थे और अपेक्षाकृत अल्पशिक्षित थे, ने सदस्यों के एक संघ को प्रारंभ किया जिसे सत्यशोधक समाज का नाम दिया गया। इसका प्रयोजन जाति के स्थान पर मनुष्य के मूल्य पर जोर

दिया जाना था। उनके दृष्टिकोण के विस्तार तथा उनकी सुधारवादी गतिविधियों की सीमा ने उन्हें अपनी पुस्तकों तथा व्यवहार में जाति–व्यवस्था के उत्पीड़नों के विरुद्ध एक विद्रोह का प्रचार करने का आधार प्रदान कर दिया। उन्होंने गैर–ब्राह्मण जातियों को अपने वैवाहिक रीति–रिवाजों को संपन्न कराने के लिए किसी भी ब्राह्मण पुरोहित को नियुक्त न करने का आदेश जारी कर दिया। साथ ही उन्होंने वैवाहिक रीति–रिवाजों को अत्यंत सरल बनाने का प्रयास भी कर डाला। उन्होंने ऐसे लोगों के वर्गों को शिक्षित करने की कल्पना की थी जिनसे उन्होंने अपील की थी, और उन्होंने 1848 में ही गैर–ब्राह्मण जातियों के बालकों एवं बालिकाओं के लिए प्राथमिक स्कूलों को प्रारंभ कर दिया था। उनके मस्तिष्क की उदारता आगे इस तथ्य से और भी सिद्ध हो जाती है कि 1851 में फुले ने पूना, जो रूढ़िवादिता का प्रमुख केन्द्र था और जहाँ उसके मात्र 50 वर्षों पहले तक अछूत जातियों के लोग दिन के सर्वोत्तम प्रहर में खुलेआम बाहर चलफिर नहीं सकते थे, में तथाकथित अछूतों के लिए एक स्कूल प्रारंभ किया था।

जाति के विरुद्ध फुले का विद्रोह वहीं तक था जहाँ तक हिन्दू समाज के सभी सदस्यों को सामान्य मानवाधिकारों से वंचित किया जा रहा था, और यह मात्र एक गैर–ब्राह्मणवादी आंदोलन भर नहीं था जिसका उद्देश्य ब्राह्मणों के प्रभुत्व को समाप्त करना रहा हो। अपने लेखनों में उन्होंने समस्त स्थानीय निकायों, सेवाओं एवं संस्थानों में हिन्दुओं के सभी वर्गों को प्रतिनिधित्व दिए जाने की माँगें की।[37] इस आंदोलन को सामान्य ब्राह्मणों से किसी प्रकार का समर्थन प्राप्त नहीं हुआ। मात्र इक्का–दुक्का लोगों, जैसे रानाडे ने इसके प्रति सहानुभूति प्रदर्शित की। यहाँ तक कि गैर–ब्राह्मणों के बीच फुले के विचारों की प्रगति मंद थी। ये कोल्हापुर के स्वर्गीय महाराजा थे जिन्होंने इस आंदोलन में एक नए जीवन का संचार किया, यहाँ तक कि मोंटेगू एवं चेम्सफोर्ड को भी अपनी भारतीय राजनीतिक सुधारों में इन माँगों को स्वीकार करना पड़ा।[38]

गैर–ब्राह्मण आंदोलन को मान्यता दिलवाने हेतु इतना कुछ करने वाले कोल्हापुर के महाराजा के विचारों को जानना दिलचस्प होगा। भारतीय सुधारों की घोषणा की पूर्वसंध्या पर उन्होंने कहा थाः ''यदि जातियाँ वैसी ही बनी रहती हैं जैसी कि वे हैं तो अपने प्रयोजन के अनुसार होम रूल का परिणाम एक प्रकार के कुलीनतंत्र के अतिरिक्त और कुछ भी नहीं होगा। मैं एक बार फिर से कह सकता हूँ कि निश्चित रूप से इसका यह अर्थ नहीं है कि मैं होम रूल का विरोधी हूँ। निश्चित रूप से हम इसे चाहते हैं। हालांकि, वर्तमान परिस्थितियों के अंतर्गत हमें ब्रिटिश सरकार का संरक्षण और मार्गदर्शन तब तक अवश्य मिलना चाहिए जबतक जाति–व्यवस्था की बुराईयाँ निष्प्रभावी नहीं हो जातीं। होम रूल को कुलीनतंत्र में परिवर्तित होने से रोकने के लिए हमें न्यूनतम दस वर्षों के लिए सांप्रदायिक प्रतिनिधित्व अवश्य दिया जाना चाहिए। यह हमें सिखाएगा कि हमारे अधिकार क्या हैं। एक बार उन्हें जान लेने पर सांप्रदायिक प्रतिनिधित्व को समाप्त किया जा सकता है।''[39]

वह प्रयोजन, जिसके लिए गैर–ब्राह्मणवादी आंदोलन के इस कट्टर समर्थक ने सांप्रदायिक प्रतिनिधित्व की वकालत की थी, अब तक हर तरह से पूरा हो चुका था। बम्बई एवं मद्रास प्रेसीडेंसियों के अंतर्गत विभिन्न स्थानीय निकायों की सदस्यता का एक विश्लेषण स्पष्टतौर पर सिद्ध करता है कि गैर–ब्राह्मणों को अपने अधिकार ज्ञात थे तथा वे ऐसे किसी भी उपाय, जो उन्हें अनुचित प्रतीत होता था, के विरुद्ध एक सशक्त अभियान प्रारंभ करने के सदैव इच्छुक रहने लगे थे। बम्बई विधान परिषद् के समक्ष प्रस्तुत किए गए अनेकों प्रस्ताव एवं प्रश्न भी यही कहानी सुनाते हैं।[40] मद्रास के गैर–ब्राह्मणों एवं हस्तशिल्पियों के संघ की गतिविधियाँ आगे इसके और उदाहरण प्रस्तुत करती हैं। लॉर्ड पेंटलैंड के कार्यकाल के दौरान मद्रास सरकार के एक ब्राह्मण सदस्य ने एक आदेश जारी किया कि विश्वकर्मा, जो एक हस्तशिल्पकार जाति है, को अपने नाम के साथ 'आचार्य' शब्द को बिल्कुल भी नहीं जोड़ना चाहिए बल्कि उन्हें परंपरागत शब्द 'असरी' के उपयोग को अवश्य जारी रखना चाहिए। इस संघ ने गवर्नर को स्मरण करवा दिया था कि 'असरी' शब्द व्यवस्था के विरुद्ध विरोध प्रदर्शन कर रहे कुछ लोगों की निगाह में घृणास्पद था, जिसे उन्होंने अंधेरे मे छूरा घोंपने के रूप में वर्णित किया था। गवर्नर द्वारा इस आदेश को निरस्त करा पाने में असमर्थ रहने पर उन्होंने राज्य के सचिव के समक्ष एक याचिका प्रेषित कर दी।[41]

स्पष्टतौर पर यह अनुभव करते हुए कि विशिष्ट प्रतिनिधित्व के मामले को उनके स्वर्गीय नायक के द्वारा प्रस्तुत दलील के आधार पर अनुमोदित नहीं किया जाएगा, कोल्हापुर के दिवंगत महाराजा की जीवनी–लेखक ए.बी. लाट्ठे

विशिष्ट प्रतिनिधित्व के एक बुरे स्वरूप को समर्थन देने के लिए अन्य आधारों की खोज करते हैं, ऐसे आधार जिन्हें भारतीय परिस्थितियों का ज्ञान रखने वाले किसी भी व्यक्ति द्वारा निश्चित रूप से कुछ पीढ़ियों तक जारी रखने वाला घोषित किया जा सकता हो। वो अवलोकन करते हैं, ''जबतक हिन्दुओं के बीच जाति पूरी तरह से अदृश्य नहीं हो जाती, तब तक राजनीतिक तिकड़मों, जैसे सांप्रदायिक निर्वाचक मंडलों से बचने की संभावना बहुत ही कम है, भले ही उनके हानिकारक परिणाम कितने भी स्वाभाविक हैं।''[42]

गैर–ब्राह्मणों में ऐसे नेतृत्वकर्ता मौजूद हैं जिन्हें यह घोषित करने में कष्ट अनुभव होता है कि उनका आंदोलन, जिसमें विभिन्न सेवाओं में पदों पर कठोर आरक्षण पर उनके द्वारा दिया जाने वाला जोर भी शामिल है, किसी भी ब्राह्मण–विरोधी भावना द्वारा प्रेरित नहीं है। दूसरे पुनः जोर देते हैं कि गैर–ब्राह्मण वर्गों का प्रतिनिधित्व करने वाले करदाताओं के बड़े वर्ग को आरक्षित पदों के रूप में राज्य के सहयोग का एक पर्याप्त हिस्सा अवश्य प्राप्त होना चाहिए।

इन बहसों के तर्क पारदर्शी हैं, और राष्ट्रीयता के स्वीकृत मानदंड तथा सामाजिक न्याय के मार्गदर्शक सिद्धांतों के विरुद्ध हैं। फिर भी, एक अत्यन्त छोटी संख्या वाला सूक्ष्म अल्पमत, जो इन माँगों की बुराईयों को स्वीकार करता है, यह प्रतिपादित करता है कि सांप्रदायिकता का त्याग अवश्य किया जाना चाहिए। मद्रास गैर–ब्राह्मण दल की सभा की स्वागत समिति के अध्यक्ष ने 1924 में ''अभी तक पालन की जा रही सांप्रदायिक नीति का त्याग करने और दल को संवैधानिक रेखाओं के अनुरूप सुधार के लिए कार्यरत् शक्तियों का प्रतिनिधित्व करने वाले एक ऐसे संगठन में रूपांतरित करने, जिसमें हर व्यक्ति को जाति, धर्म अथवा रंग के आधार पर बिना किसी भेदभाव के स्वतंत्र प्रवेश प्राप्त होगा'' के लिए एक जोरदार अपील की थी।[43] दल ने 1930 के अंत तक विकास के इस हितकारी सिद्धांत को स्वीकार नहीं किया था।

वो कौन से हित थे जिन्हें गैर–ब्राह्मण आंदोलन के नेतृत्वकर्ता विशिष्ट प्रतिनिधित्व के माध्यम से सुरक्षा प्रदान करना चाहते थे? यदि ऐसे कोई हित हैं भी तो क्या वे उन सभी जातियों के लिए एकसमान हैं जिन्हें आधिकारिक रूप से गैर–ब्राह्मणों की श्रेणी में शामिल किया गया है? ये ऐसे प्रश्न हैं जिनका उत्तर देना आंदोलन के समर्थकों के लिए बिल्कुल भी आसान नहीं है। शिल्पकारों, खेतिहर–किसानों, भू–स्वामियों, तथा मिल–स्वामियों के आर्थिक हित एकसमान नहीं हैं। गैर–ब्राह्मण समूह में इन सभी को अच्छा–खासा प्रतिनिधित्व हासिल है। मेरी जानकारी में ब्राह्मणों के द्वारा हाल ही के समय में ऐसा कोई प्रयास भी नहीं किया गया है कि मात्र जातीय–भावना के कारण इन वर्गों के लोगों को दंडित किया जाए। यदि ऐसे किसी भी कानून को लागू किया गया होता तो देश की सरकार में ब्रिटिश तत्व इसे प्रभावी रूप से पराजित कर सकता था।

गैर–ब्राह्मण जातियों को मात्र सामाजिक मामलों में ही एक समूह माना जा सकता है क्योंकि भोजन एवं सामाजिक अंतःक्रियाओं, तथा उनके प्रति धार्मिक निर्देशों तथा कार्यसंपादन के सम्बन्ध में ब्राह्मणों का दृष्टिकोण एकसमान बना रहा है। ब्राह्मणों के लिए देश में इस बात की पर्याप्त जागरुकता बनी रही है कि वे इन मामलों में कानूनी प्रतिबंधों को लागू करवाए जाने के खतरनाक मार्ग का परीक्षण न करें। यहाँ तक कि तमिलनाडु काँग्रेस कमेटी ने 1925 में निर्णय किया था कि ''जन्म के आधार पर प्रतिभा के श्रेणीकरण को भारतीय सामाजिक जीवन में नहीं अपनाया जाना चाहिए।''[44] गत 40 वर्षों के दौरान इस सम्बन्ध में ब्राह्मणों के दृष्टिकोणों में जो कुछ भी उदारता आई है उसके प्रमुख कारण शिक्षा तथा सामाजिक सुधार अभियान रहे हैं न कि बहुत हाल में किए गए आरक्षण अथवा सांप्रदायिक प्रतिनिधित्व।

इस प्रकार से आरक्षित प्रतिनिधित्व अनिवार्य नहीं है। बल्कि, यह इसलिए हानिकारक भी है क्योंकि यह जन्म पर आधारित भेदभाव को कायम रखने की प्रवृत्ति रखता है। आम सामाजिक जीवन में सरकार की मशीनरी के माध्यम से आवश्यकताओं की पूर्ति में सहयोग उन शक्तिशाली कारकों में से एक है जिसने जनजातीय बंधनों को समाप्त कर दिया है और राष्ट्रीय–समुदायों को जन्म दिया है। यह सहयोग क्षेत्रीय समीपता एवं हितों की समानता दोनों पर ही आधारित हो सकता है। जैसा कि ऊपर प्रदर्शित किया जा चुका है, कुछ जातियों के लिए विशिष्ट प्रतिनिधित्व, जिनमें ऐसे हित शामिल हैं जो न तो उनके साथ साझा हैं, न ही अन्य जातियों के हितों के साथ

अनिवार्य रूप से टकराने वाले हैं, का अर्थ है ऐसे सहयोग को नकार दिया जाना। उन देशों, जहाँ राष्ट्रीय–समुदाय एकता की भावना के आधार पर शक्तिशाली रूप से गठित है, में विभिन्न हितों के प्रतिनिधित्व के लिए ऐसे किसी भी सिद्धांत को मान्यता प्राप्त नहीं है, यहाँ तक कि तब भी जब उन्हें हितों के टकरावयुक्त समूहों में बाँटा जा सकता है। अतः, हमने ब्रिटिश संसद में विशिष्ट प्रतिनिधित्व का दावा करने वाले 'लेबर' के बारे में नहीं सुना है। जहाँ तक एकता की किसी भावना को खतरे में डालने का प्रश्न है, लोगों को अपनी जाति से ऊपर उठकर इसे सहयोग प्रदान करने वाला बनाया जाना चाहिए। ऐसा मात्र ऐसी गतिविधियों द्वारा ही संभव है कि राष्ट्रीय–समुदाय की भावना को उत्पन्न किया जा सके। जातीय–मतभेदों पर बड़बड़ाना तथा विशिष्ट प्रतिनिधित्व की अनुमति देना सामुदायिक भावना के उद्भव सम्बन्धी बुनियादी स्थिति को शून्य पर ले आने जैसा है।

कुछ गैर–ब्राह्मण नेतृत्वकर्ता[45] आरक्षित प्रतिनिधित्व के दरवाजे से घुसकर विधानमंडल अथवा किसी स्थानीय निकाय में एक स्थान को सुरक्षित कर लेने में सहजता का अनुभव करते हैं, और शायद यही मुख्य कारण है कि वे इसका दावा इतने जोरदार तरीके से कर रहे हैं। परंतु वे यह समझ पाने में असफल रहते हैं कि उनके उदाहरणों का अनुसरण शीघ्र ही ऐसी अनेकों बड़ी जातियों के द्वारा किया जाने लगेगा जो वर्तमान में गैर–ब्राह्मण श्रेणी का गठन करते हैं, और तब सरलता से पद हासिल करने के उनके अवसर बहुत हद तक समाप्त हो जाएगें। ऐसे किसी भी व्यक्ति, जिसने भारतीय राजनीतिक जीवन में विशिष्ट प्रतिनिधित्व सम्बन्धी माँग के इतिहास का अवलोकन किया हो, को यह स्पष्ट हो जाएगा कि यह मात्र एक कल्पना नहीं है। इस प्रकार से, इसके पूर्व कि हम विशिष्ट प्रतिनिधित्व के लिए शोर मचा रही उन अनेकों अलग–अलग जातियों[46], जो अपने आप में काफी बड़ी हैं, की स्थिति को देखें, राष्ट्रीय जीवन अर्थहीन बनकर रह जाएगा। यथावत्, जहाँ कहीं भी उनका वश चला, वे बम्बई प्रेसीडेन्सी के गैर–ब्राह्मण ब्राह्मण–विरोधी होने और स्थानान्तरण इत्यादि जैसे मामलों में अपने ब्राह्मण कर्मचारियों को परेशान करने की अपनी निर्विवाद प्रवृत्ति को प्रदर्शित कर चुके हैं।[47] शायद समय आ चुका है जब न्याय एवं दक्षता के नाम पर ब्राह्मणों के हितों को बहुसंख्यक दल के विरुद्ध संरक्षण प्रदान किया जाना होगा। सभी बिन्दुओं पर विचार करने के बाद स्पष्ट है कि विशिष्ट प्रतिनिधित्व अनावश्यक और हानिकारक है।

ऊपर यह उल्लेख किया जा चुका है कि गैर–ब्राह्मणों की एक अन्य माँग थी विभिन्न सेवाओं में पदों का आरक्षण, जो पहले ही स्वीकार की जा चुकी हैं। बाद में दल द्वारा इस विशेषता पर इतना अधिक जोर दिया गया कि एक ख्यातिप्राप्त पत्रकार ने हाल ही में इसे ''एक आंदोलन की सतह पर और तुरंत ही प्रशासन में पदों के अपेक्षाकृत एक बड़े हिस्से को हासिल करने'' के रूप में वर्णित कर दिया।[48] आधिकारिक रूप से गैर–ब्राह्मण समूह का गठन करने वाली अलग–अलग जातियों के द्वारा की जाने वाली अलग–अलग माँगों के कारण यह सिद्धांत भी प्रतिनिधित्व के समान निरर्थकता में परिवर्तित होने वाला है। निकटतम भविष्य में इस घटना के घटित होने के स्पष्ट संकेत मौजूद हैं। मद्रास सरकार के द्वारा इस नीति की घोषणा के आसपास ही इसे इस स्थिति का सामना करना पड़ा था। ''सैंकड़ों छोटे समुदाय, जिनमें भारतीय समाज विभाजित है, उस अवसर का लाभ लेने में पीछे नहीं रहे जो उन्हें इतनी सहजतापूर्वक सुलभ हो गया था, और वे विधानमंडल, स्थानीय निकायों, सार्वजनिक सेवाओं तथा यहाँ तक कि शैक्षणिक संस्थानों में भी विशिष्ट प्रतिनिधित्व के लिए शोर मचाने लगे। सरकार, जिसमें भी गैर–ब्राह्मण तत्व अत्यधिक प्रभावशाली थे, ने पदों की प्रसाद की तरह निरंतर बढ़ती माँग को पूरा करने का प्रयास किया, किन्तु स्वाभाविक रूप से सफल नहीं हो सकी। इसने ईर्ष्याओं और शत्रुताओं को जन्म दे दिया जिसने दल पर विनाशकारी प्रभाव डाले।''[49]

ऐसे दो आधार हैं जिनपर पदों के आरक्षण का समर्थन किया जा सकता है। पहला, यह कि ब्राह्मण एवं अन्य जातियाँ, जो सेवाओं में कर्मचारियों की सशक्त बहुसंख्या के रूप में मौजूद है, जनता को मात्र इसलिए परेशान कर सकते है और करते हैं क्योंकि वे गैर–ब्राह्मण हैं। दूसरे, नई रिक्तियों के लिए चयन के मामले में प्रभुत्वशाली जातियाँ गैर–ब्राह्मणों के लिए पदों को हासिल करना असंभव बना देती हैं। बाद वाला आरोप कभी–कभी लगाया जाता है, किन्तु हमारा अनुभव हमें यह विश्वास नहीं करने देता कि एक बड़े पैमाने पर ऐसा उत्पीड़न किया जा रहा है। यहाँ तक कि यदि ऐसा है भी तो अपराधियों को दंडित करने हेतु पर्याप्त जागरुकता मौजूद है। जाति की

भावना जो कुछ भी है, ऐसा बहुत संभव है कि अपने जाति–बंधु के पक्ष में शक्तिशाली पूर्वाग्रह कई लोगों द्वारा उन्हें पसंद करने अथवा उनके प्रभाव को अपने पक्ष में उपयोग करने का कारण बनता है जो गैर–ब्राह्मण अथवा अन्य जातियों के लिए हानिकारक होता है। अगर ऐसी किसी आकस्मिकता के विरुद्ध समुचित सावधानी बरती जाए तो पदों के आरक्षण के दोषपूर्ण सिद्धांत के लिए कोई गुंजाइश शेष नहीं रह जाएगी। मुझे प्रतीत होता है कि यदि समस्त सार्वजनिक सेवाओं में होने वाली समस्त भर्तियों को किसी ऐसी परिषद् के द्वारा आयोजित प्रतिस्पर्धात्मक परीक्षाओं के परिणामों के आधार पर संपन्न किया जाए जिसमें अपने उदारवादी एवं जातिविहीन विचारों के लिए सुविख्यात लोगों को शामिल किया गया हो तो ऐसी सावधानी को प्रभावशाली ढंग से अपनाया जा सकता है।

जहाँ तक जाति व्यवस्था के परिणाम का सम्बन्ध है, दलित वर्गों की समस्या विशिष्ट व्यवहार प्रदान करने की पात्र है। इन वर्गों के बीच ऐसी जातियाँ हैं जो चमड़ा बनाने, जूते बनाने, तथा बाँस और बेंत का कार्य करने के कौशलयुक्त पेशों को अपनाए हुए हैं। जैसा कि पहले स्पष्ट किया जा चुका है, अन्य हिन्दुओं के द्वारा इन्हें इतना नीच समझा जाता है कि इन्हें अन्य जातियों के निकट एक निश्चित दूरी के अंदर आने की अनुमति नहीं थी। इन्हें इस प्रकार से शताब्दियों से पृथक कर दिया गया था। स्वच्छता सम्बन्धी उनके विचार हिन्दू जाति के विचारों से कहीं पीछे छूट चुके थे। शिक्षा ऐसा विलासिता थी जिसका आनंद उन्होंने कभी नहीं प्राप्त किया था। समाज के उच्च वर्गों के द्वारा भरपूर घृणा भोगने के बाद उनके पास उनकी नकल करने हेतु कोई प्रोत्साहन शेष नहीं रह गया था। ऐसे लोग, जो यह अनुभव करते हैं कि समाज के इन अत्यन्त उपयोगी वर्गों के प्रति यह अमानवीय व्यवहार गलत है, यह अनुभव करते हैं कि इसमें कोई भी परिवर्तन इन वर्गों की आदतों में सुधार पर उतना ही निर्भर करता है जितना कि हिन्दू जातियों के दृष्टिकोण में परिवर्तन लाए जाने पर। शिक्षण एवं प्रचार दोनों के द्वारा ही इन लोगों की आदतों को परिवर्तित करने के लिए शिक्षा अनिवार्य है। इन आदतों के कुछ पहलू इन वर्गों की आर्थिक स्थितियों पर भी निर्भर करते हैं। अतः, दलित वर्ग की आर्थिक स्थिति को बेहतर करने हेतु यह आवश्यक है कि उनकी सामाजिक स्थिति में एक वास्तविक परिवर्तन लाया जाए।

ज्योतिराव फुल के समय से ही मराठा क्षेत्र में सभी सुधारकों, जिन्होंने स्थिति के अन्याय का अनुभव किया था, ने दलित वर्गों के सदस्यों के लिए शिक्षा के प्रावधान के साथ ही अपने अभियानों को प्रारंभ किया था।

वी.आर. शिन्दे तथा ए.वी. ठक्कर जैसे कार्यकर्ताओं ने व्यक्तिगत तौर पर न केवल हिन्दू–जाति की भावना को अस्पृश्यता के अनुचित सिद्धांत के विरुद्ध उकसाने बल्कि दलित वर्गों के बीच शिक्षा का प्रसार करने के द्वारा उनके साथ बेहतर व्यवहार के लिए तैयार करने हेतु भी बहुत कुछ किया था। अस्पृश्यता को समाप्त करने की समस्या अबतक महात्मा गाँधी के प्रयासों के द्वारा एक राष्ट्रीय समस्या बन चुकी थी। मैं ब्रिटिश शासन के कुछ प्रशासनिक पहलुओं के उदारवादी परिणामों पर पहले ही चर्चा कर चुका हूँ। इस अभियान ने बिना किसी कमी के दलित वर्गों को अपने धर्मों में धर्मान्तरित करवाने के ईसाईयों और मुस्लिम मिशनरियों के प्रयासों को लाभ पहुँचाया था। उच्च–जातीय हिन्दुओं के कहीं अधिक समझदार वर्ग ने अस्पृश्यता के सिद्धांत को जारी रखने में अपने धर्म के प्रति एक वास्तविक खतरे को महसूस कर लिया था। यह खतरा था अछूत जातियों के सदस्यों, जो पहले बहुत अच्छे और भक्त हिन्दू रहे थे, को अन्य धर्मों को अपनाने की ओर प्रेरित करने का।

इस चौतरफा हमले के परिणाम को उच्चतर जातियों के अनेकों सदस्यों के दृष्टिकोणों में आने वाले परिवर्तनों में देखा जाना चाहिए। कुछ ऐसी घटनाएं, जैसी कि बंगाल की एक घटना को और अधिक देखा जाना था। "नबा. दविप, शांतिपुर, कृष्णानगर, कुस्तिया एवं अन्य स्थानों के कुलीन ब्राह्मणों ने नामशूद्रों, धोबियों, मल्लाहों, दाईयों एवं अन्य अछूतों के हाथों से पानी लेना और पीना स्वीकार कर लिया और अत्यन्त उत्साहपूर्ण वातावरण में इस जल को पिया। युवा ब्राह्मणों तथा पुराने भट्टाचार्यों, मुखर्जियों, बनर्जियों, चटर्जियों, मित्राओं आदि सभी ने इस दिलचस्प समारोह में भाग लिया।"[50] 1924 में त्रावणकोर में वायकम की सड़कों से गुजरने के अपने दृढ़ प्रयासों, जिनमें जाति व्यवस्था के दौरान अछूत प्रतिबंधित थे, उन्हें अनेकों उच्च–जातीय हिन्दुओं के द्वारा ऐसा करने में सहायता प्रदान की गई। जहाँ हिन्दू मंदिरों के न्यासियों ने प्रिवी काउंसिल के संदिग्ध प्रायोज्यता वाले कुछ निर्णयों के पीछे शरण लेते हुए मंदिरों के दरवाजों को अछूतों के लिए बंद कर दिया था, वहीं निजी मंदिरों के अलग–अलग स्वामियों ने

हिन्दुओं के सभी वर्गों को अपने प्रबंधन के अधीन सभी मंदिरों में स्वतंत्र प्रवेश की अनुमति प्रदान कर दी थी। कहने का आशय यह नहीं है कि अस्पृश्यता–विरोधी सिद्धांत के प्रसार से संघर्ष के लिए कोई संगठित प्रयास नहीं किए गए थे। 1925 के प्रारंभ में बम्बई के अनेकों व्यापारियों, जिनके बीच कुछ अग्रणी सार्वजनिक पुरुष शामिल थे, ने रूढ़िवादी हिन्दुओं की एक सभा आयोजित की। लगभग प्रत्येक वक्ता ने अस्पृश्यता के सम्बन्ध में गाँधी के विरोधी मत की निंदा की, और घोषणा की कि उनके हाथों में हिन्दू धर्म खतरे में है।[51] कमोबेश यह स्पष्ट है कि यह संघर्ष आने वाले कुछ समय तक जारी रहेगा, और यह उन लोगों, जिन्हें अस्पृश्यता में कोई विश्वास नहीं है, का कर्तव्य है कि वे इसके उन्मूलन की शिक्षा दें और अपने आचरणों के द्वारा अपने निजी विश्वासों का प्रदर्शन करें।

जिस समय गैर–ब्राह्मण आंदोलन कुछ शक्ति एकत्रित करना प्रारंभ ही कर रहा था उस समय मद्रास की कुछ अछूत जातियों ने स्वयं को आदि–द्रविड़ कहना प्रारंभ कर दिया। स्व–मूल्यांकन की लहर के साथ ही उन्होंने अवश्य ही कुछ ऐसे प्रदर्शन करने प्रारंभ कर दिए थे जो सामाजिक रूप से मना थे। 1921 में त्रिचनापल्ली जिले के वडाक्कालुर में उनकी बारात पर जातिपुरुषों के द्वारा हमला किया गया, संभवतः इसलिए क्योंकि उनके लिए निषिद्ध चिह्नों में से कुछ को घमंडपूर्वक प्रदर्शित किया जा रहा था। रात्रि में, आदि–द्रविड़ों ने स्थानीय जातिपुरुषों के अनेकों घरों में आग लगा दी। 1925 में आर्यसमाज में धर्मान्तरित कुछ अनुसूचित जातियों ने पालघाट में कलपाथी के ब्राह्मण 'अग्रहरम' में प्रवेश करने के प्रयास किए, और परिणामस्वरूप वहाँ सामान्य संघर्ष हुआ। 1927 में तेलुगु उच्च जाति कापुस को माला लोगों के द्वारा एक विशिष्ट संगीत एवं नृत्य के साथ उनके एक जुलूस को निकालने से रोक दिया गया था, जिससे कापुस माला लोगों पर आक्रामक हो गए थे।[52] 1930 में कल्लनों, जो एक तमिल कहावत 'एक कल्लन एक मरावन बन जाता है' के अनुसार मरावनों से नीचे होते हैं, ने आदि–द्रविड़ों द्वारा अनुसरण करने हेतु कुछ नियम निर्धारित कर दिए, और उनके द्वारा इनका पालन करने से इंकार करने पर उन्हें इसका पालन करने हेतु बाध्य करने के लिए हिंसा का मार्ग अपना लिया।[53]

प्रवासी जनसंख्या के साथ हुई शहरी जीवन की प्रगति ने होटलों और रेस्त्राओं को बढ़ावा दे दिया था। कार्यालय के कामों की आवश्यकताओं ने शहरी लोगों को शुद्धता सम्बन्धी अपने पुराने विचारों को दरकिनार करने हेतु बाध्य कर दिया। जातीय–हिन्दुओं को ईसाईयों, मुसलमानों, अथवा पारसियों द्वारा तैयार किए गए खाद्य–पदार्थों को खाना पड़ रहा था, क्योंकि हिन्दु रेस्त्रां कार्यालय के घंटों के दौरान सहजतापूर्वक और समान रूप से उपलब्ध नहीं रह गए थे। हिन्दुओं के खानपान के समय में उन्हें लगभग हर जाति के लोगों की संगत में अपने भोजन ग्रहण करने पड़ते थे, क्योंकि होटल–मालिक अलग–अलग जातियों के सदस्यों के लिए स्थानों के आरक्षण का प्रबंध नहीं कर सकते थे। जो कुछ भी मूल रूप से आवश्यकता के दबाव के कारण किया जा रहा था वह बाद में शहरी जीवन वाले अनेकों लोगों की दिनचर्या बन चुका था। भोजन से सम्बन्धित जातीय–प्रतिबंधों से यह स्वतंत्रता, जो यद्यपि शहरों में देखी गई थी, मात्र एक परिधान जैसी थी जिसे शहरी लोगों के द्वारा अपने गाँव जाने पर बेकार समझ कर एक ओर छोड़ दिया जाता था। प्रथाओं एवं भावनाओं की शक्ति इतनी प्रबल थी कि इसने लोगों को अपने ग्रामीण लोकव्यवहारों के साथ नाता तोड़ने के बजाए जीवन के दोहरे मापदंड उत्पन्न करने का आधार दे दिया था। समस्त औपचारिक अवसरों पर तो ऐसा विशेषतौर पर सत्य है। जहाँ यह मंद एवं आरोपित परिवर्तन घटित हो रहा था, कुछ संघों के द्वारा सफलतापूर्वक ऐसे विशेष रात्रिभोज आयोजित किए जा रहे थे जिनमें लोग जातिगत भेदभाव के बिना एक ही पंक्ति में बैठ रहे थे। जागरुक प्रयासों तथा प्रचार की शक्ति के कारण कुछ विशिष्ट लोगों के वर्गों के द्वारा भोजन एवं पेयपदार्थों के माध्यम से फैलाए जाने वाले प्रदूषण से सम्बन्धित लोगों के दृष्टिकोण में कुल मिलाकर एक स्वस्थ एवं प्रशंसनीय संशोधन होने लगा था। जहाँ पूना में एम.जी. रानाडे जैसे कुछ अन्य मुट्ठीभर लोगों को सामाजिक उत्पीड़न का शिकार बनाया गया और अंततः 1891–92 में उन्हें एक ईसाई मिशनरी के घर पर चाय पीने के लिए प्रायश्चित सम्बन्धी रीति–रिवाजों को संपन्न करने के लिए बाध्य किया गया था, आज* कोई भी किसी ब्राह्मण द्वारा गवर्नमेंट हाउस में भोजन करने पर भी ध्यान नहीं देता।

---

* 1930।

भारत के उन भागों, जहाँ अछूत वास्तव में दूर रखे जाते थे, में आधुनिक जीवन की कुछ आवश्यकताओं ने उच्च–जातीय हिन्दुओं को अपने दृष्टिकोण को परिवर्तित करने और किसी सीमा तक व्यवहृत करने हेतु बाध्य कर दिया। ''शहरों में, जहाँ निजी मल–सफाई एवं झाड़–पोछ को लागू किया गया है, मैला ढोने वाले तथा जमादार न केवल घरों के नजदीक तक जाने लगे बल्कि कई बार तो मैला साफ करने हेतु उन्हें घरों में प्रवेश भी दिए जाने लगे। इसके कारण दूरस्थ–प्रदूषण समाप्त हो गया''।[54]

पुरानी व्यवस्था के मुकाबले आज पेशे के चयन के मामले में कहीं अधिक स्वतंत्रता उपलब्ध है। पहला, नए पेशों, जिनके लिए पुराने पेशों के समान ही योग्यताओं की आवश्यकता है, की संख्या में नई आवश्यकताओंवश वृद्धि हो चुकी है। उन पेशों में से अनेकों, जैसे नक्शानवीशी एवं सन्दूकची–निर्माण, को अब अधिक उत्साहपूर्वक देखा जाने लगा था और उनके लिए पुरानी रूढ़िवादी व्यवस्था के मुकाबले अधिक पारश्रमिक प्रदान करने लगा था। नक्शानवीशी का आंशिक सम्बन्ध लिपिकीय कार्य से है (जहाँ तक इसका सम्बन्ध किसी कार्यालय में डेस्क–कार्य से हो) तथा व्यापक तौर पर यह प्राचीन डिजाइन बनाने के कार्य से जुड़ा हुआ है। इस पेशे में भर्ती करने वाले लोग ब्राह्मणों जैसी उच्च जातियों सहित अन्य निम्न जातियों, जैसे बेहतर शिल्पकार, दोनों से ही सम्बन्धित थे। वस्त्र–सिलाई एवं जूता–बनाने जैसे पेशों की सार्वजनिक रूप से प्रशंसा की जाने लगी थी क्योंकि नई मशीनरियों ने इस कार्य को सरल और कम थकाऊ बना दिया था, और व्यापक तौर पर इसलिए भी क्योंकि नई तकनीक एवं शिल्प का सम्बन्ध नए शासकों से था। इसीलिए, इन्हें उच्च जातियों के सदस्यों के द्वारा अधिक से अधिक अपनाया जाने लगा। दूसरे, प्राचीन आर्थिक व्यवस्था के विस्थापन तथा कला एवं शिल्प में प्रशिक्षण की सुविधाओं के प्रावधानों ने पेशों के बीच पुरानी विभाजन रेखाओं में एक विस्तृत परिवर्तन ला दिए थे। समग्र परिणाम यह है कि वर्तमान** में मात्र आकस्मिक श्रमिक, जमादार, तथा मैला ढोने वाले पेशे को छोड़कर ब्राह्मण जाति के सदस्यों को लगभग हर पेशे में संलिप्त देखा जा रहा है। विभिन्न शिल्पकार जातियों के अनेकों सदस्य शिक्षक, दुकानदार, बैंक–लिपिक, दुकान–सहायक तथा वास्तुकार बन चुके हैं।

बम्बई की कपड़ा मिलों में अछूत जातियों के कुछ सदस्यों को भी पुरानी जातीय व्यवस्था के अधीन मिलने वाले मात्र कुछ कार्यों से पूर्णतः अलग कार्य मिल गए हैं। जातियों के द्वारा पेशे के चयन पर लगाए गए प्रतिबंधों के द्वारा व्यक्तियों को निर्देशित किया जाना व्यापक तौर पर बंद हो चुका था। यह अज्ञानता एवं उद्यमिता का अभाव ही था जिसने जाति की पेशागत गुलामी को पुराने विचारों, जिनके अनुसार किसी पेशे को किसी का परंपरागत अथवा आनुवांशिक पेशा समझा जाता था, का पालन करने की सीमा तक कायम रखा हुआ था।

जाति की सगोत्र वैवाहिक प्रकृति इस अंतर के साथ लगभग समान बनी रही कि जहाँ पहले किसी के द्वारा जाति के बाहर विवाह करने के बारे में सोचा भी नहीं जाता था, वहीं अनेकों शिक्षित युवक एवं युवतियाँ परस्पर प्रेम और आकर्षण के कारण आवश्यकता पड़ने पर जाति के बंधनों को तोड़ने के लिए तैयार हो चुके थे। बम्बई में मुझे अधिकाशंतः युवा पीढ़ी के सदस्यों के अनेकों ऐसे उदाहरण ज्ञात हुए जिन्होंने अपने ऐसे वैवाहिक सम्बन्ध स्वयं तय किए थे जिनके दोनों पक्ष अलग–अलग जातियों वाले थे। ऐसे विवाहों, जिन्हें अंतर्जातीय अथवा मिश्रित विवाह के रूप में जाना जाता है, की बहुत बड़ी संख्या का गठन ऐसे दंपतियों द्वारा किया गया है जिसमें महिला पुरुष की जाति से किसी निचली जाति से सम्बन्ध रखती है। तथापि, इसकी विरोधी स्थिति, जिसमें पुरुष किसी नीची जाति का हो, भी पूर्णतः दुर्लभ नहीं है। जहाँ तक पुरानी पीढ़ी का सम्बन्ध है, बिना अतिशयोक्ति के यह कहा जा सकता है कि सामाजिक सुधार के बारे में चर्चा करने के बावजूद अंतरविवाह के विषय पर अपने विचारों में इसने बहुत कम प्रगति की है। अतः, जब बुजुर्ग अपनी संतानों के विवाहों की बात करते हैं तो वे अपनी जाति से बाहर किसी जाति से वर अथवा वधू का चयन करने की बात मुश्किल से ही सोचते हैं, भले ही यह किसी बड़े समूह का कोई वर्ग ही क्यों न हो। यदि वे सर्वाधिक संकुचित विभाजन की सीमाओं की उपेक्षा करने का भी साहस करते हैं, जैसे कि उदाहरणार्थ एक चितपावन ब्राह्मण अपने पुत्र के लिए करहडा ब्राह्मण जाति से किसी कन्या का चयन कर ले, तो मराठा देश

** 1930।

में उसे एक सुधारवादी के रूप में देखा जाता है। पूरी तरह से पृथक जातियों के सदस्यों के बीच विवाहों के ऐसे उदाहरणों को स्पष्ट करना कठिन होगा जिनमें बुजुर्गों ने अपनी संतानों के विवाह तय किए हों। यह अकेले युवाओं की लापरवाही तथा जोश ही है जो विवाह के प्रयोजन के लिए जातियों की सीमाओं का अतिक्रमण करने हेतु तत्पर है।

जब बम्बई शहर ने ग्रामीण क्षेत्रों से भारी संख्या में लोगों को आकर्षित करना प्रारंभ किया तब जातियों की अपनी परंपराओं के साथ आप्रवासी यथासंभव अपनी–अपनी जातियों के अनुसार एकत्रित होना प्रारंभ हो गए, यद्यपि निवास स्थान को प्रभावित करते हुए ग्रामीण बंधुत्व द्वारा इस प्रवृत्ति को संशोधित कर दिया गया। मराठा देश की ब्राह्मण जातियाँ अधिकांशतः शाकाहारी हैं, जबकि अन्य जातियाँ सामान्यतः मांसाहारी हैं। जिन इमारतों में मात्र ब्राह्मण निवास करते थे उनमें एक साथ रहने का प्रयास करने के लिए वस्त्र धारण करवाए जाते समय ब्राह्मणों के पास माँस–मछली से निकलने वाली बदबू से बचने के अतिरिक्त उद्देश्य भी मौजूद थे। अन्य जातियों से पृथक रहने की प्रत्येक बड़ी जाति की इस प्रवृत्ति में निरंतर वृद्धि होती रही है। यह देखा जा सकता है कि यह इच्छा मात्र वही पुराना जातीय अभ्यास है जिसमें गाँव के विशिष्ट हिस्सों को अलग–अलग जातियों के लिए आरक्षित कर दिया जाता था और जिसे शहरी जीवन की परिवर्तित स्थितियों के अनुरूप ढाल दिया गया है। लोगों की इस प्रवृत्ति को जाति के माध्यमों से स्वयं को अभिव्यक्त करने वाले निजी परोपकार के द्वारा प्रोत्साहित एवं उत्तेजित किया गया था। जातीय–चेतना को गति प्रदान करने तथा जातीय–देशभक्ति को बढ़ावा दिए जाने के साथ ही परोपकारी लोग ऐसे घरों और चालों का निर्माण करते रहे हैं जिन्हें मात्र अपनी ही जाति के लोगों को मामूली किराए पर दिया जाता रहा है। किसी जाति के शैक्षिक हितों को आगे बढ़ाने हेतु दिए जाने वाले दान के रूप में जाति के छात्र सदस्यों को निःशुल्क छात्रावास प्रदान करने लगे। परिणामस्वरूप, बम्बई के उन इलाकों, जिनमें अधिकांशतः मध्यवर्गीय लोगों के आवास हैं, में आज हम पाते हैं कि पूरी–की–पूरी चाल नजदीकी बंधुत्व वाली एक अथवा दो जातियों के सदस्यों के कब्जे में है, पूरी इमारत मामूली अथवा नाममात्र के किराए पर किसी जाति विशेष के सदस्यों को किराए पर उठाई गई है, और छात्रावासों के द्वारा किसी जाति विशेष के छात्रों को निःशुल्क आवास प्रदान किए गए हैं। किसी जाति विशेष के लिए बनी इमारतों में प्रमुखता से ऐसे बोर्ड लगे हुए हैं जो खुलेआम उनके आरक्षण की घोषणा करते हैं, और जहाँ कहीं भी यह किसी निजी दान का मामला है, परोपकारी दानकर्ता के नाम का भी उल्लेख किया गया है। यहाँ तक कि कॉलेज और विश्वविद्यालय भी ऐसे दानों से भरे पड़े हैं जिनसे कुछ विनिर्दिष्ट जातियों के छात्रों को छात्रवृत्तियों के भुगतान किए जाते हैं।

सुधार की सहकारी योजनाओं की शुरुआत ने जातीय–एकता को स्वयं को प्रकट करने का एक दूसरा अवसर प्रदान कर दिया। सहकारी आवासन, जो सहकारी उपक्रम के किसी अन्य पहलू से कुछ बढ़कर ही था, ने जातीय–भावना को अधिक ही आकर्षित किया, यद्यपि अलग–अलग जातियों की ऋण समितियों, जैसे कि रेड्डी लोगों की, कुल मिलाकर अज्ञात नहीं हैं। वास्तव में यह टिप्पणी करना सच होगा कि मात्र वहीं सहकारी आवासन समितियाँ सर्वाधिक सफल रही थीं जिन्होंने अपनी सदस्यता को अपने जातीय–बंधुओं तक सीमित कर रखा था। यहाँ तक कि व्यापार में अंशों के स्वामित्व को किसी जाति विशेष के सदस्यों तक सीमित करने में भी प्रवृत्ति कई बार स्पष्ट दिखाई देती है। हाल ही में, मद्रास के ब्राह्मणों ने एक निधि की शुरुआत की है जिसे 'ट्रिपलीकेन फंड' का नाम दिया गया है, जिसके अंशों को मात्र ब्राह्मणों द्वारा ही धारित किया जा सकता है। इसे प्रारंभ करने के उत्तरदायी लोगों में "संस्कृति, शिक्षा एवं अध्ययन" सम्बन्धित सज्जनों को ही शामिल किया गया है। "मामला ऐसा होते हुए, हमें खेद है कि फंड के नियमों को इतना संकुचित तरीके से परिकल्पित किया गया है ताकि अंशों को धारण करने के अधिकार से सभी गैर–ब्राह्मणों को बाहर रखा जा सके। यह ठीक वैसी ही विशिष्टता है जो 'मंत्रीत्ववादी' जैसे हितधारक पक्षों को उनका सर्वश्रेष्ठ पोषण प्रदान करती है। सांप्रदायिकता के आधिक्य की निंदा करने वाले लोगों को जीवन के व्यवहारिक मामलों में पहले स्वयं ही एक स्वस्थ, हितकारी, गैर–सांप्रदायिक दृष्टिकोण का उदाहरण स्थापित करना चाहिए।"[55]

इस शताब्दी के दौरान हिन्दू समाज की एक विशेषता रही है सभी जातियों के द्वारा एक ही भाषा–भाषी सदस्यों को मिलाते हुए अपने खुद के संघों को गठित करने की चिह्नित प्रवृत्ति।[56] पुरानी व्यवस्था के अंतर्गत जातीय–पंचायत

अथवा परिषद् सामान्यतः गाँव अथवा कस्बे तक ही सीमित रहा करती थी। अधिकांश जातियों के मामलों में, यदि होता भी था तो, मुश्किल से ही परिषद् का न्यायक्षेत्र इन सीमाओं के बाहर निकल पाता था। ''अधिकांश मामलों में जातीय–जागरुकता गाँव की चाहरदीवारी द्वारा सीमित है और इसके संगठन गाँव के क्षेत्र के बाहर नहीं जाते''।[57] इन नए संगठनों के कार्य हैं: (1) जाति के सामान्य हितों को आगे बढ़ाना और विशेष रूप से पदानुक्रम में इसकी सामाजिक स्थिति पर अन्य जातियों द्वारा करने वाले वास्तविक अथवा संभावित हमलों से रक्षा करना; (2) जाति के जरूरतमंद एवं योग्य छात्रों को छात्रवृत्तिया प्रदान करने हेतु निधियों को प्रारंभ करना, और कभी–कभी उच्च विदेशी शिक्षा के लिए विदेश जाने हेतु उनकी सहायता भी करना; (3) जाति के गरीब लोगों की सहायता करना; (4) और कभी–कभी जाति के सदस्यों की वार्षिक आमसभा में पारित किए गए प्रस्तावों के द्वारा जाति की कुछ प्रथाओं को नियंत्रित करना। संभवतः छात्रवृत्तियाँ प्रदान करने के उद्देश्य को छोड़कर इन सभी उद्देश्यों को बड़ी अथवा छोटी मात्रा में ऐसी व्यवस्थाओं द्वारा हासिल किया जाता था जो सदैव स्थाई नहीं होते थे। कभी–कभी *तदर्थ* समिति कार्य संभालती और उसे पूरा करती थी। मैं पदानुक्रम में ब्राह्मणों की सर्वोच्च स्थिति के प्रति मद्रास के कम्मालानों के हठपूर्ण विरोध को पहले ही संदर्भित कर चुका हूँ। पूना के कायस्थ प्रभुओं तथा मराठा देश की अनेकों अन्य जातियों ने ऐसे प्रतिबंधों के विरुद्ध पेशवा के दरबार में समय–समय पर विरोध प्रदर्शन किए थे जिसे अन्य जातियाँ द्वारा उनकी स्थिति को नीचा सिद्ध करने हेतु उनपर लागू किया गया था। निश्चित रूप से किसी जाति विशेष के कुछ बुजुर्ग व्यक्तियों ने सक्षम न्यायाधिकरण के समक्ष अपने मामले को रखने का प्रयास अवश्य किया होगा। कमजोर को राहत देना सामान्यतः किसी जाति द्वारा अपनाया जाने वाला कर्तव्य नहीं था। जब कोई जाति अपनी निधियों को किसी धर्मार्थ प्रयोजन के लिए प्रयुक्त करने का निर्णय करती थी तो यह उस धनराशि को परोपकारी कार्य में प्रयुक्त करने हेतु स्थानीय पुजारी के हवाले कर देती थी। तत्कालीन प्रचलित आदर्शों ने लोगों को दान का वितरण विशिष्ट माध्यमों से करने का आधार प्रदान कर दिया था। निःसंदेह, ये आदर्श थे मंदिर एवं विश्रामगृहों का निर्माण करवाना, कुएँ और तालाब खोदवाना, और निश्चित संख्या में ब्राह्मणों के लिए मंदिरों में तथा यात्रियों एवं अन्य जरुरतमंद लोगों के लिए सार्वजनिक भोजनालय में मुफ्त भोजन की व्यवस्था करना। दान के इन सभी निर्देशों का प्रायः प्रचार किया जाता था और जाति के संदर्भ के बिना स्वीकार किया जाता था। मात्र शिल्पकार जातियों, जिनके पास सशक्त टोलों जैसे संगठन थे, ने अपने सदस्यों के बीच दरिद्रों की सहायता के लिए स्थाई प्रावधान कर रखे थे।[58] कभी–कभार कोई जाति अपने मुखिया के माध्यम से अपने गरीबों को भोजन करवाने के द्वारा राहत प्रदान कर देती थी। इस प्रयोजन के लिए धनराशियाँ जाति के दोषी सदस्यों पर लगाए गए अर्थदंडों के शेषों से उपलब्ध रहती थी।[59]

ऊपर हमने देखा है कि दक्षिण भारत के ब्राह्मणों ने चारों कोनों से ब्राह्मणों को एकजुट किया और एक वधू के लिए धन लिए जाने की अपने बीच प्रचलित प्रथा को रोकने का निर्णय किया। काँची के तेल व्यापारियों ने मंदिरों को दिए जाने वाले दानों के सम्बन्ध में कुछ शर्तों द्वारा स्वयं को बाध्य करने और 'जातिधर्म', अर्थात्, ऐसे कर्तव्य, जो उनकी जाति के प्रत्येक सदस्य पर लागू होंगे, के रूप में उनका पालन करने का प्रस्ताव किया।

इस प्रकार जाति का सामुदायिक पहलू और अधिक व्यापक, विस्तृत तथा स्थाई बना दिया गया था। जाति के द्वारा व्यक्ति के अधिकाधिक हितों की पूर्ति की जा रही थी, और जरुरतमंद लोग, जिन्हें अपनी जातीय–निधियों से सहायता प्राप्त हो रही थी, स्वाभाविक रूप से अपनी जाति के बहुत ऋणी हो चुके थे और अपने बाद के जीवन में इसे कृतज्ञता एवं गर्व से भरी निगाह से देखा करते थे। जातीय–संगठन के प्रति अपने आभारों का स्मरण करते हुए उसे शक्तिशाली बनाने के अपने कर्तव्य में वे गर्व अनुभव करते थे। इस प्रकार एक दुष्चक्र गठित किया जा चुका था। जातीय–सहानुभूति की भावना अब इतनी बलवती हो चुकी थी कि इसे वास्तव में एक जातीय–देशभक्ति के रूप में वर्णित किया जाने लगा।

गैर–ब्राह्मण एवं दलित वर्ग आंदोलनों पर की गई चर्चा से यह स्पष्ट हो जाएगा कि जाति के पुराने पदानुक्रम को अब मौन–स्वीकृति नहीं प्रदान की जाती। अनेकों ऐसी जातियाँ हैं जो अपनी खुद की जाति के पुजारियों को नियुक्त करती हैं। उदाहरणार्थ, कुछ जातियों, जैसे मराठा देश के सुनारों ने पहले ही ब्राह्मण के अलावा किसी अन्य

जाति के हाथों से भोजन ग्रहण करने से इंकार करने के द्वारा अपनी प्रतिष्ठा पर जोर देना प्रारंभ कर दिया है, जो उनकी पुरानी प्रथा के अनुसार इस शिष्टाचार का प्रत्युत्तर नहीं देता। इस प्रक्रिया में यह निचली जाति होती है जो अपनी खुद की स्थिति के उत्थान के लिए आंदोलन प्रारंभ कर देती है। इसमें जोड़ने हेतु, शिक्षक का पुराना पेशा, और कमोबेश नया अथवा पुराना सरकारी लिपिक का पेशा पुरानी व्यवस्था के अभ्यासों के विपरीत अनेकों अन्य जातियों द्वारा प्रतिष्ठित किया गया है। इन छोटी–मोटी नौकरियों के लिए एक वास्तविक संघर्ष मौजूद है। इस प्रकार दावों एवं विरोधों के टकराव ने माँग एवं स्वीकार्यता के सामंजस्य का स्थान ले लिया है। एक शताब्दी से भी पहले की मद्रास प्रेसीडेंसी के एक भाग में स्थित ग्रामीण स्थितियों के कुछ विवरणों तथा दस वर्षों पूर्व के विवरणों को अत्यन्त स्पष्ट तरीके से प्रकाशित किया गया है। 1808 में गाँव की स्थिति पर एक रिपोर्ट में निहित हैः ''प्रत्येक गाँव अपने बारह 'अयागनडिया' (जैसा कि इन्हें नाम दिए गए हैं) जिनमें 'मोकादिम', 'पोटेल', 'कापू', 'रेड्डी', अथवा मुख्य निवासी इसके शीर्ष पर हैं, के साथ एक छोटे पंचायती राज्य हैंः और भारत ऐसे पंचायती राज्यों का एक बड़ा सम्मिश्रण है। जहाँ गाँव समग्र बने रहते हैं, वहाँ वे परवाह नहीं करते कि किन अधिकारों का हस्तांतरण किया गया है।''[60] दूसरी ओर, तिन्नवेल्ली के *डिस्ट्रिक्ट गजेटियर* को 1917 में ये रिपोर्ट दर्ज करनी पड़ी थीः ''सहयोग के समस्त प्रलोभनों के साथ मुश्किल से ही यह कहा जा सकता है कि औसत तिन्नवेल्ली गाँव के पास एकता से उत्पन्न शक्ति मौजूद है। व्यवहारिक रूप से सामान्य पंचायतें अज्ञात हैं, विवादों को गाँव में समाधान करने के बजाए तुरंत ही कानूनी न्यायालयों में ले जाया जाता है, तथा राजस्व एवं सिचाईं अधिकारियों तथा पुलिस के सर्वोत्तम प्रयासों को गहरी जड़ें जमाए गुटों द्वारा बाधित कर दिया जाता है। ऐसा अलग–अलग जातियों के बीच ही होता है कि एकजुटता की भावना स्पष्ट दिखाई देती है। यह प्रायः ही 'महिमाई', अथवा सामान्य निधि, जिसे प्रत्येक समुदाय के द्वारा निजी उपयोग हेतु लगाया जाता है, का एक व्यवहारिक स्वरूप ग्रहण कर लेता है......। खर्चों के उद्देश्यों में सामान्यतः योगदानकर्ताओं के स्वामित्व वाले मंदिरों, मस्जिदों अथवा गिरजाघरों को सहायता दिया जाना शामिल होता है; कभी–कभार धन का उपयोग याचिकाओं अथवा ऐसे मुकद्मों के लिए किया जाता है जिससे संपूर्ण जाति के हित जुड़े हों।''[61] जातीय–सहानुभूति ने ग्रामीण–समुदाय का स्थान ले लिया है।

संक्षेप में, जाति–उत्पन्न सामाजिक एवं धार्मिक विशेषाधिकारों एवं अयोग्यताओं को अब[62] कानून के द्वारा मान्यता नहीं दी जाती, और प्रथाओं के द्वारा इन्हें आंशिक मान्यता ही प्राप्त है। मात्र दलित वर्ग ही कुछ परंपरागत एवं अर्द्ध–कानूनी अक्षमताओं के अधीन कष्ट झेल रहा है। अब जाति किसी व्यक्ति के पेशे का कठोरतापूर्वक निर्धारण नहीं करती, किन्तु इसके द्वारा अपनी पुरानी कठोरता के साथ उस वृत्त का निर्धारण किया जाना जारी है जिसमें कोई विवाह कर सकता है। अपने जीवन के हर महत्वपूर्ण समय, जैसे विवाह एवं मृत्यु पर सहायता के लिए हर व्यक्ति को अभी भी बहुत हद तक अपनी जाति पर निर्भर रहना पड़ता है। किसी के घनिष्ठतम साथी एवं मित्र मुख्यतः उसकी जाति के वृत्त द्वारा सीमांकित किए जाते हैं। पुरानी व्यवस्था एवं समकालीन समाज के बीच का अंतर इस बात में निहित है कि जहाँ प्राचीन संगठनों के अधीन ऊपर उल्लिखित तथ्य लगभग सार्वभौमिक रूप से सत्य थे, वहीं आज समाज में आधुनिक रूप से शिक्षित व्यक्तियों का एक ऐसा वर्ग है (जो महत्वपूर्ण भी है), जो इन सभी प्रतिबंधों से ऊपर उठ चुका है। समाज में संदेहों से घिरे लोगों के लिए ये निश्चित ही प्रकाश स्तंभ का कार्य करेंगे। यहाँ तक कि पुरानी स्थानीय कहावतों में निहित जाति एवं जाति के बीच विशिष्टता एवं अविश्वास के दृष्टिकोण शिक्षित लोगों के मस्तिष्कों में अभी तक सुरक्षित हैं। जातीय–संघ अत्यधिक आम हैं और यहाँ तक कि वे अपनी जाति के सदस्यों की सहायता सम्बन्धी अपने उद्देश्यों की पूर्ति के लिए सर्वोच्च शिक्षित व्यक्तियों की सेवाओं को भी नियंत्रित करते हैं। जबतक सगोत्र विवाह निर्धारित एवं अभ्यास में रहेगा, व्यापक स्व–हित यह आदेशित करते रहेंगे कि किसी को भी अपनी जाति के सदस्यों की उन्नति के लिए सहायता करनी चाहिए। क्योंकि जाति के युवाओं के लिए आर्थिक संभावनाएं जितनी बेहतर होंगी उतना ही अपनी पुत्रियों के लिए अच्छे पतियों को प्राप्त करने की संभावनाओं में वृद्धि होती रहेगी। एक तरीके से सगोत्र विवाह का नियम समकालीन जाति का एक बुनियादी कारक है।

इस प्रकार, जाति किसी भी व्यक्ति के परोपकारी आवेग एवं परोपकारी गतिविधियों का एक केन्द्र बन चुकी है। पुख्ता संगठन के अस्तित्व ने वर्ग की जागरुकता सम्बन्धी भावनाओं को जातियों के इर्दगिर्द ही घुमाया है। अपने

ही बंधुओं की सहायता करने की इच्छा में अनेकों लोग सामाजिक न्याय के सिद्धांतों को भूल जाते हैं और कई बार अन्य जातियों के सदस्यों के साथ जानबूझकर अथवा अनजाने में अन्याय कर बैठते हैं। दुर्भाग्यवश, नागरिक जीवन में अनेकों नेतृत्वकर्ता अपनी–अपनी जातियों के उत्कर्ष सम्बन्धी आंदोलनों से जुड़े रहे हैं। उनके मानसिक अंतर्भावों के द्वारा ऐसे नेतृत्वकर्ताओं के प्रति अविश्वास को अभिव्यक्त किया जाना होता है। अपनी संतानों के सामान्यतः अपनी ही जाति में करने वाले विवाहों के मामलों में इन नेतृत्वकर्ताओं के आचरण जनता के द्वारा अनुभूत अविश्वास को बल प्रदान करते हैं, और जातीय–सगोत्रता पर हमलों के विरुद्ध सहारे का काम करते हैं। कोई भी जाति मुश्किल से ही अपनी मान्यताप्राप्त स्थिति को स्वीकार करती है अथवा किसी अन्य जाति की प्रधानता को स्वीकार करती है, यद्यपि यह पुराने पदानुक्रम में अपनी जाति से नीचे मानी जाने वाली किसी जाति की ऐसी प्रधानता की माँग कर सकती है।

आर्थिक स्थितियों ने अनेकों जातियों को लिपिकीय कार्यों में छोटी–मोटी नौकरियों के लिए शोर मचाने का कारण प्रदान कर दिया है। यहाँ तक कि प्राचीनकाल की शीर्ष, ब्राह्मणों का पुजारी समुदाय, जो सूक्ष्मतापूर्वक विभाजित इस समाज में सामाजिक सहानुभूति का महान बंधन रहा है, एक के बाद दूसरी जाति द्वारा कमजोर किया जाता रहा है। भारत में ब्रिटिश शासन की समाप्ति के आसपास जातीय–समाज ने कमोबेश एक दूसरे के साथ संघर्षरत् आत्म–केन्द्रित समूहों का तमाशा प्रस्तुत कर दिया है।

संदर्भ

1. Kikani, p. iii. 2. Kikani, p. 7. 3. Kikani, p. iii. 4. Kikani, p. 132. 5. Ibid., p. xii. cf. Gledhill, pp. 209–10. 6. Mayne, pp. 779–82. 7. Mandlik, p. 430. 8. *The Times of India* (Bombay), 30th June 1928. 9. Kikani, p. vi; cf. D. F. Mulla, pp. 49–63.

10. Latthe, vol. ii. p. 373. 11. Mayne, pp. 108–9. 12. *The Legislative Assembly Debates*, vol. iii, pp. 3899–926. 13. The *Bombay Chronicle*, 31st March, 1924. टिप्पणीः जॉन विल्सन ने 1877 में लिखा थाः ''अंत्यजाओं में से मात्र कुछ, यदि कोई हैं, को ही सरकारी स्कूलों में ही पाया जाता है। इसे न केवल प्रदूषण के ब्राह्मणवादी भय तथा सामान्य जाति वाले सरकारी शैक्षणिक अधिकारियों के साथ जोड़ा जाना चाहिए, जैसा कि मिशनरी निकायों के एजेंटों के कुछ उदाहरणों के मामले में रहा है'' (*Indian Caste*, vol. ii, p. 45. 14. *Forward* (Calcutta). 7th November, 1923. 15. *Bombay Chronicle*, 1st May, 1925. 16. *Memorandum submitted by the Government of Bombay to the Indian Statutory Commission*, 1928. (1929), p. 228. 17. Ibid., p. 44. 18. इस प्रस्ताव को बाद में 5 फरवरी, 1925 के एक प्रस्ताव द्वारा संशोधित कर दिया गया था जिसके अंतर्गत ऊँची जातियों के लिए भर्ती पर लगाए गए प्रतिबंधों को पूर्णतः हटा लिया गया था। 19. See notices by the Dean of the Grant Medical College and the Principal of the Gujarat College in *The Times of India*, 26th April 1926.

20. G.I.P. Railway Risk-note. Form "B" B.I.P.—176-9-24-30000. 21. See Kitts, p. 1. 22. *India Census*, 1901, pp. 537–8. 23. *Bengal Census*, 1921, p. 346. 24. *Madras Census*, 1911, p. 178. 25. हाल के (1928–30) नागरिक अवज्ञा आंदोलन के दौरान जाति का प्रभाव गुजरात में स्पष्ट तौर पर दृश्य था। 26. *Punjab Census*, 1921, pp. 434–4. यहाँ तक कि पंजाब, जहाँ भारत के किसी भी अन्य स्थान की तुलना में जाति अधिक अस्थिर रही है, के मामले में श्री मिडलटन की अंतिम टिप्पणी मुझे एक अतिशयोक्तिपूर्ण कथन प्रतीत होती है। 27. टिप्पणीः मुझे यह जानकर प्रसन्नता है कि लाहौर के जात–पात–तोड़क मंडल द्वारा संपन्न आंदोलन के परिणामस्वरूप भारत सरकार ने 1931 की जनगणना में ऐसे लोगों के मामले में जाति के लिए स्तंभ के मामले में कुछ रियायत प्रदान की है जो अपनी जाति के तौर–तरीकों के अनुरूप नहीं हैं। 28. Compare J. Murdoch, *Caste* (1887), pp. 38–42, and also the quotation from Sherring therein; and Rev. John Morrison, *New Ideas in India* (1906), p. 33. 29. Lady Vidyagauri Ramanbhai as reported in the *Indian Social Reformer* (Bombay), 5th September, 1925.

30. *Report of the Peel Commission on the Organization of the Indian Army*, 1859, p. 14, and Appendix, pp. 6, 10, 147. 31. Vide Murdoch, *Caste*, p. 43. 32. Kerr, p. 361, footnote. 33. L. J. Trotter, *History of India under Queen Victoria*, vol. ii, (1886), p. 91, and *The Times of India*, 3rd Jçtkfr, 1897 (leading article). 34. Edward Sullivan, *Letters on India*, (1858), pp. 124–5. 35. *Encyclopaedia Britannica*, 11th Ed., vol. v, p. 468 (a). 36. *Punjab Census Report*, 1911, pp. 133–6 में पंडित हरिकिशन कौल द्वारा दिए गए आर्यसमाज के विवरण को देखें। . 37. Phule, pp. 25, 33, 59, 63; Latthe, I, pp. 322–24. 38. सेवाओं में प्रतिनिधित्व की यह माँग सर्वप्रथम मद्रास

की शिल्पकार जातियों के द्वारा 1840 में राजस्व परिषद् को सम्बोधित याचिका में की गई थी। ''ब्राह्मणवादी एकाधिकार को तोड़ने हेतु पुरुषों के सभी वर्गों को सार्वजनिक कार्यालयों में बिना भेदभाव के नियुक्त किया जाना चाहिए। John Wilson, *Indian Caste*, vol. ii, p. 89, footnote. 39. Lathe, vol. ii, p. 494.

40. *Memorandum submitted by the Government of Bombay to the Indian Statutory Commission*, 1928, pp. 527–9. 41. *The Times of India* (Bombay), 25th October, 1924. 42. *The Indian Social Reformer* (Bombay), 3rd January, 1925. 43. *The Indian Daily Mail* (Bombay), 14th October, 1924. 44. *The Bombay Chronicle*, 2nd May, 1925. 45. टिप्पणीः यह 1930 के लगभग लिखा गया था। 46. इसके लिखे जाने तथा प्रकाशित होने के समय के बीच कलकत्ता के मारवाड़ियों ने विशिष्ट प्रतिनिधित्व के लिए एक याचिका प्रेषित कर दी थी। 47. *Memorandum submitted by the Government of Bombay to the Indian Statutory Commission*, 1928, p. 229. 48. *Indian Social Reformer*, 11th February, 1928. 49. *The Indian Daily Mail* (Bombay), 14th October, 1924.

50. *Forward* (Calcutta), 6th March, 1924. 51. *The Times of India*, 5th January, 1925. 52. *Madras Memorandum to the Statutory Commission*, pp. 596–98. 53. *Census Report, India*, 1931, p. 486. 54. *Travancore Census*, 1921, p. 106. 55. *The Indian Social Reformer* (Bombay), 16th October, 1926. 56. शायद ऐसे संगठनों में से सर्वप्रथम को 1891 में बिहार की एक जाति द्वारा प्रारंभ किया गया था (*Memorandum for the Indian Statutory Commission*, Bihar & Orissa, p. 87). 1928 तक बिहार की अधिकांश प्रमुख जातियों के बीच ऐसी सभाएं अस्तित्व प्राप्त कर चुकी थीं। 57. Matthai, p. 65. 58. Ibid., pp. 65, 68–9. यहाँ तक कि विशिष्ट प्रयोजनों के लिए शिल्पकार जातियाँ भी कभी-कभार विशिष्ट समूहीकरण पर निर्भर करती थीं। उदाहरणार्थ, भड़ौच में शिल्पकारों के टोलों को जब कभी धन की आवश्यकता होती थी तो वे इसे जाति के सदस्यों के बीच चंदे से एकत्रित करते थे। (*Imperial Gazetteer of India, Provincial Series, Bombay Presidency*, vol. i, p. 312) 59. Mookerji, p. 186.

60. The Fifth Report from the Select Committee on the Affairs of the East India Company, vol. ii, (ed. 1883), p. 575. 61. *Madras District Gazetteers: Tinnevelly*. vol. i, 1917, p. 104. 62. N.B.: Written in 1930.

11
अनुसूचित जातियाँ

अभी तक पाठकों का सामना बार–बार अछूत वर्ग, दलित वर्ग, कुछ समूहों के नाम जैसे चाँडाल, तथा गत अध्याय में अनुसूचित जाति जैसे शब्दों से भी होता रहा है। जैसा कि पिछले संदर्भ से स्पष्ट है 'अनुसूचित जाति' शब्द भारत गणराज्य के संविधान की एक मानकीकृत अभिव्यक्ति है। सामान्य प्रथा के विपरीत संविधान में 'अनुसूचित जाति' शब्द की कोई परिभाषा मौजूद नहीं है। संविधान का अनुच्छेद 341 राष्ट्रपति को अधिकार प्रदान करता है कि वह किसी राज्य विशेष के प्रमुख से परामर्श के पश्चात् एक आदेश द्वारा ''उन जातियों, प्रजातियों अथवा जनजातियों अथवा समूहों अथवा जातियों, प्रजातियों अथवा जनजातियो के अंदर उनके समूह अथवा उसके किसी भाग, जिन्हें इस संविधान के प्रयोजनों हेतु उस राज्य के सम्बन्ध में अनुसूचित जातियाँ माना जाना है'' को अधिसूचित करेंगे। और अनुच्छेद का दूसरा खंड संसद को राष्ट्रपति द्वारा इस प्रकार से अधिसूचित की गई सूची में ''किसी जाति, प्रजाति अथवा जनजाति अथवा किसी जाति, प्रजाति अथवा जनजाति के अंदर समूह अथवा उसके किसी भाग को'' शामिल करने अथवा उससे बाहर करने के लिए एक कानून पारित करने का अधिकार प्रदान करता है। अतः, मैं अनुसूचित जातियों को ऐसे समूहों के रूप में परिभाषित कर सकता हूँ जिन्हें वर्तमान समय में लागू अनुसूचित जातियों की सूची में शामिल किया गया है।

संविधान में इस प्रकार से मानकीकृत की गई अभिव्यक्ति को सबसे पहली बार साइमन कमीशन के द्वारा तैयार और भारत सरकार अधिनियम, 1935 की धारा 309 में शामिल किया गया था। मुख्य कमीशन, इसकी शिक्षा समिति एवं फ्रेंचाइज कमीशन ने उन मामलों का अध्ययन किया था जिन्हें उस समय तक अछूतों, दलित वर्गों अथवा पिछड़े वर्गों के मामले कहा गया था। यद्यपि महात्मा गाँधी ने अपने साप्ताहिक *द हरिजन* तथा अपने हरिजन सेवक संघ एवं अन्य संगठनों, अपने प्रचार एवं अपने उपवासों के माध्यम से इन वर्गों को *हरिजन* नाम देने का प्रयास किया था, तथापि संविधान निर्माताओं, जिनमें गाँधी के कट्टर अनुयायियों एवं भक्तों की एक बड़ी संख्या शामिल थी, ने आश्चर्यजनक रूप से साइमन कमीशन द्वारा गढ़े गए शब्द को ही अपना लिया।

जाति के चार–वर्ण वाले हिन्दूवादी सिद्धांत की पाँचवी व्यवस्था का गठन करने वाली अनुसूचित जातियों, जिन्हें पहले दलित वर्गों के नाम से जाना जाता था, को गणतांत्रिक संविधान के अंतर्गत सेवाओं में भर्ती के मामलों में न केवल विशेषाधिकार प्रदान कर दिए गए बल्कि विधायी निकायों में भी उन्हें विशिष्ट प्रतिनिधित्व प्रदान कर दिए गए। फिर भी यह उचित ही है कि इस जैसी किसी पुस्तक में उनके इतिहास तथा वर्तमान स्थिति को एक पृथक विमर्श प्रदान किया जाए ताकि पाठकों को स्थिति से सम्बन्धित विचारों का ज्ञान हो सके।

शुद्धता, पेशागत अथवा अनुष्ठानिक, जिसे जाति की उत्पत्ति का एक कारक होना पाया गया है, ही अस्पृश्यता के विचार एवं अभ्यास की मूल आत्मा है। यह तथ्य कि हिन्दू ब्रह्मांडविज्ञान में मानवजाति की यज्ञ–आधारित उत्पत्ति के अंतर्गत जिस सबसे अंतिम वर्ण के सृजनकर्ता के चरणों से उत्पन्न होने का उल्लेख किया गया है वह शूद्र का

है और यह कि उसके बाद मानव प्रजाति के किसी और वर्ग की उत्पत्ति नहीं की गई, अस्पृश्यता के सिद्धांत एवं व्यवहार को जन्म देने के लिए मानव स्वभाव के साथ अनुष्ठानिक एवं पेशागत शुद्धता के विचारों को जोड़ देता है।

चार वर्णों, ब्राह्मण, क्षत्रिय, वैश्य तथा शूद्र के अंतर्गत शामिल न किए गए सभी वर्गों, जो सृजनकर्ता के शरीर के साथ सम्बन्धित होने से वंचित रहने के कारण अपवित्र रहे थे, के प्रति इस अप्रत्यक्ष समर्थन अथवा सुझाव से परे अनुष्ठानिक शुद्धता के विचार ब्राह्मणों के समय, अर्थात्, बाद के वैदिककालीन कार्यों, में भी इतने प्रचंड थे कि बलियों को संपन्न करने में शूद्रों के उपयोग अथवा उनसे सहक्रियाओं पर भी कुछ प्रतिबंधों को लागू करना पड़ा था। *पंचविशा ब्राह्मण* में यह स्पष्ट रूप से उल्लिखित है कि बलि संपन्न करने के लिए प्रतिष्ठित किसी व्यक्ति को किसी शूद्र को सम्बोधित नहीं करना चाहिए, किसी शूद्र को उस कक्ष में उपस्थिति होने की अनुमति नहीं होनी चाहिए जहाँ बलि चढ़ाई जा रही हो और कि अग्नि हव्य के लिए प्रयुक्त करने वाले दूध को किसी शूद्र द्वारा दुहाई किया गया नहीं होना चाहिए।[1] किसी बलि सम्बन्धी अनुष्ठान में कुछ गल्तियों, जो यदि की जाती हैं तो भयानक परिणाम दे सकती हैं, से बचने के लिए एक क्षत्रिय को दी गई चेतावनी में *ऐत्रेय ब्राह्मण*[2] सूचित करता है कि अनुष्ठान के विवरणों का सूक्ष्म अनुपालन पहले ही एक स्वीकृत धर्मसिद्धांत बन चुका है।

तैत्रेय अरण्यका में हम पहले ही संयम तथा परिहार के ऐसे संपूर्ण नियमों से परिचित हो चुके हैं जिनका पालन न केवल विशिष्ट संकल्पों और अनुष्ठानों, बल्कि समयानुकूल अध्ययन अवधि के सम्बन्ध में भी किया जाता है। यह उल्लेख किया गया है कि कतिपय अनुष्ठानों को संपन्न करने हेतु अनुष्ठानकर्ता को पूरे एक वर्ष तक माँस नहीं खाया होना चाहिए, उसे अवश्य ही मैथुन नहीं किया होना चाहिए, न ही उसे किसी मिट्टी के पात्र से पेयपदार्थ पिया होना चाहिए। परंतु सर्वाधिक महत्वपूर्ण वर्जना अथवा निषेध यह है कि अनुष्ठानकर्ता के द्वारा छोड़े गए पेय, और मेरा अनुमान है भोजन को भी, को उसके पुत्र द्वारा नहीं पिया अथवा खाया गया होना चाहिए। क्योंकि यह घोषित किया जा चुका है कि ऐसे अवशिष्ट अपने आप में लालसा उत्पन्न करने वाले होते हैं। यहाँ एक विचार है जो *मन* के प्राचीन विचारों के समान है, जो किसी के द्वारा छोड़े गए भोजन अथवा पेय के अवशेषों की अवधारणा में शामिल हैं। भोजन तथा पेय के अवशेषों का यह संदर्भ इकलौता नहीं है। *छांदोग्यपनिषद*[3] में ऐसे अवशेषों की सहभागिता के सम्बन्ध में एक तर्क दिया गया है। उषश्ति चक्रायन नामक एक ब्राह्मण ने संकट के समय में किसी महावत (हाथी के मालिक), जो उस समय फलियाँ खा रहा था, से कुछ भोजन की भिक्षा माँगी। महावत ने अपने सामने रखे बर्तन में रखी फलियों की ओर संकेत करते हुए उससे कहा कि उसके पास इसके अतिरिक्त और कुछ नहीं है। उषश्ति ने उस पात्र में से ही कुछ देने को कहा, जिसपर महावत ने उसे थोड़ी फलियां दे दीं। और या तो शरारती विचार अथवा फिर सामान्य शिष्टाचार के कारण (संदर्भ सामान्य शिष्टाचार का संकेत देता है) उसने उसी पात्र से उसे पीने को जल भी दे दिया जिससे वह स्वयं पी रहा था। उषश्ति ने जल के 'उच्छिष्ट' अर्थात् जूठे होने और इस कारण प्रदूषित होने की वजह से पीने से इंकार कर दिया। महावत ने तुरंत ही उषश्ति से पूछा कि क्या फलियां भी ऐसे ही जूठी नहीं थीं। उषश्ति ने उत्तर दिया कि उसने फलियां इसलिए ले लीं क्योंकि उनके बगैर अपनी परिस्थितियों में वह जीवित नहीं रह पाया होता और उसने यह भी कहा कि उसने जल पीने से इसलिए मना किया क्योंकि इसके बगैर वो मरने वाला नहीं था। अतः, सामान्यतौर पर, किसी अन्य के भोजन अथवा पेय के प्रदूषणकारी मानते हुए ग्रहण नहीं किया जाता था।

इस प्रकार, भोजन एवं पेय पदार्थों के इर्दगिर्द केन्द्रित अनुष्ठानिक शुद्धता के विचारों ने इनके गैर–रिश्तेदारों अथवा नजदीकतम सम्बन्धों वाले व्यक्तियों के बीच परस्पर आदान–प्रदान करने और सहभागिता करने को प्रारंभ से ही वर्जित कर दिया था। बलि के लिए दूध तथा निहितार्थ रूप से भोजन इतना अधिक अलंघनीय था कि इसे बिना दूषित किए किसी शूद्र के द्वारा लाया ही नहीं जा सकता था और ऐसा होने पर यह पवित्र उपयोग के लिए अनुपयोगी हो जाता था। ऐसा प्रतीत होता है कि पवित्र अथवा बलि के भोजन के अवशिष्ट को भी कुछ वर्गों के व्यक्तियों के उपयोग द्वारा अशुद्ध करने के विरुद्ध विशेष संरक्षण के योग्य माना जाने लगा था। कम–से–कम हमें सुनिश्चित रूप से इतना अवश्य ज्ञात है कि बलि के भोजन के अवशेषों को किसी नीच व्यक्ति को दिया जाना असामान्य बात थी तथा मात्र अपवादी मामलों में ही इसे उचित ठहराया जा सकता था। *छांदोग्यपनिषद* में यह

उल्लेख है कि यदि कोई व्यक्ति, जिसने 'ब्राह्मण' की सच्ची प्रकृति को अर्जित कर लिया है, अग्निहोत्र में प्रयुक्त किसी भोजन के अवशेष को यदि किसी चाँडाल को भी देता है तो यह यज्ञ की अग्नि में आहुति के रूप में चढ़ाने के समान होता है।[4] *इसके विपरीत,* किसी चाँडाल को दिया गया ऐसा भोजन एक घृणित वस्तु होती है। यह स्मरण रखना आवश्यक है कि इसी रचना[5] में, लगभग इतने ही शब्दों में, पहले यह उल्लिखित है कि चाँडाल की जाति निम्न जाति है और इसे कुत्तों एवं सुअरों के बराबर स्थान दिया गया है।

इस प्रकार, हमें पता लगता है कि 800 ईसापूर्व अनुष्ठानिक शुद्धता के विचार अपनी लगभग संपूर्णता के साथ तथा यहाँ तक कि न केवल चाँडाल कहे जाने वाले लोगों के तिरस्कृत एवं पतित समूहों के बल्कि समाज के चौथे वर्ग, शूद्रों के सम्बन्ध में भी प्रचलित थे।

धर्मसूत्र के रचनाकार[6] घोषित करते हैं कि चाँडाल मिश्रित विवाहों के सर्वाधिक घृणित विपरीत क्रम, अर्थात्, ब्राह्मण महिला एवं शूद्र पुरुष की संताने हैं। कौटिल्य, एक ऐसे व्यवहारिक प्रशासक जो अनेकों तथाकथित मिश्रित जातियों के विवरण प्रदान करते हैं, इस विचार पर धर्म–रचनाकारों से सहमति व्यक्त करते हैं कि मिश्रित जातियों में से वो, जो विपरीत क्रम के मिलन से उत्पन्न हुई हैं, धर्म के उल्लंघन के साक्ष्य हैं, फिर भी वे उन सभी को मिश्रित जाति के रूप में देखते हैं। वो आदेश देते हैं कि उन्हें अपने बीच ही विवाह करने चाहिए और यथासंभव अपने पूर्वजों के रिवाजों और पेशों का अनुसरण करना चाहिए। उन्हें इस बात से कोई आपत्ति नहीं है कि ये लोग स्वयं को शूद्र मानें; किन्तु वह भी चाँडालों को इतना नीचा मानते हैं कि सभी अन्य मिश्रित जातियों को यह सलाह देते हैं कि वे चाँडालों के साथ रहने से बचें। हालांकि, यह नोट करना दिलचस्प है कि अपने विरासत सम्बन्धी कानून में वह प्रजातियों के मिश्रण से जन्में पुत्रों को स्थान प्रदान करते हैं।[7]

सामान्य अनुसूचित जातियों की उत्पत्ति और समस्या पर प्रकाश डालने के लिए हमें ज्ञात तथा वैदिक साहित्य में पहले से ही संदर्भित एक जातीय समूह चाँडाल तथा ऐसे ही एक अथवा दो समान समूहों का परीक्षण और किया जा सकता है। एक ऐसा समूह भी था जिसकी पहचान वशिष्ठ के द्वारा पृथक रूप से की गई थी, जिसे अन्त्यवैसिन कहा जाता था, जिसे उन्होंने एक वैश्य महिला एवं शूद्र पुरुष की संतान घोषित किया था। हालांकि, मनु के अनुसार, अन्त्यवैसिन कहीं अधिक भ्रष्ट उत्पत्ति वाले लोग थे, जो एक चाँडाल पुरुष तथा एक निषाद महिला की संतान थे। उसके कार्य श्मशान भूमि तक सीमित थे, और एक टीकाकार के अनुसार उसकी पहचान चाँडाल के साथ ही की जानी होती थी। अन्य धर्म–रचनाकारों तथा प्रशासक कौटिल्य के द्वारा इस समूह के सूचीबद्ध न करने को स्पष्ट किया जाना सरल कार्य नहीं है। बौधायन एवं वशिष्ठ दोनों ही स्वापक कही जाने वाली एक पतित जाति का उल्लेख करते हैं। बौधायन एक बार घोषित करते हैं कि यह समूह एक अम्बाष्ठा पुरुष तथा एक ब्राह्मण महिला के मिलन से उत्पन्न हुआ है, जबकि एक अन्य स्थान पर वह इसे एक उग्र पुरुष और एक क्षत्री महिला के मिलन से उत्पन्न हुआ बताते हैं। मनु स्वापक को क्षत्री पुरुष तथा एक उग्र महिला की संतान बताते हैं, अर्थात्, वह एक ऐसी व्युत्पत्ति प्रदान करते हैं जो बौधायन की दूसरी व्युत्पत्ति के ठीक उलट है। वह दो अन्य समूहों को भी सूचीबद्ध करते हैं, एक है सोपक और दूसरा पाँडुसोपक, जिन्हें वे एक चाँडाल पिता तथा क्रमशः कुक्कुसा एवं वैदेहा माताओं से जन्मा बताते हैं। वह सोपक के लिए जल्लाद का पेशा तथा पाँडुसोपक के लिए बेंत–कारीगर का पेशा निर्धारित करते हैं। यह नोट किया जाना चाहिए कि यद्यपि बौधायन तथा मनु दोनों ही स्वापक को एक समूह बताते हैं, फिर भी मनु इसके विशिष्ट पेशों का वर्णन करते हुए इसे स्वापाचा बुलाते हैं।[8] व्यवहारिक प्रशासक कौटिल्य स्वापक समूह के बारे में बात करते हैं और इसे एक उग्र पुरुष तथा क्षत्री महिला के मिलन से उत्पन्न बताते हैं।[9] यह व्युत्पत्ति बौधायन की दूसरी व्युत्पत्ति से मेल खाती है और मनु की व्युत्पत्ति के ठीक विपरीत है।

महान व्याकरणवादी पतंजलि, जो लगभग 150 ईसापूर्व के थे, और जिन्हें सामान्यतौर पर समकालीन प्रचलनों का एक प्रतिभावान प्रेक्षक माना जाता है, ने स्वापाचा समूह की महिला को स्वापाची न कहकर स्वापाचा कहते हुए उसके लिए हमें अपना व्याकरणीय स्पष्टीकरण प्रदान किया है।[10] पतंजलि के समय में किसी स्वापाचा के पेशे तथा स्थिति वाकई में क्या थे यह हमें ज्ञात नहीं है। परंतु हमारे पास यह मूल्यवान जानकारी है कि पतंजलि ने कतिपय सामाजिक अयोग्यताओं पर आधारित कुछ व्याकरणीय उत्पत्तियों के सम्बन्ध में अपनी टिप्पणियों को स्वापकों के

उदाहरणों की सहायता से स्पष्ट नहीं किया था। उस उदाहरण में वो चाँडालों के साथ मृतापा लोगों के बारे में बात करते हैं। हम यह भी जानते हैं कि व्यवहारिक प्रशासक कौटिल्य, जिन्होंने चाँडालों को सभी सामाजिक संपर्कों से कठोरतापूर्वक बहिष्कृत कर दिया था, ने स्वापकों के साथ वैसा ही व्यवहार निर्धारित नहीं किया था। किन्तु मनु[11] बहुत स्पष्ट और आग्रहपूर्ण हैं कि स्वापकों को चाँडालों के साथ समूहबद्ध किया जाएगा और पूरी तरह से उनके समान ही व्यवहार किया जाएगा। वो उनके लिए गाँव के बाहर निवासगृहों, वस्त्रों के लिए शवों के कफनों, भोजन के लिए टूटे पात्रों, आभूषणों के लिए लोहे तथा संपदा के रूप में कुत्तों एवं गधों का निर्धारण करते हैं। उन्हें जल्लाद बनना पड़ता था जिनके प्रवेश गाँवों एवं नगरों में दिन के समय प्रतिबंधित थे। उनपर कुछ चिह्नों के साथ ठप्पे लगाए जाने होते थे और उन्हें लावारिस शवों के मृतकसंस्कार का प्रबंध करने का कार्य करना होता था।

जैसा कि ऊपर उल्लेख किया जा चुका है, पतंजलि, जो मनु से पहले के युग के थे, ने समाज के लिए मानदंडों का निर्धारण करने वाला न होकर उसका अवलोकन कर रहे एक विद्यार्थी के रूप में लेखन करते समय चाँडालों तथा मृतापा लोगों को शूद्रों की एक किस्म के रूप मे एकसाथ समूहबद्ध कर दिया था। और ऐसा असंभव नहीं है कि चाँडालों एवं मृतापा लोगों पर इस प्रकार से दृष्टि डाला जाना पाणिनि के समय, अर्थात्, 500 ईसापूर्व तक प्राचीन हो सकता है। हमें पता चलता है कि चाँडाल एवं मृतापा दोनों ही अन्य शूद्रों जैसे बढ़ईयों, लोहारों, धोबियों तथा जुलाहों आदि के समान ही आर्यों के नगरों और गाँवों की सीमाओं के अंदर ही निवास किया करते थे। एक ओर बढ़ईयों, लोहारों, धोबियों, जुलाहों इत्यादि जैसे समूहों तथा दूसरी ओर चाँडालों एवं मृतापा लोगों के बीच स्थिति के आधार पर सामाजिक भेदभाव वास्तव में स्पृश्यता अथवा अस्पृश्यता में निहित नहीं थे बल्कि मात्र इन लोगों के भोजन–पात्रों के उपयोग में किए गए भेदों में निहित थे। निहितार्थ द्वारा पतंजलि हमें आश्वस्त करते हैं कि जहाँ बढ़इयों, लोहारों, धोबियों एवं जुलाहों जैसे समूहों के द्वारा प्रयुक्त भोजन–पात्रों का उपयोग एक विशिष्ट तरीके से सफाई करने के बाद अन्य समूहों के द्वारा किया जा सकता था, वहीं चाँडालों एवं मृतापा लोगों के भोजन पात्रों का उपयोग इस प्रकार से अन्य लोगों द्वारा नहीं किया जा सकता था, क्योंकि बर्तनों को साफ करने के समस्त ज्ञात तरीकों में से कोई भी उन्हें शुद्ध कर पाने हेतु पर्याप्त नहीं माना जाता था। तकनीकी रूप से चाँडाल एवं मृतापा लोग 'अपापात्र' थे।

जैसा कि पहले एक अध्याय में उल्लेख किया जा चुका है, पतंजलि की टिप्पणी इस अर्थ को बल प्रदान करती है कि चाँडालों और मृतापों के अलावा ऐसे और समूह भी थे जिन्हें आर्यों के गाँवों एवं नगरों की सीमाओं के बाहर निवास करना पड़ता था।

यह नोट करने योग्य है कि चाँडालों तथा मृतापा लोगों को निरूपित करने के लिए पतंजलि के द्वारा प्रयुक्त तकनीकी शब्द 'अपापात्र' का उपयोग बौधायन जैसे *धर्मसूत्र*–रचनाकारों के द्वारा समूहों को निर्दिष्ट किए बिना ही किया गया था। बौधायन[12] ने ब्राह्मणों को आदेश दिया वे शूद्रों अथवा 'अपापात्रों' के सुनने अथवा देख पाने की सीमा के अंदर वेदों का उच्चारण न करें। अपस्तम्ब (*धर्मसूत्र,* II, 17, 20) आदेश देता है कि उन्हें किसी अंत्येष्टि बलि को संपन्न होते देखने की अनुमति नहीं दी जानी चाहिए। इस संदर्भ से यह अर्थ प्राप्त किया जा सकता है कि 'अपापात्रों' से आशय उन्हीं लोगों से था जिनके लिए इस शब्द का प्रयोग पतंजलि के द्वारा और उससे भी पहले पाणिनि के द्वारा किया गया था।

हम यह निष्कर्ष निकाल सकते हैं कि चाँडाल, स्वापक एवं मृतापा कहे जाने वाले लोगों के वर्गों की सामाजिक स्थिति में पाणिनि तथा मनु के समय के बीच धीरे–धीरे किन्तु सुनिश्चित गिरावट आ चुकी थी। पाणिनि के काल में वे गाँव की सीमा के अंदर वहीं निवास करते थे जहाँ अन्य क्रम वाले एवं जातियाँ निवास करती थीं। मनु के काल में (X, 51–2) उन्हें न केवल गाँव से बहिष्कृत कर दिया गया बल्कि ऐसे कार्य अनुलाभ सौंपे गए जो स्पष्ट तौर पर दर्शाते हैं कि उन्हें मानवता के घिनौने नमूनों के रूप में देखा जाता था।

जातक के नाम से ज्ञात बौद्ध धर्म की जन्म–कथाओं, जिन्हें पाली में लिखा गया था, पर दूसरी शताब्दी ईसापूर्व में इलाहाबाद के पूर्व में प्रचलित स्थितियों को प्रतिबिंबित करने हेतु विचार किया जा सकता है। उनमें हम चाँडालों को सर्वाधिक नीच जाति के रूप में पढ़ते हैं, यद्यपि कहीं–कहीं पर जातियों की सूची में एक अन्य समूह, अर्थात्,

वैदिक पुक्कुसा का उल्लेख चाँडाल के बाद इससे नीच के रूप में किया गया है। चाँडालों के प्रति संदर्भ विशिष्ट हैं और लगभग निरंतर ही उन्हें ऐसे तिरस्कृत समूह के रूप में प्रदर्शित करते हैं जिसके सदस्यों को देखा जाना बुराई को देखे जाने जैसा है, जिससे बचने के लिए किसी को भी कम–से–कम अपने नेत्रों को अवश्य ही धो लेना चाहिए। उन्हें नियमित गाँवों एवं नगरों से बाहर स्थान प्राप्त करने वाले लोगों के रूप में वर्णित किया गया है चाहे यह पश्चिम में तक्षशिला रहा हो अथवा मध्य में उज्जैन। उन्हें उनकी विशेष बोली से पहचाना जा सकता था। झाड़ू लगाना उनका आनुवांशिक पेशा था।[13]

इन समुदायों के पतन के आधार रहे कारण ज्ञात नहीं हैं। हम मात्र अनुमान लगा सकते हैं कि अनुष्ठानिक शुद्धता के विचारों, जो आवश्यक रूप से इन लोगों के पेशों के तिरस्कार का कारण रहा था, के साथ–साथ संभवतः इस विश्वास का अभिशप्त प्रभाव भी था कि वे ब्राह्मण महिलाओं के साथ किए गए संभोग के परिणाम थे।

पतंजलि के मृतापा, बौधायन के स्वापक, मनु एवं कौटिल्य के डोम लोगों की पहचान के सम्बन्ध में कुछ कहना आवश्यक है। अलबरूनी,[14] ने लगभग 1020 ईसवी में लिखते समय डोम एवं चाँडाल दोनों को एक साथ दो ऐसे समूहों के रूप में समूहबद्ध किया था जिनकी "किसी जाति अथवा टोले के बीच गणना नहीं की जाती थी। वे गंदे कामों जैसे गाँवों की सफाई एवं अन्य सेवाओं में व्यस्त रहते थे। उन्हें एक अकेली जाति माना जाता था, और मात्र उनके पेशे द्वारा पहचाना जाता था।" लगभग एक शताब्दी बाद व्याकरणविद् हेमचन्द्र अपने *देशिनाममाला* नामक अपने लेखन में हमें बताते हैं कि दुम्बा (डोम अथवा दुम्बा) स्वापकों के लिए एक देशी शब्द था। कृपापूर्वक वो हमें यह अतिरिक्त सूचना प्रदान करते हैं कि चाँडाल अपने हाथों में इसलिए एक छड़ी लेकर चला करते थे ताकि लोगों को अपने स्पर्श से बचने की चेतावनी दे सकें। इस छड़ी को एक विशिष्ट देशी नाम, 'झज्झरी' प्राप्त हुआ था। कश्मीर के ब्राह्मण इतिहासकार कल्हन ने अपने *रजतरंगिनी*,[16] जिसका लेखन 1150 ईसवी में पूर्ण हुआ था, में वर्णन किया है कि राजा चक्रवर्मन ने किस प्रकार से गलत मार्गों को अपना लिया था, जो एक दोम्बा संगीतज्ञ की हंसी एवं नागलता नामक दो पुत्रियों, जो स्वयं भी चतुर संगीतज्ञ एवं नर्तकियाँ थीं, के प्रति आसक्ति के भँवर में फंसते चले जा रहे थे। वैकल्पिक तौर पर वे दोम्बा तथा दो महिलाओं को स्वापक बताते हैं। राजा इस जुनून में इतना पागल हो चुका था कि उसने हंसी को मुख्य महारानी बना दिया। कल्हन वर्णन करते हैं, जो उनके दुखी हृदय की गवाही देता है, कि मंत्रियों और अन्य लोगों ने किस प्रकार से स्वयं को न केवल स्वापकी रानी और उसके पसंदीदा स्वापक लोगों के साथ काम करने हेतु समायोजित कर लिया था बल्कि वे उसके द्वारा छोड़े गए भोजन के अवशेषों को भी खाने की सीमा तक आगे चले गए थे। एक नैतिक इतिहासकार के रूप में कल्हन की प्रतिक्रिया एक विशेषता है। वो टिप्पणी करते हैं, "उस समय के शासन में निश्चित रूप से शक्तिशाली देवताओं का वास नहीं था, अन्यथा एक स्वापक महिला (स्वापक) किस प्रकार से उनके मंदिरों में प्रवेश कर सकती थी!" फिर भी, राजा चक्रवर्मन के कार्यों से बुरी तरह से परेशान इसी ब्राह्मण इतिहासकार ने राजा चक्रवर्मन के 16 वर्षों बाद सत्तारूढ़ हुए कश्मीर के सर्वाधिक प्रशंसनीय राजाओं में से एक, यस्साकारा, का वर्णन करते समय जो टिप्पणियाँ की हैं वह नोट करने योग्य हैं। उसका शासन किस प्रकार से एक स्वर्णयुग ('कृतयुग') का उदय था, इसका वर्णन करने के उपरांत वह बाद में उसके पतन को उसके द्वारा अपने ऐसे सेवकों से छुटकारा न पाने के साथ जोड़ते हैं जिन्होंने चक्रवर्मन के शासन में दोम्बा लोगों के भोजन की जूठन को खाया हुआ था। उनकी शिकायत यह प्रतीत होती है कि वेदों में निपुण होने तथा शुद्धीकरण के लिए मिट्टी एवं जल के उपयोग से परिचित होने के बावजूद राजा ने यह महसूस नहीं किया कि वह ऐसे लोगों के साथ सम्बद्ध होने से दूषित हो रहा था जिन्होंने दोम्बा लोगों के जूठे भोजन को मिलकर खाया था। उन्होंने हमें यह कहीं पर भी नहीं बताया है कि क्या उस मंदिर, जिसमें दोम्बा रानी जाया करती थी, को किसी अनुष्ठान द्वारा शुद्ध किया गया था अथवा नहीं। फिर भी, वह इस कमी को दूर करने के लिए वो अपने पाठकों को सूचित करते हैं कि अग्नि ने उन बड़े घरों को नष्ट कर दिया और भूमि को शुद्ध कर दिया था (VI, 192)। हम यह निष्कर्ष प्राप्त कर सकते हैं कि कल्हन के समय में कश्मीर के लोग या तो दोम्बाओं अथवा स्वापकों के स्पर्श से अथवा अपने बीच के अभिजात्य लोगों के द्वारा भोजन स्वीकार करने से इतना अधिक नाराज नहीं थे। और यदि उन्होंने दोम्बा रानी द्वारा अपने मंदिरों के दर्शनों को

सहन कर लिया था तो हम निष्कर्ष प्राप्त कर सकते हैं कि उनके विचार में किसी व्यक्ति की राजसी स्थिति उसे उसकी समस्त परंपरागत एवं आनुवांशिक अयोग्यताओं से मुक्त कर देती है। ऐसा इसी दृष्टिकोण को कायम रखने में है कि किसी को भी यत्र–तत्र स्वापक सिपाही और धनुर्विद्या में उसके कौशलों के लाभ का उल्लेख प्राप्त हो सकता है (V, 218)। श्रीदेव नामक एक ग्रामीण चाँडाल के कार्यों से सम्बन्धित कथन इससे भी अधिक ज्ञानवर्धक हैं जिसने जयपिदा और उग्रवादी जज्जा के बीच हुए युद्ध (लगभग 750 ईसवी) में सुस्कलेत्र के ग्रामीणों के साथ मिलकर जज्जा की हत्या अपनी गुलेल के एक पत्थर से कर दी थी (IV, 473–477)। इसमें कोई आश्चर्य नहीं है कि ऐसे एक समाज में चाँडालों को रात्रि पहरेदार के रूप में नियुक्त किया जाता था (VI, 77)।

चाँडालों के प्रति कश्मीरी समाज के दुविधाग्रस्त दोहरे दृष्टिकोण तथा विषम स्थिति की आगे की पुष्टि एक महान इंजीनियर के जीवन एवं रोजगार द्वारा हो जाती है जो अवन्तिवर्मन के शासनकाल (ईसवी 857–884) का था। जयापिदा के शासन के बाद कश्मीर में बड़ा सूखा पड़ा था। किन्तु, अवन्तिवर्मन अपनी सेवा में सुय्या नामक एक महान इंजीनियर रखने सम्बन्धी सौभाग्यशाली स्थितियों के कारण एक लंबे समय के बाद सामान्य स्थिति बहाल करने में सफल रहे। इस इंजीनियर ने नदी के प्रवाह को मोड़ा, बाँध बनवाए और देश के बड़े भू–भाग को सिंचाईयुक्त बना दिया जिससे न केवल सूखे से राहत मिल गई बल्कि कश्मीरियों को खुशहाली भी प्राप्त हो गई (V, 71–102)। जैसा कि कल्हन द्वारा बताया गया है, कहानी का सबसे दिलचस्प भाग है सुय्या का पालनपोषण। सुय्या को इस नाम से इसलिए बुलाया जाता था क्योंकि वह सुय्या नामक एक चाँडाल महिला का दत्तक पुत्र था। सड़कों पर झाडू लगाते समय एक दिन सुय्या को मिट्टी का एक पात्र मिला जिसपर ढक्कन लगा था। ढक्कन हटाते ही वह उसमें एक सुंदर बच्चे को देखकर चकित रह गई जो अपनी उंगलियाँ चूस रहा था। सुय्या ने उसके प्रति मातृत्व की भावना का अनुभव किया। सुय्या ने वास्तव में क्या किया संभव है इसका वर्णन ब्राह्मण कल्हन के द्वारा सही–सही किया गया हो अथवा न किया गया हो, फिर भी वो हमें आश्वस्त करते हैं कि सुय्या ने एक स्तनपान कराने वाली धाय के साथ शिशु के पोषण की व्यवस्था कर दी। यद्यपि ब्राह्मण इतिहासकार अतिविशिष्ट रूप से उल्लेख करते हैं कि उसने शिशु को अपने स्पर्श से दूषित नहीं किया था, तथापि, स्वयं इतिहासकार द्वारा वर्णित परिस्थितियों के अंतर्गत कोई भी लगभग सुनिश्चित हो सकता है कि सुय्या ने शिशु को अवश्य ही हाथों में लिया होगा। क्या ऐसा सिर्फ इसलिए हुआ था कि सुय्या को सुय्या के नाम से इसलिए जाना गया क्योंकि वह बच्चे की देखभाल के लिए शूद्र धाय के शुल्क का भुगतान कर रही थी और उसने (पुत्र ने) इतना सबकुछ अपनी जीत के दिनों में उसकी (माँ की) स्मृति का समारोह मनाने के लिए किया? प्रश्न के उत्तर देने का प्रयास करते समय यह याद रखना आवश्यक है कि सुय्या ने न केवल माँ के नाम से पुल का निर्माण किया था और इसका नाम उसके नाम पर रखा था, बल्कि ब्राह्मणों को एक गाँव भी दान दिया था और माँ की स्मृति में इसका नाम सुय्या–कुंडला रखा था। हम निष्कर्ष प्राप्त कर सकते हैं कि 9वीं शताब्दी के कश्मीरी लोग किसी अज्ञात मातृ–पितृत्व तथा ज्ञात शूद्र एवं चाँडाल पोषित व्यक्ति की योग्यताओं के लिए गुंजाइश प्रदान करने हेतु पूरी तरह से इच्छुक थे। यह तथ्य कि एक चाँडाल महिला के नाम पर पुल का नाम रखा जा सकता है, और उसके नाम पर नाम रखे गए एक गाँव को ब्राह्मणों के द्वारा एक उपहार के रूप में स्वीकार किया जा सकता है, इन समूहों के प्रति दोहरे दृष्टिकोण को व्यक्त करता है जो पहले के समय में प्रचलन में थे। हालांकि, न केवल चाँडालों और डोमों बल्कि चर्मकारों, अथवा चमारों को भी अछूत, 'अस्पृर्श्य' के रूप में वर्णित किया गया है (IV, 55, 65, 76; V, 74; VI, 192; VII, 309, 314)।

हालांकि, खास हिन्दुस्तान में कल्हन के समय से लगभग डेढ़ शताब्दी पहले हमारे जीवन और सभ्यता का अध्ययन करने वाले अलबरूनी (Vol. I, पृष्ठ 101–2) नामक एक विदेशी विद्यार्थी ने एक बहुत ही भिन्न स्थिति के अभिलेख छोड़े हैं। किन्तु, जैसा कि प्रकट होगा, वह स्थिति भी मनु द्वारा निरूपित पूर्ण पतन की स्थिति से कम–से–कम कुछ तो अलग है। पहला, कोई भी यह नोट करता है कि चारों वर्णों को न केवल एक ही नगरों तथा गाँवों में रहने वालों के रूप में वर्णित किया गया है बल्कि ''एक ही आवासों और निवासगृहों में एक साथ मिश्रित'' के रूप में भी वर्णित किया गया है। अलबरूनी की सूचना एवं निष्कर्षों के अनुसार लोगों के दो ऐसे

वर्ग मौजूद थे, जिनकी "गणना किसी भी जाति में नहीं की गई थी।" उन्हें प्राप्त पहला समूह कुछ शिल्पों के अनुसरण करने वाले लोगों द्वारा गठित किया गया था, जिनकी संख्या आठ थी, जिन्हें 'अंत्यजा' के रूप में एकसाथ समूहबद्ध किया गया था। आठ टोलों का गठन करने वाले इस समूह को चार जातियों के गाँवों एवं नगरों के समीप किन्तु बाहर निवास करना होता था। इनके बीच दो उप–विभाजन थे। बाजीगर, डलिया एवं ढाल बनाने वाले, मल्लाह, मछुवारे एवं जंगली पशुओं तथा पक्षियों के शिकारी यद्यपि अलग–अलग टोलों से सम्बन्धित होते थे फिर भी वे स्वतंत्र रूप से परस्पर विवाह कर सकते थे। परंतु उनके सदस्यों में से कोई भी धोबी, मोची तथा जुलाहे (ढेड?) के साथ कुछ भी करना स्वीकार नहीं करता था। ऐसा प्रतीत होता है कि इनमें से बाद वाले तीन, जो अंत्यजाओं के दूसरे उप–विभाजन का गठन करते थे, या तो अपने बीच ही विवाह करते थे, अथवा उनमें कम–से–कम निकट सम्बन्ध थे।

अलबरूनी के अनुसार, पाँचवें वर्ग अंत्यजाओं के बाद लोगों के छठवें वर्ग के बीच चार नामबद्ध समूह थे जिनमें से दो, अर्थात्, डोम (डोम्बा) एवं चाँडाल दो ऐसे समूह हैं जिनके बारे में हमें पतंजलि, हेमचन्द्र तथा कल्हन से काफी जानकारियाँ प्राप्त हो चुकी हैं। वे "गाँवों की सफाई तथा अन्य सेवाओं जैसे कार्यों" में लगे हुए थे। उन्हें "एक अकेला वर्ग, तथा उनके पेशे के द्वारा पहचाना जाने वाला" माना जाता था। डोम का दूसरा पेशा था तम्बूरा/सारंगी बजाना और गायन करना।

एक समूह के रूप में चाँडालों को बंगाल से जाना जाता रहा है। 1901 की जनगणना, जिसमें जाति के नाम एवं जातीय–प्रधानता की समीक्षा की गई थी और सूक्ष्मतापूर्वक दर्ज किया गया था, बंगाल के चाँडालों, जिन्हें अन्यथा नामशूद्रों के रूप में जाना जाता था, की संख्या 20 लाख से अधिक थी, जो पूर्वीय बंगाल की सबसे बड़ी जाति थे। सामाजिक पैमाने पर इनकी स्थिति नीची थी, जिसे एक स्वच्छ अछूत समूह समझा जाता था। इसके बीच आठ मुख्य कार्यकारी विभाजन थे जो परस्पर एक दूसरे के बीच न तो खाते–पीते थे और न ही विवाह करते थे। कृषक वर्ग सर्वश्रेष्ठ था जिसके बाद मल्लाह वर्ग का क्रम था। जाति अथवा उसके बजाए समूह की सेवा समुदाय के नाईयों के द्वारा नहीं बल्कि उनके अपने ऐसे सजातीय लोगों के द्वारा की जाती थी जो उसी कार्य में लगे थे। इन्हें सेवा प्रदान करने वाले ब्राह्मणों को पतित ब्राह्मण समूह के रूप में वर्गीकृत किया गया था।[17] 1921 की जनगणना के बाद से इस समूह को नामशूद्र के रूप में दर्ज किया गया है और 1931 की जनगणना में उनकी संख्या 21 लाख थी। 1951 की जनगणना में एक अस्वच्छ अछूत समूह अर्थात् डोम मिलते हैं जिन्हें चाँडाल भी कहा जाता है। फिर भी भारत सरकार के आदेश के अनुसार नामशूद्र अनुसूचित जातियों में से एक है। पश्चिम बंगाल में 1951 में इस जाति की सदस्य संख्या 3.20 लाख थी। आज ये अधिकांशतः खेती और नौका चालन में लगे हुए हैं। उनमें से कुछ बढ़ई, व्यापारी एवं दुकानदार भी हैं। "एक बड़ी संख्या अब तथाकथित विद्वतापूर्ण पेशों को भी अपना रही है।" इसके बावजूद एक जाति के रूप में उनकी सामाजिक स्थिति बहुत नीची है।[18]

पंजाब में शिमला के पर्वतों में चानाल जाति चाँडालों के नाम के साथ समानता रखती प्रतीत होती है किन्तु इसका सम्बन्ध मृत पशुओं की खाल उतारने और चमड़े के काम करने से था। किसी भी अन्य समूह अथवा जाति को चाँडाल के नाम से नहीं जाना गया है।

डोम लोगों, पंजाब में जिनके पेशों में गाना, नृत्य करना और वाद्ययंत्रों को बजाना भी एक रहा है, गाँव के मेहतरों तथा बेंत कारीगरों के रूप में काम करते रहे हैं। परंतु कुमाऊँ और गढ़वाल के हिमालयीय जिलों में डोम लोग कृषि तथा हस्तशिल्पों के सहारे जीवनयापन करते हैं। बंगाल में, वह एक ऐसी अप्रवासी जाति का गठन करता है जिसे वहाँ सर्वाधिक गंदे कार्यों के विशिष्ट प्रयोजन के लिए लाया गया था। बिहार तथा उत्तर–प्रदेश के कुछ भागों में वह दो वर्गों में विभाजित हैः पहला, स्थापित वर्ग, जो "मामूली रूप से मैला सफाई के साथ" ग्रामीण श्रमिक, चटाई–बुनकर एवं डलिया–निर्माता भी है; दूसरा वर्ग, जो कमोबेश बंजारा है, ऐसे गिरोह गठित करता है "जिन्हें विशेषज्ञ और कलात्मक सेंधमार एवं चोर कहा जाता है"। आंध्र–प्रदेश के दक्षिण में वे मोटे वस्त्रों के बुनकर हैं और दक्कन में "करतबबाज, नर्तक तथा सामान्यतः दुश्चरित्र लोग हैं"। बैंस के अनुसार डोमों के पर्वतीय समुदाय "चार समूहों, जैसे खेतिहर श्रमिक, बुनकर, तथा धातु–कर्मियों; बेंत–कारीगरों एवं छोटे शिल्पकारों;

ओझाओं, कुलियों और चमड़ा–श्रमिकों; एवं अंत में संगीतकारों, भिक्षुओं एवं दर्जियों में विभाजित है''। पंजाब में एक अन्य समूह भी है जिसका नाम 'दुम' थोड़ा अलग है, और अन्यथा रूप से इसे मिरासी के नाम से जाना जाता है, जो पेशागत रूप से भाट (गवैये) तथा वंशावली विशेषज्ञ हैं। कुछ जाट परिवारों के द्वारा उन्हें इस प्रयोजनार्थ नियुक्त किया जाता है। समस्त संगीत प्रस्तुतियाँ उनके पास हैं, और उनकी महिलाएं महिलाओं के समक्ष नृत्य प्रदर्शन करती हैं। उनमें से लगभग सभी लोग मुसलमान हैं। बंगाल में एक वर्ग था जो मछली के शिकार द्वारा जीवन निर्वाह करता था। आंध्र–प्रदेश में उन्हें डोम्बार अथवा डोम्मरा नाम के अंतर्गत बहुत कम संख्या में पाया जाता है, जोकि ऐसी ही योग्यताओं के लिए महाराष्ट्र की एक जाति का भी नाम है।[19]

1901 में समस्त नामों के अधीन डोमों की कुल संख्या 8.50 लाख से अधिक थी, जिनमें से सर्वाधिक बड़ी संख्या अकेले बंगाल तथा उत्तर प्रदेश में मौजूद थी। बंगाल में उनकी संख्या 3.50 लाख थी और उत्तर–प्रदेश में ये 2.40 लाख के आसपास थे। दोनों ही क्षेत्रों में इन्हें जातियों के बीच लगभग सर्वाधिक नीची जाति के रूप में अस्वच्छ अछूतों के बीच समूहबद्ध किया गया था। यह बात कि आमतौर पर इन्हें बंगाल में सर्वाधिक नीचे समूह के रूप में देखा जाता है, इस तथ्य से सिद्ध हो जाती है कि सर्वाधिक तिरस्कृत जाति का पुराना नाम, चाँडाल, बाद में उनके लिए आरक्षित कर दिया गया है। इसके बावजूद, हिन्दू जाति के पदानुक्रम में इस जाति की स्थिति किसी भी उपाय से इतनी सुनिश्चित नहीं है। बैंस, जो एक सतर्क मानवजाति विज्ञानी थे, इसके सम्बन्ध में मात्र निम्नलिखित योग्य टिप्पणी सके थेः ''तब, यहाँ एक जाति पाई जाती है जो, यदि सामाजिक पैमाने के तल में नहीं भी है तो, कम–से–कम, इससे दूर भी नहीं है।''[20]

डोम सभी प्रकार के अस्वच्छ भोजन खाते थे। उनकी धार्मिक आवश्यकताओं की पूर्ति कराने हेतु कोई ब्राह्मण उपलब्ध नहीं होता था; न ही कोई आम नाई और न ही आम धोबी उनके लिए कार्य करता था। 1951 में पश्चिम बंगाल में उनकी संख्या 1.10 लाख थी।

डोम उन जातियों में से मात्र एक थी जो परंपरागत रूप से मैला साफ करने से सम्बन्धित थीं। अन्य जातियाँ थीं पंजाब में चुहरा, राजस्थान तथा बम्बई में भंगी मेहतर, बंगाल में भुइनमाली एवं हरी तथा उड़ीसा में हद्दी। दक्षिण में, आंध्र प्रदेश में आंशिक तौर पर माला तथा तमिलनाडु में आंशिक तौर पर पराइयन मैला सफाई का कार्य किया करते थे। जहाँ माला मुख्यतः चमड़ा–श्रमिक थे वहीं पराइयन खेतिहर श्रमिक थे। मालाओं एवं पराइयनों को छोड़ दिया जाए तो मैला सफाई में संलिप्त जातियों की सही सटीक संख्या निश्चित नहीं की जा सकती, और किसी के ध्यान को सफाई करने में पूरी तरह से संलिप्त जातियों तक ही सीमित करने पर उसे पता लगता है कि 1901 में डोम सहित बाद वाली जातियों की कुल संख्या 36 लाख से भी अधिक हो चुकी थी। पराइयनों और मालाओं को पुनः छोड़ते हुए इकलौती सबसे बड़ी जाति पंजाब के चुहरा की थी जिनकी संख्या 13 लाख से अधिक थी।

मराठी महार, तेलुगु माला और तमिल पराइयन, यद्यपि अपनी ग्रामीण दास की स्थिति के कारण खेतिहर–श्रमिकों के रूप में समूहबद्ध किए गए हैं, तथापि वे बिना स्पर्श के प्रदूषण फैलाते थे, जो या तो एक विशिष्ट दूरी से अथवा परछाईं से फैल सकता था, और उन्हें अशुद्ध अछूतों के रूप में वर्गीकृत किया गया था। 1901 में उनकी संख्या क्रमशः 25.60 लाख, 18.60 लाख तथा 22.60 लाख थी। नगाड़े बजाना और पाइप–बैंड बजाना उनके अतिरिक्त पेशों में शामिल था जिससे ग्रामीणी जीवन की आवश्यकताओं की पूर्ति होती थी। किसी भी गाँव के किसी भी सीमा–सम्बन्धी विवाद का समाधान अपने–अपने क्षेत्रों में इन जातियों की सहायता के बिना संपन्न नहीं हो पाता था। प्रायः, गाँव के मरे हुए पशु के शव का निस्तारण करना भी इनका कर्तव्य होता था।

अनुसूचित जातियों की वर्तमान सूची में, चनाल अथवा चाँडाल मद्रास, उड़ीसा, पंजाब एवं हरियाणा राज्यों में प्रकट होते हैं; असम तथा पश्चिम बंगाल में नामशूद्र इसमें शामिल हैं। बिहार, मद्रास, उड़ीसा, राजस्थान, उत्तर–प्रदेश तथा पश्चिम बंगाल जैसे राज्यों में डोम प्रकट होते हैं। चाँडाल एवं डोम, दो समूह जो निःसंदेहात्मक रूप से उत्पत्ति में जातीय रहे प्रतीत होते हैं, का अत्यन्त व्यापक, हालांकि असतत्, वितरण इस सिद्धांत के पक्ष में धारणा उत्पन्न करता है कि कुछ अछूत समूहों की उत्पत्ति अवश्य ही अप्रवासी आर्यों के द्वारा स्वदेशियों पर हासिल की गई विजय में निहित रही होगी।

व्यापक रूप से वितरित होते हुए, संपूर्ण भारतीय–आर्यों के क्षेत्र तथा छिटपुट रूप से मद्रास में अकेले एक नाम के अधीन प्रतिनिधित्व रखने और अभीतक सामने आने वाला सबसे बड़ा समूह चमार अथवा चम्भार का है, जिसका नाम उसके चमड़ा–श्रमिक होने की घोषणा करता है। हमें निश्चित रूप से ज्ञात है कि कमोबेश ऐसे ही नाम के अंतर्गत चमार का शिल्प वैदिक काल में भी फला–फूला था किन्तु हम पूर्णतः सुनिश्चित नहीं हैं कि यह तिरस्कार के कलंक से पूरी तरह मुक्त था अथवा नहीं। मनु[21] चर्मकार्य से सम्बन्धित दो समूहों अथवा जातियों की बात करते हैं, दोनों ही अत्यन्त मिश्रित उत्पत्ति वाली हैं। उनके नाम अपरिचित से हैं और वर्तमान में अप्रचलित हैं जैसे करावारा और ढिगवान। इनमें पहले वाले को पेशागत शब्दों में चर्मकार (पशु की खाल काटने वाला) के रूप में वर्णित किया गया है। चर्मकार जातियों के लिए वर्तमान शब्दों, चमार अथवा चम्भार की उत्पत्ति भारतीय–आर्यों के क्षेत्रों में हुई है। ढिगवान के पेशे, जो चमड़े पर कार्य करना तथा चमड़ा–उत्पादों का व्यापार करना था, का प्रतिनिधित्व हाल में और उपरोक्त क्षेत्रों में समकालीन समाज में मोची अथवा मुची के द्वारा किया जाता है। मनु के ग्रंथ के संदर्भ से यह स्पष्ट है कि यद्यपि इन समूहों को पहले इनकी मिश्रित उत्पत्ति के आधार पर और दूसरे, उनके गंदे, अपवित्र और अशुद्ध सामग्री के कार्य के कारण तिरस्कृत कर दिया गया होगा, तथापि उनका गाँवों तथा नगरों की सीमा के बाहर निवास करना आवश्यक नहीं था।

परंपरागत ग्रामीण अर्थव्यवस्था में चमार गाँव के सेवकों में से एक रहे हैं जो फसल में अपने परंपरागत हिस्से के अधिकारी थे। यद्यपि ग्रामीण जीवन के प्रति उनका प्रमुख योगदान पशुओं की खाल उतारना और चमड़े का काम संभालना था, तथापि एक खेतिहर–श्रमिक के रूप में वे इससे हल्की भूमिका नहीं निभाते थे। ब्राह्मणों के बाद यह इकलौता सबसे बड़ा समूह था जो एक नाम के अधीन था। 1901 में चमारों की संख्या 1.12 करोड़ हो चुकी थी, जबकि ब्राह्मणों की संख्या 1.49 करोड़ दर्ज की गई थी। चमारों का सबसे बड़ा दल उत्तर–प्रदेश से था जो कुल संख्या का लगभग 52.6 प्रतिशत था। मोची अथवा मुची कमोबेश एक शहरी जाति हैं और हमेशा इसे न तो यह नाम दिया जाता है और न ही चमार से पृथक किया जाता है। किन्तु जो कुछ भी इसे पृथक करता है वह है इसे प्रदान की गई एक उच्च–स्थिति। 1901 में इस नाम के अंतर्गत मात्र 10 लाख लोगों को दर्ज किया गया था। इस जाति के द्वारा प्राप्त श्रेष्ठतर स्थिति को इस तथ्य से स्पष्टतः देखा जा सकता है कि अनुसूचित जाति एवं अनुसूचित जनजाति आदेश (संशोधन) अधिनियम, 1956 में गुजरात प्रखंड के मोचियों को बम्बई राज्य की अनुसूचित जाति की सूची से बाहर कर दिया गया है।

मध्ययुग के प्रारंभ में चमार जाति ने विशिष्टता का प्रदर्शन किया था जिसने इसे अन्य अछूत वर्गों से अलग खड़ा कर दिया था। कल्हन ने (*रजतरंगिनी,* IV, 58–76) 'चर्माकृत', एक चर्मकार, जिसे अन्यथा रूप से 'पादुकृत' अर्थात् जूता बनाने वाला बुलाया जाता था, की कहानी का गर्वपूर्वक वर्णन किया है। वह राजा चन्द्रपिदा (682 ईसवी) के शासन में कश्मीर की राजधानी में रहा करता था। राजा ने अपने अधिकारियों को एक मंदिर का निर्माण करने हेतु तैनात किया था और उन्होंने इसके लिए एक विशेष स्थान का चयन कर लिया था; किन्तु जब उन्होंने नक्शा बनाना प्रारंभ किया तो पाया कि इसके लिए मार्ग में आने वाली चमार की एक झोपड़ी को हटाना होगा। उन्होंने उससे तर्क किया किन्तु उसे किसी भी तरह से मना पाने में असफल रहे। चमार ने दृढ़तापूर्वक राजा से सुनवाई की माँग की और उसकी सुनवाई हुई तथा किसी के भी घर के लिए पवित्रता और भावनाओं के बारे में, हालांकि संक्षिप्त सा ही सही, धर्मोपदेश सुनाने के बाद उसने राजा के अनुरोध को स्वीकार कर लेने की उदारता दिखाई और अपनी झोपड़ी उसे सौंप दी। रिस्ली[22] ने हमें बताया है कि बंगाल में चमार अपने वंश को रैदास से जोड़ते हैं, जो एक सुविख्यात संत तथा अत्यधिक प्रसिद्ध ब्राह्मण संत रामानन्द के शिष्य थे। रैदास अवश्य ही 14वीं शताब्दी के अंत में जीवित रहे होने चाहिए। जहाँ उत्तर–प्रदेश और शायद बिहार के अनेकों चमार रैदासवाद को अपना रहे थे, एक व्यक्ति जिसे 'मोची' के रूप में वर्णित किया गया है, जो चमारों के एक वर्ग का एक सदस्य था, को 1415 ईसवी के लगभग रायपुर में विष्णु के एक मंदिर का निर्माण करवाने वाले के रूप में दर्ज किया गया है।[23]

बंगाली चमारों की एक बड़ी संख्या श्री–नारायण संप्रदाय को खुलेआम स्वीकार करती है वहीं उससे पश्चिम में रहने वाले चमार सतनामी संप्रदाय को स्वीकार करते हैं। बाद वाला संप्रदाय उत्तर–प्रदेश के बाराबंकी जिले

के जगजीवन दास नामक एक राजपूत के द्वारा प्रारंभ किया गया था जिसका देहांत 1761 ईसवी में हो गया था। जगजीवन दास ने माँस, दालों, 'बैगन' तथा नशीले पेयों को निषिद्ध कर दिया था। 1820 तथा 1830 ईसवी के बीच बिलासपुर जिले के एक स्थानीय निवासी घासी दास ने मूर्तिपूजन को बंद करवाकर आंदोलन में और सुधार किए। उसने अपने अनुयायियों को आदेश दिया कि वे खेती के काम के लिए गायों के उपयोग को बंद कर दें, दोपहर के बाद खेत–जोताई बंद कर दें तथा विश्राम के दौरान ग्रहण करने के लिए खेतों में भोजन ले जाना बंद कर दें। ये सभी कार्य एक प्रकार के आत्मसम्मान और सामाजिक उत्थान के आंदोलन से सम्बन्धित थे।[24]

रिस्ली हमें बताते हैं कि धर्म के मामले में बिहार के चमार अपने पूर्वीय भाईयों की अपेक्षा कहीं अधिक रूढ़िवादी हैं, जिनमें से कुछ ''इस दिशा में नियमित हिन्दू देवताओं की पूजा के लिए मैथिल ब्राह्मणों को नियुक्त करने की दिशा में आगे बढ़ चुके हैं''। चमारों की अभिवृत्ति और मनोभाव एवं इन अग्रणीजनों के सुधारवादी कार्यों को चमारों की हिन्दू निष्ठा को प्रभावित करने वाला अवश्य कहा जाना चाहिए। बी.एस. कोहन द्वारा वर्णित अकेला यही तथ्य इस जिज्ञासु प्रवृत्ति को स्पष्ट रूप से प्रकट कर सकता है कि, समतावादी एवं साम्यवादी प्रचार के बावजूद जौनपुर के चमार ''सीधे रूढ़िवादी हिन्दू धर्म की महान परंपरा की मुख्यधारा की दिशा में'' अग्रसर हो रहे हैं।[25]

इस जाति समूह के द्वारा अपनाए गए वैकल्पिक नामों में न केवल रामदसिया, सतनामी और रैदासी बल्कि रोहित, रोहिदास, रबिदास, रुइदास, रामनामी और रिशी भी दिखाई देते हैं। यद्यपि चमार को अस्वच्छ अछूतों में इसलिए गिना जाता है कि मृत पशुओं का माँस अथवा चर्बी अथवा दोनों ही उसके भोजन में शामिल होता है, फिर भी देश के कुछ भागों में एक प्रकार के ब्राह्मणों के द्वारा उसे सेवाएं प्रदान की जाती थीं।

खाल उतारना और चमड़े का काम करना दक्षिण में मदिगा और चक्किलियान लोगों का परंपरागत पेशा रहा है। 1901 में उनके कुल सदस्यों की संख्या 11 लाख से अधिक थी। माला लोगों का एक वर्ग भी इस पेशे में लगा हुआ था। यह नोट करने योग्य है कि वेदों में 'म्ला' धातु का अर्थ 'चमड़ा पकाना' होता है।

अशुद्ध अछूतों से ऊपर शुद्ध अछूत हुआ करते थे जो गौमाँस तथा ऐसे ही भोजनों का शपथपूर्वक त्याग कर चुके थे और जो स्पर्शमात्र से ही दूषित कर देते थे। उत्तर–प्रदेश में, पासी, जिनकी संख्या 1901 में 12 लाख थी, कोरी, जो दस लाख के आसपास थे, लगभग 25 जातियों के बीच सबसे बड़ी ऐसी एकल इकाईयाँ थे जिन्हें इस श्रेणी में सूचीबद्ध किया गया था। बिहार में इस समूह की 17 जातियों के बीच सांख्यकीय आधार पर सर्वाधिक महत्वपूर्ण संख्या दोसध लोगों की थी जो 12 लाख से अधिक थे, तथा दूसरे मुसहरा लोग थे जो 6 लाख से अधिक थे। संख्या के आधार पर कहा जाए तो इस समूह की जातियों का सबसे बड़ा भाग बंगाल से आता था जहाँ 25 ऐसी जातियों के बीच राजबंसी कोछ, जो पहले ही संदर्भित नामशूद्र थे, तथा बागदी सबसे बड़ी जातियाँ थे जिनकी संख्या क्रमशः 24 लाख तथा 10 लाख से कुछ अधिक ही थी। पश्चिम बंगाल में 1961 की जनगणना में राजबंसियों, बागदियों एवं नामशूद्रों की संख्या को क्रमशः 12 लाख, 11लाख एवं 7 लाख दिखाया गया है।

मद्रास में इस समूह की मुख्य जाति पल्लन, शानन एवं थियान थी जिनकी संख्या क्रमशः 8 लाख, 6 लाख से अधिक, तथा लगभग 6 लाख थी।

ये दस जातियाँ सबसे बड़ी एकल इकाईयाँ थी जिनमें से प्रत्येक के पास दो सौ के आसपास जातियों में 10 लाख अथवा अधिक सदस्य थे जिन्हें स्वच्छ अछूत के रूप में वर्गीकृत किया गया था। 1901 में, एकसाथ मिलाकर इन स्वच्छ अछूतों की कुल संख्या 2 करोड़ के लगभग थी और ऊपर विशेषतौर पर वर्णित दस जातियों के द्वारा कुल संख्या के 50 प्रतिशत का गठन किया गया था।

मैं नामशूद्रों को छोड़ रहा हूँ जिनकी जाति सम्बन्धी विवरण मैं पहले ही दे चुका हूँ। अन्य लोगों में, राजबंसी कोछ को बैंस द्वारा प्रभुत्वशाली भू–धारकों की श्रेणी के अंतर्गत समूहबद्ध किया गया था। 1961 की जनगणना के अनुसार पश्चिम बंगाल में राजबंसियों की संख्या कुल 7 लाख से अधिक ही थी और उन्हें उन जातियों के रूप में वर्णित और शामिल किया गया है ''जिसे 'जलिया' की उपाधि प्राप्त है,'', अन्य लोगों के बीच बागदी, बाउरी, कैवर्त आदि शामिल हैं। राजबंसी कोछ में से अनेकों लोग क्षत्रिय के दर्जे का दावा करने के लिए जनेऊ (पवित्र धागा) धारण करते रहे हैं, हालांकि उन्हें आदिम कृषक जाति के रूप में वर्णित किया गया है।[26]

बैंस ने बिहारी मुसहरा, बंगाली बागदी और तमिल पल्लन को खेतिहर–श्रमिक के रूप में वर्गीकृत किया था। मुसहरा, जैसा कि उसका नाम इंगित करता है, खेतों के चूहे खा जाते थे, किन्तु विश्वास किया जाता है कि बंगाली बागदी अपने भोजन के प्रति अत्यन्त सावधान रहते थे। पल्लनों को अवश्य ही पल्ली से पृथक समझा जाना चाहिए। पल्लियों को शूद्रों के रूप में वर्गीकृत किया गया है जो आदतन ब्राह्मणों को नौकरी में रखते हैं और जिनका स्पर्श मात्र मामूली रूप से दूषित करता है, जबकि पल्लन लोगों को उन जातियों के साथ समूहबद्ध किया गया है जो बिना स्पर्श के और एक दूरी से ही दूषित कर देते हैं।

बिहारी दोसध, जिन्हें पहरेदारों के रूप में वर्णित किया गया है, को सैनिक होने की अपनी प्राचीन परंपरा तथा संपत्ति के विरुद्ध अपराध के प्रति वर्तमान प्रवृत्ति के कारण यह स्थिति प्रदान की गई है। और चूंकि वे सब के सब इस गतिविधि से अपना जीवननिर्वाह नहीं कर सकते, अतः एक बहुत बड़े भाग को कुलीगीरी और दैनिक मजदूर के कार्य में संलिप्त किया गया है। बैंस[27] हमें सूचित करते हैं कि, दोसधों ने बंगाल की मुसलिम सेना में अनेकों भर्तियाँ दी थीं और उनमें से बहुत ने प्लासी के युद्ध में क्लाइव की ओर से युद्ध किया था।

जाति व्यवस्था के अंतर्गत कुछ शिल्पकार जातियों को शुद्ध अछूतों में अवनत कर दिया गया है। यहाँ मैंने ऐसी जातियों के सर्वाधिक रोचक मामले को चुना है, एक ऐसा मामला जो संख्या के मामले में शायद सबसे बड़ा है। यह उत्तर–प्रदेश तथा बिहार के कोरी हैं जिन्हें बैंस के द्वारा उत्तर भारत की बुनकर जाति के रूप में वर्णित किया गया है। बुनकर ग्रामीण–समुदाय के नियमित कर्मचारी अथवा दासों में शामिल नहीं रहे हैं। उसे सामान्यतौर पर चमड़ा एवं ऐसी ही अशुद्ध सामग्रियों का काम करने वालों से ऊपर का स्थान दिया गया है, बंगाली ताँती और संभवतः मराठी कोश्ती उससे भी ऊँचा दर्जा प्राप्त कर चुके हैं। विशेषतौर पर कोरी का चर्मकार जाति से सम्बन्ध रहा प्रतीत होता है जैसा कि उनके उप–वर्गों के नामों से प्रदर्शित होता है।[28]

शेष तीन जातियाँ, पासी, थियान और शनन, देश की ताड़ी निकालने वाली कुछ जातियाँ हैं। पासी, जो उनमें सबसे बड़ी है, का संकेन्द्रण उत्तर–प्रदेश में है किन्तु वे बिहार में भी पाए जाते हैं। ताड़ी निकालने को उनका परंपरागत पेशा माना जाता है, उनके नाम की उत्पत्ति 'पास' शब्द से हुई है जिसका अर्थ 'फंदा', 'पास' अथवा रस्सी की पट्टी होती है जिसका उपयोग ताड़ के पेड़ पर चढ़ने के लिए पावदान के रूप में किया जाता है। दक्षिण–पश्चिमी तट के 'दक्षिणवासी' अर्थात् थियान लोग, तथा सुदूर दक्षिण एवं दक्षिण–पूर्व में शनन लोग भी यही पेशा करते थे। शनन नाम अपेक्षाकृत हाल का ही आविष्कार प्रतीत होता है। खैर, जिस क्षेत्र में शनन लोग पाए जाते हैं, वहाँ 11वीं शताब्दी ईसवी का एक शिलालेख इदिगा और इलुवन का उल्लेख ताड़ी निकालने वाली जातियों के रूप में करता है। शनन अथवा शनार शब्द की व्युत्पत्ति संस्कृत के 'शौन्दिक' से अथवा एक तमिल शब्द से हुई प्रतीत होती है जिसका अर्थ 'विद्वान' अथवा 'सज्जन' होता है।[29]

शनन लोग स्वयं को दी गई निम्न स्थिति के लिए लगभग एक शताब्दी तक क्रोधित रहे। प्रतीत होता है कि 1874 में उन्होंने स्वयं को दी गई स्थिति की नापसंदगी के प्रति पहली बार उस समय उग्र कार्यवाही की थी जब उन्होंने मदुरा के मीनाक्षी मंदिर में प्रवेश करने के प्रयास किया, मंदिरों में उनके तथा उनकी स्थिति वाली अन्य जातियों के लिए प्रवेश निषिद्ध था।[30]

अछूतों एवं अस्पृश्य लोगों के समूह का गठन करने वाली प्रमुख जातियाँ ऐसी ही हैं। 1901 में इस संपूर्ण समूह की संख्या 5.32 करोड़ थी तथा ये तत्कालीन भारत के कुल हिन्दुओं के 27.4 प्रतिशत भाग का गठन करते थे। 1911 के बाद 1914 तक अछूत एवं बाहरी अथवा बहिष्कृत जातियों से सम्बन्धित व्यक्तियों के कोई आधा दर्जन अनुमान लगाए जा चुके थे और इन्हें उस फ्रेंचाइज अथवा लोथियान कमीशन की रिपोर्ट में प्रस्तुत किया जा चुका था जिसने साइमन कमीशन के साथ मिलकर कार्य किया था तथा इसकी रिपोर्ट के आधार पर भारत सरकार अधिनियम, 1935 निर्धारित हुआ था। वे एक दूसरे से व्यापक तौर पर अलग हैं और चूंकि इनका गठन इन लोगों के राजनीतिक प्रतिनिधित्व की दृष्टि से किया गया था, अतः मैंने उन्हें चर्चा में शामिल नहीं किया है। 1951 की जनगणना हमें संविधान की व्यवस्था के अंतर्गत अनुसूचित जातियों के रूप में विनिर्दिष्ट जातियों के व्यक्तियों की कुल संख्या प्रदान करती है। उनकी संख्या 5.13 करोड़ थी और वे भारत की हिन्दू जनसंख्या के 16.9 प्रतिशत

के बराबर थे। 1961 में अनुसूचित जातियों की जनसंख्या 6.45 करोड़ थी और वे देश की कुल जनसंख्या के 14.69 प्रतिशत थे।

जैसा कि पहले के एक अध्याय में स्पष्ट किया जा चुका है, पूना के ज्योतिबा फुले, जो आधुनिक समय के आंदोलन के अग्रणी थे, ने स्थिति में सुधार करने और भूतपूर्व अछूतों एवं अस्पृश्य वर्गों के लिए सामाजिक समानता सुनिश्चित करने पर विचार किए। वी.आर. शिन्दे, जो 20वीं शताब्दी में फुले के मशालवाहक रहे, ने उल्लेख[31] किया है कि बंगाली ब्राह्मण शशिपद बंद्योपाध्याय ने 1865 में बड़ानगर के श्रमिकों, जिनके बीच अछूत शामिल प्रतीत होते थे, के बीच उत्थान का कार्य प्रारंभ किया था। परंतु चाँडालों के साथ बंद्योपाध्याय के सम्बन्धों का निश्चित उल्लेख शिन्दे के 1870 के प्रगतिवादी ब्राह्मण रचना के वर्णन में दिखाई देता है। हमें सूचित किया गया है कि वह चाँडालों के एक संप्रदाय के बीच प्रचलित धार्मिक प्रवचनों में भाग लिया करते थे। बाद के वर्षों में वह उनके साथ भोजन करते थे और उनके बच्चों का पालनपोषण करते थे।

मराठी ब्राह्मण विद्वान आर.जी. भंडारकर एक कदम और आगे गए प्रतीत होते हैं, हालांकि ऐसा शायद 15 या 20 वर्षों बाद हुआ था। 1895 में संपन्न 9वीं इंडियन सोशल कांफ्रेन्स के अपने अध्यक्षीय सम्बोधन में उन्होंने महार धार्मिक उपदेशक 'कीर्तांकर' द्वारा प्रदत्त हृदयस्पर्शी संदर्भों का एक सांयोगिक संदर्भ प्रस्तुत किया जिसमें अछूतों के साथ करने वाले व्यवहारों तथा महान संतों, विशेषतौर पर ब्राह्मण एकनाथ, द्वारा किए गए कार्यों का उल्लेख था और जिसे आर.जी. भंडारकर के घर पर दिए गए उनके प्रवचन में प्रस्तुत किया गया था। भंडारकर ने 1890 के पहले अपने घर पर एक धार्मिक प्रवचन की प्रस्तुति के लिए महार धार्मिक उपदेशक को आमंत्रित किया था और यह मत व्यक्त किया था कि महारों के पास स्वाभाविक बुद्धिमत्ता पर्याप्त मात्रा में उपलब्ध है और वे उच्च शिक्षा हासिल करने में सक्षम हैं।[32]

सुधारात्मक आंदोलन में अगला मील का पत्थर रहा है बम्बई में वी.आर. शिन्दे द्वारा दलित वर्ग मिशन को प्रारंभ किया जाना और उस समाज के लिए उनके द्वारा किए गए कार्य। उन्होंने नगरों में सभाओं को सम्बोधित करते हुए, लोगों को अछूतों को सामाजिक एवं शैक्षिक रूप से ऊपर उठने में सहायता करने का आदेश देते हुए, तथा उनके जीवन की वास्तविक स्थितियों को दर्ज करते हुए पूरे देश का भ्रमण किया। 1910–11 के दौरान सौराष्ट्र के जूनागढ़ में उनके प्रभावशाली व्याख्यानों में से कुछ में उपस्थित रहने का सौभाग्य मुझे प्राप्त हुआ था।

1924 से, और संभवतः और पहले से, महात्मा गाँधी ने इस उद्देश्य को अपना लिया था और अपने राजनीतिक मंच पर इसे एक मुद्दा बना लिया था। भारत के सामाजिक जीवन की इस विशिष्टता का उन्मूलन करने का महान प्रयास, जिसका प्रारंभ विगत दस अथवा बारह वर्षों के दौरान राष्ट्रीय सरकार द्वारा किया गया है, उनकी शिक्षाओं की ही उपज है।

परंतु भारतीय राजनीतिक क्षितिज पर गाँधी के अभ्युदय के पहले देश की तत्कालीन सरकार के द्वारा भी कुछ किया जा रहा था। पहले के एक अध्याय में, मैंने ऐसे मुख्य कदमों का उल्लेख किया है जिन्हें 1858 के बाद उठाया गया था। ऐसा देखा गया है कि वास्तव में प्रभावशाली कुछ उपायों को 1918 के सुधारों के बाद अपनाया जाना प्रारंभ कर दिया गया था। ऐसे कदमों का एक संपूर्ण विवरण अव्यवहारिक तथा अनावश्यक दोनों ही है। पाठकों को स्वतंत्रताप्राप्ति के पूर्व अपनाए गए उपायों का सापेक्षिक अनुमान लगाने में समर्थ बनाने हेतु कुछ प्रतिनिधि आँकड़ों को प्रस्तुत किया जा रहा है। 1901 में अछूतों की संख्या के मामले में सभी प्रांतों के बीच एक करोड़ अछूतों के साथ उत्तर–प्रदेश, तथा 94 लाख के साथ मद्रास क्रमशः दूसरे और तीसरे स्थान पर थे। 1.09 करोड़ की संख्या के साथ तत्कालीन बंगाल सबसे आगे था। 1951 में 47 लाख अनुसूचित जाति के लोगों के साथ पश्चिम बंगाल सूची में चौथे स्थान पर था, बिहार ने 51 लाख के साथ तीसरा स्थान प्राप्त कर लिया था। 1.15 करोड़ अनुसूचित जाति के लोगों के साथ उत्तर–प्रदेश तथा 85 लाख के साथ मद्रास इन सभी के बीच सबसे ऊपर बने हुए थे। 1961 की जनगणना द्वारा प्रकट किया गया आश्चर्यजनक तथ्य यह था कि राष्ट्रपति के आदेश द्वारा प्रदर्शित हुआ कि मद्रास (तमिलनाडु) में 79 जातियों को अनुसूचित के रूप में सूचीबद्ध किया गया था जो उनकी जनसंख्या में लगभग 25 प्रतिशत की गिरावट को प्रदर्शित करता था और उनकी कुल सदस्य संख्या

60.70 लाख दर्ज की गई थी (*मद्रास,* VA i; पृष्ठ 10, 17)। दूसरी ओर, पश्चिम बंगाल में 63 अनुसूचित जातियों की सदस्य संख्या 69 लाख रही थी।

भारत सरकार अधिनियम, 1935 के लागू होने के पूर्व इनमें से अंतिम दो राज्यों में शैक्षणिक स्थितियों से सम्बन्धित कुछ तथ्य ज्ञानवर्धक हैं। भारतीय संविधान आयोग के समक्ष संयुक्त प्रांतों की सरकार के द्वारा प्रस्तुत किया गया ज्ञापन उल्लेख करता है कि ''1916–17 से 1921–22 की पंचवर्षीय अवधि के उत्तरार्द्ध में'' दलित वर्गों की शिक्षा को प्रोत्साहित करने हेतु विशेष प्रयास किए गए थे। विशेष प्रयासों के आकार का निर्णय इस तथ्य से किया जा सकता है कि 1927 में इस प्रयोजन के लिए अलग की गई धनराशि मात्र डेढ़ लाख रुपए थी। इन वर्गों की शैक्षणिक प्रगति का विवरण देते हुए ज्ञापन को प्राथमिक शिक्षा से शुरुआत करनी पड़ी थी; अकेली इसी स्थिति से ही इन जातियों के विद्यार्थियों की एक बड़ी संख्या को प्राप्त किया जा सकता था। जहाँ तक आगे की शिक्षा का सम्बन्ध है, ज्ञापन उल्लेख करता है कि जहाँ 1921–22 में माध्यमिक और हाई स्कूल अवस्थाओं में क्रमशः 392 और 7 विद्यार्थी थे, और कॉलेज अथवा सामान्य स्कूलों में तथा शिक्षकों की प्रशिक्षण कक्षाओं की अवस्था में कोई भी मौजूद नहीं था, वहीं 1926–27 में पहली दो अवस्थाओ में क्रमशः 1,359 एवं 41 विद्यार्थी थे, तथा इंटरमीडिएट में 11 एवं इंटरमीडिएट से ऊपर 4 विद्यार्थी थे, तथा सामान्य स्कूलों एवं शिक्षकों की प्रशिक्षण कक्षाओं में 29 विद्यार्थी थे। अपने द्वारा सूचित किए गए इन आँकड़ों ओर सूचनाओं के साथ ज्ञापन के लेखकों ने इन शब्दों के साथ प्रस्तावना प्रस्तुत की हैः ''यहाँ तक कि उच्चतर शिक्षा में ये वर्ग प्रगति करते रहे हैं''। शिक्षा के प्राथमिक स्तर पर इन वर्गों की प्रगति के अलावा मद्रास सरकार[34] द्वारा प्रस्तुत ज्ञापन माध्यमिक स्कूलों में पढ़ने वाले विद्यार्थियों की संख्या को दर्ज करता है। 1921–22 में जहाँ ये 1,217 थे, वहीं 1926–27 में इनकी संख्या 2,647 थी। मद्रास सरकार ने इन वर्गों के उच्चतर शिक्षा के इच्छुक छात्रों को शैक्षणिक संस्थानों द्वारा सहयोग दिए जाने एवं उनके आवास एवं भोजन के लिए अपनी लागत पर दो छात्रावास भी खोल दिए थे। इससे संस्थ. ानों के प्रबंधकों तथा स्थानीय जनता पर इन वर्गों के छात्रों को उन स्कूलों में प्रवेश देने के लिए दबाव बढ़ गया जो विशेषतौर पर उनके लिए नहीं खुले थे। परिणामस्वरूप, ऐसे विद्यार्थियों की संख्या 1920–21 में बढ़कर 4,630 तथा 1926–27 में 16,486 हो गई।

मैंने इस सम्बन्ध में संविधान के कुछ प्रावधानों का उल्लेख किया है। उनमें से एक के अनुसार भारत के राष्ट्रपति ने 1950 के अंत में एल.एम. श्रीकांत को अनुसूचित जाति एवं अनुसूचित जनजाति का आयुक्त नियुक्त कर दिया था। 1952 में उन्होंने 1951 के लिए अपनी पहली रिपोर्ट जारी की और तब से ही वार्षिक रिपोर्ट जारी करते रहे हैं, जिसमें वे संस्थागत व्यवस्था एवं अपने कर्तव्यों से जुड़े अन्य मामलों के साथ–साथ संस्था द्वारा दिए गए मौद्रिक अनुदानों एवं व्ययों एवं वित्तपोषित गतिविधियों की प्रकृति और उनसे सम्बन्धित संस्थानों के विवरण प्रदान करते रहे हैं। अपने परिश्रमपूर्ण उत्तरदायित्वों के निर्वहन में उन्हें छह सहायक आयुक्तों की सहायता प्राप्त थी, जिनमें से एक मुख्यालय पर तथा पाँच अलग–अलग क्षेत्रीय केन्द्रों पर तैनात थे। वर्ष 1954 के लिए उनकी रिपोर्ट की परिशिष्ट XII (पृष्ठ 366) अनुसूचित जातियों एवं अन्य पिछड़े वर्गों के ऐसे विद्यार्थियों के बीच वितरित निधियों का विवरण प्रदान करती है जो 1944–45 से लेकर 1953–54 के बीच मैट्रिक के बाद की पढ़ाई को जारी रखे हुए थे। उस बयान के अनुसार, 1945–46 में मैट्रिक से ऊपर पढ़ाई करने वाले अनुसूचित जातियों के विद्यार्थियों के लिए (संपूर्ण संख्या में) 2,21,000 रुपए आबंटित किए गए थे (और मैं इसे खर्च किया गया भी मानता हूँ), जबकि 1953–54 में उनके लिए 26,86,000 रुपयों की धनराशि आबंटित की गई थी, जो एक आश्चर्यजनक वृद्धि थी! 1959–60 (9वीं रिपोर्ट, परिशिष्ट XVII) में इस मद में कुल व्यय बढ़कर 1,43,84,000 रुपयों से अधिक हो गया था। परिशिष्ट XIII 1954–55 में इन विद्यार्थियों की कुल संख्या 10,392 बताती है। 1963–64 में मैट्रिक से ऊपर की छात्रवृत्तियों पर किया गया व्यय 2.93 करोड़ रुपए था, जबकि विद्यार्थियों की संख्या 60,157 हो चुकी थी (परिशिष्ट VII, अनुसूचित जाति एवं अनुसूचित जनजाति आयुक्त की *तेरहवीं रिपोर्ट*)।

राष्ट्रीय प्रयासों का परिणाम रोजगार कार्यालयों के जीवित रजिस्टरों में पहले से ही दिखाई देने लगा था। 1954 के आखिरी दिन पर अनुसूचित जातियों से रोजगार की तलाश करने वाले कुल 59,637 लोगों में से 3,670 तकनीशियन,

747 शिक्षक, 15 चिकित्सक तथा 6 इंजीनियर थे (परिशिष्ट XI)। 31 दिसम्बर, 1959 के दिन रोजगार के लिए पंजीकृत 1,71,295 लोगों में 6,191 तकनीशियन, 2,852 शिक्षक, 4 चिकित्सक तथा 5 इंजीनियर शामिल थे। 1963 में कुल 4.61 लाख आवेदनों को पंजीकृत किया गया था और 60,954 को रोजगार प्रदान किए गए थे (*तेरहवीं रिपोर्ट*, पृष्ठ 174)।*

छात्रवृत्तियों पर व्यय की गई धनराशि के अलावा केन्द्र सरकार अस्पृश्यता को दूर करने तथा अनुसूचित जातियों के कल्याण के लिए डिजाइन की गई परियोजनाओं एवं गतिविधियों पर बहुत बड़ी धनराशि व्यय करती है। 1952–53 में इस प्रयोजन के लिए किया गया कुल व्यय 2.85 करोड़ रुपए था और 1954–55 में यह 3.73 करोड़ रहा था, जो दो वर्षों में 31 प्रतिशत की वृद्धि के साथ राष्ट्रीय प्रयास के पैमाने में हुई वृद्धि को सिद्ध करता है। 1963–64 में यह व्यय बढ़कर 6.94 करोड़ रुपए हो चुका था जिससे 86 प्रतिशत की वृद्धि प्रदर्शित हुई (*आठवीं रिपोर्ट*, पृष्ठ 29)।

जैसा कि एक पिछले अध्याय में उल्लेख किया गया है, राज्य विधानमंडलों ने अस्पृश्यता की समाप्ति अथवा उसकी अक्षमताओं को दूर करने के लिए कुछ विधायी उपायों को भी पारित कर दिया था। स्वतंत्रताप्राप्ति के बाद भी यह गतिविधि अत्यन्त निरंतरता एवं उत्साह के साथ जारी रही। इसका सर्वोच्च गौरव रहा है अस्पृश्यता (अपराध) अधिनियम, 1955, अथवा 1955 का अधिनियम संख्या XXII, जो कि अस्पृश्यता के विरुद्ध केन्द्र सरकार के द्वारा उठाया गया सबसे पहला कदम था। इसके अधीन, धार्मिक अयोग्यताओं, जैसे पूजा–स्थलों इत्यादि में प्रवेश–निषेध अथवा सामाजिक अयोग्यताओं, जैसे दुकानों, जल–संसाधनों इत्यादि में प्रवेश–निषेध लागू करने तथा ऐसे संज्ञेय अपराधों को उकसाना शामिल कर दिया गया और इसके लिए छह महीनों के कारावास तथा/अथवा 500 रुपए अर्थदंड सहित लाइसेंसों और सार्वजनिक अनुदानों को निरस्त करने जैसे दंड निर्धारित कर दिए गए।

यह अस्पृश्यता को किसी भी प्रकार के अप्रत्यक्ष समर्थन, जैसे कि अस्पृश्यता का पालन करने से इंकार करने वाले व्यक्तियों का सामाजिक बहिष्कार अथवा जाति–बहिष्करण किया जाना, के लिए भी दंड निर्धारित करता है। अपनी धारा 12 के अंतर्गत यह अधिनियम अस्पृश्यता के किसी भी गुप्त व्यवहार पर गंभीर हमले का प्रावधान करता है। यह प्रावधान करता है कि जहाँ कहीं भी किसी अनुसूचित जाति के सदस्य के साथ प्रतिबंधित व्यवहार, जैसे ऊपर उल्लिखित किए गए हैं, किए जाते हैं वहाँ, जब तक कि विपरीत रूप से सिद्ध न किया गया हो, यह माना जाएगा कि यह कार्य ''अस्पृश्यता'' के आधार पर किया गया था।

1956 से 1962 के सात वर्षों के दौरान पुलिस के समक्ष इस अधिनियम के अधीन 3,596 अपराध सूचित किए गए थे, 3,106 अथवा 86.4 प्रतिशत में कार्यवाही हुई थी; तथा इनमें से 2,097 का निस्तारण कर दिया गया था, जिसके परिणामस्वरूप उनमें से मात्र 600 लोग ही बरी हुए थे (*आठवीं रिपोर्ट*, पृष्ठ 22)।

इस प्रकार देश के विधायी, प्रशासनिक एवं कार्यकारी भाग ने संविधान में धारण की गई इस प्रतिज्ञा को लागू कर दिया था कि अबसे अस्पृश्यता समाप्त कर दी गई है और अपने गंभीर प्रयोजन का सशक्त प्रमाण प्रस्तुत कर दिया था। किन्तु इस पुस्तक के पाठकों को यह बताने की आवश्यकता नहीं है कि अस्पृश्यता के विरुद्ध विधायी उपाय सर्वश्रेष्ठ रूप से उस ठोस दीवार में मात्र कुछ छिद्र ही उत्पन्न कर सकते थे जिसे ध्वस्त करने के लिए व्यापक जनसमाज के सक्रिय मनोभावों में परिवर्तन लाया जाना जरूरी है। इसीलिए इस विषय पर प्रकाश डालने के लिए यह जानना आवश्यक है कि व्यापक जनसमाज इस मामले में किस प्रकार व्यवहार करता रहा है।

उत्तर–प्रदेश के हमीरपुर जिले के अछूतों ने जब अपनी जाति–पंचायत के आदेशानुसार गाँव में मैला–सफाई करने से इंकार कर दिया तो गाँव समुदाय के अन्य दासों एवं अधिकारियों ने अछूतों को प्रदान की जाने वाली पंरपरागत सेवाएं प्रदान करने से इंकार करने के द्वारा बदले की कार्यवाही की और उन्हें अपना निर्णय वापस लेने को मजबूर कर दिया। लखनऊ के निकट काकोरी गाँव में जब नाईयों ने अछूतों की हजामत बनाने से मना किया तो उन लोगों ने झाडू न उठाने की धमकी दे डाली। पूना–बैंगलोर रोड पर कोल्हापुर से 18 मील की दूरी पर टाप नामक गाँव की हिन्दूओं ने स्थानीय हरिजन सहकारी कृषि समिति को खेती के लिए भूमि प्रदान करने की कार्यवाही का विरोध किया और जब भूमि पर घास उग कर तैयार हो रही थी तो वे खेतों में घुसे और इसके

* आँकड़ों का आगे का विवरण उपलब्ध नहीं है।

कई बैलगाड़ी बोझ माल को नष्ट कर दिया। 1953 में मैसूर में दशहरा के रंगारंग त्यौहार के आयोजन में हिन्दू पहलवानों और राज्य के कानून मंत्री के बीच हुए एक विवाद के कारण कटौती करनी पड़ी थी जिसमें अनुसूचित जाति के पहलवानों को उसी अखाड़े में उतरने के अनुमति दे दी गई थी जिसमें हिन्दू पहलवानों को अपने कौशल और शक्ति का प्रदर्शन करना था। हिन्दू लोग मंत्री द्वारा अनुसूचित जाति के पहलवानों को दी गई अनुमति से सहमत नहीं थे और अनुसूचित जाति स्वयं को प्राप्त ताजे अधिकार को छोड़ने को तैयार नहीं थी।[35]

अहमदनगर जिले के एक गाँव अगदगाँव में अनुसूचित जातियों के एक सदस्य तथा दो हिन्दुओं के बीच हुई कुछ बहस के परिणामस्वरूप 1955 में हिन्दूओं ने अनुसूचित जाति के लोगों के घरों पर हमला बोल दिया था जिसमें उनकी 30 महिलाओं एवं पुरुषों को घायल कर दिया गया था। ऐसा स्पष्ट रूप से अनुसूचित जाति वालों द्वारा हिन्दुओं के प्रति समुचित सम्मानजनक व्यवहार न करने के कारण किया गया था। जब जोधपुर के निकट एक मथानिया नामक गाँव में राजस्थान की खाल उतारने वाली जाति भाम्बी ने गाँव से मृत पशु को हटाने की अपनी परंपरागत सेवा प्रदान करने से इंकार कर दिया तो हिन्दुओं ने उनके सामाजिक बहिष्कार का आयोजन कर डाला। उत्तर–प्रदेश में बाराबंकी में मैला–सफाईकर्ताओं ने नई संभावनाओं को समझते हुए गाँव के नाईयों से हजामत बनवाने का निर्णय लिया। गाँव के नाई हिचकिचा रहे थे और सफाईकर्ताओं ने बिना किसी कारण नाईयों के इलाकों में झाडू लगाना बंद कर दिया। हमें बताया गया है कि जिले के अधिकारियों द्वारा समझौते के लिए किए गए प्रयास निरर्थक रहे। हैदराबाद के खम्मम तालुका में नेलपाटला गाँव के माला लोगों ने मदिगा लोगों, जो एक दूसरी अनुसूचित जाति है, के दूल्हे को घोड़े पर बैठ बारात निकालने की अनुमति देने से इंकार कर दिया। परिणामस्वरूप एक गंभीर टकराव हुआ जिसमें बरछियों का प्रयोग तक कर डाला गया।

जब भोपाल के एक गाँव हालिया खेरी का एक ब्राह्मण और वहीं के एक भूतपूर्व संरपच कालू राम ने एक अंतर–जातीय रात्रिभोज में भाग लिया तो उसके जाति–सदस्यों और वहाँ के नाईयों दोनों ने उसका बहिष्कार कर दिया; और पंचायत ने उसके शुद्धीकरण के लिए जाति–भोज की व्यवस्था करने हेतु उसको 100 रुपए भुगतान करने का आदेश जारी किया। अनुसूचित जाति के एक सदस्य छिटा लाला बड़ौदा में संपला की ग्रामीण परिषद् की सभा, जिसका वो एक सदस्य था, में भाग लेते समय हिन्दू सदस्यों की ओर मुँह करके बैठ गया; परंतु हिन्दुओं ने उसके इस ''अवज्ञाकारी'' व्यवहार से इतना अपमानित अनुभव किया कि उसको तब तक प्रताड़ित किया जाता रहा जब तक उसने गाँव नहीं छोड़ दिया।

मार्च 1956 में जोधपुर के नागौर जिले के जील गाँव में एक सार्वजनिक कुएं से अनुसूचित जाति के कुछ सदस्यों के द्वारा जल निकाल लेने पर कुछ जाटों ने उनपर हमला कर दिया और उनकी पिटाई कर डाली। जब पुलिस ने पाँच कथित आरोपियों को गिरफ्तार किया तो एक हजार के लगभग जाटों ने नागौर के कलेक्टर के कार्यालय पर धावा बोल दिया। भीड़ को तितर–बितर करने के लिए लाठीचार्ज करना पड़ा। पाँच सिपाही और तीस जाट इस संघर्ष में घायल हुए थे। थाणे से लगभग 42 मील दूर उम्भराई गाँव में मई के महीने में जब पानी की भारी कमी थी तब दो सामाजिक कार्यकर्ता हिन्दू जातिवालों को इस बात के लिए मनाने गए कि वे अनुसूचित जाति के सदस्यों को गाँव के कुएं से पानी लेने की अनुमति प्रदान कर दें किन्तु उन्हें वहाँ कुएं पर हुए संघर्ष में घायल होकर लौटना पड़ा। तिरुनेलवेली से लगभग 25 मील दूर कुलासेकरनाथम नामक छोटे से गाँव में जमींदारों ने अपने अनुसूचित जाति के किराएदारों पर उस समय हमला कर दिया जब उन्होंने उन खेतों की जुताई करने का प्रयास किया जिसपर वे अपने कृषि–अधिकारों का दावा करते थे, और जमींदारों ने अनुसूचित जाति के 27 घरों तथा 30 पुआल के ढेरों को जला दिया। रायपुर जिले की बालोद तहसील के पटेल और अनुसूचित जाति के एक सदस्य श्री आत्माराम ने नगाड़ा बजवाकर यह घोषणा करवा दी कि अस्पृश्यता का व्यवहार ऊपर संदर्भित अधिनियम के अंतर्गत एक अपराध है। वहाँ के हिन्दुओं ने उसकी कार्यवाही का इतना विरोध किया कि उसे प्रताड़ित किया और परिवार सहित गाँव त्यागने पर मजबूर कर दिया।[36]

1957 में 21 मई तथा 9 जून के बीच एक पखवाड़े के दौरान उड़ीसा के जगतसिंहपुर नामक स्थान के आसपास 100 से 150 वर्गमील क्षेत्र में डोम एवं पान नामक अनुसूचित जातियों को उनकी झोपड़ियाँ जलाए

जाने ओर उन्हें पीटने सहित अनेकों तरीकों से परेशान किया जा रहा था। यह एक व्यवस्थित और सुनियोजित मामला था, ''अदालतें'' लगाई जा रही थीं और पहले से नोटिस जारी किए जा रहे थे। संथालपुर में एक ही परिवार के चार व्यक्तियों की 3 जून को की गई हत्या की सूचना गृहमंत्री के द्वारा राज्य विधानसभा में दी गई।[37] पान लोगों के विरुद्ध बदले की कार्यवाही की एक पहले की घटना को एफ.जी. बैले[38] के द्वारा दर्ज किया गया है जिनकी रिपोर्ट को मैं यहाँ उस रोचक एवं शिक्षाप्रद घटना के लिए दर्ज कर रहा हूँ जो इसके कारण घटित हुई थी। 1948 में बोड के पान लोगों ने बिसीपाड़ा गाँव के ठीक बाहर स्थित कोंडमल मंदिर में प्रवेश करने के प्रयास किए थे। 'योद्धा' जाति के नेतृत्व में गाँव की अन्य 'स्वच्छ' जातियों ने इस पर आपत्ति की और मंदिर के चारो ओर सशस्त्र व्यक्तियों को इस धमकी के साथ तैनात कर दिया कि यदि कोई पान व्यक्ति मंदिर में घुसने का दुःस्साहस करेगा तो मार दिया जाएगा। पान लोगों की सहायता के लिए बुलाई गई पुलिस कुछ नहीं कर सकी और पान लोगों ने इसे दोहराने का विचार त्याग दिया। कुछ समय तक वे ब्राह्मणों की मध्यस्थता के द्वारा मंदिर में पूजा करवाते रहे। बाद में उन्होंने उसी देवता को समर्पित अपना खुद का मंदिर बनवा लिया जो कोंडामल मंदिर का प्रमुख देवता था। और वहाँ ''उनके अपने एक पुरुष, एक स्कूल अध्यापक के द्वारा मुख्य मंदिर के समान ही अनुष्ठान संपन्न करने लगे''। बैले हमें आश्वस्त करते हैं कि इस कदम ने किसी विभाजन को नहीं उकसाया था न ही नए मंदिर के औचित्य अथवा अनौचित्य पर अधिक चर्चा ही की गई। नए मंदिर में पुजारी का कार्य करने वाले स्कूल अध्यापक ''को योद्धाओं के द्वारा एक विनम्र, विद्वान एवं सज्जन पुरुष माना जाता है''।

मध्य–प्रदेश में बुरहानपुर के निकट बोरसल में एक दुकानदार के द्वारा अनुसूचित जाति के एक व्यक्ति को 'बीड़ी' बेचने से इंकार करने पर प्रारंभ हुए संघर्ष में एक बच्चे की हत्या हो गई और 16 व्यक्ति जख्मी हुए तथा 1,000 रुपए की संपत्ति क्षतिग्रस्त हो गई थी।[39]

22 फरवरी, 1959 के दिन सरदार वल्लभभाई पटेल के अपने ही जिले कायरा, जो महात्मा गाँधी द्वारा चुना गया था, में एक घटना हुई जिसने किसी भी अन्य बात के अलावा इस समस्या की उस असाधारण जटिल प्रकृति को सामने ला दिया जिसका सामना इस मामले में देश को करना पड़ रहा है। अस्पृश्यता उन्मूलन के अभियान सम्बन्धी कार्यक्रम के एक भाग के रूप में एक स्थानीय कांग्रेसी नेता, जो एक प्रख्यात ब्राह्मण महिला थीं, ने अनुसूचित जाति के स्थानीय सदस्यों के लिए लासुन्द्रा के पवित्र तालाब में एक गोता लगाने का प्रस्ताव प्रस्तुत कर दिया, जो वास्तव में एक साहसी कदम तो था किन्तु सामने से किया गया एक हमला था। संभवतः इस आयोजन का प्रचार करने के उद्देश्य से इस महिला ने अनुसूचित जाति के 300 सदस्यों की एक भीड़ एकत्रित कर ली और स्वयं के साथ एक जुलूस गठित कर डाला। जिले के कलेक्टर और उसके सहायक तथा बम्बई विधान सभा के कुछ सदस्य आगे रहे और पवित्र तलाब के गंतव्य की ओर प्रस्थान कर दिया। मार्ग में हिन्दू जाति की एक भीड़, जो सभी प्रकार के हथियारों से लैस थी और जिस भीड़ में सशस्त्र महिलाएं भी शामिल थीं, ने मार्ग को इतने प्रभावी तरीके से अवरुद्ध कर दिया कि जुलूस के नेतृत्वकर्ताओं को प्रदर्शनकारियों को तितर–बितर होने के लिए मनाना पड़ा। नेतृत्वकर्ता महिला और कांग्रेस के उसके सहयोगियों ने ''तीन दिन के प्रायश्चित उपवास पर जाने'' की अपनी मंशा घोषित कर दी और अंततः यह घटना समाप्त हो गई।[40]

29 अगस्त, 1960 की रात्रि में एरनडोल तालुका में साल्वे नामक गाँव के लेवा कुनबियों की एक उत्तेजित भीड़ ने पारधी समुदाय के बहिष्करण की माँग सम्बन्धी नारे लगाते हुए इस समुदाय के आठ लोगों का नरसंहार कर दिया। आरोपियों में से एक भूतपूर्व खंड विकास अधिकारी था।[41]

1962 के सितम्बर में पटियाला के निकट झंडी गाँव में जाट भू–स्वामियों और अनुसूचित जाति के कुछ व्यक्तियों, जो 'सरपंच' की सलाह पर एक ग्राम–समाज के एक साझा भूखंड पर खेती प्रारंभ कर चुके थे, के बीच संघर्ष हो गया। इस संघर्ष में एक जाट और अनुसूचित जाति के दो व्यक्ति मारे गए।[42]

4 सितम्बर, 1962 की दोपहर मध्य–प्रदेश के राजगढ़ जिले के कछोटिया में 100 से 125 हिन्दुओं की एक भीड़ ने अनुसूचित जाति के कुछ लोगों, जो अपने खेतों में कार्य कर रहे थे, पर हमला कर दिया और उनमें से चार

की हत्या कर दी और कुछ अन्य को घायल कर दिया। यह अनुसूचित जाति के लोगों के द्वारा गाँव के मंदिर में दो बार जबरदस्ती प्रवेश करने का प्रयास करने का बदला लेने हेतु की गई कार्यवाही थी।[43]

अगस्त 1963 में, उत्तर–प्रदेश के इटावा जिले में अनुसूचित जाति के दो विद्यार्थियों, जिन्हें राजकीय कॉलेज के छात्रावास में प्रवेश प्राप्त हो गया था, का स्वागत ईंट–पत्थरों और सीटी बजाकर किया गया। बाद में, इन विद्यार्थियों को छात्रावास के सहवासियों के द्वारा घसीट कर बाहर निकाला गया और उनकी पिटाई की गई।[44]

महाराष्ट्र के औरंगाबाद से 35 मील दूर शिरसगाँव नामक एक गाँव में अनुसूचित जाति की चार महिलाओं को पूर्णतः निर्वस्त्र कर दिया गया और उन्हें सड़कों पर घुमाने के बाद निर्दयतापूर्वक पीटा गया। 600 लोगों की जनसंख्या वाले इस गाँव में अनुसूचित जातियों के मात्र तीन परिवार ही थे। इस कार्य को उन महिलाओं में से एक के पति के द्वारा कथित रूप से हिन्दू जाति की एक लड़की के ऊपर किए गए आपराधिक हमले के बदले की कार्यवाही माना गया था। बताने की आवश्यकता नहीं है कि इस क्रूरतापूर्ण बर्बर कार्यवाही को संपूर्ण जनसंख्या की मौन स्वीकृति प्राप्त थी तथा यह भी कि अनुसूचित जाति के परिवारों ने जल्दबाजी में गाँव को ही त्याग दिया।[45] उसी वर्ष बाद में, जुलाई में पंजाब के संगरूर के एक गाँव में अनुसूचित जाति की संपूर्ण जनसंख्या को ''वास्तव में'' खदेड़कर गाँव के बाहर कर दिया गया जिसका एकमात्र कारण उनपर पंचायत चुनावों में सरपंच के पक्ष में मतदान न करने का संदेह किया जाना था। ऐसा प्रतीत होता है कि अंततः तत्कालीन गृहमंत्री गुलजारी लाल नंदा के हस्तक्षेप पर उन्हें वापस गाँव में प्रवेश दे दिया गया।[46] इसी वर्ष में बाद में महाराष्ट्र के दो जिलों, अकोला और बुलढाना, में अनुसूचित जाति के लोगों के विरुद्ध हमले, हत्याएं और आगजनी दर्ज की गई। हालांकि, एक परिवर्तन हेतु, हिन्दू जाति के लिए बुलढाना जिले के उपद्रव के परिणाम बुरे हुए, वहाँ की अनुसूचित जाति के लोग की संख्या अधिक होने और उनके द्वारा बौद्ध धर्म में धर्मान्तरण के कारण ऐसा हुआ।[47]

1966 में, कोल्हापुर जिले, जो महाराष्ट्र के सांस्कृतिक केन्द्र के अत्यन्त निकट है, के द्वारा अनुसूचित जाति पर की गई एक बदले की कार्यवाही दर्ज की गई जो पूर्णतः एक नए प्रकार की शिकायत पर आधारित थी। यह सूचित किया गया है कि उन्होंने गाँव की होली जलाने के लिए लकड़ी देने से इंकार कर दिया था जिसके परिणामस्वरूप उन्हें अपने घरों को जलते हुए देखना पड़ा था।[48]

जहाँ ऐसी भयावह घटनाएं अनुसूचित जातियों की स्थिति की सामयिक किन्तु निराशापूर्ण विशेषता के स्थायित्व को प्रकट करती हैं, वहीं गाँव का दैनिक एवं सामान्य जीवन व्यापक जनसमाज के द्वारा किए गए पृथकतापूर्ण एवं अपमानजनक व्यवहार की बड़ी मात्रा को भी दर्ज करता है। इन जातियों के पंचायत सदस्यों को ''अपने सहयोगियों के साथ चारपाईयों अथवा कालीनों पर बैठने की अनुमति नहीं है'',[49] एक ऐसी स्थिति जो हृदयस्पर्शी ढंग से तमिलनाडु से सम्बन्धित 17वीं शताब्दी के कुछ अभिलेखों में दर्ज उस स्थिति से मिलती–जुलती है जिसका उल्लेख मैंने पहले अध्याय में जॉन मथाई के अधिकार पर चर्चा के समय किया है!

भारत के महान संविधान, जिसने अस्पृश्यता को अवैध बना दिया है, के द्वारा इन पूर्ववर्ती अछूत वर्गों के निर्णय पर छोड़ते हुए कुछ रणनीतिक लाभप्रद आधारों का भी प्रावधान किया गया है। किन्तु इनकी प्रकृति ऐसी है और वे कुछ अन्य वर्गों की कुछ–कुछ समान स्थितियों के साथ इतने सीमित हैं कि उन्हें एक जातिविहीन समाज सुनिश्चित करने के प्रयास के एक संदर्भ में ही सर्वश्रेष्ठ माना जा सकता है। और यही अंतिम अध्याय की विषय–वस्तु है।

संदर्भ

1. A. B. Keith, *Vedic Index*, "Shudra"; *Shatapatha Brāhmana*, XIV, 1, 1; Eggeling's trans., V, p. 446. *Panchavimsa Brāhmana*, VI, 1, 11. 2. *Loc. cit*., V, 8, 13. 3. I, 10, 1–5. 4. V, 24, 1–5. 5. V, 10, 7. 6. *Baudhāyana,* I, 8; *Gautama*, IV, 16–18, 28; *Vasishtha*, XVIII; cf. *Manu*, X, 47, 7. 7. *Kautilya* in Shama sastri's trans., pp. 209–10; R. P. Kangle's trans., pp. 244–49. 8 *Vasishtha*, XVIII, 3; XXVI, 13; *Baudhāyana*, 1, 8, 9, 11; *Manu* X, 19, 37–39, 51. 9. Shamasastri's trans., p. 210; Kangle's trans., p. 248.

10. Panini, III, I, 134. 11. Op.cit., X, 51–6. 12. I, 21, 15. 13. Amba Uddālaka, Kunāliya, Khandahāla, Chittasambhuta and Mātanga Jatakas. 14. Sachau's trans., vol. I, pp. 101–2. 15. 2nd ed., pp. 152, 161–2. 16. *Rājatarangini*, R. S. Pandit's trans, pp. 183–8, Text, IV, 473–77; V, 71–120, 128; VI. 69. 17. *India Census*, 1901, vol. I. p. 542. 18. *The Tribes and Castes of Bengal*, 1953, pp. 72, 75; Dutt, N. K., II, 146–56. 19. Baines, pp. 63, 84–5, 106, 108.

20. Ibid., p. 84. 21. X, 36, 49. 22. *Tribes and Castes*, I. p. 176. 23. *Ep. Ind.*, II, p. 229. 24. Risley, *Tribes and Castes*, I, p. 178; Russell and Hiralal, I, pp. 307–09. 25. Risley, loc. cit., p. 179; McKim Marriott, p. 75. 26. *Bengal Census Rep.*, 1921. pp. 358, 366. 27., Op. cit., p. 82. 28. Baines, p. 63. 29. Vide "asprishyata" in *Jnānakosha* (in Marathi) by S. V. Ketkar.

30. *Madras Government Memorandum to the Indian Statutory Commission*, pp. 596–98. 31. V. R. Shinde, *Asprishyatecha Prashna* (The Problem of Untouchability) (In Marathi), pp. 56–90, 215. 32. R. G. Bhandarkar's Collected Works, vol. II, p. 491. 33. Pp. 397–98. 34. Pp. 559–60. 35. *The Times of India*, 27-7-53; 13-8-53; 7-10-53. 36. *The Times of India*, 13-1-55, 22-4-55; 29-3-55; 12-5-55; 18-5-55; 19-5-55; 11-11-55. 37. *The Times of India*, 2-3-56; 2-5-56; 20-5-56; 3-7-56. 38. *The Times of India*. 19-6-57. 39. Bailey, I, pp. 215–22.

40. *The Times of India*, 28, 29-4-58. 41. *The Times of India*, 24-2-59. 42. *The Times of India*, 4-1-61. 43. *The Times of India*, 21-9-62. 44. *The Times of India*, 20-5-63. 45. *The Times of India*, 31-8-63. 46. *The Times of India*, 4-1-64. 47. *The Times of India*, 28-7-64. 48. *The Times of India*, 4-12-64. Current Topics. 49. *The Times of India*, 12-3-66. Current Topics.

50. *The Times of India*, 12-9-66, the leading article 'Mockery'.

12

जाति एवं राजनीतिः सामान्य

1932 में प्रकाशित इस पुस्तक के प्रथम संस्करण में दो अध्याय थे, दो अंतिम अध्याय, जो एक साथ मिलकर पूरी पुस्तक के पाँचवें हिस्से के बराबर थे। इन्हें क्रमशः 'जाति, नवीनतम एवं समकालीन' तथा 'निष्कर्ष' शीर्षक प्रदान किए गए थे। वर्तमान संस्करण में इस सामग्री को दसवें, तेरहवें एवं चौदहवें अध्यायों में विभाजित कर दिया गया है। चूंकि यह पुस्तक एक अंतर्राष्ट्रीय श्रृंखला का हिस्सा थी तथा इसे केजन पॉल एंड कम्पनी द्वारा प्रकाशित किया गया था, अतः इसे ग्रेट ब्रिटेन के रॉयल एंथ्रोपोलॉजिकल इंस्टीट्यूट की मासिक पत्रिका *मैन* में (1932, पृष्ठ 268) एक समीक्षा प्राप्त करने का अवसर मिल गया था। पुस्तक में अनुपस्थित दोषों को स्पष्ट करने और लगभग फूहड़ता भरी प्रशंसा करने के बाद समीक्षक ने अपनी आलेख की समाप्ति इस टिप्पणी के साथ की थीः ''अंतिम दो अध्यायों में कहीं अधिक एक राजनीतिक अथवा अर्द्ध–राजनीतिक, प्रवृत्ति, है और इसीलिए यहाँ उन पर चर्चा की आवश्यकता नहीं है।''*

लगभग एक वर्ष बाद एकमात्र भारतीय मानवशास्त्रीय पत्रिका, *मैन इन इंडिया* (1933, पृष्ठ 65) ने पुस्तक की एक अनाम समीक्षा को प्रकाशित किया। जैसा मुझे प्रतीत होता है, भारतीय समीक्षक ने पुस्तक की अधिक प्रशंसा करते हुए ऊपर वर्णित दोनों अध्यायों को कुछ नया विचार प्रदान किया। उन्होंने उल्लेख किया कि इनका सम्बन्ध ''भारत में जाति के वर्तमान एवं भविष्य के कुछ विवादास्पद प्रश्नों से जुड़ा है'', और इसीलिए, ''समीक्षा में इन पर विचार करने की आवश्यकता नहीं है''।

मैंने *मैन* के संपादक सर जॉन एल. मेयर्स को समीक्षक के द्वारा अंतिम दो अध्यायों के प्रति चलते–फिरते व्यवहार करने के विरुद्ध मामूली विरोध के साथ एक पत्र लिखा। उन्होंने *मैन* में मेरे द्वारा समीक्षक के कथन के विरुद्ध उठाए गए बिन्दुओं में से कुछ का उल्लेख करते हुए एक स्पष्टीकरण टिप्पणी प्रकाशित की। जहाँ तक मेरे मुख्य तर्क की बात है, जो अंतिम दो अध्यायों से सम्बन्धित हैं, उनकी टिप्पणी कहती हैः ''वह (घुर्ये) खेद व्यक्त करते हैं कि समीक्षक पुस्तक के उन अंतिम दो अध्यायों पर टिप्पणी करने से बचे हैं जिनका सम्बन्ध उन 'परिवर्तनों के साथ है जो यूरोपीय संस्कृति एवं अंग्रेजों के राजनीतिक प्रभुत्व के संपर्क द्वारा, उनकी 'राजनीतिक तथा अर्द्ध–राजनीतिक प्रवृत्तियों' के आधार पर उत्पन्न परिस्थितियों के परिणामस्वरूप जाति की संस्था में उत्पन्न हो चुके हैं'। हालांकि, संस्था के संविधान के अंतर्गत यह अपरिहार्य था।''

---

* इस और इसके अगले अध्याय का सार 14 अक्टूबर, 1967 को बम्बई में संपन्न भारतीय समाजशास्त्री सम्मेलन का उद्घाटन करते समय मेरे द्वारा किए गए प्रेक्षणों के माध्यम से सार्वजनिक किया गया था जिसमें मैंने 'राजनीतिक समाजशास्त्र' के नाम से समाजशास्त्र की एक शाखा तैयार करने की अपील की थी।

एफ.जी. प्रैट इस पुस्तक के अनेकों समीक्षकों में से इकलौते थे जिन्होंने इन दो अध्यायों की प्रशंसा की थी। *इंटरनेशनल अफेयर्स* (नवम्बर, 1932) में प्रकाशित अपनी समीक्षा में उन्होंने कहा थाः ''इस पुस्तक के दो अंतिम अध्यायों में श्री घुर्ये इस प्राचीन संस्था के उस आधुनिक स्वरूप का वर्णन करते हैं जो अभी भी अपनी पकड़ बनाए हुए है। जाति सम्बन्धित विधायी एवं प्रशासनिक नीति उन अनेकों बड़ी समस्याओं में से मात्र कुछ न्यूनतम समस्याए नहीं हैं जिनका सामना भारत की भविष्य की सरकारों को करना होगा।''

यहाँ तक कि पुस्तक के अति–सराहनापूर्ण समीक्षक ने *लिट्रेरी सप्लीमेंट ऑफ द टाइम्स,* लंदन (नवम्बर, 1932) में अपने लेखन की शुरुआत ''पृथक राजनीति'' के साथ करते हुए उसकी समाप्ति अपनी अंतिम प्रशंसापूर्ण टिप्पणी के साथ की है।

इस प्रकार सामाजिक संस्थाओं में राजनीतिक घटनाओं का अध्ययन 1930 के दशक के प्रारंभिक सामाजिक मानवजाति विज्ञानियों के क्षेत्र से परे नहीं था। मैं सोचता हूँ कि इस परिवर्तित हो रहे क्षेत्र में दर्ज की गई पहली सफलता, दुखद रूप से, एक अंग्रेज मानवजाति विज्ञानी द्वारा दर्ज की गई थी और, वह भी कैम्ब्रिज विश्वविद्यालय से, जिसके मानवजाति विज्ञान विभाग की अध्यक्षता और निर्देशन दो दशकों से भी अधिक समय तक ब्रिटिश भारत के अवकाशप्राप्त ब्रिटिश लोकसेवकों द्वारा किया जाता रहा था। इसने मुझे यह नोट करने हेतु उकसाया कि यह विशिष्ट रचना *मैन* मासिक पत्रिका से बड़ी *द जर्नल ऑफ द रॉयल एंथ्रोपोलॉजिकल इंस्टीट्यूट* के पृष्ठों में उस समय प्रकाशित की गई थी जब एक अवकाशप्राप्त ब्रिटिश भारतीय लोकसेवक इसका अध्यक्ष था! शायद इंस्टीट्यूट का संवैधानिक प्रतिबंध 1947 में ब्रिटिश साम्राज्य की समाप्ति के साथ ही अदृश्य हो चुका था!

कैथलीन गाफ ने 1947 और 1949 के बीच न केवल आर्थिक बल्कि राजनीतिक परिवर्तनों के हालात में मालाबार के नायरों के बीच रिश्तों की परिपाटियों में होने वाले परिवर्तनों का अन्वेषण किया और 1952 में परिणामों को प्रकाशित किया। रिश्तेदारी व्यवस्थाओं एवं शब्दावलियों में मेरी रुचि मेरे द्वारा समय–समय पर इसका अनुसरण करने से भी कहीं पुरानी रही है। जिस समय गाफ का लेख पत्रिका में प्रकाशित हुआ था मैं अपनी पुस्तक *फैमिली एंड किन इन इंडो–यूरोपियन कल्चर* की पाँडुलिपि तैयार कर रहा था। गाफ द्वारा अन्वेषण प्रारंभ करने के मात्र एक वर्ष पूर्व मैं *किनशिप यूसेजेस एज रिफ्लेक्टेड इन इंडो–आर्यन लिट्रेचर* शीर्षक से एक कहीं लंबा लेख प्रकाशित करवा चुका था। और राजनीति, चाहे वह सामाजिक व्यवस्थाओं अथवा उसके अनुकूलन से उत्पन्न हुई रही हो, ने मुझे जाति व्यवस्था में होने वाली उन राजनीतिक घटनाओं की व्याख्या करने का आधार दे दिया था जो 1930 से डेढ़ शताब्दी से भी अधिक पहले से घटित हो रही थीं। इसीलिए मैंने गाफ के लेख को उत्सुकतापूर्वक पढ़ा था। मुझे यह दर्ज करने में दुख है कि मुझे निराशा हुई थी। उसमें मुझे राजनीतिक घटनाओं एवं आर्थिक कारकों के परिवर्तनों के कारण रहे होने सम्बन्धी दावे प्राप्त हुए, जबकि स्वयं परिवर्तनों को दर्ज नहीं किया गया था। और मुझे गाफ के द्वारा नम्बूदरी ब्राह्मणों के सामाजिक संगठन, उनमें आने वाले परिवर्तनों तथा क्षत्रियों एवं नायर लोगों के साथ इसके गुथने की उपेक्षा करने और यहाँ तक कि उसे गलत समझे जाने से आघात लगा। यदि उन्होंने इन कारकों पर समुचित विचार किया होता तो वह यह भी देख सकती थीं कि दोनों ही समुदायों में आर्थिक एवं सांस्कृतिक कारक एकसमान थे, और यह कि नायर समुदाय में मौजूद विशिष्ट राजनीतिक कारक को ही अकेले रिश्तेदारी के प्रतिमानों में हो चुके परिवर्तनों का श्रेय नहीं दिया जा सकता!

मेरे शोधछात्रों में से एक, एम.एस.ए. राव, ने *सोशल चेंज इन* मालाबार पर अपने शोधपत्र में पहले ही लिख दिया था और मुझे ज्ञात था कि मालाबार की रिश्तों से सम्बन्धित शब्दावली का उनका सावधानीपूर्ण अध्ययन गाफ के द्वारा तैयार की गई रिश्तों से सम्बन्धित शब्दावली के विरुद्ध होगा। राव ने अपना शोध 1957 में प्रकाशित किया था। मलयालम रिश्ता–शब्दावली, जिसे उन्होंने वहाँ प्रस्तुत किया है, वह भी गाफ के कार्य को नोट करने के बाद, पूरी तरह से गाफ के तर्क का समर्थन नहीं करती।

गाफ को अपनी जाँच के विषय पर अपने पाठकों को पूर्णतः भिज्ञ करने में 10 वर्षों का अतिरिक्त समय लगा जो उन्होंने 1961 में मातृवंशजता पर एक संगोष्ठी में *मैट्रीलीनियल किनशिप* शीर्षक के अपने लेख रूपी योगदान द्वारा किया था (पृष्ठ 317–23, 344, 372, 383)। इसका संपादन डेविड एम. श्नाइडर एवं स्वयं उन्हीं के द्वारा

किया गया था। उसमें वह उस राजनीतिक पहलू को स्पष्ट करती हैं जिसने 1800 ईसवी के आसपास नायरों को प्रभावित किया था। और वह था अंग्रेजों के द्वारा नायर रक्षक योद्धाओं की सेना को भंग कर दिया जाना। वह यह भी उल्लेख करती हैं कि नम्बूदरियों के बीच सामान्यतौर पर मात्र सबसे बड़े पुत्र को ही जाति के अंदर विवाह करने की अनुमति होती थी।

राव की उपरोक्त रचना (पृष्ठ 189–90) प्रदर्शित करती है कि पारंपरिक मालाबार समाज में सामाजिक बेचैनी 1743 ईसवी के आसपास प्रारंभ हो चुकी थी। कोचीन के शासक के द्वारा बाद में लगाए गए प्रतिबंध ने विकारों को गति प्रदान कर दी। नम्बूदरियों के बीच भी थोड़ा–बहुत असंतोष अवश्य ही बढ़ा होगा। अविवाहिताओं की उम्र बढ़ने की समस्या के साथ–साथ नम्बूदरी महिलाओं से जाति के युवा पुरुषों को दूर रखे जाने का तनाव भी आवश्यक परिवर्तन के वातावरण का एक कारण बना था!

1954 में एच.एन. स्टीवेन्सन को अपने कथन, कि भारतीय जाति–व्यवस्था में स्थिति संस्कारी श्रेणीकरण थी, को स्थापित करने के प्रयास के मध्य में अचानक ही ''भारत में अंग्रेजों के द्वारा मतदान प्रणालियों (नगरपालकीय एवं अन्य) के लागू करने तथा राजनीतिक अवयवों के रूप में जाति *सभाओं* के उद्भव के बीच सम्बन्ध'' की खोज करने में रुचि जाग्रत हो गई। एक फुटनोट (J.R.A.I: पृष्ठ 49,1) में एक बिन्दु उठाते हुए उन्होंने यह उल्लेख करते हुए शालीनतापूर्वक मेरे कार्य को संदर्भित किया कि मैंने उसमें यह नोट किया है कि ''*सभाओं* की उत्पत्ति ने जातीय मतभेदों को कम नहीं किया है''। स्टीवेन्सन के निबंध के पिछले पृष्ठ में सबसे नीचे, फुटनोट 3 में, उन्होंने *वर्णधर्म* के वर्तमान जाति से अलग होने तथा यहाँ तक कि आधुनिक परिस्थितियों में वर्णधर्म का समर्थन करने के महात्मा गाँधी के सुविदित विचारों को उद्धृत किया है। महात्मा के विचार पर अपनी टिप्पणी के रूप में स्टीवेन्सन ने निम्नलिखित टिप्पणी की थीः ''यह कथन एक ऐसे आनुवांशिक श्रमसंघवाद की कल्पना करता प्रतीत होता है जो प्रदूषण, सगोत्रता, और सहभोजिता के जातीय प्रतिबंधों से स्वतंत्र हो'', और आकस्मिक तौर पर कोष्ठकों में जोड़ दिया, ''घुर्ये, 1932 तथा राधाकृष्णन, 1947 के विचारों का भी अवलोकन करें, (183–5)।''

अंतिम और आकस्मिक उल्लेख मेरे साथ अन्याय करता है। यह ऐसा प्रदर्शित करता है जैसे मेरे विचार महात्मा गाँधी से बहुत कुछ मिलते–जुलते थे। और स्टीवेन्सन के द्वारा चूंकि कोई पृष्ठ संदर्भ नहीं दिया गया है, अतः पाठकों के पास मेरे विचारों की जाँच करने हेतु कोई तैयार संदर्भ उपलब्ध नहीं है।

महात्मा गाँधी के *वर्णधर्म* को लेकर मेरे विचार अत्यन्त आलोचनापूर्ण थे और इन्हें प्लैटो के चार–स्तरों वाले आदर्श समाज की ए.जे. ट्वायनबी की आलोचना के एक संदर्भ के साथ समाप्त करते हुए दो अथवा तीन पृष्ठों में व्यक्त किया गया था (182–184)। और ऐसा उसी सम्बन्ध में है कि, पृष्ठ 183–84, जिसपर स्टीवेन्सन मेरे विचारों पर अपनी विद्वता का उल्लेख करते हैं कि ''*सभाओं* की उत्पत्ति ने जातीय मतभेदों को कम नहीं किया है'' मैंने देखाः ''कुल मिलाकर हमें यह प्रतीत होता है कि समाज के चार–स्तरीय विभाजन की ओर वापसी असंभव है.....। और, जैसा कि अंतिम अध्याय में स्पष्ट किया गया है, जातीय–जागरुकता और अधिक सुनिश्चित तथा बलवती हो चुकी है। हम यहाँ तक देख चुके हैं कि उन जातियों, जो राजनीतिक प्रयोजनों के लिए समूहबद्ध हैं, के बीच भी अन्य जातियों से संघर्ष करने का साझा प्रयोजन इतना अधिक शक्तिशाली नहीं सिद्ध हो सका है जो समूह में शामिल अलग–अलग जातियों को पदों की लूट के वितरण के समय पर अपने–अपने दावों की उपेक्षा करने हेतु उकसा सके।''

जहाँ तक स्टीवेन्सन की यह जानने की इच्छा का प्रश्न है कि क्या सबसे पहले सभाओं को आयोजन अंग्रेजों के द्वारा निर्वाचित स्थानीय स्वायत्त शासन को लागू करने पर प्रारंभ हुआ था, मैं स्पष्ट कर सकता हूँ कि जहाँ तक चुनाव के मामलों में जातीय जागरुकता का सम्बन्ध है, मैं पहले ही स्पष्ट कर चुका हूँ कि कम–से–कम बम्बई प्रांत में यह 20वीं शताब्दी के तीसरे दशक के उत्तरार्द्ध में हुए चुनावों में प्रकट हो चुका था। स्टीवेन्सन के आह्वाहन ने इससे पहले के किसी साक्ष्य को अभी तक प्रस्तुत नहीं किया है। 1955 के ग्रामीण अध्ययनों के संग्रह, *विलेज इंडिया*, जिसका संपादन मैकिम मैरियट द्वारा किया गया था, में माधोपुर के चमारों पर बी.एस. कोहन द्वारा लिखे

गए निबंध (पृष्ठ 66) में यह सूचना निहित है कि 20वीं शताब्दी में जौनपुर जिले के एक गाँव माधोपुर में स्थानीय स्वायत्त शासन के लिए एकमात्र नामित ग्राम पंचायत को लागू किया गया था। ऐसा शताब्दी के तीसरे दशक के दौरान ही हुआ था कि जिला परिषद् के चुनाव आयोजित किए गए थे (पृष्ठ 69); क्योंकि यद्यपि इन परिषदों को 19वीं शताब्दी के नौंवे दशक में लागू किया जा चुका था, तथापि उनका संयोजन इतना सीमित और पाबंदीयुक्त था कि उनके मामलों में खुले और स्वतंत्र चुनाव नहीं करवाए जा सके थे।''

यदि स्टीवेन्सन जातीय रेखा पर राजनीतिक जागरुकता के प्रारंभ को जानना चाहते थे तो वह इसे मेरी संदर्भगत पुस्तक से जान सकते थे जो, जहाँ तक सरकारी नौकरियों का सम्बन्ध है, लगभग 1870 के समय से सम्बन्धित है। स्टीवेन्सन के विचार में जिस प्रकार की जाति सभाएं मौजूद हैं उनका गठन बहुत बाद में राजनीतिक प्रयोजनों के लिए किया गया था। ये जातीय–गठबंधन हैं न कि जातीय 'सभाएं'। जातीय सभा, अर्थात्, किसी एक जाति की अनेकों उप–जातियों का एक संयुक्त संघ, का गठन महाराष्ट्र में कम–से–कम गत शताब्दी के 9वें दशक में प्रारंभ हो चुका था और 20वीं शताब्दी के पहले दशक के अंत तक यह बहुत आम हो चुका था। दक्कन सभा, जो न्यायमूर्ति एम.जी. रानाडे द्वारा प्रारंभ किया गया एक राजनीतिक–आर्थिक संघ था तथा ज्योतिबा फुले द्वारा द्वारा स्थापित सत्यशोधक समाज इन *सभाओं* के प्रेरणास्त्रोत थे। क्षात्रैक्य सभा, अर्थात्, समस्त क्षत्रियों की एकजुटता हेतु संघ, का प्रारंभ वनमाली द्वारा 1885 ईसवी में किया गया था, जिनके सम्मान में बम्बई के दादर में एक सार्वजनिक सभागृह बना हुआ है। इन 'सभाओं' का उद्देश्य सामान्यतौर पर अपनी जाति को दिए गए उद्देश्यों को आगे बढ़ाने के बजाए अपनी जाति की उप–जातियों को एकजुट करना तथा उच्च सामाजिक स्थिति के लिए करने वाले प्रचार को आगे बढ़ाना था। संपूर्ण सामुदायिक संगठनों में उनके आगे हुए रूपांतरणों पर मेरे द्वारा 'द फ्यूचर ऑफ कास्ट' शीर्षक वाले अध्याय के अंतर्गत चर्चा की गई है और यहाँ इस पर 'एक जातिविहीन समाज अथवा एक मिश्रित समाज?' शीर्षक के अंतर्गत सविस्तार स्पष्ट किया गया है।

जैसा कि 1932 में पुस्तक के सर्वप्रथम संस्करण के समय से ही मेरे द्वारा तर्क दिया जाता रहा है, जाति के राजनीतिक विकास अर्थात् राजनीतिक शक्ति हासिल करने हेतु कुछ जातियों द्वारा बड़ी संख्या में कुछ अन्य जातियों के विरुद्ध किए गए गठबंधन अंग्रेजों के द्वारा जातीय स्थिति के प्रति संकीर्ण दृष्टिकोण अपनाए जाने के परिणाम हैं!

राजनीतिक समाजशास्त्र में गाफ का दूसरा, अधिक विस्तृत और अधिक चर्चित उपक्रम उनके द्वारा तंजौर जिले के एक गाँव कुम्बापेट्टाई के अध्ययन से सम्बन्धित है। कम–से–कम आंशिकतौर पर ही सही इसमें शुद्ध राजनी. तिक समाजशास्त्र के स्थान पर राजनीति अधिक मौजूद दिखाई देती है। मैरियट के *विलेज इंडिया* में 1955 के 'द सोशल स्ट्रक्चर ऑफ ए तंजौर विलेज' शीर्षक वाले अपने योगदान में उन्होंने गाँव की जातीय संरचना को एक राजनीतिक विश्लेषण को निबंधबद्ध किया था। मुझे यह अपने आपमें रोचक लगा और इसलिए भी क्योंकि यह उसी मार्ग पर आगे बढ़ाया गया एक कदम सिद्ध होता है जिसे मैं कोई 25 वर्षों पहले ही अपना चुका था। ब्राह्मणों के प्रभुत्व वाले इस गाँव में, जहाँ अभी भी कुल भूमि का दो–तिहाई ब्राह्मणों के ही पास है, और जहाँ ''भूमि प्रबंधन के अधिकारों को किसी भी अन्य जातियों के व्यक्तियों को कतई नहीं बेचा जा सकता'', मैं सोचता हूँ कि अनेकों गाँवों में से इकलौता ऐसा गाँव है जिसका पूरे देश में सर्वेक्षण किया गया है। यहाँ तक कि तंजौर के चार गाँवों, जिनपर 1961 की जनगणना द्वारा विशिष्ट ध्यान दिया गया था, में से एक भी ऐसा नहीं है जिसमें ब्राह्मण परिवारों की कोई बड़ी संख्या मौजूद हो। और जैसा कि गाफ अपने पाठको को सूचित करती हैं, तंजौर जिले में 1951 में लगभग 2 लाख ब्राह्मण थे, जिनके पास लगभग 900 गाँवों में प्रशासनिक अधिकार मौजूद थे (I, 37)। ब्राह्मण जिले की कुल जनसंख्या के लगभग 1/15वें भाग के बराबर थे।

गाफ ने गाँव में सामाजिक–राजनीतिक स्थिति सम्बन्धी हमारी जानकारी में दो और योगदान जोड़ दिए। 1956 में *अमेरिकन एंथ्रोपोलॉजिस्ट* में उन्होंने एक पत्र के रूप में अपना दूसरा योगदान प्रकाशित करवाया जिसका शीर्षक था 'ब्राह्मण किनशिप इन ए तमिल विलेज'। इस विषय पर 1960 में उनका तीसरा और सबसे बड़ा योगदान

आस्पेक्ट्स ऑफ कास्ट, कैम्ब्रिज पेपर्स इन सोशल एंथ्रोपोलॉजी नं. 2 में प्रकाशित हुआ जिसका संपादन कैम्ब्रिज विश्वविद्यालय के सोशल एंथ्रोपोलॉजी में रीडर ई.आर. लीच के द्वारा किया गया था। यह सफलता के दूसरे चरण को चिह्नित करता है, एक कैम्ब्रिज सामाजिक मानवजाति विज्ञानी सामाजिक मानवजाति विज्ञान पर एक शास्त्रीय विश्वविद्यालय के प्रकाशन में राजनीतिक समाजविज्ञान पर कार्य करने में संलिप्त रहा हो! 'तंजौर के एक गाँव में जाति', जैसा कि इस योगदान का शीर्षक है, जाति के अर्थों में राजनीतिक विश्लेषण एवं इसके तार्किक निष्कर्ष को शामिल करती है।

गाफ द्वारा *अमेरिकन एंथ्रोपोलॉजिस्ट* में अपने पत्र को ब्राह्मण किनशिप नाम दिया जाना इसे रिश्तेदारी का पहला जातिवार विवरण बनाता है। यदि ऐसा सिद्ध होता है कि यह एक वास्तविकता है तो इसे अवश्य ही रिश्तेदारी के क्षेत्र में एक मूल्यवान खोज तथा राजनीतिक समाजविज्ञान में एक महत्वपूर्ण तत्व के रूप में गिना जाना चाहिए।

अमेरिकन एंथ्रोपोलॉजिस्ट में गाफ के पत्र के मात्र 3 वर्षों पूर्व इरावती कर्वे ने अपनी पुस्तक *आर्गेनाइजेशन ऑफ किन इन इंडिया* (1953) को प्रकाशित किया था। रिश्तों के नामों की उनकी सूचियों में किसी भी प्रकार के जातिवार अंतर के चिह्न प्रदर्शित नहीं किए गए हैं। और उन्होंने पाठकों को आश्वस्त किया है कि उन्होंने रिश्तों सम्बन्धी शब्दों का संग्रह अनेकों जातियों से किया है जिसमें निश्चित रूप से तमिल भी शामिल हैं। गाफ हमें स्पष्टरूप से बताती हैं कि ब्राह्मण रिश्तों के नाम कुछ मदों के मामले में निम्न जातियों से भिन्न हैं तथा वह इस संपूर्ण शब्दावली को ब्राह्मणों एवं निम्न जातियों को दो स्तंभों के अंतर्गत रखते हुए सूचीबद्ध करती हैं जिनमें इन नामों को अलग–अलग शामिल किया गया है (*अमेरिकन एंथ्रोपोलॉजिस्ट*, 1956)। हालांकि, उनकी चर्चा से यह स्पष्ट है कि इस बात की संभावना अधिक है कि वेल्लाला लोगों के बीच प्रचलित रिश्तों के नामों के प्रतिमान पल्लनों, जो गाफ के कुम्बारपेट्टाई की निम्न जाति हैं, के बजाए ब्राह्मणों के नामों के अनुसार हों। और इनका अध्ययन करते समय मेरी शंका है कि ब्राह्मण–वेल्लाला रिश्तों के नामकरण तथा पल्लन पराइयन के बीच की खाईं को पाटने वाला एक सेतु मौजूद हो सकता है (?), जिसे मध्यवर्ती समूहों जैसे पाल्लियों, इदाइयनों, कम्मालनों आदि के बीच प्रचलित रिश्तों के नामों द्वारा उपलब्ध करवाया गया हो!

सर्वाधिक महत्वपूर्ण शब्द, जो विलोमार्थक माने जाते हैं, उन रिश्तेदारों के हैं जिन्हें अन्य रिश्तों की शब्दावलियों में गोत्र–परिवार के रूप में जाना जाता है। चर्चा बहुत विस्तृत न होने पाए, जो जाति के विद्यार्थियों के लिए बहुत अधिक तकनीकी प्रतीत हो सकती हैं, इस उद्देश्य के साथ मैं यहाँ मात्र चार शब्दों को ही लूँगा और उन्हें सारणी के रूप में प्रस्तुत करूँगा।

ऐसा देखा गया है कि अन्वेषकों की सूचियों में मौजूद अंतर बहुत बड़े हैं। जैसा कि गाफ द्वारा सूचित किया गया है अंतिम तीन शब्दों की स्थिति उनके दोहरे शोधप्रबंध के अनुकूल है। पहला, यह पहले शब्द के अंतर्गत ब्राह्मणों को निम्न जातियों से पृथक करती है; दूसरे, अंतिम शब्द, अर्थात्, इसकी अनुपस्थिति, पितृवंशीय समूह के बहुत अधिक शक्तिशाली न होने सम्बन्धी तर्क को सहायता प्रदान करती है। दूसरा शब्द, जो पूर्णतः स्पष्ट रूप से संस्कृत के 'नानंद्री' शब्द से ऋण लिया गया और उपयुक्त रूप से संशोधित शब्द है, जिसका उपयोग जहाँ तक किसी महिला के भाई की पत्नी न कि किसी पति की बहन दोनों समूहों के द्वारा किया गया है, पितृवंशीय समूह की कमजोरी अथवा खोखलेपन के उसी तथ्य पर बल देता है। जहाँ तक मोर्गन की 1870 की सूची पति के भाई की पत्नी के लिए तमिल शब्द प्रदान करती है, यद्यपि यह मामूली रूप से ''ओराकट्टी'' से अलग है, गाफ की सूची को अवश्य ही अत्यधिक सुनिश्चित रूप से त्रुटिपूर्ण अथवा दोषपूर्ण के रूप में वर्णित किया जाना चाहिए। यह कि गाफ को अंतरों को दर्ज नहीं करना चाहिए था, आश्चर्यजनक बात है, विशेषतौर पर इसलिए क्योंकि वह गत 80 वर्षों के आसपास के समय में हो रहे परिवर्तनों से बहुत सुपरिचित हैं। मामले को और भी खराब करने के लिए, एक तमिल लोकगीत में पति के भाई की पत्नी के लिए एक मामूली रूप से अलग शब्द को सत्यापित किया गया है, और वह भी गैर–ब्राह्मणों के बीच प्रचलित है। यह शब्द है ''ओपडियाल'' [श्रीनिवास, (2), II, 67]।

	शब्द			
अन्वेषक	*कोरुनदन अथवा कोलुनटान*	*कोलुन्ती अथवा कोलुनताई*	*नातानार अथवा नट्टानार*	*ओरपाडी*
कर्वे	पति; पति का छोटा भाई; छोटी बहन का पति।	पिता की बहन की पुत्री; माँ के भाई की पुत्री; छोटे भाई की पत्नी।	पति की बहन; पुत्र की पत्नी की माँ; पुत्री के पति की माँ।	पति के भाई पत्नी
गाफ	पति के छोटे भाई (ब्राह्मण एवं निम्न जाति, तथा एक मामूली मौखिक अंतर, जो इसे 'कोरुनदानार' बनाता है, के साथ उत्तरवर्ती) पति के बड़े भाई।	पत्नी की छोटी बहन (मात्र निम्न जाति, इसका स्वरूप 'कोरुनदियार' का है)	भाई की पत्नी (महिलावादक) (ब्राह्मण एवं निम्न जाति)	नहीं मिला

कर्वे के मामले में, उनके द्वारा खोजे गए दो मध्यवर्ती शब्द द्रविड़–भाषी लोगों के बीच रिश्तों एवं रिश्तों के संयोजन से सम्बन्धित उनके विशिष्ट शोधप्रबंध, कि रिश्तों के नामकरण एवं संयोजन में अंतर का बुनियादी सिद्धांत आयु है, के समर्थक है। दूसरा शब्द भी उनके इसी तर्क की पुष्टि करता है कि द्रविड़ रिश्तों की शब्दावलियों में गोत्रीय रिश्ते अथवा विशुद्ध गोत्रीय रिश्ते के लिए शब्द जैसी कोई भी चीज मौजूद नहीं है।

1965 में कर्वे ने अपनी ऊपर उल्लिखित पुस्तक के दूसरे संस्करण का प्रकाशन किया था। इसमें उन्होंने न केवल सूचियों में उल्लिखित शब्दों के अनेकों जातियों से प्राप्त किए गए होने से सम्बन्धित अपने पहले के आश्वासन को दोहराया बल्कि उन्होंने गाफ के कार्य की और परिणामस्वरूप उनके तमिल रिश्तों के नामों की पूरी तरह से उपेक्षा कर दी!

एम.एस.ए. राव (op. cit., पृष्ठ 129–30) ने मलयालम में पति की बहन और भाई की पत्नी (W.S.) दोनों ही के अर्थों में 'नत्तुन' के रूप में शब्द का सत्यापन किया है। तमिल के लिए एम.एन. श्रीनिवास (*सम तमिल फोक–साँग्स,* 1944) 'नत्तिना' शब्द के दो अर्थ प्रदान करते हैं जो एक लोकगीत (I, 71) में पति की बहन तथा दूसरे (II, 67) में भाई की पत्नी (W.S.) है।

पत्नी के भाई के लिए तमिल रिश्तों का शब्द 'मैतुनन' से सम्बन्धित कर्वे के लड़खड़ाहटपूर्ण कथन, कि इसे ''संस्कृत के मिथुन अथवा मैथुन शब्द से लिया गया है'', को ध्यान में रखते हुए यह स्पष्ट किया जा सकता है कि *पाराशर गृहसूत्र* (III, 9, 13) 'मैथुन' शब्द का उपयोग पत्नी के भाई को इंगित करने हेतु प्रयुक्त हुआ है और इस प्रकार सम्मानित संस्कृतिक पुरातनता है; क्योंकि इस रचना को 500 ईसापूर्व से अधिक पहले का नहीं निर्धारित किया जा सकता। अतः, यह तमिल में यह सीधे उधार लिया गया एक शब्द है।*

गाफ ने अपने अध्ययन को 1800 ईसवी के बाद से हुए परिवर्तनों तक सीमित रखा। यह वह समय था जब ऐसा प्रतीत होता है कि गाँवों की स्थापना उन ब्राह्मणों द्वारा की गई थी जिन्हें वहाँ भूमि अनुदानों में प्राप्त हुई थी। बाद में, मुसलमानों नाम पर बसे होने के कारण इसे एक *मिरासी* गाँव (III, 20) के रूप में जाना जाता है न कि *'अग्रहरा'* जैसा कि यह पूर्व–मुस्लिम काल में रहा करता था।

राजनीतिक समाजविज्ञान, अर्थात्, 1790 से 1860 तक के 70 वर्षों की महत्वपूर्ण अवधि की जाति व्यवस्था, जब गाँवों में 15 नई जातियों का आगमन हुआ था, के अर्थों में राजनीतिक विश्लेषण स्वाभाविक रूप से गाँव की एक अलग तस्वीर दर्शाता है जो बाद के वर्षों के गाँव से पूर्णतः भिन्न थी।

---

* गोत्रीय रिश्तेदारों के बिना ही द्रविड़ रिश्तों की शब्दावली के साथ–साथ भारतीय–आर्यों के रिश्तों की शब्दावलियों, दोनों ही से सम्बन्धित इस असंतोषजनक अस्पष्ट स्थिति ने मुझे भारतीय समाजशास्त्रियों के सम्मेलन, जिसका उद्घाटन मैंने 14 अक्टूबर, 1967 को बम्बई में किया था, के समक्ष अपना यह सुझाव रखने को प्रेरित कर दिया कि इंडियन सोशियोलॉजिकल सोसाइटी को भारतीय रिश्तों की एक शब्दावलियों पर एक आधिकारिक सर्वेक्षण आयोजित करना चाहिए और 1970 में लेविस मोर्गन को प्रस्तुत श्रद्धांजलि के एक उपयुक्त चिह्न के रूप में प्रकाशित करना चाहिए जिनके अथक उद्यम एवं अनुकरणीय उत्साह ने 1870 में भारत सहित विश्व को सबसे पहली बार मानव परिवार के रिश्तों की शब्दावलियों का सर्वप्रथम सिंहावलोकन प्राप्त हुआ था।

मुझे ऐसा प्रतीत होता है कि 1860 से 1965 (गाफ द्वितीय) अथवा 1960 की बाद की अवधि स्पष्टतः दो भागों में विभाजन योग्य हैः (1) पहली 1860 से लगभग 1930 तक और (2) 1930 से अभी तक। 1930 के आसपास संपूर्ण तमिलनाडु में जस्टिस पार्टी और इसके कार्यकर्ता, अनेकों गैर–ब्राह्मण जातियों के अंदरूनी आग्रह तथा तमिलनाडु से ब्राह्मणों के विदेशगमन में वृद्धि स्थापित घटनाएं बन चुके थे। राजनीतिक समाजशास्त्र के अर्थों में उनके परिणाम अगले 30 वर्षों में प्रकट होने लगे थे। देश की नई राजनीतिक व्यवस्था तथा साम्यवादी प्रचार एवं चीनी मूल के संगठन द्वारा इनमें और वृद्धि हो गई थी। इस मध्यवर्ती अवधि का राजनीतिक समाजशास्त्र, जिसकी रूपरेखा प्रस्तुत करने का उपक्रम मैंने 1932 में किया था, निश्चित रूप से मात्र एक व्यापक रूपरेखा भर थी। यदि तमिलनाडु से इसकी किसी विस्तृत रूपरेखा द्वारा इसकी पूर्ति की गई होती अथवा इसे उखाड़ फेंका गया होता तो यह एक से अधिक तरीकों से अत्यन्त ज्ञानवर्धक सिद्ध हुआ होता। किन्तु गाफ ने हमें इस ज्ञानवर्धक जानकारी से वंचित रखा है जिसके कारण सर्वश्रेष्ठ रूप से उन्हीं को ज्ञात रहे होंगे। यहाँ तक कि नवीनतम अवधि की स्थिति को पूरी तरह से समझने के दृष्टिकोण, जिसमें उन्होंने इतना स्पष्टतौर पर, लगभग सजीव ढंग से, मध्यवर्ती अवधि के राजनीतिक समाजशास्त्र के निरूपण को प्रस्तुत किया है, से ऐसा ही वांछित भी है।

गाफ का गैर–ब्राह्मण जातियों के बारे में कथन और उनका सूचीबद्ध किया जाना (III, 16–18) किसी को भी कुल जनसंख्या के पंचस्तरीय वर्गीकरण की अपेक्षा करने का इच्छुक बना देता है। परंतु वास्तव में उसे त्रि–स्तरीय समूहीकरण ही प्राप्त होता है जिसे समुदाय के राजनीतिक जीवन के विश्लेषण के संदर्भ के ढाँचे के रूप में निर्मित किया गया और सभी जगह प्रयुक्त किया गया है। ब्राह्मणों, गैर–ब्राह्मणों और आदि–द्रविड़ों का त्रि–स्तरीय वर्गीकरण स्पष्टतौर पर 1925 के आसपास से ब्रिटिश लौह–ढाँचे के द्वारा प्रयुक्त त्रि–स्तरीय वर्गीकरण की याद दिलाता है। मेरी पुस्तक *कास्ट एंड रेस इन इंडिया* (1932) के उपांत्य अध्याय, जिसका शीर्षक ''कास्ट, रीसेन्ट एंड कंटेम्परेरी'' है, में मैं स्पष्ट कर चुका हूँ कि यह यही वर्गीकरण था जिसने अंग्रेजों के द्वारा लागू जातीय राजनीतिक मार्ग को प्रशस्त किया था।

गत 30 वर्षों के आसपास की अवधि में दो नए उत्प्रेरक तत्व इस प्रकार रहे हैंः पहला, साम्यवादियों ने बड़ी संख्या में श्रमिक वर्ग के उन लोगों को सफलतापूर्वक अपने पक्ष में कर लिया जो युगों पुरानी अयोग्यताओं से पीड़ित थे और उन्हें विद्रोही कार्यवाहियों के लिए उर्जा प्रदान कर दी; दूसरे, भूमि, अनेकों बँटाई किसानों की स्थिति में सुधार तथा अर्द्ध–दासत्व से मुक्ति से सम्बन्धित विभिन्न कानूनों ने उन्हें न केवल बंधनमुक्त कर दिया, जैसे कि उन्हें होना चाहिए था, बल्कि किसी के भी श्रेष्ठ होने के अधिकार को चुनौती देते हुए उन्हें और अधिक माँगें करने का साहस भी प्रदान कर दिया। आस्था कम हो चुकी प्रतीत होती है। स्वतंत्रता आंदोलन की गतिविधियों के अनुभवों, विशेषतौर पर अगस्त 1942 के अभियान सम्बन्धी, ने उनके नए राजनीतिक उन्मुखीकरण और गतिविधियों की दिशा के आगे के मार्ग दिखा दिए थे।

प्रत्यक्षतः देश के कुछ भागों में एक दूसरे के विरुद्ध खड़े करने के लिए मात्र दो जाति–समूहों से सम्बन्धित एक प्रवृत्ति उत्पन्न हो चुकी हैः आंध्र–प्रदेश में ''कम्मा एवं रेड्डी'', तथा मैसूर में ''ओक्कालिगा और लिंगायत'' (*इंडियन जर्नल ऑफ पब्लिक एडमिनिस्ट्रेशन,* 1962, पृष्ठ 627):

1955 में उत्तर–प्रदेश के जौनपुर जिले के माधोपुर का बर्नाड कोहन द्वारा प्रदर्शित परिदृश्य (मॅककिम मैरियट, *विलेज इंडिया,* 53–76) उभर रहे समाज को द्वि–खंडीय ही दर्शाता है न कि त्रि–खंडीय।

कोहन (पूर्वोक्त, पृष्ठ 69–72) हमें सूचित करते हैं कि 1937 के प्रांतीय चुनावों में नुनिया अथवा नोनिया लोग (नमक–मजदूर), तथा चमार (चमड़ा–श्रमिक), जो तथाकथित अछूत थे, एकजुट हो गए थे और संभवतः उन्होंने ''गाँव के ठाकुरों, स्थानीय राजपूत जमींदारों, स्थानीय परंपरागत न्यायकर्ताओं एवं निचली जातियों के भूतपूर्व स्वामियों के विरुद्ध बढ़ती हुई एकजुटता'' का सर्वप्रथम संकेत दे दिया था। स्वतंत्रताप्राप्ति के पश्चात् 1948 में हुए पंचायत चुनावों में नीची जाति, जिसे अब प्रजा पार्टी के नाम से जाना जाता है, ने एक अहीर, एक ब्राह्मण, एक कन्दू (भड़भुजवा), एक तेली का नेतृत्व हासिल कर लिया था। स्थिति को भांपते हुए राजपूत ठाकुरों ने सहयोग करने से पूरी तरह से इंकार कर दिया, यहाँ तक कि अपने मताधिकार का प्रयोग करने से भी इंकार कर दिया।

यह पार्टी सत्ता में निर्वाचित हो गई किन्तु प्रशासन चला पाने में विफल रही। विश्वास किया जाता है कि ठाकुरों ने पार्टी के सदस्यों, जो निचली जाति के बँटाई किसान थे, के विरुद्ध कानूनी कार्यवाहियों के साथ–साथ सत्ताधारी पार्टी के गरीब सदस्यों को घूस देने का रास्ता अपना लिया था। इन दो पाटों के बीच प्रजा पार्टी को पीसा जा रहा था। विश्वास किया जाता है कि पार्टी के संपूर्ण विनाश को तीव्र करने के लिए ठाकुरों ने पार्टी के एक नेता की हत्या करवा दी। इस राजनीतिक उन्मुखीकरण की समापन के रूप में कोहन अवलोकन करते हैं: ''आज, माधोपुर की निचली जातियों के बीच राजनीतिक एकता अदृश्य हो चुकी है, और वहाँ बहुत अधिक निराशा है।''

भारतीय ग्रामीण समुदाय के प्रति सहानुभूति रखने वाले विद्यार्थी, ब्रिटिश सिविल सर्वेंट्स ऑफ इंडिया के गौरवशाली समूह में से एक बी.एच. बाडेन–पॉवेल ने 70 वर्षों पूर्व ही चेतावनी दे दी थी जिसे ज्ञानवर्धन के लिए पुनः प्रस्तुत किया जा सकता है। बाडेन–पॉवेल ने लिखा था (*द इंडियन विलेज कम्यूनिटी,* 1896, पृष्ठ 442–3):

''ग्रामीण एजेन्सी द्वारा स्थानीय शासन सम्बन्धी योजनाओं में यह अवश्य ही याद रखा जाना चाहिए कि जहाँ आधुनिक प्रशासकों के बीच लोकतांत्रिक और निर्वाचित परिषद् के विचार को अपनाने की एक स्वाभाविक प्रवृत्ति विद्यमान है, वहीं भारत में लोकप्रिय चुनाव (किसी भी हिसाब से ग्रामीण जिलों में) अभी भी बहुत नाजुक पौधे के समान हैं; और ऐसे किसी चुनाव को खोज पाना दुर्लभ है जिसमें मतों की निर्लज्ज बिक्री अथवा निजी प्रभावों का उपयोग न किया गया हो। सत्य यह है कि भारत में, समस्त आधुनिक एवं सतही आकांक्षाओं के बावजूद कुलीनतंत्रीय भावना की एक मजबूत अंतर्निहित लहर मौजूद है; और ग्रामीण परिषदों तथा ऐसी ही संस्थाओं की सफलता को सुनिश्चित करने हेतु यह अनिवार्य है कि सही तरीके से निर्वाचित और शिक्षित मुखियाओं अथवा सभापतियों, जो वास्तव में सम्मानित परिवारों के साथ–साथ स्थानीय प्रभाव रखने वाले हों, को उनके साथ सम्बद्ध होने हेतु प्रेरित किया जाए।''

सेलिग एस. हैरीसन (पृष्ठ 269–70) के अनुसार 1953 में उत्तर–प्रदेश के बिजनौर जिले में जाटों तथा चौहान राजपूतों के बीच तथा रैदासी सभा एवं शोषित संघ, जो मालियों और कुम्हारों जैसी निचली जातियों के समूहों का एक संघ था, के चमारों के बीच भी एक दरार एवं प्रतिद्वंदिता थी। जैसा कि हैरीसन के द्वारा वर्णन किया गया है, जातीय–बलों की इस चतुष्कोणीय विन्यास से उत्पन्न वास्तविक चुनावी स्थित एक बार फिर से बाडेन–पॉवेल की चेतावनी के सही होने को सिद्ध करती है और तमिलनाडु में जाति के राजनीतिक विकास का एक चिह्नित विरोधी स्वरूप प्रस्तुत करती है। अतः, इसे उद्धृत करने की आवश्यकता है। हैरीसन कहते हैं: ''चौहान एक प्रभुत्वशाली जाट गुट के पीछे नहीं चलेंगे (जाट नेताओं द्वारा साम्यवादी दल को प्रायोजित कर चुके होने के बाद स्वाभाविक रूप से राजपूत कांग्रेस में चले गए), और अछूत (चमार), किसी हिन्दू जातीय किसान गुट के साथ किसी अपरिहार्य अधीनस्थ सम्बन्ध को स्थापित करने के बजाए अपने मतों को सर्वाधिक बोली लगाने वाले को बेचने के लिए सुरक्षित रखेंगे। *यहाँ, अछूतों की विद्रोही एकजुटता में साम्यवादियों ने एक लगभग जटिल समस्या का सामना किया है (?)* ''*:

और आगे पूर्व के आजमगढ़ जिले में पकरी बुजुर्ग गाँव में क्षत्रियों, राजपूतों एवं मल्लाहों अर्थात् नाविकों और मछुआरों के बीच एक दरार सूचित की गई थी। इनमें से पूर्ववर्ती कुछ अन्य जातियों सहित भारतीय कांग्रेस का समर्थन करते हैं जबकि कुछ अन्य जातियों सहित उत्तरवर्ती साम्यवादी पार्टी के साथ सम्बद्ध हैं (*सेन्सस ऑफ इंडिया,* 1961, यू.पी. पार्ट VI, 22, पृष्ठ 4, 55–56) इस प्रकार से द्विवर्गीय दृश्य बहुत आमतौर पर दिखाई देता है यद्यपि जाति की प्रक्रिया में क्रिस्टलीकरण एकमात्र माध्यम नहीं है।

पश्चिम की ओर राजस्थान में, राजपूतों और जाटों के बीच एक प्रतिद्वंदिता तथा दरार भी रही है, जहाँ हमें बताया गया है ''दोनों समुदायों के बीच इस तथ्य के कारण एक पारंपरिक कटुता है कि राजपूत जमींदार हैं और जाट बँटाई किसान''। राजस्थान में स्वतंत्र पार्टी, एक ऐसी पार्टी जो व्यापक तौर पर अमीर वर्गों, जमींदारों और

---

* तिरछे अक्षर मेरे हैं।

अन्य लोगों का प्रतिनिधित्व करती है, पर राजपूतों के प्रभुत्व होने का विश्वास किया जाता था (*टाइम्स ऑफ इंडिया,* 7.5.1961)। ग्राम स्तर पर, पंचायती राज चुनावों में, कथित रूप से सबसे कठिन संघर्ष जोधपुर में राजपूतों और जाटों के बीच होना था। जयपुर खंड में, जहाँ दोनों पार्टियों में से एक कथित ''जाट–दमन'' की विरोधी थी; वहीं दूसरी अनुमानित रूप से राजपूतों के विरुद्ध जाट–अहीर–गूजर–मीणा लोगों के एक संयुक्त संयोजन की माँग कर रही थी (*इंडियन जर्नल ऑफ पब्लिक एडमिनिस्ट्रेशन* में हरीश चन्द्र माथुर, 1962, पृष्ठ 613)। गुजरात में, ''पाटीदार एक पार्टी के साथ रहे हो सकते थे जबकि बराईया लोगों किसी दूसरी के साथ'' (पूर्वोक्त, पृष्ठ 627, मायरॉन वाइनर)।

दक्षिण–पश्चिम में केरल में जहाँ तक हिन्दू समाज का सम्बन्ध है, प्रस्तुत किया गया राजनीतिक परिदृश्य यह है कि वहाँ एक द्विवर्गीय समाज था जिनमें दो सबसे बड़ी और महत्वपूर्ण जातियाँ, नायर एवं एझावा लोगों के पास अपने सदस्यों के सुगठित संघ मौजूद थे (*टाइम्स ऑफ इंडिया,* 24.1.1968 में के.सी. जॉन)।

बिहार में तीन जातियाँ निष्ठाओं को विभाजित करती और सामाजिक–राजनीतिक परिदृश्य को त्रि–वर्गीय बनाती प्रतीत होती हैं। हमें भूमिहार, कायस्थ और राजपूत लोग तीन ओर खड़े दिखाई देते हैं। उड़ीसा में, एफ.जी. बैले का अन्वेषण मामले की एक भिन्न स्थिति प्रदान करता है। यहाँ जातियाँ केरल में नायर सर्विस सोसाइटी के समान संगठित नहीं हो सकी हैं (बैले, 3, 92, 134)। अतः, ब्राह्मणों और कारन (लेखक वर्ग) में से कोई भी नायरों के समान संघठन नहीं प्रदर्शित करते। बल्कि इसी के *साथ–साथ* वो समूहों के रूप में नहीं बल्कि व्यक्तिगत तौर पर दो अथवा तीन अग्रणी राजनीतिक पार्टियों के बीच विभाजित दिखाई देते हैं, ताकि कोई भी पार्टी इन दो और एक अथवा दो अन्य जातियों में से किसी एक संपूर्ण जाति समूह के अपने साथ होने का दावा न कर सके।

मानवजाति विज्ञान एवं समाजशास्त्रीय अध्ययनों की एक सम्मानित शाखा के रूप में सामाजिक संस्थानों पर राजनीतिक प्रभाव के अध्ययन की स्वीकार्यता की कहानी को जारी रखने के लिए मैं यह उल्लेख कर सकता हूँ कि 1957 में प्रोफेसर एम.एन. श्रीनिवास ने भारतीय विज्ञान कांग्रेस के मानवजाति विज्ञान खंड के अपने अध्यक्षीय सम्बोधन के लिए जाति के राजनीतिक विकास के मेरे 1952 तक के अध्ययन के बाद का अध्ययन करने का चयन किया, और उसी वर्ष में *द जर्नल ऑफ एशियन स्टडीज* में इसे प्रकाशित भी करवाया।

और फिर उसके बाद एफ.जी. बैले के ग्रंथ–त्रय का आगमन हुआ। अपनी पहली पुस्तक में जाति की आर्थिक मोर्चों की खोज से लेकर अपने दूसरे योगदान में राजनीतिक मोर्चों से आगे बढ़ते हुए 1963 में प्रकाशित अपनी तीसरी पुस्तक, *पालिटिक्स एंड सोशल चेन्ज* में लगभग विशुद्ध राजनीतिक विज्ञान के क्षेत्र में प्रवेश करने तक की गई उनकी प्रगति सामाजिक संस्थानों पर राजनीतिक के प्रभाव के अध्ययन तथा इस अध्ययन, जिसे मैंने 1932 में प्रारंभ किया था, जो अबतक पूर्णतः विकसित हो चुका था, के तथ्य के लिए आकर्षक प्रकृति की एक भावपूर्ण गवाही है!

बैले का तीन गाँवों और उनके अंदर राजनीतिक गतिविधियों एवं सम्बन्धों का अध्ययन एक स्पष्ट संकेत देता है कि यद्यपि ''गाँव के अंदर जातीय–समूहों (एक 'जातीय–समूह' में गाँव में रहने वाले एक ही जाति के सदस्य शामिल होते हैं) के बीच संघर्ष एवं टकराव अभी भी हो सकते हैं'', तथापि राजनीतिक निष्ठाएं और गठबंधन गाँव के अंदर तक सीमित नहीं हैं (बैले, एफ.जी., *ट्राइब, कास्ट एंड नेशन,* 1960, पृष्ठ 260–1)। हालांकि, जातीय निष्ठा अथवा गठबंधन की सीमाओं का यह भौतिक अथवा क्षेत्रीय विस्तार सामाजिक और संभवतः आर्थिक उद्देश्यों के प्रति भी पुरानी क्षेत्रीय एकजुटता नहीं है बल्कि यह राजनीतिक अभ्युदय की अपेक्षाकृत नई प्रवृत्ति का प्रतिनिधित्व करता है।

हालांकि, उड़ीसा में जातीय–स्थिति पर आगे के अध्ययन के बाद अपनी पुस्तक *पॉलिटिक्स एंड सोशल चेंज* में बैले के द्वारा दर्ज किए गए आँकड़े एवं निष्कर्ष इस विचार के साथ मेल नहीं खाते। यह स्पष्ट है कि उनके 'योद्धा', ब्राह्मण, तथा 'लेखक', एवं 'किसान' उपरोक्त प्रतिमान पर संघठित नहीं हैं। और यद्यपि उनके 'तेली' राजनीतिक शक्ति और अधिकार के लिए संघठित और प्यासे थे, फिर भी उन्हें चुनाव की अवस्था में राजनीतिक कार्यवाही के लिए एकजुट रहा नहीं कहा जा सकता; न ही यह स्पष्ट है कि उन्होंने किसी ऐसे 'तेली' के लिए एक समूह के रूप में मतदान किए हों जो सरकार का सदस्य बनने में सफल रहा हो (पृष्ठ 91–2, 127–28, 132, 133, 134)।

जाति एवं इसकी भूमिका की अपनी चर्चा में बैले ने ''मिश्रित समाज'' की धारणा को प्रस्तुत कर दिया है (*ट्राइब, कास्ट एंड नेशन,* 257)। वो अपने पाठकों को सूचित करते हैं कि कभी–कभी जाति व्यवस्था की ''प्रशंसा उल्लेखनीय

रूप से परिपक्व तथा एक मिश्रित समाज में जीने की समस्याओं के बुद्धिमत्तापूर्ण समाधान के रूप में की जाती है'', और अपने फुटनोट में वो जे.एस. फर्निवाल की 1948 में प्रकाशित पुस्तक *कोलोनियल पॉलिसी एंड प्रैक्टिस* तथा 1828 के आसपास अब्बे डुबायोस की रचना *हिन्दू मैनर्स एंड कस्टम्स* का हवाला देते हैं। अब्बे 'मिश्रित समाज' का उल्लेख नहीं करते और वो ऐसा कर भी नहीं सकते थे क्योंकि इस धारणा की उत्पत्ति ही 1930 के दशक में हुई थी और अंग्रेजी भाषा में इसे विश्व को पहली बार जे.एस. फर्निवाल के द्वारा 1938 में अपनी पुस्तक *नीदरलैंड्स इंडिया* के अंतर्गत प्रदान किया गया था। और *कोलोनियल पॉलिसी एंड प्रैक्टिस* के पृष्ठ 308 पर जाति एवं मिश्रित समाज के सम्बन्ध में फर्निवाल ने जो कुछ भी कहा है, अर्थात्, अपने कथन, जिसे ऊपर उद्धृत किया गया है, की आधिकारिकता के सम्बन्ध में बैले द्वारा उपलब्ध कराए गए विशिष्ट संदर्भ इस प्रकार हैं: ''अंतर्निहित रूप से स्थिर संभवतः एकमात्र मिश्रित समाज भारत में हिन्दू समाज है। यहाँ आंशिक रूप से प्रजाति–आधारित, अलग–अलग आर्थिक क्रियाकलापों के साथ अलग–अलग समूह अथवा वर्ग हैं। किन्तु भारत में जाति को एक धार्मिक स्वीकृति प्राप्त है, और किसी मिश्रित समाज में एकमात्र साझा देवता धनसंपत्ति ही है। सामान्यतौर पर, मिश्रित समाज का निर्माण धार्मिक स्वीकृति की सीमेंट के बिना जाति के आधार पर किया गया है।''

बैले देख सकते थे कि फर्निवाल का जाति का प्रमाणन उसी धार्मिक स्वीकृति से प्रेरित था जिसने इसका समर्थन किया था और इस प्रकार इस पर एक स्थाई स्थिति का ठप्पा लगा दिया था। वो यह भी देख सकते थे कि फर्निवाल के द्वारा मात्र दो पृष्ठों पहले किया गया मिश्रित समाज का निरूपण एक मिश्रित समाज के रूप में हिन्दू समाज के वर्णन को असमर्थनीय बनाता है। फर्निवाल कहते हैं: ''मिश्रित समाज वहाँ उत्पन्न होते हैं जहाँ आर्थिक शक्तियों को सामाजिक इच्छा के नियंत्रण से छूट हासिल है।'' सक्रिय शक्ति में जातीय समाज में, अर्थात्, भारत में ब्रिटिश शासन लागू होने के पूर्व, आर्थिक शक्तियाँ पेशों के परंपरागत विभाजन से कठोरतापूर्वक सीमित थीं। आगे, एक मिश्रित समाज के राजनीतिक पहलू पर लिखते (पृष्ठ 306) समय फर्निवाल तीन अलग–अलग विशेषताओं का उल्लेख करते हैं, जैसे (1) 'समग्र रूप में समाज अलग–अलग प्रजाति आधारित वर्गों को शामिल करता है'; (2) 'प्रत्येक वर्ग किसी कारपोरेट अथवा जैविक इकाई के बजाए व्यक्तियों का एक समूह है'; तथा (3) 'व्यक्तियों के रूप में उनका सामाजिक जीवन अपूर्ण है'। यहाँ तक कि एक इकाई के रूप में भारत, उससे भी कहीं कम एक इकाई के रूप में हिन्दू समाज अथवा जाति व्यवस्था फर्निवाल के वर्गीकरण की पहली परीक्षा का उत्तर नहीं दे पाती। क्योंकि फर्निवाल स्वयं अपने पाठकों को बताते हैं कि भारत के पास ''तुलनात्मक रूप से एक सजातीय जनसंख्या'' मौजूद है; और भारतीय संवैधानिक आयोग की रिपोर्ट (ध्यान रहे कि इसका सम्बन्ध 1921 में अंग्रेजों द्वारा लागू द्वैधशासन पद्धति के 15 वर्षों बाद की अवधि से है) से उद्धृत करने के साथ उस कथन, कि 'हिन्दुओं और मुसलमानों, अथवा ब्राह्मणों और गैर–ब्राह्मणों के बीच के वर्ग–आधारित हिंसक विरोध ने निश्चित रूप से स्थानीय निकायों को दक्षता से वंचित कर दिया था', से सूचित करते हुए सार्वभौमिक रूप से ''*एक अधिक सशक्त मिश्रित चरित्रयुक्त* अन्य उत्कट निर्भरताओं'' को संदर्भित करते हैं'' (450; तिरछे अक्षर मेरे हैं)।

यदि बैले ने एक मिश्रित समाज की फर्निवाल की धारणा का स्पष्टीकरण प्राप्त करने के लिए फर्निवाल की पुस्तक *नीदरलैंड इंडिया* (जो बैले के द्वारा उनकी पुस्तक का उल्लेख करने के लगभग एक दशक पहले प्रकाशित हो चुकी थी) का अवलोकन किया होता तो उन्हें पता लग गया होता कि यह धारणा न केवल अस्पष्ट थी बल्कि इसके पहले वाले तथा अपेक्षाकृत अधिक स्पष्ट निरूपण में यह तथाकथित ''अधिक सशक्त मिश्रित'' समाजों के अलावा कहीं दूसरी जगह फिट नहीं होती थी। *नीदरलैंड इंडिया* (पृष्ठ 446–47) में फर्निवाल कहते हैं: मिश्रित समाज ''एक ऐसा समाज है जिसमें दो अथवा अधिक तत्व अथवा सामाजिक व्यवस्थाएं शामिल हैं जो एक राजनीतिक इकाई में बिना घुले–मिले एक साथ रहती हैं।'' मिश्रित समाज की अपनी प्रजातियों में उन्होंने न केवल दक्षिण अफ्रीका और कनाडा की गणना की है बल्कि आयरलैंड और यहाँ तक कि संयुक्त राज्य अमेरिका को भी शामिल किया है।

यहाँ तक कि फर्निवाल की *कोलोनियल पॉलिसी एंड प्रैक्टिस* में भी बैले को यह पता लग गया होता कि फर्निवाल ने जाति की प्रशंसा औपनिवेशिक सरकार के अधीन एक मिश्रित समाज की अराजकता से रक्षा करने वाले के रूप में नहीं की है, न ही उन्होंने इस पर विचार तक किया है। भारत उस अराजकता से पूर्णतः बचा हुआ है।

फर्निवाल (9) कहते हैं: ''........यदि *किन्हीं उपायों से* भारत समाज के उस तरह से 'चूर–चूर होने' से बचा हुआ है जैसा उष्णकटिबंध में अन्य स्थानों पर पाया गया है, तो इसका स्पष्टीकरण इस तथ्य में हो सकता है कि पश्चिम का प्रभाव कम हिंसक रहा है, और यह कि जाति ने संरक्षण के भारी उपाय कर रखे हैं।'' (तिरछे अक्षर मेरे हैं)।

मिश्रित समाज की धारणा अत्यधिक मनोहर एवं स्व–प्रसारित सिद्ध हुई है। एक बार कोई विचारक इसके जाल में उलझ जाए तो वह सचेत विचार के बिना ही इसमें इधर–उधर भटकता रहता है। और बैले इसका अपवाद नहीं हैं, यद्यपि अपनी तीसरी रचना, जो उनके ग्रंथ–त्रय में सर्वाधिक राजनीतिक है, में वह जैविक समाज के विपरीत खंडित समाज शब्द का उपयोग करते हैं। जैसे कि स्पष्टतौर पर अपनी पहले की दो रचनाओं में उन्होंने नहीं कहा है, उड़ीसा का लगभग 6 वर्ष तक अध्ययन करने के बाद उसके बारे में वह कहते हैं कि यह ''एक एकता नहीं है। यह अभी भी एक अकेला जटिल समाज नहीं है, बल्कि अनेकों साधारण समाजों का योग है, जो जिससे अपूर्ण रूप से जुड़ा है वह एक सांस्कृतिक एवं भाषाई इकाई हो सकती है, किन्तु मुश्किल से ही एक सामाजिक इकाई है......।

''('साधारण' और 'जटिल' के बीच का) यह भेद समाज के खंडित और जैविक प्रकारों से मिलता–जुलता है'' (एफ.जी. बैलेः *पॉलिटिक्स एंड सोशल चेंज, उड़ीसा इन 1959,* 1963, पृष्ठ 219, तिरछे अक्षर मेरे हैं)।

मुझे बैले के माडलों को संशोधित करना चाहिए और कहना चाहिए कि उड़ीसाई, बल्कि भारतीय लोग, अखंड राष्ट्रवादी समाजों के विपरीत एक बहुलतावादी राष्ट्रीय समाज थे, जिनके बहुलतावादी पहलू का नई व्यवस्था में अनुकूलन किया जाना अभी बाकी था। इस अर्थ में, मैं सोचता हूँ कि मिश्रित मॉडल के विपरीत डेसपर्स द्वारा प्रस्तावित मॉडल अधिक उचित हो सकता है। वह इसे 'जालीदार मॉडल' कहते हैं, एक ऐसा समाज जो अतिच्छादित और विकर्णीय रूप से संचालित समूहीकरण होता है, जो प्रायः ही एकदूसरे पर आरोपित हो जाते हैं (*अमेरिकन एंथ्रोपोलॉजिस्ट,* 1964)*।

---

* ''मिश्रित समाज'' पर एक विस्तृत चर्चा के लिए देखें मेरी रचना *सोशल टेंशन्स इन इंडिया,* 1968।

13

तमिलनाडु में जाति एवं राजनीति

तमिलनाडु (मद्रास) में विगत 15 वर्षों के दौरान एक राजनीतिक दल और लोगों के एक वर्ग द्वारा सार्वजनिक गतिविधियों के एक ऐसे प्रतिमान को देखा गया है जिसे कम–से–कम आंशिक तौर पर इस पुस्तक के तीसरे और चौथे संस्करणों, अर्थात्, 1957 तथा 1961 में दर्ज किया जा चुका था। यद्यपि बाद की गतिविधियाँ अधिक हिंसक और चिंताजनक रही है, और मैं इस संस्करण में भी इस पर सामान्य ध्यान देकर ही आगे बढ़ गया होता; किन्तु तमिलनाडु के मुख्यमंत्री स्वर्गीय श्री अन्नादुरई द्वारा राज्य के मुखिया के रूप में राजनीतिक दल के कार्यक्रमों को लागू करते हुए की गई कार्यवाही, जिसका मुख्य सम्बन्ध ऊपर संदर्भित सार्वजनिक गतिविधि के चिंताजनक प्रतिमानों के साथ था, जैसा कि अप्रैल अथवा मई 1967 के समाचारपत्रों में सूचित किया गया था, ने मुझे तमिलनाडु के राजनीतिक, सामाजिक एवं सांस्कृतिक पूर्ववृत्तों की जाँच करने, और तमिलनाडु की जाति–व्यवस्था की विषमताओं से निपटने हेतु प्रेरित कर दिया, जिसके साथ उत्तर–प्रदेश का भी मामला इस आशा से जुड़ा हुआ है कि गतिविधि के समग्र और जटिल प्रतिमान को इसके समुचित परिप्रेक्ष्य में प्रदर्शित किया जा सके।

श्री अन्नादुरई "चन्द्रमोहन"[1] नामक कहानी के लेखक हैं जिसमें 17वीं शताब्दी के उत्तरार्द्ध में हिन्दूधर्म के एक असाधारण नेतृत्वकर्ता शिवाजी पर हमला किया गया है। सूचित किया गया है कि उन्होंने राष्ट्रीय आदर्श–वाक्य, जो राष्ट्रीय चिह्न के नीचे तमिल भाषा में खुदा हुआ है, का अनुवाद किया और इसे तमिल भाषा में अंकित करवाया या लिखवाया था। राष्ट्रीय आदर्शवाक्य, 'सत्यमेव जयते' एक प्राचीन उपनिषद् से लिया गया वाक्य है जो संस्कृत भाषा में है और जिसे देवनागरी लिपि में लिखा गया है। इस प्रकार से आदर्शवाक्य की यह संधि भारतीय लोगो को उनके ढाई हजार वर्षों पुराने गौरवशाली इतिहास में ले जाती है अथवा उससे ले जाने की आशा की जाती है। अन्नादुरई की कार्यवाही ने राष्ट्रीय प्रतीक के रूप में राष्ट्रीय आदर्शवाक्य को नष्ट कर दिया जो कि विगत 17 वर्षों से ऐसा बना हुआ था।

नागालैंड, जिसने अंग्रेजी को अपनी राजकीय भाषा घोषित कर दिया है, निश्चित रूप से इसका अंग्रेजी में अनुवाद करेगा और इसे रोमन लिपि में अंकित करवाएगा। यहाँ तक कि यदि एक अथवा कई और भाषाई राज्य ऐसा नहीं भी करते तो भी एक उद्‌बोधक प्रतीक के रूप में आदर्शवाक्य को पर्याप्त क्षति पहुँचाई जा सकती है। तमिलनाडु के अलावा भारत के अन्य भागों में बसे तमिल भारतीय इस आदर्शवाक्य की पहचान करने में विफल रहेंगे। बड़ी मात्रा में संघ और अन्य राज्यों द्वारा प्रकाशित साहित्य, यद्यपि इस प्रतीक और आदर्शवाक्य से युक्त होगा, तथापि वैसी प्रतिक्रिया उत्पन्न कर पाने में विफल रहेगा जिसकी अपेक्षा इससे एक राष्ट्रीय प्रतीक के रूप में की गई थी। कुल मिलाकर, आदर्शवाक्य के अनुवाद तथा इसकी लिपि को परिवर्तित करने की संपूर्ण कार्यवाही का अर्थ अवश्य ही संघ से पृथक होने सम्बन्धी एक मानसिक कार्यवाही अथवा कम–से–कम संघ से तेजी से दूर हटने का संकेत होना चाहिए!

इस संभावना की पूर्ति किसी के भी मस्तिष्क में इस ऐतिहासिक तथ्य को ताजा कर देती है कि 300 ईसापूर्व तथा 600 ईसवी के बीच, या तो तमिलनाडु अथवा इसका एक बहुत बड़ा भाग संपूर्ण भारतीय उपनिवेश का एक भाग नहीं था, चाहे इसका शासन कहीं से भी क्यों न चलाया गया हो। यहाँ तक कि महान सम्राट अशोक, जो भारत की उत्तर–पश्चिमी सीमाओं का विस्तार अफगानिस्तान तक करने में सफल रहे थे, को भी दक्षिणी लोगों को अपने उपनिवेश से अलग छोड़ना पड़ा था। वह चोडाओं, पाडाओं, सत्यगुप्त एवं केरलपुत्र का उल्लेख अपने साम्राज्य की दक्षिणी सीमा से परे के रूप में करते हैं (II Rock Edict; XIII Rock Edict)। इनमें से पहले दो लोग बाद के प्रसिद्ध राजवंशों, चोला एवं पांड्या लोगों के पूर्वजों के रूप में सहजतापूर्वक पहचाने जाने योग्य हैं। सत्यगुप्त को बाद में किसी–न–किसी प्रकार चेरा लोगों में फिट करने का प्रयास किया गया है। क्या ऐसा नहीं हो सकता कि सत्यगुप्त रामनाड के सेतुपथियों के प्रारंभिक संस्करण रहे हों? हालांकि, यह सर्वाधिक दक्षिणी क्षेत्र, संभवतः तंजौर, मदुरा, रामनाथपुरम और तिरुनवेल्ली (तिन्नेवेल्ली) के जिले रहे हो सकते हैं जो महान सम्राट अशोक के भारतीय साम्राज्य को अपने से दूर रखने में सफल रहे हों।

संदर्भों के वास्तविक संदर्भ इन लोगों और देशों की स्थिति के सकारात्मक प्रमाण हैं। अपने गिरनार संस्करण[2] में अशोक का द्वितीय शिलालिखित शासनादेश, 'विजित क्षेत्र' को संदर्भित करने के उपरांत, ''पड़ोसियों'' का उल्लेख करता है। और उसमें शामिल हैं चोला, पांड्या, सत्यपूत, केरलपुत्र तथा यवन राजा अंतियोका। अपने शाहबाजगढ़ी संस्करण में 13वां शिलालिखित शासनादेश पहले आसपास के 600 'योजन' दूरी तक के पड़ोसी देशों के बारे में बात करता है और फिर यवन राजा अंतियोका के साथ प्रारंभ करता है और अलिकासानदारा के साथ समाप्ति करता है, और फिर दक्षिण के चोला–पांड्या लोगों के बारे में बात करता है। इसके विरुद्ध, आगे, यह साम्राज्य के लोगों, अर्थात् अशोक की प्रजा का उल्लेख करता है जिनके बीच आंध्र के पुलिन्दा लोग दिखाई देते हैं।[3] अशोक के बाद लगभग 150 ईसापूर्व के कंलिग के सम्राट खारवेल ने एक पांड्या राजा से मोतियों और जवाहरातों का एक उपहार बलपूर्वक वसूल करने की बात दर्ज की है।[4] बाद में, महान गुप्त सम्राट, समुद्रगुप्त (ईसापूर्व 330 एवं ईसवी 75) अपनी विजय को दर्ज करते हैं और दक्षिण (दक्षिणपथ) के सभी राजाओं को रिहा कर देते हैं। किन्तु राजाओं और स्थानों की वास्तविक सूची में एक, काँची के एक राजा और एक वेन्गी (?) के रूप में, हमारे पास नेल्लोर जिले में उपलब्ध है (सरकार, पृष्ठ 2567)। चोलाओं, पांड्याओं अथवा चेराओं का कोई उल्लेख नहीं है।[5]

हालांकि, राष्ट्रकवि कालिदास, जो अवश्य ही उसी समय के दौरान जीवित रहे होंगे, पांड्या राजाओं की परंपराओ और प्रदर्शन से बहुत अधिक प्रभावित थे। वह इक्ष्वाकुओं की राजवंशीय महिमा सम्बन्धी अपने अर्द्ध–महाकाव्य में उनका उल्लेख दो संदर्भों में करते हैं।[6] प्रथम संदर्भ में, हमें सूचित किया गया है कि एक इक्ष्वाकु राजा ने वास्तव में पांड्या लोगों पर जीत हासिल कर ली थी और उनका शासन ताम्रपर्णी नदी के मुहाने तक सफलतापूर्वक फैल चुका था। उसी सम्बन्ध में कालिदास कावेरी नदी का उल्लेख करते हैं, जो, मेरे विश्वास के अनुसार, संस्कृत साहित्य में दक्षिण की समृद्धता प्रदान करने वाली नदी का सर्वाधिक प्राचीन संदर्भ है। दूसरे संदर्भ में, कालिदास पांड्या राजा को प्रसिद्ध विदर्भ राजकुमारी इंदुमती के स्वयंवर में लाते हैं जहाँ वे उरागा को अपना शहर बताते हैं। एक बार फिर से यह त्रिचुरापल्ली (त्रिचिनापल्ली) जिले के प्रसिद्ध प्राचीन मध्ययुगीन और उत्तरप्राचीन शहर अथवा नगर उरईयुर का सर्वाधिक प्राचीन और संभवतः इकलौता संदर्भ है। जो कुछ भी बहुत अधिक दिलचस्प है वह यह है कि कालिदास न केवल अगस्त्य, जो तमिलनाडु के संरक्षक संत हैं, को राजा का मुख्य पुरोहित बनाते हैं बल्कि दावा करते हैं कि रावण, जो *रामायण* में राम के शत्रु थे, को उनके साथ एक संधि करनी पड़ी थी ताकि वह पांड्या राजा के उत्पीड़न से अपने राज्य की उस समय रक्षा कर सके जब रावण इंद्र पर चढ़ाई कर रहा था। हो सकता है कि कालिदास के मस्तिष्क में यह परंपरा रही अथवा न रही हो, किन्तु उन्होंने 13वीं शताब्दी ईसवी के तीसरे दशक[7] के तिरुनेवेल्ली पुरालेख में दर्ज किया है कि पांड्या राजाओं के पास एक ऐसी माला थी जिसे उन्होंने देवताओं के महान सम्राट इंद्र से प्राप्त किया था (*Ep. Ind.*, XII, पृष्ठ 39, 41, 51 तथा फुटनोट 1)। परंतु वह वह पांड्या राजा के अपने गले में एक लंबी माला पहनकर विदर्भ की इंदुमती का हाथ प्राप्त करने की प्रतिस्पर्धा में आयोजित स्वयंवर में भाग लेने की बात पर जोर देते हैं!

तब, इस भूमि पर 'स्वदेशी' शासन की सर्वाधिक गौरवशाली अवधि के दौरान सुदूर दक्षिण के पांड्या लोगों को छोड़कर तमिलनाडु की जनता एवं राजाओं ने स्वयं को लगभग पृथक रखने में सफलता प्राप्त कर ली थी। और उत्तर के राजपूतों के समकालीन वंशजों के विपरीत इन पांड्या लोगों के वंशजों की खोज तमिलनाडु के प्रत्येक कोनों और नुक्कड़ों में की जानी है!

तमिलनाडु में गत 15 वर्षों की गतिविधि के प्रतिमान, जो स्पष्टतौर पर इस पर ब्राह्मण–विरोधी, संस्कृत–विरोधी, उत्तर–विरोधी और यहाँ तक कि ब्राह्मणवादी–हिन्दूधर्म–विरोधी होने का ठप्पा लगाते हैं, भारतीय राजनीतिक एवं सामाजिक इतिहास के किसी भी गंभीर विद्यार्थी को इसके लगभग 9 शताब्दियों पहले अद्भुत पूर्वलक्षण होने का स्मरण करवाए बिना नहीं रह सकते।

के.ए. नीलकंठ शास्त्री ने हमारा ध्यान 11वीं शताब्दी ईसवी के अंत के आसपास के एक शिलालेख की ओर आकर्षित करवाया है, जो चोला सम्राट कुलोट्टुंगा–प्रथम के शासनकाल का है, जिसके द्वारा 'दक्षिणहस्त' और 'वामहस्त' जातियों के बीच हुए एक संघर्ष को दर्ज किया गया है। इसका परिणाम ''तंजौर जिले के पापनाशम तालुक स्थित राजामहेन्द्रचतुर्वेदिमंगलम नामक गाँव को जला दिए जाने, इसके पवित्र स्थलों को नष्ट कर दिए जाने और मंदिर के खजाने को डकैतों के द्वारा लूट लिए जाने'' के रूप में प्रकट हुआ था।''[8]

इन 'दक्षिणहस्त' और 'वामहस्त' जातियों के गुटों के अस्तित्व को कम–से–कम 19वीं शताब्दी के प्रारंभ के बाद के अधिकांश आधुनिक प्रेक्षकों और विद्यार्थियों के द्वारा तमिलनाडु की जाति व्यवस्था की एक विशिष्टता के रूप में दर्ज किया जा चुका है।[9]

इस गुट के सम्बन्ध में जो कुछ भी इस पुस्तक में पहले मैं कह चुका हूँ उसके विस्तार में मुझे अब उसे भी जोड़ देना चाहिए जो 12वीं शताब्दी के अंतिम चतुर्थांश के दौरान की इसकी प्रकृति के सम्बन्ध में शास्त्री ने दयापूर्वक हमें उपलब्ध करवाया है। उन्होंने (*द चोलास,* पृष्ठ 551) उसे उद्धृत किया है जिसे वह कुलोट्टुंगा–तृतीय (1178–1216 ईसवी) के शासनकाल का ''एक जिज्ञासु'' शिलालेख कहते हैं।

अभिलेख के अनुसार, *इंडगाई,* अर्थात्, 'वामहस्त' जातियों ने कश्यप की बलि की रक्षा करने हेतु स्वयं के *अग्निकुंड* से उत्पन्न हुए होने का दावा किया था। विश्वास किया जाता है कि अरिन्दम नाम के एक राजा ने ब्राह्मणों के एक बड़े उपनिवेश का आयात अंतर्वेदी नामक क्षेत्र से किया था, जो गंगा और यमुना दो नदियों के बीच स्थित एक पवित्र स्थल था। और ऐसा माना जाता है कि 'वामहस्त' जातियाँ ब्राह्मण उपनिवेशवासियों ''की खड़ाऊँ और छतरी उठाने वालों के रूप में'' उनके साथ आईं थीं।

इन गुटों के बीच बाद में हुए अनेकों संघर्षों में से एक, जो 19वीं शताब्दी के प्रारंभ में उत्पन्न हुआ था, में वे सदैव ही सामाजिक प्रतिष्ठा के कुछ अधिकारों को कायम रखने हेतु तत्पर प्रतीत होते हैं। गत शताब्दी के अस्सी के दशक में लिखते समय गुस्ताव ओपर्ट[10] ने चिंगलेपुट के तत्कालीन जिला मजिस्ट्रेट द्वारा 25 जून, 1809 की तारीख के एक लंबे निर्णय से इन जातियों के सम्बन्ध में कुछ आधिकारिक सूचनाएं हासिल करने का महान कष्ट उठाया था।

यह ज्ञात है कि इस पाखंड में संलिप्त सभी जातियों के पास ''कमोबेश अपने खुद के विशिष्ट झंडे मौजूद हैं''। यह स्पष्ट करता है कि 'दक्षिणहस्त' गुट के अंदर 60 जातियाँ हैं और 'वामहस्त', अर्थात् वे, जिन्हें ऊपर 12वीं शताब्दी के चोला शिलालेख में संदर्भित किया गया है, और उत्तर से आए ब्राह्मण उपनिवेशवासियों के समर्थकों एवं सहायकों के रूप में प्रस्तुत किया गया है, के अंतर्गत मात्र 6 जातियाँ हैं। कुछ वर्षों पूर्व ही ए.सी. बर्नेल हमें बता चुके थे कि यह गुटबाजीपूर्ण अंतर प्राथमिक तौर पर जमींदारों और उनके सेवकों के बीच था, जिसमें एक ओर वेल्लाला एवं पल्लन लोग नेतृत्वकर्ता थे और विपक्ष का गठन करने वाले ''ब्राह्मण, शिल्पकार एवं अनधिकृत प्रवेशकर्ता'' दूसरी ओर थे।[11]

इस प्रकार, 12वीं शताब्दी के अंतिम चतुर्थांश में तथा 19वीं शताब्दी के अंतिम चतुर्थांश के प्रारंभ में भी ब्राह्मण 'वामहस्त' वर्ग के साथ सम्बद्ध रहे प्रतीत होते हैं। परंतु शूबेल ने 1884 में प्रकाशित अपनी *हिस्ट्री ऑफ द ओरिजिन एंड डेवलपमेंट ऑफ इंडियन कास्ट्स* नामक फ्रेंच भाषा की रचना में जे.एच. हटन[12] को नम्रतापूर्वक संदर्भित करते हुए जोर दिया है कि ब्राह्मणों, जिन्हें 'महाजनम' कहा जाता था ''प्रायः किसी भी खंड से सम्बन्ध न रखने

वालों के रूप में माने जाते थे''। और हटन हमें आश्वस्त करते हैं कि ''दक्षिण भारत के बाद के आप्रवासी, जैसे मुसलमान, मारवाड़ी, और गुजराती ब्राह्मणों जैसे ही हैं, जिन्हें सामान्यतः पूरी तरह से इस दोहरी व्यवस्था से बाहर का समझा जाता है''।[13]

इस प्रकार ब्राह्मणों के प्रति तमिलों की चिढ़ अथवा विरोध कम–से–कम 13वीं शताब्दी से ही विद्यमान रहा प्रतीत होता है। अब यह देखना उचित है कि 14वीं शताब्दी के आसपास और उसके पूर्व भाषा, विचार, और परंपराओं के संदर्भों में मामला किस करवट बैठ रहा था। 14वीं शताब्दी के पहले की अवधि के साहित्यिक एवं धार्मिक इतिहास की एक संक्षिप्त समीक्षा हमें स्थिति का मूल्यांकन करने में सक्षम बनाएगी।

जैसा कि अगस्त्य[14] की ब्राह्मणवादी कहानी (*देखिए* चित्रवः अगस्त्य) तथा बावरी की बौद्धधर्म की कहानी (*सुत्ता निपाता*) से प्रकट होता है तथा आमतौर पर यह सहमति व्यक्त की जाती है कि उत्तर से आए ब्राह्मणों के छोटे समूहों के द्वारा अपनी संस्कृत भाषा के साथ–साथ उत्तर की ब्राह्मण संस्कृति को भी अवश्य ही साथ लाया गया होगा। तमिलनाडु में इसका आगमन अवश्य ही ईसाई युग से तीन से चार शताब्दियों पूर्व हो चुका होगा। सर्वाधिक प्राचीन तमिल साहित्य, और जो संस्कृत तथा प्राकृत को छोड़कर समस्त भारतीय भाषाओं में भी सर्वाधिक प्राचीन है, अर्थात् संगम साहित्य, को इस क्षेत्र में ब्राह्मणवादी संस्कृति के संपूर्ण प्रभाव को प्रतिबिंबित करने हेतु स्वीकार किया जाता है।[15] निर्मला रामचंद्रन एक भरत–नाट्यम कलाकार हैं जो इसमें विश्वास करती और सिखाती हैं। उनका विचार है कि 'भरत–नाट्य' नृत्य–स्वरूप एक पारंपरिक तमिल नृत्य था ''जिसे बाद में शुरुआती आर्यों के द्वारा परिष्कृत किया गया''। वो अवलोकन करती हैं, ''....सिलापपदिकरम के समय, अर्थात् दूसरी शताब्दी ईसवी, तक आर्यकरण पहले ही प्रारंभ हो चुका था जिसने कला एवं साहित्य सहित जीवन के सभी पहलुओं को प्रभावित करने हेतु प्रभाव डाला था।''

किन्तु यह तथ्य कि संगमयुग की कुछ रचनाओं के रूप में अत्यधिक परिष्कृत एवं भावनात्मक अपील वाले ऐसे साहित्य को देशी तमिल भाषा में प्रस्तुत किया जाना चाहिए था, तमिलनाडु में सांस्कृतिक विस्तार की एक ऐसी विशेषता है जो इस क्षेत्र के लिए विशिष्ट है और उत्तर की ब्राह्मण संस्कृति के प्रसार के मामले में अन्य क्षेत्रों से इसे पृथक कर देती है।

इस प्राचीन सांस्कृतिक विलय में बराबरी से महत्वपूर्ण एक अन्य कारक भी मौजूद है जिसे सावधानीपूर्वक दर्ज किया जाना चाहिए। और वह यह है कि प्रारंभिक साहित्य को संस्कृत भाषा में लिखित उत्तरी सांस्कृतिक परपंरा को स्वदेशी भाषा में रूपांतरित करने हेतु डिजाइन नहीं किया गया था। ऐसा नहीं प्रतीत होता कि उत्तरी ब्राह्मणवादी संस्कृति की कोई भी संस्कृत–रचना उस काल में तमिल में अनुवादित की गई थी। किन्तु आगमनकारी भारतीय–आर्य संस्कृति के अधिकांश तत्वों को आत्मसात् कर लिया गया था तथा वे उस युग के स्वदेशी साहित्य में इस प्रकार प्रकट होते हैं जैसे वे तमिलनाडु के तमिलवासियों की अवधारणाएं, विश्वास एवं भावनाएं हों। एक प्रकार से उत्तरी ब्राह्मणवादी परंपरा का तमिल संस्करण संगम काल में पहले ही तैयार हो चुका था, तथा संपूर्ण सांस्कृतिक समागम तैयारी की प्रक्रिया में निहित था। इस प्रकार ब्राह्मण पूर्वेक्षकों को उनके संस्कृत के ज्ञान एवं उपयोग के माध्यम से स्वयं के लिए प्रतिष्ठा अर्जित करने हेतु एक कहीं छोटी अवधि प्रदान की गई थी, जो कि स्वदेशी परंपराओं द्वारा अबाधित अथवा बेजोड़ थी।

तमिलनाडु के ब्राह्मणीकरण के मार्ग की कठिनाईयों में अकेले संस्कृत ज्ञान के मार्ग द्वारा वृद्धि करने के लिए पहले से ही विकसित तमिल भाषा की देखभाल कुछ ऐसे तमिल लोगों के द्वारा की जाने लगी जो समय के परिप्रेक्ष्य में अवश्य ही प्रेरित श्रेष्ठजन रहे होने चाहिए।

यह नोट करने योग्य है कि संगमकालीन तमिल कवियों के बीच ब्राह्मण ''कुल संख्या के लगभग 1/10वें भाग'' के बराबर हो चुके थे।[16] और नीलकंठ शास्त्री[17] द्वारा हमें बताया गया है कि प्रसिद्ध तमिल रचना, जिसका शीर्षक *कुराल* है, एक कविता के रूप में ''ऐसी रचना है जो समय एवं स्थान की सीमाओं से ऊपर है'', तथा यह कि यद्यपि यह संस्कृत के स्त्रोतों पर आधारित है, फिर भी यह मूल संस्कृत में प्राप्त चिंतनों एवं विचारों की अपेक्षा नए एवं महत्वपूर्ण गहन चिंतनों एवं विचारों को प्रस्तुत करती है। ऐसा सातवीं–पूर्व अथवा आठवीं–पूर्व शताब्दी के लिए वर्णित है। रचना के लेखक तिरुवल्लुवर अथवा तिरु वल्लुवा नायनार थे। वो वल्लुवन जाति के थे जो अछूतों की

सर्वाधिक महत्वपूर्ण तमिल जातियों, पराइयनों एवं पल्लनों के पुजारी रह चुके हैं।[18] लगभग आधी शताब्दी पहले जे.एन. फर्खुहार[19] ने लिखा थाः ''दक्षिण में कोई भी शास्त्रीय रचना पवित्र *कुराल* की अपेक्षा उच्च स्थान प्राप्त नहीं करती, जो 2,660 लघु दोहों में निहित है, जो सदगुणों, संपदा और प्रसन्नता से सम्बन्धित हैं।''

कोई 6वीं शताब्दी ईसवी के आसपास की तमिलनाडु की स्थानीय धार्मिक उथल–पुथल नायनार नाम से ज्ञात शैव संतों तथा अलवार नाम से ज्ञात वैष्णव भजनगायकों के रूप में सामने आना प्रारंभ हो चुकी थी। 9वीं शताब्दी के अंत तक की दो अथवा अधिक शताब्दियों के दौरान तमिल संतों अथवा कवि–दार्शनिकों, चाहे वे शैव रहे हों अथवा वैष्णव, की भक्तिपूर्ण कविताओं की जैसी भरमार रही थी वैसी 13वीं शताब्दी ईसवी के पहले भारत के किसी दूसरे आर्य–भारतीय हिस्से में ज्ञात नहीं हुई थी।

10वीं अथवा 11वीं शताब्दी में नाम्बी अंदार नाम्बी नामक एक ब्राह्मण के द्वारा 63 शैव संतों में से तीन सर्वाधिक प्रमुख संतों के तमिल भजनों का एक संग्रह तैयार किया गया था; और तब से ही इस संग्रह को *देवराम* अथवा *थेवराम* के रूप में जाना जाता रहा है। संत की उपाधि से विभूषित 63 संतों में से ''अनेकों वेल्लाला थे''; तथा अप्पार (580–630 ईसवी), जो अप्पार, सामबन्दर एवं सुन्दारर की तिकड़ी में से एक थे, वेल्लाला जाति के थे।[20] 12वीं शताब्दी में एक बार फिर से एक असाधारण वेल्लाला व्यक्ति, जिनका नाम सेक्किलार था, ने *पेरिया पुराणम* नामक सर्वाधिक प्रसिद्ध एवं विस्तृत संचरित्रात्मक कृति का लेखन किया था।

नीलकंठ शास्त्री ने पाँचवे वेद माने जाने वाली इस रचना को ''ऐसे महासागर, जिसमें शैव परंपरा की सभी धाराएं तमिल देश में समाहित हो जाती हैं'' और जो ''अपनी रचना के समय से ही लगभग निरंतर तमिल शैव लोगों के जीवनों और विचारों को प्रभावित करती रही है'' के रूप में वर्णित किया है।[21] मेरे हिसाब से सेक्किलार ने तमिलनाडु में उत्तरकालीन सामाजिक इतिहास अथवा समकालीन सामाजिक परिदृश्य का पूर्वाभास प्रदान कर दिया था। वह चोला राजवंश के कुलोट्टुंगा द्वितीय के प्रधानमंत्री थे। तमिल शैव सिद्धांत की सर्वप्रथम रचना भी एक पवित्र वेल्लाला, मेकाँडादेवा, की ही रचना थी जो 13वीं शताब्दी के थे।[22]

वेल्लालाओं के द्वारा तमिल साहित्य एवं भक्तिपूर्ण अभ्युत्थान में भाग लेना प्रारंभ करने के बहुत पहले एक पराइया महिला ने सफलतापूर्वक सम्मान अर्जित कर लिया था। नीलकंठ शास्त्री द्वारा कराईअक्कल अम्माई नामक पराइयन महिला, जो 550 ईसवी के आसपास जीवित थीं, का वर्णन ''संभवतः ऐसी सर्वाधिक प्राचीन लेखिका, जिनकी रचनाएं शैव सिद्धांतों में प्रविष्ट हो चुकी थीं'' के रूप में किया गया है। उन्हें तमिल भाषा में प्रबंधम नाम से ज्ञात साहित्य की जनक होने का श्रेय भी प्रदान किया जाता है। (शास्त्री, *हिस्ट्री ऑफ साउथ इंडिया,* पृष्ठ 368, 423।) *देवराम* का वैष्णव प्रतिरूप, जिसे *नालारिया दिव्यप्रबंधम* अथवा साधारणतया *दिव्यप्रबंधम* के नाम से जाना जाता है, के ''चार हजार पवित्र भजन'' वास्तव में नाथमुनि की ग्रंथकारिता के अधीन जाते हैं। नाथमुनि एक अलवार दार्शनिक थे जो महान दार्शनिक रामानुजाचार्य के गुरु के पितामह थे, और ज्ञात है कि वो 824 से 924 ईसवी के बीच जीवित थे। इन तमिल भजनों में सर्वाधिक प्राचीन की रचना एक संत के द्वारा की गई थी जिनकी तिथि ''5वीं अथवा 6ठीं शताब्दी ईसवी के बाद की नहीं'' निर्धारित की गई है।[23] यद्यपि नाथमुनि ने अपने धार्मिक–दार्शनिक विचारों के लिए माध्यम के रूप में तमिल एवं संस्कृत दोनों ही भाषाओं का उपयोग किया था, तथापि रामानुजाचार्य के गुरु यमुनाचार्य का रुझान संस्कृत की ओर अधिक था। महान रामानुजाचार्य ने सशर्त अद्वैतवाद के अपने दर्शन को संस्कृत में तैयार किया था जो उन वैष्णव संतों के तमिल उपदेशों पर आधारित था जिनके पूर्व के अनेकों उत्तराधिकारियों ने उनके पहले वाली चार शताब्दियों से अधिक समय में धर्मोपदेश प्रदान किए थे। जैसा कि नीलकंठ शास्त्री हमें सूचित करते हैं,[24] यह नोट किया जाना चाहिए कि सर्वाधिक प्रसिद्ध इन अलवारों में से एक, तिरुमंगाई, जिनका जीवनकाल निश्चित रूप से 8वीं शताब्दी ईसवी के बाद का नहीं रहा होगा, नीची जाति वाले एक व्यक्ति थे जो एक उच्च जाति की महिला से विवाह करना चाहते थे। जगदीश अय्यर[25] हमें बताते हैं कि मूर्तियों में उन्हें सदैव ही अपने हाथ में एक तलवार लिए दिखाया गया है, जो भावपूर्ण और भक्तिपूर्ण वैष्णववाद में एक उल्लेखनीय विशेषता है। वो उल्लेख करते हैं कि तिरुमंगाई चोला सेना के सेनापति थे! *नालायिरप्रबंधम* के प्रति उनका योगदान सभी अलवारों की अपेक्षा सबसे बड़ा है।[26]

विशुद्ध साहित्यिक, धार्मिक–दार्शनिक अथवा धर्मनिरपेक्ष तमिल साहित्य के प्रारंभिक विकास से सम्बन्धित यह कथन किसी को भी इस अभ्युत्थान की शक्ति एवं मात्रा सम्बन्धी विचार प्रदान करने हेतु पर्याप्त है। इसका प्रारंभ अवश्य ही ब्राह्मणों अथवा संस्कृत भाषा में भारतीय–आर्यों की सांस्कृतिक विरासत को साथ लाने वाले उन लोगों के प्रथम आगमन की तीन अथवा चार शताब्दियों के अंदर हुआ होना चाहिए जो एकांत की तलाश कर रहे थे अथवा अपने विचारों का प्रसार करना चाहते थे, और जो मोहक पहाड़ों से जड़ी कावेरी की जलसिंचित भूमि की सुंदरता और शुद्धता से प्रलोभित हो चुके थे।

अगले चरण में, भारतीय–आर्य विरासत का अनुवादों और संभवतः अनुकूलनों के द्वारा स्थानीय भाषातंरण हो चुका था। 10वीं शताब्दी के प्रारंभ का एक शिलालेख *महाभारत* के तमिल में अनुवाद का उल्लेख पांड्या राजाओं की उपलब्धियों के बीच करता है।[27]

मुझे प्रतीत होता है कि प्रारंभ में बेचैन करने वाली स्थिति के रूप में उल्लिखित गतिविधि अगला चरण है। यह आगत हस्तातंरण एवं उग्र तमिलवाद का सूचक है। *कम्बन रामायन* के अधिक्रमण में *रामायन* का गैर– अथवा वाल्मीकि विरोधी संस्करण, जिसमें रावण की दक्षिण के द्रविड़ रूपी तस्वीर प्रस्तुत की गई है, को ''शास्त्रीय सांस्कृतिक महाकाव्यों को धूल में मिलाने और पुनर्रचित करने सम्बन्धी सर्वाधिक महत्वपूर्ण सांस्कृतिक गतिविधियों में से एक'' होना घोषित किया गया है।[28]

ऐसा इसी अभ्युत्थान की सुरक्षा में हुआ है कि 1952 में *तमिल कल्चर* नामक पत्रिका का प्रकाशन प्रारंभ किया गया। ऊपर वर्णित गतिविधि की तमिलवाद के एक तीसरे और उग्र चरण के रूप में की गई व्याख्या की पुष्टि 1955 में इस पत्रिका के तमिल अंतर्राष्ट्रीय अकादमी के एक अंग के रूप में परिवर्तित करने के द्वारा होती है। अजीब संयोग है किन्तु इस संदर्भ में नोट करने योग्य है 25 वर्षों से भी अधिक समय से सफलतापूर्वक प्रकाशित हो रही *इंडियन कल्चर* नामक पत्रिका को *तमिल* कल्चर पत्रिका के प्रकाशन के प्रारंभ होने के लगभग साथ–साथ बंद किया जाना!

तमिलनाडु में ब्राह्मणों के आप्रवासी जत्थों के पास मात्र एक संक्षिप्त अवधि उपलब्ध थी जिसमें वो अपने संस्कृत के ज्ञान के द्वारा स्वयं की छाप छोड़ सकें और भारतीय–आर्य प्रतिष्ठा को स्थापित कर सकें। ऐसा ही एक जत्था 13वीं शताब्दी के अंत में आया था जिसका उल्लेख पहले ही एक शिलालेख में किया जा चुका है। तमिल भाषा में भक्ति और वीररस साहित्य ने इस क्षेत्र में संस्कृत साहित्य को पहले आवश्यकता से अधिक बना दिया और फिर इसे स्थानीय देशभक्ति एवं स्वदेशी उपयोग के माध्यम के लिए अबोधगम्य तथा अस्वीकृत के रूप में नापसंद कर दिया गया। इस अभ्युत्थान में अंतर्निहित ब्राह्मण–विरोधी और भारतीय–आर्य–विरोधी प्रवृत्ति को इस तथ्य से भी समझा जा सकता है कि न केवल सर्वाधिक महत्वपूर्ण धार्मिक–दार्शनिकों की एक बड़ी संख्या बल्कि भावना–उत्तेजक भक्तों एवं साहित्यकारों की बड़ी संख्या वेल्लालाओं और यहाँ तक कि पराइयनों की भी थी।

रामानुज की संस्कृत माध्यम सम्बन्धी साहित्यिक गतिविधि के परिणाम ने शायद इस तमिलवादी अभ्युत्थान में कुछ मामूली संशोधन को प्रभावित किया और यद्यपि कि उनकी जीवनी को पिनबालगिया पेरूमल जियार द्वारा 13वीं शताब्दी में तमिल में लिखा गया था, तथापि 14वीं शताब्दी में ''श्रीरंगम के स्कूल के प्रधान'' द्वारा रामानुज के ''श्री–वैष्णव सिद्धांत का एक उत्कृष्ट सार'' प्रदान करने वाली पुस्तक *अर्थपंचका* ''संस्कृतकृत तमिल'' में लिखी गई थी। यह नोट करने योग्य है कि ये प्रधान थे पिल्लई लोकाचार्या, जो, जैसा कि उनके उपनाम से इंगित होता है, अवश्य ही एक वेल्लाला रहे होने चाहिए।[29]

तिन्नेवेली से प्राप्त 13वीं शताब्दी के दूसरे दशक के एक तमिल शिलालेख, जो राजा मारावर्मन सुन्दर–पांड्या प्रथम के द्वारा दिए गए अनुदान को दर्ज करता है, हमें एक ऐसे वातावरण में ले जाता है जो वेदों का अधिक्रमण करने के साथ–साथ संस्कृत ज्ञान के ग्रहण की आगामी घटना का पूर्वाभास प्रदान करता है। एक राजा विशेष एवं उसके परिवार के प्रारंभिक स्तुतिपरक विवरणों में हम पढ़ते हैं: ''....विशाल महासागर से घिरी हुई पृथ्वी पर पुण्य प्रचुर मात्रा में बढ़ रहा है; कलि (युग) को दूर भगाते हुए (सभी दिशाओं में) धर्म ध्वजा फहरा रही है; विशाल पृथ्वी (उनके) अकेले छत्र की छाया के नीचे शीतल होती जा रही है; तमिल के तीनों प्रकार (*इयाल, इसाई* एवं *नागम*) व्यवस्था में

जगमगा रहे हैं; (विद्यार्थियों द्वारा) चारों प्रकार के वेदों का अध्ययन किया जा रहा है और वे साथ–साथ विकसित हो रहे हैं; पाँच प्रकार की बलियाँ (स्थापित) परंपराओं के अनुसार संपन्न की जा रही हैं; छह प्रकार की आस्थाएं (भैरव, बामा, कलामुखा, माविरादा (?) एवं शैव) भली–भांति प्रतिपादित की जा रही हैं; सात प्रकार के संगीत का प्रसार (*पडाल*) *इयाल* के साथ हो रहा है....'' इस राजा को मनु, जो कि ओस की बूँदों से सज्जित कमल के फूल पर रहने वाले ब्रह्मा के द्वारा अस्तित्व में लाए गए थे, के मार्ग को और प्रशस्त करने हेतु मुकुट धारण करवाया गया था''[30] (*Ep. Ind.* XII, पृष्ठ 40–2, 50–51)।

तमिल के इस अभ्युत्थान का महत्वपूर्ण रूप से विरोधी रहा है दो उत्तरी द्रविड़ क्षेत्रों, आंध्र–प्रदेश एवं मैसूर (कर्नाटक) का व्यवहार–प्रतिमान। यहाँ तक कि 15वीं एवं 16वीं शताब्दी जैसे बाद के समय में भी स्थानीय अथवा क्षेत्रीय भाषाओं, जैसे, तेलुगु और कन्नड़, जब कभी भी शिलालेखों में प्रयुक्त की गई हैं, को एक क्षमाप्रार्थी स्वर में 'देशभाषा', अर्थात् क्षेत्रीय भाषा के रूप में विनिर्दिष्ट किया गया है। अतः, गुंटूर जिले के रेड्डी लोगों के एक अभिलेख, जो 1413 ईसवी का है और जो आंशिक तौर पर संस्कृत एवं आंशिक तौर पर तेलुगु में लिखा गया है, अंत में संस्कृत में दर्ज करता हैः ''इस गाँव का सीमा–चिह्न (अब) क्षेत्रीय भाषा (देशभाषा) में लिखा जा रहा है।''

विजयनगर के एक राजा के द्वारा 16वीं शताब्दी में दिए गए और ''नंदीनागरी'' लिपि तथा कन्नड़ गद्य में लिखे गए एक अनुदान की समाप्ति भी इस कथन के साथ होती हैः ''इस *अग्रहरा* की सीमाएं शताब्दी की भाषा में लिखी गई हैं।''[31]

आगे यह और स्पष्ट किया जा सकता है कि चाहे दक्षिण भारत, अथवा उसके बजाए तमिलनाडु, ने मुरुगा[32] में सुब्रह्मण्या अथवा स्कंदा अथवा कार्तिकेय, जो अयानार जैसे एक अन्य विशिष्ट देवता थे, के साथ पहचान स्थापित की हो अथवा नहीं, नाक्किरा देवा नामक ''एक प्रख्यात लेखक'', जिनके 6ठीं शताब्दी ईसवी के मध्य में रहे होने का विश्वास किया जाता है, ने पहले ही उनके सम्मान में एक कविता की रचना कर दी थी जिसका शीर्षक था *तिरुमुरुहत्तुपपदाई*।[33] 12वीं शताब्दी में 'प्रसिद्ध' *कंद पुराणम* के रूप में *स्कंदपुराण* का अनुवाद काँजीवरम के काँची–अप्पार द्वारा तमिल कविता में किया गया था, जबकि अरुणागिरिनाथर ने *तिरु*–पुगाल शीर्षक से सुब्रह्मण्या देवता पर तमिल में गीतों की एक श्रृंखला की रचना की थी।[34]

यह नोट करने योग्य है कि यद्यपि देवता को आमतौर पर उत्तर भारत में उनके पूर्व–चरित्र के अंतर्गत स्कंद, कुमारा, कार्तिकेय अथवा महासेना के नाम से संदर्भित किया गया है, और उन्हें दक्षिण के इक्ष्वाकु राजवंश के द्वारा स्वामी महासेना[35] नाम से अपने रक्षक के रूप में अपना लिया गया था, तथापि उत्तर भारत में उनके प्रभावहीन होने के बाद तमिलनाडु में उनका उल्लेख सुब्रह्मण्या, शणमुखम, मुरुगन, वेलायुधान अथवा वेलान्दी के रूप में किया गया है। यह तमिलनाडु और उत्तर भारत के बीच के विरोध को स्वयं ही स्पष्ट करता है। स्वामी महासेना और ब्राह्मण्यादेवा जैसे नाम 15वीं शताब्दी ईसवी के पहले चतुर्थांश के उत्तर भारत के गुप्तकाल के शिलालेखों में प्रकट होते हैं,[36] जिसमें से बाद वाला नाम उत्तर भारत के अभिलेखों में पहली और आखिरी बार भी प्रकट हुआ है। यह एक संयोगमात्र हो सकता है कि महान शैव संत अप्पार, जो, जैसा कि पहले ही स्पष्ट किया जा चुका है, जाति से एक वेल्लाला थे, ने कदम्ब युवक, अर्थात्, सुब्रह्मण्या के पिता के रूप में शिव की चर्चा अपने भजनों में की है।[37]

अपनी पुस्तक *गॉड्स एंड मेन* (पृष्ठ 82–89) में मैं दक्षिण भारत के देवताओं के महत्व पर सविस्तार चर्चा कर चुका हूँ। यहाँ मैं इस विषय से सम्बन्धित एक जटिल और सर्वाधिक प्रासंगिक विशेषता का उल्लेख करूँगा। तमिलनाडु में इस देवता के साथ जुड़ा विशिष्ट पूजन ''कवाडी'' के नाम से जाना जाता है, और यह पल्लियों और कल्लनों के बीच सर्वाधिक पसंद किया जाता है। जैसा कि बाद में देखेंगे, कइकोलान लोग अपनी उत्पत्ति को स्कंद से जोड़ते हैं क्योंकि उनका मानना है कि वे स्कंद के पद्मासुर के साथ हुए युद्ध में उनके सहायकों में से एक के वंशज हैं। एकबार फिर से यह तमिल मिथक बना रहा है जिसने तात्कालिक तौर पर उस राक्षस को उत्पन्न कर दिया जिसके साथ स्कंद के लड़ने और फिर उसे मार देने का विश्वास किया जाता है। कइकोलान के वर्णन में वह पद्मासुर है, उत्तर भारत की मानक परंपरा में कालिदास के द्वारा अपने *कुमारसंभव* में इतनी सुंदरतापूर्वक प्रदर्शित किया गया है, जिसका नाम ताड़कासुर है। एक अन्य तमिल वर्णन, जो उसे ''विशेषतौर पर

कौरवों के द्वारा महान पूजन करने वाले'' ईश्वर के रूप में प्रस्तुत करता है, को के.के. पिल्लई[38] द्वारा सूरन नामक राक्षस कहकर विभूषित किया गया है।

सुब्रह्मण्या की छठी आंध्र प्रदेश तथा तमिलनाडु दोनों में ही एक नियमित त्यौहार है। परंतु आंध्र प्रदेश में सुब्रह्मण्या सर्पदेवता हैं और उनकी छठी पर महिलाएं अपने बच्चों के लिए मंदिरों में उन्हें चाँदी के छत्र चढ़ाती हैं। तमिलनाडु का त्यौहार कहीं अधिक वैभवशाली प्रतीत होता है।[39] हमें सूचित किया गया है कि दक्षिण आरकोट जिले के एक गाँव में यह 10 दिनों तक जारी रहता है, जबकि मरियम्मा में यह तीन दिन मनाया जाता है और अयानार में मात्र एक दिन।[40]

यह लगभग 25 वर्षों पूर्व एम.एन. श्रीनिवास द्वारा सुब्रह्मण्या की या तो लोकगीतों के माध्यम से की गई प्रशंसा अथवा उनकी पूजा के विशिष्ट संदर्भ पर टिप्पणी करते हुए किए गए इस अवलोकन को उचित ठहराता है कि ''सुब्रह्मण्या तमिल लोगों के देवताओं में से यदि सर्वाधिक लोकप्रिय नहीं हैं तो भी उनमें से एक हैं''।[41]

एम.एन. श्रीनिवास ने बम्बई विश्वविद्यालय के समाजविज्ञान विभाग में शोध सहायक के अपने कार्यकाल के दौरान तमिलों द्वारा मनाए जाने वाले त्यौहारों के कुछ अन्वेषण किए थे। इस पुस्तक में अन्य स्थानों पर उल्लिखित लोकगीत उसी रचना के एक भाग हैं। उस अन्वेषण की टिप्पणियों से मुझे ज्ञात हुआ है कि ''बहुत सारे गैर–ब्राह्मण लोग सुब्रह्मण्या के सम्मान में महीने में एक बार उस दिन उपवास रखते हैं जब *कृतिका* नक्षत्र चल रहा हो'' और यह कि ''*कृतिका* लगे रहने के दौरान पूरे महीने भर शाम के समय मिट्टी के दिए जलाए जाते हैं''।

नीलकंठ शास्त्री के अनुसार मुरुगन अथवा वेलन का पूजन प्राचीन युग से सम्बन्धित हो सकता है। उनका सोचना है कि आडिचनाल्लूर से मिली प्रागैतिहासिक खोजों में प्राप्त लौह ध्वजस्तंभों तथा ताँबे एवं लोहे के त्रिशूलों में चिड़ियों के शिकार का प्रदर्शन उनके दावों की पुष्टि करने हेतु पर्याप्त साक्ष्य हैं। आगे वह इन खोजों की तारीख का 1200 ईसापूर्व होना सुझाते हैं, जो सीरिया एवं साइप्रस (?) से प्रतीकात्मक रूप से समानान्तर हैं।[42] मैं इस तर्क से कदापि सहमत नहीं हूँ और अपने उपरोक्त कथन में मैंने इस प्रश्न को खुला रखा है। हालांकि, मैं संतुष्ट हूँ कि मुरुगन तमिल लोगों के एक पुराने देवता थे और कुछ विशेषताएं हैं जो सुब्रह्मण्या के साथ उनकी पहचान सुगम बनाती हैं। मुझे लगता है कि दोनों की पहचान बहुत पहले उसी समय स्थापित हो चुकी थी जब प्रारंभिक तमिल अभ्युत्थान अपने चरम पर था।

ऊपर मैंने सुब्रह्मण्यम के प्रति प्रशंसापूर्ण संदर्भ का उल्लेख किया है, जिसमें संत अप्पार द्वारा शिव को कदम्ब युवक के पिता के रूप में वर्णित किया गया है। जगदीश अय्यर[43] हमें बताते हैं कि ''*तिरुपुगाल*'' कहे जाने वाले प्रख्यात गीतों के लेखक अरुणगिरि ने सुब्रह्मण्या को अपना रक्षक देवता माना था और यह कि इन दोनों को ही तिरुवन्नामलाई (चिंगलेपुट जिले) मंदिर के पूर्व में मूर्तियों में प्रदर्शित किया गया है। उन्होंने एक पुरातात्विक सर्वेक्षण रिपोर्ट में अनुवादित एक शिलालेख से एक लंबे उद्धरण को उद्धृत किया है जो तमिलनाडु में सुब्रह्मण्या के असाधारण गुणगान का एक सुस्पष्ट प्राचीन प्रमाण है, और इसीलिए विस्तृत अध्ययन करने योग्य है। किन्तु, इस रचना और तर्क को बहुत भारी न बनाने हेतु यहाँ पर मैं इसमें प्रकट होने वाले एक कथन को उद्धृत करूँगा जो कि हमारे वर्तमान प्रयोजनों के लिए सर्वाधिक महत्वपूर्ण है। यह कहता है: ''.....*यज्ञ* (बलि) में जन्मे चंद्रमा (सुब्रह्मण्या), जिन्हें नारद ने पाला (संदीप्त किया) और जिन्होंने तिरिपुराकोडू का दहन किया, वो जिन्होंने अगस्त्य को शुद्ध शास्त्रीय तमिल, *अगमो* और छह अक्षरों के सत्य का ज्ञान दिया।''[44]

उपरोक्त संदर्भ में तमिल कहावत ''एक ब्राह्मण की तमिल और एक वेल्लाला की संस्कृत समान रूप से बुरी होती है''[45] जाति के दरार से उत्पन्न भाषाई मतभेद का स्पष्ट प्रमाण है। हमें यह कथन प्राप्त होता है; ब्राह्मण संस्कृत के बराबर है और वेल्लाला तमिल के, और निष्कर्ष यह है कि ब्राह्मण वेल्लाला का विरोधी है। अतः, ब्राह्मण और उत्तर, जहाँ से वह आया है, तमिलनाडु विरोधी हैं!

इस प्रकार, हम उन सभी तत्वों, जिनपर मैंने तमिलनाडु में सार्वजनिक व्यवहार के हाल के प्रतिमान के विश्लेषण के प्रारंभ में ही जोर दिया था, को अपरिपक्व पाते हैं। भारतीय–आर्य अगस्त्य को तमिलनाडु के लोगों के शिक्षक के रूप में दूसरे स्थान पर विस्थापित कर दिया गया है; क्योंकि उन्हें अपनी शिक्षा सुब्रह्मण्या से प्राप्त हुई थी

जो तमिल देवता मुरुगन के एक स्वरूप थे। विशुद्ध शास्त्रीय तमिल संस्कृति की एक महत्वपूर्ण भाषा है और यह भारतीय–आर्य संस्कृत का स्थान लेती है। तीसरे, अगमों, जिनमें से कुछ तमिल में हैं, के द्वारा इस विषय पर उत्तर भारतीय विचारों के किसी भी ऋण को अस्वीकार करते हुए तमिल शैववाद के स्त्रोत के रूप में प्रतिष्ठित किया गया है। चौथे, एक छह–अक्षरों वाले 'मंत्र', अर्थात् आराधना सूत्र, के तथ्य को सुब्रह्मण्या–विशिष्ट दर्ज करने के द्वारा देवता को उन हिन्दू देवालयों में मात्र दो सर्वोच्च ईश्वरों, शिव एवं विष्णु के समकक्ष रखा गया है जिनके पास ऐसे विशिष्ट सूत्र थे और हैं!

मेरी पुस्तक *गॉड्स एंड मेन* [46] में मैंने उत्तर भारत में स्कंद के पूजन तथा प्रभाव में कमी एवं दक्षिण भारत में स्कंदस्वामी की प्रगति की खोज की है और इस तथ्य को स्थापित किया है कि दोनों ही प्रक्रियाएं कमोबेश नजदीकी घटनाक्रम थे। इस प्रकार, स्कंद–पंथ उत्तर एवं दक्षिण के बीच के विरोध का प्रतीक है। और यदि मुरुगा का न केवल एक प्राचीन तमिल देवता होना बल्कि लगभग प्रागैतिहासिक होना सिद्ध कर दिया जाए तो यह प्रकरण तमिल पुनरुत्थान की पहली विजय के रूप में अलग से दिखाई देता है!

धार्मिक सेवा, चाहे वह अत्यधिक भावपूर्ण मंदिर–पूजन* की रही हो अथवा विभिन्न घरेलू अनुष्ठानों के समय पुजारी सम्बन्धी सेवाओं की, का विभाजन कर दिया गया है। अपने वैदिक अनुष्ठानों एवं संस्कृत सूत्रों के साथ ब्राह्मण अपने अखिल–भारतीय अभिजात्य होने की सर्वोच्च स्थिति को तमिलनाडु में लंबे समय के लिए स्थापित कर पाने और उसके द्वारा तमिल लोगों को भारतीय–आर्यों वाले उत्तर की ओर दृढ़तापूर्वक उन्मुख कर पाने में सफल नहीं रहा है।

ऐसा प्रतीत होता है कि ये चोला राजा राजराजा (985–1014 ईसवी) थे जिन्होंने तमिलनाडु के महान शैव संतों के तमिल भजनों *तेवाराम* के गायन को मंदिर पूजन के अनिवार्य भाग के रूप में लागू किया था।[47] और यह महानतम सम्राट राजेन्द्र चोला (1012–44 ईसवी) थे जिन्होंने उसके वैष्णव समरूपी *तिरुव्यामोझी* के गायन का प्रावधान किया था। अय्यर[48] स्पष्ट करते हैं कि इन दो तमिल भक्ति रचनाओं ने तमिल लोगों की निगाहों में *वेदों* की पवित्रता हासिल कर ली थी।

राजेन्द्र चोला ने तंजौर स्थित अपने महान मंदिर में *तिरुप्पादियम* के तमिल भजनों के दैनिक गायन के लिए 50 लोगों की एक गायक–मंडली का गठन कर दिया था जिनके साथ संगीत वाद्ययंत्र भी थे। इन गायकों के लिए स्वीकृत दैनिक पारश्रमिक 1038 ईसवी में एक दूसरे मंदिर में *स्त्रोतों* एवं *वेदों* के गायन हेतु नियुक्त चार ब्राह्मणों में से प्रत्येक की तुलना में दोगुना था। एक अन्य मंदिर में *तिरुव्यामोझी* के वैष्णव भजनों के गायकों को भुगतान किया जाने वाला दैनिक पारश्रमिक तंजौर मंदिर में तमिल शैव भजनों के गायकों को भुगतान करने वाले पारश्रमिक के समान ही था। 1054 ईसवी में शैवधर्म का प्रचार करने हेतु नियुक्त एक ब्राह्मण का पारश्रमिक धान के 76 *कलाम* प्रतिवर्ष मात्र था और इतना ही भुगतान तंजौर मंदिर के कनिष्ठ खातालेखक को दिया जाता था। किसी मंदिर के प्रधान पुजारी, अर्थात्, *नाम्बी* को प्रतिदिन दो *कुर्मियाँ* और प्रतिवर्ष 16 *कलाम* धान प्राप्त होते थे। ऊपर उल्लिखित तंजौर गायक–मंडली के एक सदस्य का दैनिक पारश्रमिक धान की तीन *कुर्मियाँ* प्रतिदिन था। राजेन्द्र चोला के शासन के प्रारंभिक समय, जब स्वदेशी तमिल अभ्युत्थान तेजी पकड़ रहा था, में किसी ब्राह्मण की सेवाओं के सापेक्षिक मूल्यांकन का आगे का निर्धारण इस तथ्य से किया जा सकता है कि 1018 ईसवी में एक ब्राह्मण रसोईये की मजदूरी उतनी ही होती थी जितनी कि एक लकड़हारे की।[49]

पूजनकर्ताओं के रूप में वैदिक ब्राह्मणों की सेवाओं का धन के अर्थों में किया गया मूल्यांकन जे.एन. फर्खुहार[50] को या तो स्पष्टतः ज्ञात नहीं था अथवा उन्होंने इसकी उपेक्षा कर दी थी जब 45 वर्षों से भी अधिक समय पूर्व उन्होंने "द्रविड़ संगीत में आरंभ करने" हेतू *तेवाराम* अथवा *थेवाराम* को प्रस्तुत करने के सम्बन्ध में लिखा था कि इसे "पुजारी सेवकों से पूर्णतः भिन्न एक विशिष्ट गायक–मंडली द्वारा गाया जाता था, जिन्होंने प्राचीन संस्कृत पूजन

---

* मंदिर अनुष्ठान तथा इसकी प्रभावशाली एवं परिणामी भावनात्मक प्रकृति के लिए मेरी *रिलिजियस कॉन्शसनेश*, 1965 का अवलोकन करें।

पद्धति से छेड़छाड़ किए बिना पूजा में एक नई रुचि और भव्यता प्रदान कर दी थी''। भले ही प्राचीन संस्कृत पूजन–पद्धति से छेड़छाड़ नहीं की गई और मंदिर पूजन की भव्यता में एक ताजा रुचि जुड़ चुकी थी, तथापि नियुक्त किए गए सेवकों की सापेक्षिक संख्या तथा उनके सापेक्षिक पारश्रमिक दोनों से ही यह निष्कर्ष निकाला जाना होगा कि भक्तिपूर्ण तमिल भजनात्मक पूजन का मूल्य वैदिक अनुष्ठानों से अधिक हो चुका था, जिसे, यदि पूरी तरह से कूड़े के ढेर में नहीं भी फेंका गया तो भी पृष्ठभूमि में ढकेल दिए जाने की मंशा थी। इस विचार को एक वैष्णव मंदिर के एक शिलालेख में आगे और समर्थन प्राप्त होता है जिसमें यह उल्लेख है कि उस मंदिर में वेदों का ज्ञान रखने वाले ब्राह्मण की नियुक्ति मात्र तभी की जाती थी जब मंदिर पूजन (*कोयिलनाम्बू*) की वैष्णव पद्धति का जानकार कोई व्यक्ति उपलब्ध नहीं होता था।[51] हमें सूचित किया गया है कि हाल के तथा समकालीन अभ्यासों में शैव मंदिरों के ब्राह्मण वैदिक ऋचाओं अथवा श्लोकों का उच्चारण करते हैं जबकि पंडाराम कहे जाने वाले अन्य लोग थेवाराम का गायन करते है।[52]

उपर्युक्त सार्वजनिक गतिविधियों के प्रतिमानों के कुछ पहलुओं को स्पष्ट करते हुए 18 मई, 1953 के *टाइम्स ऑफ इंडिया* में इसके समाचार–सेवाकर्मियों के सूचनाप्रद मद्रास संवादपत्र का प्रारंभ इस कथन के साथ होता है: ''तमिल के पक्षधरों ने धार्मिक 'मठों' के प्रमुखों में 'शक्तिशाली मित्र' हासिल कर लिए हैं जो गत सप्ताह एक प्रतिशोध के साथ भाषा के झगड़े में कूद गए हैं। अब पुजारियों ने इस दो–महीने पुराने विवाद, जो अभी तक शुद्ध *बनाम* भ्रष्ट तमिल पर जारी वाक्‌युद्ध तक ही सीमित था, को एक 'पवित्र' मोड़ दे दिया है।'' जैसा कि लेखक इसे व्यक्त करता है, धार्मिक प्रमुख ''अबोधगम्य संस्कृत की 'बेसिरपैर की बातों', जो उनपर बरसाई जा रही हैं, अर्थात्, *अर्चना* (*पूजा के दौरान गायन*) का नाम से 'ईश्वर' प्रदान करने के लिए आगे आ चुके हैं। इन मठों में से एक, कुनराकुडी, के प्रमुख ने ''*इन हठी आर्य सनातनियों* को तमिलनाडु में मूर्तिभंजन और अधार्मिकता के लिए उत्तरदायी ठहराया है''। उन्होंने आगे दावा किया कि यदि *पुजारी* अपनी श्रेष्ठता मनोग्रंथि को त्याग दें और *औसत भक्त द्वारा समझी जाने वाली किसी भाषा में अर्चनाएं* (पूजा की अनुष्ठानिक पद्धति) संपन्न करें तो राज्य में किसी प्रकार का ईश्वर–विरोधी प्रदर्शन नहीं होगा.....।'' इस पर अति–सम्मानित *अहोबिला मठ* के प्रमुख ने *पुजारियों* तथा *अर्चकों* के पक्ष में अपने आधिकारिक निर्णय की घोषणा की और उस 'मठ' के प्रमुख के तर्क की निंदा की जिसने उन्हें पूजा के लिए संस्कृत ग्रंथों के पाठ को जारी रखने हेतु दुर्वचन कहे थे। तब *अर्चक* लोग स्वयं एक सम्मेलन में एकत्रित हुए और उन्होंने ''मंदिर के मामलों में *कुनराकुडी, आदिगालार* (प्रमुख) के हस्तक्षेप के विरोध में जोरदार विरोध–प्रदर्शन किया'' और उनके प्रचार को 'निन्दनीय' एवं 'विभाजनकारी' घोषित कर दिया।[53] और कम–से–कम उस समय के लिए तूफान थम गया!

ऊपर मैंने संगमकाल के तिरुवल्लुवन नामक ''व्यापक तौर पर लोकप्रिय कवि'' का उल्लेख किया है और उनकी जाति वल्लुवन निर्धारित की है। तिरुवल्लुवन की उपलब्धि तथा आमतौर पर करने वाले इस विश्वास, कि ये लोग काँची के पल्लव राजवंश के पुजारी थे, से यह तर्क करने योग्य है ये वल्लुवन लोग, जो प्राचीनकाल से ही अनुष्ठानिक कार्यवाहियों में अत्यधिक बुद्धिमान और चतुर थे, पराइयनों और पल्लनों के पुजारी रह चुके हैं। ये दोनों ही तमिलनाडु की सबसे बड़ी अछूत जातियाँ रहीं हैं। और सर एथेलस्टैन बैंस[54] ने 50 वर्षों से भी पहले हमें बताया था कि ''ऐसा अनुमान लगाया गया है कि जब ब्राह्मणों को द्रविड़ क्षेत्र में प्रवेश का मार्ग प्राप्त हुआ तो उन्होंने इस जाति के पुरोहिताई सम्बन्धी कामकाज का अधिक्रमण कर लिया था''। उन्होंने दक्षिण तथा भारत के अन्य भागों के बीच एक चिह्नित विरोध का चित्रण किया जब उन्होंने पाया कि ''अशुद्ध जातियाँ, और, द्रविड़ देश में, अनेकों निम्न कृषक जातियाँ, अपने जातीय स्वजनों को ही मंदिर के पुरोहिताई कार्यों के लिए नियुक्त करती हैं, *जबकि कुछ जातियाँ, न केवल अपनी ही जातियों के लिए बल्कि अपने समान अथवा कुछ श्रेष्ठतर श्रेणी की जातियों के लिए भी कार्य करती हैं''।** बैंस की ''कुछ जातियों'' में वेल्लाला शामिल हैं, जो तमिलनाडु की रीढ़

* तिरछे अक्षर मेरे हैं।

की हड्डी हैं, जो संख्या में तो दूसरी सबसे बड़ी जाति है लेकिन अपनी आध्यात्मिक श्रेष्ठता से ब्राह्मण को बाहर करने के लिए करने वाले संगठित प्रयासों के दृष्टिकोण से पहले नम्बर पर है।

यह नोट करने योग्य है कि तंजौर जिले में पाँच 'मठों', धार्मिक प्रशिक्षण संस्थानों तथा तपस्या केन्द्रों में से मात्र एक ब्राह्मण 'मठ', जो कुम्भाकोनम में शंकराचार्य का कामकोटि केन्द्र है, को छोड़कर सभी का स्वामित्व, संचालन एवं कामकाज शूद्रों के हाथों में है। शेष चार एवं तिन्नेवेल्ली का कम–से–कम एक वेल्लाला लोगों का प्रतीत होता है। तंजौर के चार 'मठों' को प्रतिवर्ष 3 लाख रूपए से अधिक की आमदनी होती थी और उनके पास तमिलनाडु में 35 से भी अधिक मंदिरों की संपत्तियों और उनके प्रबंधन पर नियंत्रण के अलावा 33,000 एकड़ से अधिक का भू–स्वामित्व भी था। धर्मापुरम स्थित प्रमुख 'मठ' की स्थापना लगभग 350 वर्ष पहले की गई गई थी। वास्तव में, इसकी स्थापना और पहले की गई हो सकती है जैसा कि ज्ञात है कि इस केन्द्र के द्वारा बनारस में प्रारंभ किया गया एक अनुजात–संस्थान 1580 ईसवी में मौजूद था। इन 'मठों' के नियंत्रण के अधीन मंदिरों के कार्यवाहक पुजारियों, जो निश्चित रूप से वेल्लाला अथवा पंडाराम होते हैं, की नियुक्ति उन लोगों में से की जाती है जिन्हें धर्मापुरम के 'मठ' में दी गई शिक्षा के लिए प्रवेश प्राप्त हुआ होता है, और इसीलिए उनमें हिन्दू धर्म तथा नैतिक एवं आध्यात्मिक दर्शन के वेल्लाला संस्करण के प्रति निष्ठा होती है और वे उसके संदेश का प्रसार करने हेतु ऋणी अनुभव करते हैं। वेल्लाला समारोहों में कार्यवाहक सभी पुजारी तथा साथ ही निम्न जातियों के सभी पुजारी इन 'मठों' के पुजारियों के अधीनस्थ हैं।

दरार की संभावना अथवा संभाव्यता पर जोर देने के लिए यहाँ विशेषतौर पर मुझे वेल्लाला लोगों के नियंत्रण के अधीन एक विशिष्ट मंदिर का उल्लेख करना चाहिए। यह मंदिर तिरुवदामारुदुर में स्थित है जो कुम्बाकोनम से लगभग 6 मील की दूरी पर है। महत्वपूर्ण रूप से इसे मद्ययार्जुनम के नाम से जाना जाता है। जनवरी में होने वाले एक वार्षिक त्यौहार, जिसे 'पुष्यम' के नाम से जाना जाता है, पराइयन तीर्थयात्रियों की असाधारण रूप से एक बड़ी संख्या यहाँ दर्शन करती है। ''यहाँ पूर्वीय द्वार पर *चोला ब्रह्माहट्टी* कहे जाने वाली एक मूर्ति मौजूद है। और इस मूर्ति के बारे में प्रचलित कहानी अत्यन्त शिक्षाप्रद है क्योंकि यह ब्राह्मणों की पराजय एवं नपुंसकता की प्रत्यक्ष प्रतीक है। ऐसा कहा जाता है कि एक चोला राजा ने एक ब्राह्मण की हत्या कर दी थी और पाप, जो *ब्रह्माहट्टी* अर्थात् 'हत्या' के रूप में मूर्त रूप में प्रकट हुआ, उसके मंदिर से बाहर आने की प्रतीक्षा में खड़ा रहा ताकि इस हत्या का बदला लिया जा सके। ऐसा विश्वास किया जाता है कि मंदिर के अंदर स्वयं शिव ने राजा को उसकी दुर्दशा से अवगत करवा दिया था और उसे पिछले दरवाजे से बाहर निकल जाने का परामर्श दिया था। राजा ने शिव के हितकारी परामर्श को मान लिया और *ब्रह्माहट्टी* उसी समय से वही प्रतीक्षारत् खड़ा है।[55]

धार्मिक मामलों में ब्राह्मणों की श्रेष्ठता को उखाड़ फेंकने के उद्देश्य से वेल्लाला अभ्युत्थान की गहनता का अंदाजा कुम्बाकोनम के शंकराचार्य के महान कामकोटि 'मठ' के द्वारा प्रस्तुत विरोधों से लगाया जा सकता है, जिसकी परंपराओं की नींव मूल रूप से काँजीवरम में स्वयं शंकराचार्य के द्वारा रखी गई थी (अय्यर, पृष्ठ 333)। कुम्बाकोनम 'मठ', जो मात्र तीन मंदिरों के प्रबंधकों की नियुक्ति करता है, के पास मात्र 14,000 रुपयों की आमदनी थी।[56]

तमिल अभ्युत्थान की प्रवृत्ति उत्तर के धार्मिक महत्व को कमजोर कर देने की थी। काँची = नई वाराणसी जैसे समीकरणों के बीच हमें तंजौर जिले में तिरुवाडी के बारे में किए गए दावों के समान श्रेष्ठता सम्बन्धी कुछ दावे प्राप्त होते हैं। तिरुवाडी के सम्बन्ध में एक कहावत है कि ''यह बनारस से 16 गुना अधिक पवित्र है''। और एक कहानी भी कही जाती है कि किस प्रकार से अपने पिता की अस्थियों को गंगा में विसर्जित करने हेतु वाराणसी की यात्रा पर गए हुए एक ब्राह्मण को पता लगा कि तिरुवाडी वाराणसी की तुलना में अधिक पवित्र था। कहा जाता है कि इस जानकारी के बाद ब्राह्मण ने उन अस्थियों को तिरुवाडी में कावेरी नदी में प्रवाहित कर दिया था।[57]

तमिल में एइनजानदीदेवा (पी.वी. जगदीश अय्यर, पृष्ठ 314) के नाम से ज्ञात उत्तरी–उन्मुखीकरण का विरोध, संस्कृत भाषा के प्रति वैमनस्य, ब्राह्मणों के प्रति शत्रुता तथा ब्राह्मण पंचसमुदाय के कुछ हिन्दू देवताओं के प्रति उदासीनता आदि को एक नई प्रवृत्ति के बजाए तमिलनाडु की सामाजिक विरासत में एक तत्व के रूप में देखा जाता है। जैसा इस मनोग्रंथि के द्वारा तमिलनाडु में 1000 वर्ष पहले से, बल्कि उत्तर भारत से संस्कृत भाषा में अपनी

भारतीय आर्य संस्कृति को लेकर आने वाले ब्राह्मणों के एक बहुत छोटी संख्या में हुए आगमन के अतिसंभावित रूप से 5 अथवा 6 शताब्दियों के अंदर का दृश्य बनाते हुए अपनी मौजूदगी को प्रदर्शित किया गया है, हो सकता है कि यह एक गुजरती हुई सनक न सिद्ध हो सके। तमिलनाडु के उपरोक्त सामाजिक–सांस्कृतिक इतिहास में हमारे द्वारा की गई ताक–झांक के साथ मिलाकर किया गया जाति व्यवस्था का एक विश्लेषण हमें यह निर्णय करने में सहायक होगा कि क्या गत 15 वर्षों की सार्वजनिक गतिविधि के तमिलनाडु प्रतिमान का उपरोक्त मूल्यांकन एक काल्पनिक भय मात्र है अथवा एक उचित संभाव्यता है।

1901 मे तमिलनाडु की इकलौती सबसे बड़ी जाति थी पल्ली, जिनकी संख्या लगभग 26 लाख थी। सर एथेलस्टैन बैंस के वर्गीकरण (पृष्ठ 148) में उन्हें खेतिहर–मजदूरों के बीच रखा गया है। और उन्हें पदाइयाचीस, अर्थात् पैदल सैनिक के नाम से जाना जाता है, और संभवतः वो इसी नाम से जाने जाना पसंद करते हैं। और उन्होंने स्वयं का वन्नियान, अर्थात्, अग्निकुल के क्षत्रिय होने का दावा किया है। 1903 में दक्षिण आरकोट में 34 गाँवों से आए जातीय प्रतिनिधियों ने एक समय पर दो से अधिक पत्नियाँ न रखने के लिए तथा किसी महिला को उसके पहले पति के जीवित रहते पुनर्विवाह करने की अनुमति न देने के लिए स्वयं को लिखित रूप से प्रतिबद्ध किया था।[58] गाफ[59] उन्हें तंजौर जिले के एक गाँव कुम्बापेट्टाई में बँटाई कृषक के रूप में वर्णित करती हैं। 1901 में, उनकी 80 प्रतिशत आबादी दक्षिण आरकोट, सालेम, उत्तरी आरकोट, चिगलेपुट एवं तंजौर के पाँच जिलों में संकेन्द्रित थी। प्रतिशत आधारित संकेन्द्रण के अनुसार घटते हुए क्रम में वे दक्षिण आरकोट में 28.5 प्रतिशत तथा तंजौर में 9 प्रतिशत थे। बैंस के अनुसार, "पल्लवों के अधीन कभी वो एक प्रभुत्वशाली जनजाति होते थे, किन्तु वेल्लालाओं के उनके देश में प्रवेश करने के साथ ही वे खेतिहर दास बनकर रह गए"। पवित्र जनेऊ धारण करना उनके पुजारी और किसान दोनों होने के बीच टकराव उत्पन्न करता है।[60] वेल्लोर में, अनेकों पल्ली लोगों ने मुदलियार[61] उपाधि को अपना लिया है जो वेल्लालाओं के सर्वोच्च वर्ग की विशिष्ट उपाधि है।

वेल्लाला, जो पल्लियों के स्वामी माने जाते हैं, को बैंस की व्यवस्था में किसान के रूप में वर्गीकृत किया गया है। लगभग 24 लाख सदस्यों के साथ वे दूसरी सबसे बड़ी जाति थे। बैंस का मत है कि बहुत अधिक छितरे होने के कारण उन्हें एक जाति नहीं कहा जा सका था।[62] मैं सहमत नहीं हूँ; क्योंकि यदि राजपूतों को छोड़ भी दिया जाए तो भी उत्तर प्रदेश अथवा बिहार के अहीर को जाति कहा जा सकता है। 1901 में उत्तर प्रदेश में अहीरों की संख्या लगभग 38 लाख थी। मुझे ऐसा कोई कारण ज्ञात नहीं है जो वेल्लाला लोगों को जाति कहे जाने के विरुद्ध जाता हो। जो कुछ भी अधिकतम स्वीकार किया जा सकता है वह यह है कि चार प्रमुख भौगोलिक विभ. ाजन में से, कोयम्बटूर के चारों ओर स्थापित कोंगा विभाजन संभवतः एक पृथक जाति है, क्योंकि वे एक अलग नाम, जैसे, कावन्दन का उपयोग करते हैं। बैंस[63] के अनुसार 900 से अधिक उप–विभाजन, अर्थात्, उप–जातियों को जनगणना की गिनती में दर्ज किया गया था जिन्हें जाँच के बाद कम कर दिया गया। यह स्पष्ट किया जाना है कि कावन्दन उपाधि का उपयोग पहले पल्लियों के द्वारा भी किया जाता था,[64] एक ऐसी परिस्थिति है जिसे उपरोक्त स्वीकारोक्ति को समर्थन अवश्य प्रदान करना चाहिए। *सालेम डिस्ट्रिक्ट गजेटियर* (139) उस जिले में वेल्लालाओं के मात्र 10 प्रमुख, अधिकांशतः क्षेत्रीय, विभाजनों को ही दर्ज करता है। यह आगे बताता है कि इन 10 विभाजनों में से कोंगा वेल्लालाओं में 8 उप–समूह थे जो सभी क्षेत्रीय थे। गुस्ताव ओपर्ट[65] ने हमें आश्वस्त किया था कि पराइयनों की तरह ही वेल्लाला भी 18 "वर्गों" में विभाजित थे। संभवतः वास्तविक उप–जातियाँ, जो सगोत्रीय इकाईयाँ हैं, 150 (18×8 = 144) से अधिक नहीं हैं। किन्तु यदि हम 400 उप–जातियों का होना मान भी लें तो एक वेल्लाला उप–जाति लगभग 6,000 व्यक्तियों तक की हो जाएगी। मात्र 150 उप–जातियों के साथ कोई भी उप–जातीय इकाई, औसतन, 16,000 की संख्या शक्ति वाली हो जाएगी।

डिस्ट्रिक्ट गजेटियर ऑफ तिन्नेवेल्ली (पृष्ठ 137–39) के लेखक एच.आर. पाटे के अनुसार वेल्लालाओं के बीच तीन मुख्य विभाजन हैं: (1) टोंडा मन्डाला वर्ग, जो मुदलियार उपाधि का उपयोग करते हुए मुदलियार नाम से जाना जाता है, और जो स्वयं को वेल्लालाओं का सर्वोच्च वर्ग मानता है; (2) कराईकट्टार अथवा पांड्या वेल्लाला पिल्लई उपाधि धारण करते हैं; और (3) पिल्लईमर वेल्लाला, जो आगे दो वर्गों में विभाजित हैं, जो न तो परस्पर विवाह

करते हैं और न ही एक–दूसरे के साथ भोजन ग्रहण करते हैं। बैंस हमें सूचित करते हैं कि टोंडामंडलम विभाजन 8वीं शताब्दी ईसवी में प्राचीन पल्लव राजधानी क्षेत्र में बस गया था और यह कि यह ''प्रथाओं एवं धर्म के मामले में कट्टर ब्राह्मणवादी'' है। हालांकि, अपनी *मद्रास सेंसस रिपोर्ट ऑफ 1901* में डब्ल्यू. फ्रांसिस चार मुख्य विभाजनों को दर्ज करते हैं। चौथा विभाजन कोंगू देश, जिसमें कोयम्बटूर एवं सालेम जिले शामिल हैं, के कोंगा वेल्लाला हैं। उन्हें कावन्दन के नाम से जाना जाता है और जैसा कि ऊपर उल्लेख किया जा चुका है, प्रायः एक अलग जाति के रूप में सम्बोधित नहीं किया जाता। पाटे के विवरण का तीसरा विभाजन, पिल्लईमार, अपने सोलिया (सोझिया) अथवा फ्रांसिस के विवरण में चोला देश के क्षेत्रीय पदनाम से समुचित रूप से प्रकट होता है। इनका संकेन्द्रण तंजौर और त्रिचनापल्ली जिलों में है।[66]

वेल्लाला लोग नियमित रूप से अपनी कन्याओं का विवाह रजस्वला होने के बाद ही करते हैं, यद्यपि सामाजिक पदानुक्रम में उनका स्थान ब्राह्मणों के ठीक बाद है। उनमें से अनेकों अपने घरों में दैनिक 'पूजा' करते हैं, 'रुद्राक्ष' की माला पहनते हैं, और जैसा पाटे हमें आश्वस्त करते हैं, ''*देवाराम* का अध्ययन करते हैं'', जो 8वीं शताब्दी ईसवी के पहले महान नायनार अथवा शैव संतों द्वारा रचित तमिल भजन हैं।

बहुत पहले 1866 में तिन्नेवेल्ली के कलेक्टर का कार्यालय वेल्लालाओं से भरा पड़ा था और कार्यालय के नए पदाधिकारी, श्री पकल ने ''ब्राह्मणों के पक्ष में उनके अन्य जिलों में स्थानान्तरण के लिए आवेदन किया''। पाटे आगे अवलोकन करते हैं कि तिन्नेवेल्ली नगर के वेल्लाला स्थानीय ब्राह्मणों को ''हाल के अनाधिकृत प्रवेशकर्ताओं'' के रूप में देखते थे और उन्होंने न केवल स्थानीय निकायों, जैसे नगरपालिका परिषदों, कालेज समितियों एवं मंदिर प्रबंधन परिषदों के चुनावों में बल्कि धार्मिक मामलों में भी उनसे प्रतिस्पर्धाएं कीं।

वेल्लाला पदाइयाचियों, जो स्वयं को क्षत्रिय मानते हैं, के हाथों से भोजन ग्रहण नहीं करते और न ही किसी ऐसे व्यापारी से भी जो किसी वैश्य को भोजन प्रदान करता है।[67]

एक सुविदित तमिल कहावत घोषणा करती है कि कल्लन, मारावन एवं अन्य लोग धीरे–धीरे वेल्लाला बन गए। ''यह समूह इस प्रकार से इसकी उपाधियों को अपनाने वाले और इससे सम्बन्धित होने का दावा करने वाले बाहरी लोगों के द्वारा बहुत बड़ा हो गया था।''[68]

विवाह विनियमन एवं सगोत्रीय इकाई की व्यवहारिक सीमा के सम्बन्ध में एच.आर. पाटे उपरोक्त तीन विभाजनों में से एक के सम्बन्ध में अवलोकन करते हैं[69]: ''हालांकि, व्यवहार में बातें बहुत अलग हैं। वधुओं से सम्बन्धित *मराई* विधि इस जाति में भी वही है जो अधिकांश अन्य जातियों में है, अर्थात्, किसी भी व्यक्ति को या तो अपनी बुआ अथवा मामा की पुत्री से ही विवाह करना चाहिए''। जब और जहाँ इस नियम का पालन संभव न हो, इसकी उपेक्षा की जा सकती है किन्तु इस प्रकार से प्रदान की गई स्वतंत्रता संपूर्ण नहीं होती; क्योंकि ''व्यवहार में परिवारों, जिनमें से चुनाव किया जा सकता है, का दायरा सदैव सीमित होता है। यह एक परिभाषित दायरा होता है और पीढ़ी–दर–पीढ़ी जारी रहता है। इन विशिष्ट समाजों की उत्पत्ति की खोज कर पाना अत्यधिक कठिन है। दो पक्षों के परिवार एक ही स्थान के अथवा एक–दूसरे से बहुत दूर के निवासी हो सकते हैं; कभी–कभी बंधन पेशे के समुदाय का होता है, कभी–कभी यह किसी साझा जन्म स्थान अथवा कोई साझा पूर्वज भी हो सकता है। यह कहना कठिन है कि इन विशिष्टताओं की संख्या में वृद्धि हो रही है अथवा नहीं; जो कुछ भी कहा जा सकता है वह यह है कि अंततः ये सगोत्रीय उप–विभाजनों की अंतहीनता का प्रतिनिधित्व करते हैं। निःसंदेह, पसंद के सीमित होने तथा अजनबी परिवारों के साथ सम्बन्धों के गठन पर अविश्वास करने के एक कारण की खोज इस तथ्य में की जानी है कि अन्य जातियों, जैसे शानन और कभी–कभी तो पराइयन भी पिल्लई नाम रख लेते हैं और समाज में स्वयं को वेल्लाला के रूप में सफल बनाने का प्रयास करते हैं।''

तमिलनाडु की अछूत जाति, पराइयन, जिन्हें गौमांस खाने के कारण एक दूसरी और कहीं छोटी अछूत जाति, पल्लन, तिरस्कृत करती है किन्तु जो उनका ही तिरस्कार करती है, की संख्या 22 लाख के लगभग है। जातियों के सामाजिक पदानुक्रम में उनकी स्थिति को इस परिस्थिति द्वारा परिभाषित किया गया है कि वे किसी ब्राह्मण के सामने पड़ जाने अथवा उसके समीप चले जाने पर उसे प्रदूषित कर देते थे, और यदि वे शूद्रों के घरों में प्रवेश

कर लें अथवा उनका स्पर्श कर लें तो समस्त शूद्र जाति प्रदूषित हो जाती थी। स्वाभाविक रूप से उन्हें मंदिरों में प्रवेश की अनुमति नहीं थी।[70] हालांकि, अपनी ओर से वो किसी ब्राह्मण को गाँव के अपने हिस्से में कदम नहीं रखने देंगे। इससे भी आगे जाते हुए उन्होंने कम्मालनों, वन्नियानों (पल्लियों) एवं नागारट्टू चेट्टियों से भोजन लेने से इंकार कर दिया।[71]

अपने बीच मात्र चार सगोत्रीय विभाजनों के साथ उनकी जाति को ''सुसंगठित'' के रूप में वर्णित किया जाता है। विवाह के समय वर एवं वधू ''ब्राह्मण–रीति अनुसार अपने वस्त्र के दोनों सिरों को पैरों के बीच से निकालने के बाद लपेटते हैं'' और वर पवित्र जनेऊ धारण करता है।[72] उनके विशिष्ट पुजारी, वल्लुवन, जिन्हें ज्योतिषशास्त्र के विद्वानों के रूप में जाना जाता है, तथा पल्लन लोग भी वैवाहिक अनुष्ठान के समय संस्कृत ग्रंथों का उच्चारण करते हुए उन्हें सेवा प्रदान करते हैं।[73]

उन्हें चाहे कितना भी नीचे श्रेणीबद्ध क्यों न किया गया हो, उनके पास एक विशिष्ट विशेषाधिकार है जो वर्ष में कम–से–कम एक बार उन्हें सबसे ऊपर उठाता प्रतीत होता है। गुस्ताव ओपर्ट (55, फुटनोट) ने बिशप कॉडवेल की *कंपरेटिव ग्रामर ऑफ द द्रविणियन लैंग्वेजेस* से एक गद्यांश उद्धृत किया है जो इसे 19वीं शताब्दी के तीसरे चतुर्थांश में भी प्रचलित एक प्रथा के रूप में प्रमाणित करता है। वार्षिक त्यौहार मे ''इगाट्टल, जो एकमात्र माँ, काली का एक स्वरूप, और मद्रास के काले शहर का रक्षक देवता है'', को जब संपूर्ण समुदाय की ओर से देवी के गले के चारों ओर *टली* को बाँधना होता था, तो यह एक पराइयन होता था जिसे हमेशा ही इस संस्कार के लिए देवी के वर के रूप में चुना जाता था।

पराइयनों तथा पल्लनों की जातियों ने जिस सामाजिक दमन का सामना किया वह उन्हें एक–दूसरे के नजदीक नहीं ला सका। और ऐसा इस तथ्य के बावजूद हुआ कि उनके पुजारी वल्लुवन थे जो इन जातियों की परस्पर घृणा को प्रमाणित करता है, जाति–व्यवस्था का एक सर्वाधिक कुशल अंतर्निमित तंत्र जो इसकी गतिविधियों एवं जीवन की रक्षा करता है।

बैंस[74] हमें बताते हैं कि पराइयन नाम 11वीं शताब्दी के तमिल शब्दकोष में नहीं प्रकट होता जहाँ हमें मात्र पुलायन प्राप्त होता है। 11वीं शताब्दी का एक शिलालेख ''संभवतः सर्वाधिक प्राचीन है जिसमें पराइयन नाम का उपयोग किया गया है।'' पराइयन की उप–जातियाँ ''जो अनेकों की संख्या में हैं, अधिक प्रतिष्ठित हस्तशिल्पों के सर्वाधिक अभ्यास को इंगित करती हैं।'' ''सर्वाधिक प्राचीन अभिलेखों में'' उनकी संताने एयिनान के रूप में प्रकट होती हैं जो यद्यपि ''गाँवों से बहिष्कृत थे'' तथापि उन्हें ''पर्वतीय किलों पर कब्जे तथा *शुक्त* काल के दस्यु की तर्ज पर भारी शक्तिशाली होने का श्रेय प्राप्त था।''

आकार में अगली और अछूतों में से एक जाति, पल्लन, जो स्वयं को पराइयनों और चक्किलियानों जैसी छोटी जाति दोनों से श्रेष्ठ होने के रूप में अभिमानित मानते हुए अन्य एवं बड़ी अछूत जाति, पराइयनों के विपरीत ब्राह्मण वंशों के साथ घनिष्ठ सम्बद्धता का दावा करती है, की संख्या 8.25 लाख थी। कल्लनों के समान ही वे दावा करते हैं कि वे इंद्र के वंशज हैं; और उनका एक वर्ग देवेंद्र पल्लन के नाम से जाना जाता है।[75] ''वे सदैव ही पराइयनों के साथ संघर्षरत् रहते हैं।''[76] तिन्नेवेल्ली तथा मदुरा जिले में उनकी संख्या क्रमशः 2.33 और 2.20 लाख थी। इन दोनों तथा तंजौर एवं त्रिचिनापोली जिलों में एकसाथ मिलाकर कुल 87.4 प्रतिशत पल्लन मौजूद थे। आधे से अधिक पल्लन उन जिलों में पाए जाते हैं जहाँ मारावन लोगों का संकेन्द्रण अधिक है, और शानारों का अत्यधिक! के. गाफ के निष्कर्ष के अनुसार इन जिलों में पल्लनों के लिए सिर्फ इस प्रकार की जीत हासिल करने के लिए छोटा अवसर यह रहा कि वे कुम्बारपेट्टाई में चिह्नित हो सके।[77] यह नोट करने योग्य है कि तिन्नेवेल्ली, जहाँ पल्लनों का सर्वाधिक संकेन्द्रण है, 2.33 लाख, वहीं पराइयन मात्र 94 हजार ही थे। तंजौर, एक ऐसा जिला जिसमें पराइयनों का तीसरा सबसे बड़ा 3.10 लाख का कोटा था, में 1.59 लाख पल्लन मौजूद थे। सालेम में, 32 हजार पल्लनों के विरुद्ध 1.85 लाख पराइयन मौजूद थे। इस प्रकार, जैसा कि बाद में दिए गए आँकड़ों से देखा जा सकेगा, एकमात्र जिला, जिसमें पल्लनों के पास अस्पृश्यता के दृष्टिकोण से अपने से हीन समझे जाने वाले लोगों पर स्वामित्व का संपूर्ण संतोष हो सकता था, में मारावनों और शानारों जैसे कट्टर विरोधियों का बड़ी संख्या

में मौजूद होना, जिनमें से मारावनों द्वारा स्वयं के प्रति पल्लनों की निष्ठा का दावा किया जाता था, पल्लनों की सामाजिक आत्मा को ढाँढस नहीं दे सका था!

इदाइयन अथवा कोनार, जैसे कि उन्हें अन्यथा कहा जाता है, और अब अधिकांशतः तमिलनाडु के पारंपरिक चरवाहे और पशु–पालक के रूप में ज्ञात हैं, 6.95 लाख से अधिक सदस्य होने के दावे के साथ पाँचवीं सबसे बड़ी जाति थे। वे स्वयं को उत्तर के कृष्ण पौराणिक कथाओं के यादव होने का दावा करते रहे हैं; और ऐसा प्रतीत होता है कि बाद में उन्हें याधवों के नाम से जाना जाने लगा है।[78]

पलनी में उनके पास एक भव्य 'मठ' है जो एक मठवासी संस्थान है।[79]

शानन, अथवा नादर, जैसा कि उन्हें आमतौर पर अधिक वर्णित किया जाता है, तमिलनाडु के परंपरागत ताड़ी निकालने वाले हैं। उनकी संख्या 6 लाख से कुछ अधिक थी। तिन्नेवेल्ली, मदुरा, तंजौर, कोयम्बटूर एवं सालेम के पाँच जिलों में उनकी 80 प्रतिशत आबादी की गणना की गई थी। यह विस्तार अनूठा प्रतीत होता है किन्तु इसे इस परंपरागत पेशे की प्रकृति द्वारा अवश्य ही स्पष्ट कर दिया जाना चाहिए, यद्यपि यह बहुत अजीब है कि दक्षिण आरकोट एवं चिंगलेपुट के तटीय जिलों में दोनों में से किसी की भी आबादी 35 हजार शानारों की भी नहीं रही है, जो कि पाँच जिलों में से किसी भी एक, जैसे तंजौर, में पाई गई सर्वाधिक कम संख्या है। ताड़ी निकालना तथा ताड़ी को ऐसे ही अथवा मदिरा के रूप में बेचने ने उनमें से कुछ लोगों को धनसंपन्न बना दिया है; और एक शताब्दी से भी अधिक समय से वे स्वयं के राजपूत मूल के होने का दावा प्रस्तुत करते रहे हैं।[80] 1891 से ही वे स्वयं को क्षत्रियों के रूप में वर्णित करते रहे हैं।[81]

बैंस, जो हमें सूचित करते हैं कि 10वीं शताब्दी के शिलालेखों में ताड़ी निकालने वाली जाति का नाम इलुवन है न कि शानन, आगे के दिलचस्प विवरण देने की कृपा करते हैं कि मैसूर के कदम्ब राजवंश के अधीन जाति के अनेकों सदस्यों को सेना में नौकरी मिली हुई थी और बाद में उन्हें भूमि पर 'एक अर्द्ध–सैनिक कृषक'' के रूप में बसा दिया जाता था। वह तमिल समाज में जाति की सामान्य स्थिति के ''निम्नतर खेतिहर–मजदूर जो सेवक वर्ग से ठीक ऊपर'' होने का उल्लेख करते हैं। वह आगे अवलोकन करते हैं, ''प्रतीत होता है कि पहले के वर्षों में शाननों, जैसे कि बुनकरों, पर गाँव की दृश्य सीमा के अंदर निवास करने पर प्रतिबंध था।''[82] *सेंसस रिपोर्ट ऑफ मद्रास, 1901* (पृष्ठ 128) के लेखन में एफ.डब्ल्यू. फ्रांसिस ने परोक्ष रूप से बैंस के अवलोकनों को सही माना है। 1895–1899 के शिवाकाशी के दंगों के सम्बन्ध में वह कहते हैः ''यहाँ तक कि समाज का निचला वर्ग अभी भी जातीय शिष्टाचार के बिन्दुओं पर कितने सशक्त तरीके से महसूस करता है यह इस तथ्य से पर्याप्त रूप से ज्ञात हो जाता है कि शानारों का मंदिर में सामाजिक प्रधानता में अपने से ऊपर स्थित लोगों के साथ समानता के एक उपाय का दावा हाल ही में *एक पूरे जिले में चर्चा का विषय बनने हेतु*'' पर्याप्त था। (तिरछे अक्षर मेरे हैं)

पाँच उप–विभाजन, जिन सभी को उत्पत्ति में क्षेत्रीय घोषित किया जा चुका है, दर्ज किए गए हैं। उनमें से एक अर्थात् मलन्द अथवा कारुक्कुमट्टाइयन सर्वाधिक संख्या वाला है और इसे सर्वोच्च स्वीकार किया जाता है। पाँचवें विभाजन, पुलुक्का शानन, का गठन जाति के घरेलू सेवकों के द्वारा किया गया है और अनेकों स्थानों पर उन्हें अन्य वर्गों के सदस्यों के साथ भोजन की अनुमति नहीं है। अन्य चार समूहों के बीच सहभोजन की अनुमति तो है किन्तु परस्पर विवाह की नहीं है।

गाँवों में, जहाँ कृषि तथा अभी भी ताड़ी निकालने के परंपरागत पेशों में संलिप्त दोनों ही वर्ग मौजूद हैं, वहाँ प्रत्येक वर्ग अपना निर्वाह स्वयं करता है, और कोई भी कृषक, जब तक भारी दहेज की लालच में न आ जाए, मुश्किल से ही ताड़ी निकालने वाली की कन्या से विवाह करता है।

''शाननों की लगभग प्रत्येक बस्ती में उनका खुद का अम्मन मंदिर'' उनके अपने नियंत्रण में है। तिरुचेन्दूर तालुका में कोरनगन्नी में महत्वपूर्ण अम्मन मंदिर ''जहाँ सभी वर्गों के हजारो लोग त्यौहारों पर एकत्रित होते हैं'', शाननों की संपत्ति है। यहाँ–वहाँ उनके पास शिव मंदिरों के स्वामित्व एवं नियंत्रण भी मौजूद हैं। शायद वे स्वयं ही 'पुजारी' का कार्य करते हैं। उनके नाई ''अनुष्ठानों के संग्राहक हैं जिनकी सहायता से वे विवाह कार्य संपन्न करते हैं। ब्राह्मणों को मुश्किल से ही बुलाया जाता है।''[83]

1961 के अन्वेषक ने तिरुनेलवेली (तिन्नेवेल्ली) जिले में पुडुकुलम गाँव, जिसकी जनसंख्या का संयोजन हमें कुल जनसंख्या में 34.4 प्रतिशत ईसाई नादरों, 8.2 प्रतिशत हिन्दू नादरों और 16.9 प्रतिशत मारावनों के शामिल होने की सूचना देता है (पृष्ठ 6, 13), के निर्धारित सर्वेक्षण के दौरान एक प्रेक्षण किया है जो तमिलनाडु में जाति व्यवस्था की विशेषताओं पर प्रकाश डालता है, और, यद्यपि यह बहुत अनूठा नहीं भी है, तो भी इसका एक उल्लेखनीय गुण अवश्य है। चूंकि यह प्रेक्षण एक देशभक्त भारतीय के द्वारा किया गया है और वह भी स्वतंत्रताप्राप्ति के लगभग 15 वर्षों के बाद, जब सामाजिक कल्याण एवं सामुदायिक विकास को शामिल करने वाली लगभग तीन पंचवर्षीय योजनाएं पूरी हो चुकी थीं, अतः, यह निरंतरता के आधार पर सामाजिक महत्व हासिल कर लेता है। वह कहते हैः ''विभिन्न जातियों के बीच की दरार नादर–मारावन सम्बन्धों में बहुत अधिक स्पष्ट है। दक्षिण भारतीय मारावनों एवं नादरों के संपूर्ण इतिहास में दोनों ने एक–दूसरे से ऐसी जबरदस्त घृणा की है जिसे कहीं दूसरी जगह नहीं देखा जा सकता।''

हमें बताया गया है कि शानारों ने पराइयनों और पल्लनों से मित्रता कर ली थी (पूर्वोक्त, पृष्ठ 103)। 1901 में तिन्नेवेल्ली जिले में शानारों की संख्या 2.94 लाख थी; पराइयन 94 हजार थे और पल्लन 2.33 लाख। इस प्रकार इन तीनों मित्र जातियों की कुल संख्या लगभग 6.21 लाख के आसपास थी। इसके विपरीत, मारवान, जो शानारों की तुलना में एक कहीं छोटी जाति है, मात्र 2.11 लाख ही दिखाई दिए, और अगामुदाइयन एवं कल्लन दोनों, जो मारावनों के साथ संयुक्त रूप से थेवार (एक तिहरा समुदाय) के नाम से जाने जाते हैं, के पास तिन्नेवेल्ली के जिले में एक महत्वपूर्ण बड़ी संख्या मौजूद थी।[84]

तिन्नेवेल्ली डिस्ट्रिक्ट गजेटियर (पृष्ठ 134) में हमें बताया गया है कि जाति पदानुक्रम में वेल्लालाओं के ठीक बाद मारावनों का स्थान है। यह एक ऐसा कथन है जिसे थोड़ी सावधानीपूर्वक और कुछ शर्त के साथ ग्रहण किया जाना चाहिए। क्योंकि जैसा कि हाल ही के एक अन्वेषक ने कल्लनों, मारावनों, अगामुदाइयनों और वेल्लालाओं की चार जातियों के बीच से प्राप्त की गई पदानुक्रमिक स्थिति से सम्बन्धित तमिल कहावत की सत्यता एवं निरंतरता को सत्यापित किया है, अगामुदाइयन मारावनों और वेल्लालाओं के बीच में घुसे हुए हैं। अन्वेषक (*कुन्नालुर,* थंजावुर डिस्ट., पृष्ठ 13) के द्वारा इस कहावत को इस प्रकार बताया गया हैः ''एक कल्लन सम्मान द्वारा मारावन बन सकता है, और आर्थिक स्थिति के आधार पर वह अगामुदाइयन बन सकता है और धीरे–धीरे वह वेल्लाला बन जाएगा।''

वास्तव में, यह तमिलनाडु की जाति व्यवस्था का एक विशिष्ट गुण है कि एक विशुद्ध कृषक जाति को उन जातियों के द्वारा एक उच्चतर–स्थिति वाली जाति के रूप में देखा जाना चाहिए जिन्हें सैनिक तथा प्रभुत्वशाली के रूप में वर्णित किया गया है और जिनके ऐतिहासिक एवं वर्तमान सम्बन्ध दोनों उनपर सैनिक तथा राजसी अथवा शासक होने का चिह्न अंकित करते हैं! पाठकों को इस तथ्य को ध्यान में रखना चाहिए कि सर एथेलस्टैन बैंस ने वेल्लालाओं को किसानों, न कि प्रभुत्वशाली जमींदारों, के रूप में वर्गीकृत किया है।

75 वर्षों से भी अधिक पहले गुस्ताव ओपर्ट (पृष्ठ 49) ने नोट किया था कि मदुरा और तिन्नेवेल्ली जिलों में मारावनों ने राजपूत होने का दावा किया था और स्पष्ट किया था कि उनका मुखिया, रामनाड का सेतुपति, ''दक्षिण भारत में सर्वाधिक पुराने सर्वाधिक सम्मानित राजकुमारों में से एक था''। रामेश्वरम मंदिर–संकुल के निर्माण में सेतुपतियों का महान योगदान सुविदित है। बैंस (पृष्ठ 48), जो रामनाड के सेतुपति को जमींदार बताते हैं, इस जाति की वैवाहिक प्रकृति सम्बन्धी हमारे ज्ञान का विस्तार करते हैं। वह कहते हैं कि मारावनों ने रक्षक–योद्धाओं की एक मजबूत सेना प्रदान की थी और ''कई पीढ़ियों तक शेष आबादी पर इसका स्वामित्व कायम रखा था''।

छह विभाजन ज्ञात हैं। सातवें का गठन पुलुक्का मारावनों अथवा पारीवरम लोगों द्वारा किया गया है। यद्यपि ये विभाजन सगोत्र वैवाहिक समूहों के रूप में कठोरतापूर्वक वर्णित किए गए हैं, तथापि किन्हीं भी दो के बीच में परस्पर विवाहों की जानकारियाँ मौजूद हैं। इन विभाजनों में से एक के दो उप–विभाजन हैं, जिनकी पहचान के चिह्न यह हैं कि उनमें से एक की महिलाएं एक बड़ी 'ताली' (मंगलसूत्र) धारण करती हैं जबकि दूसरों की एक छोटी। यद्यपि ये विभाजन कठोर रूप से सगोत्र वैवाहिक थे, तथापि अंतरविवाह अज्ञात नहीं हैं। दोनों वर्गों के जमींदारों को परस्पर विवाह करने हेतु जाना जाता है। यद्यपि वे वैष्णववादी होने का दावा करते हैं तथापि वे पवित्र भस्म लगाते थे।[85] तिरुमंजार अथवा कल्ला अलवर को इसी जाति का एक सदस्य बताया जाता है।[86]

एफ.डब्ल्यू. फ्रांसिस के उद्धरण में उल्लिखित शानारों के विरुद्ध हुए दंगे पहले सत्यापित दंगे नहीं थे। मारावनों एवं शानारों के बीच सबसे पहला हिंसक दंगा 1874 में हुआ था; और यह मदुरा में मीनाक्षी मंदिर में प्रवेश पर लगाए गए एक सामाजिक प्रतिबंध का शानारों द्वारा उल्लंघन करने के एक प्रयास के समय पर हुआ था। शानार अपने प्रयास में विफल रहे थे।[87] बाद में उन्होंने मीनाक्षी के महान शैव मंदिर में प्रवेश करने के अपने अधिकार पर जोर देने के लिए एक आपराधिक शिकायत दर्ज कराने का उपाय अपनाया। यह मुकद्मा असफल रहा। दो वर्षों बाद श्रीविल्लीपुट्टूर तालुक के तिरुटंगल में किया गया ऐसा ही एक प्रयास भी विफल रहा। 1885 में सत्तूर तालुका के एक गाँव में समस्या उस समय उठ खड़ी हुई जब स्थानीय शानारों ने ग्रामीणजनों की इच्छाओं के विरुद्ध अन्य जातियों के इलाकों से होते हुए एक जुलूस निकालने का प्रयास किया। 1895 में ऐसे ही एक विवाद, जिसकी चिंगारी तिन्नेवेल्ली के अनेको गाँवों में कुछ समय से सुलग रही थी, कालुगमालाई के दंगों में फूट पड़ा। इट्टाइयापुरम के जमींदार, जो एक स्थानीय मंदिर के ट्रस्टी थे, ने उन सड़कों पर शानारों द्वारा जुलूस निकालने को रोकने वाली निषेधाज्ञा हासिल कर ली जिसपर मंदिर की मूर्ति का रथ–जुलूस निकाला जाता था। बदले में शानारों ने इस कदम के विरोध का संकल्प लिया और *एकसाथ* रोमन कैथोलिक ईसाई धर्म में धर्मपरिवर्तन कर लिया। ऐसा प्रतीत होता है कि उनके अनुरोध पर धर्मपरिवर्तनकारी मिशन ने रथ–मार्गों में से एक पर एक पुरानी दुकान खरीद ली और हिन्दुओं के त्यौहार के दौरान ठीक उस दिन, जब वे अपनी रथ को सड़कों पर निकालते थे, के पहले नए गिरजाघर, जो कि स्पष्ट रूप से उसी पुरानी दुकान का जल्दबाजी में किया गया एक संशोधन मात्र था, के सामने सड़क के आरपार एक *पंडाल* खड़ा कर दिया। जब रथ उस स्थान पर पहुँचा तो जुलूस निकालने वालों ने देखा कि *पंडाल* एक ऐसा अवरोध था कि इसे गिराने के अलावा और कोई विकल्प उपलब्ध नहीं था। इसी बीच 70 शानान लोग, जो अपने घरों में सुविधाजनक बिन्दुओं पर खड़े थे, ने ''भीड़ पर पत्थर फेंकने प्रारंभ कर दिए''। मंदिर संपदा के ब्राह्मण प्रबंधक, जो शानारों के पास समस्या पर बात करने के लिए गए, की तुरंत ही एक शानान के द्वारा चाकू मारकर हत्या कर दी गई। फिर एक आम दंगा फूट पड़ा जिसमें 7 शानान और ब्राह्मण प्रबंधक के 2 लोग मारे गए। ''क्रोधित भीड़ ने गिरजाघर की छप्परदार छत को आग लगा दी और शानारों के घरों में लूटपाट की और आग लगा दी।'' इस पर गाँव में विशेष पुलिस बल को तैनात कर दिया गया।

1895 में कालूगुमालाई में तैनात किया गया विशेष पुलिस बल 1899 की जनवरी अथवा फरवरी में हटा लिया गया और उसी वर्ष के मार्च महीने में ऐसा हुआ था जिसे रामनाड जिले में घटित ''सर्वाधिक गंभीर शानन उपद्रव'' अथवा ''1899 के स्मरणीय विस्फोट'' कहकर वर्णित किया जाता है।

स्पष्टतौर पर, 1895 की कालूगुमालाई की घटनाओं ने शिवाकाशी में सत्तूर तालुका, जहाँ अनेकों अमीर शानान रहा करते थे, के शानारों को उत्तेजित कर दिया था। उन्होंने तिन्नेवेल्ली मंदिर समिति के समक्ष एक याचिका प्रस्तुत की कि किसी शानान को एक ट्रस्टी तथा स्थानीय शिव मंदिर की प्रबंधक संस्था का एक सदस्य नियुक्त किया जाए। अपनी प्रार्थना अस्वीकार कर दिए जाने पर कुछ शानारों ने मंदिर में जबर्दस्ती प्रवेश करने के प्रयास किए जिसके परिणामस्वरूप अशांति उत्पन्न हो गई। इसी सिलसिले में मंदिर की कुछ संपत्ति जला डाली गई।

एक मजिस्ट्रेट द्वारा शानारों का मुकद्मा सुना गया और उन्हें रिहा कर दिया गया। उन्होंने मंदिर में जबर्दस्ती घुसने का दोबारा प्रयास किया। फिर से उनपर मुकद्मा चला और उन्हें रिहा कर दिया गया। इस पर ट्रस्टियों के द्वारा मंदिर को बंद कर दिया गया। और ऐसा प्रतीत हुआ कि शानारों को आंशिक जीत हासिल हो चुकी है।

इस उथल–पुथल के दौरान रामनाड के एक मारावन जमींदार ने शिवाकाशी से 40 मील दूर स्थित एक न्यायालय से हस्तक्षेप की माँग की। इस कार्यवाही में दोनों पक्षों की कटु–भावना उभर कर सामने आई जिसने शानारों और शेष हिन्दुओं के बीच आपसी दुश्मनी पैदा कर दी।

26 अप्रैल, 1899 के दिन शिवाकाशी के शानारों ने एक ऐसी पहल कर दी जिसका अंजाम दंगों के अलावा कुछ और नहीं हो सकता था। उन्होंने स्थानीय मारावनों पर आक्रमण कर दिया और उनके 55 घरों को जला डाला। स्थानीय मारावनों ने मदुरा के अपने सजातीय बंधुओं से हाथ मिला लिए और *रामनाड जिले में बड़ी*

संख्या में पल्लनों ने गाँवों में शाननों के विरुद्ध आगजनी एवं लूटपाट का एक व्यवस्थित अभियान चला डाला। (तिरछे अक्षर मेरे हैं)।

6 जून के दिन पाँच हजार से अधिक मारावनों के द्वारा शिवाकाशी के शानारों पर एक संयुक्त हमला कर दिया गया जिसमें उनके 16 लोग मारे गए। इसके बाद तेनकासी तालुका के ईसाई शानारों पर एक हमला कर दिया गया। 7 जून को सेना जिले में पहुँची और 16 जून तक शांति व्यवस्था पुनर्बहाल हो पाई। 1958 लोगो को गिरफ्तार किया गया था। विशेष पुलिस की तैनाती कर दी गई, "जिसकी लागत का भुगतान निर्धारित क्षेत्रों के निवासियों पर लगाए गए जुर्माने के द्वारा किया जाना था।"

"(शानारों के प्रति) शत्रुता को व्यवहारिक रूप से संपूर्ण हिन्दू समुदाय के द्वारा साझा किया गया था; वेल्लालाओं की भावना सकारात्मक रूप से उतनी ही कटु थी जितनी किसी की हो सकती हैं।"

स्पष्टतौर पर दंगे शांत हो गए, हालांकि न्यायालय के मुकदमें शानारों के विरुद्ध सिद्ध हुए तो भी वे अप्रभावित और शांत बने रहे।[88]

1902 में, तिन्नेवेल्ली जिले के नानगुनेरी तालुका में उन्होंने अपनी महिलाओं द्वारा सिर पर बोझा ढोने, अथवा उनके मोती अथवा सीसे के बाजूबंद पहनने और उनके बाजार जाने पर प्रतिबंध लगाते हुए एक आंदोलन प्रारंभ कर दिया। आत्मसम्मान सम्बन्धी इस साहसिक कदम, जो उच्चतर जातियों के शिष्टाचार की नकल थी, ने उस विवाद को और शक्ति प्रदान कर दी जो ग्रामीण निधि के प्रति अपने योगदान के सम्मान में शानारों के साथ जारी था; और पेरियातलाई के मारावनों ने उनके विरुद्ध लाठी उठा ली जिससे एक छोटा दंगा उत्पन्न हो गया।[89] ऐसा प्रतीत होगा कि शानारों ने सामाजिक उत्थान में पहले चक्र को जीत लिया था!

कुछ वर्षों बाद 1918 में उसी स्थान पर फिर से झगड़ा प्रारंभ हो गया। हालांकि, इसका तात्कालिक कारण पूर्णतः व्यक्तिगत था, जो बाजार में एक शानार के द्वारा किसी मारावन की पिटाई कर दिए जाना और एक शानार के द्वारा एक मारावान महिला पर आक्रोश किया जाना था। शानारों और मारावनों दोनों के ही अनगिनत लोग मारे गए और दो पुलिस वालों को भी जान से हाथ धोना पड़ा जबकि नौ घायल हुए थे।[90]

दीर्घकालिक मारावन–शानार झगड़ा, जो मूल रूप से अधिकांशतः सामाजिक–आर्थिक था, ने 1957 में एक राजनीतिक मोड़ ले लिया और इसका परिणाम आज तक की सर्वाधिक बुरी जातीय–हिंसाओं में से एक के रूप में प्रकट हुआ। आगजनी, हत्या एवं पुलिस–फायरिंग से मरने वालों की संख्या इतनी बड़ी थी कि *टाइम्स ऑफ इंडिया* ने इन घटनाओं पर दो लेख प्रकाशित किए, पहला 23 सितम्बर को "रेन ऑफ टेरर" शीर्षक से तथा दूसरा 3 अक्टूबर, 1957 को "सोशल टेंशंस" शीर्षक से। 'एक उच्च अधिकारी" द्वारा जाँच की माँग करने वाले बाद के लेख की समाप्ति इस वाक्य के साथ होती हैः ".....दंगों की सार्वजनिक जाँच से सरकार एवं सार्वजनिक नेतृत्वकर्ताओं को विभाजनकारी कारकों का उन्मूलन करने एवं एकता के घनिष्ठ बंधन को बढ़ावा देने के रास्तों एवं उपायों की खोज करने में सहायता प्राप्त होनी चाहिए।" इस चेतावनी तथा एक जाँच के लिए सार्वजनिक शोरगुल के बावजूद भारत सरकार ने इस घटना को रामनाड जिले के व्यापक अशांत क्षेत्र का अपने सदस्यों में से एक के द्वारा किए गए दौरे के साथ ही समाप्त कर दिया!

पाँचवें संघर्ष के शुरुआती झगड़े 4 जुलाई और 10 सितम्बर के बीच हुए, और पूरी तरह से रक्तरंजित दंगे 12 सितम्बर से प्रारंभ हुए प्रतीत होते हैं, जिसमें, मद्रास के गृहमंत्री के बयान के अनुसार, 2,830 घरों में आग लगा दी गई और 25 लोग मारे गए। आगजनी, हत्या, गोलीबारी और अंग–काटने जैसी घटनाएं लगभग महीने की समाप्ति तक जारी रहीं। मद्रास के गृहमंत्री द्वारा 26 सितम्बर के दिन यह बयान देते हुए सूचित किया गया है कि उस समय पर मात्र "असहज शांति" मौजूद थी। *टाइम्स ऑफ इंडिया* के 6 अक्टूबर के अंक में कहा गया कि 130 गाँवों में अनुसूचित जाति के सदस्यों के लगभग 3,000 घरों को जला दिया गया है। पहले की एक रिपोर्ट में 50 घरों को पूर्णतः ध्वस्त कर दिए जाने की बात कहीं गई थी। मद्रास के गृहमंत्री के द्वारा 26 अक्टूबर का बयान दिए जाने के साथ ही कहा जा सकता है कि संपूर्ण दुःखद प्रकरण का पर्दा गिरा दिया गया था, जबकि कोई भी इस खौफनाक और शर्मनाक आपदा के लिए जिम्मेदार नहीं था। इस विध्वंस की उत्पत्ति अत्यन्त शिक्षाप्रद है क्योंकि

यह अपनी उस विस्फोटक प्रकृति को प्रकट करती है जो इसे जाति की स्थिति द्वारा स्वयं को राजनीतिक प्रयोजनों के लिए शोषण करने हेतु उपलब्ध करवाई जाती है। जाति एवं राजनीति का अपवित्र गठबंधन निश्चित रूप से न केवल शांति को बल्कि देश की सुरक्षा को भी खतरे में डाल देगा। मारावनों ने अपनी राजनीतिक महत्वाकांक्षाओं में अनुसूचित जातियों से समर्थन की आशा की थी और उसका दावा भी किया था। विशेष अधिकारों एवं सुविधाओं के लिए कांग्रेस के प्रति कृतज्ञ अनुसूचित जातियों ने कांग्रेस की सहायता की। किन्तु, ऐसा सुझाया गया है कि अनुसूचित जातियों का यह हठ पूर्णतः अप्रत्यक्ष नहीं था बल्कि इसे बाहर से बढ़ावा दिया गया था, कांग्रेस द्वारा उतना नहीं, जैसा कि *टाइम्स ऑफ इंडिया* समाचार सेवा कहती है, बल्कि एक अन्य और उच्च जातीय समूह के द्वारा, जो, सुधारोत्तर अवधि की शब्दावली में मध्यवर्ती वर्गों के एक घटक का गठन करता था।[91]

कल्लन, जो, उपरोक्त तमिल कहावत के अनुसार, अपने सामाजिक उत्थान में मारावनों की ओर प्रवृत्त हो रहे थे, अपेक्षाकृत एक बड़ा समुदाय था और 1901 में इनकी संख्या 4.95 लाख थी। थेवरों के सर्वोच्च समूह अगामुदाइयन की संख्या मात्र 3.19 लाख थी जबकि मारावनों की संख्या 3.39 लाख थी।

मारावनों के बीच प्रचलित पौराणिक कथा किसी–न–किसी प्रकार तीन जातियों को राम के जीवन से सम्बद्ध करती है। यह तीनों जातियों को तीन भाईयों के वंशजों से जोड़ती है जिनके बारे में विश्वास किया जाता है कि उन्होंने लंका जाते समय राम को समुद्र पार करने में सहायता प्रदान की थी। सबसे छोटा भाई, जो मारावनों का पूर्वज था, से राम ने वादा किया था कि वह उसकी सहायता को नहीं भूलेंगे; उसे मारावन नाम से जाना गया, जिस शब्द के पहले हिस्से का अर्थ कुछ 'अविस्मृत'' जैसा होता है। सबसे बड़ा भाई कल्लनों का पूर्वज था, जिन्हें इस नाम, अर्थात्, 'संगोपक' से बुलाया जाता है, क्योंकि उसने राम के समक्ष रहस्य नहीं प्रकट किया था। दूसरे भाई ने राम के प्रति अंहकारपूर्ण व्यवहार किया था और इसीलिए उसके वंशजों को अगामुदाइयन अथवा अहामुदाइयन, अर्थात्, ''अंहकारी'' बुलाया जाता है। थेवरों को मुकुलाथेर के एक अन्य नाम से भी जाना जाता है।[92]

इस पौराणिक कथा से शायद इंकार न करते हुए कल्लनों के पास अपनी उत्पत्ति के सम्बन्ध में बताने हेतु एक पूर्णतः अलग कहानी है। यह कहानी उन्हें इन्द्र द्वारा भेष बदल कर गौतम ऋषि की पत्नी अहिल्या के साथ किए गए अवैध संभोग का परिणाम बताती है। अगामुदाइयनों के बीच प्रचलित परंपराएं कमोबेश इसके साथ सहमत हैं।[93] उनके देवता भी विशिष्ट हैं। ये करुप्पन लोग हैं जिनके पूजन–पुरोहितों का चयन भी कल्लनों अथवा कुसावनों (कुम्हारों) के बीच से किया जाता है (*डिस्टि. गजे. तंजौर,* पृष्ठ 85: *मदुरा,* पृष्ठ 85)। उनके बीच कम–से–कम तीन सगोत्रीय वर्ग ज्ञात हो चुके हैं, जो कि क्षेत्रीय प्रतीत होते हैं। ये हैं: (1) तंजौर के तेरकुनाड (दक्षिण देश) कल्लन; (2) मिलुर तालुक के किलनाड (पूर्वीय देश) अथवा मुलुरनाड कल्लन; और (3) मेलनाड (पश्चिम देश) अथवा पिरामल. नाड कल्लन (*मदुरा, डिस्टि. गजे.* पृष्ठ 93)। मदुरा में, कल्लन लोग दस विभाजनों में ''विभाजित'' हैं जिन्हें सगोत्र वैवाहिक इकाई बताया जाता है किन्तु थर्सटन की निजी सूचना उनमें से मात्र चार के बीच ही सगोत्र विवाह की प्रथा को ही सूचित करती है जो इस प्रकार हैं: मेलनाड़ू, सिरुदिनाड़ू, मेल्ला–कोट्टाइनाड़ू, पुरामलाइनाड़ू। अन्य नाड़ू हैं: (1) वेल्लूरनाड़ू, (2) पाकानेरी, (3) कोनम–कोट्टाइनाड़ू, (4) कन्दादेवी, (5) तेन्नीलाईनाड़ू और (6) पलायनाड़ू।[94]

पुडूकोट्टाई के राजा उनके स्वीकृत मुखिया हैं, जिन्हें वे ''टोन्डामंडलम अथवा पल्लव देश के अपने भूतपूर्व औपनिवेशिकरण की स्मृति में'' टोन्डामन के रूप में संदर्भित करते हैं।[95] उनकी सामाजिक महत्ता साँड़ के खेल के समय स्पष्ट हो जाती थी जो मदुरा जिले के डिंडीगुल में आयोजित किया जाता था। 1874 में जे. वालहाउस[96] द्वारा इन खेलों को ''अति–पवित्र समारोहों'' के रूप में वर्णित किया गया है, जिनमें अकेले कल्लन ही ''पुजारियों का कार्य और पीठासीन देवता से परामर्श'' कर सकते थे। इस अवसर पर वे *ब्राह्मणों पर प्रभुत्व और अंहकार के भरपूर तांडव का आयोजन* किया करते थे।

अनुरोधों की ओर बढ़ते हुए, कल्लनों का यह प्रभुत्व बाद में एक सम्मानजनक रूप नहीं ले सका और 1896 में डिंडीगुल की रैयत इसके विरोध में खड़ी हो गई। इस प्रकार से जो व्यापक आंदोलन प्रारंभ हुआ था उसे 'कल्लार–विरोधी आंदोलन'' के नाम से जाना गया। इसकी उत्पत्ति एक इदाइयन महिला और एक कल्लन द्वारा उत्पन्न उसकी पुत्रियों के सतीत्व–हरण में निहित है जिसे उसने अपनी दासी बना रखा था। इस घटना से क्रोधित

एक इदाइयन नेता ने जनता के आक्रोष का रुख कल्लनों के अनुरोधों के विरुद्ध एक आंदोलन में परिवर्तित कर दिया ताकि उन्हें डिंडीगुल तालुका से निकाल बाहर किया जा सके। प्रोत्साहन हेतु आयोजित सभाओं में भाग लेने वाले हजारों ग्रामीणों ने परंपरागत कल्लन चौकीदारों के बगैर ही काम चलाने की शपथ ले ली, जिन्होंने भोजन अथवा पेय देने से इंकार करने की सीमा तक उनका बहिष्कार कर दिया। उन्होंने एक कोष की स्थापना की ताकि उन ग्रामीणों की क्षतिपूर्ति की जा सके जिनके पशु चोरी हो गए थे, (क्योंकि कल्लन बड़े पशु–चोर हुआ करते थे) अथवा घर जला दिए गए थे। साथ ही उन्होंने हर गाँव में एक भोंपू लगवा दिया जिसे वहाँ पर किसी चोर–दल के सक्रिय होने के संदेह में बजाया जाना होता था। आगे, भोंपू की आवाज सुनने वाले प्रत्येक व्यक्ति को बचाव में शामिल किया गया था। ऐसे लोगों, जो इस पर कार्यवाही करने में विफल रहने वाले थे, पर जुर्माने के पैमानों का निर्धारण करने के द्वारा आदेशों और निषेधाज्ञाओं को सख्त बनाया गया था। आंदोलन सफल प्रतीत होने लगा था; किन्तु कल्लनों के संघर्ष प्रदर्शन के साथ ही 1896 और 1897 में गंभीर दंगे भड़क उठे जिसमें अनेकों जीवनों की हानि हुई और गाँवों को जला दिया गया। कुछ मामलों में कानून की सीमा का उल्लंघन करने वाले कल्लार–विरोधी आंदोलन के आयोजनकर्ताओं को दंडित किया गया जिसने कल्लनों को प्रोत्साहित कर दिया। गाँवों के गुटों का लाभ उठाते हुए कल्लन अपनी स्थितियों पर दोबारा कब्जा करने में सफल रहे।[97]

इसके पूर्व कि मैं अखिल–भारतीय अभिजात्य वर्ग, और एक आम भारतीय जाति, ब्राह्मण, की ओर बढ़ूँ, तमिलनाडु के कम–से–कम दो अन्य मामले इसकी जाति व्यवस्था की विशिष्टताओं के सदर्भ में उल्लेख करने के पात्र हैं। ये हैं काईकोलान, जो बुनकर हैं, और कम्मालन, जो पाँच शिल्पकार–जातियों का समूह है।

1901 में तमिलनाडु के बुनकर काईकोलानों की 3.47 लाख की संख्या के साथ मारावनों से संख्या में यद्यपि कुछ अधिक थे, तथापि उनके पास कोई बताने के लिए कोई क्षेत्रीय संकेन्द्रण उपलब्ध नहीं था। किसी भी जिले में उनकी संख्या 1 लाख से अधिक नहीं थी; और मात्र दो जिलों में उनकी संख्या 50 हजार या उससे अधिक थी। अपनी साड़ियों के लिए अत्यन्त प्रसिद्ध कोयम्बटूर जिले में उनकी संख्या 64 हजार थी, और उत्तरी आरकोट में वे 55 हजार थे। उन्हें 72 नाडुओं अथवा देशमों में विभाजित बताया जाता है जिसके महत्व को समझ पाना कठिन है; क्योंकि हमें सूचित किया गया है कि मात्र एक को छोड़कर वे सब परस्पर विवाह करते हैं। काँची में उनकी एक 'महासभा' है जिसकी आज्ञा का पालन अन्य सभी जातीय संगठनों से करने की अपेक्षा की जाती है।

तमिलों के बीच प्रचलित एक पौराणिक कथा के आधार पर काईकोलानों को सेनगुंडर ('लाल–कटार')[98] कहा जाता है। एक बार शिव पृथ्वी पर उत्पात मचाने वाले राक्षसों पर बहुत क्रोधित हुए और उनके नेत्रों से छह अग्नि–ज्वालाएं फूटीं, जिसने पार्वती को भयभीत कर दिया। जल्दबाजी में अपने कक्ष में शरण लेते समय पार्वती ने अपनी पायल से नौ ''घुँघरू'' गिरा दिए। शिव ने उन्हें उतनी ही स्त्रियों में बदल दिया, ''जिनमें से प्रत्येक से एक नायक ने जन्म लिया जिनके पास पूर्ण–विकसित मूछें और एक कटार थी''। इन नायकों के मुखिया के रूप में सुब्रह्मण्या ने राक्षसों का नाश कर दिया। इन नौ नायकों में से एक वीरबाहू थे; और काईकोलानों अथवा सेनगुंडरों को उन्हीं के वंशज बताया जाता है। एक अन्य कथा में कहा जाता है कि जब शिव ने सुब्रह्मण्या को पद्मासुर राक्षस, जो लोगों को परेशान कर रहा था, के विरुद्ध चढ़ाई करने का आदेश दिया तब पार्वती ने शिव से पुत्र को अकेले न भेजने का निवेदन किया। शिव इस शर्त पर राजी हो गए कि पार्वती अपने द्वारा पहले दिए जा चुके उस श्राप को वापस ले लेंगी कि ऊपर वर्णित नौ स्त्रियाँ, जिनका गर्भाधान शिव द्वारा किया गया था, किसी संतान को जन्म नहीं दे सकेंगी। ये स्त्रियाँ, जो नवयौवना अथवा दासिया थीं, ने नौ नायकों को जन्म दिया जिनके हाथों में लाल कटारे थीं। सुब्रह्मण्या के पास एक विशेष मूल्यवान कटार थी, और ''काईकोल शब्द'' इसी को ''संदर्भित करने वाला बताया जाता है''। ये काईकोलान पद्मासुर के विरुद्ध सफल अभियान में सुब्रह्मण्या का साथ देने वाले नौ नायकों के ही वंशज थे।[99] उत्पत्ति की परंपरा का थर्सटन का विवरण, जो हालांकि मामूली रूप से अलग है, तमिलनाडु में अंतर–जातीय सम्बन्धों के प्रति प्रासंगिकता के लिए ध्यान दिए जाने योग्य है। वह कहते हैं कि ''काईकोलान शब्द संस्कृत के वीरबाहू, जो एक पौराणिक नायक थे, का तमिल समानार्थक है, जिनके वंशज होने का दावा काईकोलानों एवं पराइयनों के एक वर्ग दोनों ही के द्वारा किया जाता है।''[100]

ई. थर्सटन (III, पृष्ठ 336) द्वारा काईकोलानों के निम्नलिखित ''उप–विभाजनों'' को दर्ज किया गया हैः (1) सोझिया; (2) रात्तू; (3) सिरु–टली ('छोटा वैवाहिक प्रतीकचिह्न'); पेरु–टली ('बड़ा वैवाहिक प्रतीकचिह्न')। ''सिरु एवं पेरु–टली वर्गों की महिलाएं क्रमशः एक छोटा और बड़ा टली धारण करती हैं।'' थर्सटन आगे उल्लेख करते हैं कि समुदाय 72 नाडुओं में विभाजित है। ये 72 'नाडू' अथवा 'देशम' दो इकाईयों में समूहबद्ध हैं, जिनमें से एक इकाई में 42 तथा दूसरी में 28 (?) समूह हैं। पहले वालों को ''मेल'' (पश्चिमी) कहा जाता है और बाद वालों को ''किल'' (पूर्वीय)। हालांकि, इस समूहीकरण का विवाह के लिए कोई महत्व नहीं है; क्योंकि नाडुओं में से 71 के बीच परस्पर विवाह की अनुमति है। मात्र एक नाडू को अपने पहले–बच्चे की बलि में भाग लेने के पौराणिक इंकार के कारण ''शेष समुदाय से अलग कर दिया गया था''।

इन 71 नाडुओं में से प्रत्येक को आगे 'किलाइग्राममों'' (ग्रामीण शाखाओं), ''पेरूर'' ('बड़े') और ''सित्तूर'' ('छोटे') ग्राममों में विभाजित किया गया है।

उनका एक वर्ग, सेनगुन्था मुदलियार, जैसा अजीब यह प्रतीत होता है, देवदासी वर्ग के लिए नई भर्ती प्रदान करता है। इसके बावजूद उन्होंने सात दशकों के दौरान स्वयं को सामाजिक पैमाने पर ऊँचा उठा लिया है। 1891 की जनगणना के वर्गीकरण में उन्हें वेल्लाला और रेड्डी इत्यादि जैसी जातियों से नीचे रखा गया था; किन्तु 1961 में, ग्रामीण सर्वेक्षण अन्वेषक के निष्कर्षों के अनुसार, वे ''गैर–ब्राह्मण समुदायों के बराबर'' हो चुके थे।[101] इस उत्थान के साथ एक सतर्क निगरानी जुड़ी है जो किसी निचली जाति द्वारा उनके साथ समानता के दृष्टिकोण के प्रदर्शित करने के प्रयास पर रखी जा रही थी। हमें बताया गया है कि चिंगलेपुट जिले में अय्यानगाराकुलम गाँव के सेनगुन्था मुदलियार (काईकोलान) नट्टारों (1901 में 50,000) की छोटी जाति को अपने मृतकों को अपने इलाके से होकर श्मशान भूमि ले जाने की अनुमति नहीं देते, और इस प्रकार उन्हें एक लंबा मार्ग अपनाने पर बाध्य करते हैं।[102] नट्टार, जिनका पारंपरिक पेशा मछली का शिकार है, इससे कहीं अधिक सम्मानजनक रेशम–बुनकरी के पेशे को अपनाने में सफल रहे हैं। परंतु इससे अभी तक मुदलियारों का दृष्टिकोण और कठोर ही हुआ है!

कम्मालन, जो तमिलनाडु की एक विशिष्ट शिल्पकार जाति है, की संख्या 4.97 लाख थी और इस प्रकार वे कल्लनों के लगभग बराबर थे। मदुरा जिले में उनकी संख्या 1.01 लाख, तिन्नेवेल्ली में 83 हजार, जबकि तंजौर में 62 हजार तथा दक्षिण आरकोट में मात्र 48 हजार थी।

कम्मालन, जिन्हें पाँचाल नाम से भी जाना जाता है, के बीच तीन क्षेत्रीय सगोत्रीय समूह हैं, जैसे, पाँड्या, चोला अथवा सोझिया एवं कोंगा। पहला समूह मुख्य रूप से तिन्नेवेल्ली एवं मदुरा के दक्षिण जिलों में पाया जाता है, सोझिया त्रिचिनोपोली, तंजौर, चिंगलेपुट एवं दक्षिण तथा उत्तर आरकोट में पाए जाते हैं, जबकि कोंगा लोग मुख्यतः कोयम्बटूर और सालेम जैसे पश्चिमी जिलों में संकेन्द्रित हैं। उनमें से कुछ, उदाहरणार्थ जैसे पाँड्या समूह के तट्टन (सुनार) क्षेत्रीय आधार पर आगे उप–विभाजित हैं।

''पाँच पेशागत वर्ग'' हैं: (1) तट्टन (सुनार); (2) कानन (तांबा–कारीगर); (3) तच्छन (बढ़ई); (4) कल–तच्छन (पत्थर–कारीगर); तथा (5) कोल्लान अथवा करुमन (लोहार)।

वे '''स्वयं को असली ब्राह्मण और देवशिल्पी विश्वकर्मा के वंशज मानते हैं, और स्वयं को विश्व ब्राह्मण बुलाते हैं। वे *आचार्य* की उपाधि धारण करते हैं, पवित्र जनेऊ धारण करते हैं, और अपने बीच धार्मिक, विशेषतौर पर वैवाहिक अनुष्ठानों को संपन्न करने के अधिकार का दावा करते हैं।''[103]

1881 ईसवी के एक मुकद्मे में उन्हें उन ब्राह्मणों, जिन्हें उनके द्वारा गो–ब्राह्मण कहा गया था, के विरुद्ध स्वयं को देव ब्राह्मण घोषित करने के लिए जाना जाता है (ओपर्ट, पृष्ठ 59 फुटनोट)। जॉन फ्रेयर, जिन्होंने 1690 में भारत की यात्रा की थी, कम्मालनों के इस दृष्टिकोण को संदर्भित करते प्रतीत होते हैं।[104] हालांकि, 12वीं अथवा 11वीं शताब्दी का एक शिलालेख उन्हें कुछ ऐसे सामाजिक अधिकार दिए जाने का उल्लेख करता है जो स्पष्ट रूप से पहले उन्हें उपलब्ध नहीं थे, जो यह इंगित करता है कि उनकी सामाजिक स्थिति निम्न थी।[105] यह जाति अत्यधिक संगठित है, इसका संगठन ''इसकी सर्वाधिक दिलचस्प विशेषताओं में से एक'' है। इसके पाँच विभाजनों (कार्यकारी अथवा पेशागत) में से प्रत्येक के पास अपना एक मुखिया (नटामाईक्करन) और मुख्य कार्यकारी अधिकारी

(कार्यस्थान) है। उनके ऊपर नेतृत्वकर्ता है जिसे अन्जूवीट्टू नटामाईक्करन अथवा अन्जूजाति नटामाईक्करन के नाम से जाना जाता है। उनका चुनाव जाति देवी कामाक्षी अम्मा के मंदिर में पाँच वर्गों के पाँच प्रतिनिधियों के बीच से मतविभाजन कराए जाने के द्वारा होता है जिसमें पहले कदम के रूप में विशिष्ट सदस्यों के नामांकन की प्रक्रिया संलिप्त होती है। अन्जूवीट्टू नटामाईक्करन को सैद्धांतिक रूप से जाति पर पूर्ण अधिकारों के साथ पद पर नियुक्त किया जाता है, और उसके समस्त सदस्यों से उसके आदेश के पालन की अपेक्षा की जाती है। वह नागरिक एवं वैवाहिक विवादों का अंतिम निर्णयकर्ता होता है।[106]

अंततः, ब्राह्मणों की एक अखिल–भारतीय जाति, एक जाति, जो देश के विभिन्न भाषाई क्षेत्रों में अपने किन्हीं भी घटकों और पेशागत विविधताओं के साथ फैली हुई है, के पास एक ही नाम है, अर्थात्, ब्राह्मण। 1901 में तमिल ब्राह्मणों की संख्या मात्र 4,15,931 थी। इस प्रकार उनकी संख्या तेलुगु ब्राह्मणों से बहुत अधिक अलग नहीं थी किन्तु ये भारतीय–आर्य भाषी अनेकों क्षेत्रों में मौजूद ब्राह्मणों की संख्या से बहुत कम थे। वे तत्कालीन कुल हिन्दू तमिल जनसंख्या के मात्र 2.9 प्रतिशत ही थे। तमिल जनसंख्या में तमिल ब्राह्मणों के इस अनुपात के विरुद्ध अकेले 12 श्रेष्ठ वर्गों के उत्तर–प्रदेशीय ब्राह्मणों, जिनकी संख्या 47 लाख थी, ने 1901 में उत्तर–प्रदेश की हिन्दू जनसंख्या के 11.5 प्रतिशत भाग का गठन किया था। गुजराती ब्राह्मणों, जिनकी संख्या 1891 में 5.69 लाख थी, के द्वारा कुल गुजराती हिन्दू जनसंख्या के 5.7 प्रतिशत भाग का गठन किया गया था। 1931 में लगभग 14.50 लाख की संख्या के साथ बंगाली ब्राह्मण कुल बंगाली हिन्दुओं के 6.5 प्रतिशत के लगभग थे।[107]

तमिलनाडु के ब्राह्मण, जो कुल हिन्दू तमिल जनसंख्या का बहुत छोटा प्रतिशत था, आगे तमिल जिलों में बहुत असमान रूप से बिखरे हुए थे। तमिलनाडु के कुल ब्राह्मणों का 29 प्रतिशत भाग, जो संख्या में लगभग 1.20 लाख था, तंजौर जिले में ही मौजूद था। 1951 में, जिले में उनकी संख्या 2.00 लाख के आसपास थी और फिर भी वे तंजौर की कुल जनसंख्या के मात्र 6.7 प्रतिशत थे। उनके संकेन्द्रण वाला अगला जिला तिरुनवेल्ली (तिन्नेवेल्ली) था, जिसमें 1901 में उनकी 51 हजार संख्या होने का दावा किया गया था, जिसके बाद क्रमशः 37 हजार के साथ मदुरा एवं 31 हजार के साथ त्रिचनापल्ली जिलों का स्थान था।

तंजौर जिला तमिलनाडु की यदि आत्मा न भी हो तो यह मात्र केन्द्र ही नहीं बल्कि उसकी धुरी भी है। अन्य जातियों के लोगों की संख्या और उनके सापेक्षिक संकेन्द्रण तमिल लोगों की संस्कृति के ब्राह्मणीकरण एवं उत्तरोन्मुखीकरण के मामलों में बहुत प्रभावकारी परिणाम वाले मामले रहे हैं। 1901 में इस जिले में कम–से–कम आठ अन्य जातियों के निवासियों की संख्या एक लाख अथवा उससे अधिक की थी। घटते संख्या क्रम में वे इस प्रकार हैं: (1) पराइयन; (2) पल्ली; (3) वेल्लाला; (4) कल्लन; (5) पल्लन; (6) अम्बालाक्करन; (7) वलाईयन, तथा (8) अगामुदाइयन। एकसाथ मिलकर आठों जातियाँ तंजौर जिले की कुल जनसंख्या के लगभग 71 प्रतिशत के बराबर हैं। 3.10 लाख के साथ पराइयनों का 14.4 प्रतिशत का संकेन्द्रण है; और जिले में इन जातियों में सबसे कम संख्या के साथ अगामुदाइयन हैं जो मात्र 1.01 लाख है, जिनका संकेन्द्रण लगभग 31 प्रतिशत का था। जब जाति के सांस्कृतिक एवं राजनीतिक पहलुओं तथा ब्राह्मणवादी प्रभाव एवं उत्तरोन्मुखीकरण सम्बन्धी घुसपैठ की स्थितियों पर विचार किया जा रहा हो, तब 188 की संख्या और 37 प्रतिशत संकेन्द्रण के साथ कल्लन, जो तमिल समाज में थेवर नामक तिकडी समूह के सर्वाधिक निचले वर्ग हैं, जिनमें से अगामुदाइयन सर्वोच्च वर्ग है, अगामुदाइयनों की संख्या के साथ जोड़े जा सकते हैं।

पल्लन, जो पुरानी व्यवस्था में ब्राह्मणों के ग्रामीण दास–समान सेवक थे,[108] की तंजौर, मदुरा एवं तिन्नेवेल्ली के तीनों जिलों में कुल जनसंख्या 6.10 लाख थी जो तमिलनाडु में अपनी कुल जनसंख्या के 72 प्रतिशत से भी अधिक थे। दूसरी ओर, तिन्नेवेल्ली में ब्राह्मणों की कुल संख्या 51 हजार तथा मदुरा में 37 हजार थी और तीनों जिलों में उनकी कुल संख्या 2.00 लाख से कुछ अधिक थी। 14वीं शताब्दी जैसे समय में ब्राह्मणों को जाति समाज में सर्वोच्च मानने से इंकार करने वाली और स्वयं को ब्राह्मणों के बराबर घोषित करने वाली, और इस प्रकार सजग रूप से उनकी विरोधी जाति, कम्मालन, की तीनों जिलों में कुल संख्या लगभग 2.50 लाख थी। इससे भी अधिक महत्वपूर्ण यह था कि मदुरा जिले में वे ब्राह्मणों से 270 प्रतिशत और तिन्नेवेल्ली जिले में 63 प्रतिशत अधिक थे, यद्यपि तंजौर में वे मात्र 62 प्रतिशत शक्तिशाली थे। ब्राह्मणों एवं उत्तर–भारतीय उन्मुखीकरण के सतत्

प्रतिस्पर्धी एवं विरोधी, कम मुखर किन्तु अधिक सक्षम, तमिलनाडु की मेरुदंड जाति वेल्लाला की तिन्नेवेल्ली में कुल संख्या लगभग 18 लाख थी, अर्थात्, ब्राह्मणों से 270 प्रतिशत अधिक। संस्कृतिकरण सम्बन्धी स्थिति का आकलन करते समय किसी को भी अनेकों जिलों में वेल्लालाओं के द्वारा स्थापित एवं संचालित दूर–दूर तक फैले हुए एवं सुसंगठित मंदिर–मठ केन्द्रों को अवश्य ही ध्यान में रखना चाहिए। 2.76 लाख की संख्या के साथ मदुरा में वेल्लाला ब्राह्मणों को निराशाजनक रूप से तस्वीर के बाहर रखने मे सफल रहे क्योंकि उनकी संख्या ब्राह्मणों की तुलना में 600 प्रतिशत से भी अधिक थी!

पल्ली अथवा पदाइयाची अथवा वन्नियान, जो भी नाम वह स्वयं को देना चाहें, अग्निकुल क्षत्रिय बिरादरी की अपनी परंपरा में 2.35 लाख की जनसंख्या वाला काफी बड़ा दल है। यद्यपि ये तंजौर जिले में संकेन्द्रण में पाँचवें स्थान पर हैं, तथापि संभवतः ये संस्कृतिकरण की प्रक्रिया और इसके कुंठित होने दोनों के ही प्रमाण हैं। वेल्लालाओं के द्वारा उन्हें उनकी भूमि से बेदखल कर दिए जाने और उनके क्षत्रिय बिरादरी के होने को माने जाने सम्बन्धी अपनी सभी कहानियों के साथ वे किसानों के बजाए खेतिहर मजदूर ही अधिक रहे हैं। अम्बालाक्करन, जो कि मछुवारे हैं, तंजौर की जाति हैं। ऐसा इसलिए कहा जाता है क्योंकि यह उनका घर है जहाँ उनके कुल 1.63 लाख सदस्यों में से 80 प्रतिशत निवास करते हैं। और वे ब्राह्मण जीवनशैली के अनेकों तरीकों को अपनाए जाने के द्वारा अपनी स्थिति ऊपर उठाने में सफल भी रहे हैं।[109]

वलाइयन, जिनकी तंजौर में जनसंख्या 1.37 लाख थी जो तमिलनाडु में उनकी कुल सदस्यता के 44.5 प्रतिशत के बराबर थी, अपनी उच्च स्थानीय एवं गैर–भारतीय–आर्य विरासत के साथ और कुछ नहीं तो ब्राह्मणों के लिए निर्धारित कार्यों में कठिनाईयाँ बढ़ा सकते थे। एक बार फिर, सटे हुए मदुरा जिले में पूरे 45 प्रतिशत सदस्यों के साथ उनके आर्थिक, राजनीतिक एवं सांस्कृतिक हित भारतीय–आर्य प्रभाव एवं उन्मुखीकरण के लिए अभेद्य समाज प्रदान कर पाने में विफल नहीं रहे।

जातीय–भूगोल का अध्ययन आगे अप्रवासियों एवं/अथवा स्थानीय रूप से स्वीकृत ब्राह्मणों के द्वारा उत्तरी जिलों के गैर–ब्राह्मणों एवं स्थानीय जातियों के लिए साफ छोड़ दिए गए मैदान की रोचक और कुछ–कुछ पेचीदा तस्वीर प्रकट करता है! दक्षिण आरकोट के जिलों, चिंगलेपुट तथा उत्तरी आरकोट में एकसाथ मिलाकर ब्राह्मणों की कुल संख्या 76 हजार से अधिक नहीं थी। और वे तमिलनाडु में अपनी कुल संख्या के 15 प्रतिशत से कम ही थे! ऐसा प्रतीत होता है जैसे ब्राह्मणों ने इन जिलों को अपनी पहुँच के बाहर मान लिया था! मामले की सच्चाई यह है कि तंजौर में उन्हें राजाओं के द्वारा वहाँ के अनेकों मंदिरों की देखभाल करने के लिए या तो उत्तर से अथवा स्थानीय समुदाय से भर्ती किया गया था। कैथलीन गाफ[110] ने दयापूर्वक हमें इसकी समर्थक सूचना प्रदान की है कि ब्राह्मणों के पास जिले के "कुल 2611 गाँवों में से लगभग 900 में भूमि और प्रशासनिक अधिकार थे"।

दक्षिण आरकोट को पल्लियों अथवा पदाइयाचियों के जिले से उत्कृष्ट कहा जा सकता है जो वेल्लालाओं के विरुद्ध एक शिकायत पाले हुए हैं कि उन्होंने उन्हें उनकी भूमि से बेदखल कर दिया और उन्हें तथा पराइयनों को भी खेतिहर गुलाम बना कर छोड़ दिया। 23.50 लाख की कुल जनसंख्या में से 7.28 लाख पल्लियों और 5.66 लाख पराइयनों ने एकसाथ मिलकर 13 लाख का कुल योग खड़ा कर लिया था। अन्य महत्वपूर्ण जातियों में से मात्र दो के पास इस जिले में एक–एक लाख की जनसंख्या थी।

ये वेल्लाला लोग थे, जिनकी संख्या 1.46 लाख थी, और इदाइयन अथवा कोनन, चरवाहे, थे जिनकी संख्या 1.04 लाख थी। उत्तरी आरकोट में पल्लियों की संख्या 3.57 लाख थी, पराइयनों की 1.93 लाख और वेल्लाओं की 1.65 लाख। चिंगलेपुट जिले में 3.21 लाख सदस्यों के साथ पराइयन सबसे आगे थे, जिनके बाद 2.62 लाख के साथ पल्ली उनसे अधिक दूर नहीं थे। तीसरा सबसे बड़ा कोटा वेल्लाला लोगों का था जिनकी संख्या 92 हजार थी। तीन जिलों में एक साथ मिलाकर 68.70 लाख की कुल जनसंख्या में मात्र 76 हजार ब्राह्मण ही एकत्रित हो सके थे। इस प्रकार इन तीन उत्तरी जिलों की कुल जनसंख्या में ब्राह्मणों का प्रतिशत 1.2 का भी नहीं था!

तीन पश्चिमी जिलों, सालेम, कोयम्बटूर एवं त्रिचुरापल्ली (त्रिचिनापोली) में से सालेम में पल्लियों का शक्तिशाली संकेन्द्रण था जो वहाँ की कुल जनसंख्या के 20 प्रतिशत अथवा 5.16 लाख थे। किन्तु 3.95 की संख्या वाला

वेल्लालाओं का एक शक्तिशाली दल उनके महत्व की बराबरी कर सकता अथवा करता था। इसके अलावा, 1.85 लाख की महत्वपूर्ण संख्या में पराइयनों की मौजूदगी मामले को वेल्लाओं के पक्ष में मोड़ सकती थी। मात्र 16 हजार की संख्या के साथ ब्राह्मणों का कोई महत्व नहीं था, न तो सांस्कृतिक और न ही राजनीतिक। और दक्षिण की ओर सटा हुआ जिला कोयम्बटूर अनिवार्य रूप से वेल्लालाओं का जिला था, जहाँ उनकी संख्या 6.90 लाख थी जो सभी जिलों की अपेक्षा सर्वाधिक बड़े संकेन्द्रण का प्रतिनिधि था। जो कुछ और भी महत्वपूर्ण है वह यह कि जिले में किसी भी अन्य जाति का प्रतिनिधित्व या तो एक लाख अथवा उससे कुछ अधिक का नहीं था। वहाँ कुल 79 हजार शानार अथवा नादर थे और 64 हजार काईक्कोलान, बुनकर थे। इस जनसंख्या में मात्र 19 हजार ब्राह्मण आसानी से छिप जाते थे। दो जिलों की 44 लाख से अधिक की संयुक्त जनसंख्या में वेल्लालाओं की शक्तिशाली दल के विक्षोभ के विरुद्ध मात्र 35 हजार ब्राह्मण कुछ खास हासिल नहीं कर सके!

त्रिचुरापल्ली विशिष्ट रूप से उन प्रमुख जातियों में से किसी के भी संकेन्द्रण से रहित है जिनपर हम चर्चा करते रहे हैं। ऐसी तीन जातियाँ, जिनकी जनसंख्या इन जिलों में से प्रत्येक में एक लाख से अधिक है, के नाम हैं पल्ली, पल्लन और वेल्लाला। उनकी संख्या क्रमशः 1.48, 1.09, तथा 1.02 लाख थी। ब्राह्मणों की संख्या 31 हजार थी। तमिलनाडु में अपनी कुल संख्या के अनुपात में ब्राह्मणों का प्रतिनिधित्व उतना बुरा नहीं था, जिले के द्वारा उनके संकेन्द्रण की श्रेणी चौथी बताई गई थी और यह मदुरा की तुलना में अधिक कम नहीं थी। हालांकि, यह नट्टामन जाति, जिनकी कुल संख्या 1.50 लाख थी, के 60 हजार सदस्यों का घर था।

तंजौर जिला, जो तमिलनाडु का सांस्कृतिक केन्द्र है, की ओर अग्रसर होते हुए मुझे जाति–भूगोल के दृष्टिकोण से इसकी प्रतिनिधिक प्रकृति का आगे का परीक्षण करना चाहिए। *मद्रास सेंसस रिपोर्ट, 1901* में जिला–वार वितरण के लिए 63 से भी अधिक पृथक जातियों को सूचीबद्ध किया गया है। इनमें से मात्र 20 जातियों के पास एक लाख अथवा अधिक की सदस्य संख्या है। तमिलनाडु में तमिल हिन्दुओं की कुल संख्या लगभग 1.42 करोड़ थी और एकसाथ मिलकर ये 20 जातियाँ 1.34 करोड़ के आसपास, अर्थात्, कुल तमिल हिन्दुओं के 94 प्रतिशत से भी अधिक थीं। तंजौर जिले में 9 जातियाँ, जिनमें से उस जिले में प्रत्येक के पास एक लाख अथवा अधिक सदस्य मौजूद थे, की सदस्य संख्या 1.59 करोड़ थी, जबकि जिले के कुल निवासियों की संख्या 2 करोड़ 24 लाख 50 हजार की थी। इस प्रकार वे जिले की कुल जनसंख्या के लगभग 71 प्रतिशत के बराबर थे।

इन जातियों में से मात्र 3 के द्वारा ही जिले में अपने सर्वोच्च संकेन्द्रण को प्रदर्शित किया गया था। और ये थे ब्राह्मण, अम्बालाक्करन एवं वलाइयन। यह अवश्य ही विशिष्ट रूप से चिह्नित किया जाना चाहिए कि मदुरा में मंदिर संस्थानों की उदार दानदाता महान चेट्टी जाति की सदस्य संख्या 82 हजार अथवा 28 प्रतिशत थी, जबकि तंजौर जिले में मात्र 24 हजार लोग ही इनका प्रतिनिधित्व करते थे। तंजौर जिला, जिसे सांस्कृतिक रूप से तमिलनाडु का लघु–ब्रह्माण्ड[111] कहा जाता है, जाति–भूगोल के दृष्टिकोण से इसका केन्द्र सिद्ध होता है।

इसमें जरा भी आश्चर्य नहीं है कि ऊपर संक्षेप में वर्णित ऐतिहासिक परिस्थितियों तथा जातियों एवं उनके सदस्यों की संख्याओं एवं वितरण के निहितार्थों के अंतर्गत डब्ल्यू. फ्रांसिस ने 60 वर्षों पहले लिखते समय यह नोट किया था कि धार्मिक एवं साामजिक जीवन पर ब्राह्मणों का प्रभाव व्यापक तौर पर कम ही है। समाज के बड़े वर्ग इसे आवश्यक नहीं मानते कि उनके विवाह अथवा अंतिम संस्कारों को किसी पेशेवर पुजारी के द्वारा ही संपन्न कराया जाना चाहिए। यदि किसी संस्कार में किसी गैर–रिश्तेदार की आवश्यकता कभी पड़े भी तो यह जाति में सामाजिक नेतृत्वकर्ता होता है जो कार्यपालक पुजारी के कार्य का निर्वहन कर देता है।[112]

जाति–व्यवस्था एवं जाति–भूगोल के सामान्य निहितार्थों को अब और अधिक स्पष्ट बनाया जा सकता है। और सर्वश्रेष्ठ रूप से ऐसा उत्तर–प्रदेश की जाति–व्यवस्था एवं जाति–भूगोल की तुलना एवं भेद–निरूपण करने के द्वारा किया जा सकता है। यह अकेला ऐसा क्षेत्र है जो इस व्यवस्था की उत्पत्ति के घर होने का दावा कर सकता है।

प्रारंभ करने हेतु, किसी को भी आज के उत्तर–प्रदेश का वह विस्तृत क्षेत्र दिखाई देता है जो पहले आगरा और अवध का संयुक्त प्रांत हुआ करता था। तमिलनाडु के 12 जिलों की तुलना में इसके पास 50 जिले हैं। 1901 में इसकी हिन्दू जनसंख्या 4 करोड़ से अधिक थी, जबकि उस समय तमिलनाडु में ये मात्र 1.46 करोड़ थे। 1901

की सेंसस रिपोर्ट में जिला–वार वितरण के लिए सूचीबद्ध की गई पृथक जातियों की संख्या तमिलनाडु में 63 अथवा 64 थीं जबकि उत्तर–प्रदेश में ये 180 से कम नहीं थीं। ऐसी जातियाँ, जिनकी प्रत्येक की सदस्य संख्या एक लाख अथवा अधिक की थी, तमिलनाडु में मात्र 20 थीं जबकि उत्तर प्रदेश में 46 अथवा उसके आसपास थीं। तीन लाख अथवा उससे अधिक सदस्यों वाली 29 जातियाँ मौजूद थीं।

एक लाख अथवा अधिक सदस्यों वाली 20 तमिल जातियों को एकसाथ मिला देने पर तमिल हिन्दू बढ़कर 91 प्रतिशत हो जाते हैं। ये 29 जातियाँ, जिनमें से प्रत्येक के पास 3 लाख अथवा अधिक सदस्य हैं, का कुल योग 3.30 करोड़ था और ये उत्तर–प्रदेश के कुल हिन्दुओं के 81 प्रतिशत के बराबर थीं।

तमिलनाडु के पराइयनों के विपरीत चमार सबसे बड़ी जाति थी। तमिलनाडु के विपरीत उत्तर–प्रदेश का जातीय परिदृश्य ब्राह्मणों को दूसरी सबसे बड़ी जाति के रूप में प्रस्तुत करता था, चमारों के बाद ब्राह्मणों का प्रतिशत 80 से कुछ कम था। वे उत्तर–प्रदेश में कुल हिन्दुओ के 11.57 प्रतिशत भाग का गठन करते थे, जबकि चमारों का योगदान 14.47 प्रतिशत का था।

तमिलनाडु में दो 'अछूत' जातियों को एकसाथ मिलाने पर वे इकलौते सबसे बड़े समूह का गठन करते थे, किन्तु इस प्रकार एकसाथ समूहबद्ध किया जाना विशुद्ध रूप से एक सैद्धांतिक और गणितीय कार्यवाही था जिसे वास्तविक जीवन में अभी तक कभी भी अनुभव नहीं किया गया है। के. गाफ के द्वारा हमें सूचित किया गया है कि यहाँ तक कि तंजौर जिले, जहाँ सामुदायिक समानतावादी उग्रवाद के विस्तार को प्रचंड बताया जाता है[113], ''कार्य एवं जाति श्रेणी के लिए देवेन्द्र पल्लनों, टेक्काथी पल्लनों और पराइयनों के बीच कटु प्रतिस्पर्धा विद्यमान थी''।

निःसंदेह पराइयन लोग तमिल हिन्दुओं के 14.7 प्रतिशत का गठन करते थे, किन्तु प्रतिशत बिन्दुओं में उन्हें पल्लियों और वेल्लालाओं दोनों के ही द्वारा पीछे छोड़ दिया गया था जो तमिल हिन्दुओं के क्रमशः 17.5 तथा 16.3 प्रतिशत थे।

उत्तर–प्रदेश जाति व्यवस्था के अंतर्गत तीसरी सबसे बड़ी जाति, अहीर, जो स्वयं का यादव अथवा यादव राजपूत, अर्थात्, भगवान श्रीकृष्ण के वंशज होने का दावा करते हैं, और देश के विभिन्न भागों में ईसापूर्व दूसरी शताब्दी से शासन कर चुके होने की लंबी परंपरा संजोए हुए हैं, हालांकि आज सैनिक के पेशे पर मजबूत पकड़ रखने वाले पशु–पालक और किसान हैं, ब्राह्मणों अथवा ब्राह्मणवादी संस्कृति के विरोधी नहीं रहे हैं। आकार के हिसाब से अगली बड़ी जाति राजपूतों की है, जो अपनी राजसी परंपराओं एवं ब्राह्मणों तथा ब्राह्मणवादी शिक्षाओं एवं संस्थानों के प्रति अपने सम्मान के लिए भली–भांति जाने जाते हैं। वास्तव में, उनकी वंशावलियाँ उन्हें सूर्य एवं चंद्रमा तक पीछे ले जाती हैं जिन्हें ब्राह्मणवादी संस्कृति का ठोस आधार और सभी विपरीत परिस्थितियों में इसके रक्षक कहा जा सकता है। उत्तर–प्रदेश के हिन्दुओं में ये दोनों जातीय समूह क्रमशः 9.39 तथा 8.36 प्रतिशत भाग का गठन करते हैं। तीन जातियाँ, ब्राह्मण और प्राचीन पारंपरिक शासन में उनके समर्थक, राजपूत एवं अहीर एकसाथ मिलकर कुल हिन्दुओं के लगभग 30 प्रतिशत के बराबर थे।

एक अन्य समूह, जाट, यद्यपि संख्या में बहुत छोटे थे, जो अहीरों के लगभग 1/5वें भाग के बराबर थे, और एक शासक वर्ग की कहीं शक्तिशाली और लगभग वर्तमान समय में प्रचलित परंपरा, जो सिर्फ 15वीं शताब्दी में ही प्रारंभ हुई थी, के वाहक हैं। इन्हें गैर–शूद्रों के रूप में अहीरों से ठीक ऊपर और उन बनियों के ठीक नीचे श्रेणीबद्ध किया गया है जो स्वयं को प्रायः ही वैश्य कहते और माने भी जाते हैं। ये पश्चिमी एवं पंजाब की सम्बद्धता के हैं और उत्तर–प्रदेश के पश्चिमी जिलों तक सीमित हैं। तीन जिलों में इनकी सदस्य संख्या एक लाख अथवा अधिक की पाई गई है। ये महत्वपूर्ण जिले हैं भारतीय–गांगेय जिले अलीगढ़, मेरठ एवं मथुरा। सामान्यतौर पर वे राजपूत होने का दावा करते हैं और मेरठ जिले में उनके सभी 92 वर्ग नामों में राजपूतों के साथ समानता रखते हैं।[114]

बनिया, जो व्यापारी एवं सौदागर हैं, चिह्नित रूप से धार्मिक अथवा कहीं अंधविश्वासी होने के लिए सुविदित हैं और ब्राह्मणों को सम्मान तथा दान देने एवं धार्मिक–सामाजिक योजनाओं में उनके पक्ष में खड़े होने के इच्छुक रहते हैं, अपने 13 लाख सदस्य होने का दावा करते हैं। यद्यपि ये सभी जाति एवं धर्म के आधार पर बहुत अधिक विभाजित हैं, तथापि यह पूरी तरह से स्पष्ट है कि हिन्दू समाज का यह रूढ़िवादी तत्व एक ब्राह्मणवादी संपदा

का तब तक एक बड़ा भाग रहा था जबतक संस्कृति–संक्रमण की प्रक्रिया में इसने जैन धर्म को नहीं अपना लिया था। यह तथ्य, कि इसे वैकल्पिक तौर पर वैश्य के रूप में प्रदर्शित किया जाता है, जो 'वर्ण'–समूहीकरण में तीसरी जाति है, ब्राह्मणवादी संस्कृति–संक्रमण के पक्ष में इसकी भूमिका पर जोर देता है।

28 जिलों में चमारों की संख्या 1 लाख अथवा उससे अधिक की है जबकि ब्राह्मणों के मामले में ऐसा सिर्फ 23 जिलों में हैं जिनमें से दोनों के बीच 18 जिले साझा हैं। गोरखपुर, जो चमारों के सर्वाधिक संकेन्द्रण वाला जिला है (राज्य में उनकी कुल संख्या का 6 प्रतिशत) साथ ही ब्राह्मणों के सर्वाधिक संकेन्द्रण वाला जिला भी है जिनकी वहाँ की संख्या उत्तर–प्रदेश की कुल संख्या के 5.7 प्रतिशत के बराबर है।

विभिन्न जातियों की उत्पत्तियों की परंपराएं अथवा पौराणिक कथाएं भी एक ऐसा बिन्दु हैं जो किसी के भी ध्यान का अतिक्रमण करती हैं। हम देख चुके हैं कि तमिलनाडु में कुछ जातियाँ अपनी उत्पत्ति को दैवीय अथवा अर्द्ध–दैवीय स्त्रोतों से जोड़ती हैं। ऐसे देवत्व अथवा अर्द्ध–देवत्व पौराणिक अथवा वैदिक देवसमूहों के होते हैं। उनमें से अभी तक किसी के लिए भी ऐसा स्वीकार किया जाना ज्ञात नहीं है कि उनकी उत्पत्ति उच्चतर जातियों में से किसी के भी साथ अनुलोम विवाह से अथवा उनके द्वारा प्रत्यक्ष रूप से जन्म देने के कारण हुई हो। उत्तर–प्रदेश में न केवल विभिन्न जातियों ने अपनी उत्पत्ति राजपूत मान रखी है और क्षत्रिय होने का दावा किया है, जैसा कि लगभग 20 लाख कृषक कुर्मियों के द्वारा किया गया है, बल्कि कुछ ने तो उच्चतर जाति के सम्बन्ध को इतना अधिक स्पृहणीय (लालचयोग्य) मान लिया है कि वे फूहड़ अथवा अवैध संतान होने पर जोर दिए जाने का भी बुरा नहीं मानते। इस प्रकार, अहीरों के पास एक नंदवंश विभाजन है, जो अपने सामाजिक गौरव के प्रति हानिकारक माने बिना ही राजपूत मूल का होने का दावा करते हुए जोर देता है कि वे चित्तौड़ के एक राजा द्वारा एक अहीर राजकुमारी के साथ किए गए एक *डोला* विवाह के वंशज हैं।[115] लोधा, जो 11 लाख जनसंख्या वाली एक उत्तम कृषक जाति है, को "जनसंख्या के एक शांत, सभ्य एवं उद्यमी अंश" के रूप में वर्णित किया गया है। इनके दो मुख्य वर्गों में से एक है कच्छावाहा जो "एक कच्छावाहा राजपूत एवं एक निम्नजाति की महिला के बीच संभोग से उत्पन्न संतान होने की घोषणा करते हैं"।[116] इसी प्रकार काछी, जो समानरूप से परिश्रमी होते हुए एक विशेषज्ञताप्राप्त कृषक जाति है, के पास अपनी दो उप–जातियों में से एक के रूप में कच्छावाहा मौजूद है, जो इसे एक कच्छावाहा ठाकुर, अर्थात्, राजपूत तथा एक दासी कन्या से जन्मी बताते हैं"।[117]

अंत में, मैं सांसारिक तथा आध्यात्मिक अधिकारों के बीच नजदीकी सम्बन्ध पर जोर दे सकता हूँ जो अवश्य ही इस तथ्य में उत्तर–प्रदेश के ग्रामीणों पर व्यापक तौर पर मँडराता रहा होना चाहिए कि यदि पिछली सात अथवा आठ शताब्दियों से राजपूत उनके लिए एक ठाकुर रहे हैं तो ब्राह्मणों को भी 11वीं अथवा 12वीं शताब्दियों से उनके ठाकुरों में शामिल रहे होना चाहिए, क्योंकि ब्राह्मणों को अभिलेखों में ठाकुर (ठाक्कुरा) के उपसर्ग के साथ उल्लिखित किया गया है।[118]

संदर्भ

1. L. I. Rudolph in the *Journal of Asian Studies*, 1960–61, p. 288. 2. Sircar, p. 19. 3. Sircar, p. 39. 4. Sircar, p. 213. 5. Sircar, p. 257. 6. *Raghuvamsa*: IV, 44–50 and VI, 59–65. 7. *Ep. Ind.* XXII, pp. 39, 41, 51 and footnote 1. 8. *The Cholas*, p. 551. 9. Baines, pp. 18, 58.

10. p. 63, footnote. 11. *Ind. Ant.*, 1873, p. 274. 12. *Caste in India*, 3rd ed., p. 67. 13. Ibid., p. 69. 14. Chitrao: *vi*□*e* Agastya. 15. R. K. Pillay in *Tamil Culture*, 1966, p. 16. 16. Ibid., pp. 169, 178–9. 17. *The Cholas*, pp. 66–76. 18. Gustav Oppert, *op. cit.*, p. 66; Thurston, III, 303. 19. J. N. Farquhar, p. 121.

20. Narayana Ayyar, *Origin and History of Shaivism in South India*. 1936, pp. 122–23. 21. *The Cholas*, 1955, pp. 12, 51, 66–76, 574–75, 674–76. *History of South India*, 1966, pp. 151, 379, 423; P. V. Jagadisa Iyyar, *South Indian Temples*, pp. 212–17. 22.

Nilakanta Sastri, *History of South India*, p. 435; cf. J. N. Farquhar, *Outline of the Religious Literature of India*, 1920, pp. 257–58. 23. Nilakanta Sastri, pp. 355, 368–72, 426; Iyyar. p. 461 footnote. 24. *History of South India*, pp. 426–7. 25. Jagadisa Iyyar, p. 461, footnote. 26. Nilakanta Sastri, *History of South India*, pp. 372, 427. 27. Sastri, ibid., p. 116. 28. L. I. Rudolph in the *Journal of Asian Studies*, 1960–61, pp. 288–89. 29. Farquhar, p. 246.

30. Farquhar, p. 255. 31. *Ep. Ind.*, XI, p. 325; XIX, 131–34. 32. K. K. Pillay in *Tamil Culture*, 1966, p. 166. 33. Farquhar, pp. 147–48. 34. Farquhar, pp. 257, 347. 35. Sircar, pp. 215–222. 36. Sircar, p. 279. 37. Narayana Ayyar, p. 381. 38. K. K. Pillay: *Tamil Culture*, 1966, p. 166. 39. Iyyar, p. 475. 39. *A. P. Census* 1961, VI, No. 16, *Pasarlapudilanka*, East Godavari district.

40. *Madras Census* 1961, VI, No. 9, pp. 112–13. 41. *Op. cit.*, I, 55; II, 77. 42. Sastri, *History of South India*, pp. 57–8. 43. *Op. cit.*, p. 191. 44. Iyyar, pp. 191, 475. 45. Risley, *People of India*, p. 305. 46. Pp. 50–69. 47. Iyyar, p. 217 where a whole passage from the *Annual Report of the Madras Epigraphieal Department* for the year 1908–09 is quoted. 48. Pp. 21–22. 49. Sastri, *The Cholas*, pp. 557–59.

50. J. N. Farquhar, p. 256. 51. Iyyar, p. 89. 52. Thurston, I, p. 330 53. Cf. *Social Tensions in India* for this. 54. Baines, pp. 90–91. 55. *Dist. Gaz. Tinnevelly*. pp. 137–41; *Dist. Gaz. Tanjore*, pp. 72, 218, 222–23, 229–30, 232. 56. *Dist. Gaz. Tanjore*, p. 218. 57. *Dist. Gaz. Tanjore*, p. 276. 58. *Dist. Gaz. South Arcot*, pp. 103–4; *Salem*, 142; *Trichinopoly*, 111; *Tanjore*, 83; Gustav Oppert, 99. 59. Gough, (I), 37.

60. Dr. Baines, pp. 74–5. 61. Oppert, 99 footnote. 62. P. 54. 63. Baines, pp. 54–5. 64. *Tanjore*, 83. 65. Oppert. p. 57. 66. Thurston, VII, pp. 373–74. 67. Thurston, VII, 369. 68. *Tanjore Dist. Gaz.*, 82. 69. *Tinnevelly*, pp. 139–40.

70. *Tanjore Dist. Gaz.*, 89. 71. *Salem*. 202. 72. *South Arcot*, 104–5. 73. *South Arcot*, 105; Gustav Oppert, 68. 74. Baines, pp. 74–6. 75. *Tanjore*, 90; 1961 Census Village Survey Monographs: *Pudukulam*, (Tiruneveli Dist.), 8; *Gohsarpatti*, (Ramanathapuram Dist.), 8. 76. *Salem*, 189; *Golwarpatti*, 8. 77. Marriott's *Village India*, p. 47; Leach, *Aspects of Caste*, p. 59. 78. Baines, p. 103; *Pudukulam, Tirunelveli Dist.*, p. 5. 79. *Madura Dist. Gaz.*

80. *Madras Census Report*, 1871, pp. 103–5. 81. *Tinnevelly Dist. Gaz.*, p. 125. 82. P. 71. 83. Tinnevelly *Dist. Gaz.*, pp. 129–31. 84. *Madras*, 1961, *Village Survey Monographs: Golwarpatti*, p. 10.; *Thadagam*, p. 14; *Vilangulam*, p. 4. 85. *Tinnevelly Dist. Gaz.*, pp. 133–4. 86. *Tinnevelly Dist. Gaz.*, pp. 134, 403. 87. *Madras Government Memorandum to the Statutory Commission*, pp. 596–98. 88. Dist. Gaz., *Tinnevelly*, pp. 126–28. 89. *Dist. Gaz., Tinnevelly*, p. 126.

90. *Madras Government Memorandum to the Statutory Commission*, pp. 596–98. 91. *The Times of India*, 28/29–4–58. 92. *Dist. Gaz., Trichinopoly*, p. 120; *Madras Village Monograph*, 26; *Golwarpatti* (Ramanathapuram), p. 10. 93. E. Thurston, I, p. 7. 94. E. Thurston, III, p. 71. 95. Baines, p. 47. 96. *Indian Antiquary*, III, p. 91. Italics mine. 97. *Madura Dist. Gaz.*, p. 92. 98. Thurston, III, pp. 31–2; *Madras Census Report*, 1891. 99. Thurston, III, pp. 31–2; *Madras Census* 1961, Part IV, No. 1, *Ayyangarkulam*, p. 7.

100. *Tribes and Castes of Madras Presidency*, III, p. 31. 101. *Madras Census* 1961, Part VI, *Thiruvelleri*, Tiruchirapalli District, p. 14. 102. *Ayyangarkulam*, p. 87. 103. Thurston, III, pp. 107, 113; Oppert, 58. 104. *Madras Census Report*, 1871, p. 157 and footnote. 105. *South Indian Inscriptions*, III, p. 47 106. Thurston, III, pp. 108–9. 107. N. K. Dutt (2), pp. 1–2. 108. K. Gough, I. pp. 41, 44–5; II, pp. 33, 42. 109. Baines, p. 81.

110. K. Gough, I, pp. 37. 111. K. Gough, I, pp. 38–39. 112. *Madura Dist. Gazetteer*, p. 84. 113. K. Gough, II, pp. 47, 51; III, pp. 58–59; *Times of India*, 28-8-67. 114. *Meerut Dist. Gaz.*, p. 89. 115. *Manipuri Dist.* Gaz., p. 88. 116. *Etawah Dist* Gaz., p. 72. 117. *Manipuri Dist.* Gaz., p. 89. 118. *Cawnpore Dist. Gaz., Farrukhabad Dist. Gaz., Ep. Ind.* IV, pp. 111–2, pp. 170–71; *Ind. Ant.*, XIX, p. 535; *Ep. Ind.*, XIX, pp. 291–94.

14

एक जातिविहीन समाज या एक मिश्रित समाज?

जर्मन समाजशास्त्री मैक्स वेबर, जिनकी प्रशंसा पूँजीवाद और उसके विरोधी नीतिशास्त्र के बीच के सम्बन्धों की उत्कृष्ट व्याख्या के लिए की जाती है, ने 1916–17 में भारतीय जाति के सम्बन्ध में लिखा था: ''सभी जातीय सम्बन्ध हिल चुके हैं और, अन्य स्थानों की भांति, यहाँ भी विशिष्ट राष्ट्रवाद के वाहक अंग्रेजों द्वारा बुद्धिजीवियों के समाज की प्रजातिं उत्पन्न कर दी गई हैं। वे इस मंद एवं अप्रतिरोध्य प्रक्रिया को बहुत अधिक शक्तिशाली बना देंगे।''[1] इस पुस्तक के पाठक इस मूल्यांकन की सीमित सत्यता का अनुभव करेंगे और जाति के भविष्य सम्बन्धी उत्साही आशावाद में अतिशयोक्ति को नोट करेंगे।

निःसंदेह, जाति की प्रथा परिवर्तित हो चुकी है और हिन्दुओं के एक वर्ग ने न केवल उस परिवर्तन को मौन स्वीकृति प्रदान कर दी है वरन् सक्रिय रूप से इसमें सहायता भी की है। रूढ़िवादी हिन्दुओं ने बदली हुई परिस्थितियों के कारण उत्पन्न इन संशोधनों को पसंद नहीं किया। वास्तव में उन्होंने उसकी निन्दा की, और यदि उनके पास ताकत रही होती तो वे पुरानी स्थिति को खुशी–खुशी पुनर्बहाल कर चुके होते। दूसरी और प्रगतिवादी तत्वों ने इन परिवर्तनों का न केवल स्वागत किया बल्कि आगे के संशोधन प्रस्तावित कर दिए। इनके बीच स्पष्ट रूप से पहचान योग्य कम–से–कम तीन विचारधाराएं मौजूद थीं। इनमें ऐसे लोग थे जिनका विश्वास था कि वांछित परिणामों को हासिल करने का सर्वश्रेष्ठ तरीका हिन्दू समाज की उस कल्पित शुद्ध अवस्था में वापसी करना था जिसका निरूपण मात्र चार पारंपरिक जातियों, जैसे ब्राह्मण, क्षत्रिय, वैश्य एवं शूद्र के अस्तित्व द्वारा किया गया था। इस विचारधारा के महानतम प्रतिपादक थे महात्मा गाँधी, जिन्होंने वेबर की अभिव्यक्ति के मात्र तीन अथवा चार वर्षों के पश्चात् इसे व्यक्त किया था, निश्चित रूप से उन्होंने ऐसा जाति पर वेबर के विचारों को जाने बिना ही किया था।[2]

ऐसे अन्य लोग भी थे जो पूर्णतः अलग परिस्थितियों के अंतर्गत इन्हें पुनर्बहाल करने की निरर्थक आशा में पीछे देखने के बजाए आगे बढ़ना पसंद कर रहे थे। किन्तु उनकी सोच थी कि जाति–उन्मूलन को एक ठोस तथ्य के रूप में हासिल करने का एकमात्र तरीका यह था कि ऐसी वर्तमान जातियों, जिनके बीच सांस्कृतिक एकता और आर्थिक समानता हो, की विभिन्न उप–जातियों का परस्पर विलय कर दिया जाए। इस प्रकार, ऐसी जातियाँ, जो समानता के एक लगभग समान स्तर पर खड़ी हों, एकीकृत हो जाएगीं, और इस प्रक्रिया का अनुसरण समाज के जातिविहीन हो जाने तक जारी रहना चाहिए। उनका तर्क था कि उन वर्गों, जो अभी भी अपनी युगों पुरानी प्रथाओं में समग्र परिवर्तन के लिए तैयार नहीं हैं, के वांछित मानसिक समायोजन की आवश्यक अनुबद्धता के साथ–साथ धीमी होने के कारण इस प्रक्रिया के पास शिक्षा तथा सूचित जनमत तैयार करने हेतु पर्याप्त समय उपलब्ध होगा।

तीसरी विचारधारा जाति को इसके कुछ पहलुओं में इतनी अपमानजनक और कुछ में इतनी राष्ट्रविरोधी मानती थी कि यह बिना किसी हिचकिचाहट अथवा बिलंब के इसे पूरी तरह से समाप्त करना चाहती थी।

महात्मा गाँधी ने हमें वह पूरा कार्यक्रम नहीं प्रदान किया जिसके द्वारा वह चार प्राचीन वर्णों को पुनः बहाल करना चाहते थे। यह पूर्णतः स्पष्ट नहीं है कि क्या लोगों को उनके किसी जाति विशेष में जन्म लेने अथवा वर्तमान में अपनाए गए पेशों की शक्ति के आधार पर इनमें से किसी–न–किसी वर्ण के अंतर्गत शामिल किया जाएगा। इसके बावजूद जब वह जन्म पर अधिक जोर देते हैं और ''जन्म से ब्राह्मण तो सदैव एक ब्राह्मण'' के विचार का समर्थन करते हैं, तब निःसंदेहात्मक रूप से वह अन्य जातियों को जन्म के आधार पर ही उनके समुचित समूहों में पुनः व्यवस्थित करेंगे। यदि इस प्रक्रिया को क्रियान्वित करने का प्रयास किया गया होता तो मुझे यह कहने में हिचकिचाहट नहीं है कि विभिन्न जातियों के बीच बड़ा झगड़ा खड़ा हो गया होता। क्षत्रिय, वैश्य एवं शूद्र वर्ग ब्राह्मणों के समान ही विशिष्ट और एकजुट नहीं रह गए हैं। इस बात को लेकर बहुत अधिक मतभेद हैं कि किन–किन जातियों का विलय उपरोक्त तीन वर्गों में से किस एक के साथ किया जाना चाहिए। यहाँ तक कि इस बिन्दु पर यदि कोई शांतिपूर्ण समाधान संभव भी हो तो अछूत वर्ग का क्या होगा? गाँधी जोरदार तरीके से अस्पृश्यता के विरुद्ध थे, और स्वाभाविक रूप से वह इन वर्गों के लिए किसी सम्मानजनक स्थिति को प्रस्तावित करते। उन्हें स्थान कहाँ प्रदान किया जाना था? यदि उन्हें किसी में शामिल करना प्रस्तावित कर भी दिया जाए तो भी उस वर्ग के द्वारा भारी विरोध प्रदर्शन अवश्यसंभावी है। इस प्रकार प्रस्तावित चौवर्गीय वर्गीकरण के प्रयोजनार्थ किसी जाति में जन्म का मानदंड पूर्णतः असंतोषजनक प्रतीत होता है। यदि किसी व्यक्ति के वास्तविक पेशे को उसकी स्थिति का प्रमाण मानना हो तो इस चौवर्गीय मानवता की पुरानी व्यवस्था में आधुनिक पेशों को किस प्रकार से समायोजित किया जाएगा? यहाँ तक कि यदि हम सभी लोगों के दावों को सफलतापूर्वक समायोजित भी कर लें और उनका समुचित वर्गीकरण भी कर लें, तो भी एक प्रश्न यह रहेगा कि विभिन्न वर्गों के बीच विवाह की अनुमति होगी अथवा यह प्रतिबंधित होगा, अथवा क्या भोजन इत्यादि के मामले में सामाजिक प्रतिबंध अभी भी जारी रहेंगे? कुल मिलाकर, मुझे ऐसा प्रतीत होता है कि समाज के चौवर्गीय विभाजन की ओर वापसी अव्यवहारिक है, और यदि ऐसा हासिल कर भी लिया जाए तो भी इससे हमारी पुरानी विरासत का स्मरण करने से अधिक कोई भी उपयोगी प्रयोजन सिद्ध नहीं होगा।

जाति के उन्मूलन हेतु छोटे समूहों का बड़े समूहों में धीरे–धीरे विलय किया जाना वास्तविक समस्या से मुँह मोड़ लेना है। इस विधि को पुराने बॉम्बे प्रेसीडेंसी में गत 40 वर्षों के दौरान आजमाया जा चुका है जिसके परिणाम बहुत अनर्थकारी रहे हैं। एक बड़ा संगठन गठित करने के लिए एकसाथ विलीन होने वाली उप–जातियाँ विशिष्टता की अपनी आंतरिक भावनाओं को समुचित उत्साहपूर्वक बरकरार रखती हैं। नया संगठन अन्य जातियों के विरुद्ध कहीं अधिक आक्रामक दृष्टिकोण अपनाता है, विशेषतौर पर उन जातियों के प्रति जिन्हें लोकप्रिय रूप से उनकी जातियों से ठीक ऊपर अथवा नीचे का समझा जाता है। और जैसा कि पहले ही स्पष्ट किया जा चुका है, जातीय–चेतना और अधिक निश्चित और कुंठित हो जाती है। हम देख चुके हैं कि राजनीतिक प्रयोजनों के लिए एकसाथ समूहबद्ध हो चुकी जातियों के बीच भी अन्य जातियों से संघर्ष करने का साझा उद्देश्य इतना शक्तिशाली नहीं सिद्ध हो सका है कि यह समूह में शामिल अलग–अलग जातियों को पदों की लूट के वितरण के समय अपने दावों की अनदेखी करने हेतु प्रेरित कर सके।

जैसी कि स्थिति की मेरी कल्पना है और जैसा कि ब्रिटिश शासन के अधीन जाति के विश्लेषण को अवश्य ही इसे स्पष्ट कर देना चाहिए, जाति की समस्या मुख्यतः जातीय–देशभक्ति से उत्पन्न होती है। यह जातीय–देशभक्ति* की भावना है जो अन्य जातियों के विरोध को जन्म देती है, और राष्ट्रीय चेतना के पूर्ण विकास के लिए एक अस्वास्थप्रद वातावरण उत्पन्न करती है। यह यही जातीय–देशभक्ति है जिसके विरुद्ध हमें संघर्ष करना है और पूरी तरह से जड़ से उखाड़ फेंकना है। यदि दूसरे दृष्टिकोण के प्रचारकर्ताओं द्वारा समर्थित प्रक्रिया को सफल सिद्ध होना है तो मैं विश्वास करता हूँ कि घटती हुई जातीय–देशभक्ति की समस्या सदैव ऐसी और अधिक कठिन ही बनी रहेगी। इसके परिणामस्वरूप कोई आधा दर्जन बड़े समूह गठित हो जाएगें जो दूसरों की लागत पर ही सही, अपने ही हितों को आगे बढ़ाने हेतु मजबूती से संगठित हो जाएगें। परिणाम होगा भीषण संघर्ष।†

---

* बाद में इस घटना को 'जातिवाद' के रूप में संदर्भित किया गया है।

† पाठक कृपया नोट करें कि इसे 1932 में लिखा गया था।

प्रासंगिक यह है कि यहाँ वह नोट करना शिक्षाप्रद होगा जिसे दो प्रख्यात ब्रिटिश बुद्धिजीवियों ने जाति और किसी समाज में जाति–समान दरारों के सम्बन्ध में लगभग उसी समय पर लिखा था जब जर्मनी में मैक्स वेबर और भारत में महात्मा गाँधी अपने–अपने विचार व्यक्त कर रहे थे। 'सार्वभौमिक इतिहासकार' अरनॉल्ड ट्वायनबी ने प्लूटो के आदर्श सामाजिक संगठन की अपनी आलोचना, जिसे द *एनसाइक्लोपीडिया ऑफ रेलीजन एंड एथिक्स* के 10वें खंड (पृष्ठ 552 बी) के लिए लिखा गया था, में समाज के चौवर्गीय विभाजन की अतिशय अव्यवहारिकता पर जोर दिया था। दार्शनिक इतिहासकार एवं राजनीतिक–राजनायिक जेम्स ब्रायस तब और और गहराई में उतर गए जब उन्होंने अपनी *माडर्न डेमोक्रेसीज* [3] में लिखाः ''सामाजिक ढाँचा एक महत्वपूर्ण कारक है। जब लोगों को भाषा, अथवा धर्म, अथवा प्रजाति अथवा पेशों पर आधारित जातीय विशिष्टताओं के अनुसार विभाजित कर दिया जाता है तो साझा अविश्वास और द्वेष के लिए आधार उत्पन्न हो जाते हैं जो उनके एकसाथ मिलकर कार्य करने को अथवा प्रत्येक वर्ग को दूसरे के बराबरी के अधिकार को मान्यता दिए जाने को कठिन बना देते हैं। समजातीयता, यद्यपि वर्ग–संघर्ष को टाल नहीं सकती, फिर भी समुदाय को दूसरों के मनोभावों को समझने में सहायक होती है, और किसी भी देश में एक सामान्य राय उत्पन्न करती है।''

महात्मा गाँधी के विचारों पर मेरी टिप्पणियाँ 1931 के आसपास लिखी गई थीं। भारतीय राष्ट्रीयता का अभ्युत्थान बस जोर पकड़ ही रहा था। फिर भी, ब्रिटिश संसद से 1935 के भारत सरकार अधिनियम के बाहर आने के पहले ही जातीय संगठनों के द्वारा प्रस्तुत किए जा चुके अनेकों अभिवेदनों के द्वारा मुखर जातीय समूहों के प्रति सभी प्रकार के विशेष ध्यान दिए जाने हेतु शोरगुल मचाया जा चुका था। किसी के द्वारा अपनी जाति के सदस्यों के लिए इमारतें बनवाई जा रही थीं, विशिष्ट जातियों द्वारा संचालित सहकारी बैंकों की संख्या बढ़ती जा रही थी, जाति–आधारित सामुदायिक–केन्द्रों के निर्माण हो रहे थे, 1936–37 में चुनावों में भारतीय राष्ट्रीय कांग्रेस की अंधाधुंध सफलता द्वारा उत्पन्न नई व्यवस्था के दौरान विशिष्ट जातियों के सदस्यों के उपयोग के लिए प्रसूति–गृहों और अस्पतालों की स्थापना की जा रही थी। राजनीतिक क्षेत्र में, अनुसूचित जाति, जो पहले अछूत हुआ करते थे, मात्र एक पृथक जातीय संस्था के रूप में प्रकट हुए थे। इसके साथ–साथ, बम्बई में मराठा संविधान में अपने लिए कुछ विशिष्ट प्रावधान करवा लेने में सफल रहे थे। पहले के समय वाले विभिन्न गैर–ब्राह्मण समूह सभी को समाहित कर लेने वाली कांग्रेस के गर्भ में समा चुके थे। सामाजिक समानता और वर्गविहीन समाज के समाजवादी एवं साम्यवादी विचारों को अभी तक सर्वाधिक जोरदार तरीके से प्रचारित किया जा रहा था। 1939 में द्वितीय विश्वयुद्ध हो गया। उसके तुरंत बाद कांग्रेस ने राष्ट्रीय संघर्ष को और तीव्र कर दिया।

15 अगस्त, 1947 को भारत को स्वतंत्रता प्राप्त हो गई। 60 वर्षों से भी अधिक का राष्ट्रवादी अभ्युत्थान एक राष्ट्र –''भारत देश'' के रूप में अवतरित हुआ।

अनुसूचित जाति के नेता बी.आर. अम्बेडकर, जो 1932 में इन जातियों के विशिष्ट प्रतिनिधित्व में उन परिवत. 'नों को स्वीकार करने के विरुद्ध हठ पर अड़े थे जिनके लिए महात्मा गाँधी को आमरण अनशन करना पड़ा था, न केवल मात्र 10 वर्षों हेतु उनके विशिष्ट प्रतिनिधित्व के लिए सहमत हो गए बल्कि 1949 में संविधान के प्रायोजक भी बन गए। ए.बी. लाथे, जो गैर–ब्राह्मणवादी आंदोलन के नेताओं में से एक थे, और जिन्होंने 1925 में जाति के अदृश्य होने तक साम्प्रदायिक मतदाताओं पर जोर दिया था, लंदन में भारतीय गोल मेज सम्मेलन की प्रगति के दौरान ऐसे विशिष्ट प्रतिनिधित्व को त्याग देने हेतु तैयार थे। 1948 के कोल्हापुर दंगों पर कोयाजी रिपोर्ट पर विचार करते हुए उन्होंने टिप्पणी कीः ''तीस वर्षों पहले के गैर–ब्राह्मण आंदोलन के एक विनम्र मित्र के रूप में मैं अभी भी सोचता हूँ कि आंदोलन अनिवार्य रूप से उचित था किन्तु बाद में इसका पतन अनेकों गैर–ब्राह्मण समुदायों की नग्न साम्प्रदायिकता में हो गया जिसने अंततः इसे खंडित कर दिया......। कुछ के पापों के लिए सभी ब्राह्मणों को बदले में दंड दिया जाना मूर्खतापूर्ण है और एक के विरुद्ध दूसरे समुदाय में घृणा लोकतंत्र के लिए आत्मघाती है। जातीय कुलीनतंत्रों के दिन समाप्त हो चुके हैं और उन्हें पुनर्जीवित नहीं किया जाना चाहिए। सत्ता में बैठे लोग जो संकुचित साम्प्रदायिक गर्व को प्रोत्साहित करते हैं......जनता तथा

देश के सबसे बुरे शत्रु हैं।''[4] ये भविष्य में एक जातिविहीन समाज के उद्भव की भविष्यवाणी के शुभ संकेत थे। किन्तु क्या वास्तव में ये सामाजिक प्रवृत्तियों का प्रतिनितिधित्व करते थे? क्या ये जातीय भावनाओं की मोटी दरारों को ढँकने वाले राजनीतिक मुखौटे भर नहीं थे?

भारत का लोकतांत्रिक गणराज्यवादी संविधान 26 जनवरी 1950 को लागू किया गया था। इसकी प्रस्तावना दृढ़तापूर्वक दावा करती है कि भारत के लोगों ने अपने सभी नागरिकों के लिए न्याय, स्वतंत्रता एवं समानता सुनिश्चित करने तथा भाईचारे को बढ़ावा देने के लिए स्वयं को एक संप्रभुतासंपन्न लोकतांत्रिक गणराज्य में गठित कर लिया है, जिसका, जैसा कि संविधान के अनुच्छेद 1 में उल्लिखित है, नाम ''इंडिया, अर्थात् भारत है''। न्याय को विशेषतौर पर तीन प्रकार के होने के रूप में वर्णित किया गया है, न केवल राजनीतिक बल्कि आर्थिक एवं सामाजिक भी। समानता केवल अवसरों की ही नहीं है बल्कि स्थिति की भी है। न्याय एवं समानता, जैसे कि परिभाषित की गई हैं, अपने बीच से जाति की जड़ों को ही काट देती हैं। भारत के नागरिकों ने स्वीकार किया था कि उनके राजनीतिक संघटन का प्रयोजन प्रत्येक नागरिक को न केवल अवसर की समानता, बल्कि सामाजिक एवं आर्थिक मामलों में असमान व्यवहार को भी समाप्त करने की गारंटी प्रदान करना है। स्थिति की समानता की गारंटी को कानूनी स्थिति की समानता, जो स्थिति का मानक अर्थ है, को संदर्भित करने हेतु अवश्य ही अपनाया जाना चाहिए। जैसा कि मैं समझता हूँ, राष्ट्र के चौथे उद्देश्य, भाईचारे को पहले तीन उद्देश्यों की वास्तविक उपलब्धियों का एक परिणाममात्र होना चाहिए।

आदर्शों के क्रियान्वयन को राज्य नीति के निर्देशात्मक सिद्धांतों सम्बन्धी धारा में आगे विस्तारपूर्वक स्पष्ट किया गया है। अनुच्छेद 38 उल्लेख करता हैः ''राज्य ऐसी सामाजिक व्यवस्था की, जिसमें सामाजिक, आर्थिक और राजनैतिक न्याय राष्ट्रीय जीवन की सभी संस्थाओं को अनुप्राणित करे, भरसक प्रभावी रूप में स्थापना और संरक्षण करके लोक कल्याण की अभिवृद्धि का प्रयास करेगा।''

संविधान में मूलभूत अधिकारों का निर्धारण करने वाले अनुच्छेदों में से तीन ऐसे हैं जिनमें प्रजाति, भाषा, धर्म के साथ–साथ जाति तथा कुछ अन्य वर्ग प्रकट होते हैं और इसीलिए वे हमारे प्रयोजनार्थ प्रासंगिक हैं। अनुच्छेद 15 कहता हैः ''(1) राज्य, किसी नागरिक के विरुद्ध केवल धर्म, प्रजाति, जाति, लिंग, जन्मस्थान अथवा इनमें से किसी एक के आधार पर भेद नहीं करेगा। (2) कोई नागरिक केवल धर्म, प्रजाति, जाति, लिंग, जन्मस्थान या इनमें से किसी के भी आधार पर (क) दुकानों, सार्वजनिक भोजनालयों, होटलों और सार्वजनिक मनोरंजन स्थलों में प्रवेश; या, (ख) पूर्णतः यह अंशतः राज्य–निधि से पोषित या साधारण जनता के प्रयोग के लिए समर्पित कुओं, तलाबों, स्नानघाटों, सड़कों और सार्वजनिक समागम के स्थानों के उपयोग के सम्बन्घ में, किसी भी अयोग्यता, दायित्व, निर्बन्धन या शर्त के अधीन नहीं होगा।''

जहाँ अनुच्छेद 15 किसी भी नागरिक के विरुद्ध भेदभाव को प्रतिबंधित करता है, विशेषतौर पर पहुँच के मामले में, वहीं अनुच्छेद 16 उसे रोजगार अथवा नियुक्ति से सम्बन्धित अवसर की समानता की गारंटी प्रदान करता है। यह कहता है ''(1) राज्य के अधीन किसी पद पर नियोजन या नियुक्ति से सम्बन्धित विषयों में सभी नागरिकों के लिए अवसर की समानता होगी। (2) राज्य के अधीन किसी नियोजन या पद के सम्बन्ध में केवल धर्म, प्रजाति, जाति, लिंग, उद्भव, जन्मस्थान, निवास या इनमें से किसी के आधार पर न तो कोई नागरिक अपात्र होगा और न उससे विभेद किया जाएगा।'' इस महत्वपूर्ण अनुच्छेद के तीन परंतुकों में से एक, चौथा, हमारे प्रयोजन के लिए महत्वपूर्ण है, क्योंकि यह वही परंतुक है जो भारत में ब्रिटिश शासन के बाद के दिनों के दौरान भली–भांति ज्ञात नागरिकों की श्रेणियों की बातें करता है। जैसा कि 1932 में भी दसवें अध्याय में स्पष्ट किया गया था, यह लगभग ब्रिटिश शासन की ही एक उत्पत्ति थी। प्रकट रूप से इसे सामाजिक न्याय प्रदान करने हेतु जन्म दिया गया था किन्तु इसका छिपा हुआ उद्देश्य था भारत में ब्रिटिश शासन के विरुद्ध भारतीय एकता के अभ्युदय के विरुद्ध त्वरित एवं प्रभावी उपयोग किया जाना। अनुच्छेद 16 का खंड (4) कहता हैः ''इस अनुच्छेद की कोई बात राज्य को पिछड़े हुए *नागरिकों के किसी वर्ग* के पक्ष में, जिनका प्रतिनिधित्व राज्य की राय में राज्य के अधीन सेवाओं में पर्याप्त नहीं है, नियुक्तियों या पदों के आरक्षण के लिए उपबंध

करने से निवारित नहीं करेगी।''* यह एक अनुमोदक प्रावधान है जिसकी मंशा सरकार को सामान्य तौर पर प्रस्तावना में तथा विशेषतौर पर अनुच्छेद 38 में निर्धारित सामाजिक न्याय के उद्देश्यों को प्रभावी तौर पर लागू करने में समर्थ बनाने की है।

हालांकि, अनुच्छेद 16(4) द्वारा अनुमत 'राज्य की सेवाओं में नागरिकों के 'पर्याप्त' प्रतिनिधित्व के लिए सामाजिक न्याय एवं समानता के अवसर प्राप्त करने की विधि समस्या के प्रति 1950 के संविधान में कल्पित और प्रस्तावित त्रिआयामी दृष्टिकोण में से मात्र एक मद है। इस तीन मदों वाले दृष्टिकोण की प्राथमिक इकाई है देश की विधानसभाओं में नागरिकों के कतिपय वर्गों का प्रतिनिधित्व। अनुच्छेद 330 से 342 को शामिल करने वाले संविधान के भाग 16 को इस मद को तथा साथ–ही–साथ सामाजिक न्याय एवं अवसरों की समानता हासिल करने सम्बन्धी त्रि–आयामी दृष्टिकोण की तीसरी मद को उपलब्ध कराने हेतु डिजाइन किया गया था। महत्वपूर्ण रूप से इसका शीर्षक ''कुछ वर्गों के सम्बन्ध में विशेष उपबंध'' रखा गया है।

इन वर्गों की चार श्रेणियाँ हैं जिनका उल्लेख किया गया है और जिनके लिए ''विशिष्ट प्रावधानों'' के द्वारा प्रावधान करने का प्रयास किया गया है। इनमें से मैं एंग्लो–इंडियन को छोड़ दूँगा जिनका मामला स्पष्टतौर पर पूरी तरह से अतीत का एक खुमार है और समय के संदर्भ में कठोरतापूर्वक सीमित है और इसीलिए क्षणभंगुर है। अनुसूचित जनजातियों को भी इसी प्रकार से छोड़ा जा सकता है क्योंकि हमारा वर्तमान प्रयोजन खासतौर पर जाति–व्यवस्था से जुड़ा है और जनजातियों सम्बन्धी प्रावधान प्रकृति और विस्तार के साथ–साथ निर्धारण और क्रियान्वयन अधिकार दोनों ही के सम्बन्ध में बहुत भिन्न हैं।

अनुसूचित जातियाँ (जिन्हें अनुच्छेद 341 के अधीन संघ के राष्ट्रपति के द्वारा एक 'सार्वजनिक अधिसूचना' में विनिर्दिष्ट किया जाना था और किया गया है) के लिए अनुच्छेद 330 एवं 332 के अधीन 10 वर्षों के लिए उनकी लगभग संख्या के अनुपात में संसद के दोनों सदनों लोकसभा तथा राज्य सभा एवं विधानसभाओं में स्थान आरक्षित हैं। अनुसूचित जातियों के लिए आरक्षित प्रतिनिधित्व को 1960 के बाद समाप्त हो जाना था और इस प्रकार यह एक अस्थाई विशेषता थी।

अनुच्छेद 335 के अधीन उन्हें आश्वस्त किया गया है कि ''संघ या किसी राज्य के कार्यकलाप से सम्बन्धित सेवाओं और पदों के लिए नियुक्तियां करने में उनके दावों को प्रशासन की दक्षता बनाए रखने की संगति के अनुसार'' ध्यान में रखा जाएगा। इस प्रकार कहा जा सकता है कि अनुसूचित जातियों को सरकारी सेवा के पदों के एक निश्चित अनुपात हेतु अनुच्छेद 335 द्वारा गारंटी प्रदान कर दी गई है। और यह विशिष्ट व्यवहार, जिसे हम पदों का आरक्षण कह सकते हैं, को, मात्र प्रशासन की दक्षता के विचार के अधीन ही स्थाई होना था और है! निश्चित रूप से गैर–सूचीबद्ध किया जाना इसे पूरी तरह से समाप्त कर सकता है, किन्तु कहने से करना कठिन होता है।

अनुसूचित जातियों और ''नागरिकों के किसी भी पिछड़े वर्ग'' के उचित और पर्याप्त प्रतिनिधित्व को संविधान में इतना अनिवार्य माना गया है कि यह अनुच्छेद 320(4) अनुच्छेद 16(4) और 335 के अधीन राज्य के दायित्वों का निर्वहन करने के मामले में लोक सेवा आयोग के कामकाज और अधिकारों पर एक अपवाद और एक प्रतिबंध लागू कर देता है। अनुच्छेद 320 का खंड (4) कहता है: ''खंड (3) की किसी बात से यह अपेक्षा नहीं होगी कि लोक सेवा आयोग से उस रीति के सम्बन्ध में, जिससे अनुच्छेद 16 के खंड (4) में निर्दिष्ट कोई उपबंध किया जाना है या उस रीति के सम्बन्ध में, जिससे अनुच्छेद 35 के उपबंधों को प्रभावी किया जाना है, परामर्श किया जाए।''

अवसरों की समानता तथा सामाजिक न्याय के आदर्शों के क्रियान्वयन सम्बन्धी योजना की तीसरी मद का निर्धारण कठिनाईयों को दूर करने हेतु उपायों तथा ''पिछड़े वर्गों'' के लिए सुविधाओं एवं सेवाओं के प्रावधान द्वारा किया गया है। ये वर्ग परिभाषित नहीं हैं किन्तु इन्हें ''सामाजिक और शैक्षिक रूप से पिछड़े'' के रूप में विनिर्दिष्ट किया गया है। खंड (1) के अधीन अनुच्छेद 340 राष्ट्रपति को अधिकार प्रदान करता है, कहा जा सकता है कि उनसे अपेक्षा करता है, कि वह ''भारत के राज्यक्षेत्र के भीतर सामाजिक और शैक्षिक दृष्टि से पिछड़े वर्गों की

* तिरछे अक्षर मेरे हैं। नोट करें कि अभिव्यक्ति एकल संख्या में है।

दशाओं के और जिन कठिनाईयों को वे झेल रहे हैं उनके अन्वेषण के लिए और उन कठिनाईयों को दूर करने और उनकी दशा को सुधारने के लिए संघ या किसी राज्य द्वारा जो उपाय करने चाहिए उनके बारे में और उस प्रयोजन के लिए संघ या किसी राज्य द्वारा जो अनुदान करने चाहिए और जिन शर्तों के अधीन वे अनुदान करने चाहिए उनके बारे में सिफारिश करने के लिए, आदेश द्वारा'' एक आयोग नियुक्त कर सकेगा। अनुच्छेद का खंड (2) आयोग से अपना कार्य पूरा करने और ''राष्ट्रपति को एक रिपोर्ट, जिसमें उसके द्वारा पाए गए तथ्य उपवर्णित किए जाएंगे और जिसमें ऐसी सिफारिशें की जाएंगी जिन्हें आयोग उचित समझे'', देने की माँग करता है। खंड (3), जो अनुच्छेद का अंतिम खंड है, राष्ट्रपति से ''रिपोर्ट की एक प्रति, उस पर की गई कार्यवाही को स्पष्ट करने वाले ज्ञापन सहित, संसद के प्रत्येक सदन के समक्ष रखवाने'' की माँग करता है।

एकसाथ मिलाते हुए इन प्रावधानों के द्वारा किसी को भी यह स्पष्ट हो जाना चाहिए कि संविधान की मंशा यह थी कि अनुसूचित जातियाँ तथा ''पिछड़े वर्गों'' दोनों को ही अनुच्छेद 38 में निर्धारित सामाजिक न्याय को हासिल करने और उसकी सक्रिय स्थिति का अनुभव करने में सामने आने वाली सामाजिक एवं आर्थिक कठिनाईयों को दूर करने हेतु इस तरीके से और उस सीमा तक सक्षम बनाया जा सके जहाँ तक संघ सरकार के द्वारा राष्ट्रपति के आदेशानुसार नियुक्त करने वाले पिछड़ा वर्ग आयोग की रिपोर्ट के आधार पर, अथवा उसके विचारण पर निर्धारित किया जाना था।

यह दुर्भाग्यपूर्ण है कि ''पिछड़े वर्गों'' के बारे में बात करने वाली उपरोक्त अनुच्छेदों और खंडों की शब्दावली पूर्णतः एकसमान नहीं है, और मामले को और खराब कर देने के लिए अनुच्छेद 46 मौजूद है। यह कहता है: ''राज्य, जनता के दुर्बल वर्गों के, विशिष्टतया, अनुसूचित जातियों और अनुसूचित जनजातियों के शिक्षा और अर्थ सम्बन्धी हितों की विशेष सावधानी से अभिवृद्धि करेगा और सामाजिक अन्याय और सभी प्रकार के शोषण से उसकी संरक्षा करेगा।'' यहाँ हमारे पास नागरिकों अथवा ''लोगों'' का एक वर्ग है जिसे ''कमजोर वर्गों'' का नाम दिया गया है, और जो कुछ भी महत्वपूर्ण है वह यह कि अनुसूचित जातियाँ एवं अनुसूचित जनजातियाँ इसके घटकों में शामिल हैं। ''शैक्षिक एवं आर्थिक हितों'' और ''सामाजिक अन्याय से संरक्षा'' के संदर्भ के प्रकाश में हम तार्किक रूप से यह निष्कर्ष निकाल सकते हैं कि अनुच्छेद 340 में कहे गए ''पिछड़े वर्ग'', वे चाहे जो भी हों, ''लोगों के कमजोर वर्गों'' की श्रेणी के तीसरे घटक हैं।

यह कहा जा सकता है कि सर्वाधिक बुरी स्थिति में केवल अस्पष्टता ही है। ऐसा प्रतीत होता है कि ''लोगों के कमजोर वर्गों'' के ''न केवल शैक्षिक और आर्थिक हितों को प्रोत्साहित करने'' बल्कि ''विशेष सावधानी के साथ ऐसा करने'' के लिए राज्य, अर्थात्, संघ सरकार और प्रत्येक राज्य सरकार को संपूर्ण अधिकार प्रदान कर देना ''भारत के क्षेत्रों के अंदर सामाजिक एवं शैक्षिक रूप से पिछड़े वर्गों'' के लिए विशेष सुविधाएं प्रदान करने के तरीके और सीमा के निर्धारण के मामले को संघ सरकार अथवा राष्ट्रपति और उसके पिछड़ा वर्ग आयोग के हाथों से सीधे–सीधे बाहर कर देता है।

और यहाँ मुझे चर्चा के अधीन शीर्षक से सम्बन्धित संविधान के शब्दों में निहित सर्वाधिक महत्वपूर्ण दोषों को पाठकों की जानकारी में लाना है। आधिकारिक एवं सुविचारित परामर्श प्राप्त करने हेतु राष्ट्रपति को एक पिछड़ा वर्ग आयोग नियुक्त करने का अधिकार प्रदान करने वाला मौलिक अनुच्छेद 340 आयोग की रिपोर्ट को मात्र इस आवश्यकता के साथ अधूरा सा छोड़ देता है कि ''उनपर की गई कार्यवाहियों को स्पष्ट करते हुए'' एक ज्ञापन को संसद के दोनों सदनों के पटल पर रखा जाएगा। यह राष्ट्रपति को स्पष्ट तौर पर एक ''क्रम'' में ''पिछड़े वर्गों'' को निर्दिष्ट करने को नहीं कहता। यह अनुच्छेद 338 में आदेशित है और इसीलिए एक अप्रत्यक्ष अथवा सहायक रूप में है। प्रश्नगत अनुच्छेदों की सही व्याख्या राष्ट्रपति के द्वारा अनसूचित जाति एवं अनुसूचित जनजाति के अलावा ''पिछड़े वर्गों'' को विनिर्दिष्ट करने वाले किसी भी आदेश को अनुच्छेद 340 और अनुच्छेद 16 के खंड (4) के भाग वाले ''कदमों'' और ''अनुदानों'' के क्रियान्वयन के दृष्टांत की एक शर्त नहीं बना सकती। ''अनुच्छेद 340(3) के अंतर्गत उल्लिखित रिपोर्ट पर राष्ट्रपति तथा संघ सरकार द्वारा की गई कार्यवाही को स्पष्ट करने वाले ज्ञापन को इस प्रयोजन के लिए पर्याप्त समझा जाना चाहिए।

हालांकि, अनुच्छेद 338 द्वारा नियुक्ति हेतु आदेशित विशेष अधिकारी के सक्षम कार्यसंचालन के प्रयोजनार्थ पिछड़े वर्गों को विनिर्दिष्ट करने वाला राष्ट्रपति का आदेश एक आवश्यक दृष्टांत है। यहाँ तक कि अनुच्छेद 340(1) में अपेक्षित इन वर्गों की कठिनाईयों को दूर करने के लिए ''कदम, जिन्हें संघ अथवा किसी राज्य द्वारा उठाया जाना चाहिए'' को विनिर्दिष्ट किया जाना है ताकि अधिकारी को अवसरों की समानता सुनिश्चित करने एवं सामाजिक न्याय के वातावरण की स्थापना करने के राष्ट्रीय प्रयास के लक्ष्य को हासिल करने की दिशा में हुई प्रगति की अवस्थाओं के अपने अधिवीक्षण कार्य, तथा परामर्श देने के अधिवीक्षण द्वारा अपने कार्यों के निर्वहन करने हेतु सक्षम बनाया जा सके।

यह कि ''पिछड़े वर्गों'' की श्रेणी एक वैधानिक श्रेणी है और इसे राष्ट्रपति के आदेश में सविस्तार वर्णित करने की मंशा थी, को मंत्रियों की नियुक्ति के लिए एक संवैधानिक प्रावधान में उस अभिव्यक्ति के उपयोग द्वारा प्रशंसनीय बनाया गया है। अनुच्छेद 164 के अंतर्गत एक परंतुक के अनुसार, बिहार, उड़ीसा एवं मध्य प्रदेश राज्यों में ''जनजाति के कल्याण का भारसाधक एक मंत्री होगा जो साथ ही अनुसूचित जातियों और पिछड़े वर्गों के कल्याण का या किसी अन्य कार्य का भी भारसाधक हो सकेगा।''

इस तथ्य को ध्यान में रखते हुए कि अनुच्छेद 46 राज्य नीति के निर्देशात्मक सिद्धांतों में से एक है न कि अनुच्छेद 340 के समान मौलिक अधिकार अथवा कार्य है, अनुच्छेद 46 के निर्देश को मात्र अनुसूचित जातियों और अनुसूचित जातियों के मामलों में छोड़कर अनुच्छेद 340 के प्रकाश में और उसके द्वारा प्रदान किए मार्गदर्शन के अधीन ही लागू किया जाना है। यह प्रश्नगत अनुच्छेदों की सापेक्षिक परस्पर–निर्भरता का एक सही नजरिया हो सकता है, क्योंकि इसे अनुच्छेद 338 में विनिर्दिष्ट और आदेशित अनुसूचित जातियों और अनुसूचित जनजातियों के लिए ''संरक्षा'' के संचालन के अधिवीक्षण के लिए विशेष अधिकारी के क्षेत्र के अंतर्गत आने वाले वर्गों के बीच अनुच्छेद 340 के ''पिछड़े वर्गों'' को शामिल करने के द्वारा प्रशंसनीय बना दिया गया है। यह कहता है: ''(1) अनुसूचित जातियों एवं अनुसूचित जनजातियों के लिए एक विशेष अधिकारी होगा जिसे राष्ट्रपति द्वारा नियुक्त किया जाएगा........ (3) इस अनुच्छेद में, अनुसूचित जातियों और अनुसूचित जनजातियों के प्रति संदर्भों का यह अर्थ लगाया जाएगा कि इसके अंतर्गत ऐसे अन्य पिछड़े वर्गों के प्रति निर्देश, जिनको राष्ट्रपति अनुच्छेद 340 के खंड (1) के अधीन नियुक्त आयोग के प्रतिवेदन की प्राप्ति पर आदेश द्वारा विनिर्दिष्ट करें, और आंग्ल–भारतीय समुदाय के प्रति निर्देश भी है।'' अनुच्छेद 46 में राज्य द्वारा ''जनता के कमजोर वर्गों'' के आर्थिक एवं शैक्षिक हितों को विशेष देखभाल के साथ प्रोत्साहित करने के कार्य के लाभार्थियों के रूप में अनुसूचित जातियों एवं अनुसूचित जनजातियों का उल्लेख विशेषतौर पर किया गया है। अतः, वे विशिष्ट सुविधाओं और आर्थिक सहायता के अधिकारी हैं, चाहे अनुच्छेद 340 के अंतर्गत प्रदान की जा सकने वाली विशिष्ट सुविधाओं के तरीके कुछ भी क्यों न हों।

यह महत्वपूर्ण है कि अनुच्छेद 275 मात्र अनुसूचित जनजातियों के मामले में ही भारत की संचित निधि से धनराशि उपलब्ध कराए जाने हेतु प्रावधान करता है। इसका खंड (1) प्रावधान करता है: ''ऐसी राशियां, जिनका संसद विधि द्वारा उपबंध करे, उन राज्यों के राजस्वों में सहायता अनुदान के रूप में प्रत्येक वर्ष भारत की संचित निधि पर भारित होंगी जिन राज्यों के विषय में संसद यह अवधारित करे..........। परंतु किसी राज्य के राजस्वों में सहायता अनुदान के रूप में भारत की संचित निधि में से ऐसी पूँजी और आवर्ती राशियां संदत्त की जाएगीं जो उस राज्य को उन विकास योजनाओं के खर्चों को पूरा करने में समर्थ बनाने के लिए आवश्यक हों जिन्हें उस राज्य में अनुसूचित जनजातियों के कल्याण की अभिवृद्धि करने या उस राज्य में अनुसूचित क्षेत्रों के प्रशासन स्तर तक उन्नत करने के प्रयोजन के लिए उस राज्य द्वारा भारत सरकार के अनुमोदन से हाथ में लिया जाए, इत्यादि।'' इस प्रकार, मामला चाहे पिछड़े वर्गों का हो अथवा अनुसूचित जातियों का, विशेष आर्थिक सहायता के द्वारा सामाजिक न्याय को हासिल करने से सम्बन्धित निर्देश को लागू करने हेतु भारत सरकार से अनुदान प्राप्त करने के मामले में अनुच्छेद 340 के प्रावधान सर्वोपरि रहते हैं।

राज्य ''जनता के कमजोर वर्गों'' एवं अनुसूचित जातियों सभी के कल्याण के प्रयोजनार्थ अपने द्वारा तैयार की गई किसी भी योजना हेतु अपने संसाधनों में से किसी भी धनराशि को खर्च करने में सक्षम थे और हैं। और

''जनता के कमजोर वर्गों'' शब्द ऐसा है कि किसी भी समूह अथवा समूहों को सूचीबद्ध किए बिना ''पिछड़े वर्गों'' की श्रेणी में संभावित रूप से शामिल करने योग्य सभी लोगों को इसके अंतर्गत सम्मिलित किया जा सकता है। किन्तु राष्ट्रपति और संघ सरकार राज्यों को पिछड़े वर्ग को सूचीबद्ध किए बिना और अपनाए जाने वाली सुधारात्मक गतिविधियों अथवा कार्यक्रमों को विनिर्दिष्ट किए बिना उनके कल्याण पर किसी विशिष्ट राशि को व्यय करने के लिए नहीं कह सकते। जब ऐसा कर लिया जाता है तो राज्य इस मामले में अनुदान अथवा सब्सिडी की माँग उस प्रकार से नहीं कर सकते जैसे कि अनुसूचित जनजातियों के मामले में करते हैं।

भारतीय समाज के किसी भी विद्यार्थी तथा ऐसे किसी भी राजनीतिज्ञ, जिसने विवेकपूर्ण ढंग से और बिना किसी पूर्वधारणा के उस सामाजिक वातावरण को समझने का प्रयास किया है जो भारत में ब्रिटिश शासन के अंतिम चरणों में स्थापित हो चुका था, के समक्ष एक जातिविहीन समाज से भेंट करवाने वाले संविधान में उल्लिखित उपरोक्त असंगत प्रावधानों पर विचार करने की आवश्यकता को स्पष्ट हो जाना चाहिए था। हालांकि, कांग्रेस पार्टी, एकमात्र ऐसी राजनीतिक पार्टी, जिसके पास गणतांत्रिक संविधान के लागू होने के बाद 15 वर्षों तक निर्विवाद और अखंड अधिकार उपलब्ध थे, वह सबकुछ करने में सक्षम थी जिससे एक जातिविहीन समाज को स्थापित करने की आशा तर्कसंगत रूप से की जा सके, ऐसे किसी भी कार्यक्रम के लिए मानसिक तौर पर तैयार नहीं थी। जो कुछ भी मैंने जाति पर महात्मा गाँधी के विचारों के सम्बन्ध में ऊपर कहा है उसके प्रकाश में इस स्थिति के कारणों में मुझे विस्तार में जाने की आवश्यकता नहीं है। यहाँ मैं सत्ताधारी कांग्रेस पार्टी के सामाजिक क्षितिज की कुछ प्रमुख विशेषताओं को प्रस्तुत करूँगा।

अगस्त 1950 में भारत सरकार ने ''संविधान के अनुसार जाति के उन्मूलन तथा सरकारी गतिविधियों में साम्प्रदायिक भेदभाव के प्रश्न की जाँच करने हेतु'' कभी बिहार के गवर्नर रह चुके श्री आर.आर. दिवाकर की अध्यक्षता में एक समिति नियुक्त कर दी। ऐसा प्रतीत होता है कि यह रिपोर्ट गोपनीय ही बनी रही। इसकी सिफारिशों में से एक यह थी कि राज्य सरकारों को सभी प्रपत्रों और अभिलेखों में जाति के उल्लेख को समाप्त करने की वांछनीयता पर विचार करना चाहिए।[5] दिवाकर समिति की पवित्र सिफारिशों के कार्यान्वयन के कुछ प्रमाण 1956 में गैर–आधिकारिक कानूनों, जिन्हें भारतीय पंजीकरण संशोधन विधेयक कहा गया था, में सामने आने लगे थे। इसे एस.सी. सामन्त एवं पी.टी. ल्यूवा के द्वारा संसद के दोनों सदनों में प्रस्तुत किया गया था। यह पंजीकरण हेतु किसी भी दस्तावेज में जाति एवं उप–जाति को दर्ज किया जाना अनावश्यक बना देता है। बहस के दौरान एक सदस्य, जो प्रजा सोशलिस्ट पार्टी के सदस्य थे, ने अपेक्षाकृत एक व्यापक सुझाव दिया जो जाति को इंगित करने वाले सभी अंतसर्गों और उपसर्गों के कहीं भी उल्लेख करने को असंभव बनाने वाला था। कानूनी मामलों के मंत्री एच.वी. पटासकर का जवाब नोट करने योग्य है क्योंकि यह स्थिति की जटिलता को सामने लाता है और ऊपर मेरे द्वारा पिछड़े वर्गों पर किए गए कथन का औचित्य प्रदान करता है। उन्हें यह कहते हुए सूचित किया गया है कि ''वर्तमान समय में ऐसे कानून एक कठिनाई उत्पन्न कर देंगे क्योंकि संविधान पिछड़े वर्गों और अनुसूचित जातियों एवं जनजातियों को एक विशिष्ट स्थिति प्रदान कर चुका है'', और उन्होंने यह भी जोड़ा कि ''विधि आयोग के द्वारा अपनी रिपोर्ट प्रस्तुत कर देने के बाद ही इस प्रश्न पर विचार किया जा सकता है।''[6] इस कठिनाई को सबसे पहले संसदीय सचिव के द्वारा शिक्षा मंत्री के समक्ष रखा गया था ताकि एफ.बी. डाभी के ''हिन्दुओं के बीच जातीय भेदभाव को प्राप्त सरकारी मान्यता को वापस लिए जाने सम्बन्धी'' विधेयक का विरोध किया जा सके।[7] तत्कालीन सरकार का दोहरा रवैया उस तरीके में स्पष्ट रूप से प्रतिबिंबित होता है जिसके द्वारा पटासकर ने राज्य सभा में भारतीय जनप्रतिनिधित्व (संशोधन) विधेयक में एक खंड के संशोधन का विरोध किया था। कांग्रेस पार्टी के एक सदस्य जसपत रॉय कपूर ने एक खंड प्रस्तुत कर दिया जिसमें चुनाव के लिए किसी भी प्रत्याशी को अपने नामांकन के समय यह घोषित करने की माँग की गई थी कि वह किसी भी ऐसे राजनीतिक संगठन का सदस्य नहीं है जो किसी जाति अथवा सम्प्रदाय के नाम पर गठित की गई हो, अथवा जिसकी सदस्यता किसी एक जाति, समुदाय अथवा धर्म तक सीमित हो। मद्रास के सुविख्यात भूतपूर्व मंत्री पी. सुब्बारोयान ने इस संशोधन का जोरदार समर्थन किया जो, हालांकि, गिर गया।

इस दृष्टिकोण को उस बड़ी राजनीतिक पार्टी, जो देश की सरकार है, की सामाजिक–राजनीतिक वास्तविकता और राजनीतिक फायदे के साथ जोड़े जाने हेतु कुछ साक्ष्य उपलब्ध हैं। 1952 में, एक अवसर पर जवाहरलाल नेहरू ने अपने दृढ़–मत का उल्लेख किया था कि बिहार मंत्रालय की जातीय–निष्ठा राज्य के मामलों में कुशलता और अखंडता के विरुद्ध प्रभावी रही है, और उन्होंने कांग्रेस अध्यक्ष के नाते घोषित किया कि जातीय–आधार पर सोचने और काम करने वाले व्यक्तियों को पार्टी से निकाल दिया जाना चाहिए। इस घोषणा के दो महीनों के अंदर, एक चुनाव–उपरांत धन्यवाद प्रस्ताव के बयान में बिहार कांग्रेस पार्टी के अध्यक्ष ने दावे के साथ कह दिया कि एक सीमित दायरे में किसी के अपनी जाति, जन्म और रक्त के मामले में गर्व का अनुभव करना बुरा नहीं होता, किन्तु यह तब बुरा, बल्कि बहुत बुरा हो जाता है जब यह सीमा को पार कर लेता है! अपने ही गाँव में अपनी ही जाति से धनराशि स्वीकार करने के लिए आलोचना करने पर स्वर्गीय सरदार वल्लभभाई पटेल को यह उत्तर देते हुए सूचित किया गया है कि भारतीय होने का अर्थ नहीं है कि एक पाटीदार होना समाप्त हो गया। सूचित किया गया है कि कांग्रेस के भूतपूर्व अध्यक्ष यू.एन. ढेबर जब पार्टी के अध्यक्ष थे तब सौराष्ट्र के कांग्रेसी नेताओं ने जातीय निष्ठाओं एवं वैमनस्यों का उपयोग किया था। 1955 में आंध्र प्रदेश के चुनाव में इस मामले का इतना खुल्लम–खुल्ला उपयोग किया गया कि *द टाइम्स ऑफ इंडिया,* जो कांग्रेस समर्थक समाचारपत्र था, ने इस व्यवहार का विरोध करते हुए एक मुखपृष्ठीय लेख प्रकाशित कर दिया। इससे संगठन के अवाडी सत्र के बाद कांग्रेस हाई कमान ने तुरंत कार्यवाही करते हुए एक समिति नियुक्त कर दी जो जातीय–आधार की समाप्ति के लिए उपाय सुझा सके।[9]

यहाँ तक कि एक बार इस प्रकार विनिर्दिष्ट कर दिए जाने पर पिछड़े वर्गों के वर्ग–भंग अथवा गैर–सूचीबद्ध करने सम्बन्धी समय–सीमा अथवा प्रावधान की अनुपस्थिति एक जातिविहीन समाज के संपूर्ण सामाजिक न्याय को स्थापित करने के प्रयास को लागू करने की मंशायुक्त अनुच्छेदों की जटिलता भी सामाजिक न्याय के आदर्शों की ओर से विभिन्न अनुच्छेदों की सामंजस्यहीन प्रकृति से भी अधिक जाति–स्थिरकारी हो जाती है। इस प्रकार वे सामाजिक विखंडन की स्थितियों को उत्पन्न करती हैं। यही वह स्थिति है जिससे जे.एस. फर्निवाल ने डच औपनिवेशिक सरकार के अधीन इंडोनेशियाई समाज का निरूपण करते समय एक ''मिश्रित समाज''* की डिजाइन तैयार की थी। ब्रिटिश शासन के पहले के दिनों के जाति–समाज के सम्बन्ध में इस शब्द के उपयोग से इंकार करने हेतु बहुत कुछ है, किन्तु इसे उस स्थिति को निर्दिष्टि करने की सिफारिश करने हेतु बहुत कुछ है जो ऊपर चर्चा किए जा चुके संविधान के अनुच्छेदों की जटिलताओं के वर्तमान कार्यान्वयन और संचालन के अधीन स्वयं को स्थापित करने का प्रयास करती प्रतीत होती है।

वैमनस्यपूर्ण प्रावधानों के कार्यान्वयन की प्रगति प्रगतिशील विखंडन के मार्ग पर चली गई है। सितम्बर 1950 में (*रिपोर्ट † ऑफ द कमीशन फार द सेड्यूल्ड कास्ट्स एंड सेड्यूल्ड ट्राइब्स,* 1951, पृष्ठ 29–31, 120–122) गृहमंत्रालय ने अनुसूचित जातियों, अनसूचित जनजातियों तथा आंग्ल–भारतीयों के लिए एक निश्चित प्रतिशत में पदों एवं सेवाओं के आरक्षण को जारी रखने से सम्बन्धित एक संकल्प जारी किया था। आरक्षणों के इन प्रतिशतों को उसी रूप, जैसे कि ये 14 अगस्त, 1947 के दिन थे, में उस समय तक जारी रहना था जब तक 1951 की जनगणना सम्बन्धी आँकड़े उपलब्ध न हो जाएं। यह आदेश ''भारत सरकार के नियंत्रण के अधीन समस्त सेवाओं पर प्रयोज्य'' था।

1951 में भारत सरकार ने संविधान के पहले संशोधन को पारित करवा लेने, और इस प्रकार अनुच्छेद 340 में ''सामाजिक एवं शैक्षिक रूप से पिछड़े वर्गों'' के रूप में उल्लिखित, किन्तु न तो परिभाषित और न ही कहीं पर भी गणना किए गए, जनता के एक वर्ग की ओर से शिक्षा एवं आर्थिक मामलों में भेदभाव के घोषणापत्र को जोड़ते हुए सामाजिक विखंडन के मार्ग पर कदम रख दिया। इस संशोधन ने हमें अनुच्छेद 15 का खंड (4) प्रदान किया जो

* इस अवधारण पर पूरी चर्चा के लिए मेरी पुस्तक *सोशल टेन्शंस इन इंडिया* का अवलोकन करें।

† *रिपोर्ट* के रूप में संदर्भित।

कहता है: "इस अनुच्छेद की या अनुच्छेद 29 के खंड (2) की कोई बात राज्य को सामाजिक और शैक्षिक दृष्टि से पिछड़े हुए नागरिकों के किन्हीं वर्गों (वर्ग?) की उन्नति के लिए या अनुसूचित जातियों और अनुसूचित जनजातियों के लिए कोई विशेष उपबंध करने से निवारित नहीं करेगी।" अप्रैल 1951 में सरकार ने राज्य सरकारों को यह स्पष्ट करते हुए एक परिपत्र पत्र (*रिपोर्ट,* 1951, पृष्ठ 55) जारी किया कि "सरकार की मंशा यह नहीं है कि किसी ऐसे विशेषाधिकार अथवा रियायत, जिसके अधिकार किसी पिछड़े वर्ग को पहले से प्राप्त रहे हों, को उनसे मात्र इसलिए छीन लिया जाना चाहिए क्योंकि उन्हें अनसूचित जातियों एवं जनजातियों में शामिल नहीं किया गया है। अतः, राज्य सरकारों से निवेदन किया गया था कि वे राष्ट्रपति के आदेश के जारी होने के पहले तब तक पिछड़े वर्गों के मामलों में उन प्रशासनिक व्यवहारों, जो राज्यों में लागू थे, का अनुसरण करना जारी रखें जब तक वे संविधान के किसी अन्य प्रावधान के साथ असंगत न हो जाएं।" लोगों तथा जातियों के कतिपय समूहों के प्रति विशिष्ट व्यवहार के सम्बन्ध में इस पुरानी प्रथा की अनुमति प्रदान करने के अलावा इस परिपत्र ने संविधान के अनुच्छेद 340, 341 एवं 342 के अधीन भारत सरकार को प्राप्त होने वाली नैतिक शक्ति एवं कानूनी अधिकारों को निरस्त कर दिया!

स्वयं भारत सरकार ने 1949–50 से ही पिछड़े वर्गों के छात्रों को छात्रवृत्तियाँ प्रदान करना प्रारंभ कर दिया था और उस वर्ष में इन वर्गों से सम्बन्धित 349 विद्वानों ने छात्रवृत्तियों के माध्यम से लगभग 2.50 लाख रुपए प्राप्त किए थे (*रिपोर्ट,* पूर्वोक्त, पृष्ठ 56)। भारत सरकार के द्वारा 1951–52 में छात्रवृत्तियों के लिए मान्यता प्रदान की गई पिछड़े वर्गों की सूची (पूर्वोक्त, परिशिष्ट XIX) में जातियों के मुसलमानों और ईसाई वर्गों को छोड़ते हुए 990 से भी अधिक विभिन्न जातियों एवं उप–जातियों के नामों को शामिल किया गया था!

बम्बई राज्य के पिछड़ा वर्ग कल्याण परिषद् की वर्ष 1953 की रिपोर्ट राज्य के लिए विनिर्दिष्ट की गई पिछड़े वर्गों की एक सूची को शामिल करती है जो राज्य की अनुसूचित जातियों एवं अनुसूचित जनजातियों से अलग है। इनकी संख्या 125 अलग–अलग जातियों से भी अधिक थी। मद्रास में, अपने शैक्षिक नियमों के अधीन, जुलाई 1953 में "कतिपय पेशेवर समुदायों, जैसे नाई, मछुआरे, धोबी, कुम्हार, जो ग्रामीण क्षेत्रों में निवास करते हैं और अपने आनुवांशिक पेशों को जारी रखे हुए हैं, से सम्बन्धित व्यक्तियों के बच्चों एवं आश्रितों की शिक्षा के लिए अधिक सुविधाओं" की घोषणा कर दी गई।[10] इस संदर्भ से ऐसा प्रतीत होता है कि गणना की गई जातियों की संख्या बहुत कम थी और शर्तों को पूरी तरह से जातीय–पात्रता के नहीं बल्कि पेशे के साथ–साथ ग्रामीण निवास पर आधारित किया गया था।

पिछड़े वर्गों के विस्तार के लिए निर्णय कर लिए जाने और एक संवैधानिक मार्ग को लागू कर दिए जाने के बाद मात्र 1953 में ही ऐसा हुआ था कि राष्ट्रपति ने अनुच्छेद 340 के अधीन पिछड़ा वर्ग आयोग नियुक्त कर दिया। आयोग के लिए सरकार के द्वारा निर्धारित किया गया कार्यकाल स्पष्ट रूप से प्रदर्शित करता है कि सरकार ने यद्यपि देश के पिछड़े और कमजोर वर्गों के कल्याण एवं उत्थान के लिए प्रावधान किए थे तथापि उसने जातियों को पृष्ठभूमि में फेंकने के लिए आयोग के कार्य की संभावनाओं की कल्पना कर रखी थी। हालांकि, जब तक समय–सीमा के सम्बन्ध में एक शर्त को शामिल करने हेतु आयोग के कार्य (संख्यांकित b ii) के उत्तरवर्ती भाग को न समझ लिया जाए, ऐसा प्रतीत होगा कि समय–कारक सरकार की निगाह से छूट गया। यह विधानसभाओं में सीटों के आरक्षण के लिए संविधान में निर्धारित स्पष्ट समय सीमा के मद्देनजर और अधिक आश्चर्यजनक है। 1959 में संशोधन करने के पूर्व अनुच्छेद 334 द्वारा उल्लेख किया गया था कि अनुसूचित जातियों एवं अनुसूचित जनजातियों के लिए सीटों के आरक्षण संविधान के प्रारंभ होने की तिथि से 10 वर्षों की अवधि व्यतीत होने पर समाप्त हो जाएगें।

आयोग से कहा गया था कि वह "(*क*) ऐसे मानदंड निर्धारित करे जिन्हें यह विचार करने हेतु अपनाया जाएगा कि भारत के क्षेत्र में लोगों के किसी वर्ग (संविधान के अनुच्छेद 341 तथा 342 के अधीन जारी अधिसूचना द्वारा विनिर्दिष्ट अनुसूचित जातियों एवं अनुसूचित जनजातियों के अतिरिक्त) को सामाजिक तथा शैक्षिक रूप से पिछड़े वर्ग माना जाना चाहिए अथवा नहीं; और, ऐसे मानदंड के अनुरूप ऐसे वर्गों की एक ऐसी सूची तैयार करे जिसमें उनकी अनुमानित संख्या और क्षेत्रीय विवरण निर्धारित किए गए हों;" (*ख*) "सामाजिक एवं आर्थिक रूप से पिछड़े ऐसे सभी वर्गों की स्थितियों तथा कठिनाईयों, जिनके अधीन वे परिश्रम करते हैं, की जाँच करे";

और (*ग*) ''(i) ऐसी कठिनाईयों को दूर करने अथवा उनकी स्थितियों में सुधार लाने के लिए *उन कदमों, जिन्हें संघ अथवा किसी राज्य द्वारा उठाया जाना चाहिए,* और (ii) अनुदानों जन्हें संघ तथा किसी राज्य के द्वारा इस प्रयोजन के लिए प्रदान किया जाना चाहिए तथा शर्तों, जिनके अधीन ऐसे अनुदान प्रदान करने चाहिए, *के लिए सिफारिशें प्रस्तुत करे'';* (घ) ''ऐसे अन्य मामलों की जाँच करें जिन्हें अबके बाद राष्ट्रपति द्वारा उसे संदर्भित किया गया हो''; तथा (ङ) ''अपने द्वारा प्राप्त किए गए तथ्यों का उल्लेख करते हुए और ऐसी सिफारिशें, जिसे वे उचित समझते हों, करते हुए राष्ट्रपति के समक्ष एक रिपोर्ट प्रस्तुत करे।''

1955 में किसी समय पर आयोग ने अपनी मसौदा रिपोर्ट प्रस्तुत कर दी। उसी वर्ष लगभग जुलाई अथवा अगस्त में मुझे केन्द्र सरकार के एक उच्च अधिकारी से एक पत्र के साथ उस मसौदे की एक प्रति प्राप्त हुई जिसमें मुझसे बहुत ही कम समय के अंदर इसका एक महत्वपूर्ण मूल्यांकन प्रस्तुत करने हेतु कहा गया था। मैंने इस पर एक पर्याप्त लंबी टिप्पणी तैयार कर दी, जिसमें साथ–ही–साथ जातीय स्थिति का मेरा मूल्यांकन भी दिया गया था और जाति को सामाजिक कल्याण एवं सामाजिक उत्थान कार्यक्रमों का आधार बनाए जाने के विरुद्ध परामर्श भी दिया गया था, और इसे उस अधिकारी को भेज दिया गया था। अपनी ओर से प्राप्ति की सूचना देते हुए उन्होंने मेरे विचारों पर अपनी प्रशंसा व्यक्त की थी। ऐसा प्रतीत होता है कि नीति–निर्धारक अधिकरण ने भी मेरे द्वारा व्यक्त विचारों को पसंद किया था। आधिकारिक अभिस्वीकृति प्राप्त होने के कोई तीन अथवा चार सप्ताहों के बाद उसी अधिकारी ने यह उल्लेख करते हुए मुझे एक पत्र लिखा कि सरकार मेरी टिप्पणियों के कुछ हिस्सों का प्रचार करना चाहती है और उन्होंने मुझसे पूछा कि क्या मेरे अपने नाम से इनका प्रचार करने से मुझे कोई आपत्ति है, क्या उन विचारों को मेरा संदर्भ दिए बिना प्रस्तुत किया जा सकता है अथवा नहीं। मैंने तुरंत ही यह उल्लेख करते हुए प्रत्युत्तर दिया कि सरकार मेरी टिप्पणियों का उपयोग अपने सर्वश्रेष्ठ पसंदीदा तरीके से कर सकती है और मैं इस मामले पर अपने लिए किसी विकल्प को सुरक्षित नहीं रखूँगा।

यह भली–भांति ज्ञात है कि सरकार ने पिछड़ा वर्ग आयोग की रिपोर्ट को न तो स्वीकार किया और न ही लागू किया था। 1956 में संसद के दोनों सदनों के पटल पर रखे गए दस्तावेज के साथ संलग्न ज्ञापन में सरकार ने उल्लेख किया था कि आयोग का मानदंड स्वीकार नहीं किया जा सकता। उन्होंने सटीक मानदंड तथा उन संख्याओं, जो ऐसे वर्गों की श्रेणी के अंतर्गत आएगीं, को निर्धारित करवाने हेतु राज्य सरकारों से *तदर्थ* सर्वेक्षण संपन्न करवाने का निवेदन किया (*छठीं रिपोर्ट,* पृष्ठ 8)। यह स्पष्ट है कि उस समय तक भारत सरकार उत्थान सम्बन्धी कदमों तथा इस प्रयोजन के लिए दिए जाने वाले अनुदानों के बारे मे भूल चुकी थी। यदि हमें किसी समय–सीमा अथवा इसकी संभावना अथवा आवश्यकता के बारे में कोई संदर्भ नहीं प्राप्त होता तो हमें आश्चर्य करने की आवश्यकता नहीं है!

हमें बताया गया है कि राज्य सरकारों के प्रत्युत्तर ''उपयोगी नहीं पाए गए'' थे और भारत सरकार को ''मानदंड निर्धारित करने के दृष्टिकोण से *तदर्थ* सर्वेक्षण संपन्न कराने हेतु भारत के महानिबंधक से प्रार्थना करनी पड़ी थी।'' उल्लिखित है कि 1957–58 में महानिबंधक के द्वारा संपन्न किए गए सर्वेक्षणों की अपनी अंतिम रिपोर्ट प्रस्तुत की गई थी और हमें बताया गया है कि ''भारत सरकार के लिए अनुसूचित जातियों और अनुसूचित जनजातियों के अलावा पिछड़े वर्गों, जो, उनकी राय में सामाजिक एवं आर्थिक रूप से पिछड़े हैं और अपनी प्रगति के लिए सरकारी सहायता के पात्र हैं, की सूची की तैयारी के सम्बन्ध में शीघ्र ही किसी निश्चित निर्णय पर पहुँच पाना संभव हो सकेगा।'' (*सातवीं रिपोर्ट,* पृष्ठ 8–9)।

हालांकि, वास्तविकता में, 1963–64 अथवा 1965 के लंबे समय तक भी ऐसी कोई सूची सामने नहीं आई थी। 1965 में प्रकाशित *अनुसूचित जातियों एवं अनुसूचित जनजातियों के आयुक्त की तेरहवीं रिपोर्ट* में ऐसी कोई सूची शामिल नहीं की गई है; न ही ऐसी किसी सूची के अस्तित्व का कोई संकेत ही उपलब्ध है। यह तथ्य कि अपनी रिपोर्ट के इस भाग, जो रिपोर्ट के कुल 185 पृष्ठों में से 4 से कुछ कम ही है, और जिसे पिछड़े वर्ग को समर्पित किया गया है, में हमारा सामना मात्र दो प्रमुख श्रेणियों से होता हैः (*क*) विमुक्त समुदाय, तथा (*ख*) बंजारा और अर्द्ध–बंजारा जनजातियाँ एवं अन्य पिछड़े वर्ग, तथा 1964–65 के लिए केन्द्रीय सामाजिक सुरक्षा विभाग की वार्षिक रिपोर्ट इस

निष्कर्ष की पुष्टि करती है। 28 मार्च, 1965 को नई दिल्ली से लिखते हुए *टाइम्स ऑफ इंडिया*[11] के संवाददाता समाचारपत्र के पाठकों को बताते हैं कि योजना आयोग ने पिछड़े वर्गों के कल्याण हेतु विभिन्न योजनाओं के लिए तीसरी योजना में प्रावधान की गई 114 करोड़ की धनराशि की तुलना में चौथी योजना में अस्थाई तौर पर 205 करोड़ रुपयों का प्रावधान कर दिया है। और सुविधा प्रदान करने हेतु कल्पित ''पिछड़े वर्गों'' में (*क*) 6.50 (?) करोड़ अनुसूचित जातियों; (*ख*) 3.0 (?) करोड़ अनुसूचित जनजातियों; तथा (*ग*) विमुक्त समुदायों एवं बंजारा जनजातियों ''जिनकी वार्षिक आय एक विनिर्दिष्ट न्यूनतम से कम हो'' को शामिल होना घोषित किया गया है। अंतिम श्रेणी को ''सहायता, विशेषतौर पर शैक्षिक सुविधाओं की एक उदार मात्रा'' प्राप्त होनी थी।

संभवतः ऐसा इसलिए था क्योंकि भारत सरकार महानिबंधक से अनुच्छेद 340 के अर्थों में पिछड़ेपन के मानदंड को निर्धारण करने के मामले में एक सुनिश्चित मार्गदर्शन प्राप्त होने की आशा कर रही थी, और जिनकी रिपोर्ट को अनुसूचित जाति एवं अनुसूचित जनजाति के आयुक्त की उन रिपोर्टों में से एक बताया गया था जिसके आधार पर तत्कालीन गृहमंत्री गोविन्द वल्लभ पंत ने 11 अगस्त, 1960 को लोकसभा को आश्वस्त करते हुए कहा था कि ''सरकार सहायता प्रदान करने के प्रयोजनों के लिए लोगों के पिछड़ेपन के निर्धारण हेतु मानदंडों में संशोधन के प्रश्न पर विचार कर रही है।''[12] (*टाइम्स ऑफ इंडिया,* 12.8.1960)।

पंत ने आगे यह भी कहा कि ''वह इस विचार की प्रशंसा करते हैं कि जाति की अपेक्षा आर्थिक मानदंड वांछनीय होंगे।'' वांछनीयता के बिन्दु पर ही न रुकते हुए उन्होंने, यह जोड़ते हुए कि *''हालांकि, केन्द्र एवं संसद ने निर्णय किया है कि किसी भी आधिकारिक अथवा सरकारी प्रयोजन के लिए जाति को मान्यता नहीं दी जानी चाहिए''**, जोर दिया कि ''राज्य सरकारों को जाति के आधार पर पिछड़े वर्गों की अपनी खुद की सूचियाँ बनानी चाहिए।'' तथापि, उन्होंने राज्यों के विचार तथा व्यवहार के जाति आधारित होने के लिए एक क्षमायाचना प्रस्तुत करने में किसी अटपटेपन का अनुभव नहीं किया! उन्हें यह कहते हुए सूचित किया गया है ''किन्तु राज्य अपनी सूचियों से छेड़छाड़ करने अथवा इसमें भारी परिवर्तन करने में कठिनाई का अनुभव करते हैं क्योंकि उन्हें लगता है कि उन लोगों, जो आज कुछ लाभ प्राप्त कर रहे हैं, में से कुछ को शायद भय है कि उन्हें इससे वंचित किया जा सकता है।'' और इसे उस संविधान के प्रति निष्ठा का आदर्श माना जाना है जिसने राष्ट्रपति तथा भारत सरकार को पिछड़े वर्गों के रूप में सूचीबद्ध करने वाले समूहों को प्रदान करने वाले 'लाभों' के प्रकार सहित सबकुछ निर्धारण करने का अधिकार एवं शक्ति सौंपी है! स्पष्ट रूप से संविधान ने सामाजिक न्याय हासिल करने के मामले में एक नया पृष्ठ खोलने और ब्रिटिश औपनिवेशिक स्याही में लिखे गए पृष्ठों पर विचार न करने का निर्णय कर लिया था।

वास्तव में गोविन्द वल्लभ पंत का प्रदर्शन, यदि, राजद्रोह से कम, तो संविधान के प्रति द्रोह अथवा असम्मान से भी बुरे हो सकने वाले किसी प्रदर्शन से भी बुरा था। क्योंकि, जैसा कि ऊपर उल्लिखित है, उन्होंने स्वयं ही राज्यों को अपनी सूचियों और कार्यक्रमों को तैयार करने के लिए सीधे कहते हुए अपने हिसाब से काम करने के लिए अधिकृत कर दिया था। संसद के दोनों सदनों के पटलों पर रखी गई पिछड़ा वर्ग आयोग की रिपोर्ट, जैसी कि अनुसूचित जातियों एवं अनुसूचित जनजातियों के आयुक्त द्वारा हमारे, आम जनता के, समक्ष प्रस्तुत की गई है, के साथ संलग्न ज्ञापन, जिसका उल्लेख ऊपर किया गया है, में एक भी ऐसा निर्देश शामिल नहीं है कि अपनी सूचियों एवं योजनाओं को कार्यान्वित करने के पहले राज्यों को उन्हें मौद्रिक–अनुदानों तथा उनके स्त्रोतों सहित संपूर्ण विवरण के साथ केन्द्र के समक्ष प्रस्तुत करना चाहिए। फिर भी जब पंत ने लोकसभा के समक्ष अपनी क्षमायाचना प्रस्तुत की तो उन्होंने उदासीनतापूर्वक रामनाथन चेट्टियार को बताया कि ''मैसूर सरकार ने मात्र एक को छोड़कर सभी समुदायों को पिछड़ा घोषित कर दिया है तथा राज्य के उच्च–न्यायालय ने इस कदम को गलत ठहराया है'' और यह कि ''उसी समय राज्य सरकार ने स्थिति पर पुनर्विचार के लिए एक समिति नियुक्त कर दी है।''

अनुसूचित जातियों एवं पिछड़े वर्गों के लिए अवसरों की समानता तथा पूर्ण सामाजिक न्याय हासिल करने सम्बन्धी प्रावधानों के वैमनस्यतापूर्ण मिश्रण को केन्द्र सरकार द्वारा इस प्रकार से अभिमानपूर्वक कार्यान्वित करने के

---

* तिरछे अक्षर मेरे हैं।

साथ ही मुझे जी. बी. पंत जैसे नेताओं से यह महसूस करने की आशा करनी चाहिए थी कि यदि एक जातिविहीन समाज तथा एक अखंड राष्ट्र के आदर्श को हासिल किया जाना है तो संवैधानिक प्रावधानों में आमूल–चूल मरम्मत की आवश्यकता होगी। किन्तु दुर्भाग्यवश ऐसा नहीं हुआ; और 1968 में भारत एक ''मिश्रित समाज'' की खतरनाक चट्टानों की दिशा में अग्रसर हो चुका है।

मैसूर, जो पिछड़ा वर्ग विचारधारा के तूफान का केन्द्र था, ऐसा राज्य था जो इस सम्बन्ध में लोकसभा में सबसे पहले सामने आया। उस समय अनुच्छेद 340 के दायरे में पिछड़ेपन के मानदंड को नए सिरे से निर्धारण करने हेतु मैसूर राज्य के द्वारा नियुक्त राज्य विधानसभा के मंत्री तथा एक कांग्रेसी सदस्य के बाद पंत द्वारा उल्लिखित नई समिति का अध्यक्ष आर. नागनगौडा को होना था, जिसे पहले नागनगौडा समिति के नाम से जाना जाता है। हमें बताया गया है (*टाइम्स ऑफ इंडिया,* 13.6.61, *क्रमशः ''बैटल फार प्रेविलेजेस'*) कि यह समिति इस रवैये ''कि *पिछड़े वर्गों को मात्र जाति एवं समुदाय के आधार पर सूचीबद्ध किया जाना चाहिए''** से बुनियादी तौर पर अलग नहीं हटी थी। यह संविधान से परे चली गई और इसने प्रस्तावित कर दिया कि पिछड़े वर्गों को दो समूहों में विभाजित कर दिया जाना चाहिए: (i) ''पिछड़े वर्ग'', और (ii) ''अति पिछड़े वर्ग''। (*टाइम्स ऑफ इंडिया,* 1966–61; 20.9.61: 'बैकवर्ड क्लासेस' द्वारा बी. शिवा राव)। संविधान के अनुच्छेद 15(4) के प्रयोजनों हेतु रिपोर्ट में सामाजिक एवं शैक्षिक रूप से पिछड़े वर्गों सम्बन्धी बयानों में से एक 79 समुदायों को पिछड़ा और 135 अन्य को 'अति पिछड़ा' बताता है। जिस प्रकार से कुछ जातियों को छोड़ दिया गया था और कुछ को किसी न किसी प्रकार इसमें स्थानान्तरित कर दिया गया था उससे हक्का–बक्का और दुखी होते हुए बी. शिवा राव ने अपने सूचनाप्रद संवाद की तार्किक और समुचित समाप्ति एक उपदेश के साथ की जिसे, मैं समझता हूँ कि कांग्रेस के द्वारा ध्यान दिया जाना चाहिए था और दिया गया हो सकता था, यदि क्रियान्वित किया गया होता तो स्थिति को खराब होने से कुछ हद तक बचाया जा सकता था। उनका बयान मेरे द्वारा कही जा चुकी बात को कहने का एक दूसरा तरीका है और जो वास्तव में वस्तुतः पिछड़ा वर्ग आयोग की रिपोर्ट पर अधिकारियों को भेजी गई मेरी टिप्पणी हो सकती थी। शिवा राव कहते हैं: ''यदि कांग्रेस हाई कमान वास्तव में जातिवाद को जड़ से उखाड़ना चाहता है तो यह उसकी क्षमता के अंदर होना चाहिए कि एक मजबूत और स्पष्ट नीति निर्धारित की जाए और सभी कांग्रेसी मंत्रियों के द्वारा निर्विवाद रूप से इसे लागू करने पर जोर दिया जाए।''

नागनगौडा समिति की रिपोर्ट पर आधारित मैसूर सरकार के 31 जुलाई, 1961 के आदेश द्वारा 81 समुदायों को सामाजिक और आर्थिक रूप से पिछड़े वर्ग से तथा 135 को 'अति पिछड़े'' वर्ग के रूप में सूचीबद्ध कर दिया गया। इस आदेश ने ''राज्य के मात्र 10 प्रतिशत लोगों को उच्च श्रेणी के रूप में छोड़ते हुए लगभग 90 प्रतिशत लोगों को पिछड़ों के रूप में वर्गीकृत कर दिया था!''[13]

यह अवश्य ही ध्यान रखा जाना चाहिए कि संविधान में ''अति पिछड़ा'' नामक कोई श्रेणी मौजूद नहीं है। नागनगौडा समिति के द्वारा किए गए इस वर्गीकरण से यह स्पष्ट है कि समिति में संविधान के प्रति नाममात्र का ही सम्मान मौजूद था। यह, कि मैसूर की सरकार को अपने आधिकारिक आदेश में इसी का अनुकरण करना चाहिए था, मात्र मेरे द्वारा किए गए उस अवलोकन पर बल देता है जो भारत सरकार के द्वारा नैतिक शक्ति और संविधान के अनुच्छेद 340 द्वारा इस सम्बन्ध में इसे प्राप्त कानूनी अधिकार के अधीन इसके निरसन से सम्बन्धित था!

राज्य के मेडिकल एवं इंजीनियरिंग कॉलेजों में सीटों के आरक्षण पर लागू करने वाले सरकारी आदेश ने राज्य के योग्य लोगों के लिए इतनी कठिनाईयाँ उत्पन्न कर दीं कि इससे लागू करने से व्यथित एक व्यक्ति बाला जी और 23 अन्य छात्रों ने इसके विरुद्ध मुकदमा दर्ज कर दिया। अंततः, सर्वोच्च न्यायालय ने इस आदेश को निरस्त कर दिया; और मैसूर सरकार को इस सीमा तक होश दिलाया गया कि इसे ''आरक्षण हेतु एक नया मानदंड'' की तैयारी करनी पड़ी (*टाइम्स ऑफ इंडिया,* 3.8.62; 1.2.64: 'कास्ट एंड मेरिट' शीर्षक से अग्रणी लेख)।

बाद के *चित्रलेखा* बनाम *मैसूर राज्य* के वाद में *सर्वोच्च* न्यायालय के निर्णय से पीड़ित *टाइम्स ऑफ इंडिया* के विद्वान संपादक ने 1 फरवरी, 1964 के अपने अंक में एक अत्यन्त विचारपूर्ण और बेबाक अग्रणी लेख लिखा।

---

* तिरछे अक्षर मेरे हैं।

साथ ही साथ उन्होंने *बालाजी* बनाम *मैसूर राज्य* के वाद में सर्वोच्च न्यायालय के निर्णय के प्रभाव को भी विचार में शामिल किया। उन्होंने ठीक ही स्पष्ट किया था कि यह निर्णय निर्णायक रूप से नकारात्मक पक्ष में था किन्तु इसने सकारात्मक पक्ष को पूरी तरह से खुला रखा है; क्योंकि "यह नहीं कहता कि व्यक्तियों के किसी समूह के सामाजिक पिछड़ेपन को सुनिश्चित करने और उसका निर्धारण करने में (जाति) किस सीमा तक एक प्रासंगिक कारक हो सकती है"। संपादक ने चतुराईपूर्वक स्पष्ट किया कि परिणामस्वरूप "*व्यवहार में पिछड़े वर्गों के श्रेणीकरण करते समय राज्य सरकारें, यह दावा करते हुए कि उन्होंने ऐसा नहीं किया है, जाति को प्रमुख आधार बना सकती हैं*।" (तिरछे अक्षर मेरे हैं)।

1965 में *शैक्षिक संस्थानों में सीटों के आरक्षण पर केरल आयोग की रिपोर्ट* सामने आई जिसकी अध्यक्षता उच्च न्यायालय के एक न्यायाधीश द्वारा की गई थी। अनुच्छेद 340 के द्वारा परिकल्पित पिछड़ेपन के तय करने हेतु तटस्थ मानदंड की खोज करने सम्बन्धी समस्त प्रयासों के बाद आयोग के पिछड़े वर्गों के पाँच समूहों ने धर्म अथवा जाति को दरकिनार करने के इसके प्रयास के पूरी तरह से विफल रहने की खुलेआम घोषणा कर दी। कुल व्यक्तियों की संख्या सहित ये पाँचों समूह हैं: (1) एझावा, 36 लाख; (2) मुसलमान, 29 लाख; (3) लैटिन कैथोलिक्स, एवं (4) अन्य पिछड़े ईसाई, एकसाथ मिलाकर 9 लाख; (5) अन्य पिछड़े हिन्दू, इस श्रेणी के अंतर्गत सूचीबद्ध 91 जातियाँ अथवा उप–जातियाँ, जिनकी कुल संख्या 16 लाख थी। अनुसूचित जाति के लोगों की संख्या 14 लाख थी और अनुसूचित जातियों के मात्र 2 लाख लोग थे। इस प्रकार, संविधान के भेदभाव–विरोधी प्रावधानों को शून्य बनाते हुए विशेष व्यवहार के अधिकारी लोगों की कुल संख्या 1.06 करोड़ थी जो केरल की कुल जनसंख्या के 62.7 प्रतिशत के बराबर थी।

दो हिन्दू समूह, जिन्हें उच्च–श्रेणी के रूप में बाहर छोड़ दिया गया था, नायर लोग थे, जिनकी कुल संख्या 26 लाख थी तथा 2.54 लाख की महत्वहीन संख्या, जो नायरों की 10 प्रतिशत थी, में ब्राह्मण भी इसी में शामिल थे। तीसरी उच्च–श्रेणी, जोकि ईसाईयों की थी, जो पिछड़े के रूप में सूचीबद्ध लोगों के अलावा थे, की संख्या लगभग 27 लाख थी।

केरल आयोग का कार्य और अंतिम सिफारिशें प्रशंसा की पात्र है और मेरे दृष्टिकोण की विशेषताओं में से एक, जैसे, किसी भी ऐसी रियायत, सुविधा अथवा सहायता, जिसे तथाकथित पिछड़े वर्गों और यहाँ तक कि अनुसूचित जातियों के लिए सुधार के कार्यक्रम में शामिल किया जा सकता हो, की आवश्यकता एवं औचित्य की पुष्टि करती हैं। आयोग ने सिफारिश की थी कि अनुच्छेद 15(4) के अधीन शैक्षिक संस्थानों में सीटों के मनमानीपूर्ण आरक्षण के प्रयोजनों के लिए 91 सूचीबद्ध जातियों के साथ एक निकाय (?) माने जाने वाले पाँच सूचीबद्ध समूहों को इसका अधिकारी होना चाहिए और उनका हिस्सा प्रतिशतों में क्रमशः इस प्रकार होगा: 9, 8, 2, 1, और 5। इसने आगे सिफारिश की (*रिपोर्ट*, पृष्ठ 78) कि सीटों का आरक्षण परास्नातक पाठ्यक्रमों में पाँच तथा अन्य पाठ्यक्रमों में 10 वर्षों हेतु निर्धारित किया जाना चाहिए!

वर्ष के लगभग अंत में, 25 नवम्बर को आर.एम. हजरनवीस, तत्कालीन कानून एवं सामाजिक सुरक्षा राज्यमंत्री, ने लोकसभा को बताया कि "सर्वोच्च न्यायालय के निर्णय का अनुसरण करते हुए केन्द्र सरकार ने लोगों के पिछड़ेपन का निर्धारण करने हेतु आर्थिक कारकों, और न कि जाति, को स्वीकार कर लिया है।" उन्होंने आगे पुष्टि की कि आठ राज्यों, जिनमें से मात्र तीन आंध्र प्रदेश, पश्चिम बंगाल तथा आसाम का नाम सहित उल्लेख किया गया है, ने पिछड़ेपन के निर्धारण के लिए आर्थिक मानदंड को स्वीकार कर लिया है। स्वाभाविक रूप से अभिजात्य लोगों ने वास्तविक आँकड़ों की तुलना किए बिना अथवा इस मामले में केरल के लिए एक उच्च–न्यायिक आयोग की सिफारिशों के सदंर्भ में मैसूर राज्य के लिए निर्धारित व्यवहारों को हजरनवीस के दावे द्वारा भुलाते हुए इस समाचार पर प्रसन्नता महसूस की। फिर वे इसके सम्बन्ध में एक स्वस्थ संशय किस प्रकार से दिखा सके थे? और *टाइम्स ऑफ इंडिया* के संपादक अपने 30 नवम्बर, 1965 के अंक में 'न्यू एप्रोच' शीर्षक वाले अपने एक अग्रणी लेख के शीर्षक में खुशखबरी पर अनुभव की गई प्रसन्नता की घोषणा करते हुए प्रकट हुए। लगभग दो वर्षों पहले 1 फरवरी, 1964 के दिन अपने अग्रणी लेख में अपने ही द्वारा की गई टिप्पणी को भुलाते हुए उन्होंने कहा: "संविधान

के निर्देशात्मक सिद्धांतों की भावना का पालन करते हुए सर्वोच्च न्यायलय ने गत वर्ष ठीक निर्णय दिया था कि, यद्यपि नागरिकों के एक वर्ग के सामाजिक पिछड़ेपन को सुनिश्चित करने में जाति एक प्रासंगिक परिस्थिति हो सकती है, तथापि यह इकलौती प्रमुख कसौटी नहीं हो सकती।'' अपने पहले वाले लेख, जिसमें सर्वोच्च न्यायालय के एक पहले के निर्णय को संदर्भित किया गया था, में उन्होंने टिप्पणी की थी कि ''यह नहीं कहता कि (जाति) किस सीमा तक एक प्रासंगिक आधार हो सकती है।'' और वे आगे अवलोकन करते हैं: ''सरकार इस प्रशंसनीय निर्णय पर कार्यवाही करने में धीमी नहीं रही है। श्री हजरनवीस ने लोकसभा को बताया है कि न केवल केन्द्र बल्कि कम–से–कम आठ राज्यों (यदि संपादक को ज्ञात भी था तो भी उन्होंने नामों को अपने पास गुप्त रखा) ने निर्णय कर लिया है कि लोगों का कोई विशेष समूह पिछड़ा है अथवा नहीं भविष्य में इसका निर्धारण उसकी आर्थिक स्थिति, न कि जाति, के आधार पर किया जाएगा। यह आशा करने हेतु बहुत ज्यादा नहीं है कि अन्य राज्य भी इस निर्णय का अनुसरण करने में बहुत अधिक समय लगाएगें।''

ऊपर जो कुछ भी लिखा गया है उससे हमें ज्ञात है कि वास्तविकता में उच्च न्यायालय के एक न्यायाधीश की अध्यक्षता वाली एक न्यायिक समिति ने पर्याप्त विचार–विमर्श के उपरांत इस सम्बन्ध में सिफारिशें प्रस्तुत कर दी थीं जो बुनियादी तौर पर जाति और धर्म पर केन्द्रित थीं, जिसमें आर्थिक कारक को सहायक कारक के रूप में पेश किया गया था।

हम यह भी जानते हैं कि कांग्रेस में एक कहीं बड़े अधिकारप्राप्त एवं ताकतवर नेता, जी.बी. पंत ने इसी महान संस्था, जिसे हजरनवीस द्वारा दी गई खुशखबरी के कारण स्वाभाविक रूप से दावतें दी जा रही थीं, को पाँच वर्षों पहले ही सूचित कर दिया था, कि ''न केवल केन्द्र सरकार बल्कि संसद ने भी निर्णय कर लिया है कि किसी भी सरकारी अथवा आधिकारिक प्रयोजन के लिए जाति का उल्लेख अथवा विचार नहीं किया जाएगा''। आगे, कम–से–कम *टाइम्स ऑफ इंडिया* (7.6.61) के 'करंट टॉपिक्स' स्तंभ के द्वारा यह बताया गया है कि मई 1961 की समाप्ति के आसपास नई दिल्ली में मुलाकात करने वाले राज्यों के मुख्यमंत्री ''सहमत हो चुके हैं कि (पिछड़े वर्गों के लिए) *सरकारी पदों का कोई भी आरक्षण नहीं होना चाहिए, और जहाँ तक शैक्षणिक रियायतों का सम्बन्ध है, आर्थिक पिछड़ेपन और न कि जाति अथवा समुदाय को मानदंड होना चाहिए।''**

मुझे आश्चर्य है कि इन परिस्थितियों के अंतर्गत 1965 के अंत में आठ (?) राज्यों द्वारा जाति को दरकिनार करते हुए आर्थिक स्थिति के प्रति तथाकथित स्वीकृति को सरकार के ''धीमे'' न रहे होने का प्रमाण किस प्रकार से नहीं माना जा सकता!

महाराष्ट्र में हमारे पास पिछड़ेपन के निर्धारण के प्रयोजन हेतु सरकार के द्वारा जाति को मान्यता प्राप्त होने में हुई प्रगति से सम्बन्धित बहुत सारे प्रमाण मौजूद हैं। जैसा कि ऊपर नोट किया जा चुका है, 1953 में 125 जातियों को पिछड़े के रूप में सूचीबद्ध किया जा चुका था किन्तु 1967 तक ''अन्य पिछड़े वर्गों, जिनकी सूची अंग्रेजी वर्णमाला के अनुसार व्यवस्थित की जा रही है'' के रूप में 160 जातियों की विस्तृत गणना की जा चुकी थी।**

अशोक बनाम *डीन, मेडिकल कॉलेज, नागपुर* के वाद को सूचित करने के दो महीनों बाद 2 अक्टूबर के *टाइम्स ऑफ इंडिया* द्वारा समाचार प्रस्तुत किया गया कि महाराष्ट्र सरकार ने इसी सूची का विस्तार 178 जातियों, अथवा घोषणा करने वाले मंत्री के शब्दों में ''वर्गों'', तक कर दिया है। स्पष्ट रूप से इसे असंवैधानिक प्रतीत होने वाले शब्द ''जातियों'' के एक लिबादे के रूप में प्रयुक्त किया गया था! यह जाति को पृष्ठभूमि में निर्वासित करने का वह तरीका है जो इसलिए जारी है क्योंकि भारत सरकार ने संविधान के अनुच्छेद 340 द्वारा स्वयं को प्रदत्त नैतिक अधिकार एवं कानूनी शक्ति को निरस्त कर दिया है!

---

* तिरछे अक्षर मेरे हैं।

* *अशोक* बनाम *डीन, मेडिकल कॉलेज, नागपुर, द बॉम्बे लॉ रिपोर्टर*, अगस्त, 1967। इस वाद की ओर मेरा ध्यान मेरी पुत्री श्रीमती कुमुद देसाई द्वारा आकर्षित किया गया था।

हमें वह आधार ज्ञात नहीं है जिस पर भारत सरकार का शिक्षा मंत्रालय अपने पारितोषिकों, दशमोत्तर छात्रवृत्तियों का वितरण करता है। जैसा ऊपर नोट किया जा चुका है, 900 जातियों की एक ऐसी सूची मौजूद थी जिन्हें मंत्रालय के द्वारा पिछड़ों के रूप में वर्गीकृत किया गया था। परंतु 1955 तक इस सूची को अवैध करार करते हुए इसकी उपेक्षा कर दी गई। (*पाँचवी रिपोर्ट*, पृष्ठ 123)। फिर भी 1955–56 में हमें बताया गया (पूर्वोक्त, पृष्ठ 116–17) कि पिछड़े वर्ग के 35,281 छात्रों ने शिक्षा मंत्रालय के पास उपलब्ध स्वदेशी छात्रवृत्तियों के लिए आवेदन किए थे और उनमें से 11,439 का चयन पारितोषिक के लिए कर लिया गया था! उसी वर्ष में स्वदेशी छात्रवृत्तियों के लिए आवेदन करने वाले अनुसूचित जाति के छात्रों की संख्या 17,216 थी, जिन सभी को पारितोषिक प्राप्त हो गया था। 1963–64 में, जहाँ भारत सरकार की दशमोत्तर छात्रवृत्तियों को प्राप्त करने वाले पिछड़े वर्ग के छात्रों की संख्या 17,540 थी और इसमें मात्र लगभग 53 प्रतिशत की वृद्धि दर्ज की गई थी, वहीं अनुसूचित जातियों के छात्रों के लिए ऐसे छात्रवृत्तियों में छात्रों की संख्या 214 प्रतिशत बढ़कर 60,157 हो चुकी थी!

इस प्रकार से, यद्यपि एक सीमित अवधि के लिए ही सही, सामाजिक न्याय के दिखावटी तर्क तथा तथाकथित पिछड़े वर्ग एवं संवैधानिक रूप से संरक्षित अनुसूचित जातियों के अभ्युत्थान–समतलन की आड़ में जाति के प्रसार एवं सुदृढ़ीकरण की प्रक्रिया खुशी–खुशी जारी रखी जा रही थी, जबकि जनता को केन्द्र एवं राज्यों की सरकारों द्वारा संवैधानिक सहित सभी क्षेत्रों में जाति की उपेक्षा करने के द्वारा उसके उन्मूलन करने की मंशा एवं संकल्प के प्रति आश्वस्त किया जा रहा था। महान नेता, धर्म–निरपेक्षता के निष्ठावान पक्षधर एवं एक जातीय–देशभक्ति अथवा जातिवाद के एक कट्टर आलोचक, जवाहरलाल नेहरू ने उस समय पहले ही अवसर पर अपनी ओर से एक दोहरे तरीके से व्यवहार किया जब एक गंभीर रूप से ठंडे एवं अनुशासित रुख को प्रस्तुत करने की आवश्यकता थी।

फरवरी 1961 में हमें सूचित किया गया था कि नेहरू ने हैदराबाद में अपने प्रकार के पहले प्रतीत होने वाले और अखिल भारतीय अनुसूचित जातियों एवं जनजातियों के विधायकों के सम्मेलन का उद्‌घाटन किया था। यह वही समय था जो लोकसभा में जी.बी. पंत द्वारा की गई घोषणा एवं राज्यों के मुख्यमंत्रियों के तथाकथित निर्णय के साथ समुचित रूप से मेल खाता है कि न तो जाति न ही समुदाय बल्कि मात्र आर्थिक स्थिति को ही पिछड़ेपन के आधार पर शैक्षिक एवं आर्थिक रियायतों के वितरण का आधार होना चाहिए और बनाया जाएगा। हमें पता लगा कि अनुसूचित जातियों एवं अनुसूचित जनजातियों के कुल 784 विधायकों में से मात्र 250 ही इस अवसर पर उपस्थित हुए थे। हालांकि, नेहरू की जाति की नापसंदगी और विरोध इतना अधिक शक्तिशाली नहीं था कि वह सम्मेलन के आयोजकों और घटकों से इसे रोक देने का आग्रह कर सकते।

अनुसूचित जातियों एवं अनुसूचित जनजातियों के विधायकों के सम्मेलन के अवसर पर नेहरू को यह कहते हुए सूचित किया गया (*टाइम्स ऑफ इंडिया, 6.2.61*) कि वह संप्रदायों और जातियों की सम्मेलन जैसे आयोजनों को पसंद नहीं करते। परिणामस्वरूप, यह एक ऐसा जातीय सम्मेलन था जिसे उन्होंने इसलिए पसंद किया क्योंकि इसके द्वारा जाति की उन वर्तमान बाधाओं पर जोर दिया गया था जिनका 'हम उन्मूलन करना चाहते हैं'। (नेहरू को समुचित सम्मान देते हुए मुझे यह स्पष्ट कर देना चाहिए कि यह किसी एक–जातीय सम्मेलन से भी बुरा था। यह जातियों के एक ऐसे समूह का सम्मेलन था, जो, यद्यपि सामाजिक रूप से *परस्पर* एक–दूसरे के विरोधी तथा *परस्पर* सामाजिक पृथक्करण पर जोर देने वाले थे, और मात्र इसलिए एकजुट हुए थे ताकि आरक्षण की उस राष्ट्रीय मिठाई के बड़े हिस्से को हथिया सकें जिसे उन्हीं लोगों के बीच उदारतापूर्वक विभाजित एवं वितरित किया जाने वाला था)।

हमारे लिए सौभाग्यवश नेहरू के वजनदार एवं सारगर्भित शब्दों को समाचारों में उद्धृत किया गया है और उन्हें उद्धृत करने के लिए मुझे क्षमायाचना की कोई आवश्यकता नहीं है। नेहरू ने कहा थाः ''देश के सभी भागों से अनुसूचित जातियों एवं जनजातियों के विधायकों का एकसाथ जुटने वाला यह कार्य मुझे कहीं अटपटा प्रतीत होता है। हम इन जातियों और जनजातियों के स्तर को ऊपर उठाने के इच्छुक हैं। प्रश्न है कि ऐसा किस प्रकार किया जाए। हमें अवश्य ही अपने उद्देश्य के प्रति पूरी तरह से स्पष्ट होना चाहिए।'' दिवंगत नेता से क्षमायाचना के साथ मैं यह स्पष्ट कर सकता हूँ कि यह सबकुछ ठीक वही था जिसे संविधान–निर्माताओं के द्वारा अनुच्छेद 340 के अधिकारों एवं संरक्षण के अधीन करने के लिए कहा गया था। और यह लगभग वहीं बिन्दु था जो पिछड़ा

वर्ग आयोग की मसौदा रिपोर्ट पर अपनी टिप्पणी में पिछड़ेपन के विचारण के लिए जातीय आधार को त्याग दिए जाने का परामर्श देते समय मेरे विचार में शामिल था।

हमें सूचित किया गया है कि नेहरू ने नौकरियों के आरक्षण की माँग का विरोध इस आधार पर किया था कि ऐसे आरक्षण जिम्मेदारीपूर्ण पदों के अलावा अन्य के सम्बन्ध में पूर्णतया ठीक हो सकते हैं। उन्होंने घोषित किया था: ''अतः, मैं यह स्वीकार करने हेतु तैयार नहीं हूँ कि नियुक्तियाँ जाति के आधार पर की जानी चाहिए न कि प्रतिभा और योग्यता के।'' आगे, उन्हें ''एक मात्र निश्चित अवधि के लिए ही पदों के सीमित आरक्षण'' को स्वीकार करने हेतु सूचित किया गया है। अन्यथा, आरक्षण ''निहित स्वार्थों को जन्म देने हेतु उन्मुख थे।'' जहाँ तक देश की विधानसभाओं में अनुसूचित जातियों के लिए सीटों के आरक्षण तथा एक संशोधन द्वारा इसे दिए गए 10 वर्षों की अवधि का सम्बन्ध है, नेहरू ने कहा था: ''मैं आशा करता हूँ कि आप सभी यह ध्यान रखेंगे कि इसके बाद कोई विस्तार नहीं होना चाहिए।'' हालांकि दुखपूर्वक ही सही मुझे यह अवश्य कहना चाहिए कि नेहरू जब निहित स्वार्थों की उत्पत्ति की बात करते हैं तो वह स्वयं को जितना यथार्थवादी दिखाते हैं उसकी अपेक्षा कहीं अधिक उत्साही आशावादी हो जाते हैं। यह मुश्किल से ही संभव है कि नेहरू ने मर्मभेदी रूप से यह महसूस न कर लिया हो कि वह, सरकार और कांग्रेस पार्टी, जिसका वो नेतृत्व कर रहे थे, ने विधानसभाओं में सीटों के आरक्षण के मामले में पहले से ही ''निहित स्वार्थों'' को जन्म देने की प्रक्रिया तब से प्रारंभ कर रखी है जब उन्होंने इसे 1970 तक बढ़ाए जाने के लिए संविधान में एक संशोधन कर दिया था।

अनुसूचित जातियों के विधायकों का सम्मेलन, जो इसे चिरस्थाई बनाने के प्रयास के हेतु दृढ़संकल्पित था, अपने आपमें निहित स्वार्थ के तथ्य का प्रमाण था। इस प्रक्रिया की शुरुआत एक दशक पहले उस समय हो गई थी जब 1950 में अखिल भारतीय पिछड़ा वर्ग संघ की स्थापना नई दिल्ली में की गई थी। (*पाँचवी रिपोर्ट*, पृष्ठ 162)। विधायकों के उपरोक्त सम्मेलन के द्वारा ''वर्तमान संवैधानिक सुरक्षा उपायों के द्वारा अनुसूचित जातियों एवं जनजातियों को प्रदान किए गए लाभों के आकलन हेतु एक उच्च अधिकारप्राप्त आयोग'' की माँग की गई थी। (*टाइम्स ऑफ इंडिया*, 8.2.61: *कास्ट बैरियर्स*)। अनुसूचित जातियों, अनुसूचित जनजातियों एवं अन्य पिछड़े वर्गों के अखिल भारतीय संघ ने अनुसूचित जातियों, अनुसूचित जनजातियों और पिछड़े वर्गों के हितों की देखभाल करने के लिए मार्च 1964 में नेहरू को एक ज्ञापन सौंपा था जिसमें अन्य माँगों के *साथ–साथ* केन्द्र एवं राज्यों में पृथक मंत्रालयों के गठन की माँग की गई थी। (*टाइम्स ऑफ इंडिया*, 28.3.64)। अगले वर्ष अप्रैल में एस.एम. सिद्धैया ने अनुसूचित जातियों के कल्याण पर रिपोर्ट देने के लिए एक आयोग की नियुक्ति की माँग करने वाले एक विधेयक को प्रस्तुत कर दिया (*टाइम्स ऑफ इंडिया*, 16.4.65)।

लोकसभा में प्रस्तुत सरकारी पदों की भर्ती में अनुसूचित जातियों के सदस्यों के लिए 22.5 प्रतिशत स्थान आरक्षित करने सम्बन्धी दावे से प्रेरित होकर एक विचारपूर्ण अग्रणी लेख के दौरान *इंडियन एक्सप्रेस* के संपादक ने 26 अगस्त, 1966 के अपने अंक में संविधान के विशिष्ट व्यवहार सम्बन्धी प्रावधानों के भारत सरकार के क्रियान्वयन तथा जवाहरलाल नेहरू जैसे नेताओं के दोहरे रवैये के सम्बन्ध में अस्पष्ट रूप से समझाते हुए इस दृष्टिकोण पर जोर दे डाला। उन्होंने लिखा था: ''अनुसूचित जातियों में से कुछ, जिन्होंने आर्थिक प्रगति की कुछ मात्रा को हासिल कर लिया है, को अनुसूची से बाहर करने के हाल के कदम का कड़ा विरोध दिखाता है कि *रियायतों का निरंतर लाभ उठाया जाता रहना किस प्रकार से पिछड़ेपन में भी निहित स्वार्थों को जन्म दे सकता है।** 'पिछड़े' वर्गों की सूची उनमें से कुछ के द्वारा आर्थिक प्रगति कर लेने के परिणामस्वरूप छोटी होने के बजाए बड़ी ही हुई है। अनुसूचित जातियों में किन समुदायों को शामिल किया जाना है इसके निर्धारण में यदि आर्थिक कसौटी को नहीं प्रयुक्त किया जाना है तो अनुसूचित जातियाँ स्थाई तौर पर अनुसूचित ही बनी रहेगीं.....।''

सितम्बर 1967 में हैदराबाद में संपन्न अखिल भारतीय पिछड़ा वर्ग संघ के वार्षिक सम्मेलन में पारित किए गए प्रस्ताव अथवा दिए गए बयान इस तथ्य के आगे के प्रमाण हैं कि विशिष्ट व्यवहार, जिसे एक सीमित समयावधि

---

* तिरछे अक्षर मेरे हैं।

के लिए एक विशेषाधिकार बनाए जाने की मंशा थी, को एक स्थाई प्रकृति वाले जन्मसिद्ध अधिकार में परिवर्तित करने के प्रयास किए जा रहे थे। ये यह भी प्रकट करते हैं कि विशिष्ट व्यवहार प्राप्त समूहों ने पिछड़े वर्गों की सूची को आर्थिक स्थिति के बजाए जाति को प्राथमिकता के आधार पर निर्धारित करने में विशेष रुचि ली थी।

हमें सूचित किया गया है कि "सम्मेलन द्वारा उल्लेख किया गया था कि पिछड़ा वर्ग आयोग की रिपोर्ट पर विचार करने में हुए बिलंब के कारण सत्तारूढ़ दल में पिछड़े वर्गों का विश्वास 'बुरी तरह से हिल गया है'।" सम्मेलन ने सरकार से आह्वाहन किया कि वह पिछड़े वर्गों के सामाजिक एवं शैक्षिक पिछड़ेपन को दूर करने के लिए रिपोर्ट पर विचार करे और सुविधाएं, अधिमान्यतापूर्ण व्यवहार तथा अन्य सहूलियतें प्रदान करे। सम्मेलन ने "खेद व्यक्त किया कि, यद्यपि काकासाहेब कालेकर की अध्यक्षता में आयोग ने प्रत्येक राज्य में 'अन्य पिछड़े वर्गों' की एक विस्तृत सूची तैयार कर ली है, और यह रिपोर्ट संसद के समक्ष प्रस्तुत की जा चुकी है, तथापि इस पर ना तो चर्चा की गई है न ही जनता के 60 प्रतिशत से भी अधिक भाग (?) के द्वारा सामना की जाने वाली समस्याओं पर सुविचारित ध्यान देने हेतु कोई कदम उठाया गया है"।

टाइम्स ऑफ इंडिया के संपादक ने अपने समाचारपत्र के 12 सितम्बर, 1967 के अंक में जिसे वो उप–राष्ट्रपति वी.वी. गिरि द्वारा अपने उद्घाटन भाषण में सुझाया गया "नया दृष्टिकोण" कह रहे थे, के बारे में एक अग्रणी लेख लिखा। हालांकि, इसका प्रमुख निष्कर्ष दृष्टिकोण की सीमाओं के एक कथन में परिवर्तित हो गया। क्योंकि जैसे ही संपादक की कलम ने गिरि के प्रस्ताव का मूल्यांकन करने हेतु तथाकथित पिछड़े लोगों और उनकी कारगुजारियों की जाँच करना प्रारंभ किया, इसे प्रस्ताव के कार्यान्वयन के प्रति विरोधी बातों को दर्ज करना पड़ा था। संपादक को लिखना पड़ा थाः "यदि कल्याण कार्यक्रमों के साथ कोई बात तर्कसंगत रूप से गलत है तो ऐसा इसलिए नहीं है क्योंकि प्रदान किए गए लाभ अवास्तविक रहे हैं बल्कि इसलिए क्योंकि वे ऐसे अधिक उन्नत एवं राजनीतिक रूप से सुसंगठित समुदायों को प्राप्त हो गए हैं जिन्हें किसी भी विशेष सहायता की आवश्यकता नहीं है। *इस संदर्भ में पिछड़ापन संघर्ष करने तथा राजनीतिक शक्ति को मजबूत करने हेतु एक विशेषाधिकार बन चुका है।*"†

इन सभी घटनाओं का परिणाम निहित स्वार्थों का उदय होना रहा है; और मैं लगभग सुनिश्चित हूँ कि 1970 के पहले संविधान में किया जाने वाला एक और संशोधन अनुसूचित जातियों और अनुसूचित जनजातियों के सदस्यों के लिए विधानसभाओं में पदों के आरक्षण के जीवनकाल को कम–से–कम एक दशक के लिए और आगे बढ़ा देगा। इस प्रकार "आरक्षण" पूर्णतः "व्यस्क" हो चुका होगा। जब तक एक अत्यन्त कठोर एवं सुविचारित कार्यवाही अभी से प्रारंभ नहीं की जाती, एक पूरी पीढ़ी के द्वारा इसका आनंद उठा चुके होने के बाद वर्ष 1980 का प्रारंभ इसके उन्मूलन के बजाए इसके स्थायित्व के उभरने की संभावना से अधिक युक्त होगा। यदि हम एक "मिश्रित समाज" के रूप में विकसित होने से बचने की इच्छा रखते हैं तो ऐसी कार्यवाही के लिए पहले ही बहुत देर हो चुकी है और अब खोने के लिए समय नहीं बचा है।

ऊपर मैंने उल्लेख किया है कि दिल्ली में मुख्यमंत्रियों की एक सभा में यह संकल्प लिया गया था कि पिछड़े वर्गों के लिए नौकरियों अथवा पदों का आरक्षण नहीं किया जाएगा। दूसरी ओर, अनुच्छेद 16 के खंड (4) में परंतुक के द्वारा राज्यों को अधिकार प्रदान कर दिया गया है। और जो कुछ भी महत्वपूर्ण है वह यह कि यही एकमात्र स्थान है जहाँ सेवाओं में 'पर्याप्त' प्रतिनिधित्व का उल्लेख किया गया है। दूसरी ओर अनुसूचित जातियों के लिए सेवाओं में प्रतिनिधित्व का निर्धारण करते हुए अनुच्छेद 335 प्रभावहीन अथवा फीका प्रतीत होता है। क्योंकि यह कहता है कि उनके दावों पर विचार किया जाना चाहिए। यह ये नहीं कहता कि सेवाओं में अनुसूचित जातियों का पर्याप्त प्रतिनिधित्व होगा। इसके अंतर्गत आगे एक परंतुक है कि दावों को "प्रशासन की दक्षता के रखरखाव के साथ निरंतर" समायोजित किया जाना है।

पिछड़ेपन के निर्धारण हेतु चाहे किसी भी मानदंड को क्यों न अपनाया गया हो (और मुझे ऐसा प्रतीत होता है कि अनुच्छेद 16(4) के प्रयोजनार्थ विचार करने में जाति तथा/अथवा समुदाय को शामिल किया जाना होगा), जैसा

---

† तिरछे अक्षर मेरे हैं।

कि पहले ही उल्लिखित केरल आयोग की सिफारिशों में मौजूद मामला है, हर राज्य में अनेकों ऐसी जातियाँ और उप–जातियाँ अवश्य मौजूद होगी जिनके एक भी सदस्य को पिछड़ेपन की सूची में शामिल ही न किया गया हो, अथवा बहुत कम सदस्यों को ही शामिल किया गया हो जो राज्य अथवा राज्यों अथवा केन्द्र की सेवाओं में सामने आते हों। किसी भी ऐसे राज्य, जिसमें किसी विशेष जाति, उप–जाति अथवा समुदाय के सम्बन्ध में ऐसी स्थिति विद्यमान हो, की सरकार द्वारा यह तर्क नहीं दिया जा सकता कि वह ऐसा सोचना जारी रख सकती है अथवा मान सकती है कि प्रतिनिधित्व अपर्याप्त नहीं है। इस प्रकार मुझे यह स्पष्ट है कि या तो अनुच्छेद 16(4) के संवैधानिक प्रावधान को शून्य कर दिया गया है अथवा किया जाना है, अथवा यह कि राज्य किसी न किसी प्रकार से सेवाओं में ऐसे वर्गों के प्रतिनिधित्व का प्रबंध करते रहे हैं। यदि जाति अथवा समुदाय, जिनके पास राज्य की सेवाओं में अपना कोई भी सदस्य नहीं है अथवा बहुत कम सदस्य हैं, बहुत बड़ी/बड़े हैं तो हम आश्वस्त रह सकते हैं कि कोई भी राज्य सरकार कुछ पदों के इनके दावों का प्रतिरोध कर पाने का साहस कर सकेगी, चाहे इनके सदस्य उन पदों के लिए पर्याप्त रूप से शिक्षित हों अथवा नहीं। हालांकि, जो कुछ वास्तव में घटित हो रहा है वह यह है कि अनुसूचित जातियों एवं अनुसूचित जनजातियों के आयुक्त, जिन्हें पिछड़े वर्गों पर भी रिपोर्ट देने का अधिकार प्राप्त है, इस कारण से खुलासा करने में असक्षम होते हुए ऐसा नहीं कह सकते, और न ही उन्होंने ऐसा किया है, कि पिछड़े वर्गों के रूप में नामित करने हेतु समूहों के नामों का उल्लेख और गणना करने वाला राष्ट्रपति का कोई भी आदेश मौजूद नहीं है!

अनुच्छेद 335 के अनुपालन में भारत सरकार ने बहुत तीव्रता से कार्यवाही की। वास्तव में इसने संविधान के लागू होने अथवा यहाँ तक कि उसके तैयार करने से भी पहले ही इस सूचना पर कार्यवाही कर डाली। इसने अनुसूचित जातियों के लिए आरक्षित पदों के प्रतिशत को निर्धारित करते हुए 13.9.1950 की तिथि वाली एक गजट अधिसूचना जारी कर दी जिसमें इसके जारी रहने का न तो कोई संदर्भ था और न ही कोई समय सीमा। जो कुछ भी इससे अधिक आश्चर्यजनक, दिलचस्प और निराशाजनक है वह यह कि इस अधिसूचना में उल्लेख किया गया कि आरक्षण का यह प्रतिशत "1951 की जनगणना में जनसंख्या के आँकड़ों के निर्धारण के लंबित रहने तक" लागू रहेगा! अगस्त 1950 अर्थात्, संविधान के लागू करने के 9 महीनों के अंदर जारी किए गए इस बयान को 1952 में तब भी संशोधित नहीं किया गया जब भारत सरकार ने अधिसूचना के सम्बन्ध में कुछ पूरक निर्देश जारी किए, और यहाँ तक कि मई 1955 में जारी इसके संशोधन में भी ऐसा कुछ नहीं किया गया। जनसंख्या के आँकड़ों से सम्बन्धित इस संदर्भ ने स्वाभाविक रूप से आशाएं उत्पन्न कर दी थीं और अनुसूचित जातियों के नेताओं में पदों के एक बड़े प्रतिशत के आरक्षण हेतु उन आकांक्षाओं को विकसित कर दिया था जो अनुसूचित जातियों के लिए आरक्षित करने वाले 22.5 प्रतिशत पदों की माँग के साथ समाप्त हो चुकी थीं, जिसका उल्लेख ऊपर मैं लोकसभा में अगस्त 1966 में पारित कर दिए जाने के रूप में कर चुका हूँ।

अनुसूचित जातियों के सदस्यों के बीच से भर्ती के लिए आरक्षित खुली प्रतिस्पर्धा वाले पदों (इन सभी का सम्बन्ध केन्द्र सरकार के अधीन सेवाओं में नियुक्तियों तथा रोजगारों से है) का प्रतिशत 12.5 पर निर्धारित किया गया था और अन्य पदों के लिए यह 16.66 था, अर्थात्, ऐसे कुल पदों का 1/6 भाग, और स्पष्ट रूप से 1951 की जनगणना के आँकड़ों को समायोजित करने हेतु इसे बढ़ाकर 17.5 कर दिया गया था (*टाइम्स ऑफ इंडिया,* 30.8.63: "कैरी ओवर ऑफ जॉब रिजर्वेशन वॉयड")। क्या किसी को भी भारत की जनसंख्या की तीव्र वृद्धि पर आश्चर्य अथवा अचम्भा करने की आवश्यकता है?

शीघ्र ही यह पाया गया कि "योग्य अभ्यर्थियों (अर्थात्, अधिकतम आयु सीमा मे तीन वर्षों तक की छूट सहित न्यूनतम शैक्षिक योग्यता रखने वाले) की पर्याप्त संख्या सामने नहीं आ रही है"; और भारत सरकार ने 1952 में उपरोक्त निर्देशों और 1955 में उनके संशोधनों को जारी कर दिया। इन दोनों कदमों के परिणामस्वरूप यह धारणा कठोरतापूर्वक स्थापित हो चुकी थी कि प्रतिशत–आरक्षण केन्द्रीय सेवाओं में अनुसूचित जातियों के सदस्यों को इस प्रकार भर्ती करने की ऊपरी सीमा मात्र नहीं थी बल्कि यह 'एक सीमित एवं अनिवार्य कोटा' था। चूंकि सरकारी आदेश को इस प्रकार संशोधित किया जा चुका था अतः आरक्षित कोटा प्रतिशत के रिक्त भाग को आगामी वर्षों में आगे ले जाया जाना था ताकि उन्हें उन वर्षों के भर्ती कोटे में जोड़ा जा सके।

संशोधित आदेश के शब्द ऐसे हैं कि मामूली गणित की सहायता सहित इस पर मामूली रूप से किए गए विचार किसी के भी समक्ष एक हास्यास्पद और असंवैधानिक स्थिति प्रस्तुत कर सकता है, कि यदि 1950–1960 के दशक के दौरान इस आदेश का पालन किया गया होता और तर्कसंगत तरीके से काम किया गया होता तो दशक* के बाद के वर्षों में, अथवा सबसे बाद 1965 में, अनुसूचित जातियों के सदस्यों को छोड़कर भारत के किसी भी अन्य नागरिक के लिए भर्ती हेतु खुली प्रतिस्पर्धा वाला एक भी पद शेष नहीं बचा होता! यह इतना अतर्कसंगत प्रतीत होता है कि सहज बोधगम्यता और स्वीकार्यता के लिए मैं आदेश के वास्तविक शब्दों को उद्धृत करूँ (*कमेन्टरी आन द कांस्टीट्यूशन ऑफ इंडिया,* द्वारा दुर्गा दास बसु, चौथा संस्करण, खंड 5, पृष्ठ 154): ''यदि चयनकर्ता अधिकारियों के द्वारा उपयुक्त समझे जाने वाले अभ्यर्थियों की पर्याप्त संख्या उन समुदायों से उपलब्ध नहीं होती जिनके लिए किसी वर्ष विशेष में आरक्षण किए गए हैं, रिक्त पदों को अनारक्षित समझा जाना चाहिए और उन्हें उपलब्ध सर्वश्रेष्ठ अभ्यर्थियों से भरा जाना चाहिए। इस प्रकार से अनारक्षित समझी गई आरक्षित रिक्तियों की संख्या को उस संख्या के साथ अतिरिक्त कोटे के रूप में जोड़ दिया जाएगा जो सामान्य क्रम में अगले वर्ष में आरक्षित की जाएगीं; और उस वर्ष में इस अतिरिक्त कोटे के विरुद्ध जिस सीमा तक स्वीकृत अभ्यर्थी उपलब्ध नहीं होंगे, एक तद्नुरुपी संख्या को अगले दूसरे वर्ष में आरक्षित रिक्तियों की संख्या के साथ जोड़ दिया जाना चाहिए।'' वास्तव में, 1963 में पदों के लिए किया गया आरक्षण 65 प्रतिशत हो चुका था (*टाइम्स ऑफ इंडिया,* 30.8.63)। और सर्वोच्च न्यायालय ने इसे *देवदासन* बनाम *भारत संघ* के नाम से ज्ञात वाद में निष्फल कर दिया था।

ऐसा प्रतीत होता है कि सर्वोच्च न्यायालय ने इस नियम को उतना ही ''जितना कि इसके द्वारा अनुसूचित जातियों एवं जनजातियों के आरक्षण को अनुचित और हद से अधिक बनाया गया था'' और ''अनुच्छेद 14 एवं 16(1) द्वारा प्रदत्त समानता की गारंटी के उल्लंघन करने वाले के रूप में'' निष्फल किया है'' (पूर्वोक्त)।

न्यायमूर्ति जे.आर. मुधोलकर ने नियम को निष्फल करने सम्बन्धी निर्णय की घोषणा करते समय अवलोकन किया था: ''भर्ती के प्रत्येक वर्ष पर मात्र उसी के लिए विचार किया जाएगा और पिछड़े समुदायों के लिए आरक्षण हद से इतना अधिक नहीं होना चाहिए कि वह एकाधिकार उत्पन्न कर दे अथवा अन्य समुदायों के वैध दावों के साथ अनावश्यक छेड़छाड़ करे।'' यह बहुमत से दिया गया एक निर्णय था, जिससे न्यायमूर्ति के. सुब्बा राव सहमत नहीं थे। (*टाइम्स ऑफ इंडिया,* 30.8.63)।

यह स्पष्ट है कि जो कुछ भी निष्फल कर दिया जाता है वह एक नियम नहीं रह जाता बल्कि इसका एक अनियंत्रित अनुप्रयोग रह जाता है। इस प्रकार, यदि आरक्षित प्रतिशत में वृद्धि नहीं होती, उदाहरणार्थ यह 45 रहता है, तो मैं नहीं समझता कि सर्वोच्च न्यायालय का निर्णय इसे लागू करने से रोकेगा।

मुझे प्रतीत होता है कि प्रभावी नियम अपने परिणामस्वरूप स्वयं भी अनुच्छेद 335 के ''प्रशासन की क्षमता के रखरखाव'' सम्बन्धी प्रावधान का उल्लंघन करेगा। क्योंकि यह राज्य के अधिकतम शिक्षित सेवकों के एक बड़े समूह में कार्यरत् ऐसे लोगों की एक सतत् और सीमित आपूर्ति करने और इस प्रकार प्रशासनिक पदों की संपूर्ण मशीनरी को न्यूनतम शिक्षित सदस्यों के अभ्यस्त होने में समर्थ बनाने के बजाए मात्र इकलौती भर्ती में ही महत्वपूर्ण पदों में न्यूनतम शिक्षित अभ्यर्थियों की भर्ती बड़ी संख्या में कर देगा अथवा कर सकता है।

उच्च वर्गों में इस निर्णय की प्रति प्रतिक्रिया स्पष्ट संकेत देती है कि आरक्षण–प्रतिशत पहले से ही एक निहित स्वार्थ बन चुका है। जगजीवन राम, जो उस समय केन्द्रीय मंत्रिमंडल से बाहर थे और इसीलिए उनका उल्लेख ''भूतपूर्व केन्द्रीय परिवहन एवं संचार मंत्री' के रूप में किया गया था, को यह कहते हुए सूचित किया गया है कि ''इन जातियों (अनुसूचित जातियों एवं अनुसूचित जनजातियों) से सम्बन्ध रखने वाले कर्मचारियों का कुल प्रतिशत अभी भी *जनसंख्या के आधार पर यथोचित* प्रतिशत से बहुत कम है।''[†] जगजीवन राम जनवरी 1964 के अंत

---

* जैसा कि *इंडियन जर्नल ऑफ पब्लिक एडमिनिस्ट्रेशन,* 1963, पृष्ठ 92–4 में डी.एन. राव द्वारा प्रस्तुत किया गया है, इसकी गणना 1948 तथा 1960 के बीच अनुसूचित जातियों के अभ्यर्थियों की भर्ती के औसत प्रतिशत के आधार पर की गई है।

[†] तिरछे अक्षर मेरे हैं।

में योजना आयोग के तत्वाधान में आयोजित अनुसूचित जातियों एवं अनुसूचित जनजातियों के रोजगार पर एक संगोष्ठी को सम्बोधित कर रहे थे। हमें बताया गया कि संगोष्ठी के द्वारा की गई सिफारिशों में से एक "सर्वाधिक महत्वपूर्ण", जैसा कि *टाइम्स ऑफ इंडिया* के 'समाचार सेवक' ने इसे व्यक्त किया, थी "अनुसूचित जातियों और अनुसूचित जनजातियों के अभ्यर्थियों को उनके लिए आरक्षित रिक्तियों के विरुद्ध नामांकित करने सम्बन्धी आवश्यक अधिकारों से लैस एक केन्द्रीय कार्यकारी अधिकरण की स्थापना किया जाना।" यदि यह कदम उठा लिया गया होता तो अनुसूचित जातियों और अनुसूचित जनजातियों का शेष भारतीय समाज से पृथक्करण इतना पूर्ण हो गया होता कि यह कहा जा सकता था कि "मिश्रित समाज" के विकास के मार्ग पर आगे का कोई निश्चित कदम उठाया जा चुका है!

16 महीनों* बाद, अर्थात्, 31.5.1965 के दिन, मुझे समाचारों की कतरन की मेरी फाइल में *टाइम्स ऑफ इंडिया* के संपादक का एक अत्यंत विचारपूर्ण अग्रणी लेख प्राप्त हुआ। यह ठीक वही अवसर था जब केन्द्र सरकार का सामाजिक सुरक्षा विभाग (अब सामाजिक कल्याण?) अपने संरक्षण में "पिछड़े वर्गों" के अभ्यर्थियों "को शिक्षित करने हेतु केन्द्रों का एक नेटवर्क खोले जाने" की योजना बना रहा था, जो पहले से ही दो ऐसे केन्द्रों का संचालन कर रहा था। संपादक ने अवलोकन किया था: "ऐसी कोई भी योजना, जिसके अंतर्गत अनुसूचित जातियों एवं अनुसूचित जनजातियों के अभ्यर्थियों को संघ लोक सेवा आयोग एवं अन्य प्रतियोगी परीक्षाओं हेतु विशिष्ट रूप से इसी प्रयोजन हेतु स्थापित संस्थानों में शिक्षित किया जा रहा हो, उस भेदभाव को स्थाई बनाएगी जिसके उन्मूलन की आशा इससे की जाती है। हितबद्ध दलों के द्वारा पहले से ही आरक्षण का उपयोग पिछड़े वर्गों के अंदर ही एक विशिष्ट वर्ग को उत्पन्न करने के एक उपकरण के रूप में किया जा रहा है। अनुसूचित जाति के कुछ नेताओं ने माँग की है कि समुदाय के अभ्यर्थियों को सीधे सरकारी सेवाओं में 'नामांकित' कर दिया जाना चाहिए। *साथ ही बराबर से हास्यास्पद यह माँग भी मौजूद है कि आरक्षण को किसी अनुसूचित जाति के अधिकारी की भर्ती से सेवानिवृत्ति तक की प्रगति के सभी चरणों पर लागू किया जाना चाहिए।*"†

इंडियन एक्सप्रेस (21.8.66) के एक अग्रणी लेख में इसके संपादक ने उपरोक्त अवलोकनों के 15 महीनों बाद लिखते हुए लेख का समापन इस महत्वपूर्ण और चौंकाने वाले रहस्योद्घाटन के साथ किया कि "हरिजनों (संविधान की अनुसूचित जातियाँ?) के बीच प्रभावशाली वर्ग अपने निजी संकुचित प्रयोजनों के लिए सामाजिक भेदभाव को स्थाई बनाए रखने के इच्छुक हैं।"

इसके बाद लगभग एक वर्ष से कुछ अधिक समय बाद, कहा जाता है कि प्रशासनिक सुधार आयोग के अध्ययन दल ने अखिल भारतीय गैर–तकनीकी सेवाओं में भर्ती की गुणवत्ता में "गिरावट की सीमा को स्पष्ट कर दिया था", जो कि, सामान्य शब्दों में कुछ समय पूर्व आम जानकारी में रह चुका था। कहा जाता है कि इसने स्पष्ट किया था कि "प्रथम श्रेणी के प्रवेशकर्ताओं का प्रतिशत 1950–55 के 42 से घटकर 1960–65 में 25 रह गया है और इसी अवधि में तृतीय श्रेणी के पुरुषों का प्रतिशत 4 से बढ़कर 19 हो गया है।" (*टाइम्स ऑफ इंडिया,* 24.10.67: "पब्लिक सर्विसेज")।

किसी भी निष्पक्ष व्यक्ति और किसी भी देशभक्त भारतीय को यह अवश्य ही स्पष्ट हो जाना चाहिए कि सरकार से सेवाओं एवं पदों में प्रतिनिधित्व के लिए अनुसूचित जातियों के दावों को स्वीकार करने की माँग करने वाले अनुच्छेद 335 के प्रशासन की दक्षता के मानक को बनाए रखने सम्बन्धी परंतुक को शून्य कर दिया गया है। मेरे तर्क कि यह नियम, जिसे कथित रूप से सर्वोच्च न्यायालय द्वारा निष्फल कर दिया गया है, अनुच्छेद 335 की भावना का उल्लंघन करता है, की पूर्ण पुष्टि कर दी गई है।

हालांकि, मुझे यह स्पष्ट है कि ऊपर संक्षेप में रेखांकित सभी घटनाओं, जो अपने तरीके से पूरी तरह से भारतीय समाज को जातिविहीन समाज के बजाए एक "मिश्रित समाज" बनने की दिशा में प्रवृत्त कर रहीं हैं, जो

---

* मुझे यह सुझाव देने वाला नहीं समझा जाना चाहिए कि विद्वान संपादक ने इस विषय पर नहीं, और दोनों के बीच की प्रवृत्ति के विरुद्ध लिखा था।

† तिरछे अक्षर मेरे हैं।

कि संविधान सभा द्वारा निर्धारित किया गया आदर्श था और जिसे सरकार एवं जनता का उद्देश्य होना था, ने सरकार को सही तरीके से प्रभावित नहीं किया है। इस कथन के प्रमाण को केन्द्र सरकार द्वारा अपनी सेवाओं में अनुसूचित जातियों के सदस्यों की बड़ी संख्या में भर्ती में तेजी लाने के लिए नियुक्त की गई अधिकारियों की समितियों के द्वारा जुटाया गया है। *टाइम्स ऑफ इंडिया* के संपादक ने ऐसी समितियों में से एक नवीनतम की सिफारिशों की आलोचना करने हेतु 22 फरवरी, 1968 के अपने पत्र के अंक में एक अग्रणी लेख लिखा था। उन्होंने घोषणा की थी कि इन प्रस्तावों के द्वारा *''स्वयं पिछड़ेपन में निहित स्वार्थों को जन्म देने''*[‡] के प्रयास किए गए हैं।

अनुसूचित जातियों एवं पिछड़े वर्गों के लिए विशेष प्रावधानों को तैयार करने और लागू करने की कहानी मेरे मस्तिष्क में ऐसा कोई संदेह नहीं छोड़ती कि अब अधिक समय नहीं लगेगा जब अनुसूचित जातियों के विधायी प्रतिनिधित्व को कम–से–कम दस वर्षों के लिए बढ़ाने हेतु हमारे पास संविधान का एक संशोधन उपलब्ध हो जाएगा।

इस प्रकार हमारे पास राजनीतिक दलों में परिवर्तित हो चुकी कुछ जातियाँ और उप–जातीय समूह होंगे जो सरकारी नौकरियों की सामाजिक मिठाई के अपने विशेष लाभ की सुरक्षा के लिए लघु और निहित स्वार्थों में लिप्त होंगे। वहीं से अन्य आर्थिक एवं राजनीतिक हितों की संवृद्धि और इस प्रकार उनका विशिष्टतावादी और पृथकतावादी समुदायों के रूप में सशक्तीकरण प्रारंभ हो जाएगा।

यह सुविदित है कि उच्च वर्गों में भी जाति न केवल परिचय का बल्कि विशेष ध्यान दिए जाने का भी एक जरिया है। यहाँ मैं पाठकों का ध्यान हिन्दू सामजिक जीवन की एक विशेषता की ओर आकर्षित कर सकता हूँ जो जातीय भावना को सशक्त करने वाली है। अपने सामाजिक रूप से स्वीकृत एवं नैतिक रूप से बाध्यकारी अधिकारों एवं कर्तव्यों के साथ रिश्तेदारी के सम्बन्धों की जटिलताएं अत्यन्त व्यापक हैं। कभी–कभी ऐसा होता है कि लोगों की एक बड़ी संख्या किसी स्वीकृत क्षेत्र के अंदर सम्बन्धों का दावा कर सकती है, जिसका व्यवहार में अर्थ हो सकता है संपूर्ण जाति का एक बड़ा भाग। किसी पुराने परिवार से आने वाले और शीर्ष की ओर उठने वाले किसी व्यक्ति के स्वाभाविक अनुयायीगणों की संख्या अधिक होने की ओर प्रवृत्त होती है। इस प्रकार रिश्तेदार–भावना का दुष्चक्र व्यापक है; और जातीय–भावना रिश्तेदारी–भावना का एक मामूली विस्तार सा प्रतीत होती है। अपने चुनाव अभियानों के दौरान राजनीतिक नेताओं के व्यवहार के नमूने हालांकि प्रत्यक्ष तथा अप्रत्यक्ष रूप से स्पष्ट हो जाते हैं, तथापि मैं निम्नलिखित घटनाओं का उल्लेख कर सकता हूँ। (पाठकों को यह तथ्य ध्यान में रखना चाहिए कि अनेकों ओर से बार–बार ये आरोप लगाए जा चुके हैं कि राजनीतिक दल और विशेषतौर पर प्रमुख दल, भारतीय राष्ट्रीय कांग्रेस, जातीय–देशभक्ति का उपयोग करती रही है)।

कुछ नेताओं ने किसी की भी जाति की खुल्लमखुल्ला घोषणा और सहज पहचान करने के मामले में तर्कसंगत कदम उठाए हैं। अनेकों मामलों में किसी की जाति को उसके उपनाम के रूप में दर्ज किया जाता है। अनेकों ऐसी जातियाँ मौजूद हैं जिनमें जाति अथवा उप–जातीय समूह के नाम को ही उनके उपनामों के रूप में प्रयुक्त किया जाता है। प्रगतिशील व्यक्तियों ने इस प्रथा की समाजविरोधी संभावनाओं को महसूस कर लिया है और उनमें से कुछ, हालांकि बहुत कम, हाल ही में अपने नामों में संशोधन करने हेतु आगे आए हैं। अभी तक ज्ञात ऐसी व्यक्तिगत कार्यवाहियों के प्रति प्रतिक्रिया जातीय–भावना के उत्साह का प्रमाण देती है। जब मद्रास के तत्कालीन राजस्व मंत्री मानिकावेलू नाईकर ने अप्रैल 1955 में घोषणा की कि वह आगे से नाईकर, जो उनकी जाति का नाम है, का उपयोग अपने उपनाम के तौर पर नहीं करेंगे, तब जातीय समूह, जो अब स्वयं को वान्नियाकुला क्षत्रिय के रूप में वर्णित करता है, ने उनपर संपूर्ण समुदाय के प्रति असम्मान प्रदर्शित करने का आरोप लगाते हुए उनके विरुद्ध प्रस्ताव पारित कर दिया। कहा जाता है कि उन्हें धमकी भरे पत्र प्राप्त हुए थे। परिणाम आज तक ज्ञात नहीं है। एक महीने बाद, जब एक उत्तर भारतीय श्रीमन नारायण अग्रवाल, जो कांग्रेस के महासचिव थे, ने अपने जातीय उपनाम को त्याग दिया और स्वयं को श्रीमन नारायण वर्णित कर दिया तो प्रतिक्रिया का वांछनीय रूप उत्तर प्रदेश कांग्रेस के महासचिव को अपने जातीय नाम को त्यागने के लिए प्रेरित

[‡] तिरछे अक्षर मेरे हैं।

करने वाला बन गया।[15] कांग्रेस के भूतपूर्व अध्यक्ष, कामराज, ने स्वयं के साथ अपना जातीय नाम नादर जोड़े बिना ही स्वयं को ज्ञात करवाया था।

इस गतिविधि, जो आखिरकार उच्च–स्थितिप्राप्त नेताओं को सुरक्षा देने वाले सामाजिक फायदे और सांसारिक बुद्धिमत्ता का संकेतमात्र हो सकती है, के विरुद्ध हमारे पास दीर्घकाल तक भारत सरकार का साथ निभाने वाले और महत्वपूर्ण सदस्यों में से एक, बी आर. भगत, हैं जो जातीय देशभक्ति का पोषण करते हैं। बम्बई के *बॉम्बे समाचार* (27.6.67) द्वारा सूचित किया गया था कि भगत दिल्ली में संपन्न अखिल भारतीय यादव महासभा में, अपने जातीय बंधुओं, सभी यादव संसद सदस्यों साथ मौजूद थे। यह पूरी तरह से स्पष्टतौर पर उस शृंखला में से एक थी जो, जैसा कि एम.एस.ए. राव के श्रमसाध्य शोधकार्य (*द इकोनॉमिक वीकली,* अगस्त 1964) द्वारा दर्शाया गया है, जो 1963 में प्रारंभ हो चुकी थी। उसी समय से ये सभाएं सेना में एक पृथक यादव रेजीमेंट का गठन करने के आह्वाहन करने वाले प्रस्ताव पारित करती रही हैं। इस सभा विशेष का उद्घाटन रक्षा मंत्री स्वर्ण सिंह द्वारा किया गया था। परेशान करने वाला तथ्य यह है कि क्या ऐसे उच्च–पदाधिकारियों को ऐसी सभाओं को आशीर्वाद देने चाहिए और परोक्ष एवं आंशिक रूप से स्वयं को इन विचारों एवं प्रस्तावों के साथ प्रतिबद्ध कर लेना चाहिए। यादव महासभा के आंदोलन के मामले में मर्मभेदी रूप से अभी और अधिक खतरनाक तथ्य यह भी है कि सेना में प्रभावोत्पादक रूप से यादव (अहीर) जाति के लोगों और अधिकारियों की एक बड़ी संख्या मौजूद है!

पुराने क्षेत्रों की तुलना में अधिक व्यापक और अधिक प्रभावशाली एकीकृत गतिविधि के एक क्षेत्र में जाति ने एक और जीत दर्ज की है। पिछले कुछ समय से, जैसा कि जातीय–समाजों के गठन और जातीय सम्मेलनों के आयोजनों के साथ अपरिहार्य हो चुका था, जातीय–पत्रिकाओं ने भी अपनी छिटपुट मौजूदगी बना ली थी। बम्बई में लोहाना जाति की समिति द्वारा प्रकाशित एक गुजराती साप्ताहिक, *द लोहना हितेच्छू*, जिसका सर्वप्रथम प्रकाशन 1914 में किया गया था, ऐसी सर्वप्रथम नियमित पत्रिका प्रतीत होती है जिसे किसी जाति द्वारा अपने सदस्यों के लाभ और प्रचार के लिए प्रारंभ किया गया था। उसी समय से इसका प्रकाशन जारी रहा है। स्वयं के बारे में इस जाति की जागरुकता का निर्धारण इस तथ्य द्वारा किया जा सकता है कि 1955 के इसके वार्षिक सम्मेलन में जातीय लाभ के प्रयोजनार्थ इसके द्वारा 5 लाख रुपए संग्रहीत करना सूचित किया गया था। कनारा सारस्वत नाम से ज्ञात उच्च–शिक्षित जाति अपने ही नाम के साथ अंग्रेजी में प्रकाशित होने वाली अगली पत्रिका थी जिसे 1919 में कनारा सारस्वत एसोशिएसन द्वारा प्रारंभ किया गया था। दो वर्षों बाद, *गुजराती समस्त लाड मित्रा* ने बड़ौडा में द्वि–मासिक प्रकाशन प्रारंभ कर दिया। इसके बाद 1923 में बम्बई शहर की पठारे प्रभु जाति की मराठी भाषा की *प्रभु तरुण* तथा आनंद से *पाटीदार* जाति के द्वारा जारी गुजराती *पाटीदार*, जो दोनों ही मासिक पत्रिकाएं थीं, का आगमन हुआ। अगला क्रम था 1926 में सूरत के अनाविल बंधु प्रिटिंग प्रेस द्वारा जारी गुजराती *अनाविल पोकर* का ताकि दक्षिण गुजरात की जमींदार ब्राह्मण जाति को जागरुक किया जा सके। 1948 के पहले अन्य जातियों के द्वारा 12 अन्य पत्रिकाएं प्रारंभ की जा चुकी थीं। इस प्रकार की जातीय गतिविधि में 1948, अर्थात्, स्वतंत्रताप्राप्ति के बाद एक उछाल आ गया था। 1948 से लेकर 1956 में *नेफोर गाइड टू इंडियन पब्लिकेशंस* के प्रकाशन की तिथि तक 25 जातीय पत्रिकाएं अपनी–अपनी जातियों के सदस्यों के बीच जातीय एकजुटता की भावना को उत्तेजित कर रही थीं।

यह नोट करना दिलचस्प है कि ऊपर संदर्भित प्रकाशन हेतु सूचीबद्ध 42 पत्रिकाओं में से मात्र एक का सम्बन्ध बंगाली जाति से था। उनमें से 7 महाराष्ट्र की जातियों द्वारा और शेष 34 गुजराती जातियों द्वारा प्रकाशित किए जा रहे थे।

माध्यमिक स्कूल शिक्षकों के बीच के.एम. कपाडिया[16] की जाँच से यह प्रकट होता है कि महाराष्ट्रीय शिक्षकों की तुलना में गुजराती शिक्षकों का एक कहीं बड़ा प्रतिशत ऐसी गतिविधियों को उन्हें ज्ञात होने के रूप में सूचित करता है। गुजरात, जहाँ कांग्रेस की पकड़ सर्वाधिक मजबूत होने का विश्वास किया जाता है, में उपरोक्त जाँचकर्ता के द्वारा सूचित इस ईर्ष्यालु गतिविधि की वृद्धि और प्रचुरता के साथ मिलकर क्लब और सामाजिक कार्यक्रम देश के राजनीतिक नेताओं के लिए गंभीर विचार सामग्री उपलब्ध कराते हैं! हालांकि, मुझे पाठकों को यह अवश्य

सावधान कर देना चाहिए कि मैं इस बात से संतुष्ट नहीं हूँ कि बिहार, उत्तर प्रदेश, आंध्र प्रदेश अथवा मद्रास में कोई जातीय पत्रिका मौजूद नहीं थी।*

उपरोक्त लेखन के बाद से व्यतीत हो चुके समय के दौरान निश्चित रूप से जाति–केन्द्रित अथवा जाति–आधारित पत्रिकाओं की संख्या में वृद्धि हो चुकी है। *द प्रेस इन 1965,* जिसने पहले के *नेफोर गाइड* का स्थान ले लिया था, यद्यपि एक बड़ा प्रकाशन है, तथापि एक संपूर्ण एवं सटीक रेकार्ड से कोसों दूर है। उदाहरण के लिए मुझे 1952 से 1966 के दौरान एक अर्द्धवार्षिक पत्रिका के रूप में नियमित रूप से बम्बई में प्रकाशित *सोशियोलॉजिकल बुलेटिन* प्राप्त हुई है जिसे इसमें स्थान नहीं प्राप्त हुआ था। जब मुझे यह पता लगता है कि ऊपर दर्ज की गई कई जाति–केन्द्रित पत्रिकाएं *द प्रेस इन 1965* से बाहर हो चुकी थीं तो मैं यह नहीं स्वीकार कर पाता कि उनका प्रकाशन बंद हो चुका है। अतः, मुझे पाठकों को सावधान करना है कि, जैसा कि इस सरकारी प्रकाशन में प्रस्तुत किया गया है, जातीय–दृश्य बहुत अधिक चुप्पी साधने वाला है और यह कि इस पर दृष्टि डालने के द्वारा किसी को भी जो कुछ विश्वास दिलाया जाता है, वास्तविकता उससे कहीं अधिक खराब है।

मुझे प्रतीत होता है कि इन 'मासिक पत्रिकाओं' से बचने की संभावना कम है और ये और अधिक स्थिर दृष्टिकोण एवं संचार की माध्यम भी हैं। इसके अलावा, उनकी संख्या ऐसी है कि मेरे लिए उनकी गणना करना सहज है। जातीय–दृश्य को एक संकेतक रूप में प्रस्तुत करने के प्रयोजन के साथ इसके सम्बन्धित व्यापक एवं विस्तृत दृष्टिकोण के मेरे एकल प्रयास से परे होने के कारण मैंने गुजराती, हिन्दी और मराठी जैसे तीन क्षेत्रों को ही चुना है। हिन्दी क्षेत्र का प्रतिनिधित्व मध्य प्रदेश, राजस्थान एवं उत्तर प्रदेश जैसे तीन राज्यों द्वारा किया गया है; गुजराती का प्रतिनिधित्व गुजरात एवं महाराष्ट्र कर रहे हैं। प्रत्येक क्षेत्र में मात्र क्षेत्रीय अथवा प्रांतीय भाषाओं की उन मासिक पत्रिकाओं पर ही विचार किया जा रहा है जिन्हें जातीय–श्रेणी के सर्वाधिक प्रतिनिधित्व प्राप्त होने हेतु गिना जाता है।

गुजरात तथा महाराष्ट्र में प्रकाशन में सूचीबद्ध गुजराती 'मासिक पत्रिकाओं' की कुल संख्या 297 है; और उनमें से 27, अर्थात् 9 प्रतिशत जाति–आधारित हैं। 27 में से 16 जाति–केन्द्रित गुजराती 'मासिक पत्रिकाएं' 1948 के बाद की हैं; और अधिक स्पष्ट करने हेतु ये 1950 के बाद ही अस्तित्व में आईं थीं। इस प्रकार, जाति–आधारित 59 प्रतिशत गुजराती 'मासिक पत्रिकाएं' गणंतात्रिक युग के बाद की हैं। कुल 185 मराठी मासिक पत्रिकाओं में से मात्र 9, अर्थात्, 5 प्रतिशत, जाति–आधारित हैं। यहाँ तक कि उनके बीच भी 1948 के बाद जन्मीं पत्रिकाओं का अनुपात 56 प्रतिशत होते हुए बहुत अलग नहीं है। 1948 के बाद प्रकाशन प्रारंभ करने वाली 'मासिक पत्रिकाओं' में से सर्वप्रथम का प्रारंभ 1952 में हुआ था।

हिन्दी क्षेत्र, अर्थात्, तीन राज्यों, मध्य प्रदेश, राजस्थान एवं उत्तर प्रदेश, में कुल मिलाकर 434 हिन्दी 'मासिक पत्रिकाएं' मौजूद हैं। इनमें से 51 जाति–आधारित हैं। इनमें से दो के प्रारंभ के वर्ष के सम्बन्ध में सूचना स्त्रोत मौन है। 49 हिन्दी जाति–आधारित 'मासिक–पत्रिकाओं' में से 34 तो 1948 के बाद की हैं। इस प्रकार, या तो मराठी अथवा गुजराती जाति–आधारित मासिक पत्रिकाओं की तुलना में प्रारंभ के सम्बन्ध में ज्ञात कुल जाति–आधारित हिन्दी मासिक पत्रिकाओं में से 1948 के बाद की पत्रिकाओं का प्रतिशत 69.4 पर बहुत ऊँचा है। ऐसी पत्रिकाओं में से सर्वाधिक पुरानी 1902 की है, जिस वर्ष में उत्तर प्रदेश की हैहेय क्षत्रिय महासभा (जो जाति के नाम के पुरातन–प्राचीनकालीन होने का दावा करता है और अपनी उत्पत्ति की तिथि ईसापूर्व की दूसरी शताब्दी के प्रारंभ की बताता है) ने अपनी पत्रिका प्रारंभ की थी।

द प्रेस इन 1965 नामक सरकारी प्रकाशन में सूचीबद्ध इन तीन भाषाई क्षेत्रों से जाति–आधारित 85 मासिक पत्रिकाओं में से 39 को जातीय–देशभक्ति को उत्तेजित करने के लिए 1956 के बाद प्रारंभ किया गया था। इस प्रकार से किसी जाति को एक संपूर्ण समुदाय में परिवर्तित करने और हिन्दू समाज को विखंडित करने का यह

---

* यह सबकुछ 1960 के पहले लिखा जा चुका था।

उपक्रम स्वतंत्रताप्राप्ति पश्चात् के युग में की गई एक जोरदार प्रगति है जो न केवल आर्थिक बल्कि जनसांख्यकीय प्रगति की वृद्धि दर से भी आगे निकलने को प्रतिज्ञाबद्ध है!

मासिक पत्रिकाएं संचारात्मक एकीकरण के माध्यम की इकाई मात्र नहीं हैं। संभवतः वार्षिक पत्रिकाएं, विशेष रिपोर्टें (जैसे कि अपने जगमगाते सितारों की उपलब्धियों का विस्तृत विवरण प्रदान करने वाली चित्रपुर सारस्वत समुदाय की) तथा विभिन्न जयंती विशेषांकों, चाहे वे रजत, स्वण अथवा हीरक रहे हों, इस कार्य को और भी प्रभावी ढंग से संपन्न करते हैं। किन्तु दुर्भाग्यवश उपलब्ध स्रोतों से उनकी संख्याओं और विस्तार का आकलन कर पाना संभव नहीं है।

विभिन्न प्रकार के परस्पर व्यवहारों, विशेषतौर पर आर्थिक, विशुद्ध सामजिक एवं महत्वपूर्ण अवसरों पर सहायक, के द्वारा होने वाला सामूहिक एकीकरण किसी भी अन्य माध्यम की तुलना में अधिक शक्तिशाली होता है और इससे भी अधिक, यह समूह के प्रत्येक सदस्य की आदत बन जाने की प्रवृत्ति रखता है। एक संपूर्ण समुदाय में परिवर्तित होने वाली जाति की प्रक्रिया के इस हालिया पहलू के ब्रिटिश शासन के दौरान भी मौजूद रहे होने पर जोर दिया गया है! समुदाय के गठन की इस विशेषता में वृद्धि एवं प्रसार का मापन चैरिटी कमिश्नर अथवा संघ के 16 राज्यों के समकक्ष अधिकारियों के साथ पंजीकृत किए गए ट्रस्टों से भी प्राप्त किया जा सकता है।

मैंने महाराष्ट्र, निश्चित रूप से तत्कालीन बम्बई राज्य, के चैरिटी कमिश्नर द्वारा 1954* में *डायरेक्ट्री ऑफ पब्लिक ट्रस्ट्स फार ग्रेटर बॉम्बे एंड बॉम्बे सबर्बन डिस्ट्रिक्ट* शीर्षक के अधीन प्रकाशित ऐसे ट्रस्टों एवं ट्रस्ट–इकाईयों की सूची का परीक्षण किया है। मैंने इनमें से 1700 से अधिक इकाईयों की गणना जाति–केन्द्रित के रूप में की है। इन अनेकों इकाईयों के प्रयोजन जाति के जरूरतमंद सदस्यों को आश्रय प्रदान करने से लेकर वार्षिक भोज अथवा मेल–जोल एवं मौसमी अथवा सामयिक त्यौहार समारोहों से होते हुए ऐसे विवाहगृहों के रखरखाव तक फैले होते हैं जो जातीय–सदस्यों के अलावा अन्य लोगों के लिए खुले हो सकते हैं तथा इमारतों को मात्र जातीय सदस्यों को ही किराए पर दिया जाता है। उनकी एक बहुत बड़ी संख्या जाति के गरीब विद्यार्थियों को छात्रवृत्तियाँ प्रदान करती है, कुछ स्कूलों को संचालित करते हैं, जबकि दूसरे जातीय–सदस्यों के लिए प्रसूति–गृह चलाते हैं और कुछ जातीय विद्यार्थियों के लिए छात्रावास संचालित करते हैं। दुर्भाग्यवश, यह प्रकाशन ट्रस्ट के प्रारंभ करने के वर्ष का उल्लेख नहीं करता जो समय–वार विवरण को असंभव बना देता है।

इन ट्रस्टों के मालिकों के बीच कम से कम 87 प्रतिनिधित्वकर्ता जातियाँ अथवा उपजातियाँ मौजूद हैं, जिनमे से कम से कम 33 ब्राह्मण जातियाँ अथवा उप–जातियाँ हैं। ये समाज के सभी स्तरों से आती हैं और उनके नाम भी जातीय–स्थिति के सूचक हैं जो चरम विखंडन को प्रदर्शित करते हैं। उनमें से कुछ जातियों के द्वारा ऊपर देखे जाने की प्रवृत्ति के भी सूचक हैं; किन्तु मैं सोचता हूँ कि उन नामों से कोई भी इतना दिलचस्प नहीं है जितना कि गुजराती कुम्भार जाति का। कुम्भार जाति, जैसे कि मराठी और गुजराती दोनों तथा यहाँ तक कि एक हिन्दी में भी इन्हें एक मामूली संशोधन के साथ जाना जाता है, ने ''प्रजापति प्रगति मंडल'' के नाम से पंजीकृत अपने ट्रस्टों के माध्यम से स्वयं को प्रजापतियों** के रूप में ज्ञात करवा रखा है। सूरत जिले में इस क्षेत्र में इस जाति की उपलब्धियों को स्वर्गीय डॉ. के. एम. कपाडिया के द्वारा किए गए नवासारी तालुक के शैक्षिक इतिहास के उपयोगी सर्वेक्षण में भली–भांति सामने रखा गया है।[17]

जाति के समुदायिक विकास को उजागर करने वाला ऐतिहासिक विवरण हाल ही में के.एम. कपाडिया एवं विलास ए. सांगवे के द्वारा दो भाषाई रूप से परिभाषित क्षेत्रों के श्रमसाध्य शोधकार्यों द्वारा उपलब्ध करवाया गया

* बम्बई विश्वविद्यालय के पुस्तकालयाध्यक्ष प्रो. डी.एन. मार्शल ने मेहरबानीपूर्वक चैरिटी कमिश्नर को यह पूछते हुए एक रजिस्टर्ड पत्र लिखा था कि क्या कोई बाद का संस्करण उपलब्ध है, और यदि बाद का कोई संस्करण उपलब्ध नही है तो क्या किसी शोधकर्ता को अभिलेखों तक पहुँच प्रदान की जा सकती है। दुर्भाग्यवश, उन्हें कोई प्रत्युत्तर प्राप्त नहीं हुआ। उन्होंने मद्रास के चैरिटी कमिश्नर को भी एक रजिस्टर्ड पत्र लिखा था परंतु यह बिना सुपुर्दगी के वापस आ गया क्योंकि वहाँ इस पद का कोई भी अधिकारी ज्ञात नहीं था!

** यह संस्कृत का एक शब्द है और इसका अर्थ सृजनकर्ता होता है। 'प्रजापति' बाद के वैदिक साहित्य में मुख्य अथवा सर्वोच्च देवता हैं।

है। कपाडिया का विवरण, जिसे बम्बई के 'प्रजापति' ट्रस्ट मामले में ऊपर संदर्भित किया जा चुका है, हमारे समक्ष गुजरात में आधी दर्जन जातियों को संलिप्त करते हुए सामुदायिक–गठन की घटना की एक तस्वीर प्रस्तुत करता है। उन्होंने हमें छात्रों के लिए जातीय एवं सामुदायिक छात्रावासों की प्रगति का एक विवरण प्रदान किया है जिसका प्रारंभ लगभग 1934 में नवसारी में हुआ था। (*सोशियोलॉजिकल बुलेटिन,* 1959, पृष्ठ 40, 53–54, 57–8)।

विलास सांगवे ने हमें कोल्हापुर शहर की 10 महाराष्ट्रीय जातियों की समुदाय–गठन सम्बन्धी गतिविधियों का इससे भी अधिक जानकारीपूर्ण और व्यापक विवरण प्रदान किया है। कोल्हापुर महराष्ट्र का एक सांस्कृतिक केन्द्र है जो इसके अम्बाबाई मंदिर और अब यह छत्र जगद्गुरु की स्थापना तथा शाहू वैदिक स्कूल के नाम से ज्ञात पुजारी–प्रशिक्षण संस्थान के लिए विख्यात है। उन्होंने स्वयं ही उन परिवर्तनों पर जोर दिया है जो हमारे प्रयोजनार्थ नोट करने योग्य हैं और उन्हें एक के बाद एक सविस्तार स्पष्ट किया है। वे स्वयं को इस पुस्तक के पाठकों के समक्ष मौलिक रूप से और संपूर्णता में प्रस्तुत करने हेतु प्रस्तुत करते हैं। सांगवे नोट करते हैं:

"1. जातीय भावना की जड़ों को बच्चों, महिलाओं, छात्रों एवं अन्य लोगों के लिए गतिविधियों का आयोजन करने के द्वारा और गहरा किया जा रहा है। बालक मंदिर (किंडरगार्टन स्कूल) एवं महिला मंडल सभी जातियों की साझा विशेषताएं बनते जा रहे हैं। पहले, ऐसे पृथक संघों को कोई अस्तित्व नहीं था।
2. पंचायत अथवा जाति की प्रबंध समिति, जैसा भी मामला हो, के गठन करने निर्वाचन के सिद्धांत को लागू करने के द्वारा जातीय पंचायत का संरक्षण एक संशोधित स्वरूप में किया गया है।
3. जातीय पंचायत के लिए लिखित संविधान को तैयार करने के द्वारा जातीय पंचायत की व्यवस्था और जातीय नियमों को और अधिक पुख्ता बनाया गया है।
4. छात्रों के छात्रावासों को जातीय गतिविधियों का मुख्य केन्द्र बनाया गया है। किसी भी जाति के समस्त सामाजिक एवं धार्मिक समारोहों को उस जाति के छात्रावासों में और यहाँ तक कि उस जाति की सहकारी समितियों की उन सभाओं में भी आयोजित किया जाता है जिन्हें छात्रावासों में ही संपन्न किया जाता है। इस प्रकार, पुरानी और नई पीढ़ियों के बीच का संपर्क कायम रखा जाता है।
5. पेशेवर जातियाँ सहकारी ऋण एवं औद्योगिक समितियाँ स्थापित करने के द्वारा जातीय सदस्यों की आर्थिक स्थितियों में सुधार करने हेतु दृढ़ प्रयास कर रही हैं।
6. जातियों ने अलग–अलग तरीकों से सदस्यों को नजदीक लाने हेतु पृथक आवासीय कॉलोनियों की स्थापना करना प्रारंभ कर दिया है। हालांकि, आवासीय कॉलोनियाँ जातीय भेदभाव के बिना सभी सदस्यों के लिए खुली हैं, तथापि सामान्यतौर पर वे उसी जाति के सदस्यों के लिए हैं जो इस योजना को प्रायोजित कर रही हो।
7. पहले ब्राह्मण सभी जातियों के लिए पुजारियों का कार्य किया करते थे और इस प्रकार समस्त जातियों के बीच संपर्क स्थापित करते थे। अब यह देखा जा सकता है कि अनेकों जातियाँ, जैसे पांचाल ब्राह्मणों अथवा दैवदन्य ब्राह्मणों के पास अपनी ही जाति के पुजारी हैं, अथवा अनेकों जातियाँ जैसे न्हावी, ढोर एवं चम्भार पुजारियों के काम के लिए मराठा पुरोहितों, अथवा कुछ मामलों में जाति के सदस्यों (उदाहरणार्थ, वादारों और माँगों) को ही पसंद करती हैं।
8. प्रत्येक जाति के द्वारा सरकार से सुविधाएं हासिल करने के प्रयास किए जाते हैं और इस प्रयोजन के लिए वे माध्यमिक अथवा पिछड़े वर्गों, जैसा भी मामला हो, में शामिल होने हेतु तैयार हैं। उदाहरणार्थ, *आर्य क्षत्रिय एवं न्हावी लोगों ने स्वयं को अन्य पिछड़े वर्गों में शामिल करवाने के प्रयास किए थे।* पहले अपनी स्थिति को ऊपर उठाने की प्रवृत्ति हुआ करती थी, जैसे, नाई स्वयं को नाई ब्राह्मण बुलाए जाने की इच्छा रखते थे, शिल्पकार जातियाँ स्वयं को विश्वकर्मा ब्राह्मण कहलाने की इच्छुक रहती थीं।
9. जाति के सभी सदस्यों के एकजुट होने की आवृत्ति में हाल ही में वृद्धि हो चुकी है। अब जाति के सभी सदस्य एक वर्ष में लगभग 10 से 12 बार सामाजिक, धार्मिक एवं राष्ट्रीय समारोहों तथा सहकारी समितियों

की सभाओं में भाग लेने के लिए किसी एक स्थान पर एकत्रित होते हैं। यहाँ तक कि सभी जातियों के सामाजिक सम्मेलन भी आयोजन किए जाते हैं।

10. सदस्यों से नियमित रूप से शुल्क वसूले जाते हैं और पंचायत अथवा प्रबंध समिति की पिछली अनुमति वैवाहिक एवं अन्य समारोहों के संपन्न कराने हेतु अनिवार्य होती है।'' (*सोशियोलॉजिकल बुलेटिन*, XI, 1961, पृष्ठ 36–61)।''

दक्षिण भारतीय जातियों, विशेषतौर पर तमिल, के लिए विशिष्ट विषय पर कुछ सांकेतिक सूचनाएं, जो मुझे हासिल स्त्रोतों के पास उपलब्ध थीं, को अंतिम अध्याय में प्रस्तुत किया गया है। ये खेदजनक ढंग से अधूरी और दोषपूर्ण हैं और मुझे इसके साथ एक जाति, पल्ली, जो कि तमिलनाडु की सबसे बड़ी जाति है, के बारे में अधिक विशिष्ट सूचना जोड़ने में खुशी है। ये लंबे समय से स्वयं को 'वान्हीकुला' अथवा अग्नि–वंशजीय क्षत्रिय होना घोषित करते रहे हैं। और हमारी जानकारी के इस अभाव की पूर्ति करने हेतु हम अमेरिकी दंपति लॉयड आई. रुडॉल्फ एवं सूसेन हॉयबर रुडॉल्फ के ऋणी हैं।[18] वे सूचित करते हैं:

''उत्तरी आरकोट जिले के *वान्निय कुल क्षत्रय* (क्षत्रिय) *संघम* ने 1953 में अपना 34वाँ वार्षिक सम्मेलन आयोजित किया था, और दक्षिण आरकोट *संघम* ने 1954 में अपना 10वाँ......। 1952 में, *वान्निय कुल क्षत्रियों* ने एक ग्रंथ प्रकाशित किया, जिसके परिचय द्वारा सभा के द्वारा जातीय देशभक्ति* की भावना के निर्माण तथा उस एकजुटता के प्रयास के संकेत प्रदान किए गए थे जो इसे और अधिक प्रभावशाली शक्ति बना देंगे।''

29 अगस्त, 1964 के *द इकोनॉमिक* वीकली (पृष्ठ 1439–43) में *कास्ट एंड द इंडियन आर्मी* शीर्षक से प्रकाशित एक पत्र के रूप में एम.एस.ए. राव के एक श्रमसाध्य एवं उत्साहपूर्ण कार्य के द्वारा जातीय समेकन के 19वीं शताब्दी के एक अन्य आंदोलन को हाल ही में मेरी जानकारी में लाया गया है। राव द्वारा भली–भांति वर्णित यह आंदोलन शानदार अतीत के उत्तर भारतीय जाति के समुदाय–निर्माण के उस दृश्य को सामने ले आता है जो आज स्वयं को यादव घोषित करने वाले अहीरों के रूप में ज्ञात है। अखिल–भारतीय यादव महासभा अपनी उत्पत्ति का श्रेय वी.के. खेडकर की 19वीं शताब्दी की रचना को देती है जो रत्नागिरी जिले की गावली के नाम से ज्ञात महाराष्ट्रीय जाति के एक सदस्य थे।

राव हमें सूचित करते हैं कि महासभा का प्रारंभ वास्तव में 1924 में इलाहाबाद में हुआ था और यह कि इसके गठन के पूर्व ''क्षेत्रीय स्तर पर अनेकों जातीय संघ अस्तित्व में थे'' जैसे अहीर क्षत्रिय महासभा, उत्तर प्रदेश। अखिल भारतीय यादव महासभा ''अपने लक्ष्यों और उद्देश्यों का प्रसार भारत के अनेकों भागों में वार्षिक सम्मेलनों का आयोजन करने और *यादव* नाम एक मासिक पत्रिका संचालित करने के द्वारा करती है जिसे वाराणसी से प्रकाशित किया जा रहा है।'' (इसे सरकारी प्रकाशन *द प्रेस इन 1965* में 1925 में प्रारंभ करने के रूप में सूचीबद्ध किया गया है)।

नवम्बर 1962 में लद्दाख में हमारी चौकियों पर चीनी हमलों के एक प्रभाव स्वरूप राव की उपयोगी जिज्ञासा संभवतः जनवरी 1963 में महासभा के द्वारा आयोजित सम्मेलन द्वारा बलवती हो उठी थी। दिल्ली के सम्मेलन ने 100 सदस्यों का एक प्रतिनिधिमंडल तैयार किया ताकि यादव रेजीमेंट की अपनी माँग पर जोर डालने के लिए रक्षा मंत्री से भेंट की जाए। महासभा ने इस सम्बन्ध में रक्षा मंत्री के पास अपने मामले को प्रस्तुत करने के साथ ही अपनी गतिविधियों का समापन नहीं किया। जैसा कि राव हमें बताते हैं इसने ''दो मोर्चों पर एक जोरदार अभियान प्रारंभ कर दिया; एक ओर तो यह वार्तालापों के जरिए सरकार को समझाती रहीं और दूसरी ओर अपने जातीय सदस्यों और सामान्य जनता का समर्थन भी हासिल करती रही।''

---

* मैंने इस शब्द का उपयोग 1932 में जाति की भावनाओं के निरूपण हेतु किया था क्योंकि लगभग 1921 से ही यह आकार ग्रहण करना प्रारंभ कर चुकी थी और यद्यपि मेरी बहुत आलोचना की गई थी और कुछ आलोचकों ने मेरे द्वारा निरंतर रूप से इसके लिए प्रयुक्त की गई भावना को इंगित करने के लिए 'जातिवाद' शब्द निर्धारित कर दिया था। मुझे यह नोट करने में प्रसन्नता है कि तीक्ष्ण–दृष्टि वाले अमेरिकियों ने 25 वर्षों से भी बाद के समय में इसके उपयोग द्वारा मुझे सही ठहराया है।

जाति के क्षेत्र के विस्तार पर राव विवेकपूर्ण टिप्पणी करते हैं: ''सेना में अहीर रेजीमेंट के गठन के लिए सभा का आंदोलन दिखाता है कि स्वतंत्र भारत में जाति किस प्रकार से नए आधारों का दावा कर रही है''। यह तथ्य कि वी.के. खाडेलकर की मूल पुस्तक, जिसे 1924 में उनके पुत्र द्वारा संशोधित किया गया था, का प्रकाशन 1959 में *'द डिवाइन हेरिटेज ऑफ द यादवाज'* शीर्षक से हुआ था। इसे एम.एस.ए. राव द्वारा हमारी जानकारी में लाया गया जो गणतांत्रिकोत्तर युग में जातीय–देशभक्ति के अभ्युत्थान का पर्याप्त साक्ष्य है!

आर्थिक, शैक्षिक एवं राजनीतिक अभ्युत्थान अथवा विवर्धन के लिए अखिल–भारतीय स्तर पर भाषाई आधार पर जातियों अथवा उप–जातियों को जातियों में कठोर बनाना 'मिश्रित समाज' के मार्ग पर बढ़ाया गया एक और कदम है जो जातिविहीन समाज के कदम से दूर जाने वाला है। दूसरी ओर, इस प्रक्रिया का सामाजिक विलायक, अंतर्विवाह, अभी भी क्षितिज पर है।

'ब्रिटिश शासन के दौरान जातियाँ' शीर्षक अध्याय में मैंने जोर दिया है कि यह तथ्य कि सगोत्रीयता का जाति का एक उत्कृष्ट कारक बने रहना जारी है और मैंने किसी जाति के एक समुदाय में परिवर्तित होने की नई घटनाओं द्वारा प्रदान किए गए जातीय–सगोत्रीयता की ताजा अकड़ के बारे में भी बात की है। इस संदर्भ में मैं एक अथवा दो विशेषताओं को स्पष्ट कर सकता हूँ जो शाबाशी देती प्रतीत होती हैं। एक ब्रिटिश मानवजातिविज्ञानी डी.एफ. पोकॉक, जो गुजरात के पाटीदारों के बीच रहे थे और काम किया था, ने उनके[19] बारे में सूचित किया है: इन दिनों जब जातीय सगोत्रता के उल्लंघनों में वृद्धि हो रही है, यद्यपि कि प्रश्नगत जातियाँ दूर जाने वाले सदस्यों, जो अधिकांशतः शहरों के निवासी हैं, के जीवनों को प्रभावित करने में अधिक कुछ नहीं कर सकतीं, ऐसे विवाहों को जातीय पदानुक्रमों के अर्थों में क्षमा किया जा सकता है।'' गुजरात के पाटीदार, जिनके बीच अनुलोम विवाह एक प्रथा है किन्तु उनकी जाति तक ही सीमित है, जाति के बाहर के अनुलोम विवाहों की उपेक्षा करने के द्वारा रक्त के सम्मिश्रण के माध्यम से सामाजिक एकीकरण की प्रक्रिया को आगे बढ़ाने में सहायता प्रदान कर रहे हैं। दूसरी ओर, चित्रपुर सारस्वतों की उच्चशिक्षित जाति, जिसके सदस्य अच्छे पदों पर है और बिना किसी अवरोध के सामान्यतः प्रगतिशील हैं, ने हाल ही में, 1950 के आसपास, अपने युवाओं के लिए अपना स्वयं का एक सामाजिक केन्द्र प्रारंभ कर दिया है जहाँ कुछ प्रकार के मनोरंजन उपलब्ध कराए जाते हैं और जिनके तत्वाधान में नाटकों एवं व्याख्यानों सम्बन्धी प्रतिस्पर्धाएं आयोजित की जाती हैं और भ्रमण एवं पिकनिकों की व्यवस्थाएं की जाती हैं। और जातीय–युवा क्लबों, जिनकी सदस्यता जाति के अविवाहित सदस्यों तक सीमित है, भी अस्तित्व ग्रहण कर रहे हैं।

1955 के हिन्दू विवाह अधिनियम ने किसी भी हिन्दू विवाह के लिए जाति को न्यायालय से बाहर कर दिया और विवाह की सामाजिक मान्यता हेतु एक तर्कसंगत प्रणाली को लागू कर दिया। इससे अंतर–जातीय विवाह के सम्बन्ध में सामाजिक राय में एक बड़ी प्रगति दर्ज की गई। हालांकि, वास्तविक स्थिति का आकलन करना अत्यन्त कठिन है। प्रभावपूर्ण ढंग से बोलते हुए कोई भी यह कह सकता है कि अंतर–जातीय विवाहों की संख्या में धीरे–धीरे वृद्धि हो रही है और उसके विरुद्ध कटुता में तेजी से कमी आती जा रही है।

इस सूक्ष्मरूप से श्रेणीबद्ध, व्यापक तौर पर संस्तरीकृत एवं स्थाई रूप से रूढ़िवादी हिन्दू समाज में अंतर–जातीय विवाह से सम्बन्धित स्थिति कितनी कठोर है इसकी सर्वश्रेष्ठ प्रशंसा तब की जा सकती है जब किसी को भी देश के अनेकों भागों में अत्यधिक प्रचलित किसी भी जाति की आवधिक सामूहिक सभाओं में कराए जाने वाले सामूहिक विवाहों के तथ्य से अवगत करवाया जाए। यहाँ मैं मात्र एक उदाहरण दूँगा, जो तैयारशुदा भी है और नवीनतम भी तथा जिसका सम्बन्ध ब्राह्मण जैसी सर्वोच्च जाति से है। 10 जुलाई, 1963 के *टाइम्स ऑफ इंडिया* के अंक में 'करंट टॉपिक्स' स्तंभ के अंतर्गत लेखक ने समाचारपत्र के पाठकों को बिहार के मैथिल ब्राह्मणों के वार्षिक सम्मेलन को 'अपनी प्रकार के एक सामाजिक आयोजन' के रूप में सूचित किया था, जिसमें लगभग 2 लाख लोग मौजूद थे। ''सौरथ सभा'' के नाम से ज्ञात सम्मेलन, जिसका मुख्य कार्य विवाह बाजार के रूप में कार्य करना था, में 'पंजीकार' कहे जाने वाले आनुवांशिक अभिलेखपालों (रेकार्डकीपरों) द्वारा ''कई हजार विवाह तय किए गए''। स्तंभकार के द्वारा अपने लेख को ''विंड ऑफ चेंज'' शीर्षक दिए जाने से पाठकों को भ्रमित नहीं होना चाहिए कि यह परिवर्तन जाति की भावना से सम्बन्धित था। नए युग की योग्यताओं, जैसे डाक्टरों और इंजीनियरों जैसे

सर्वाधिक माँग वाले दूल्हों को पंजीकृत करने में अभिलेखपालों की मुस्तैदी से प्रभावित स्तंभकार ने अपनी धारणा में इस आकर्षक, किन्तु इस संदर्भ में मामूली रूप से भ्रामक, शीर्षक को जगह दे दी।

हाल ही के अन्वेषणकर्ताओं के परिश्रम द्वारा संभव किए गए कुछ दृष्टिकोण सम्बन्धी संकेतों को पाठकों द्वारा स्वयं के लिए स्थिति का बेहतर आकलन करने हेतु प्रस्तुत किया जा सकता है। बड़ौदा के एम.एस. विश्वविद्यालय के छात्रों के दृष्टिकोण का बी.वी. शाह का अध्ययन[20] ऐसा ही एक संकेत प्रदान करता है।

और बेहतर कहा जाए तो गुजरात के मामले में शाह ने पाया कि 60.5 प्रतिशत छात्रों ने सामान्य रूप से अपने सगोत्रीय समूहों, अर्थात्, तथाकथित उप–जातियों, के अंदर ही विवाह करने की इच्छा जताई थी, और 4.5 प्रतिशत अपने वैवाहिक दायरे का विस्तार संपूर्ण जाति तक करने हेतु तैयार थे। उन्होंने पाया कि 22.5 प्रतिशत अपने समान अथवा उससे उच्च स्थिति वाली किसी जाति में विवाह करने हेतु तैयार थे और मात्र 12.5 प्रतिशत ही किसी भी जाति में बिना उसकी स्थिति का संदर्भ लिए विवाह करने हेतु तैयार थे। कॉलेज–शिक्षित युवाओं का यह निर्णय निकट भविष्य में एक जातिविहीन समाज के उद्भव के प्रति जरा भी आशान्वित करने वाला नहीं है।

एक वर्ष पूर्व एक अमेरिकी मानवजातिविज्ञानी[21] ने हमें *हिन्दुस्तान टाइम्स* के रविवासरीय संस्करण में प्रकाशित हाने वाले 50 विज्ञापनों की विषयवस्तु का एक विश्लेषण उपलब्ध करवाया था। उन्होंने पाया कि 70 प्रतिशत मामलों में जातियाँ ''वैवाहिक मिलान में एक महत्वपूर्ण निर्धारक'' थीं, और यह कि शेष 30 प्रतिशत में जाति ''एक सकारात्मक निर्धारक नहीं'' थी किन्तु ''मात्र प्रासंगिक'' थी। गोल्ड का अंतिम निर्णय थाः ''यह जातीय सगोत्रता पर हुकुम चलाने वाले नियम की शक्ति को स्पष्टतौर पर प्रदर्शित करता है।''

के. आनंद का एक हजार वैवाहिक विज्ञापनों, जो दो वर्षों बाद के *हिन्दुस्तान टाइम्स* एवं *द ट्रिब्यून* में प्रकाशित किए गए थे, का एक बड़ा नमूना उत्तरी भारत में जाति की सक्रिय शक्तियों के सम्बन्ध में और अधिक विश्वसनीय आँकड़े प्रदान करता है। जैसा कि लेखक के उल्लेख करने के तरीके से प्रतीत होता है, वह[22] पाते हैं कि 37 प्रतिशत महिला विज्ञापनदाताओं ने अपने जीवनसाथी के लिए जातीय आवश्यकताओं का उल्लेख किए थे, और उनमें से 3 प्रतिशत को अपने जीवनसाथी के किसी और उप–जाति से होने पर कोई आपत्ति नहीं थी; और यह कि उनमें से 13 प्रतिशत ने जातीय अंतर पर ध्यान नहीं दिया था। चूंकि 63 प्रतिशत महिला विज्ञापनदाताओं ने अपनी जातियों के उल्लेख किए थे, अतः *एक प्राथमिकता* द्वारा हम यह निष्कर्ष प्राप्त कर सकते हैं कि 37 प्रतिशत महिला विज्ञापनदाताओं ने अपने जीवनसाथी की जाति पर ध्यान नहीं दिया था। यदि यह ऐसी ही है तो इसे एक जातिविहीन समाज की दिशा में एक बड़ी प्रगति के रूप में अवश्य ही स्वीकार किया जाना चाहिए! पुरुष विज्ञापनदाता स्पष्टतौर पर जाति पर अपेक्षाकृत कम ध्यान देने वाले थे, क्योंकि उनमें से मात्र 29 प्रतिशत ने ही अपनी जीवनसंगिनी के सजातीय होने की माँग की थी जबकि उनके 33 प्रतिशत भाग ने उल्लेख किया था कि उनके लिए जातीय अंतर का कोई महत्व नहीं है। हालांकि, 65 प्रतिशत पुरुष विज्ञापनदाताओं ने अपनी जातियों के उल्लेख किए हैं, उनमें से मात्र 35 प्रतिशत को ही अपनी जीवनसंगिनी की जाति के प्रति उदासीन ठहराया जा सकता है, जो इस प्रकार से पुरुष विज्ञापनदाताओं को महिलाओं की अपेक्षा अधिक रूढ़िवादी बना देता है! इस प्रकट विरोधाभास का आंशिक स्पष्टीकरण नमूने में शामिल दोनों लिंगों की शैक्षिक स्थितियों के अंतर द्वारा उपलब्ध हो जाता है। कुल महिला विज्ञापनदाताओं में से ग्रेजुएट या उससे अधिक शिक्षित महिलाओं का हिस्सा 67.8 प्रतिशत है, जबकि पुरुषों में उनके समकक्ष शिक्षित लोग मात्र 45.4 प्रतिशत ही हैं। अपने नमूने में से शिक्षा के उच्च स्तर का 67.8 प्रतिशत का हिस्सा रखने वाली महिलाओं के पास विवाह के सम्बन्ध में विकल्प बहुत कम उपलब्ध हैं और वे इस मामले में अतिसंवेदनशील होना वहन नहीं कर सकतीं!

1937 में मैंने *द सर्वेन्ट ऑफ इंडिया* में प्रकाशित अपने पत्र (सोशियोलॉजी एंड सोशल वर्क) में उल्लेख किया था कि हमारी सामाजिक व्यवस्था में सामाजिक कार्यों के तीन अथवा चार विशिष्ट एवं नए क्षेत्रों में से एक है दोनों लिंगों के युवाओं के लिए सुपर्यवेक्षित एवं निर्देशित क्लबों और मनोरंजन केन्द्रों को उपलब्ध करवाया जाना। अब राज्य ने पैतृक स्थिति का प्रदर्शन करते हुए छात्रों के छात्रावासों के साथ ही इस प्रकार के केन्द्रों को प्रारंभ करने की गतिविधि सम्बन्धी जो कदम उठाया है वह कल्याण की दिशा में सर्वाधिक महत्वपूर्ण गतिविधियों में से एक है, जिसके परिणाम

जटिल एवं दूरगामी होंगे। प्रारंभ करने हेतु सभी बड़े शहरों और नगरों, जो तालुकों अथवा जिलों के मुख्यालय हैं, में ऐसे केन्द्रों और छात्रावासों को प्रारंभ करने के द्वारा राज्य अच्छा कार्य करेगा। आनंददायी गतिविधियों में डूबे युवाओं के द्वारा जाति जैसे असंगत विचारों को भुला दिए जाने की संभावना है। इस स्वाभाविक प्रकृति को छात्रावासों के अंतःवासियों तथा क्लबों के उपयोगकर्ताओं से ली गई इन लिखित घोषणाओं द्वारा मजबूत बनाया जाना चाहिए कि वे जाति के आधार पर किसी प्रतिबंध को नहीं मानेंगे और किसी भी जातीय–संगठन से सकारात्मक रूप से समर्थन वापस लेने तथा सक्रिय रूप से जातीय–पक्षपात से ऊपर उठने के द्वारा जाति की उपेक्षा करने का प्रयास करेंगे।

जैसा कि महाराष्ट्र की एक जाति, चित्रपुर सारस्वत, के सम्बन्ध में स्पष्ट किया जा चुका है, ने 1950 में ही जाति के बाहर विवाहों को रोकने के लिए ऐसे ही एक केन्द्र की संभावनाओं की खोज प्रारंभ कर दी थी। पुणे के ब्राह्मण भी 1967 में उनसे मिल गए। 16 अप्रैल, 1967 को पुणे शहर के सुभाषनगर के ब्राह्मण विनामूल्य सेवा मंडल (ब्राह्मण वृत्त हेतु निःशुल्क सामाजिक सेवा) ने ब्राह्मण लड़कों और लड़कियों को निम्नलिखित ललचाने वाला परिपत्र जारी किया थाः "हमारे भवन में आइए, एक–दूसरे से परिचित होइए और एकत्रित लोगों में से अपने लिए साथी खोजने का प्रयास कीजिए।" यद्यपि इसकी तात्कालिक प्रतिक्रिया का कमजोर होना सूचित किया गया था (*टाइम्स ऑफ इंडिया,* 17.6.67), तथापि इस संगठन ने हर रविवार को अपना मेल–जोल कायम रखा और 1968 की मई के वैवाहिक मौसम में बड़ी संख्या में विवाह करवाने का श्रेय उन्हें प्राप्त हो गया!

इस तथ्य को ध्यान में रखते हुए कि हिन्दू समाज हेतु पुजारी पद, जो कभी भी बहुत सजातीय एवं केन्द्रित नहीं रहे हैं तथा आगे और अधिक विखंडित एवं पृथक हो चुके हैं, के लिए तमिलनाडु में विवाह सम्बन्धी आयोजन सामाजिक संस्था में गंभीर प्रकृति की अन्य दरारों को प्रदर्शित करते हैं, जो इसे मात्र एक सुविधाजनक ही नहीं बल्कि शब्द के मोटे अर्थ में समुचित रूप से कहे जाने वाले 'मिश्रित समाज' में विकसित करने में सक्षम है।

दक्षिण भारत, तमिलनाडु (मद्रास) में गैर–ब्राह्मण आंदोलन ने स्वयं को बुलंदी के साथ तथा वांछनीय 'जस्टिस पार्टी' की संज्ञा दिए जाने का प्रबंध कर लिया था। 1936–37 के चुनावों में यह समाप्त हो गई। हालांकि, रहस्यमयी रूप से यह 1945 में क्षेत्रीय किन्तु स्थानीय अंतर्राष्ट्रीय नाम, द्रविड़ कझगम अथवा द्रविड़ संघ के नाम के अधीन प्रकट हुई (*टाइम्स ऑफ इंडिया,* 11.2.68 में आर. जयाराम)। इसके नेता ई.वी. रामास्वामी नाइकर, जो लोकप्रिय रूप से पेरियार नाम से जाने जाते थे, ने इसे इसके पूर्ववर्ती, जस्टिस पार्टी, की तुलना में और अधिक गैर–ब्राह्मणवादी स्वरूप प्रदान कर दिया। उन्होंने जोर दिया कि तमिलनाडु के गैर–ब्राह्मणों को 'गैर–ब्राह्मण' न कहकर द्रविड़ बुलाना चाहिए। श्री नाईकर का ब्राह्मण–विरोधी दृष्टिकोण उनके द्रविड़ कझगम के मुखिया बनने के लगभग 25 वर्षों पूर्व ही आकार ग्रहण कर चुका था। पुरानी जस्टिस पार्टी के एक सदस्य के रूप में बहुत पहले 1923 में उन्होंने '*सुयामारियाथाई संघम*' अर्थात् 'आत्म–सम्मान समूह' कहे जाने वाले एक संघ को प्रारंभ कर दिया था। आर. जयराम (जगह में उद्धृत) के शब्दों में "इसका प्रमुख उद्देश्य 'द्रविड़' लोगों के बीच से धर्म और जाति के समस्त अंधविश्वासों को जड़ से उखाड़ फेंकना" और "समस्त ब्राह्मणवादी अथवा संस्कृत आधारित विश्वासों एवं प्रथाओं का भंडाफोड़ करना था।" इस समूह ने अपने विचारों का प्रचार करने हेतु एक साप्ताहिक पत्रिका प्रारंभ की और इसके स्तंभों तथा अन्य समाचारपत्रों के जरिए इसने "हिन्दू समारोहों और अनुष्ठानों की निंदा करने वाले" लेखों की एक श्रृंखला प्रकाशित कर डाली। यह समूह अंतर–जातीय विवाह के अत्यधिक वांछनीय समर्थन तक ही नहीं रुका बल्कि इसने स्वयं द्वारा "आत्मसम्मान विवाह" अथवा "सुधार विवाह", अथवा तमिल में *सुयामारियाथाई* अथवा *सीरथिरुथा* कहे जाने वाले अत्यधिक अवांछनीय एवं विक्षोभकारक कदम को प्रतिपादित करने का कार्य भी कर डाला। इसके सार में एक पुजारी और उसके अनुष्ठानों का बहिष्कार किया जाना शामिल था; विवाह में उपस्थित लोगों में से कोई एक "चाहे उसकी जाति और पंथ कुछ भी क्यों न रहा हो, को पुजारी का कार्य संपन्न करना पड़ता था, अनुष्ठानों में वर एवं वधू के द्वारा जयमाला का आदान–प्रदान किया जाना तथा वर के द्वारा वधू के गले में 'टाली' पहनाया जाना शामिल होता था"। सर्वप्रथम 'आत्मसम्मान विवाह', जैसे कि ऐसे विवाहों को बाद में जाना गया, 1929 में संपन्न हुआ था। जयराम के अनुमान के अनुसार 1968 तक ऐसे कम–से–कम 60,000 विवाह संपन्न हो चुके थे।

ऐसा प्रतीत होता है कि तमिलनाडु की कुछ जातियों के बीच पुरोहित की मौजूदगी और अनुष्ठान की संकेतक कुछ गतिविधियों को संपन्न किए बिना ही वैवाहिक गठबंधन को पूर्णतः वैध होने की मान्यता प्रदान करने पर जोर दिए जाने की प्रथा प्रचलित रही है। उदाहरणार्थ, 1946 में मद्रास उच्च–न्यायालय के समक्ष एक मुकद्में में यह स्वीकार किया गया था कि ''एक रस्म, जिसमें ''*नाडु वीट्टू थाली*'' कहे जाने वाली गाँठ बाँधा जाना शामिल होता है, विवाह का एक प्रथागत स्वरूप था, यद्यपि कि यह नाईकरों के बीच सामान्य नहीं था; और इससे वैधता के पक्ष में एक धारणा निर्धारित की गई थी।[23] एक अन्य मुकद्में, जिसमें 1935 में संपन्न एक नाईकर विवाह का मसला शामिल था, में साक्ष्यों से यह स्पष्ट है कि रस्म में आँगन के बीच में एक दिया रखा जाना, एक ''कार्यपालक'' 'पुरोहित' का होना और 'टाली' का बाँधा जाना शामिल होता था। नेल्सन द्वारा वेल्लाला विवाह की अनिवार्यताओं का शताब्दी पुराना वर्णन किसी पुरोहित की मौजूदगी को प्रमाणित नहीं करता लेकिन कुछ अनुष्ठानों को संपन्न कराए जाने के प्रति यह सकारात्मक है। नेल्सन कहते हैं[24]: ''समीप रखी एक चौकी (वह स्थान जहाँ वर–वधू बैठे हों, जिसे पहले गाय के गोबर से लीपा गया हो) पर एक दिया जलाए रखा जाता है; तथा धान का एक बोझ तथा गाय के गोबर से बनाए गए *विघ्नेश्वर* के एक प्रतीक, जिसमें अरुहम घास के कुछ तिनकों को खोंसा गया हो, को उनके समीप रखा जाता है। दोनों के द्वारा इस प्रतीक के समक्ष दंडवत करने के बाद'' वर सुनहरी *टाली* को वधू के गले में पहनाता है। उस समय पर ''दूध का एक पात्र लाया जाता है जिसमें *पीपल* के कुछ पत्तों को भिगोया गया होता है और विवाहित जोड़े के सिरों पर दोनों पक्षों के रिश्तेदारों के द्वारा इन पत्तों से दूध छिड़का जाता है।''

1934 में संपन्न एक चेट्टी विवाह की वैधता का प्रश्न मद्रास के एक मामले[25] में उठाया गया जिसका निर्णय 1964 में हुआ। विद्वान न्यायाधीश ने प्रेक्षित किया: ''मुझे ऐसा प्रतीत होता है कि प्रथा (नट्टूकोट्टाई चेट्टियों के बीच की वैवाहिक रस्मों के बारे में) एक पवित्र अग्नि प्रज्जवलित करने और थाली (*टाली*) बाँधे जाने की है''। पूर्णतः स्पष्ट है कि कोई 'पुरोहित', पुजारी, मौजूद था और उसने विवाह संपन्न करवाया किन्तु चेट्टी विवाह के निर्णय की अनिवार्यताओं में उसका उल्लेख नहीं किया गया है।

विवाह–सुधार आंदोलन के संरक्षण के अधीन संपन्न एक विवाह, जिसे *सुयामारियाथाई* विवाह कहा जाता है, संयुक्त परिवार तथा इसकी संपत्ति के विभाजन के एक मामले के दौरान अपनी वैधता पर विचार करने हेतु 14 जुलाई 1934 को सामने रखा गया और 1954 में मद्रास उच्च–न्यायालय के द्वारा इसका निर्णय किया गया। यह आरोप लगाया गया था कि नट्टूकोट्टाइ चेट्टी जाति के एक विधुर ने 'पुरोहिता मरुप्पा संघम' अर्थात्, पुरोहित–विरोधी संघ के तत्वाधान में रेड्डी जाति की एक विधवा से उपरोक्त तिथि पर विवाह कर लिया है। विद्वान न्यायाधीशों ने विवाह को अवैध माना और कहा: ''यह निर्धारित करना एक खतरनाक सिद्धांत बन जाएगा कि किसी उप–जाति अथवा जाति की संज्ञा के साथ एक निश्चित निकाय का अर्थ रखने वाले एक समुदाय को वैधानिक अधिकार के बिना अथवा यहाँ तक कि किसी प्राचीन प्रथा अथवा परिपाटी के अधिकार के बिना भी एक वैध विवाह की अनिवार्यताओं को निर्धारित करने की स्वतंत्रता प्राप्त होनी चाहिए। किन्तु व्यक्तियों के ऐसे किसी समूह को यह आजादी नहीं है कि वह हिन्दू कानून को परिवर्तित करे और अपना स्वयं का कानून इस प्रकार निर्धारित करे जैसे उसके पास विधायी अधिकार उपलब्ध हों।''[25]

1955 में जातिविहीन समाज की दिशा में सामाजिक प्रगति का एक महान ऐतिहासिक कार्य सामने आया। भारत सरकार ने भारत के कानून की किताब में एक समेकित कानून, जिसे हिन्दू विवाह अधिनियम, 1955 के नाम से जाना जाता है, प्रस्तुत कर दिया। इसे पाठकों के ध्यान में लाने हेतु बहुत जोर नहीं दिया जा सकता कि देश में ऐसा कानून लाए जाने के एक प्रस्ताव पर 1942 से ही काम जारी था। इसके अनिवार्य मसौदे को संविधान सभा की एक स्थाई समिति के द्वारा 1948 में तैयार कर लिया गया था और इस पर एक विधेयक को अस्थाई संसद के द्वारा पारित किया जाना था किन्तु दुर्भाग्यवश यह उस संसद के भंग होने के पहले पारित नहीं हो सका था।[26]

विशेष विवाह अधिनियम, 1954 के द्वारा किसी भी विवाह, यदि यह इसके प्रावधानों के अधीन संपन्न हुआ हो, को वैधता हासिल करने हेतु पंजीकृत होना आवश्यक है और इसमें अधिनियम के अंतर्गत निर्धारित तरीके के अलावा अन्य प्रकार से संपन्न विवाहों के पंजीकरण का भी प्रावधान किया गया था। विवाह की शर्तों में शामिल हैं:

(1) किसी भी प्रथागत परिपाटी की मान्यता सम्बन्धी प्रावधान के साथ निषिद्ध डिग्री की एक निश्चित योजना (2) विवाह के पक्षकारों की व्यस्कता की आयु, तथा (3) द्विपत्नीत्व का अभाव।[27]

1955 का हिन्दू विवाह अधिनियम निर्धारित करता है कि किसी हिन्दू विवाह को वैध तरीके से संपन्न होने के लिए चार शर्तों का पालन अनिवार्य है जिनमें सामाजिक समरूपता के उत्पादक होने का उल्लेख किया जा सकता है: (i) द्विपत्नीत्व का अभाव; (ii) वर एवं वधू की आयु क्रमशः 18 एवं 15 वर्ष से कम नहीं होनी चाहिए; (iii) प्रथागत परिपाटी के पक्षधर परंतुकों के साथ कतिपय डिग्री एवं प्रकारों के रिश्तों का अभाव। अधिनियम की धारा 8 द्वारा तथ्य के प्रमाण की सुविधा प्रदान करने हेतु राज्य सरकारों द्वारा हिन्दू विवाहों के पंजीकरण हेतु नियम बनाए जाने का प्रावधान किया गया है। इस अधिनियम के अंतर्गत किसी भी हिन्दू विवाह को (i) वैवाहिक अधिकारों की बहाली; (ii) न्यायिक पृथक्करण; तथा (iii) तलाक के आम प्रावधानों के अधीन रखा गया है जो कि आधुनिक सभ्य दुनिया के वैवाहिक नियमों में आम हैं। इन प्रावधानों के अधीन आने वाले किसी भी मुद्दे के निर्णय हेतु अथवा इन प्रावधानों के अधीन आने वाले अधिकारों और लाभों को हासिल करने हेतु पंजीकरण प्रमाणपत्र एक आवश्यकता बन जाता है। विभिन्न प्रकार की संपत्तियों पर दावों, यदि उन्हें इसके द्वारा स्थापित रिश्ते के आधार पर किया गया हो अथवा जो इसके परिणामस्वरूप उत्पन्न हुए हों, को भी अनिवार्य रूप से किसी विवाह की वैधता पर आश्रित होना होता है।

मद्रास उच्च–न्यायालय के द्वारा यह निर्णय दे दिए जाने, कि *सुयामारियाथाई* विवाह वैध हिन्दू विवाह नहीं थे, के बाद किसी ने भी यह सोचा होगा कि 1954 के बाद से ये बंद हो गए होंगे; किन्तु 1968 में इनकी बड़ी संख्या सम्बन्धी लगाए गए अनुमान यह सुनिश्चित कर देते हैं कि वे उसके बाद भी जारी रहे हैं। यहाँ तक कि हिन्दुओं के लिए इस बुनियादी सामाजिक संस्था में समरूपता और एकजुटता को लागू करने वाली स्थितियों हेतु किए गए आधुनिक प्रावधानों के साथ भी 1955 का अधिनियम द्रविड़ कझगम को *सुयामारियाथाई* विवाहों को प्रोत्साहित करने एवं संपन्न करवाने से नहीं रोक सका है!

'सुधार–विवाहों' को वैध (अथवा कानूनी?) बनाने के लिए डी.एम.के. ने 1960 में मद्रास विधानसभा में एक विधेयक प्रस्तुत किया जो पारित नहीं हो सका (*टाइम्स ऑफ इंडिया,* 11.2.68: आर. जयराम का लेख: 'सोशल चेंज इन तमिलनाडु)। 1967 के डी.एम.के के चुनाव घोषणापत्र में घोषित उद्देश्यों में से एक था समुचित कानून द्वारा 'सुधार–विवाह' को वैध बनाया जाना। तद्नुसार ही मद्रास (तमिलनाडु) में सरकार बनते ही डी.एम.के. ने विधानसभा में हिन्दू विवाह (मद्रास संशोधन) विधेयक, 1967 प्रस्तुत कर दिया और उसी वर्ष नवम्बर में इसे पारित भी करवा लिया। यह विधेयक किसी आत्म–सम्मान विवाह (कुछ लेखकों के अनुसार सुधार–विवाह) को 'दो हिन्दुओं के बीच रिश्तेदारों, मित्रों अथवा अन्य व्यक्तियों की उपस्थिति में (क) प्रत्येक पक्ष के द्वारा घोषित करने की वे दूसरे को पत्नी अथवा पति, जैसा भी मामला हो, के रूप में स्वीकार करते हैं; अथवा (ख) प्रत्येक के द्वारा दूसरे को जयमाल पहनाए जाने अथवा एक–दूसरे की उंगली में अँगूठी पहनाए जाने, अथवा (ग) *'टाली'* बाँधे जाने, के द्वारा संपन्न कराए गए विवाह के रूप में परिभाषित करता है। आगे और विस्तार में जाए बिना मैं उल्लेख कर सकता हूँ कि यह कानून एक नए वैवाहिक स्वरूप को प्रस्तुत करता है जो न केवल उन मूलभूत अनुष्ठानों, जो कम से कम एक शताब्दी से सम्मानित विनम्र तमिल जातियों के बीच विवाह संपन्न कराए जाने के स्वरूप में प्रचलित रह चुके हैं बल्कि जातीय मुखिया अथवा जाति के किसी बुजुर्ग अथवा बुजुर्ग रिश्तेदारों को भी को तुच्छ बना देता है। दंपत्तियों के बीच कुछ रिश्तों से बचने जैसी परिस्थितियाँ, जिन्हें लोगों की नैतिक संहिता का अंग माना जाता है, का पालन किया जाना अंततः कठिन हो जाएगा। द्विपत्नीत्व का प्रतिबंध, जो नैतिकताओं और वैवाहिक प्रसन्नता में एक प्रगति है, निश्चित रूप से अस्तित्वहीन है। समग्र रूप से हिन्दू भारत की भावना का अनादर हुआ है तथा किसी भी सफल राजनीतिक दल के द्वारा अपने प्रभुत्व वाले राज्य में विवाह के भारतीय कानून को परिवर्तित करने का अधिकार स्थापित हो चुका है। हिन्दू विवाह के दो, और अनुमानतः तीन अथवा चार अलग–अलग कानून, जिनमें से एक हिन्दू विवाह अधिनियम, 1955 के अधीन भारतीय कानून है, आने वाले समय में किसी भी राज्य में सामानान्तर रूप से लागू रह सकते हैं। इस प्रकार तमिलनाडु में डी.एम.के. के द्वारा उठाया गया कदम एक 'मिश्रित समाज' की दिशा में जाने वाले मार्ग को और चौड़ा बना देता है।

संदर्भ

1. Gerth and Mills, *From Max Weber*, (1947), p. 397. 2. *Young India* by Mahatma Gandhi, 1919–22, pp. 479–88. 3. Vol. I, p. 28. 4. *Times of India*, 1-11-1948. 5. *Times of India*, 13-8-1950. 6. *Times of India*, 10-3-56; 16-4-55. 7. Ibid., 24-5-56. 8. Ibid., 20-2-52. 9. *Times of India*, 2-9-55; 8-3-55.

10. P. Kodanda Rao in *The Times of India*, श्रप्रजाति 24, 1953; *Madras Information, Palm Gur Supplement*, श्रप्रजाति 1953, pp. 2, 15. 11. *Times of India*, 29-3-1965. 12. *Times of India*, 12-8-1960. 13. *Times of India*, 14-9-1962. 14. *Times of India*, 26-11-1965. 15. *Times of India*, 21-4-1955; 18-5-1955. 16. *Sociological Bulletin*, vol. Ill, p. 32. 17. Ibid., 1959, pp. 16–68 (specially 53–6). 18. *Pacific Affairs*, 1960, p. 15. 19. *Ghurye Felicitation Volume*, p. 197.

20. *Social Change and College Students*, 1964, pp. 171–78. 21. Harold A. Gould in *Asian Survey*, 1963, p. 437. 22. *Sociological Bulletin*, 1965, p. 61. 23. Desai, Kumud, p. 76; *A.I.R.* 1946, Madras, 466–8. 24. *Manual of Madura District*, 1868, p. 33. 25. *A.I.R.* 1964, Madras, 126–27. इस मुकद्में की ओर मेरा ध्यान मेरी पुत्री श्रीमती कुमुद देसाई के द्वारा आकर्षित किया गया था। 26. Desai, Kumud, pp. 53–4. 27. Ibid., pp. 7 and 13.

परिशिष्ट कः पंजाब

जाति का नाम (मापित व्यक्तियों की संख्याएं कोष्ठक में दी गई हैं)		शिरस्क सूचकांक		नासिका सूचकांक		शिरस्क लंबाई		शिरस्क चौड़ाई		नासिका लंबाई		नासिका चौड़ाई	
		माध्य	मानक विचलन	माध्य	मानक विचलन	माध्य	मानक विचलन	माध्य	मानक विचलन	माध्य	मानक विचलन	माध्य	मानक विचलन
अरोरा	(27)	72.79	3.80	71.60	5.05	–	–	–	–	–	–	–	–
छुहरा	(80)	73.49	2.69	75.29	6.04	186.74	6.15	137.16	4.75	48.06	2.21	36.11	2.45
गूजर	(13)	72.30	2.66	67.37	4.87	–	–	–	–	–	–	–	–
कनेत													
कुलु	(60)	74.11	2.57	74.00	5.98	–	–	–	–	–	–	–	–
कनेत													
लाहौल	(30)	77.48	2.37	66.45	5.53	–	–	–	–	–	–	–	–
खत्री	(60)	74.15	3.02	73.30	6.89	185.72	6.05	137.50	5.24	48.82	2.76	35.70	2.81
मच्छी	(19)	72.50	1.82	70.29	5.22	–	–	–	–	–	–	–	–
सिख	(80)	72.76	2.92	69.10	6.06	–	–	–	–	–	–	–	–

परिशिष्ट खः आगरा एवं अवध संयुक्त प्रांत

जाति का नाम (मापित व्यक्तियों की संख्याएं कोष्ठक में दी गई हैं)		शिरस्क सूचकांक		नासिका सूचकांक		शिरस्क लंबाई		शिरस्क चौड़ाई		नासिका लंबाई		नासिका चौड़ाई	
		माध्य	मानक विचलन	माध्य	मानक विचलन	माध्य	मानक विचलन	माध्य	मानक विचलन	माध्य	मानक विचलन	माध्य	मानक विचलन
बनिया	(80)	72.02	3.36	80.55	9.28	–	–	–	–	–	–	–	–
बाभन	(26)	73.52	2.25	73.60	7.24	–	–	–	–	–	–	–	–
भार	(100)	73.66	3.06	81.97	8.59	–	–	–	–	–	–	–	–
ब्राह्मण	(100)	73.29	3.12	74.88	8.02	187.56	5.58	137.42	4.60	46.57	3.04	34.72	2.70
चमार	(100)	72.90	2.92	86.52	7.64	185.18	5.79	134.98	4.21	41.02	2.75	35.19	2.20
क्षत्री	(100)	73.12	3.12	78.36	7.70	188.35	6.51	137.68	4.60	45.80	3.76	35.65	2.52
डोम	(100)	74.28	3.54	83.60	8.86	183.91	6.63	136.40	4.49	45.44	3.47	37.72	2.65
कायस्थ	(100)	72.48	2.99	78.87	8.22	186.62	5.75	135.42	4.91	44.66	3.19	34.99	2.54
खत्री	(15)	71.98	2.71	79.15	9.29	–	–	–	–	–	–	–	–
कोल	(32)	72.51	2.96	82.39	7.42	–	–	–	–	–	–	–	–
कुर्मी	(100)	73.25	3.23	79.46	8.38	184.05	6.21	135.13	4.12	44.02	2.95	34.84	2.56
लोहार	(45)	72.93	3.34	83.45	11.43	–	–	–	–	–	–	–	–
मुसाहर	(18)	74.29	2.94	86.17	7.84	–	–	–	–	–	–	–	–
पासी	(100)	72.68	3.21	85.92	9.11	185.10	6.89	134.48	3.87	41.26	3.21	35.23	2.28

परिशिष्ट ग: बिहार

जाति का नाम (मापित व्यक्तियों की संख्याएं कोष्ठक में दी गई हैं)		शिरस्क सूचकांक		नासिका सूचकांक		शिरस्क लंबाई		शिरस्क चौड़ाई		नासिका लंबाई		नासिका चौड़ाई	
		माध्य	मानक विचलन	माध्य	मानक विचलन	माध्य	मानक विचलन	माध्य	मानक विचलन	माध्य	मानक विचलन	माध्य	मानक विचलन
बाभन	(59)	76.98	3.66	73.55	7.02	–	–	–	–	–	–	–	–
बींद	(13)	73.68	3.64	82.76	7.68	–	–	–	–	–	–	–	–
ब्राह्मण	(67)	74.91	3.02	73.24	6.35	187.88	6.27	140.81	4.74	49.33	3.53	36.11	2.54
डोम													
मघाया	(100)	76.21	3.25	82.58	6.98	186.37	6.29	142.20	4.26	48.04	3.09	39.62	2.42
चमार	(62)	76.26	4.35	82.93	7.20	184.42	7.28	140.35	5.28	46.08	2.90	38.13	2.52
कुर्मी	(71)	75.82	3.50	79.04	6.96	186.97	6.67	141.55	4.54	47.66	3.46	37.45	2.42
मुसाहर	(77)	75.79	2.91	89.20	8.86	183.17	5.91	138.69	4.18	45.52	3.01	40.40	2.97

परिशिष्ट घः बंगाल

जाति का नाम (मापित व्यक्तियों की संख्याएं कोष्ठक में दी गई हैं)		शिरस्क सूचकांक		नासिका सूचकांक		शिरस्क लंबाई		शिरस्क चौड़ाई		नासिका लंबाई		नासिका चौड़ाई	
		माध्य	मानक विचलन	माध्य	मानक विचलन	माध्य	मानक विचलन	माध्य	मानक विचलन	माध्य	मानक विचलन	माध्य	मानक विचलन
ब्राह्मण	(100)	78.89	3.63	70.89	6.85	181.76	5.82	143.25	4.54	49.71	4.09	35.09	2.72
चाँडाल	(67)	78.11	4.04	74.27	6.83	183.31	6.94	143.18	4.52	49.69	2.69	36.79	2.88
कायस्थ	(100)	78.30	3.82	70.78	6.34	182.47	6.08	142.88	4.95	50.19	3.09	35.39	2.52
कोईबार्त	(100)	77.57	3.85	76.83	6.70	–	–	–	–	–	–	–	–
मुची	(27)	77.22	3.55	75.30	6.92	182.93	6.76	142	4.45	49.19	2.94	36.89	2.66
राजबंसी	(100)	75.36	3.21	76.86	5.81	186.28	6.85	140.26	5.15	48.96	2.85	37.57	2.52
सदगोप	(48)	77.95	3.23	74.24	7.46	–	–	–	–	–	–	–	–

परिशिष्ट ङः बम्बई

जाति का नाम (मापित व्यक्तियों की संख्याएं कोष्ठक में दी गई हैं)		शिरस्क सूचकांक		नासिका सूचकांक		शिरस्क लंबाई		शिरस्क चौड़ाई		नासिका लंबाई		नासिका चौड़ाई	
		माध्य	मानक विचलन	माध्य	मानक विचलन	माध्य	मानक विचलन	माध्य	मानक विचलन	माध्य	मानक विचलन	माध्य	मानक विचलन
भीलः खानदेश	(103)	72.56	3.04	95.80	11.84	182.92	6.11	132.61	4.43	41.12	3.49	39.05	3.14
चितपावन ब्राह्मण	(100)	77.41	3.95	76.99	6.60	186.43	7.37	144.25	5.16	49.34	3.26	37.87	2.15
देशस्थ ब्राह्मण	(100)	77.09	4.37	79.73	6.14	185.50	6.39	142.94	5.41	48.93	2.91	38.81	2.25
कातकारी	(109)	74.37	2.65	88.46	8.05	178.86	6.20	133.04	3.95	44.04	2.94	38.78	2.49
कुनबी	(100)	77.52	4.36	79.44	5.70	180.10	6.35	139.49	5.55	47.81	2.62	37.95	2.09
महार	(100)	77.17	3.55	82.23	6.20	181.40	5.83	140.12	5.15	47.21	2.58	38.73	2.37
मराठा उच्च (जाति)	(100)	76.34	4.11	71.47	6.35	184.62	6.39	140.92	6.52	52.02	3.37	37.01	2.44
मराठा घाटी	(100)	78.33	4.53	80.32	7.47	–	–	–	–	–	–	–	–
नागर ब्राह्मण	(100)	79.93	4.33	73.58	7.66	184.51	7.47	147.16	5.97	50.76	3.56	37.18	2.57
प्रभु	(100)	80.00	3.80	76.18	7.13	–	–	–	–	–	–	–	–
शेनवी ब्राह्मण	(100)	79.08	4.06	75.15	7.46	186.22	7.18	147.15	5.29	50.27	3.63	37.62	2.36
सोन कोली	(100)	77.62	3.24	76.77	6.96	185.00	5.83	143.45	4.71	49.62	3.15	37.98	2.62
वानी (गुजरात)	(139)	78.52	3.46	76.30	8.09	–	–	–	–	–	–	–	–

परिशिष्ट चः मद्रास

जाति		भाषा	शिरस्क सूचकांक		नासिका सूचकांक	
			माध्य	मानक विचलन	माध्य	मानक विचलन
कापू	(49)	तेलुगु	78.08	3.70	–	–
स्मार्त ब्राह्मण	(60)	कन्नड़	78.45	4.41	–	–
कूर्ग	(32)	कोडागू	79.72	3.79	72.12	5.22
बिल्लावा	(50)	तुलू	80.36	4.40	–	–
सिवाल्ली ब्राह्मण	(40)	तुलू	80.44	5.21	–	–
वक्कालिगा	(50)	कन्नड़	81.76	5.03	–	–
तोडा	(76)	तोडा	73.76	2.22	–	–
येरुवा	(25)	कन्नड़	73.48	3.06	89.76	5.26
वेल्लाल	(40)	तमिल	73.92	2.74	–	–
नायर	(39)	मलयालम	74.44	2.85	–	–
पट्टर ब्राह्मण	(25)	तमिल	74.44	3.31	–	–
तमिल ब्राह्मण	(40)	तमिल	76.55	3.44	–	–

परिशिष्ट छः विभेदक सूचकांक

(छह विशेषताओं पर आधारितः शिरस्क सूचकांक, शिरस्क लंबाई, शिरस्क चौड़ाई, नासिका सूचकांक, नासिका लंबाई एवं नासिका चौड़ाई)

पंजाब	
छुहरा एवं खत्री	.88
संयुक्त प्रांत	
ब्राह्मण एवं क्षत्री	.89
" " कायस्थ	1.47
" " कुर्मी	1.83
" " डोम	2.56
" " पासी	3.17
" " चमार	3.32
पासी एवं चमार	.27
कुर्मी एवं चमार	1.71
बिहार	
ब्राह्मण एवं कुर्मी	1.75
" " चमार	2.42
" " डोम	2.95
चमार एवं कुर्मी	1.45
बंगाल	
ब्राह्मण एवं कायस्थ	.43
" " चाँडाल	1.11
बम्बई	
देशस्थ ब्राह्मण एवं सोन कोली	.95
" " " चितपावन ब्राह्मण	1.02
" " " महार	1.61
" " " कुनबी	1.73
" " " शेनवी ब्राह्मण	2.10
" " " नागर ब्राह्मण	2.59
" " " उच्च जातीय मराठा	2.64

सामान्य	
उ.प्र. कुर्मी एवं बिहार कुर्मी	3.49
उ.प्र. चमार एवं बिहार चमार	4.01
उ.प्र. ब्राह्मण एवं पंजाब छुहरा	1.02
" " " पंजाब खत्री	1.38
" " " बिहार ब्राह्मण	2.05
" " " चितपावन ब्राह्मण	3.66
" " " देशस्थ ब्राह्मण	3.94
बंगाल ब्राह्मण एवं शेनवी ब्राह्मण	2.30
" " " चितपावन ब्राह्मण	2.44
" " " बिहार ब्राह्मण	2.52
" " " देशस्थ ब्राह्मण	2.96
" " " उ.प्र. ब्राह्मण	3.89

संदर्भ ग्रंथ सूची

Abram, A. *Social England in the Fifteenth Century*, 1909.
Adams, G. B. *Civilization during the Middle Ages*, 1910.
Altekar, A. S. *A History of Village Communities in Western India*, 1927.
Apastamba. *Dharmasutra* (Buhler's trans., in SBE, 1879).
Arthashastra by Kautilya. Ed. by R. Shama Sastri, 1919.
———. Translation by R. Sharma Sastri (2nd ed.).
———. Edited and translated by R. P. Kangale.
Ashley, W. G. *An Introduction to Economic History*, Vol. I, Pt. i, 1888.
Attenborough, F. L. *The Laws of the Earliest English Kings*, 1922.
Baden-Powell, B. H. *The Indian Village Community*, 1896.
Bailey, F. G. *Caste and the Economic Frontier*, 1958.
———. *Tribe, Caste and Nation*, 1960.
———. *Politics and Social Change*, 1963.
Baines, Athelstane. *Ethnography* (Castes and Tribes), 1912.
Baliga, B. S. *Tanjore District Handbook*, 1957.
Bashford, J. W. *China, an Interpretation*, 1916.
Baudhayana. *Dharmasutra*, (Buhler's trans, in SBE, 1882).
Bengal Census, 1921. *Census of India*, 1921, *Bengal Report.*
Bevan, E. *History of Egypt, Ptolemaic Dynasty*, 1927.
Bhattacharya, J. *Hindu Castes and Sects*, 1896.
Blunt, E. A. H. *The Caste System of Northern India*, 1931.
Bose, P. N. *History of Hindu Civilization during British Rule*, Vol. II, 1894.
Breasted, J. H. *A History of Egypt*, 1916 ed.
———. *Ancient Times*, 1917.
Briggs, G. W. *The Chamars*, 1920.
Brinkley, Capt. F. *Oriental Series*, 11 Vols., 1902 ff.
———. *Japan*, 3 Vols., *China*, Vol. I, etc., 1902 ff.
Brissaud, J. *A History of French Private Law*, trans. by J. W. Garner, 1912.
———. *A History of French Public Law*, trans. by J. W. Garner, 1915.
Brooks, B. Allard. *A Contribution to the Study of the Moral Practices of Certain Social Groups in Ancient Mesopotamia*, 1920.
Brough, John. *The Early Brahmanical System of Gotra and Pravara*, 1953.
Cambridge History of India. Vol. I, *Ancient India*, edited by E. J. Rapson, 1922.
Chadwick, H. M. *Studies on Anglo-Saxon Institutions*, 1905.
Chamberlain, B. H. *Things Japanese*, 1905.
Chanda, R. *The Indo-Aryan Races*, 1916.
Chapekar, N. G. *Chitpavan* (2nd ed.), 1966.
Collection of Smritis. *Smritinam Samuccaya*, ed. Anandashram Sanskrit Series, No. 48, 1905.
Cox, O. C. *Caste, Class and Race*, 1948.
Croce, B. *My Philosophy*, 1949.

Crooke, W. *The Tribes and Castes of the North-Western Provinces and Oudh*, 4 Vols., 1896.
Crooke, W. *Natives of Northern India*, 1907.
Dasgupta, T. C. *Aspects of Bengali Society*, 1935.
Desai, Mrs. Kumud. *Indian Law of Marriage and Divorce*, 1964.
Desai, H. G. *A Glossary of Castes, Tribes and Races in the Baroda State*, 1912.
Dhalla, M. N. *Zoroastrian Civilization*, 1922.
Dill, Sir Samuel. *Roman Society from Nero to Marcus Aurelius*, 1905.
———. *Roman Society in the Last Century of the Western Empire*, 1910.
Dobree, Bonamy. *English Revolts*, 1937.
Douglas, R. K. *Society in China*, 1894.
Duff, A. M. *Freed Men in the Early Roman Empire*, 1928.
Dutt. N. K. *Origin and Growth of Caste in India*, I (1931), II (1965).
Eliot, Sir Charles. *Hinduism and Buddhism*, 3 Vols., 1921.
Ency. of R. and E. *Encyclopaedia of Religion and Ethics*.
Erman, A. *Life in Ancient Egypt, trans.* by H. M. Tirard, 1894.
Farquhar, J. N. *Outline of the Religious Literature of India*, 1920.
Featherman, A. (IIb), *Social History of the Races of Mankind* (Second Division), Oceano-Melanesians, 1888.
———. (V) *ibid*., (Fifth Division), *Aramaeans*, 1881.
Fick, R. *Social Organization in North-East India in Buddha's Time* (trans. by Maitra), 1920.
Forbes, A. K. *Rasa Mala*, 2 Vols., 1856, ed. by Rawlinson, 1925.
Forbes, James. *Oriental Memoirs*, ed. 1934.
Friedlander, Ludwig. *Roman Life and Manners under the Early Empire* (trans. of the 7th ed.), 1909.
Gangopadhyay, Bella. *Marriage Regulations Among Certain Castes of Bengal*, 1964.
Gautama. *Dharmasutra* (Buhler's Trans, in SBE, 1879).
Geer, R. M. *Rome*, 1940.
Ghurye Felicitation Volume. Edited by K. M. Kapadia, 1954.
Gledhill, Alan. *The Republic of India*, 1951.
Godavari Dist. Gaz. *District Gazetteer of Godavari*, pt. I.
Gough, Kathleen. (1) In McKim Marriott's *Village India*, 1955.
———. (2) In American *Anthropologist*, 1956.
———. (3) In E. R. Leach's *Cambridge Papers in Social Anthropology*, 1962.
Haddon, A. C. *The Wanderings of Peoples*, 1919.
Hamilton, Walter. *A Geographical Description of Hindustan*, 2 Vols., 1820.
Harrison, Selig. *S. India: The Most Dangerous Decades*, 1960.
Hemadri. *Caturvargacintamani* (Bibl. Ind.), 1871 ff.
Hobhouse, L. T. *Morals in Evolution*, ed. 1923.
Hose, C. and McDougall, W. *The Pagan Tribes of Borneo*, 2 Vols., 1912.
Huebner, R. *A History of Germanic Private Law* (trans. 1918).
Hultzsch, E. *South Indian Inscriptions* (ed. and trans. 1890 ff).
India Census, 1921. *Census of India*, 1921, *India Report*.
Irving, B. A. *The Theory and Practice of Caste*, 1853.
Jastrow, Morris (Jr.) *The Civilization of Babylonia and Assyria*, 1915.
Johns, C. H. W. *Babylonian and Assyrian Laws, Contracts and Letters*, 1904.
J.A.S.B. *Journal of the Asiatic Society of Bengal*.
J.B.B.R.A.S. *Journal of the Bombay Branch of the Royal Asiatic Society*.
J. R. A. I. *Journal of the Royal Anthropological Institute*.
Kanakasabhai Pillai, V. *The Tamils Eighteen Hundred Years Ago*, 1904.
Karandikar, S. V. *Hindu Exogamy*, 1920.
Karve, Mrs. I. *Hindu Society, an Interpretation*, 1961.

———. *Kinship Organization in India*, (2nd ed.), 1965.
Keane. A. H. *Man, Past and Present*, 1920.
Kerr, James. *The Domestic Life, Character and Customs of the Natives of India*, 1865.
Ketkar, S. V. *History of Caste in India*, 1909.
Kikani, L. T. *Caste in Court*, 1912.
Kitts, Eustace J. *A Compendium of the Castes and Tribes found in India*, 1885.
Kroeber, A. L. *Anthropology*, 1948.
Lambert, J. Malet. *Two Thousand Years of Guild Life*, 1891.
Latthe, A. B. *Memoirs of His Highness Shri Shahu Chhattrapati, Maharaja of Kolhapur*, 1924.
Latourette, K. S. *The Chinese, Their History and Culture*, 2 Vols., 1934.
Leach, E. R. *Aspects of Caste in South India, Ceylon and Pakistan or Cambridge Papers in Social Anthropology*, 2, 1962.
Leage, R. W. *Roman Private Law*, 1906.
Leffingwell, G. *Social and Private Life at Rome in the Time of Plautus and Terence*, 1918.
Logan, W. *Malabar*, 3 Vols., 1887.
Longford, J. H., *Japan of the Japanese*, 2nd ed., 1915.
Louis. *Ancient Rome at Work*, 1927.
Lowie, R. H. *Primitive Society*, ed. 1949.
Mbh. *Mahabharata* (Kumbhakonam ed.).
MacIver, R. M. *Community*, ed. 1920.
MacIver and Page. *Society*, 1949.
Madras Census, 1871. *Census of India*, 1871, *Madras Report*.
Malcolm, Sir John. *Memoirs of Central India and Malwa*, 1823.
Mandlik, V. N. *Vyavahara Mayukha*, ed. 1880.
Mann, H. H. and Kanitkar, N. V. *Land and Labour in a Deccan Village*, No. 2, 1921.
Manu. *Laws of Manu* (Buhler's trans. in SBE, 1886).
Marriott. McKim. *Village India*, 1955.
Martin, R. M. *The History, Antiquities and Statistics of Eastern India*, 3 vols., 1838.
Maspero, Sir Gaston. *The Dawn of Civilization*, 5th ed., 1910.
Matthai, John. *Village Government in British India*, 1915.
Mayer, A. C. *Caste and Kinship in Central India*, 1960.
Mayne, J. D. *A Treatise on Hindu Law and Usage*, ed., 1914.
McCrindle. *Ancient India*.
Mollendorff, P. G. *The Family Law of the Chinese*, 1896.
Mookerji, Radhakumud. *Local Government in Ancient India*. 1919.
Muir, J. *Original Sanskrit Texts*, Vol. I (2nd ed.), 1872.
Muirhead, J. *Historical Introduction to the Private Law of Rome* (3rd ed.) 1916.
Mulla, D. F. *Jurisdiction of Courts in Matters Relating to Rights and Powers of Castes*, 1901.
Mysore Census, 1901. *Census of India*, 1901, *Mysore Report*.
Narada Smriti. Jolly's trans, in SBE, 1889.
Nesfield, J. C. *Brief View of the Caste System of the North Western Provinces and Oudh*, 1855.
North, C. C. *Social Differentiation*, 1926.
O'Malley, L. S. S. *Indian Caste Customs*, 1932.
Pandian, T. B. *Indian Village Folk*, 1898.
Panjab Census, 1911. *Census of India*, 1911, *Punjab Report*.
Panjab Census, 1921. *Census of India*, 1921, *Punjab Report*.
Parasara. *Parasara Dharma Samhita* (B.S.S.).
Pargiter, F. E. *Ancient Indian Historical Tradition*, 1922.
Patanjali. *Vyakaranamahabhasya* (B.S.S.)

Petrie, Sir W. M. Flinders. *Social Life in Ancient Egypt*, 1923.
Patil, P. S. *Phooley* (Marathi), 1927.
Polock and Maitland. *The History of English Law*, Vol. I (ed. 1911).
Ranade, M. G. In *JBBRAS*, Vol. XX.
Renard, G. F. *Guilds in the Middle Ages* (trans., 1919).
Rickards, R. *India*, 2 Vols., 1892–93.
Risley, Sir H. H. *Tribes and Castes of Bengal, Ethnographic Glossary*, 1891.
———. *The People of India* (2nd ed., 1915).
Rivers, W. H. R. *The History of Melanesian Society*, 2 Vols., 1914.
Rose, H. A. *Glossary of Punjab Tribes and Castes*, 1911.
S. B. E. *Sacred Books of the East*, 1879.
Schaeffer, H. *The Social Legislation of the Primitive Semites*.
Senart, E. *Caste in India* (trans., 1930).
Sherring, M. A. *Hindu Tribes and Castes*, 1872.
Sircar, D. C. *Select Inscriptions*, 1942.
Slater, Gilbert. *Some South Indian Villages*, 1918.
Smith, J. Toulmin. *English Guilds*, 1870.
Smith, W. Robertson. *Kinship and Marriage in Early Arabia* (ed. 1903).
Sombart. *Socialism*, 1898.
Spence, L. *Mexico of the Mexicans*, 1917.
Spencer, Herbert. *Principles of Sociology*, Vol. III (ed. 1897).
Srinivas, M. N. *Marriage and Family in Mysore*, 1942.
Steele, Arthur. *The Law and Custom of Hindu Castes*, 1868.
Subramanian, N. *Sangam Polity*, 1966.
Shudrakamalakara. By Kamalakarabhatta (Nirnayasagar P., ed. 1928).
Shukraniti. Trans, by Benoy Kumar Sarkar, 1914.
Tawney, R. H. *Equality*, 1931.
Thurston, E. *Castes and Tribes of Southern India*, 7 Vols., 1907–9.
Traill, H. D. *Social England*, Vol. I, 1898.
Trevelyan, G. M. *English Social History*, 1944.
Trichinopoly Dist. Gaz. *District Gazetteer of Trichinopoly*, pt. I.
Tucker, T. G. *Life in the Roman World of Nero and St. Paul* (ed. 1924).
U.P. Census, 1901. *Census of India*, 1901, *North-Western Provinces and Oudh Report*.
Vad, G. C. *Selections from the Satara Raja's and the Peshwa's Diaries*.
Vaidya, C. V. *History of Mediaeval Hindu India*, 3 vols., 1921 ff.
Vasishta. *Dharmasutra* (Buhler's trans. in SBE, 1882).
Vedic Index. By A. A. Macdonell and A. B. Keith, 2 Vols., 1912.
Vishnu. *Institutes of Vishnu* (Jolly's trans. in SBE, 1889).
Warde, Fowler. *Social Life at Rome in the Age of Cicero*, ed. 1929.
Werner, E. T. C. *Spencer's Descriptive Sociology*, No. IX, 1910.
——— *China of the Chinese*, 1919.
Westermarck, E. A. *History of Human Marriage*, 5th ed., 3 Vols., 1921.
Wilkinson, Sir J. G. *The Manners and Customs of the Ancient Egyptians*, new ed., 3 Vols., 1878.
Williams, M. W. *Social Scandinavia in the Viking Age*, 1920.
Wilson, John. *Indian Caste*, 2 Vols., 1877.
Woolley, C. Leonard. *The Sumerians*, 1928.
Yajnavalkya. *Yajnavalkyasmriti, with Mitakshara*, ed. by S. S. Setlur, 1912.